TRILOGIA

MEMÓRIA do FOGO

I. OS NASCIMENTOS
II. AS CARAS E AS MÁSCARAS
III. O SÉCULO DO VENTO

A trilogia *Memória do fogo* também está disponível em formato 14 x 21 cm e na Coleção L&PM POCKET, em três volumes.

Título original: *Los nacimientos (Memoria del fuego, vol. 1)*
Primeira edição no Brasil: Editora Nova Fronteira, 1985
Primeira edição pela L&PM Editores: 1997, em formato 14x21
Primeira edição na Coleção L&PM POCKET: novembro de 2010

Título original: *Las caras y las máscaras (Memoria del fuego, vol. 2)*
Primeira edição no Brasil: Editora Nova Fronteira, 1986
Primeira edição pela L&PM Editores: 1997, em formato 14x21
Primeira edição na Coleção L&PM POCKET: novembro de 2010

Título original: *El siglo del viento (Memoria del fuego, vol. 3)*
Primeira edição no Brasil: Editora Nova Fronteira, 1988
Primeira edição pela L&PM Editores: 1998, em formato 14x21
Primeira edição na Coleção L&PM POCKET: novembro de 2010

Eduardo Galeano

TRILOGIA

Memória do Fogo

I. OS NASCIMENTOS
II. AS CARAS E AS MÁSCARAS
III. O SÉCULO DO VENTO

Tradução de ERIC NEPOMUCENO

L&PM EDITORES

Texto de acordo com a nova ortografia.

Título original: *Memoria del fuego: Los nacimientos (vol. 1); Las caras y las máscaras (vol. 2); El siglo del viento (vol. 3)*

Tradução: Eric Nepomuceno
Capa: Marco Cena
Revisão: L&PM Editores

CIP-Brasil. Catalogação na fonte
Sindicato Nacional dos Editores de Livros, RJ

G15m

Galeano, Eduardo H., 1940-
Memória do fogo / Eduardo Galeano; [tradução Eric Nepomuceno]. – Porto Alegre, RS: L&PM, 2013.
856 p. : il. ; 23 cm.

Tradução de: *Memoria del fuego: Los nacimientos; Las caras y las máscaras; El siglo del viento*
Inclui bibliografia
Conteúdo: *Os nascimentos; As caras e as máscaras; O século do vento*
ISBN 978-85-254-2917-9

1. América Latina - História. 2. América Latina - Condições sociais. I. Galeano, Eduardo H., 1940-. Os nascimentos II. Galeano, Eduardo H., 1940-. As caras e as máscaras III. Galeano, Eduardo H., 1940-. O século do vento. IV. Nepomuceno, Eric, 1948-.

13-01948 CDD: 980
CDU: 94(8)

Rua Comendador Coruja, 314, loja 9 – Floresta – 90.220-180
Porto Alegre – RS – Brasil / Fone: 51.3225.5777 – Fax: 51.3221-5380

Pedidos & Depto. Comercial: vendas@lpm.com.br
Fale conosco: info@lpm.com.br
www.lpm.com.br

Impresso no Brasil
Inverno de 2013

Sumário

I. OS NASCIMENTOS 7
Fontes 274

II. AS CARAS E AS MÁSCARAS 281
Fontes 538

III. O SÉCULO DO VENTO 549
Fontes 826

ÍNDICE 839

I
OS NASCIMENTOS

Este livro

inicia a trilogia *Memória do fogo*. Através de três volumes, o autor se propõe a narrar a história da América, e sobretudo a história da América Latina, em um vasto mosaico que chegará até nossos dias.

Este primeiro volume, *Os nascimentos*, está dividido em duas partes. Na primeira, a América pré-colombiana se desdobra através dos mitos indígenas da fundação. A segunda abrange dos últimos anos do século XV até o ano de 1700. À cabeça de cada texto da segunda parte, indica-se o ano e o lugar em que ocorreu o episódio que se narra.

Para que a história respire e o leitor a sinta viva, o autor recriou, à sua maneira, os dados disponíveis de cada episódio; mas tanto os mitos quanto as vinhetas históricas foram elaborados sobre uma base rigorosa de documentos.

As transcrições literais se diferenciam em itálico. O autor atualizou, total ou parcialmente, a ortografia dos documentos de época.

Ao pé de cada texto, entre parênteses, os números indicam os principais livros que o autor consultou em busca de informação e pontos de referência. A lista dessas fontes numeradas está no final do livro.

Gratidões:

A Jorge Enrique Adoum, Ricardo Bada, José Fernando Balbi, Álvaro Barros-Lémez, Borja e José María Calzado, Ernesto Cardenal, Rosa del Olmo, Jorge Ferrer, Eduardo Heras León, Juana Martínez, Augusto Monterroso, Dámaso Murúa, Manuel Pereira, Pedro Saad, Nicole Vaisse, Rosita e Alberto Villagra, Ricardo Wilson e Sheila Wilson-Serfaty, que facilitaram o acesso do autor à bibliografia necessária; a José Juan Arrom, Ramón Carande, Álvaro Jara, Magnus Mörner, Augusto Roa Bastos, Laurette Sejourné e Eric R. Wolf, que responderam consultas; à Fundação AGKED, da Alemanha Federal, que contribuiu para a realização deste projeto; e especialmente à Helena Villagra, que foi a crítica implacável e íntima destes textos, página por página, à medida em que nasciam.

Este livro
está dedicado à Vovó Ester. Ela soube disso, antes de morrer.

A erva seca incendiará a erva úmida.
(PROVÉRBIO AFRICANO QUE OS ESCRAVOS TROUXERAM PARA AS AMÉRICAS)

Primeiras Vozes

A criação

A mulher e o homem sonhavam que Deus os estava sonhando.

Deus os sonhava enquanto cantava e agitava suas maracas, envolvido em fumaça de tabaco, e se sentia feliz e também estremecido pela dúvida e o mistério.

Os índios makiritare sabem que se Deus sonha com comida, frutifica e dá de comer. Se Deus sonha com a vida, nasce e dá de nascer.

A mulher e o homem sonhavam que no sonho de Deus aparecia um grande ovo brilhante. Dentro do ovo, eles cantavam e dançavam e faziam um grande alvoroço, porque estavam loucos de vontade de nascer. Sonhavam que no sonho de Deus a alegria era mais forte que a dúvida e o mistério; e Deus, sonhando, os criava, e cantando dizia:

– Quebro este ovo e nasce a mulher e nasce o homem. E juntos viverão e morrerão. Mas nascerão novamente. Nascerão e tornarão a morrer e outra vez nascerão. E nunca deixarão de nascer, porque a morte é mentira. *(48)*

O tempo

O tempo dos maias nasceu e teve nome quando não existia o céu e a terra ainda não tinha despertado.

Os dias partiram do oriente e começaram a caminhar.

O primeiro dia tirou de suas entranhas o céu e a terra.

O segundo dia fez a escada por onde a chuva desce.

Obras do terceiro foram os ciclos do mar e da terra e a multidão das coisas.

Por desejo do quarto dia, a terra e o céu se inclinaram e puderam encontrar-se.

O quinto dia decidiu que todos trabalhassem.

Do sexto saiu a primeira luz.

Nos lugares onde não havia nada, o sétimo dia pôs terra. O oitavo cravou na terra suas mãos e seus pés.

O nono dia criou os mundos inferiores. O décimo dia destinou aos mundos inferiores quem tem veneno na alma.

Dentro do sol, o décimo primeiro dia modelou a pedra e a árvore.

Foi o décimo segundo quem fez o vento. Soprou vento e chamou-o de espírito, porque não havia morte dentro dele.

O décimo terceiro molhou a terra e com barro modelou um corpo como o nosso.

Assim se recorda, em Yucatán. *(208)*

O sol e a lua

O primeiro sol, o sol de água, a inundação levou. Todos os que moravam no mundo se converteram em peixes.

O segundo sol, os tigres devoraram.

O terceiro, uma chuva de fogo, que incendiou as gentes, arrasou.

O quarto, o sol de vento, a tempestade apagou. As pessoas se transformaram em macacos e se espalharam pelos montes.

Pensativos, os deuses se reuniram em Teotihuacán.

– Quem se ocupará de trazer o amanhecer?

O senhor dos caracóis, famoso por sua força e por sua formosura, deu um passo adiante.

– Eu serei o sol – disse.

– Quem mais?

Silêncio.

Todos olhavam para o Pequeno Deus Purulento, o mais feio e desgraçado dos deuses, e disseram:

– Tu.

O Senhor dos Caracóis e o Pequeno Deus Purulento se retiraram para os montes que agora são as pirâmides do sol e da lua. Ali em jejum, meditaram.

Depois os deuses juntaram lenha, armaram uma fogueira enorme e os chamaram.

O Pequeno Deus Purulento tomou impulso e se atirou nas chamas. Em seguida emergiu, incandescente, no céu.

O Senhor dos Caracóis olhou a fogueira com o cenho franzido. Avançou, retrocedeu, parou. Deu um par de voltas. Como não se decidia, tiveram de empurrá-lo. Com muita demora subiu ao céu. Os deuses, furiosos, o esmurraram. Bateram em sua cara com um coelho, uma e outra vez, até que mataram seu brilho. Assim, o arrogante Senhor dos Caracóis se transformou na lua. As manchas da lua são as cicatrizes daquele castigo.

Mas o sol resplandecente não se movia. O gavião de pedra voou até o Pequeno Deus Purulento:

– Por que não andas?

E respondeu o desprezado, o fedorento, o corcunda, o manco:

– Porque quero o sangue e o reino.

Este quinto sol, o sol do movimento, iluminou os toltecas e ilumina os astecas. Tem garras e se alimenta de corações humanos. *(108)*

As nuvens

Nuvem deixou cair uma gota de chuva sobre o corpo de uma mulher. Aos nove meses, ela teve gêmeos.

Quando cresceram, quiseram saber quem era o pai.

– Amanhã de manhã – ela disse – , olhem para o oriente. Lá o verão, erguido no céu como uma torre.

Através da terra e do céu, os gêmeos caminharam em busca do pai.

Nuvem desconfiou e exigiu:

– Provem que são meus filhos.

Um dos gêmeos enviou à terra um relâmpago. O outro, um trovão. Como Nuvem ainda duvidasse, atravessaram uma inundação e saíram intactos.

Então Nuvem abriu um lugar ao seu lado para eles, entre seus muitos irmãos e sobrinhos. *(174)*

O VENTO

Quando Deus fez o primeiro dos índios wawenock, ficaram alguns restos de barro sobre o chão do mundo. Com essas sobras, Gluskabe se fez a si mesmo.

– E tu, de onde saíste? – perguntou Deus, atônito, lá das alturas.

– Eu sou maravilhoso – disse Gluskabe. – Ninguém me fez.

Deus parou ao seu lado e estendeu a mão para o universo.

– Olhe minha obra – desafiou. – Já que és maravilhoso, mostra-me que coisas inventaste.

– Posso fazer o vento, se quiser.

E Gluskabe soprou com toda sua força.

E o vento nasceu e morreu em seguida.

– Eu posso fazer o vento – reconheceu Gluskabe, envergonhado –, mas não posso fazer com que o vento dure.

E então soprou Deus, e tão poderosamente, que Gluskabe caiu e perdeu todos os cabelos. *(174)*

A CHUVA

Na região dos grandes lagos do norte, uma menina descobriu de repente que estava viva. Assombrada com o mundo abriu os olhos, e partiu para a aventura.

Perseguindo as pegadas dos caçadores e dos lenhadores da nação menomini, chegou a uma grande cabana de troncos. Ali viviam dez irmãos, os pássaros do trovão, que lhe ofereceram abrigo e comida.

Certa manhã ruim, enquanto a menina colhia água do manancial, uma serpente peluda agarrou-a e levou-a para as profundidades de uma montanha de pedra. As serpentes estavam a ponto de devorá-la quando a menina cantou.

De muito longe, os pássaros do trovão escutaram o chamado. Atacaram com o raio a montanha de pedra, resgataram a prisioneira e mataram as serpentes.

Os pássaros do trovão deixaram a menina na forquilha de uma árvore.

– Aqui viverás – disseram. – Viremos cada vez que cantes.

Quando a rãzinha verde da árvore canta chamando, os trovões acodem e chove sobre o mundo. *(113)*

O arco-íris

Os anões da selva tinham surpreendido Yobuënahuaboshka em uma emboscada e tinham cortado sua cabeça.

Aos tropeços, a cabeça regressou à região dos cashinahua.

Embora tivesse aprendido a saltar e a balançar com graça, ninguém queria uma cabeça sem corpo.

– Mãe, irmãos meus, vizinhos – se lamentava. – Por que me rejeitam? Por que têm vergonha de mim?

Para acabar com aquela ladainha e livrar-se da cabeça, a mãe lhe propôs que se transformasse em alguma coisa, mas a cabeça se negava a transformar-se no que já existia. A cabeça pensou, sonhou, inventou. A lua não existia. O arco-íris não existia.

Pediu sete novelos de lã, de todas as cores.

Fez pontaria e lançou os novelos ao céu, um atrás do outro. Os novelos ficaram enganchados além das nuvens. Se desenrolaram os fios, suavemente, para a terra.

Antes de subir, a cabeça advertiu:

– Quem não me reconhecer, será castigado. Quando me verem lá em cima, digam: "Lá está o alto e belo Yobuënahuaboshka!"

Então trançou sete fios que estavam pendurados e subiu pela corda até o céu.

Nessa noite, um talho branco apareceu pela primeira vez entre as estrelas. Uma moça ergueu os olhos e perguntou, maravilhada: "O que é isso?"

Imediatamente uma arara vermelha lançou-se sobre ela, deu uma súbita volta e picou-a entre as pernas com seu rabo pontiagudo. A moça sangrou. Desde este momento, as mulheres sangram quando a lua quer.

Na manhã seguinte, resplandeceu no céu a corda de sete cores.

Um homem apontou com o dedo:

– Olhem, olhem! Que estranho!

Disse isso e caiu.

E essa foi a primeira vez em que alguém morreu. *(59)*

O dia

O corvo, que reina agora do alto do totem da nação haida, era neto do grande chefe divino que fez o mundo.

Quando o corvo chorou pedindo a lua, que estava pendurada na parede de troncos, o avô entregou-a. O corvo lançou-a ao céu, pelo buraco da chaminé; e novamente se pôs a chorar, reclamando as estrelas. Quando as conseguiu, disseminou-as ao redor da lua.

Então chorou e esperneou e gemeu até que o avô entregou-lhe a caixa de madeira lavrada onde guardava a luz do dia. O grande chefe divino proibiu-lhe que tirasse essa caixa da casa. Ele tinha decidido que o mundo vivesse no escuro.

O corvo brincava com a caixa, bancando o distraído, e com o rabo dos olhos espiava os guardas que o estavam vigiando.

Aproveitando um descuido, fugiu com a caixa no bico. A ponta do bico partiu-se ao passar pela chaminé e queimaram-se as suas plumas, que ficaram negras para sempre.

Chegou o corvo às ilhas da costa do Canadá. Escutou vozes humanas e pediu comida. Negaram. Ameaçou quebrar a caixa de madeira:

– Se o dia, que tenho guardado aqui, escapa, jamais se apagará no céu – advertiu. – Ninguém poderá dormir, nem guardar segredos, e se saberá quem é gente, quem é pássaro e quem é fera do bosque.

Riram. O corvo quebrou a caixa e a luz explodia no universo. *(87)*

A noite

O sol não deixava nunca de iluminar e os índios cashinahua não conheciam a doçura do descanso.

Muito necessitados de paz, exaustos de tanta luz, pediram ao rato que emprestasse a noite.

Fez-se a escuridão, mas a noite do rato bastou apenas para comer e fumar um pouco em frente do fogo. O amanhecer chegou e os índios mal haviam deitado sem suas redes.

Provaram então a noite do tapir. Com a noite do tapir, puderam dormir um sono solto e desfrutaram o sonho tão esperado. Mas quando despertaram, tinha passado tanto tempo que as ervas do monte haviam invadido seus cultivos e esmagado suas casas.

Depois de muito buscar, ficaram com a noite do tatu. Pediram essa noite emprestada e não a devolveram jamais.

O tatu, despojado da noite, dorme durante o dia. *(59)*

As estrelas

Tocando a flauta declara-se amor ou anuncia-se o regresso dos caçadores. Ao som da flauta, os índios walwai convocam seus convidados. Para os tukano, a flauta chora; e para os kalina, fala, porque quem grita é a trombeta.

Nas margens do rio Negro, a flauta garante o poder dos varões. Estão escondidas as flautas sagradas e a mulher que as vê merece a morte.

Em tempos muito remotos, quando as mulheres possuíam as flautas sagradas, os homens carregavam lenha e água e preparavam o pão de mandioca.

Contam os homens que o sol se indignou ao ver que as mulheres reinavam no mundo. O sol desceu à selva e fecundou uma das virgens, deslizando sucos de folhas entre suas pernas. Assim nasceu Jurupari.

Jurupari roubou as flautas sagradas e entregou-as aos homens. Ensinou-lhes a ocultá-las e defendê-las e a celebrar festas e rituais sem mulheres. Contou-lhes, além disso, os segredos que deveriam transmitir ao ouvido de seus filhos varões.

Quando a mãe de Jurupari descobriu o esconderijo das flautas sagradas, ele condenou-a à morte; e de seus pedacinhos fez as estrelas do céu. *(91 e 112)*

A VIA-LÁCTEA

A minhoca, que não era maior do que um dedo mindinho, comia corações de pássaros. Seu pai era o melhor caçador da aldeia dos mosetenes.

A minhoca crescia. De repente, teve o tamanho de um braço. Cada vez exigia mais corações. O caçador passava o dia inteiro na selva, matando para seu filho.

Quando a serpente não cabia mais na choça, a selva tinha ficado vazia de pássaros. O pai, flecha certeira, ofereceu-lhe corações de jaguar.

A serpente devorava e crescia. Já não havia jaguares na selva.

– Quero corações humanos – disse a serpente.

O caçador deixou sem gente a sua aldeia e as comarcas vizinhas até que um dia, em uma aldeia distante, o surpreenderam no galho de uma árvore e o mataram.

Acossada pela fome e pela saudade, a serpente foi buscá-lo.

Enroscou seu corpo em torno da aldeia culpada, para que ninguém pudesse escapar. Os homens lançaram todas as suas flechas contra aquele anel gigante que os havia sitiado. Enquanto isso, a serpente não deixava de crescer.

Ninguém se salvou. A serpente resgatou o corpo de seu pai e cresceu para o alto.

E lá se vê, ondulante, eriçada de flechas luminosas, atravessando a noite. *(174)*

O LUZEIRO

A lua, mãe encurvada, pediu a seu filho:

– Não sei por onde anda teu pai. Leve a ele notícias minhas.

Partiu o filho em busca do mais intenso dos fogos.

Não o encontrou ao meio-dia, onde o sol bebe seu vinho e dança com suas mulheres ao som dos atabaques. Buscou-o nos horizontes e na região dos mortos. Em nenhuma de suas quatro casas estava o sol dos povos tarascos.

O luzeiro continua perseguindo seu pai pelo céu. Sempre chega demasiado cedo ou demasiado tarde. *(52)*

O falar

O Pai Primeiro dos guaranis ergueu-se na escuridão, iluminado pelos reflexos de seu próprio coração, e criou as chamas e a tênue neblina. Criou o amor, e não tinha a quem dá-lo. Criou a fala, mas não havia quem o escutasse.

Então encomendou às divindades que construíssem o mundo e que se encarregassem do fogo, da névoa, da chuva e do vento. E entregou-lhes a música e as palavras do hino sagrado, para que dessem vida às mulheres e aos homens.

Assim o amor fez-se comunhão, e a fala ganhou vida e o Pai Primeiro redimiu sua solidão. Ele acompanha os homens e as mulheres que caminham e cantam:

Já estamos pisando esta terra,
já estamos pisando esta terra reluzente. *(40 e 192)*

O fogo

As noites eram de gelo e os deuses tinham levado o fogo embora. O frio cortava a carne e as palavras dos homens. Eles suplicavam, tiritando, com a voz quebrada; e os deuses se faziam de surdos.

Uma vez lhes devolveram o fogo. Os homens dançaram de alegria e alçaram cânticos de gratidão. Mas de repente os deuses enviaram chuva e granizo e apagaram as fogueiras.

Os deuses falaram e exigiram: para merecer o fogo, os homens deveriam abrir peitos com um punhal de pedra e entregar corações.

Os índios quichés ofereceram o sangue de seus prisioneiros e se salvaram do frio.

Os cakchiqueles não aceitaram o preço. Os cakchiqueles, primos dos quichés e também herdeiros dos maias, deslizaram com pés de pluma através da fumaça e roubaram o fogo e o esconderam nas covas de suas montanhas. *(188)*

A selva

No meio de um sonho, o Pai dos índios uitotos vislumbrou uma neblina fulgurante. Naqueles vapores palpitavam musgos e líquens e ressoavam assovios de ventos, pássaros e serpentes.

O Pai pôde pegar a neblina, e a reteve com o fio de seu hálito. Tirou-a do sonho e misturou-a com a terra.

Cuspiu várias vezes sobre a terra neblinosa. No torvelinho de espuma ergueu-se a selva, abriram as árvores suas copas enormes e brotaram as frutas e as flores. Cobraram corpo e voz, na terra empapada, o grilo, o macaco, o tapir, o javali, o tatu, o cervo, o jaguar e o tamanduá. Surgiram no ar a águia-real, a arara, o urubu, o colibri, a garça-branca, o pato, o morcego...

A vespa chegou com muito ímpeto. Deixou sem rabo os sapos e os homens, e depois cansou-se. *(174)*

O cedro

O Pai Primeiro fez nascer a terra da ponta de sua vara e cobriu-a de pelúcia.

Na pelúcia ergueu-se o cedro, a árvore sagrada de onde flui a palavra. Então o Pai Primeiro disse aos mby'a-guaranis que cavassem essa árvore para escutar o que havia dentro. Disse que os que soubessem escutar o cedro, cofre das palavras, conheceriam a futura morada de suas fogueiras.

Quem não soubesse escutá-lo, tornaria a ser nada mais do que terra desprezada. *(192)*

O guayacán

Andava em busca de água uma moça do povo dos nivakle, quando encontrou-se com uma árvore fornida, Nasuk, o guayacán, e sentiu-se chamada. Abraçou seu tronco firme, apertando-o com todo o corpo, e cravou suas unhas na casca. A árvore sangrou. Ao despedir-se, ela falou:

– Como eu gostaria, Nasuk, que fosses homem!

E o guayacán se fez homem e foi buscá-la. Quando a encontrou, mostrou-lhe as costas arranhadas e estendeu-se ao seu lado. *(192)*

As cores

Eram brancas as plumas dos pássaros e branca a pele dos animais.

Azuis são, agora, os que se banharam em um lago onde não desembocava nenhum rio, e nenhum rio nascia. Vermelhos, os que mergulharam no lago do sangue derramado por um menino da tribo kadiueu. Têm a cor da terra os que se revolveram no barro, e o da cinza os que buscaram calor nos fogões apagados. Verdes são os que esfregaram seus corpos na folhagem, e brancos os que ficaram quietos. *(174)*

O amor

Na selva amazônica, a primeira mulher e o primeiro homem se olharam com curiosidade. Era estranho o que tinham entre as pernas.

– Te cortaram? – perguntou o homem.

– Não – disse ela. – Sempre fui assim.

Ele examinou-a de perto. Coçou a cabeça. Ali havia uma chaga aberta. Disse:

– Não comas mandioca, nem bananas, e nenhuma fruta que se abra ao amadurecer. Eu te curarei. Deita na rede, e descansa.

Ela obedeceu. Com paciência bebeu os mingaus de ervas e se deixou aplicar as pomadas e os unguentos. Tinha de apertar os dentes para não rir, quando ele dizia:

– Não te preocupes.

Ela gostava da brincadeira, embora começasse a se cansar de viver em jejum, estendida em uma rede. A memória das frutas enchia sua boca de água.

Uma tarde, o homem chegou correndo através da floresta. Dava saltos de euforia e gritava:

– Encontrei! Encontrei!

Acabava de ver o macaco curando a macaca na copa de uma árvore.

– É assim – disse o homem, aproximando-se da mulher.

Quando acabou o longo abraço, um aroma espesso, de flores e frutas, invadiu o ar. Dos corpos, que jaziam juntos, se desprendiam vapores e fulgores jamais vistos, e era tanta a formosura que os sóis e os deuses morriam de vergonha. *(59)*

OS RIOS E O MAR

Não havia água na selva dos chocoes. Deus soube que a formiga tinha água, e pediu-lhe. A formiga não quis escutá-lo. Deus apertou sua cintura, que ficou fininha para sempre, e a formiga esguichou a água que guardava na boca.

– Agora me dirás de onde a tiraste.

A formiga conduziu Deus até uma árvore que não tinha nada de excepcional.

Quatro dias e quatro noites ficaram trabalhando as rãs e os homens, a golpes de machado, mas a árvore não terminava de cair. Um cipó impedia que tocasse a terra.

Deus ordenou ao tucano:

– Corte-o.

O tucano não conseguiu, e por isso foi condenado a comer frutas inteiras.

A arara cortou o cipó, com seu bico duro e afiado.

Quando a árvore da água caiu, do tronco saiu o mar e dos galhos, os rios.

Toda a água era doce. Foi o Diabo quem andou jogando punhados de sal nela. *(174)*

As marés

Antes, os ventos sopravam sem cessar sobre a ilha de Vancouver. Não existia o bom tempo nem havia maré baixa.

Os homens decidiram matar os ventos.

Enviaram espiões. O mirlo de inverno fracassou; e também a sardinha. Apesar de sua vista ruim e de seus braços quebrados, foi a gaivota quem pôde enganar os furacões que montavam guarda na casa dos ventos.

Os homens mandaram então um exército de peixes, que a gaivota conduziu. Os peixes se jogaram junto à porta. Ao sair, os ventos pisaram neles, escorregaram e caíram, um atrás do outro, sobre a arraia, que os enrolou com a cauda e os devorou.

O vento do oeste foi agarrado com vida. Prisioneiro dos homens, prometeu que não sopraria continuamente, que faria ar suave e brisas ligeiras e que as águas abandonariam as margens duas vezes por dia, para que se pudesse pescar moluscos na maré baixa.

Perdoaram sua vida. O vento do oeste cumpriu sua palavra. *(114)*

A neve

– Quero que voes!, disse o amo da casa, e a casa se pôs a voar. Andou às cegas pelos ares, assoviando ao passar, até que o amo ordenou:

– Quero que te detenhas aqui!, e a casa parou, suspensa no meio da noite e da neve que caía.

Não havia esperma de baleia para acender as lâmpadas, de maneira que o amo da casa pegou um punhado de neve fresca e a neve lhe deu luz.

A casa aterrissou em uma aldeia iglulik. Ao ver as lâmpadas acesas com neve, alguém exclamou:

– A neve arde!,

e as lâmpadas se apagaram. *(174)*

O DILÚVIO

Ao pé da cordilheira dos Andes, reuniram-se os chefes das comunidades. Fumaram e discutiram.

A árvore da abundância erguia sua plenitude mais além do teto do mundo. Lá de baixo avistavam-se suas altas ramas curvadas pelo peso dos cachos, frondosos ananás, cocos, mamões e frutas-de-conde, milho, mandioca, feijão...

Os ratos e os pássaros desfrutavam os manjares. As pessoas, não. A raposa, que subia e descia dando-se banquetes, não oferecia. Os homens que tinham tentado trepar se esborracharam contra o chão.

– O que faremos?

Um dos chefes convocou um machado em seus sonhos. Despertou com um sapo na mão. Bateu com o sapo no imenso tronco da árvore da abundância, mas o animalzinho jorrou o fígado pela boca.

– Este sonho mentiu.

Outro chefe sonhou. Pediu um machado ao Pai de Todos. O Pai advertiu que a árvore se vingaria, mas enviou um papagaio vermelho.

Empunhando o papagaio, esse chefe abateu a árvore da abundância. Uma chuva de alimentos caiu sobre a terra e a terra ficou surda com o estrondo. Então, a mais descomunal das tormentas explodiu no fundo dos rios. Ergueram-se as águas, que cobriram o mundo.

Dos homens, apenas um sobreviveu. Nadou e nadou, dias e noites, até que pôde agarrar-se à copa de uma palmeira que sobressaía das águas. *(174)*

A tartaruga

Quando baixaram as águas do Dilúvio, era um lodaçal o vale de Oaxaca. Um punhado de barro ganhou vida e caminhou. Muito devagarinho caminhou a tartaruga. Ia com o pescoço esticado e os olhos muito abertos, descobrindo o mundo que o sol fazia renascer.

Em um lugar que fedia, a tartaruga viu o urubu devorando cadáveres.

– Me leva para o céu – rogou. – Quero conhecer Deus.

Muito se fez de rogado o urubu. Estavam saborosos os mortos. A cabeça da tartaruga aparecia para suplicar e tornava a meter-se debaixo da carapaça, porque não suportava o fedor.

– Você, que tem asas, me leva – mendigava.

Farto da pidona, o urubu abriu suas enormes asas negras e empreendeu voo com a tartaruga nas costas.

Iam atravessando nuvens e a tartaruga, escondida a cabeça, se queixava:

– Como você cheira mal!

O urubu se fazia de surdo.

– Que cheiro de coisa podre! – repetia a tartaruga.

E assim até que o pássaro perdeu sua última paciência, e se inclinou bruscamente e jogou-a para a terra.

Deus desceu dos céus e juntou seus pedacinhos.

Na carapaça a gente vê os remendos. *(92)*

O papagaio

Depois do Dilúvio, a selva estava verde mas vazia. O sobrevivente lançava suas flechas através das árvores e as flechas atravessavam apenas sombras e folhagens.

Um anoitecer, depois de muito caminhar buscando, o sobrevivente regressou ao seu refúgio e encontrou carne assada e broas de mandioca. A mesma coisa ocorreu no dia seguinte, e no seguinte. O que tinha se desesperado de fome e de solidão se perguntou a quem devia agradecer a boa sorte. Ao amanhecer, escondeu-se e esperou.

Dois papagaios chegaram do céu. Nem bem pousaram na terra, se transformaram em mulheres. Acenderam fogo e se puseram a cozinhar.

O único homem escolheu a que tinha os cabelos mais longos e mostrava as plumas mais altas e coloridas. A outra mulher, desprezada, afastou-se voando.

Os índios maynas, descendentes daquele casal, maldizem seu antepassado quando as mulheres andam preguiçosas e reclamonas. Dizem que a culpa é dele, porque escolheu a inútil. A outra foi a mãe e o pai de todos os papagaios que vivem na selva. *(191)*

O colibri

Ao amanhecer, cumprimenta o sol. Cai a noite e ainda trabalha. Anda zumbindo de galho em galho, de flor em flor, veloz e necessário como a luz. Às vezes duvida, e fica imóvel no ar, suspenso; às vezes voa para trás, como ninguém pode. Às vezes anda meio tonto, de tanto beber os méis das corolas. Ao voar, lança relâmpagos de cores.

Ele traz as mensagens dos deuses, se transforma em raio para executar suas vinganças, e sopra as profecias nos ouvidos dos profetas. Quando morre um menino guarani, resgata-lhe a alma, que jaz no cálice de uma flor, e a leva, em seu longo bico de agulha, até a Terra sem Mal. Conhece esse caminho desde o princípio dos tempos. Antes que nascesse o mundo, ele já existia: refrescava a boca do Pai Primeiro com gotas de orvalho e acalmava sua fome com o néctar das flores.

Ele conduziu a longa peregrinação dos toltecas até a cidade sagrada de Tula, antes de levar o calor do sol aos astecas.

Como capitão dos chontales, voa plano sobre os acampamentos dos inimigos, mede suas forças, cai em rasante e dá morte ao chefe enquanto ele dorme. Como sol dos kekchíes, voa até a lua, a surpreende em seus aposentos e faz o amor com ela.

Seu corpo tem o tamanho de uma amêndoa. Nasce de um ovo que não é maior que um feijão, dentro de um ninho que cabe em uma noz. Dorme ao abrigo de uma folhinha. *(40, 206 e 210)*

O urutau

"Sou filha da desgraça", disse Nheambiú, a filha do chefe, quando seu pai proibiu seus amores com um homem de uma comunidade inimiga.

Disse isso e fugiu.

Pouco tempo depois a encontraram, nos montes do Iguaçu. Encontraram uma estátua. Nheambiú olhava sem ver; estava muda a sua boca e adormecido o seu coração.

O chefe mandou chamar o que decifra os mistérios e cura as doenças. Toda a comunidade acudiu para presenciar a ressurreição.

O sábio pediu conselho à erva-mate e ao vinho de mandioca. Aproximou-se de Nheambiú e mentiu-lhe junto ao ouvido:

– O homem que você ama acaba de morrer.

O grito de Nheambiú converteu a todos os índios em salgueiros-chorões. Ela voou, feita pássaro.

Os gritos do urutau, que em plena noite estremecem as montanhas, podem ser escutados a mais de uma légua. É difícil ver o urutau. Caçá-lo, impossível. Não há quem alcance o pássaro fantasma. *(86)*

O joão-de-barro

Quando chegou à idade das três provas, aquele moço correu e nadou melhor que ninguém e ficou nove dias sem comer, esticado por tiras de couros, sem mover-se nem queixar-se. Durante as provas escutava uma voz de mulher que cantava para ele, de muito longe, e o ajudava a aguentar.

O chefe da comunidade decidiu que devia casar-se com sua filha, mas ele levantou voo e perdeu-se nos bosques do rio Paraguai, buscando a cantora.

Por lá anda ainda o João-de-Barro. Bate forte as asas e proclama alegrias quando crê que vem, voando, a voz procurada. Esperando a que não chega, construiu uma casa de barro, com a porta aberta à brisa do norte, em um lugar que está a salvo dos raios.

Todos o respeitam. Quem mata o João-de-Barro ou quebra a sua casa, atrai a tormenta. *(144)*

O corvo

Estavam secos os lagos e vazios os leitos dos rios. Os índios takelma, mortos de sede, mandaram o corvo e a corneja em busca de água.

O corvo cansou-se em seguida. Mijou em uma cabaça e disse que essa era a água que trazia de uma comarca distante.

A corneja, em compensação, continuou voando. Regressou muito depois, carregada de água fresca, e salvou da seca o povo dos takelma.

Como castigo, o corvo foi condenado a sofrer de sede durante os verões. Como não pode molhar a goela, fala com voz muito rouca enquanto duram os calores. *(114)*

O condor

Cauillaca estava tecendo uma manta, debaixo da copa de uma árvore, e lá em cima voava Coniraya, transformado em pássaro. A moça não prestava a menor atenção aos seus trinados e revoadas.

Coniraya sabia que outros deuses mais antigos e principais ardiam de desejo por Cauillaca. Mas, mesmo assim, mandou-lhe sua semente, lá de cima, na forma de uma fruta madura. Quando ela viu a fruta suculenta aos seus pés, ergueu-a e mordeu-a. Sentiu um prazer desconhecido e ficou grávida.

Depois, ele converteu-se em pessoa, homem farrapento, de dar dó, e perseguiu-a por todo Peru. Caulliaca fugia rumo ao mar com seu filhote nas costas e atrás ia Coniraya, desesperado, procurando-a.

Perguntou por ela a um gambá. O gambá, vendo seus pés sangrando e tanto desamparo, respondeu: "Bobo. Não vês que não vale a pena prosseguir?" Então Coniraya o amaldiçoou:

– Vagarás pelas noites. Deixarás mau cheiro por onde passes. Quando morreres, ninguém te levantará do solo.

Em compensação, o condor deu ânimo ao perseguidor. "Corre!", gritou. "Corre e a alcançarás!" E Coniraya o abençoou:

– Voarás por onde queiras. Não haverá lugar no céu ou na terra em que não possas penetrar. Ninguém chegará onde tenhas teu ninho. Nunca te faltará comida; e quem te mate, morrerá.

Depois de muita montanha, Coniraya chegou ao litoral. Chegou tarde. A moça e seu filho já eram uma ilha, esculpidos em rocha, no meio do mar. *(100)*

O Jaguar

Andava o jaguar caçando, armado de arco e flechas, quando encontrou uma sombra. Quis agarrá-la, e não pôde. Ergueu a cabeça. O dono da sombra era o jovem Botoque, da tribo kayapó, quase morto de fome no alto de um rochedo.

Botoque não tinha forças para mover-se e mal conseguiu balbuciar umas palavras. O jaguar baixou o arco e convidou-o a comer carne assada em sua casa. Embora o rapaz não soubesse o que significava a palavra "assada", aceitou o convite e se deixou cair sobre o lombo do caçador.

– Trazes o filho de outro – reclamou a mulher.

– Agora é meu filho – disse o jaguar.

Botoque viu o fogo pela primeira vez. Conheceu o fogão de pedra e o sabor da carne assada de tapir e veado. Soube que o fogo ilumina e esquenta. O jaguar deu-lhe um arco e flechas e ensinou-o a defender-se.

Um dia, Botoque fugiu. Tinha matado a mulher do jaguar.

Correu um longo tempo, desesperado, e não parou até chegar à sua aldeia. Lá, contou sua história e mostrou os segredos: a arma nova e a carne assada. Os kayapós decidiram apoderar-se do fogo e das aemas, e ele os conduziu à casa remota.

Desde então, o jaguar odeia os homens. Do fogo, não lhe restou mais que o reflexo que brilha em suas pupilas. Para caçar, conta apenas com dentes e garras, e come crua a carne de suas vítimas. *(111)*

O urso

Os animais do dia e os animais da noite se reuniram para decidir o que fariam com o sol, que por aquela época chegava e ia embora quando queria. Os animais resolveram deixar o assunto nas mãos da sorte. O grupo que vencesse no jogo das adivinhanças decidiria quanto tempo deveria durar, dali para a frente, a luz do sol sobre o mundo.

Assim estavam quando o sol, intrigado, se aproximou. Tanto se aproximou o sol que os animais da noite tiveram de fugir em disparada. O urso foi vítima da urgência. Meteu seu pé direito no mocassim esquerdo e o pé esquerdo no mocassim direito. Assim saiu correndo, e correu como pôde.

Segundo os índios comanches, desde então o urso caminha balançando o corpo. *(132)*

O jacaré

O sol dos mucusi estava preocupado. Cada vez havia menos peixes em suas reservas.

Encarregou o jacaré da vigilância. As reservas se esvaziaram. O jacaré, guardião e ladrão, inventou uma boa história de assaltantes invisíveis, mas o sol não acreditou. Empunhou um facão e deixou o corpo do jacaré todo cruzado de talhos.

Para acalmar sua fúria, o jacaré ofereceu ao sol sua formosa filha.

– Espero por ela – disse o sol.

Como o jacaré não tinha nenhuma filha, esculpiu uma mulher no tronco de uma ameixeira silvestre.

– Aqui está – anunciou, e meteu-se na água, olhando meio de lado, como olha até hoje.

Foi o pica-pau quem salvou-lhe a vida. Antes que o sol chegasse, o pica-pau picou a moça de madeira no meio das pernas. Assim ela, que estava incompleta, foi aberta para que o sol entrasse. *(112)*

O tatu

Anunciou-se a grande festa no lago Titicaca e o tatu, que era bicho muito principal, quis deslumbrar a todos.

Com muita antecipação, se pôs a tecer a fina trama de um manto tão elegante que ia ser um escândalo.

A raposa o viu trabalhando e meteu o nariz:

– Você está de mau humor?

– Não me distraia.

– Para que é isso?

O tatu explicou.

– Ah! – disse a raposa, saboreando as palavras. – Para a festa desta noite?

– Desta noite?

O tatu sentiu o coração na boca. Nunca tinha sido muito certeiro no cálculo do tempo.

– E eu com meu manto pela metade!

Enquanto a raposa se afastava rindo entre os dentes, o tatu terminou seu abrigo às pressas. Como o tempo voava, não pôde continuar com a mesma delicadeza. Teve de utilizar fios mais grossos e a trama, depois de tecida, ficou mais estendida.

Por isso a capa do tatu é apertada no pescoço e muito aberta nas costas. *(174)*

O coelho

O coelho queria crescer.

Deus prometeu-lhe que aumentaria seu tamanho se ele trouxesse uma pele de tigre, uma de macaco, uma de lagarto e uma de serpente.

O coelho foi visitar o tigre.

– Deus me contou um segredo – comentou, confidencial.

O tigre quis saber e o coelho anunciou um furacão que vinha vindo.

– Eu me salvarei, porque sou pequeno. Me esconderei em algum buraco. Mas você, o que fará? O furacão não vai perdoar você.

Uma lágrima rodou pelos bigodes do tigre.

– Só me ocorre uma maneira de salvar você – ofereceu o coelho. – Buscaremos uma árvore de tronco muito forte. Eu te amarro no tronco pelo pescoço e pelas mãos, e o furacão não te leva.

Agradecido, o tigre deixou-se amarrar. Então o coelho matou-o de uma paulada, e o despiu.

E continuou seu caminho, bosque adentro, pela comarca dos zapotecas.

Parou debaixo de uma árvore onde um macaco estava comendo. Tomando uma faca do lado em que não tem corte, o coelho começou a bater com ela no pescoço. A cada batida, uma gargalhada. Depois de muito bater e muito rir, deixou a faca no chão e se retirou aos pulinhos.

Escondeu-se entre os galhos, na espreita. O macaco não demorou em descer. Olhou essa coisa que fazia rir e coçou a cabeça. Agarrou a faca e ao primeiro golpe caiu degolado.

Faltavam duas peles. O coelho convidou o lagarto para jogar bola. A bola era de pedra: bateu no nascimento do rabo do lagarto e deixou-o esticado.

Perto da serpente, o coelho fez que dormia. Antes que ela saltasse, quando estava tomando impulso, de repente cravou-lhe as unhas nos olhos.

Chegou ao céu com as quatro peles.

– Agora, me faz crescer – exigiu.

E Deus pensou: “Sendo tão pequenino, o coelho fez o que fez. Se aumento seu tamanho, o que não fará? Se o coelho fosse grande, talvez eu não fosse Deus”.

O coelho esperava. Deus aproximou-se suavemente, acariciou seu lombo e de repente agarrou-o pelas orelhas, deu um par de voltas com ele no ar e atirou-o à terra.

Por isso ficaram longas as orelhas do coelho, curtas as patas dianteiras, que ele estendeu para aparar a queda, e vermelhos os seus olhos, por causa do pânico. *(92)*

A serpente

Deus lhe disse:

– Passarão três piraguas pelo rio. Em duas delas, viajará a morte. Se você não se enganar, te libertarei da vida breve.

A serpente deixou passar a primeira, que vinha carregada com balaios de carne podre. Tampouco deu confiança à segunda, que estava cheia de gente. Quando chegou a terceira, que parecia vazia, deu-lhe as boas-vindas.

Por isso é imortal a serpente na região dos shipaiá.

Cada vez que envelhece, Deus lhe dá uma pele nova. *(111)*

A rã

De uma cova do Haiti brotaram os primeiros índios taínos.

O sol não lhes dava sossego. A três por dois os sequestrava e os transformava. O que montava guarda de noite foi convertido em pedra; dos pescadores, o sol fez árvores, e agarrou no caminho o que saiu para buscar ervas, e transformou-o em pássaro que canta pelas manhãs.

Um dos homens fugiu do sol. Ao ir embora, levou todas as mulheres com ele.

Não está feito de riso o canto das rãzinhas das ilhas do Caribe. Elas são os meninos taínos daquele tempo. Dizem: “toa, toa”, que é seu jeito de chamar suas mães. *(126 e 168)*

O MORCEGO

Quando o tempo era ainda muito menino, não havia no mundo bicho mais feio que o morcego.

O morcego subiu ao céu procurando Deus. Não lhe disse:

– Estou farto de ser horroroso. Dê-me penas coloridas.

Não. Disse:

– Dê-me penas, por favor, que morro de frio.

Acontece que Deus já não tinha penas para dar.

– Cada ave te dará uma pena – decidiu.

Assim obteve o morcego a pena branca da pomba e a verde do papagaio, a pena furta-cor do colibri e a rosada do flamingo, a vermelha do penacho do cardeal e a pena azul das costas do martim pescador, a pena de argila da asa da águia e a pena de sol do peito do tucano.

O morcego, frondoso de cores e suavidades, passeava entre a terra e as nuvens. Por onde ia ficava alegre o ar e as aves, mudas de admiração. Dizem os povos zapotecas que o arco-íris nasceu de seu voo.

A vaidade inchou-lhe o peito. Olhava com desdém e comentava ofendido.

Se reuniram as aves. Juntas voaram até Deus.

– O morcego caçoa de nós – se queixavam. – E além disso, sentimos frio, por causa das penas que nos faltam.

No dia seguinte, quando o morcego sacudiu as asas em pleno voo, ficou subitamente nu. Uma chuva de penas caiu sobre a terra.

Ele anda procurando por elas até hoje. Cego e feio, inimigo da luz, vive escondido nas covas e grutas. Sai para perseguir as penas perdidas quando cai a noite; e voa muito veloz, sem parar nunca, porque tem vergonha de ser visto. *(92)*

Os mosquitos

Muitos eram os mortos na aldeia dos nookta. Em cada morto havia um furo por onde tinham roubado todo seu sangue.

O assassino, um menino que matava antes mesmo de aprender a caminhar, recebeu sua sentença às gargalhadas. Foi atravessado pelas lanças e, rindo, desprendeu-as do corpo como se fossem espinhos.

– Eu os ensinarei a matar-me – disse o menino.

Indicou a seus verdugos que armassem uma grande fogueira, e que o arrojassem lá dentro.

Suas cinzas se espalharam pelos ares, ansiosas de dano, e assim se puseram a voar os primeiros mosquitos. *(174)*

O mel

Mel fugia de suas duas cunhadas. Várias vezes as tinha expulsado da rede.

Elas andavam atrás dele, noite e dia; viam Mel e ficavam com água na boca. Só em sonhos conseguiam tocá-lo, lambê-lo, comê-lo.

O despeito foi crescendo. Uma manhã, quando as cunhadas estavam tomando banho, viram Mel na beira do rio. Correram e salpicaram-no de água. Mel, molhado, se dissolveu.

No golfo de Pária, não é fácil encontrar o mel perdido. É preciso subir nas árvores, com o machado na mão, abrir os troncos e buscar muito. E o escasso mel é comido com prazer e com medo, porque às vezes mata. *(112)*

As sementes

Pachacamac, que era filho do sol, fez um homem e uma mulher nos areais de Lurín.

Não havia nada para comer e o homem morreu de fome.

Estava a mulher agachada, cavucando em busca de raízes, quando o sol entrou nela e fez-lhe um filho.

Pachacamac, ciumento, agarrou o recém-nascido e esquartejou-o. Mas em seguida se arrependeu, ou teve medo da cólera de seu pai, o sol, e regou pelo mundo os pedacinhos de seu irmão assassinado.

Dos dentes do morto, brotou então o milho; e a mandioca de suas costelas e ossos. O sangue fez férteis as terras e da carne semeada surgiram árvores de fruta e sombra.

Assim encontram comida as mulheres e os homens que nascem nesta costa, onde não chove nunca. *(53)*

O milho

Os deuses fizeram de barro os primeiros maias-quichés. Duraram pouco. Eram moles, sem força; desmoronaram antes de caminhar.

Depois, tentaram com madeira Os bonecos de pau falaram e andaram, mas eram secos: não tinham sangue nem substância, memória ou rumo. Não sabiam falar com os deuses, ou não encontravam nada para dizer a eles.

Então os deuses fizeram de milho as mães e os pais. Com milho amarelo e milho branco amassaram sua carne.

As mulheres e os homens de milho viam tanto como os deuses. Seu olhar se estendia sobre o mundo inteiro.

Os deuses jorraram um hálito e os deixaram com os olhos nublados para sempre, porque não queriam que as pessoas vissem além do horizonte. *(188)*

O tabaco

Os índios cariris tinham suplicado ao Avô que os deixasse provar a carne dos porcos selvagens, que ainda não existiam. O Avô, arquiteto do Universo, sequestrou os meninos pequenos da aldeia cariri e converteu-os em porcos selvagens. Fez nascer uma grande árvore para que fugissem para o céu.

Os índios perseguiram os javalis, tronco acima, de galho em galho, e conseguiram matar alguns. O Avô ordenou às formigas que derrubassem a árvore. Ao cair, os índios quebraram os ossos. Daquela queda, todos temos ossos partidos, e por isso podemos dobrar os dedos e as pernas ou inclinar os corpos.

Com os porcos selvagens mortos, fez-se na aldeia um grande banquete.

Os índios rogaram ao Avô que baixasse do céu, onde cuidava dos meninos salvados da caçada, mas ele preferiu ficar por lá.

O Avô mandou o tabaco, para que ocupasse seu lugar entre os homens. Fumando, os índios conversam com Deus. *(111)*

A erva-mate

A lua morria de vontade de pisar a terra. Queria provar as frutas e banhar-se em algum rio.

Graças às nuvens, pôde descer. Do pôr do sol ao amanhecer, as nuvens cobriram o céu para que ninguém percebesse que faltava a lua.

Foi uma maravilha a noite na terra. A lua passeou pela selva do alto Paraná, conheceu misteriosos aromas e sabores e nadou longamente no rio. Um velho lavrador salvou-a duas vezes. Quando o jaguar ia cravar seus dentes no pescoço da lua, o velho degolou a fera com seu facão; e quando a lua teve fome, levou-a para a sua casa. "Te oferecemos nossa pobreza", disse a mulher do lavrador, e deu-lhe umas broas de milho.

Na noite seguinte, lá do céu, a lua apareceu na casa de seus amigos. O velho lavrador tinha construído sua choça em uma clareira na selva, muito longe das aldeias. Ali vivia, como em um exílio, com sua mulher e sua filha.

A lua descobriu que naquela casa não havia nada para comer. Para ela tinham sido as últimas broas de milho. Então iluminou o lugar com a melhor de suas luzes e pediu às nuvens que deixassem cair, ao redor da choça, uma garoa muito especial.

Ao amanhecer, nessa terra tinham brotado umas árvores desconhecidas. Entre o verde-escuro das folhas, apareciam flores brancas.

Jamais morreu a filha do velho lavrador. Ela é dona da erva-mate e anda pelo mundo oferecendo-a aos demais. A erva-mate desperta os adormecidos, corrige os preguiçosos e faz irmãs as gentes que não se conhecem. *(86 e 144)*

A MANDIOCA

Nenhum homem a tinha tocado, mas um menino cresceu no ventre da filha do chefe.

O chamaram Mani. Poucos dias depois de nascer, já corria e conversava. Dos mais remotos rincões da selva, veio gente para conhecer o prodigioso Mani.

Não sofreu nenhuma doença, mas ao cumprir um ano disse: "Vou morrer"; e morreu.

Passou um tempinho e uma planta jamais vista brotou na sepultura de mani, que a mãe regava cada manhã. A planta cresceu, floresceu, deu frutos. Os pássaros que a picavam andavam depois aos trambolhos pelo ar, batendo asas em espirais loucas e cantando como nunca.

Um dia a terra se abriu onde Mani jazia.

O chefe afundou a mão e arrancou uma raiz grande e carnuda. Ralou-a com uma pedra, fez uma pasta, espremeu-a e no amor do fogo cozinhou pão para todos.

Chamaram essa raiz de Mani Oca, "casa de Mani", e mandioca é seu nome na bacia amazônica e outros lugares. *(174)*

A BATATA

Um cacique da ilha de Chiloé, lugar povoado de gaivotas, queria fazer o amor como os deuses.

Quando os casais de deuses se abraçavam, tremia a terra e se desatavam os maremotos. Isso se sabia, mas ninguém os tinha visto.

Dispostos a surpreendê-los, o cacique nadou até a ilha proibida.

Conseguiu ver apenas um lagarto gigante, com a boca bem aberta e cheia de espuma e uma língua desmedida que jorrava fogo pela ponta.

Os deuses afundaram o indiscreto debaixo da terra e o condenaram a ser comido pelos demais. Como castigo por sua curiosidade, cobriram seu corpo de olhos cegos. *(178)*

A cozinha

Uma mulher do povo tillamook encontrou, no meio do bosque, uma cabana da qual saía fumaça. Aproximou-se, curiosa, e entrou.

No centro, entre pedras, ardia o fogo.

No teto estavam pendurados muitos salmões. Um deles caiu sobre sua cabeça. A mulher apanhou-o e colocou-o em seu lugar. Novamente o peixe se desprendeu e bateu na sua cabeça, e ela tornou a pendurá-lo e o salmão, a cair.

A mulher atirou ao fogo as raízes que tinha apanhado para comer. O fogo queimou-as num instante. Furiosa, ela bateu na fogueira com o atiçador, uma e outra vez, com tanta violência que o fogo estava apagando-se quando chegou o dono da casa e deteve seu braço.

O homem misterioso avivou as chamas, sentou-se junto da mulher e explicou:

– Você não entendeu.

Ao bater nas chamas e dispersar as brasas, ela esteve a ponto de deixar o fogo cego, e esse era um castigo que ele não merecia. O fogo tinha comido as raízes porque pensou que a mulher estava oferecendo-as. E antes, tinha sido o fogo quem desprendera o salmão uma e outra vez sobre a cabeça da mulher, mas não para machucá-la: essa tinha sido sua maneira de dizer-lhe que podia cozinhar o salmão.

– Cozinhá-lo? O que é isso?

Então o dono da casa ensinou a mulher a conversar com o fogo, a dourar o peixe sobre as brasas e a comer com alegria. *(114)*

A MÚSICA

Enquanto o espírito Bopé-joku assoviava uma melodia, o milho se erguia da terra, imparável, luminoso, e oferecia espigas gigantes, inchadas de grãos.

Uma mulher as estava colhendo de um jeito ruim. Ao arrancar brutalmente uma espiga, machucou-a. A espiga se vingou machucando sua mão. A mulher insultou Bopé-joku e maldisse o seu assovio.

Quando Bopé-joku fechou seus lábios, o milho murchou e secou.

Nunca mais se escutaram os alegres assovios que faziam brotar os milharais e lhes davam vigor e beleza. Desde então, os índios bororós cultivam o milho com pena e trabalho e colhem frutos mesquinhos.

Assoviando se expressam os espíritos. Quando os astros aparecem na noite, os espíritos os cumprimentam assim. Cada estrela responde com um som, que é o seu nome. *(112)*

A MORTE

O primeiro dos índios modoc, Kumokums, construiu uma aldeia na beira do rio. E embora os ursos tivessem bom lugar para enrolar-se e dormir, os veados se queixavam de que fazia muito frio e não havia erva abundante.

Kumokums ergueu outra aldeia longe dali e decidiu passar a metade do ano em cada uma. Por isso partiu o ano em dois, seis luas de verão e seis de inverno, e a lua que sobrava ficou destinada às mudanças.

A vida acabou sendo uma coisa feliz, alternada entre as duas aldeias, e se multiplicaram assombrosamente os nascimentos; mas os que morriam se negavam a ir embora, e tão numerosa se fez a população que já não havia maneira de alimentá-la.

Kumokums decidiu, então, expulsar os mortos. Ele sabia que o chefe do país dos mortos era um grande homem e que não maltratava ninguém.

Pouco depois, morreu a filhinha de Kumokums. Morreu e foi embora do país dos modoc, tal como seu pai tinha ordenado.

Desesperado, Kumokums consultou o porco-espinho.

– Tu o decidiste – opinou o porco-espinho – e agora deves sofrer como qualquer um.

Mas Kumokums viajou até o distante país dos mortos e reclamou sua filha.

– Agora tua filha é minha filha – disse o grande esqueleto que mandava ali. – Ela não tem carne nem sangue. Que pode ela fazer em teu país?

– Eu a quero do jeito que for – disse Kumokums.

Um longo tempo meditou o chefe do país dos mortos.

– Leve-a – admitiu. E advertiu:

– Ela caminhará atrás de ti. Ao aproximar-se do país dos vivos, a carne tornará a cobrir seus ossos. Mas tu não poderás virar para trás até que tenhas chegado. Me entendes? Te dou essa oportunidade.

Kumokums começou a caminhada. A filha ia atrás.

Quatro vezes tocou-lhe a mão, cada vez mais carnosa e morna e não olhou para trás. Mas quando já apareciam, no horizonte, os bosques verdes, não aguentou a vontade e virou a cabeça. Um punhado de ossos desmoronou ante seus olhos. *(132)*

A RESSURREIÇÃO

Aos cinco dias, como de costume, os mortos regressavam ao Peru. Bebiam um copo de *chicha* e diziam:

– Agora, sou eterno.

Havia demasiada gente no mundo. Plantava-se até no fundo dos precipícios e na beira dos abismos, mas a comida não chegava para todos.

Então morreu um homem em Huarochirí.

Toda a comunidade se reuniu, no quinto dia, para recebê-lo. Esperaram por ele da manhã até que a noite já ia longe. Esfriaram os pratos fumegantes e o sono foi fechando as pálpebras. O morto não chegou.

Apareceu no dia seguinte. Estavam todos furiosos. Quem mais fervia de indignação era sua mulher, que gritou-lhe:

– Preguiçoso! Sempre o mesmo preguiçoso! Todos os mortos são pontuais, menos você!

O ressuscitado balbuciou uma desculpa, mas a mulher atirou-lhe uma espiga na cabeça e deixou-o estendido no chão.

A alma se foi do corpo e fugiu voando, mosca veloz e zumbidora, para nunca mais voltar.

Desde aquela vez, nenhum morto regressou para misturar-se com os vivos e disputar sua comida. *(14)*

A magia

Uma velha muito velha, da aldeia dos tukuna, castigou as moças que lhe haviam negado comida. Durante a noite, arrebatou-lhes os ossos das pernas e devorou-lhes a medula. Nunca mais as moças puderam caminhar.

Lá na infância, pouco depois de nascer, a velha tinha recebido de uma rã os poderes do alívio e da vergonha. A rã tinha ensinado a velha muito velha a curar e a matar, a escutar as vozes que não se ouvem, e a ver cores que não se veem. Aprendeu a defender-se antes de aprender a falar. Ainda não andava, e já sabia estar onde não estava, porque os raios do amor e do ódio atravessaram de um salto as mais espessas selvas e os rios mais fundos.

Quando os tukuna cortaram sua cabeça, a velha recolheu em suas mãos o próprio sangue e soprou-o para o sol.

– A alma também entra em ti! – gritou.

Desde então, o que mata recebe no corpo, embora não queira nem saiba, a alma de sua vítima. *(112)*

O riso

O morcego, pendurado em um galho pelos pés, viu que um guerreiro kayapó se inclinava sobre o manancial.

Quis ser seu amigo.

Deixou-se cair sobre o guerreiro e o abraçou. Como não conhecia o idioma dos kayapó, falou ao guerreiro com as mãos. As carícias do morcego arrancaram do homem a primeira gargalhada. Quanto mais ria, mais fraco se sentia. Tanto riu, que no fim perdeu todas as suas forças e caiu desmaiado.

Quando se soube na aldeia, houve fúria. Os guerreiros queimaram um montão de folhas secas na gruta dos morcegos e fecharam a entrada.

Depois, discutiram. Os guerreiros resolveram que o riso fosse usado somente pelas mulheres e as crianças. *(111)*

O medo

Esses corpos nunca vistos chamaram, mas os homens nivakle não se atreviam a entrar. Tinham visto as mulheres comer: elas engoliam a carne dos peixes com a boca de cima, mas antes a mascavam com a boca de baixo. Entre as pernas, tinham dentes.

Então os homens acenderam fogueiras, chamaram a música e cantaram e dançaram para as mulheres.

Elas se sentaram ao redor, com as pernas cruzadas.

Os homens dançaram durante toda a noite. Ondularam, giraram e voaram como a fumaça e os pássaros.

Quando chegou o amanhecer, caíram desvanecidos. As mulheres os ergueram suavemente e lhes deram de beber.

Onde elas tinham estado sentadas, ficou a terra toda regada de dentes. *(192)*

A autoridade

Em épocas remotas, as mulheres se sentavam na proa das canoas e os homens na popa. As mulheres caçavam e pescavam. Elas saíam das aldeias e voltavam quando podiam ou queriam. Os homens montavam as choças, preparavam a comida, mantinham acesas as fogueiras contra o frio, cuidavam dos filhos e curtiam as peles de abrigo.

Assim era a vida entre os índios onas e os yaganes, na Terra do Fogo, até que um dia os homens mataram todas as mulheres e puseram as máscaras que as mulheres tinham inventado para aterrorizá-los.

Somente as meninas recém-nascidas se salvaram do extermínio. Enquanto elas cresciam, os assassinos lhes diziam e repetiam que servir aos homens era seu destino. Elas acreditaram. Também acreditaram suas filhas e as filhas de suas filhas. *(91 e 178)*

O poder

Nas terras onde nasce o rio Juruá, o Mesquinho era o dono do milho. Entregava assados os grãos, para que ninguém pudesse plantá-los.

Foi a lagartixa quem conseguiu roubar um grão cru. O Mesquinho agarrou-a e rasgou-lhe a boca e os dedos das mãos e dos pés; mas ela tinha sabido esconder o grãozinho atrás do último dente. Depois, a lagartixa cuspiu o grão cru na terra de todos. Os rasgões deixaram a lagartixa com essa boca enorme e esses dedos compridíssimos.

O Mesquinho era também dono do fogo. O papagaio chegou perto dele e se pôs a chorar aos gritos. O Mesquinho jogava no papagaio tudo o que tinha à mão e o papagaio esquivava os projéteis, até que viu que vinha um tição aceso. Então, agarrou-o em seu bico, que era enorme como o bico do tucano, e fugiu pelos ares. Voou perseguido por um manto de chispas. A brasa, avivada pelo vento, ia queimando seu bico; mas já havia chegado ao bosque quando o Mesquinho bateu seu tambor e desencadeou um dilúvio.

O papagaio conseguiu pôr o tição candente no buraco oco de uma árvore, deixou-o aos cuidados dos outros pássaros e saiu para molhar-se na chuva violenta. A água aliviou seus ardores. Em seu bico, que ficou curto e curvo, vê-se a marca branca da queimadura

Os pássaros protegeram com seus corpos o fogo roubado. *(59)*

A guerra

Ao amanhecer, o chamado de uma corneta anunciou, na montanha, que era hora de arcos e zarabatanas.

Ao cair da noite, da aldeia não sobrava nada além de fumaça.

Um homem pôde deitar-se, imóvel, entre os mortos. Untou seu corpo com sangue e esperou. Foi o único sobrevivente da aldeia palawiyang.

Quando os inimigos se retiraram, esse homem se levantou. Contemplou seu mundo arrasado. Caminhou entre a gente que tinha partilhado com ele a fome e a comida. Buscou em vão alguma pessoa ou coisa que não tivesse sido aniquilada. Esse espantoso silêncio o aturdia. O cheiro de incêndio e sangue o enjoavam.

Sentiu asco, por estar vivo, e tornou a deitar-se entre os seus.

Com as primeiras luzes, chegaram os abutres. Nesse homem havia apenas névoa e vontade de dormir e deixar-se devorar.

Mas a filha do condor abriu passo entre os abutres que voavam em círculos. Bateu decidida as asas e lançou-se em picada.

Ele agarrou-se em suas patas e a filha do condor levou-o longe. *(51)*

A festa

Andava um esquimó, arco na mão, perseguindo renas, quando uma águia surpreendeu-o pelas costas.

– Eu matei seus dois irmãos – disse a águia. – Se você quiser salvar-se, deve oferecer uma festa, lá em sua aldeia, para que todos cantem e dancem.

– Uma festa? O que significa cantar? E dançar, o que é?

– Venha comigo.

A águia mostrou-lhe uma festa. Tinha muita coisa boa para comer e beber. O tambor ressoava forte como o coração da velha mãe da águia, que batendo guiava seus filhos, de sua casa, através dos vastos gelos e montanhas. Os lobos, as raposas e os outros convidados dançaram e cantaram até que o sol raiou.

O caçador regressou à sua aldeia.

Muito tempo depois, soube que a velha mãe da águia e todos os velhos do mundo das águias estavam fortes e belos e velozes. Os seres humanos, que finalmente tinham aprendido a cantar e a dançar, haviam mandado, de longe, de suas festas, alegrias que davam calor ao sangue de todos os velhos do mundo das águias. *(174)*

A consciência

Quando desciam as águas do Orinoco, as piráguas traziam os caribes com seus machados de guerra.

Ninguém podia com os filhos do jaguar. Arrasavam as aldeias e faziam flautas com os ossos de suas vítimas.

Não temiam ninguém. Somente lhes dava pânico um fantasma que tinha brotado de seus próprios corações.

Ele os esperava, escondido atrás dos troncos. Ele rompia as pontes e colocava no caminho os cipós enredados que faziam com que eles tropeçassem. Viajava de noite; para despistá-los, pisava ao contrário. Estava no monte que se desprendia da rocha, no lodo que afundava debaixo de seus pés, na folha da planta venenosa e no roçar da aranha. Ele os derrubava soprando, metia-lhes a febre pela orelha e roubava-lhes a sombra.

Não era a dor, mas doía. Não era a morte, mas matava. Se chamava Kanaima e tinha nascido entre os vencedores para vingar os vencidos. *(51)*

A CIDADE SAGRADA

Wiracocha, que tinha afugentado as sombras, ordenou ao sol que enviasse uma filha e um filho à terra, para iluminar o caminho aos cegos.

Os filhos do sol chegaram às margens do lago Titicaca e começaram a viagem pelas quebradas da cordilheira. Traziam um cajado. No lugar onde afundasse o primeiro golpe do cajado, fundariam um novo reino. Do tronco, atuariam como seu pai, que dá a luz, a claridade e o calor, derrama a chuva e o orvalho, empurra as colheitas, multiplica as manadas e não deixa passar nenhum dia sem visitar o mundo.

Por todas as partes tentaram enterrar o cajado de ouro. A terra recusava, e eles continuavam buscando.

Escalaram picos e atravessaram correntezas e planaltos. Tudo que seus pés tocavam, ia se transformando: faziam fecundas as terras áridas, secavam os pântanos e devolviam os rios a seus leitos. Na alvorada, eram escoltados pelos gansos, e pelos condores ao entardecer.

Por fim, junto ao monte Wanakauri, os filhos do sol enterraram o cajado. Quando a terra o tragou, um arco-íris ergueu-se no céu.

Então o primeiro dos incas disse à sua irmã e mulher:

– Convoquemos as pessoas.

Entre a cordilheira e o altiplano estava o vale coberto de arbustos. Ninguém tinha casa. As pessoas viviam em buracos e ao abrigo de rochedos, comendo raízes, e não sabiam tecer o algodão nem a lã para defender-se do frio.

Todos os seguiram. Todos acreditaram neles. Pelos fulgores das palavras e dos olhos, todos souberam que os filhos do sol não estavam mentindo, e os acompanharam até o lugar onde os esperava, sem ter ainda nascido, a grande cidade de Cuzco. *(76)*

Os peregrinos

Os maias-quichés vieram; do oriente.

Quando recém-chegaram às novas terras, com seus deuses carregados nas costas, tiveram medo de que não houvesse amanhecer. Eles tinham deixado a alegria lá em Tulán e tinham ficado sem fôlego ao fim da longa e penosa travessia. Esperaram na beira do bosque de Izmachí, quietos, todos reunidos, sem que ninguém se sentasse ou deitasse para descansar. Mas passava o tempo e não acabava a negrura.

A luzinha anunciadora apareceu, finalmente, no céu.

Os quichés se abraçaram e dançaram; e depois, diz o livro sagrado, *o sol ergueu-se como um homem.*

Desde aquela vez, os quichés acodem, a cada fim de noite, a receber a alvorada e ver o nascimento do sol. Quando o sol está a ponto de aparecer, dizem:

– De lá viemos. *(188)*

A terra prometida

Maldormidos, nus, machucados, caminharam noite e dia durante mais de dois séculos. Iam buscando o lugar onde a terra se estende entre juncos e taquaras.

Várias vezes se perderam, se dispersaram e tornaram a juntar-se. Foram virados pelos ventos e se arrastaram amarrando-se uns em outros, golpeando--se, empurrando-se; caíram de fome e se levantaram e novamente caíram e se levantaram. Na região dos vulcões, onde não cresce erva, comeram carne de répteis.

Traziam a bandeira e a capa do deus que tinha falado aos sacerdotes, durante o sono, e tinha prometido um reino de ouro e plumas de quetzal: *Sujeitareis de mar a mar todos os povos e cidades, havia anunciado o deus, e não será por feitiço, e sim por ânimo do coração e valentia dos braços.*

Quando se aproximaram da lagoa luminosa, debaixo do sol do meio--dia, os astecas choraram pela primeira vez. Ali estava a pequena ilha de barro:

sobre o nopal, mais alto que os juncos e as palhas bravas, estendia a águia suas asas.

Ao vê-los chegar, a águia humilhou a cabeça. Estes párias, apinhados na margem da lagoa, imundos, trêmulos, eram os eleitos, os que em tempos remotos tinham nascido da boca dos deuses.

Huitzilopochtli deu-lhes as boas-vindas:

– *Este é o lugar de nosso descanso e nossa grandeza – ressoou a voz. – mando que se chame Tenochtitlán a cidade que será rainha e senhora de todas as demais. México é aqui!* (60 e 210)

Os perigos

O que fez o sol e a lua avisou aos taínos que tomassem cuidado com os mortos.

Durante o dia os mortos se escondiam e comiam goiaba, mas pelas noites saíam a passear e desafiavam os vivos. Os mortos ofereciam combates e as mortas, amores. Na luta, desapareciam quando queriam; e no melhor do amor ficava o amante sem nada entre os braços. Antes de aceitar a luta contra um homem ou deitar-se junto a uma mulher, era preciso roçar-lhe o ventre com a mão, porque os mortos não têm umbigo.

O dono do céu também avisou aos taínos que tomassem muito mais cuidado ainda com gente vestida.

O chefe Cáicihu jejuou uma semana e foi digno de sua voz: Breve será o gozo da vida, anunciou o invisível, o que tem mãe mas não tem princípio: Os homens vestidos chegarão, dominarão e matarão. *(168)*

A teia de aranha

Bebeágua, sacerdote dos sioux, sonhou que seres jamais vistos teciam uma enorme teia de aranha ao redor de sua aldeia. Despertou sabendo que assim seria, e disse aos seus: Quando essa estranha raça termine sua teia de aranha, nos trancará em casas cinzentas e quadradas, sobre terra estéril, e nessas casas morreremos de fome. *(152)*

O profeta

Deitado na esteira, de boca para cima, o sacerdote-jaguar de Yucatán escutou a mensagem dos deuses. Eles falaram através do telhado, montados sobre sua casa, em um idioma que ninguém entendia.

Chilam Balam, que era boca dos deuses, recordou o que ainda não tinha acontecido:

– Dispersados serão pelo mando as mulheres que cantam e os homens que cantam e todos os que cantam... Ninguém se livrará, ninguém se salvará... Muita miséria haverá nos anos do império da cobiça. Os homens, escravos haverão de fazer-se. Triste estará o rosto do sol... Se despovoará o mando, se fará pequeno e humilhado... *(25)*

Velho Novo Mundo

1492
O mar oceano

A rota do sol até as Índias

Estão os ares doces e suaves, como na primavera de Sevilha, e parece o mar um rio Guadalquivir, mas nem bem sobe a maré e se mareiam e vomitam, apinhados nos castelos de proa, os homens que sulcam, em três barquinhos remendados, o mar incógnito. Mar sem moldura. Homens, gotinhas ao vento. E se o mar não os amasse? Cai a noite sobre as caravelas. Onde os arrojará o vento? Salta a bordo um dourado, que vinha perseguindo um peixe-voador, e se multiplica o pânico. Não sente a marujada o saboroso aroma do mar um pouco picado, nem escuta a algazarra das gaivotas e dos alcatrazes que vêm do poente. No horizonte, começa o abismo? No horizonte, acaba o mar?

Olhos febris de marinheiros curtidos em mil viagens, ardentes olhos de presos arrancados dos cárceres da Andaluzia e embarcados à força: não veem os olhos esses reflexos anunciadores de ouro e prata na espuma das ondas, nem os pássaros de campo e rio que voam sem cessar sobre as naus, nem os juncos verdes e as ramagens forradas de caracóis que derivam atravessando o mangue. No fundo do abismo, arde o inferno? A que feras arrojarão os ventos alísios esses homenzinhos? Eles olham as estrelas, buscando Deus, mas o céu é tão inescrutável como este mar jamais navegado. Escutam que ruge o mar, la mare, mãe-mar, rouca voz que responde ao vento frases de condenação eterna, tambores do mistério soando lá das profundidades: se persignam e querem rezar e balbuciam: "Esta noite caímos do mundo, esta noite caímos do mundo". *(49)*

1492
Guanahaní

Colombo

Cai de joelhos, chora, beija o solo. Avança, tremendo, porque leva mais de um mês dormindo pouco ou nada, e a golpes de espada derruba uns arbustos.

Depois, ergue o estandarte. De joelhos, os olhos no chão, pronuncia três vezes os nomes de Isabel e Fernando. Ao seu lado, a escrivão Rodrigo de Escobedo, homem de letra lenta, levanta a ata.

Tudo pertence, desde hoje, a esses reis distantes: o mar de corais, as areias, os rochedos verdíssimos de musgo, os bosques, os papagaios e esses homens de barro que não conhecem ainda a roupa, a culpa nem o dinheiro e que contemplam, atordoados, a cena.

Luis de Torres traduz para hebraico as perguntas de Cristóvão Colombo:

– Conheceis o Reino de Gran Kahn? De onde vem o ouro que levais pendurado nos narizes e orelhas?

Os homens nus olham para ele, boquiabertos, e o intérprete resolve tentar com o idioma caldeu, que conhece um pouco:

– Ouro? Templos? Palácios? Rei dos reis? Ouro?

E depois tenta em árabe, o pouco que sabe:

– Japão? China? Ouro?

O intérprete se desculpa frente a Colombo na língua de Castilha. Colombo amaldiçoa em genovês, e joga no chão as cartas-credenciais, escritas em latim e dirigidas ao Gran Kahn. Os homens nus assistem à cólera do forasteiro de cabelos vermelhos e pele crua, que veste capa de veludo e roupas de muita aparência.

Em seguida, correrá a voz pelas ilhas:

– Venham ver os homens que chegaram do céu! Tragam-lhes para comer e beber! *(49)*

1493

Barcelona

Dia de glória

Anunciam as trombetas dos heraldos. Soam os sinos e os tambores rufam alegrias.

O Almirante, recém-retornado das Índias, sobe a escadaria de pedra e avança sobre o tapete carmesim, entre os brilhos de seda da Corte que o aplaude. O homem que realizou as profecias dos santos e dos sábios chega ao estrado, se ajoelha e beija as mãos da rainha e do rei.

Lá de trás, irrompem os troféus. Cintilam sobre as bandejas as peças de ouro que Colombo trocou por espelhinhos e bonés vermelhos nos remotos jardins que brotaram do mar.

Sobre ramagens e folhagens, desfilam as peles de lagartos e serpentes; e atrás entram, tremendo, chorando, seres jamais vistos. São os poucos que ainda sobrevivem ao resfriado, ao sarampo e ao asco pela comida e pelo mau cheiro dos cristãos. Não chegam nus, como estavam quando se aproximaram das três caravelas e foram presos. Acabam de ser cobertos por calças, camisas e uns quantos papagaios que puseram em suas mãos e sobre suas cabeças e ombros. Os papagaios, depenados pelos maus ventos da viagem, parecem tão moribundos como os homens. Das mulheres e crianças capturadas, não sobrou nenhuma.

Escutam-se murmúrios no salão. O ouro é pouco e em nenhum lado se vê pimenta-negra, ou noz-moscada, ou cravo, ou gengibre; e Colombo não trouxe sereias barbudas ou homens com rabo, desses que têm um olho só e um único pé, tão grande o pé que erguendo-o se protegem dos sóis violentos. *(44)*

1493

Roma

O testamento de Adão

Na penumbra do Vaticano, cheirando a perfumes do Oriente, o papa dita uma nova bula.

Faz pouco tempo que Rodrigo Borgia, valenciano da aldeia de Xátiva, se chama Alexandre VI. Não passou ainda um ano desde que comprou, à vista, os sete votos que faltavam no Sagrado Colégio e pôde mudar a púrpura de cardeal pelo manto de arminho de Sumo Pontífice.

Mais horas dedica Alexandre VI a calcular o preço das indulgências que a meditar o mistério da Santíssima Trindade. Ninguém ignora que prefere as missas breves, salvo as que em sua alcova privada celebra, mascarado, o bufão Gabriellino, e todo mundo sabe que o novo papa é capaz de desviar a procissão de Corpus para que passe debaixo da varanda de uma mulher bonita.

Também é capaz de cortar o mundo como se fosse um frango: ergue a mão e traça uma fronteira, de cabo a rabo no planeta, através do mar incógnito. O procurador de Deus concede à perpetuidade tudo o que tenha sido descoberto ou se descubra, a oeste dessa linha, a Isabel de Castilha e a Fernando de Aragão e a seus herdeiros no trono espanhol. Encomenda-lhes que às ilhas e terras firmes encontradas ou por encontrar enviem homens bons, temerosos de Deus, doutos, sábios e experientes, para que instruam os naturais na fé católica e lhes ensinem bons modos. À coroa portuguesa pertencerá o que se descubra ao leste.

Angústia e euforia das velas abertas: Colombo já está preparando, na Andaluzia, sua segunda viagem para os rincões onde o ouro cresce em cachos nas parreiras e as pedras preciosas aguardam no crânio dos dragões. *(180)*

1493
Huexotzingo

Onde está o verdadeiro, o que tem raiz?

Esta é a cidade da música, não a da guerra Huexotzingo, no vale de Tlaxcala. A três por dois, os astecas a assaltam, a ferem, arrancam dela prisioneiros para sacrificar ante seus deuses.

Tecayehautzin, rei de Huexotzingo, reuniu esta tarde os poetas de outras comarcas.

Nos jardins do palácio, conversam os poetas sobre as flores e os cantos que do interior do céu vêm à terra, região do momento fugaz, e que só perduram lá na casa do Doador da vida. Conversam e duvidam os poetas:

São por acaso verdadeiros os homens?
Será amanhã ainda verdadeiro
o nosso canto?

Sucedem-se as vozes. Quando cai a noite, o rei de Huexotzingo agradece e diz adeus:

Sabemos que são verdadeiros
os corações de nossos amigos. (108)

1493
Pasto

Todos são contribuintes

Até estas remotas alturas, muito ao norte, chega o arrecadador do império dos incas.

Os índios quillacingas não têm nada para dar, mas neste vasto reinado todas as comunidades pagam tributos, em espécie ou em tempo de trabalho. Ninguém pode, por mais longe que esteja e por mais pobre que seja, esquecer quem manda.

Ao pé do vulcão, o chefe dos quillacingas se adianta e põe um cartucho de bambu nas mãos do enviado do Cuzco. O cartucho está cheio de piolhos vivos. *(53 e 150)*

1493

Ilha de Santa Cruz

Uma experiência de Miquele de Cuneo, natural de Savona

A sombra das velas se alonga sobre o mar. Sargaços e medusas derivam, empurrados pela ondas, até a costa.

Do castelo de popa de uma das caravelas, Colombo contempla as brancas praias onde plantou, uma vez mais, a cruz e a forca. Esta é sua segunda viagem. Quanto durará, não sabe; mas seu coração diz que tudo sairá bem, e como não vai acreditar no coração o Almirante? Será que ele não tem por costume medir a velocidade dos navios com a mão contra o peito, contando as batidas?

Debaixo da coberta de outra caravela, no camarote do capitão, uma moça mostra os dentes. Miquele de Cuneo busca os peitos dela, e ela o arranha e chuta, e uiva. Miquele recebeu-a há uns instantes. É um presente de Colombo.

Açoita-a com uma corda. Bate firme na cabeça e no ventre e nas pernas. Os uivos fazem-se gritos; os gritos, gemidos. Finalmente, escuta-se o ir e vir das gaivotas e o ranger da madeira que balança. De vez em quando uma garoa de ondas entra pela escotilha.

Miquele deita sobre o corpo ensanguentado e se remexe, arfa e força. O ar cheira a breu, a salitre, a suor. E então a moça, que parecia desmaiada ou morta, crava subitamente as unhas nas costas de Miquele, se enrosca em suas pernas e o fez rodar em um abraço feroz.

Muito depois, quando Miquele desperta, não sabe onde está nem o que aconteceu. Se desprende dela, lívido, e a afasta com um empurrão.

Zanzando, sobe à coberta. Aspira fundo a brisa do mar, com a boca aberta. E diz em voz alta, como se comprovasse:

– Estas índias são todas putas. *(181)*

1495

Salamanca

A primeira palavra vinda da América

Elio Antonio de Nebrija, sábio em línguas, publicou aqui seu "Vocabulário espanhol-latino". O dicionário inclui o primeiro americanismo da língua castelhana:

Canoa: Nau de um tronco.

A nova palavra vem das Antilhas.

Essas barcas sem vela, nascidas de um tronco de ceiba, deram as boas-vindas a Cristóvão Colombo. Em canoas chegaram das ilhas remando, os homens de longos cabelos negros e corpos lavrados de signos vermelhos. Se aproximaram das caravelas, ofereceram água doce e trocaram ouro por pequenos discos de latão, desses que em Castilha valem um maravedi. *(49 e 154)*

1495

A Isabela

Caonabó

Absorto, ausente, está o prisioneiro sentado na entrada da casa de Cristóvão Colombo. Tem grilhões de ferro nos tornozelos e as algemas agarram seus pulsos.

Canabó foi quem reduziu a cinzas o forte de Navidad, que o Almirante tinha levantado quando descobriu a ilha de Haiti. Incendiou o forte e matou seus ocupantes. E não só eles: nestes dois longos anos, castigou a flechadas todo espanhol que encontrou na sua comarca da serra de Cibao, por andar caçando ouro e gente.

Alonso de Ojeda, veterano das guerras contra os mouros, foi visitá-lo em plano de paz. Convidou-o a subir em seu cavalo e colocou-lhe essas algemas de metal polido que lhe atam as mãos, dizendo que essas eram as joias que usavam os reis de Castilha em seus bailes e festas.

Agora o cacique Caonabó passa os dias sentado junto à porta, com o olhar fixo na língua de luz que ao amanhecer invade o chão de terra e ao entardecer, pouco a pouco, se retira. Não move uma pestana quando Colombo passa por ali. Em compensação, quando aparece Ojeda, dá um jeito de levantar-se e cumprimenta com uma reverência o único homem que o venceu. *(103 e 158)*

1496

A concepção

O sacrilégio

Bartolomé Colombo, irmão e lugar-tenente de Cristóvão, assiste ao incêndio de carne humana.

Seis homens estreiam o queimadouro do Haiti. A fumaça faz tossir. Os seis estão ardendo por castigo e vingança: afundaram na terra as imagens de Cristo e da Virgem que o frei Ramón Pané tinha deixado para sua proteção e consolo. Frei Ramón tinha ensinado a orar de joelhos, a dizer Ave-Maria e Paternoster e a invocar o nome de Jesus ante a tentação, as feridas e a morte.

Ninguém perguntou aos seis por que enterraram as imagens. Eles esperavam que os novos deuses fecundassem os plantios de milho, mandioca, batatas e feijão.

O fogo junta calor ao calor úmido, pegajoso, anunciador de chuva forte. *(103)*

1498

São Domingos

O Paraíso Terrestre

Ao entardecer, nas margens do rio Ozama, Cristóvão Colombo escreve uma carta. Seu corpo range, atormentado pelo reumatismo, mas seu coração pula de alegria. O descobridor explica aos Reis Católicos *o que se mostra evidentíssimo*: o Paraíso Terrestre está no mamilo de uma teta de mulher.

Ele descobriu isso há um par de meses, quando suas caravelas entraram no golfo de Pária. Já vão os navios erguendo-se rumo ao céu suavemente... Navegando águas acima, rumo aonde o ar não pesa, Colombo chegou ao limite último do Oriente. Nestas terras, as mais formosas do mundo, os homens mostram astúcia, engenho e valentia, e as mulheres, belíssimas, usam por vestido seus longos cabelos e colares de muitas pérolas enroscados no corpo. A água, doce e clara, desperta a sede. Não castiga o inverno nem queima o verão; e a brisa acaricia o que toca. As árvores brindam fresca sombra e, ao alcance da mão, frutas de grande deleite, que chamam a fome.

Mas além desta verdura e desta formosura, não há navio que possa subir. Esta é a fronteira do Oriente. Ali se acabam as águas, as terras e as ilhas. Muito acima, muito longe, a Árvore da Vida abre sua vasta copa e brota a fonte dos quatro rios sagrados. Um deles é o Orinoco, *que não creio que se saiba no mundo de rio tão grande e tão fundo.*

O mundo não é redondo. O mundo é uma teta de mulher. O bico nasce no golfo de Pária e ascende até muito perto do céu. Na ponta, onde fluem os sucos do Paraíso, nenhum homem chegará jamais. *(50)*

1948
Golfo de Pária

A língua do Paraíso

Os guaraos, que habitam os subúrbios do Paraíso Terrestre, chamam o arco-íris de serpente de colares e de mar de cima o céu. O raio é o *resplendor da chuva.* O amigo, *meu outro coração.* A alma, *o sol do peito.* A coruja, *o amo da noite escura.* Para dizer "bengala", dizem *neto contínuo*; e para dizer "perdoo", dizem *esqueço. (17)*

1499
Granada

Quem são espanhóis?

As mesquitas continuam abertas em Granada, sete anos depois da rendição deste último reduto dos mouros na Espanha. É lento o avanço da cruz depois da vitória da espada. O arcebispo Cisneros decide que Cristo não pode esperar.

Mouros chamam os espanhóis cristãos aos espanhóis de cultura islâmica, que levam aqui oito séculos. Milhares e milhares de espanhóis de origem judia já foram condenados ao desterro. Aos *mouros* também será dado escolher entre o batismo e o exílio; e para os falsos convertidos ardem as fogueiras da Inquisição. A unidade da Espanha, desta Espanha que descobriu a América, não será o resultado da soma de suas partes.

Por ordem do arcebispo Cisneros, marcham para a prisão os sábios muçulmanos de Granada. Altas chamas devoram os livros islâmicos, religião e poesia, filosofia e ciência, exemplares únicos que guardavam a palavra de uma cultura que regou estas terras e nelas floresceu.

Do alto, os lavrados palácios da Alhambra são testemunhas mudas do avassalamento, enquanto as fontes não param de dar água aos jardins. *(64, 218 e 223)*

1500

Florença

Leonardo

Acaba de voltar do mercado com várias gaiolas nas costas. Coloca-as na varanda, abre as portinhas e fogem os pássaros. Olha os pássaros perdendo-se no céu, bater de asas, alegrias, e depois senta-se para trabalhar.

O sol do meio-dia esquenta sua mão. Sobre o amplo papelão, Leonardo da Vinci desenha o mundo. E no mundo que Leonardo desenha, aparecem as terras que Colombo encontrou nos rumos do ocaso. O artista as inventa, como antes tinha inventado o avião, o tanque, o paraquedas e o submarino, e lhes dá forma como antes tinha encarnado o mistério das virgens e a paixão dos santos: imagina o corpo da América, que ainda não se chama assim e a desenha como terra nova e não como parte da Ásia.

Colombo, buscando o Levante, encontrou o Poente. Leonardo adivinha que o mundo cresceu. *(209)*

1506

Valladolid

A quinta viagem

Ontem à noite, ditou seu último testamento. Esta manhã perguntou se tinha chegado o mensageiro do rei. Depois, dormiu. Ouviram-no proferir disparates e murmúrios de queixa. Ainda respira, mas respira bronco, como se lutasse contra o ar.

Na Corte, ninguém escutou suas súplicas. Da terceira viagem tinha regressado preso, amarrado com correntes, e na quarta viagem não houvera quem fizesse caso de seus títulos e dignidades.

Cristóvão Colombo vai embora sabendo que não há paixão ou glória que não conduza à pena. Não sabe, em compensação, que poucos anos faltam para que o estandarte que ele cravou, pela primeira vez, nas areias do Caribe, ondule sobre o império dos astecas, em terras ainda desconhecidas, e sobre o reino dos incas, sob os desconhecidos céus do Cruzeiro do Sul. Não sabe que ficou curto em suas mentiras, promessas e delírios. O Almirante-Mor do Mar Oceano continua acreditando que chegou à Ásia pelas costas.

Não se chamará o oceano mar de Colombo. Tampouco levará seu nome o novo mundo, e sim o nome de seu amigo, o florentino Américo Vespúcio, navegante e mestre de pilotos. Mas foi Colombo quem encontrou essa deslumbrante cor que não existia no arco-íris europeu. Ele, cego, morre sem vê-la. *(12 e 166)*

1506
Tenochtitlán

O DEUS UNIVERSAL

Montezuma venceu em Teuctepec.

Nos adoratórios, ardem os fogos. Ressoam os tambores. Um atrás do outro, os prisioneiros sobem as arquibancadas até a pedra redonda do sacrifício. O sacerdote crava-lhes no peito o punhal de pedra, ergue o coração em uma das mãos e mostra-o ao sol que brota dos vulcões azuis.

A que deus oferece o sangue? O sol o exige, para nascer cada dia e viajar de um horizonte ao outro. Mas as ostentosas cerimônias da morte também servem a outro deus, que não aparece nos códices nem nas canções.

Se esse deus não reinasse sobre o mundo, não haveria escravos nem amos, nem vassalos, nem colônias. Os mercadores astecas não poderiam arrancar dos povos submetidos um diamante a troco de um feijão, nem trocar uma esmeralda por um grão de milho, nem ouro por guloseimas, nem cacau por pedras. Os carregadores não atravessariam a imensidão do império em longas filas, levando nas costas toneladas de tributos. O povo ousaria vestir túnicas de algodão e beberia chocolate e teria a audácia de mostrar proibidas plumas de quetzal e pulseiras de ouro e magnólias e orquídeas reservadas aos nobres. Cairiam, então, as máscaras que ocultam os rostos dos chefes guerreiros, o bico da águia, os dentes do tigre, os penachos de plumas que ondulam e brilham no ar.

Estão manchadas de sangue as escadarias do templo maior e os crânios se acumulam no centro da praça. Não somente para que se mova o sol, não: também para que esse deus secreto decida no lugar dos homens. Em homenagem ao mesmo deus, do outro lado do mar os inquisidores fritam os hereges nas fogueiras ou os retorcem nas câmaras de tormento. É o Deus do Medo. O Deus do Medo, que tem dentes de rato e asas de urubu. *(60)*

1511
Rio Guauravo

Agüeynaba

Há três anos, o capitão Ponce de León chegou a esta ilha de Porto Rico em uma caravela. O chefe Agüeynaba abriu-lhe sua casa, ofereceu-lhe de comer e de beber, deu-lhe para escolher entre suas filhas e mostrou-lhe os rios de onde tiravam ouro. Outro presente foi seu nome. Juan Ponce de León passou a chamar-se Agüeynaba e Agüeynaba recebeu, em troca, o nome do conquistador.

Há três dias, o soldado Salcedo chegou, sozinho, na beira do rio Guarauvo. Os índios ofereceram-lhe os ombros para passá-lo. Ao chegar na metade do rio, deixaram-no cair e o esmagaram contra o fundo até que deixou de agitar as pernas. Depois, estenderam-no na erva.

Salcedo é agora uma bolota de carne avermelhada e crispada. Rapidamente apodrece ao sol, apertado pela armadura e acossado pelos bichos. Os índios olham para ele, tapando o nariz. Dia e noite pediram-lhe perdão, por via das dúvidas. Já não vale a pena. Os tambores transmitem a boa nova: *Os invasores não são imortais.*

Amanhã, estalará a sublevação. Agüeynaba a encabeçará. O chefe dos rebeldes tornará a chamar-se como antes. Recuperará seu nome, que foi usado para humilhar a sua gente.

– *Co-quí, co-quí* – chamam as rãs. Os tambores, que convocam para a luta, impedem que se escute seu cantado contraponto de cristais. *(1)*

1511
Aymaco

Becerrillo

A insurreição dos caciques Agüeynaba e Mabodamaca foi esmagada e todos os prisioneiros marcharam para a morte.

O capitão Diego de Salazar descobre uma velha, escondida entre os arbustos, mas não a atravessa com a espada.

– Vamos – diz. – Leva esta carta ao governador, que está em Caparra.

A velha abre os olhos aos poucos. Tremendo, estende os dedos.

E se põe a caminhar. Caminha como menino pequeno, com o balançar de um ursinho, e leva o envelope como estandarte ou bandeira.

Quando a velha está à distância de um tiro de balestra, o capitão solta Becerrillo.

O governador Ponce de León ordenou que Becerrillo receba o dobro de salário que um soldado balestrero, por ser descobridor de emboscadas e caçador de índios. Não têm pior inimigo os índios de Porto Rico.

A rajada derruba a velha. Becerrillo, duras as orelhas, arregalados os olhos, a devorará de uma só vez.

– Senhor cachorro – suplica –, eu vou levar esta carta ao senhor governador.

Becerrillo não entende a língua do lugar, mas a velha mostra-lhe o envelope vazio.

– Não me faça mal, senhor cachorro.

Becerrillo cheira o envelope. Dá umas voltas em torno deste saco de ossinhos trêmulos que geme palavras, levanta uma pata e mija. *(166)*

1511

Yara

Hatuey

Nestas ilhas, nestes humilhadeiros, são muitos os que escolhem sua morte, enforcando-se ou bebendo veneno junto aos seus filhos. Os invasores não podem evitar essa vingança, mas sabem explicá-la: os índios, *tão selvagens que pensam que tudo é comum*, dirá Oviedo, são gente *de natural ociosa e viciosa, e de pouco trabalho... Muitos deles por ser passatempo, se mataram com peçonha para não trabalhar, e outros se enforcaram com suas próprias mãos.*

Hatuey, chefe índio da região da Guahaba, não se suicidou. Em canoa fugiu do Haiti, junto aos seus, e se refugiou nas covas e montes do oriente de Cuba.

Ali apontou uma cesta cheia de ouro e disse:

– Este é o deus dos cristãos. Por causa dele nos perseguem. Por ele morreram nossos pais e nossos irmãos. Bailemos para ele. Se nossa dança o agradar, este deus mandará que não nos maltratem.

É agarrado três meses depois.

E amarrado em um pau.

Antes de acender o fogo que o reduzirá a carvão e cinza, um sacerdote promete-lhe glória e eterno descanso se aceitar batizar-se. Hatuey pergunta:

– Nesse céu estão os cristãos?

– Sim.

Hatuey escolhe o inferno e a lenha começa a crepitar. *(102, 103 e 166)*

1511

São Domingos

O primeiro protesto

Na igreja de troncos e teto de palmeira, Antonio de Montesinos, frei dominicano, está jorrando trovões pela boca. Do púlpito, denuncia o extermínio:

– Com que direito e com que justiça tens os índios em tão cruel e horrível servidão? Acaso não morrem, ou para dizer melhor, os matam, para tirar ouro cada dia? Não estais obrigados a amá-los como a vós mesmos? Isto não entendeis, isto não sentis?

Depois Montesinos abre caminho, a cabeça alta, entre a multidão atônita.

Cresce um murmúrio de fúria.

Não esperavam isso os lavradores da Extremadura e os pastores da Andaluzia que mentiram seus nomes e suas histórias e com um arcabuz enferrujado a tiracolo partiram, à sorte, em busca das montanhas de ouro e das princesas nuas deste lado do mar. Necessitavam uma missa de perdão e consolo os aventureiros comprados com promessas nas escadarias da catedral de Sevilha, os capitães comidos pelas pulgas, veteranos de nenhuma batalha, e os condenados que tiveram de escolher entre a América e o cárcere ou a forca.

– Será denunciado ante o rei Fernando! Será expulso!

Um homem, atordoado, cala. Chegou a estas terras há nove anos. Dono de índios, de veios de ouro e de sementeiras, fez boa fortuna. Se chama Bartolomé de las Casas e em breve será o primeiro sacerdote ordenado no Novo Mundo. *(103)*

1513

Cuareca

Leoncico

Lutam os músculos para romper a pele. Jamais se apagam os olhos amarelos. Bufam. Mordem o ar. Não há corrente que os aguente quando recebem a ordem de ataque.

Esta noite, por ordem do capitão Balboa, os cães cravarão seus dentes na carne nua de cinquenta índios do Panamá. Destriparão e devorarão cinquenta rebeldes do nefando pecado da sodomia, que para ser mulheres só lhes faltam tetas e parir. O espetáculo terá lugar nesta clareira do monte, entre as árvores que o vendaval de dias atrás arrancou pela raiz. Os soldados disputam os melhores lugares à luz das tochas.

Vasco Núnez de Balboa preside a cerimônia. Seu cão, Leoncico, encabeça os vingadores de Deus. Leoncico, filho de Becerrillo, tem o corpo cruzado de cicatrizes. É mestre em capturas e esquartejamentos. Recebe soldo de alferes e ganha sua parte de ouro e escravos em cada presa de guerra, ouro e escravos.

Faltam dois dias para que Balboa descubra o oceano Pacífico. *(81 e 166)*

1513

Golfo de San Miguel

Balboa

Com a água pela cintura, ergue a espada e grita aos quatro ventos.

Atrás, seus homens cravam uma imensa cruz na areia. O escrivão Valderrábano estampa em uma ata os nomes dos que acabam de descobrir o novo mar e o padre Andrés entoa *o Te Deam Laudamus.*

Balboa se despoja de seus quinze quilos de armadura, lança longe a espada e mergulha.

Brinca na água e se deixa arrastar pelas ondas, bêbado de uma alegria que não sentirá outra vez. O mar se abre para ele e o abraça e o acalanta e Balboa gostaria de bebê-lo até deixá-lo seco. *(142)*

1514

Rio Sinú

O requerimento

Navegaram muito mar e tempo e estão fartos de calores, selvas e mosquitos. Cumprem, mesmo assim, as instruções do rei: não se pode atacar os índios sem requerer, antes, sua submissão. Santo Agostinho autoriza a guerra contra os que abusam de sua liberdade, porque em sua liberdade perigariam não sendo domados; mas bem diz São Isidoro que nenhuma guerra é justa sem prévia declaração.

Antes de lançar-se sobre o ouro, os grãos de ouro talvez grandes como ovos, o advogado Martin Fernández de Enciso lê com pontos e vírgulas o ultimato que o intérprete, aos tropeços, demorando-se na entregas vai traduzindo.

Enciso fala em nome do rei don Fernando e da rainha dona Juana sua filha, domadores das gentes bárbaras. Faz saber aos índios do Sinú que Deus veio ao mundo e deixou em seu lugar São Pedro, que São Pedro tem por sucessor o Santo Padre e que o Santo Padre, Senhor do Universo, fez mercê ao rei de Castilha de toda a terra das Índias e desta península.

Os soldados se assam nas armaduras. Enciso, letra miúda e sílaba lenta, requer dos índios que deixem estas terras, pois não lhes pertencem, e adverte que se quiserem ficar para viver aqui, que paguem a Suas Altezas tributo de ouro em sinal de obediência. O intérprete faz o que pode.

Os dois caciques escutam em silêncio, sem pestanejar, o estranho personagem que lhes anuncia que em caso de negativa ou demora lhes fará a guerra, e que os converterá em escravos e também suas mulheres e seus filhos e como tais os venderá e disporá deles, e que as mortes e danos desta guerra justa não serão culpa dos espanhóis.

Respondem os caciques, sem olhar para Enciso, que muito generoso com o alheio foi o Santo Padre, que bêbado devia estar quando dispôs do que não era seu, e que o rei de Castilha é um atrevido, porque vem ameaçar a quem não conhece.

Então, corre o sangue.

De agora em diante, o longo discurso será lido em plena noite, sem intérprete e a meia légua das aldeias que serão arrasadas de surpresa. Os indígenas, adormecidos, não escutarão as palavras que os declaram culpados pelos crimes cometidos contra eles. *(78, 81 e 166)*

1514

Santa Maria do Darién

Por amor às frutas

Gonzalo Fernández de Oviedo, recém-chegado, prova as frutas do Novo Mundo.

A goiaba lhe parece muito superior à maçã.

A fruta-de-conde é formosa e oferece uma polpa branca, aguada, de muito temperado sabor, que por muito que se coma não causa dano nem empanturra.

O *mamey* tem um sabor de lamber os lábios e cheira muito bem. *Não existe nada melhor,* opina.

Mas morde uma nêspera e lhe invade a cabeça um aroma que nem o almíscar iguala. *A nêspera é a melhor fruta,* corrige, *e não se acha coisa que se lhe possa comparar.*

Descasca, então, um abacaxi. O dourado abacaxi cheira como gostariam de cheirar os pêssegos e é capaz de abrir o apetite de quem já nem lembra a vontade de comer. Oviedo não conhece palavras que mereçam dizer suas virtudes. Se alegram seus olhos, seu nariz, seus dedos, sua língua. *Esta supera todas, sentencia, como as plumas do pavão real resplandecem sobre as de qualquer ave. (166)*

1515
Amberes

UTOPIA

As aventuras do Novo Mundo fazem ferver as tabernas deste porto flamengo. Uma noite de verão, frente ao cais, Thomas Morus conhece ou inventa Rafael Hithloday, marinheiro das naves de Américo Vespúcio, que diz que descobriu a ilha da Utopia em alguma costa da América.

Conta o navegante que em Utopia não existe o dinheiro nem a propriedade privada. Ali se fomenta o desprezo pelo ouro e pelo consumo supérfluo e ninguém se veste com ostentação. Cada um entrega aos armazéns públicos o fruto de seu trabalho e livremente apanha o que necessita. Se planeja a economia. Não existe egoísmo, que é filho do temor, nem se conhece a fome. O povo escolhe o príncipe e pelo povo ele pode ser deposto; também elege os sacerdotes. Os habitantes de Utopia abominam as guerras e suas honras, embora defendam ferozmente suas fronteiras. Professam uma religião que não ofende a razão e que rejeita as mortificações inúteis e as conversões forçadas. As leis permitem o divórcio mas castigam severamente as traições conjugais, e obrigam a trabalhar seis horas por dia. Divide-se o trabalho e o descanso; divide-se a mesa. A comunidade se encarrega das crianças enquanto seus pais estão ocupados. Os doentes recebem tratamento privilegiado; a eutanásia evita as longas agonias doloridas. Os jardins e as hortas ocupam o maior espaço e em todas as partes soa a música. *(146)*

1519
Frankfurt

CARLOS V

Faz meio século que morreu Gutenberg e as tipografias se multiplicam em toda Europa: editam a Bíblia em letras góticas e em números góticos as cotizações do ouro e da prata. O monarca devora homens e os homens cagam moedas de ouro no Jardim das Delícias de Hieronymus Bosch; e Michelangelo, enquanto pinta e esculpe seus atléticos santos e profetas, escreve: O sangue de Cristo é vendido em colheradas. Tudo tem preço: o trono do papa e a coroa dos reis, o capelo dos cardeais e a mitra dos bispos. Compram-se indulgências, excomunhões e títulos de nobreza. A Igreja considera pecado emprestar a juros, mas o Santo Padre hipoteca aos banqueiros as terras do Vaticano; e nas margens do Reno se oferece ao melhor pagador a coroa do Santo Império.

Três candidatos disputam a herança de Carlos Magno. Os príncipes eleitores juram pela pureza de seus votos e a limpeza de suas mãos e se pronunciam ao meio-dia, hora do Angelus: vendem a coroa da Europa ao rei da Espanha, Carlos I, filho do sedutor e da louca e neto dos Reis Católicos, a troco de oitocentos e cinquenta mil florins que põem sobre a mesa os banqueiros alemães Függer e Wesler.

Carlos I se transforma em Carlos V, imperador da Espanha, Alemanha, Áustria, Nápoles, Sicília, os Países Baixos e o imenso Novo Mundo, defensor da fé católica e vigário guerreiro de Deus na terra.

Enquanto isso, os muçulmanos ameaçam as fronteiras e Martinho Lutero prega a marteladas, na porta de uma igreja de Wittemberg, suas desafiantes heresias. Um príncipe deve ter a guerra como único objetivo e pensamento, escreve Maquiavel. Aos dezenove anos, o novo monarca é o homem mais poderoso da história. De joelhos, beija a espada. *(116, 209 e 218)*

1519

Acla

Pedrárias

Ruído de mar e de tambores. Caiu a noite, mas há uma lua que ilumina tudo. Ao redor da praça, pendem espigas e peixes secos dos tetos de palha.

Chega Balboa, acorrentado, atadas as mãos nas costas. O desamarram. Balboa fuma o último charuto. Sem dizer palavra, coloca o pescoço no tronco. O verdugo ergue o machado.

De sua casa, Pedro Árias de Ávila olha, furtivo, através das taquaras da parede. Está sentado no ataúde que trouxe da Espanha. Usa o ataúde como poltrona ou mesa e uma vez por ano o cobre de velas, durante o réquiem que ano a ano celebra sua ressurreição. Chamaram-no de Pedrárias o Enterrado, desde que se ergueu deste ataúde, envolto em um sudário, enquanto as monjas cantavam o ofício de defuntos e choravam sem parar as suas parentas. Antes tinha sido chamado de Pedrárias o Galã, por ser invencível nos torneios, nas batalhas e nos amores; e agora, embora ande já perto dos oitenta anos, merece o nome de Furor Dómine. Quando Pedrárias acorda sacudindo a melena branca porque na noite anterior perdeu cem índios nos dados, mais vale fugir do seu olhar.

Desde que pisou estas praias, Pedrárias desconfiou de Balboa. Por ser Balboa seu genro, não o mata sem julgamento prévio. Por aqui não sobram os letrados; de maneira que o juiz serviu também de advogado e promotor. Foi longo o processo.

A cabeça de Balboa rola na areia.

Foi Balboa quem fundou este povoado de Acla, entre as árvores torcidas pelos ventos, e o dia em que Acla nasceu, um pássaro negro lançou-se em rasante, lá de além das nuvens, e arrancou o capacete de aço de Balboa e afastou-se grasnindo.

Aqui estava construindo Balboa, peça por peça, os bergantins que o lançariam a explorar o novo mar que tinha descoberto.

O verdugo o fará. Fundará uma empresa de conquista e Pedrárias será seu sócio. O verdugo, que veio com Colombo na última viagem, será marquês com vinte mil vassalos nos misteriosos reinos do sul. Se chama Francisco Pizarro. *(81 e 142)*

1519

Tenochtitlán

Presságios do fogo, da água, da terra e do ar

Um dia já distante, os magos voaram até a gruta da mãe do deus da guerra. A bruxa que levava oito séculos sem lavar-se, não sorriu nem cumprimentou. Aceitou, sem agradecer, as oferendas, mantas, peles, plumas, e escutou com uma careta as notícias. *México*, informaram os magos, *é senhora e rainha, e todas as cidades estão aos seus mandados.* A velha grunhiu seu único comentário: *Os astecas derrubaram os outros, disse, e outros virão que derrubarão os astecas.*

Passou o tempo.

Há dez anos, se sucedem os signos.

Uma fogueira esteve gotejando fogo, do centro do céu, durante toda uma noite.

Um súbito fogo de três caudas ergueu-se do horizonte e voou de encontro ao sol.

Se suicidou a casa do deus da guerra, se incendiou a si mesma: lhe arrojavam cântaros de água e a água avivava as chamas.

Outro templo foi queimado por um raio, uma tarde em que não havia tormenta.

A lagoa onde tem seu assento a cidade, se fez caldeira que fervia. As águas se levantaram, candentes, altas de fúria, e levaram as casas e arrancaram até os alicerces.

As redes dos pescadores ergueram um pássaro cor de cinza misturado aos peixes. Na cabeça do pássaro, havia um espelho redondo. O imperador Montezuma viu avançar, no espelho, um exército que corria sobre patas de veados e escutou os seus gritos de guerra. Depois, foram castigados os magos que não souberam ler o espelho nem tiveram olhos para ver os monstros de duas cabeças que acossavam, implacáveis, o sono e a vigília de Montezuma. O imperador encerrou os magos em jaulas e condenou-os a morrer de fome.

Cada noite, os alaridos de uma mulher invisível sobressaltam a todos os que dormem em Tenochtitlán e em Tlatelolco. *Filhinhos meus*, grita, *pois já temos de ir-nos longe*! Não há parede que não atravesse o pranto dessa mulher. *Aonde iremos, filhinhos meus? (60 e 210)*

1519

Cempoala

Cortez

Crepúsculo das altas chamas na costa de Veracruz. Onde naus estão ardendo e ardem os soldados rebeldes pendurados das traves de madeira da nau capitã. Enquanto abre sua bocarra o mar devorando as fogueiras, Hernán Cortez, de pé sobre a areia aperta o pomo de sua espada e descobre a cabeça.

Não só as naves e os enforcados foram a pique. Já não haverá regresso; nem mais vida que a que nascida a partir de agora, traga consigo o ouro e a glória ou o abutre da derrota. Na praia de Veracruz afundaram os sonhos dos que bem que gostariam de voltar a Cuba, para dormir a sesta colonial em redes tecidas, envolvidos em cabeleiras de mulher e fumaça de charuto: o mar conduz ao passado e à terra, ao perigo. Em lombo de cavalo irão os que puderam pagá-lo, os demais irão a pé: setecentos homens México adentro, até as serras e os vulcões e o mistério de Montezuma.

Cortez ajusta seu chapéu de plumas e dá as costas às chamas. De um galope chega ao casario indígena de Cempoala, enquanto cai a noite. Não diz nada à tropa. Logo ficarão sabendo.

Bebe vinho, sozinho em sua tenda. Talvez pense nos homens que matou sem confissão ou nas mulheres que penetrou sem boda desde seus dias de estudante em Salamanca, que tão remotos parecem, ou em seus perdidos anos de burocrata nas Antilhas, durante o tempo de espera. Talvez pense no governador Diego Velázquez, que estará tremendo de fúria em Santiago de Cuba. Com certeza sorri, ao pensar neste dormilão boboca, cujas ordens nunca mais obedecerá; ou na surpresa que espera os soldados que está escutando amaldiçoar nas rodas de dados e baralho do acampamento.

Algo disso anda em sua cabeça, ou talvez a fascinação e o pânico dos dias que estão por vir; e então ergue o olhar, a vê na porta e à contraluz a reconhece. Se chamava Malinali ou Malinche quando o cacique de Tabasco deu-a de presente a ele. Faz uma semana que se chama Marina.

Cortez lhe diz umas quantas palavras enquanto ela, imóvel, espera. Depois, sem um gesto, a moça desata os cabelos e a roupa. Um redemoinho de tecidos coloridos cai entre seus pés despidos e ele cala quando o corpo dela aparece e resplandece.

A poucos passos dali, o soldado Bernal Díaz del Castillo escreve, à luz da lua, a crônica da jornada. Usa como mesa um tambor. *(54 e 62)*

1519

Tenochtitlán

Montezuma

Grandes montanhas chegaram, movendo-se pelo mar, até a costa de Yucatán. O deus Quetzalcóatl está de volta. Os índios beijam as proas dos barcos.

O imperador Montezuma desconfia de sua sombra.

– O que farei? Onde me esconderei?

Montezuma quisera converter-se em pedra ou pau. Os bufões da Corte não conseguem distraí-lo. Quetzalcóatl, o deus barbudo, o que tinha emprestado a terra e as bonitas canções, veio a exigir o que lhe pertence.

Nos antigos tempos, Quetzalcóatl tinha ido para o oriente, depois de queimar sua casa de ouro e sua casa de coral. Os mais belos pássaros voaram abrindo-lhe caminho. Faz-se ao mar em uma balsa de serpentes e se perdeu de vista navegando rumo ao amanhecer. De lá, regressa agora. O deus barbudo, a serpente emplumada, voltou com fome.

Trepida o solo. Nos caldeirões, bailam os pássaros enquanto são fervidos. *Ninguém haverá de ficar*, havia pressentido o profeta. *Ninguém, ninguém, ninguém de verdade vive na terra.*

Montezuma enviou grandes oferendas de ouro ao deus Quetzalcóatl, capacetes cheios de pó de ouro, patos de ouro, cães de ouro, tigres de ouro, colares e varas e arcos e flechas de ouro, mas quanto mais ouro come o deus, mais ouro deseja; e ansioso avança para Tenochtitlán. Marcha entre os grandes vulcões e atrás dele vêm outros deuses barbudos. Das mãos dos invasores brotam trovões que atordoam e fogos que matam.

– O que farei? Onde irei me meter?

Montezuma vive com a cabeça escondida entre as mãos.

Há dois anos, quando já se haviam multiplicado os presságios do regresso e da vingança, Montezuma enviou seus magos à gruta de Huémac, o rei dos mortos. Os magos desceram às profundidades de Chapultepec, acompanhados por uma comitiva de anões e corcundas, e entregaram a Huémac, enviada pelo imperador, uma oferenda de peles de presos recém-pelados. Huémac mandou dizer a Montezuma:

– Não tenha ilusões. Aqui não há descanso nem alegria.

Ordenou-lhe um jejum de manjares e dormir sem mulher.

Montezuma obedeceu. Fez penitência longa. Os eunucos trancaram a pedra e pau as habitações de suas esposas e os cozinheiros esqueceram seus pratos preferidos.

Mas então foi pior. Os corvos da angústia se precipitaram sobre ele. Montezuma perdeu o amparo de Tlazoltéotl, a deusa do amor que é também a deusa da merda, a que come nossa porcaria para que o amor seja possível; e assim a alma do imperador se inundou, em solidão, de lixo e negrura. Enviou novos mensageiros a Huémac, uma e outra vez, carregados de súplicas e presentes, até que no fim o rei dos mortos prometeu-lhe uma audiência.

Na noite combinada, Montezuma foi ao encontro. A barca deslizou até Chapultepec. O imperador ia em pé na proa, e a névoa da lagoa abria caminho a seu radiante penacho de plumas de flamingo.

Pouco antes de chegar ao pé do morro, Montezuma escutou um rumor de remos. Uma canoa irrompeu, veloz, e alguém resplandeceu por um instante na bruma negra, ia despido e solitário na canoa e erguia o remo como uma lança.

– És tu, Huémac?

O da canoa aproximou-se até quase roçá-lo. Olhou os olhos do imperador, como ninguém pode. Disse a ele: "Covarde". E desapareceu. *(60, 200 e 210)*

1519
Tenochtitlán

A capital dos astecas

Mudos de tanta beleza, os conquistadores cavalgam pela estrada. Tenochtitlán parece arrancada das páginas de Amadís, *coisas nunca ouvidas nem vistas nem mesmo sonhadas...* O sol se ergue atrás dos vulcões, entra na lagoa e rompe em fiapos a névoa que flutua. A cidade, ruas, açudes, templos de altas torres, se abre e fulgura. Uma multidão sai para receber os invasores, em silêncio e sem pressa, enquanto infinitas canoas abrem sulcos nas águas de cobalto.

Montezuma chega em liteira, sentado em suave pele de jaguar, debaixo de um pálio de ouro, pérolas e plumas verdes. Os senhores do reino vão varrendo o solo que ele pisará.

Ele dá as boas-vindas ao deus Quetzalcóatl:

– *Vieste sentar em teu trono* – diz. – *Vieste entre nuvens entre névoas. Não te vejo em sonhos não estou sonhando. Chegaste à tua terra...*

Os que acompanham Quetzalcóatl recebem grinaldas de magnólias, rosas e girassóis, colares de flores nos pescoços, nos braços, nos peitos: a flor do escudo e a flor do coração, a flor de bom aroma e a muito amarela.

Quetzalcóatl nasceu em Extremadura e desembarcou em terras da América com uma trouxinha de roupas ao ombro e um par de moedas no bolso. Tinha dezenove anos quando pisou as pedras do cais de São Domingos e perguntou: *Onde está o ouro?* Agora cumpriu trinta e quatro e é capitão de grande ventura. Veste armadura de ferro negro e conduz um exército de ginetes, lanceiros, balestreiros, escopeteiros e cães ferozes. Prometeu aos seus soldados: *Eu vos farei, em tempo muito breve, os mais ricos homens de quantos jamais hajam passado às Índias.*

O imperador Montezuma, que abre as portas de Tenochtitlán, acabará logo. Daqui a pouco será chamado mulher dos espanhóis e morrerá das pedradas de sua gente. O jovem Cuauhtémoc ocupará seu lugar. Ele lutará. *(60 e 62)*

Canto asteca do escudo

Sobre o escudo, a virgem deu à luz
o grande guerreiro.
Sobre o escudo, a virgem deu à luz
o grande guerreiro.

Na montanha da serpente o vencedor.
Entre montanhas,
com pinturas de guerra
e com escudo de águia.

Ninguém, é verdade, pode fazer-lhe frente.
A terra se pôs a dar voltas
quando ele se pintou de guerra
e ergueu o escudo. (77)

1520
Teocalhueyacan

"A Noite Triste"

Hernán Cortez passa em revista os poucos sobreviventes de seu exército, enquanto a Malinche costura as bandeiras rotas.

Tenochtitlán ficou para trás. Atrás ficou a coluna de fumaça que jorrou pela boca do vulcão Popocatépetl, como dizendo adeus, e não havia vento que pudesse torcê-la.

Os astecas recuperaram sua cidade. Os tetos se eriçaram de arcos e lanças e a lagoa se cobriu de canoas em luta. Os conquistadores fugiram em debandada perseguidos por uma tempestade de flechas e pedras, enquanto atordoavam a noite os tambores de guerra, os alaridos e as maldições.

Estes feridos, estes mutilados, estes moribundos que Cortez está contando agora se salvaram passando por cima dos cadáveres que serviam de ponte: cruzaram para a outra margem pisando cavalos que tinham escorregado e afundado e soldados mortos a flechadas e pedradas ou afogados pelo peso dos alforjes cheios de ouro que não se resignavam a abandonar. *(62 e 200)*

1520
Segura de la Frontera

A distribuição da riqueza

Murmura-se e luta-se no acampamento dos espanhóis. Os soldados não têm mais remédio que entregar as barras de ouro salvas do desastre. Quem esconda algo, será enforcado.

As barras provêm das obras dos ourives e dos escultores do México. Antes de converter-se em presa de guerra e fundir-se em lingotes, este ouro foi serpente a ponto de morder, tigre a ponto de saltar, águia a ponto de voar ou punhal que serpenteia e corre como Cortez explica que este ouro não é mais que gotinhas comparado com o que os espera. Retira a quinta parte para o rei, outra quinta parte para ele, mais o que cabe ao seu pai e ao cavalo que morreu, e entrega aos capitães quase todo o resto. Pouco ou nada recebem os soldados, que lamberam este ouro, o morderam, o pesaram na palma da mão, dormiram com ele debaixo da cabeça e contaram a ele seus sonhos de vingança.

Enquanto isso, o ferro em brasa marca a cara dos escravos índios recém-capturados em Tepeaca e Huaquechula.

O ar cheira à carne queimada. *(62 e 205)*

1520

Bruxelas

Dürer

Estas coisas desprenderam-se do sol, como os homens e as mulheres que as fizeram e a distante terra que pisam.

São capacetes e cintos, leques de plumas, vestidos, mantas, armas de caça, um sol de ouro e uma lua de prata e zarabatanas e outras armas de tanta formosura que parecem feitas para ressuscitar suas vítimas.

O melhor desenhista de todos os tempos não se cansa de olhar. Esta é uma parte da presa de guerra que Cortez arrancou de Montezuma: as únicas peças que não foram fundidas em lingotes. O rei Carlos, recém-sentado no trono do Sagrado Império, exibe ao público os troféus de seus novos pedaços do mundo.

Albert Dürer não conhece o poema mexicano que explica que o verdadeiro artista encontra prazer em seu trabalho e que dialoga com seu coração porque não tem o coração morto e comido pelas formigas. Mas vendo o que vê, Dürer escuta essas palavras e descobre que está vivendo a maior alegria de seu meio século de vida. *(108)*

1520

Tlaxcala

Rumo à reconquista de Tenochtitlán

Pouco falta para que termine o ano. Nem bem apareça o sol, Cortez dará a ordem de partir. Suas tropas, pulverizadas pelos astecas, reconstruíram-se em poucos meses, ao amparo dos índios aliados de Tlaxcala, Huexotzingo e Texcoco. Um exército de cinquenta mil nativos obedece suas ordens e novos soldados vieram da Espanha, de São Domingos e de Cuba, recém-providos de cavalos, arcabuzes, balestras e canhões. Para lutar na água, quando chegue na lagoa, Cortez disporá de velas, ferros e mastros para armar treze bergantins. Os de Huexotzingo darão a madeira.

Com as primeiras luzes, aparece ao longe a serra de vulcões. Mais além, brotada das águas prodigiosas, espera, desafiante, Tenochtitlán. *(54)*

1521

Tlatelolco

A espada de fogo

O sangue corre como água e está ácida de sangue a água de beber. De comer, não resta mais que terra. Luta-se casa por casa, sobre as ruínas e os mortos, de dia e de noite. Já vão três meses de batalha sem tréguas. Só se respira pólvora e náuseas de cadáver; mas ainda ressoam os atabaques e os tambores nas últimas torres e os guisos de cascavel nos tornozelos dos últimos guerreiros. Não cessaram ainda os alaridos e as canções que dão força. As últimas mulheres empunham o machado de quem caiu.

O imperador Cuauhtémoc chama o melhor de seus capitães. Coroa sua cabeça com a coruja de longas plumas, e em sua mão direita coloca a espada de fogo. Com esta espada na mão, o deus da guerra saiu do ventre da mãe, lá no mais remoto dos tempos. Com esta serpente de raios de sol, Huitzilopochtli tinha decapitado sua irmã, a lua, e tinha despedaçado seus quatrocentos irmãos as estrelas, porque não queriam deixá-lo nascer.

Cuauhtémoc ordena:

– *Que a vejam nossos inimigos e que fiquem assombrados.*

A espada de fogo abre seu próprio caminho. O capitão escolhido avança, sozinho, através da fumaça e dos escombros.

É derrubado por um disparo de arcabuz. *(60, 107 e 200)*

1521
Tenochtitlán

O MUNDO ESTÁ CALADO E CHOVE

De repente, de um só golpe, acabam-se os gritos e os tambores. Homens e deuses foram derrotados. Mortos os deuses, morreu o tempo. Mortos os homens, a cidade morreu. Morreu em sua lei esta cidade de guerra, a dos salgueiros brancos e brancos juncos. Já não virão para render-lhe tributo, em barcas através da névoa, os príncipes vencidos de todas as comarcas.

Reina um silêncio que atordoa. E chove. O céu relampagueia e troa e durante toda a noite chove.

Se empilha o ouro em grandes cestas. Ouro dos escudos e das insígnias de guerra, ouro das máscaras dos deuses, penduricalhos de lábios e orelhas. Pesa-se o ouro e cotizam-se os prisioneiros. *De um pobre é o preço, apenas, dois punhados de milho...* Os soldados armam rodas de dados e baralhos.

O fogo vai queimando as plantas dos pés do imperador Cuauhtémoc, untadas de azeite, enquanto o mundo está calado e chove. *(60, 67 e 200)*

1521
La Florida

PONCE DE LEÓN

Estava velho, ou se sentia. O tempo não seria suficiente, nem aguentaria o cansado coração. Juan Ponce de León queria descobrir e conquistar o mundo invicto que as ilhas da Flórida tinham anunciado para ele. Pela grandeza de suas façanhas, queria deixar anã a lembrança de Cristóvão Colombo.

Aqui desembarcou, perseguindo o rio mágico que atravessa o jardim das delícias. No lugar da fonte da juventude, encontrou esta flecha que lhe atravessa o peito. Nunca se banhará nas águas que devolvem o brio dos músculos e o brilho dos olhos sem apagar a experiência da alma sábia.

Os soldados o levam, nos braços, até o navio. O vencido capitão murmura queixas de recém-nascido, mas sua idade continua sendo muita e ainda avança. Quem o carrega comprova, sem assombro, que aqui teve lugar uma nova derrota na contínua luta do sempre contra o jamais. *(166)*

1522
Caminhos de São Domingos

Pés

A rebelião, primeira rebelião de escravos negros na América, foi esmagada. Tinha surgido nos engenhos de açúcar de Diego Colón o filho do descobridor. Em engenhos e plantações de toda a ilha o incêndio se propagara. Se alçaram todos os negros e os poucos índios que tinham sobrevivido, armados de pedras e paus e lanças de taquara que se quebraram, furiosas, inúteis, contra as armaduras.

Das forças, esparramadas pelos caminhos, pendem agora mulheres e homens, jovens e velhos. Na altura dos olhos do caminhante flutuam os pés. Pelos pés, o caminhante poderá reconhecer os castigados, adivinhar como eram antes de que chegasse a morte. Entre esses pés de couro, talhados pelo trabalho e pelas andanças, há pés do tempo e pés do contra-tempo; pés prisioneiros e pés que bailam, ainda, amando a terra e chamando a guerra. *(166)*

1522
Sevilha

A mais longa viagem

Ninguém os acreditava vivos, mas chegaram ontem à noite. Arrojaram a âncora e dispararam toda a sua artilharia. Não desembarcaram em seguida, nem se deixaram ver. Ao amanhecer apareceram sobre as pedras do cais. Tremendo e em farrapos, entraram em Sevilha com tochas acesas nas mãos. A multidão abriu caminho, atônita, a esta procissão de espantalhos encabeçadas por Juan Sebastián de Elcano. Avançavam tropeçando, apoiando-se uns em outros, de igreja em igreja, pagando promessas, sempre perseguidos pela multidão. Iam cantando.

Tinham partido três anos antes, rio abaixo, em cinco navios airosos que tomaram o rumo do oeste. Era um montão de homens em busca da ventura, vindos de todas as partes, que tinham marcado um encontro para buscar, juntos, o passo entre os oceanos e a fortuna e a glória. Eram todos fugitivos; se fizeram ao mar fugindo da pobreza, do amor, do cárcere ou da forca.

Os sobreviventes falam, agora, de tempestades, crimes e maravilhas. Viram mares e terras que não tinham mapa nem nome; atravessaram seis vezes a zona onde o mundo ferve, sem queimar-se nunca. Ao sul encontraram neve azul, e no céu, quatro estrelas em cruz. Viram o sol e a lua andar ao contrário e peixes voarem. Escutaram falar de mulheres que o vento prenha e conheceram uns pássaros negros, parecidos aos corvos, que se precipitam nas bocas abertas das baleias e devoram seus corações. Em uma ilha muito remota, contam, habitam pessoinhas de meio metro de altura, que têm orelhas que lhes chegam aos pés. Tão longas são as orelhas que quando deitam uma serve de colchão e a outra de coberta. E contam que quando os índios das Molucas viram chegar à praia as chalupas desprendidas das naus, acreditaram que as chalupas eram filhotes das naus, que as naus pariam e davam de mamar.

Os sobreviventes contam que no sul do sul, onde se abrem as terras e se abraçam os oceanos, os índios acendem altas fogueiras dia e noite, para não morrer de frio. Esses são índios tão gigantes que nossas cabeças, contam, mal chegam às suas cinturas. Magalhães, o chefe da expedição, agarrou dois deles, colocando-lhes grilhões de ferro como adorno, nos tornozelos e nos pulsos; mas depois um morreu de escorbuto e outro, de calor.

Contam que não tiveram mais remédio que beber água podre, tapando o nariz, e que comeram serragem, couro e carne dos ratos que vinham disputar com eles as últimas bolachas com vermes. Os que morriam de fome eram atirados pela borda, e como não havia pedras para atar aos seus pés, ficavam os cadáveres flutuando sobre as águas: os europeus, de cara para o céu, e os índios de boca para baixo. Quando chegaram às Molucas, um marinheiro trocou com os índios uma carta de baralho, o rei de ouro, por seis aves, mas não pôde nem provar, de tão inchadas que estavam suas gengivas.

Eles viram Magalhães chorar. Viram lágrimas nos olhos do duro navegante português Fernão de Magalhães, quando as naus entraram no oceano jamais atravessado por nenhum europeu. E souberam das fúrias terríveis de Magalhães, quando mandou decapitar e esquartejar dois capitães sublevados e abandonou no deserto outros alçados. Magalhães é agora um troféu de carniça nas mãos dos indígenas das Filipinas que cravaram em sua perna uma flecha envenenada.

Dos duzentos e trinta e sete marinheiros e soldados que saíram de Sevilha três anos antes, regressaram dezoito. Chegaram em uma só nau queixosa, que tem a quilha carcomida e faz água por todos os lados.

Os sobreviventes. Estes mortos de fome que acabam de dar a volta ao mundo pela primeira vez. *(20 e 78)*

1523

Cuzco

Huaina Cápac

Enfrentando o sol que aparece, atira-se na terra e humilha a face. Recolhe com as mãos os primeiros raios e leva-os à boca e bebe a luz. Depois, ergue-se e fica em pé. Olha fixo o sol, sem pestanejar.

Atrás de Huaina Cápac, suas muitas mulheres aguardam com a cabeça baixa. Esperam também, em silêncio, os muitos príncipes. O Inca está olhando para o sol, olha-o de igual para igual, e um murmúrio de escândalo cresce entre os sacerdotes.

Passaram-se muitos anos desde o dia em que Huaina Cápac, filho do pai resplandecente, subiu ao trono com o título de poderoso e jovem chefe rico de virtudes. Ele estendeu seu império muito além das fronteiras de seus antepassados. Faminto de poder, descobridor, conquistador, Huaina Cápac conduziu seus exércitos da selva amazônica até as alturas de Quito, e de Chaco até a costa do Chile. A golpes de machado e voo de flechas, fez-se dono de novas montanhas e planícies e areais. Não há quem não sonhe com ele nem existe quem não o tema neste reino que é, agora, maior que a Europa. De Huaina Cápac dependem os pastos, a água e as pessoas. Por causa de sua vontade se moveram a cordilheira e as pessoas. Neste império que não conhece a roda, ele mandou construir edifícios, em Quito, com pedras de Cuzco, *para que no futuro se entenda sua grandeza e sua palavra seja acreditada pelos homens.*

O Inca está olhando fixo para o sol. Não por desafio, como temem os sacerdotes, mas por piedade. Huaina Cápac sente pena do sol, porque sendo o sol seu pai e pai de todos os incas desde o antigamente das idades, não tem direito à fadiga nem ao aborrecimento. O sol jamais descansa, jamais brinca, jamais esquece. Não pode faltar ao dever de cada dia e através do céu percorre, hoje, o caminho de ontem e de amanhã.

Enquanto contempla o sol, Huaina Cápac decide: "Breve, morrerei". *(47 e 76)*

1523

Cuauhcapolca

As perguntas do cacique

Entrega comida e ouro e aceita o batismo. Mas pede que Gil González de Ávila, explique como Jesus pode ser homem e deus, e Maria virgem e mãe.

Pergunta aonde vão as almas quando saem dos corpos e se está a salvo da morte o Santo Padre de Roma.

Pergunta quem escolheu o rei de Castilha. O cacique Nicarágua foi eleito pelos anciões das comunidades, reunidos ao pé de uma ceiba. Foi o rei eleito pelos anciões de suas comunidades?

Também pede o cacique que o conquistador lhe diga para que tão poucos homens querem tanto ouro. Terão corpos suficientes para tantos adornos?

Depois pergunta se é verdade, como anunciou um profeta, que perderão sua luz o sol, as estrelas e a lua, e se o céu cairá.

O cacique Nicarágua não pergunta por que não nascerão crianças nestas comarcas. Nenhum profeta lhe contou que daqui a poucos anos as mulheres se negarão a parir escravos. *(81 e 103)*

1523

Painala

A Malinche

De Cortez teve um filho, e para Cortez abriu as portas de um império. Foi sua sombra e vigia, intérprete, conselheira, mensageira e amante, tudo isso ao longo da conquista do México; e continua cavalgando ao seu lado.

Passa por Painala vestida de espanhola, veludos, sedas, cetins, e no princípio ninguém reconhece a florida senhora que vem com os novos amos. Do alto de um cavalo alazão, a Malinche passeia seu olhar pelas margens do rio, respira fundo o aroma adocicado do ar e busca, em vão, os rincões da folhagem onde há mais de vinte anos descobriu a magia e o medo. Passaram-se muitas chuvas e vendavais e penas e pesares desde que sua mãe vendeu-a como escrava e foi arrancada da terra mexicana para servir aos senhores maias de Yucatán.

Quando a mãe descobre quem é a que chegou de visita a Painala, se atira aos seus pés e se banha em lágrimas suplicando perdão. A Malinche detém a choradeira com um gesto, levanta sua mãe pelos ombros, abraça-a e pendura em seu pescoço os colares que usa. Depois, monta o cavalo e segue seu caminho junto aos espanhóis.

Não necessita odiar sua mãe. Desde que os senhores de Yucatán a deram de presente a Hernán Cortez, há quatro anos, a Malinche teve tempo de vingar-se. A dívida está paga: os mexicanos se inclinam e tremem quando a veem chegar. Basta um olhar de seus olhos negros para que um príncipe balance na forca. Sua sombra flutuará, além da morte, sobre a grande Tenochtitlán que ela tanto ajudou a derrotar e a humilhar, e seu fantasma de cabelos soltos e túnica flutuante continuará metendo medo, para sempre, saído dos bosques e das grutas de Chapultepec. *(29 e 62)*

1524

Quetzaltenango

O poeta contará às crianças a história desta batalha

O poeta falará de Pedro de Alvarado e de quem com ele veio para ensinar o medo.

Contará que quando as tropas indígenas já tinham sido arrasadas, e era a Guatemala campo de carnificina, o capitão Tecum Umán ergueu-se pelo ar e voou com asas e plumas nascidas de seu corpo. Voou e caiu sobre Alvarado e com um golpe feroz arrancou a cabeça de seu cavalo. Mas Alvarado e o cavalo se partiram em dois e divididos ficaram: o conquistador soltou-se do cavalo decapitado e se levantou. Novamente se pôs a voar o capitão Tecum e subiu, fulgurante até bem lá no alto. Quando precipitou-se das nuvens, Alvarado esquivou-se e atravessou-o com sua lança. Acudiram os cães para despedaçar Tecum Umán e a espada de Alvarado se interpôs. Longo tempo ficou Alvarado contemplando o vencido, seu corpo aberto, a plumagem de quetzal que brotava dos braços e pernas, as asas quebradas, a triple coroa de pérolas, diamantes e esmeraldas. Alvarado chamou seus soldados. E lhes disse: "Olhai", o obrigou-os a tirar os capacetes. As crianças, sentadas em volta do poeta, perguntarão:

– E tudo isso, você viu? Escutou?

– Você estava aqui?

– Não. Dos que estavam aqui, nenhum dos nossos sobreviveu.

O poeta apontará para as nuvens em movimento e para o balanço das copas das árvores.

– Veem as lanças? – perguntará. – Veem as patas dos cavalos? A chuva de flechas? A fumaça?

– Escutem – dirá, e apoiará a orelha na terra, cheia de estampidos.

E lhes ensinará a cheirar a história no vento, a tocá-la nas pedras polidas pelo rio e a conhecer seu sabor mascando certas ervas, assim, sem pressa, como quem mastiga tristeza. *(8 e 107)*

1524
Utatlán

A VINGANÇA DO VENCIDO

Os chefes índios são um punhado de ossos, negros de fuligem, que jazem entre os escombros da cidade. Hoje não há nada que não cheire a queimado na capital dos quichés.

Quase um século antes, um profeta tinha falado. Foi um chefe dos cakchiqueles quem disse, quando os quichés iam arrancar-lhe o coração: *Saibam que uns homens, armados e vestidos dos pés à cabeça e não nus como nós, destruirão estes edifícios e os reduzirão a covas de corujas e gatos do monte e cessará toda esta grandeza.*

Ele falou enquanto o matavam, aqui, nesta cidade de barrancos que os soldados de Pedro de Alvarado acabam de converter em uma fogueira. O vencido amaldiçoou os quichés e fazia muito tempo já que os quichés dominavam os outros povos da Guatemala. *(8 e 188)*

1524
Ilhas dos Escorpiões

CERIMÔNIA DE COMUNHÃO

O mar os engoliu, os vomitou, tornou a engoli-los e os espatifou contra as pedras. Pelos ares voavam toninhas e golfinhos e o céu inteiro era de espuma. Quando o pequeno navio saltou em pedaços, os homens se abraçaram como puderam aos penhascos. Durante toda a noite, as ondas lutaram para arrancá-los, golpe a golpe; muitos se soltaram e foram arrebentados pelas ondas contra as pedras, e depois as ondas os devoraram.

Ao amanhecer, cessou a tempestade e baixou a maré. Os que se salvaram tomaram o rumo da sorte e se deixaram ir em uma canoa esfrangalhada.

Faz cinco dias que os náufragos derivam pelos arrecifes. Não encontraram água doce nem fruto nenhum para levar à boca.

Esta manhã, desembarcaram em uma das ilhotas.

Avançam de quatro, debaixo de um sol de fritar pedras. Não há quem tenha forças para arrastar os que ficam. Despidos, machucados, amaldiçoam o capitão, o doutor Alonso Zuazo, bom advogado e mau navegante, e amaldiçoam a mãe que o pariu, e o rei e o papa e Deus.

Este montinho é a montanha mais alta do mundo. Os homens vão subindo e se consolam contando as horas que faltam para morrer.

E de repente, esfregam os olhos. Não podem crer. Cinco tartarugas gigantes esperam por eles na praia. Cinco tartarugas dessas que sobre o mar parecem rochedos e fazem o amor sem alterar-se enquanto roçam os navios.

Os náufragos se atiram. Agarram-se nos cascos, uivando de fome e raiva, e empurram até dar a volta nas tartarugas, que ficam chutando de barriga para cima, e cravam seus punhais e a punhaladas e socos abrem os ventres e afundam suas cabeças no sangue que emana.

E adormecem. Deixam-se ficar, abandonam-se mergulhados no sangue, metidos até o pescoço nestes barris de bom vinho, enquanto o sol continua sua lenta marcha até o centro do céu.

Ninguém escuta o doutor Alonso Zuazo. Com a boca untada, o doutor ajoelha-se na areia, ergue as mãos e oferece as tartarugas às cinco chagas de Nosso Redentor. *(166)*

1524

Tuxkahá

Cuauhtémoc

Do galho de uma antiga ceiba balança, pendurado pelos tornozelos, o corpo do último rei dos astecas.

Cortez cortou-lhe a cabeça.

Tinha vindo ao mundo em berço rodeado de escudos e dardos, e estes foram os primeiros ruídos que ouviu:

– Tua própria terra é outra. À outra terra estás prometido. Teu verdadeiro lugar é o campo de batalha. Teu ofício é dar de beber ao sol com o sangue de teu inimigo e dar de comer à terra com o corpo de teu inimigo.

Há vinte e nove anos, os magos derramaram água sobre sua cabeça e pronunciaram as palavras do ritual:

– Em que lugar te escondes, desgraça? Em que membro te ocultas? Afaste-se deste menino!

Chamaram-no Cuauhtémoc, *águia que cai*. Seu pai tinha estendido o império de mar a mar. Quando o príncipe chegou ao trono, os invasores já tinham vindo e vencido. Cuauhtémoc ergueu-se em armas e resistiu. Foi o chefe dos bravos. Quatro anos depois da derrota de Tenochtitlán, ainda ressoam, do fundo da selva, os cantares que clamam pela volta do guerreiro.

Quem balança, agora, seu corpo mutilado? O vento ou a ceiba? Não é a ceiba quem o acalanta, de sua vasta copa? Não aceita a ceiba este galho partido, como um braço a mais entre os mil que nascem de seu tronco majestoso? Brotarão deste galho flores vermelhas ?

A vida continua. A vida e a morte continuam. *(212)*

1526
Toledo

O TIGRE AMERICANO

Pelos arredores do alcazar de Toledo, o domador passeia com o tigre que o rei recebeu do Novo Mundo. O domador, lombardo de largo riso e bigodes de ponta, leva-o pela corda, como um cachorrinho, e o jaguar desliza pelo cascalho com passos de algodão.

Gonzalo Fernández de Oviedo sente o sangue gelar. De longe, grita ao guardião que não se fie, que não dê conversa à fera, que tais animais não são para estar entre gentes.

O domador ri, solta o jaguar e acaricia seu lombo. Oviedo chega a escutar o profundo rosnar. Bem sabe ele que esse grunhido significa reza ao demônio e ameaça. Um dia não distante, este confiado domador cairá na emboscada. Estenderá a mão para acariciar o tigre e de um golpe veloz será engolido. Acreditará este infeliz que Deus deu ao jaguar garras e dentes para que um domador lhe sirva a comida em horas fixas? Nunca nenhum de sua linhagem comeu chamado à mesa por um sino, nem teve outra regra além da de devorar. Oviedo olha o lombardo sorridente e vê um montinho de carne picada entre quatro círios.

– Cortai-lhe as unhas! – aconselha, afastando-se. – Tirai-lhe as unhas pela raiz, e todos os dentes! *(166)*

1528
Madrid

PARA QUE ABRAM A BOLSA

O frio escorre pelas fendas e congela a tinta nos tinteiros.

Carlos V deve a cada santo uma vela. Com dinheiro dos Wesler, banqueiros de Ausburgo, comprou sua coroa imperial, pagou sua boda e financiou boa parte das guerras que lhe permitiram humilhar Roma, abater a rebelião dos flamengos e esparramar a metade da nobreza guerreira da França nos campos de Pavia.

Ao imperador doem os dentes enquanto assina o decreto que concede aos Wesler a exploração, extração e governo da Venezuela.

Durante longos anos, a Venezuela terá governadores alemães. O primeiro, Ambrosio Alfinger, não deixará índio sem marcar e vender nos mercados de Santa Marta, Jamaica e São Domingos, e morrerá com a garganta atravessada por uma flecha. *(41, 103 e 165)*

1528

Tumbes

Dia de espantos

A expedição ao mar do sul descobre finalmente uma costa limpa de mangues e mosquitos.

Francisco Pizarro, que tem notícia de um povoado próximo, ordena a um soldado e a um escravo africano que empreendam a marcha.

O branco e o negro chegam a Tumbes através de terras semeadas e bem regadas por açudes, sementeiras que eles jamais viram na América; em Tumbes, gente que não anda despida nem dorme à intempérie rodeiam os recém-chegados e lhes dá presentes e alegrias. Não bastam os olhos de Alonso de Molina para medir as pranchas de ouro e prata que cobrem as paredes do templo.

As pessoas de Tumbes estão deslumbradas por tantas coisas do outro mundo. Puxam a barba de Alonso de Molina e tocam sua roupa e seu machado de ferro. Com gestos perguntam que pede esse monstro prisioneiro, de crista vermelha, que grita em uma jaula. Alonso aponta, e diz: "Galo", e eles aprendem a primeira palavra na língua de Castilha.

Para o africano que acompanha o soldado, as coisas não vão tão bem. Agitando as mãos ele se defende dos índios, que querem raspar sua pele com espigas secas. Em um imenso recipiente, está fervendo a água. Vão metê-lo ali, para que se despinte. *(166 e 185)*

1528

Ilha do Mau Fado

"Gente muito solta do que tem..."

Dos navios que saíram de San Lúcar de Barrameda rumo à Florida, um foi arrojado pela tempestade sobre as copas das árvores de Cuba e outros o mar devorou em naufrágios sucessivos. Não correram melhor sorte os barcos que os homens de Narváez e Cabeza de Vaca improvisaram com camisas como velas e cordame de crinas de cavalo.

Os náufragos, espectros despidos, tremem de frio e choram entre os rochedos da ilha do Mau Fado. Chegam uns índios para trazer-lhes água e peixes e raízes e ao vê-los chorar, choram com eles. Choram rios os índios, e quanto mais dura a estrepitosa choradeira, mais lástima os espanhóis têm de si.

Os índios os conduzem à sua aldeia. Para que o frio não os mate, vão acendendo fogos nos descansos do caminho. Entre fogueira e fogueira os levam nos braços, sem deixá-los pôr os pés no chão.

Imaginam os espanhóis que os índios os cortarão em pedaços e os jogarão em um caldeirão, mas na aldeia continuam partilhando com eles a pouca comida que têm. Conta Alvar Núnez Cabeza de Vaca que os índios se escandalizam e ardem de fúria quando ficam sabendo que, na costa, cinco cristãos se comeram uns aos outros, até que só ficou um, que por ser um só não houve quem o comesse. *(39)*

1531

Rio Orinoco

Diego de Ordaz

O vento anda negando-se, e as chalupas rebocam a nau rio acima. O sol bate nas águas.

No escudo de armas do capitão brilha o cone do vulcão Popocatépetl, porque ele foi o primeiro dos espanhóis que pisou a neve da cimeira. Naquele dia ele chegou tão alto que através dos torvelinhos de cinzas via as costas das águias e via a cidade de Tenochtitlán tremendo na lagoa; mas teve de escapar correndo porque o vulcão tronou de ira e vomitou uma chuva de fogo e pedras e fumaça negra.

Agora Diego de Ordaz, feito um mingau, se pergunta se conduzirá este rio Orinoco ao lugar onde o ouro o espera. Os índios das aldeias vão mostrando o ouro cada vez mais longe, enquanto o capitão espanta mosquitos e avança, gemendo, o casco mal-armado da nau. Os macacos protestam e os papagaios, invisíveis, gritam *foradaqui, foradaqui*, e muitos pássaros sem nome revoam entre as margens cantando *nãosereiteu, nãosereiteu, nãosereiteu. (175)*

Canção sobre o homem branco, do povo piaroa

A água do rio está ruim.
Se refugiam os peixes
no alto dos arroios
vermelhos de barro.
Passa o homem com a barba,
o homem branco.
Passa o homem com a barba
na canoa grande
de remos barulhentos
que as serpentes mordem. (17)

1531
Cidade do México

A Virgem de Guadalupe

Essa luz, sobe da terra ou desce do céu? É farol ou estrela? A luz não quer ir embora do centro de Tepeyac e em plena noite persiste e fulgura nas pedras e se enreda nos galhos. Alucinado, iluminado, Juan Diego viu a luz, Juan Diego, índio despido: a luz de luzes abriu-se para ele, rompeu-se em fiapos dourados e avermelhados e no centro do brilho apareceu a mais lúcida e luminosa das mulheres mexicanas. Estava vestida de luz aquela que, em língua náhuatl, disse a ele: "Eu sou a mãe de Deus".

O bispo Zumárraga escuta e desconfia. O bispo é o protetor oficial dos índios, designado pelo imperador, e também o guardião de ferro que marca na cara dos índios o nome de seus donos. Ele atirou na fogueira os códices astecas, papéis pintados pela mão do Demônio, e aniquilou quinhentos templos e vinte mil ídolos. Bem sabe o bispo Zumárraga que no alto da montanha de Tepeyac tinha seu santuário a deusa da terra, Tonantzin, e que para lá caminharam os índios em peregrinação a render culto à nossa mãe, como chamavam essa mulher vestida de serpentes e corações e mãos.

O bispo desconfia e decide que o índio Juan Diego viu a Virgem de Guadalupe. É a Virgem nascida em Extremadura, morena dos sóis da Espanha, quem veio ao vale dos astecas para ser a mãe dos vencidos. *(60 e 79)*

1531

São Domingos

Uma carta

Aperta a cabeça perseguindo as palavras que aparecem e fogem: *Não olhem minha baixeza de ser e rudeza de dizer, suplica, e sim a vontade com que a dizê-lo sou movido.*

Frei Bartolomé de las Casas escreve ao Conselho das Índias. Melhor teria sido para os índios, afirma, *ir ao inferno com sua infidelidade, seu pouco a pouco e a sós*, que ser salvos pelos cristãos. *Já chegam aos céus os alaridos de tanto sangue humano derramado: os queimados vivos, assados em grelhas, jogados a cachorros bravos...*

Levanta, caminha. Entre nuvens de pó ondula o hábito branco.

Depois, senta na beirada da cadeira cravejada de tachinhas. Com a pluma coça o nariz longo. A mão ossuda escreve. Para que na América se salvem os índios e se cumpra a lei de Deus, propõe que a cruz mande na espada. Que se submetam as guarnições aos bispos; e que se mandem colonos para cultivar a terra ao abrigo das praças fortes. Os colonos, diz, *poderiam levar escravos negros ou mouros ou de outra sorte, para servir-se, ou viver por suas mãos, ou de outra maneira que não fosse em prejuízo dos índios... (27)*

1531

Ilha Serrana

O náufrago e o outro

Um vento de sal e de sol castiga Pedro Serrano, que perambula nu pelo despenhadeiro. Os alcatrazes revoam perseguindo-o. Com uma das mãos como viseira, ele tem os olhos postos no território inimigo.

Desce até a enseada e caminha pela areia. Ao chegar à linha da fronteira, mija. Não pisa a linha, mas sabe que se do lado de lá o outro estiver olhando de algum esconderijo, dará um pulo para pedir satisfações por este ato de provocação.

Mija e espera. Os pássaros gritam e fogem. Onde terá se metido? O céu é um resplendor branco, luz de cal, e a ilha uma pedra incandescente; brancas rochas, sombras brancas, espuma sobre a areia branca, um mundinho de sol e de cal. Onde terá ido parar este canalha?

Faz muito tempo que o barco de Pedro partiu-se em pedaços, naquela noite de tormenta, e os cabelos e a barba já lhe chegavam ao peito quando apareceu o outro, montado em uma madeira que a maré raivosa jogou à costa. Pedro escorreu-lhe a água dos pulmões, deu-lhe de comer e de beber e ensinou-lhe a não morrer nesta ilhota deserta, onde só crescem as rochas. Ensinou-lhe a virar as tartarugas e a degolá-las de um talho, a cortar a carne em rabanadas para secá-la ao sol e a recolher a água da chuva nos seus cascos. Ensinou-lhe a rezar pela chuva e a capturar mariscos debaixo da areia, mostrou-lhe refúgios de caranguejos e camarões e ofereceu-lhe ovos de tartaruga e as ostras que o mar trazia, grudadas nos galhos dos mangues. O outro soube por Pedro que era preciso recolher tudo que o mar entregasse aos arrecifes, para que noite e dia ardesse a fogueira, alimentada por algas secas, sargaços, ramos perdidos, estrelas-do-mar e ossos de peixe. Pedro ajudou-o a levantar um telhadinho de cascos de tartaruga, um quase nada de sombra contra o sol, na ilha sem árvores.

A primeira guerra foi a guerra da água. Pedro suspeitou que o outro roubava enquanto ele dormia, e o outro acusou-o de beber goles de animal. Quando a água esgotou-se, e se derramaram as últimas gotas disputadas a socos, não tiveram mais remédio além de beber cada um a própria urina e o sangue que arrancaram da única tartaruga que se deixou ver. Depois estenderam-se para morrer na sombra, e não lhes restava saliva para nada mais do que insultar-se baixinho.

Finalmente a chuva os salvou. O outro opinou que Pedro bem que poderia reduzir à metade o teto de sua casa, já que os cascos escasseavam tanto:

– Tens um palácio – disse – e em minha casa passo o dia torto.

– Que te fodas tu – disse Pedro – e a puta que te pariu. Se não gostares de minha ilha, dê o fora! – E com um dedo apontou o vasto mar.

Resolveram dividir a água. Desde então, há um depósito de chuva em cada ponta da ilha.

A segunda foi guerra do fogo. Se turnavam para cuidar da fogueira, para o caso de que algum navio passasse ao longe. Uma noite, estando o outro de guarda, a fogueira se apagou. Pedro despertou-o com maldições e safanões.

– Se a ilha é tua, ocupa-te dela, seu puto – disse o outro, e mostrou os dentes.

Rodaram pela areia. Quando se fartaram de golpear-se, resolveram que cada um acenderia seu próprio fogo. A faca de Pedro açoitou a pedra até arrancar-lhe chispas; e desde então há uma fogueira em cada ponta da ilha.

A terceira foi a guerra da faca. O outro não tinha com que cortar e Pedro exigia camarões frescos como pagamento cada vez que lhe emprestava a faca.

Explodiram depois a guerra da comida e a guerra dos colares de caracóis. Quando acabou a última, que foi a pedradas, firmaram um armistício e um tratado de limites. Não houve documento, porque nesta desolação não se encontra nem uma folha de cactus para desenhar um rabisco, e além disso nenhum dos dois sabe assinar; mas traçaram uma fronteira e juraram respeitá-la por Deus e pelo rei. Jogaram para o alto uma vértebra de peixe. A Pedro coube a metade da ilha que dá para Cartagena. Ao outro, a que dá para Santiago de Cuba.

E agora, de pé frente à fronteira, Pedro morde as unhas, ergue a vista para o céu, como se buscasse chuva, e pensa: "Deve estar escondido em algum canto. Sinto seu cheiro. Porco. No meio do mar, e jamais toma banho. Prefere fritar-se em seu óleo. Por aí anda, sim, escondendo-se".

– Ei, miserável! – chama.

Lhe respondem o trovão da maré e o alvoroço das aves e as vozes do vento.

"Ingrato", grita, "Filho da Puta!", grita, e grita até arrebentar a garganta, e corre e percorre a ilha de ponta a ponta, a torto e a direito, sozinho e nu na areia sem ninguém. *(76)*

1532
Cajamarca

Pizarro

Mil homens vão varrendo o caminho do Inca até a vasta praça onde aguardam, escondidos, os espanhóis. A multidão treme ao passar o Pai Amado, o Uno, o Único, o dono do trabalho e das festas; calam os que cantam e se detêm os que dançam. À pouca luz, a última do dia, relampagueiam de ouro e prata as coroas e as roupas de Atahualpa e seu cortejo de senhores do reino.

Onde estão os deuses trazidos pelos ventos? O Inca chega ao centro da praça e ordena esperar. Há uns dias, um espião se meteu no acampamento dos invasores, puxou-lhes as barbas e voltou dizendo que não eram mais que um punhado de ladrões saídos do mar. Esta blasfêmia custou-lhe a vida. Onde estão os filhos de Wiracocha que levam estrelas nos calcanhares e descarregam trovões que provocam o estupor, o estampido e a morte?

O sacerdote Vicente de Valverde emerge das sombras e sai ao encontro de Atahualpa. Com uma das mãos ergue a Bíblia e com a outra um crucifixo, como conjurando uma tormenta em alto-mar, e grita que aqui está Deus, o verdadeiro, e que todo o resto é burla. O intérprete traduz e Atahualpa, no alto da multidão, pergunta:

– Quem te disse isso?

– Está dito na Bíblia, o livro sagrado.

– Então deixe que ela me diga.

A poucos passos, atrás de uma parede, Francisco Pizarro desembainha a espada.

Atahualpa olha a Bíblia, faz com que ela dê voltas em sua mão, sacode-a para que soe e aperta-a contra o ouvido:

– Não diz nada. Está vazia.

E a deixa cair.

Pizarro espera este momento desde o dia em que se ajoelhou frente ao imperador Carlos V, descreveu-lhe o reino grande como a Europa que tinha descoberto e se propunha a conquistar e prometeu-lhe o mais esplêndido tesouro da história da humanidade. E desde antes: desde o dia em que sua espada traçou uma linha na areia e uns poucos soldados mortos de fome, inchados pelas pragas, juraram acompanhá-lo até o final. E desde antes ainda, desde muito antes: Pizarro espera este momento desde cinquenta e quatro anos atrás, quando foi atirado à porta de uma igreja da Extremadura e bebeu leite de porca por não ter quem lhe desse de mamar.

Pizarro grita e se lança. Ao sinal, abre-se a armadilha. Soam as trombetas, carrega a cavalaria e estalam os arcabuzes, da paliçada, sobre a multidão perplexa e sem armas. *(76, 96 e 221)*

1533

Cajamarca

O resgate

Para comprar a vida de Atahualpa, acodem a prata e o ouro. Formigueiam pelos quatro caminhos do império as longas fileiras de lhamas e a multidão de costas carregadas. O mais esplêndido tesouro vem de Cuzco: um jardim inteiro, árvores e flores de ouro maciço e pedrarias, em tamanho natural, e pássaros e animais de pura prata e turquesa e lápis-lazúli.

O forno recebe deuses e adornos e vomita barras de ouro e de prata.

Chefes e soldados exigem aos gritos a partilha. Faz seis anos que não percebem nada.

De cada cinco lingotes, Francisco Pizarro separa um para o rei. Depois, faz o sinal da cruz. Pede o auxílio de Deus, que tudo sabe, para guardar justiça; e pede o auxílio de Hernando de Soto, que sabe ler, para vigiar o escrivão.

Adjudica uma parte à Igreja e outra ao vigário do Exército. Recompensa longamente seus irmãos e os outros capitães. Cada soldado raso ganha mais do que o príncipe Felipe recebe em um ano e Pizarro se transforma no homem mais rico do mundo. O caçador de Atahualpa entrega a si mesmo o dobro do que em um ano gasta a corte de Carlos V com seus seiscentos criados – sem contar a liteira do Inca, oitenta e três quilos de ouro puro, que é seu troféu de general. *(76 e 184)*

1533

Cajamarca

Atahualpa

Um arco-íris negro atravessou o céu. O Inca Atahulpa não quis acreditar.

Nos dias da festa do sol, um condor caiu sem vida na Praça da Alegria. Atahualpa não quis acreditar.

Enviava à morte os mensageiros que traziam más notícias e com um golpe de machado cortou a cabeça do velho profeta que anunciou-lhe a desgraça. Fez queimar a casa do oráculo e as testemunhas da profecia foram passadas à faca.

Atahualpa mandou amarrar os oitenta filhos de seu irmão Huáscar nos postes do caminho e os abutres se fartaram de carne. As mulheres de Huáscar tingiram de sangue as águas do rio Andamarca. Huáscar, prisioneiro de Atahualpa, comeu merda humana e mijo de carneiro e teve como mulher uma pedra vestida. Depois Huáscar disse, e foi a última coisa que disse: *Já o matarão como ele me mata.* E Atahualpa não quis acreditar.

Quando seu palácio foi convertido em seu cárcere, não quis acreditar. Atahualpa, prisioneiro de Pizarro, disse: *Sou o maior dos príncipes sobre a terra.* O resgate encheu de ouro um quarto e de prata dois quartos. Os invasores fundiram até o berço de ouro onde Atahualpa havia escutado a primeira canção.

Sentado no trono de Atahualpa, Pizarro anunciou-lhe que tinha decidido confirmar sua sentença de morte. Atahualpa respondeu:

– Não me digas essas bobagens.

Tampouco quer acreditar, agora, enquanto passo a passo sobe as escadarias, arrastando correntes, na luz leitosa da madrugada.

Logo a notícia se difundirá entre os incontáveis filhos da terra que devem obediência e tributo ao filho do sol. Em Quito chorarão a morte da sombra que protege: *perplexos, extraviados, morta a memória, sozinhos.* Em Cuzco haverá júbilo e bebedeiras..

Atahualpa está atado pelas mãos, pés e pescoço, mas ainda pensa: *Que fiz eu para merecer a morte?*

Aos pés do patíbulo, se nega a acreditar que foi derrotado pelos homens. Somente os deuses poderiam. Seu pai, o sol, o traiu.

Antes que o torniquete de ferro rompa sua nuca, chora, beija a cruz e aceita que o batizem com outro nome. Dizendo chamar-se Francisco, que é o nome de seu vencedor, bate nas portas do Paraíso dos europeus, onde não há lugar reservado para ele. *(53, 76 e 221)*

1533

Xaquixaguana

O segredo

Pizarro marcha rumo a Cuzco. Encabeça, agora, um grande exército. Manco Cápac, novo rei dos incas, somou milhares de índios ao punhado de conquistadores.

Mas os generais de Atahualpa hostilizam o avanço. No vale de Xaquixaguana, Pizarro agarra um mensageiro de seus inimigos.

O fogo lambe a planta dos pés do preso.

– O que diz essa mensagem?

O *chasqui* é homem curtido em trotes de nunca acabar através dos ventos gelados do planalto e dos ardores do deserto. O ofício acostumou-o à dor e à fadiga. Uiva, mas cala.

Depois de longo tormento, solta a língua:

– Que os cavalos não poderão subir as montanhas.

– O que mais?

– Que não se deve ter medo. Que os cavalos assustam, mas não fazem nada.

– E o que mais?

Fazem com que pisem o fogo.

– E o que mais?

Perdeu os pés. Antes de perder a vida, diz:

– Que vocês também morrem. *(81 e 185)*

1533
Cuzco

ENTRAM OS CONQUISTADORES NA CIDADE SAGRADA

No radiante meio-dia, através da fumaça abrem caminho os soldados. Um cheiro de couro molhado se levanta e se mistura com o cheiro de coisa queimada, enquanto ressoa um estrépito de cascos de cavalo e rodas de canhões.

Nasce um altar na praça. Os pendões de seda, bordados de águias, escoltam o novo deus, que tem os braços abertos e usa barbas como seus filhos. Não está vendo o deus novo que seus filhos se lançam, machado na mão, sobre o ouro dos templos e das tumbas?

Entre as pedras de Cuzco, enegrecidas pelo incêndio, os velhos e os paralíticos aguardam, mudos, os dias que estão por chegar. *(47 e 76)*

1533
Riobamba

ALVARADO

Faz meio ano, as naves desembarcaram em Puerto Viejo.

Chamado pelas promessas de um reino virgem, Pedro de Alvarado tinha saído da Guatemala. Era seguido por quinhentos espanhóis e dois mil escravos índios e negros. Os mensageiros disseram:

– O poder que te espera humilha o que conheces. Ao norte de Tumbes, multiplicarás a fama e a riqueza. Do sul, Pizarro e Almagro já são donos, mas o fabuloso reino de Quito não pertence a ninguém.

Nas aldeias da costa, encontraram ouro, prata e esmeraldas. Carregados de rápidas fortunas, empreenderam marcha rumo à cordilheira. Atravessaram a selva, os pântanos, as febres que matam em um dia ou deixam louco, e as aterradoras chuvas de cinzas de vulcão. Nos páramos dos Andes, os ventos afiados e as tormentas de neve despedaçaram os corpos dos escravos, ignorantes do frio, e os ossos de muitos espanhóis se incorporaram à montanha. Ficaram gelados para sempre os soldados que desceram para apertar os arreios dos cavalos. Os tesouros foram arrojados ao fundo dos abismos: Alvarado oferecia ouro e os soldados clamavam por comida e abrigo. Queimados os olhos pelos resplendedores da neve, Alvarado continuou avançando, aos trambolhos, e a golpes de espada ia cortando cabeças de escravos que caíam e de soldados que se arrependiam.

Quase defuntos, músculos de gelo, congelado sangue, os mais duros conseguiram chegar ao altiplano. Hoje alcançam, finalmente, o caminho real dos incas, o que conduz a Quito, ao paraíso. Nem bem chegam, descobrem no barro as marcas frescas das ferraduras dos cavalos. O capitão Benalcázar chegou primeiro. *(81 e 97)*

1533

Quito

Esta cidade se suicida

Aparecem, desembestados, os homens de Benalcázar. Espiam e lutam para eles milhares de aliados indígenas, inimigos dos incas. Ao cabo de três batalhas, a sorte está lançada.

Já está indo embora o general Rumiñahui quando bota fogo nos quatro cantos de Quito. Os invasores não poderão desfrutar a cidade viva, nem encontrarão outros tesouros além dos que possam arrancar das tumbas. A cidade de Quito, berço e trono de Atahualpa, é uma fogueira gigantesca entre os vulcões.

Rumiñahui, que jamais foi ferido pelas costas, afasta-se das altas chamas. Seus olhos choram, por causa da fumaça. *(158 e 214)*

1533

Barcelona

As guerras santas

Da América chegam os heraldos da boa-nova. O imperador fecha os olhos e assiste o avanço das velas e sente o cheiro do breu e do sal. Respira o imperador como o mar, maré cheia, maré vazia; e sopra para apressar os navios inchados de tesouros.

A Providência acaba de dar-lhe de presente um novo reino, *onde o ouro e a prata abundam como o ferro em Vizcaya.* O assombroso tesouro está a caminho. Com ele poderá tranquilizar os banqueiros que o enforcam e poderá finalmente pagar os seus soldados, lanceiros suíços, mercenários alemães, infantes espanhóis, que não veem uma moeda nem em sonhos. O resgate de Atahualpa financiará as guerras santas contra a meia-lua do Islã, que chegou às portas de

Viena, e contra os hereges que seguem Lutero na Alemanha. O imperador armará uma grande frota para varrer do Mediterrâneo o sultão Solimão e o velho pirata Barba Roxa.

O espelho devolve ao imperador a imagem do deus da guerra: a armadura adamascada, com rendas cinzeladas ao bordo da gola e da couraça, o casco de plumas, o rosto iluminado pelo sol da glória: as sobrancelhas ao ataque sobre os olhos melancólicos, o barbudo queixo lançado para a frente. O imperador sonha com Argel e escuta o chamado de Constantinopla. Tunes, caída em mãos infiéis, também espera pelo general de Jesus Cristo. *(41 e 47)*

1533

Sevilha

O tesouro dos incas

Da primeira das naus se derrama o ouro e a prata sobre o cais de Sevilha. Os bois arrastam as talhas repletas até a Casa de Contratação.

Murmúrios de estupor se levantam entre a multidão que assiste ao desembarque. Fala-se de mistérios e do monarca vencido além do mar.

Dois homens, duas uvas, saem abraçados da taberna que dá para o cais. Se metem na multidão e perguntam, aos gritos, aonde está o tabelião. Eles não celebram o tesouro dos incas. Estão avermelhados e resplandecentes pela jornada de bom vinho e porque fizeram um pacto de muita fraternidade. Resolveram trocar de mulheres, tu a minha, que é uma joia, e eu a tua, embora não valha nada, e buscam um tabelião para documentar o acordo.

Eles não dão confiança ao ouro e à prata do Peru; e as pessoas, deslumbradas, não dão confiança ao náufrago que chegou junto com o tesouro. O navio, atraído pela fogueira, resgatou o náufrago em uma ilhota do Caribe. Se chama Pedro Serrano e há nove anos tinha se salvado nadando. Usa agora o cabelo como assento e a barba como avental, tem a pele de couro e não parou de falar desde que o subiram a bordo. Continua contando sua história, agora, em meio ao alvoroço. Ninguém o escuta. *(41 e 76)*

1534

Riobamba

A inflação

Quando chegaram a São Domingos as notícias do ouro de Atahualpa, todo mundo buscou barco. Alonso Hernández, repartidor de índios, foi dos primeiros a sair correndo. Embarcou no Panamá e ao chegar a Túmbes comprou um cavalo. O cavalo custava em Tumbes seis vezes mais do que no Panamá e trinta vezes mais do que em São Domingos.

O passo da cordilheira deixou Hernández a pé. Para seguir viagem até Quito, compra outro cavalo. Paga noventa vezes mais do que pagaria em São Domingos. Compra também, por trezentos e cinquenta pesos, um escravo negro. Em Riobamba, um cavalo custa oito vezes mais do que um homem.

Tudo se vende neste reino, até as bandeiras encharcadas de barro e sangue, e tudo se cotiza pelas nuvens. Cobra-se uma barra de ouro por duas folhas de papel.

Os mercadores, recém-chegados, derrotam os conquistadores sem desembainhar a espada. *(81,166 e 184)*

1535

Cuzco

O trono de latão

Nos joelhos do rei pequenino, rei vassalo de outro rei, não descansa o cetro de ouro, e sim um pau brilhante de vidros coloridos. Manco Cápac II mostra sobre sua cabeça a borla escarlate, mas o triple colar de ouro falta em seu peito, onde não brilha o sol, e de suas orelhas não descem discos resplandecentes. O irmão e inimigo e herdeiro de Atahualpa não leva nas costas o manto de fios de ouro e prata e lã de vicunha. Das bandeiras, que o vento golpeia, desapareceram os falcões para dar lugar às águias do imperador da Europa.

Ninguém se ajoelha aos pés do Inca coroado por Pizarro. *(53)*

1536
Cidade do México

MOTOLINÍA

Frei Toríbio de Motolinía caminha, descalço, montanha acima. Vai carregando uma bolsa pesada nas costas.

De *Motolinía* chamam, no linguajar do lugar, a quem é pobre ou aflito, e ele veste ainda o hábito remendado e esfarrapado que lhe deu nome há anos, quando chegou caminhando, descalço como agora, do porto de Veracruz.

Se detém no alto da ladeira. Aos seus pés, se estende a imensa lagoa e nela resplandece a cidade do México. Motolinía passa a mão na testa, respira fundo e crava na terra, uma depois da outra, dez cruzes toscas, galhos amarrados com cordão, e enquanto as crava vai oferecendo-as:

– Esta cruz, meu Deus, pelas pestes que aqui não se conheciam e com tanta sanha foram cevadas nos naturais.

– Esta pela guerra e esta pela fome, que tantos índios mataram como gotas há no mar e grãos na areia.

– Esta pelos arrecadadores de tributos, zangões que comem o mel dos índios; e esta pelos tributos, pois para cumprir com eles haverão de vender os índios seus filhos e suas terras.

– Esta pelas minas de ouro, que tanto fedem a morto que a uma légua não se pode passar.

– Esta pela grande cidade do México, erguida sobre as ruínas de Tenochtitlán, e pelos que nas costas trouxeram vigas e pedras para construí-la, cantando e gritando noite e dia, até morrer extenuados ou esmagados pelos derrubamentos.

– Esta pelos escravos que de todas as comarcas foram arrastados até esta cidade, como manadas de animais, marcados no rosto; e esta pelos que caem nos caminhos levando as grandes cargas de mantimentos para as minas.

– E esta, Senhor, pelos contínuos conflitos e escaramuças de nós, os espanhóis, que sempre terminam em suplício e matança de mulos.

Ajoelhado frente às cruzes, Motolinía roga:

– Perdoa-os, Deus. Te suplico que os perdoes. De sobra sei que continuam adorando seus ídolos sanguinários, e que se antes tinham cem deuses, contigo têm cento e um. Eles não sabem distinguir a hóstia de um grão de milho. Mas se merecem o castigo de Tua dura mão, também merecem a piedade de Teu generoso coração.

Depois Motolinía se persigna, sacode o hábito e empreende, ladeira abaixo, o regresso.

Pouco antes da Ave-Maria, chega ao convento. Solitário em sua cela, se estende na cama e lentamente come um pão. *(60 e 213)*

1536
Machu Picchu

Manco Cápac II

Farto de ser tratado feito cachorro, o rei Manco Cápac se alça em armas contra os homens de cara peluda. No trono vazio, Pizarro instala Paullo, irmão de Manco Cápac e de Atahualpa e de Huáscar.

A cavalo, encabeçando um grande exército, Manco Cápac sitia Cuzco. Ardem as fogueiras em torno da cidade e chovem, incessantes, as flechas acesas, mas a fome castiga mais os sitiadores que os sitiados, e as tropas de Manco Cápac se retiram, ao cabo de meio ano, entre alaridos que partem a terra.

O Inca atravessa o vale do rio Urubamba e emerge entre os altos picos de névoa. A escadaria de pedra o conduz à morada secreta das alturas. Protegida por parapeitos e torreões, a fortaleza de Machu Picchu reina além do mundo. *(53 e 76)*

1536
Valle de Ulúa

Gonzalo Guerrero

Se retiram, vitoriosos, os ginetes de Alonso de Ávila. No campo de batalha jaz, entre os vencidos, um índio com barba. O corpo, despido, está lavrado de arabescos de tinta e sangue. Símbolos de ouro estão pendurados em seu nariz, lábios e orelhas. Um tiro de arcabuz partiu-lhe a testa.

Se chamava Gonzalo Guerrero. Em sua primeira vida tinha sido marinheiro do porto de Palos. Sua segunda vida começou há vinte e cinco anos, quando naufragou na costa de Yucatán. Desde então, viveu entre os índios. Foi cacique na paz e capitão na guerra. De mulher maia teve três filhos.

Em 1519, Hernán Cortez mandou buscá-lo:

– *Não* – disse Gonzalo ao mensageiro. – *Olhe meus filhos, bonitos que são. Deixe-me algumas destas contas verdes que você traz. Eu as darei aos meus filhos, e lhes direi: "Estes brinquedos mandam meus irmãos, da minha terra".*

Muito depois, Gonzalo Guerrero caiu defendendo outra terra, lutando junto a outros irmãos, os irmãos que escolheu. Ele foi o primeiro conquistador conquistado pelos índios. *(62 e 119)*

1536
Culiacán

Cabeza de Vaca

Oito anos passaram desde que naufragou Cabeza de Vaca na ilha do Mau Fado. Dos seiscentos homens que partiram da Andaluzia, uns quantos desertaram pelo caminho e muitos foram tragados pelo mar; outros morreram de fome, frio ou por causa dos índios, e quatro, apenas quatro, chegam agora a Culiacán.

Álvar Núñes Cabeza de Vaca, Alonso del Castillo, Andrés Dorantes y Estebanico, negro árabe, atravessaram, caminhando, toda a América, da Flórida até a costa do Pacífico. Nus, mudando de pele como as serpentes, comeram ervas pedreiras e raízes, minhocas e lagartixas e tudo que era vivo e que puderam encontrar, até que os índios lhes deram mantas e figos-da-índia e milho a troco de milagres e curas. A mais de um morto ressuscitou Cabeza de Vaca, rezando Pai-nossos e Aves-marias, e curou muitos debentes fazendo o sinal da cruz e soprando o lugar onde doía. De légua em légua, ia crescendo a fama dos milagreiros; multidões saíam para recebê-los nos caminhos e as aldeias se despediam deles com bailes e alegrias.

Em terras de Sinaloa, indo para o sul, apareceram as primeiras pegadas de cristãos. Cabeza de Vaca e seus companheiros encontraram fivelas, cravos de ferradura, estacas de atar cavalos. Também encontraram medo: cultivos abandonados, índios que fugiam para os montes.

– Estamos perto – disse Cabeza de Vaca. – Depois de tanto caminhar, estamos perto de nossa gente.

– Eles não são como vocês – disseram os índios. – Vocês vêm donde sai o sol, e eles, de onde o sol se põe. Vocês curam os doentes e eles matam os sadios. Vocês andam nus e descalços. Vocês não tem cobiça de coisa alguma. (39)

1537
Roma

O papa diz que são como nós.

O papa Paulo III estampa seu nome no selo de chumbo, que mostra as efígies de São Pedro e São Paulo, e o amarra em um pergaminho. Uma nova bula sai do Vaticano. Se chama *Sublimis Deus* e descobre que os índios são seres humanos, dotados de alma e razão. *(103)*

1538
São Domingos

O espelho

O sol do meio-dia arranca fumaça das pedras e relâmpagos dos metais. Alvoroço no porto: os galeões trouxeram de Sevilha a artilharia pesada para a fortaleza de São Domingos.

O prefeito, Fernández de Oviedo, dirige o transporte de colubrinas e canhões. A golpe de chibata, os negros arrastam a carga a todo vapor. Rangem os carros, sufocados pelo peso dos ferros e bronzes, e através do torvelhinho outros escravos vão e vêm jogando caldeirões de água contra o fogo que brota dos eixos aquecidos.

Em meio da zoeira e da gritaria, uma moça índia anda em busca de seu amo. Tem a pele coberta de bolhas. Cada passo é um triunfo e a pouca roupa que usa atormenta sua pele queimada. Durante a noite e meio dia, esta moça suportou, de alarido em alarido, os ardores do ácido. Ela mesma assou as raízes de *guao* e esfregou-as entre as mãos até convertê-las em pasta. Untou-se inteira de *guao*, da raiz dos cabelos até os dedos dos pés, porque o guao abrasa a pele e limpa a cor, e assim transforma as índias e negras em brancas damas de Castilha.

– Me reconhece, senhor?

Oviedo afasta-a com um empurrão; mas a moça insiste, com seu fio de voz, agarrada ao amo como sombra, enquanto Oviedo corre gritando ordens aos capatazes.

– Sabe quem sou?

A moça cai no chão e do chão continua perguntando:

– Senhor, senhor, não sabe quem sou? *(166)*

1538
Vale de Bogotá

Barba Negra, Barba Vermelha, Barba Branca

Faz um ano que Gonzalo Jiménez de Quesada, barba negra, olhos negros, saiu em busca das fontes de ouro na nascente do rio Madalena. A metade da aldeia de Santa Marta veio atrás dele.

Atravessaram pântanos e terras que fumegam ao sol. Quando chegaram às margens do rio, já não sobrava vivo nenhum dos milhares de índios nus que tinham trazido para carregar os canhões e o pão e o sal. Como já não havia escravos para perseguir e capturar, jogaram os cachorros nos caldeirões de água fervendo. Depois, também os cavalos foram cortados em pedaços. A fome era pior que os crocodilos, as cobras e os mosquitos. Comeram raízes e correias. Disputaram a carne de quem caía, antes que o padre terminasse de dar-lhe a passagem para o Paraíso.

Navegaram rio acima, metralhados pelas chuvas e sem vento nas velas, até que Quesada decidiu mudar de rumo. El Dorado está do outro lado da cordilheira, decidiu, e não na origem do rio. Caminharam através das montanhas.

Depois de muito subir, Quesada aparece agora e vê os verdes vales da nação dos chibchas. Ante cento e sessenta esfarrapados comidos pelas febres, ergue a espada, toma posse e proclama que nunca mais obedecerá às ordens de seu governador.

Faz três anos e meio que Nicolás de Federmann, barba vermelha, olhos azuis, saiu de Córo em busca do centro dourado da terra. Peregrinou por montanhas e planícies. Os índios e os negros foram os primeiros a morrer.

Quando Federmann se ergue sobre os picos onde se enredam as nuvens, descobre os verdes vales da nação dos chibchas. Cento e sessenta soldados sobreviveram, fantasmas que se arrastam cobertos de peles de veado. Federmann beija a espada, toma posse e proclama que nunca mais obedecerá às ordens de seu governador.

Faz mais de três anos que Sebastián de Benalcázar, olhos cinzentos, barba branca da idade ou do pó dos caminhos, saiu em busca dos tesouros que a cidade de Quito, esvaziada e queimada, lhe tinha negado. Da multidão que o seguiu, restam cento e sessenta europeus extenuados e nenhum índio. Arrasador de cidades, fundador de cidades, Benalcázar deixou por sua passagem um rastro de cinza e sangue e novos mundos nascidos da ponta de sua espada: em torno do patíbulo, a praça; em torno da praça, a igreja, as casas, as muralhas.

Fulgura o casco do conquistador no topo da cordilheira. Benalcázar toma posse dos verdes vales da nação dos chibchas e proclama que nunca mais obedecerá às ordens de seu governador.

Pelo norte, chegou Quesada. Pelo oriente, Federmann. Pelo sul, Benalcázar. Cruz e arcabuz, céu e solo: ao final de tantas voltas loucas pelo planeta, os três capitães rebeldes descem pelos flancos da cordilheira e se encontram no planalto de Bogotá.

Benalcázar sabe que viajam em liteiras de ouro os caciques deste reino. Federmann sabe que escuta a doce melodia que a brisa arranca das lâminas de ouro penduradas sobre templos e palácios. Quesada sabe que se ajoelha à beira da lagoa onde os sacerdotes indígenas mergulham cobertos de ouro em pó.

Quem ficará com o El Dorado? Quesada, que veio de Granada, que diz que foi o primeiro? Federmann, o alemão de Ulm, que conquista em nome de Welser, o banqueiro? Benalcázar, que veio de Córdoba?

Os três exércitos em farrapos, chagas e ossos, se medem e esperam.

Explode então a risada do alemão. Não pode parar de rir e se dobra de riso e os andaluzes se contagiam até caírem no chão os três capitães, derrubados pelas gargalhadas e pela fome e por esse que marcou um encontro com eles e agora caçoa deles: esse que está sem estar e que chegou sem vir: esse que sabe que o El Dorado não será de ninguém. *(13)*

1538

Vulcão Masaya

Vulcano, deus do dinheiro

Da boca do vulcão Masaya saía, em outros tempos, uma velha despida, sábia de muitos segredos, que dava bons conselhos sobre o milho e a guerra. Desde que chegaram os cristãos, dizem os índios, a velha se nega a sair do monte que arde.

Muitos cristãos acreditam que o Masaya é uma boca do inferno, e que as chamas e as fumaças fogosas anunciam castigos eternos. Outros asseguram que são fervores de ouro e prata os que se erguem até as nuvens nessa fumaceira incandescente, que se vê a cinquenta léguas. Os metais preciosos se derretem e se purificam, revolvendo-se no ventre do monte. Quanto mais fogo arde, mais puros ficam.

Durante um ano preparou-se a expedição. O padre Blas de Castillo se levanta cedinho e dá a confissão a Pedro Ruiz, Benito Dávila e Juan Sánchez. Os quatro pedem perdão com lágrimas nos olhos e começam a caminhada ao raiar o dia.

O sacerdote é o primeiro a descer. Se mete em um cesto, com um capacete na cabeça, a estola no peito e uma cruz na mão, e chega à vasta esplanada que rodeia a boca de fogo.

– Não se chama inferno, e sim paraíso! – proclama, negro de cinzas, enquanto crava a cruz entre as pedras. Em seguida descem seus companheiros. Lá de cima, os índios enviam a roldana, as correntes, as caldeiras, as vigas, os pernos...

Mergulham na caldeira de ferro. Das profundidades não chega ouro nem prata, e sim escória de enxofre. Quando metem mais fundo o caldeirão, o vulcão o devora. *(203)*

1541
Santiago de Chile

Inês Suárez

Há poucos meses, Pedro de Valdívia descobriu este monte e este vale. Os araucanos, que tinham feito a mesma descoberta alguns milhares de anos antes, chamavam o monte de Huelén, que significa dor. Valdívia batizou-o de Santa Luzia.

Da crista do morro, Valdívia viu a terra verde entre os braços do rio e decidiu que não existia no mundo melhor lugar para oferecer uma cidade ao apóstolo Santiago, que acompanha os conquistadores e luta por eles.

Cortou os ares sua espada, nos quatro rumos da rosa dos ventos, e assim nasceu Santiago do Novo Extremo. Assim cumpre, agora, seu primeiro verão: umas poucas casas de barro e madeira, com telhado de palha, a praça ao centro, a paliçada ao redor.

Apenas cinquenta homens ficaram em Santiago. Valdívia anda com os outros pelas ribeiras do rio Cachapoal.

Ao despontar do dia, a sentinela dá o grito de alarma do alto da paliçada. Pelos quatro cantos aparecem os esquadrões indígenas.

Os espanhóis escutam os alaridos de guerra e em seguida cai em cima deles um vendaval de flechas.

Ao meio-dia, algumas casas são pura cinza e a paliçada caiu. Luta-se na praça, corpo a corpo.

Inês corre então até a choça onde funciona a prisão. O guardião vigia, ali, os sete chefes araucanos que os espanhóis tinham prendido tempos atrás. Ela sugere, suplica, ordena que lhes cortem as cabeças.

– Como?

– As cabeças!

– Como?

– Assim!

Inês agarra uma espada e as sete cabeças voam pelos ares.

A batalha muda de direção. As cabeças convertem os sitiados em perseguidores. Na acometida, os espanhóis não invocam o apóstolo Santiago, mas Nossa Senhora do Socorro.

Inês Suárez, a malaguenha, tinha sido a primeira a acudir quando Valdívia alçou a bandeira de alistamento em sua casa em Cuzco. Veio a estas terras do sul à cabeça das hostes invasoras, cavalgando ao lado de Valdívia, espada de aço bom e cota de fina malha, e desde então junto a Valdívia macha, luta e dorme. Hoje, ocupou seu lugar.

É a única mulher entre os homens. Eles dizem: "É um macho", e a comparam com Roldão e com El Cid, enquanto ela esfrega azeite sobre os dedos do capitão Francisco de Aguirre, que ficaram presos no punho da espada e não existe maneira de abri-los, embora a guerra, por enquanto, tenha terminado. *(67, 85 e 130)*

1541

Peñón de Nochistlán

Nunca

Tinham embargado até a sua mula. Os que agora comem em sua baixela de prata e pisam seus tapetes, tinham-no expulsado do México, com os tornozelos atados a grilhões.

Dez anos depois, eles, os funcionários, convocaram o guerreiro. Alvarado abandonou o governo da Guatemala e veio castigar índios nestas terras ingratas que ele tinha conquistado junto a Cortez. Ele queria continuar viagem para o norte, até as sete cidades de ouro do reino de Cíbola, mas nesta manhã, em plena batalha, um cavalo caiu em cima dele e despencou ladeira abaixo.

Pedro de Alvarado voltou ao México e no México jaz. Nenhum cavalo irá levá-lo para o norte nem a lugar nenhum. O elmo está pendurado em um galho e entre as sarças caiu sua espada. *Não me embainhes sem honra*, ainda se lê na folha de aço. *(81)*

1541

Cidade Velha da Guatemala

Beatriz

Pedro de Alvarado tinha casado com Francisca, mas Francisca caiu fulminada pela água de flor de laranjeira que bebeu no caminho a Veracruz. Então, casou com Beatriz, a irmã de Francisca.

Beatriz estava esperando por ele na Guatemala quando soube, há dois meses, que era viúva. Cobriu sua casa de negro por dentro e por fora e pregou portas e janelas para fartar-se de chorar sem que ninguém visse.

Chorou olhando no espelho seu corpo nu, que tinha ficado seco de tanto esperar e já não tinha nada para esperar, corpo que não cantava, boca que só era capaz de dizer:

– Estás aí?

Chorou por esta casa que odeia e por esta terra que não é a sua e pelos anos gastos entre esta casa e a igreja, da missa à mesa e do batismo ao enterro, rodeada de soldados bêbados e de servas indígenas que lhe provocam asco. Chorou pela comida que lhe faz mal e por aquele que não vinha nunca, porque sempre havia alguma guerra para guerrear ou terra para conquistar. Chorou por tudo que tinha chorado em sua cama sem ninguém, quando dava um salto cada vez que latia um cão ou cantava um galo e sozinha aprendia a ler a escuridão e escutar o silêncio e a desenhar no ar. Chorou e chorou, partida por dentro.

Quando por fim saiu do claustro, anunciou:

– Eu sou a governadora da Guatemala.

Pouco pôde governar.

O vulcão está vomitando uma catarata de água e pedras que afoga a cidade e mata tudo o que toca. O dilúvio vai avançando até a casa de Beatriz, enquanto ela corre ao oratório, sobe no altar e se abraça à Virgem. Suas onze criadas se abraçam às suas pernas e se abraçam entre si, e Beatriz grita:

– Estás aí?

A tromba arrasa a cidade que Alvarado fundou, e enquanto o rugido cresce Beatriz continua gritando:

– Estás aí? *(81)*

1541

Cabo Frio

Ao amanhecer, o grilo cantou

Tinha ficado mudo desde que foi embarcado no porto de Cádiz, dois meses e meio calado e triste na gaiolinha, até que seu grito de júbilo soou, hoje, da proa à popa, e despertou todo mundo.

– Milagre! Milagre!

O tempo foi suficiente apenas para desviar o navio. O grilo estava celebrando a proximidade da terra. Graças ao seu alarme, os navegantes não se destroçaram contra os penhascos da costa do Brasil.

Cabeza de Vaca, chefe desta expedição ao rio da Prata, é muito sabido nessas coisas. Chamam ele de Alvar o Milagreiro desde que atravessou a América de costa a costa ressuscitando mortos nas aldeias indígenas. *(39)*

1542

Quito

El Dorado

Longo tempo andaram os homens de Gonzalo Pizarro, selva adentro, buscando o príncipe de pele de ouro e os bosques de canela. Encontraram serpentes e morcegos, exércitos de mosquitos, pântanos e chuvas de nunca acabar. Os relâmpagos iluminaram, noite após noite, esta caravana de despidos, grudados um a outro pelo pânico.

Esta noite estão chegando, chagas e ossos, aos limites de Quito. Cada um diz seu nome para ser reconhecido. Dos quatro mil escravos índios da expedição, não regressou nem um.

O capitão Gonzalo Pizarro se ajoelha e beija a terra. Ontem à noite, ele tinha sonhado com um dragão que se atirava em cima dele e o despedaçava e comia seu coração. Por isso fecha os olhos, agora, quando chega a notícia:

– Teu irmão Francisco foi assassinado em Lima. *(97)*

1542

Conlapayara

As amazonas

Não tinha jeito ruim a batalha, hoje, dia de São João. Dos bergantins, os homens de Francisco de Orellana estavam esvaziando de inimigos, com rajadas de arcabuz e de balestra, as brancas canoas vindas da costa.

Mas aí, a bruxa deu as caras. Apareceram as mulheres guerreiras, tão belas e ferozes que eram um escândalo, e então as canoas cobriram o rio e os navios saíram correndo, rio acima, como porco-espinhos assustados, eriçados de flechas de proa à popa e até no mastro-mor.

As capitãs lutaram rindo. Se puseram à frente dos homens, fêmeas garbosas, e já não houve medo na aldeia de Conlapayara. Lutaram rindo e dançando e cantando, as tetas vibrantes ao ar, até que os espanhóis se perderam para lá da boca do rio Tapajós, exaustos de tanto esforço e assombro.

Tinham ouvido falar destas mulheres, e agora acreditam. Elas vivem ao sul, em senhorios sem homens, onde afogam os filhos que nascem varões. Quando o corpo pede, dão guerra às tribos da costa e conseguem prisioneiros. Os devolvem na manhã seguinte. Ao cabo de uma noite de amor, o que chegou rapaz regressa velho.

Orellana e seus soldados continuarão percorrendo o rio mais caudaloso do mundo e sairão ao mar sem piloto, nem bússola, nem carta de navegação. Viajam nos bergantins que eles construíram ou inventaram a golpes de machado, em plena selva, fazendo pregos e bisagras com as ferraduras dos cavalos mortos e soprando o carvão com botinas convertidas em foles. Deixam-se ir sem rumo pelo rio das Amazonas, costeando a selva, sem energias para o remo, e vão murmurando orações: rogam a Deus que sejam machos, por mais machos que possam ser, os próximos inimigos. *(45)*

1542

Rio Iguazú

A plena luz

Jorrando fumaça debaixo de sua roupa de ferro, atormentado pelas picadas e as chagas, Alvar Núñez Cabeza de Vaca desce do cavalo e vê Deus pela primeira vez.

As mariposas gigantes voam ao seu redor. Cabeza de Vaca se ajoelha frente às cataratas do Iguaçu. As torrentes, estrepitosas, espumosas, caem do céu para lavar o sangue de todos os caídos e redimir todos os desertos, caudais que desatam vapores e arco-íris e arrancam selvas do fundo da terra seca: águas que bramam, ejaculação de Deus fecundando a terra, eterno primeiro dia da Criação.

Para descobrir esta chuva de Deus caminhou Cabeza de Vaca metade do mundo e navegou a outra metade. Para descobri-la sofreu naufrágios e penas; para vê-la nasceu com olhos na cara. O que lhe sobre de vida será um presente. *(39)*

1534

Cubagua

Os pescadores de pérolas

A cidade de Nova Cádiz caiu, derrubada pelo maremoto e os piratas. Antes tinha caído a ilha inteira, esta ilha de Cubagua onde há quarenta e cinco anos. Colombo trocou com os índios pratos quebrados por pérolas. No fim de tanta pescaria, esgotaram-se as ostras e os mergulhadores jazem no fundo do mar.

Nestas águas mergulharam os escravos índios, com pedras atadas nas costas, para chegar bem fundo, onde estavam as pérolas maiores, e sem descanso nadaram de sol a sol, arrancando as ostras grudadas nas rochas e no chão.

Nenhum escravo durou muito. Mais cedo que tarde, seus pulmões arrebentavam: um jorro de sangue subia, no lugar deles, à superfície. Os homens que tinham agarrado ou comprado esses escravos diziam que o mar ficava vermelho porque as ostras, como as mulheres, tinham menstruação. *(102 e 103)*

1544

Machu Picchu

O trono de pedra

Deste lugar reinou Manco Cápac sobre as terras de Vilcabamba. Deste lugar guerreou longa e dura guerra, guerra de incêndios e emboscadas, contra os invasores. Eles não conhecem os labirintos que conduzem à cidade secreta. Nenhum inimigo os conhece.

Somente o capitão Diego Méndez pôde chegar ao esconderijo. Vinha fugindo. Cumprindo ordens do filho de Almagro, sua espada tinha atravessado a garganta de Francisco Pizarro. Manco Cápac deu-lhe refúgio. Depois, Diego Méndez cravou o punhal nas costas de Manco Cápac.

Entre as pedras de Machu Picchu, onde as flores acesas oferecem mel a quem as fecunde, jaz o Inca envolvido em belas mantas. *(53)*

Canção de guerra dos incas

Beberemos no crânio do traidor
e com seus dentes faremos um colar.
De seus passos faremos flautas,
de sua pele faremos um tambor.
Então, dançaremos. (202)

1544
Campeche

LAS CASAS

Faz tempo que espera, aqui no porto, tendo como única companhia o calor e os mosquitos. Perambula pelo cais, descalço, escutando o vaivém do mar e o golpear de seu cajado, passo a passo, sobre as pedras. Ninguém oferece uma palavra ao recém-ungido bispo de Chiapas.

Este é o homem mais odiado da América, o *anti-Cristo* dos senhores coloniais, o *açoite destas terras.* Por sua culpa, o imperador promulgou novas leis que despojam de escravos índios os filhos dos conquistadores. O que será deles sem os braços que os sustentam nas minas e nas lavouras? As novas leis estão arrancando a comida de suas bocas.

Este é o homem mais amado da América. Voz dos mudos, teimoso defensor *dos que recebem pior tratamento que o esterco das praças,* denunciador de quem *por cobiça converte Jesus Cristo no mais cruel dos deuses e o rei em lobo faminto de carne humana.*

Nem bem desembarcou em Campeche, frei Bartolomé de Las Casas anunciou que nenhum dono de índios seria absolvido na confissão. Responderam-lhe que aqui não valiam suas credenciais de bispo nem valiam tampouco as novas leis, porque tinham chegado em letras de forma e não de punho e letra dos escrivães do rei. Ameaçou com a excomunhão, e deram risada. Riram forte, gargalharam, porque frei Bartolomé tem fama de surdo.

Esta tarde chegou o mensageiro da Cidade Real de Chiapas. O cabildo manda dizer que estão vazios os cofres para pagar a viagem do bispo até sua diocese, e manda-lhe moedas da cota de enterros. *(27 e 70)*

1544
Lima

CARVAJAL

As luzes do amanhecer dão forma e rosto às sombras penduradas nos faróis da praça. Algum madrugador, espantado, as reconhece: dois conquistadores de primeira hora, daqueles que capturaram o Inca Atahualpa em Catamarca, balançam com a língua de fora e os olhos arregalados.

Soar de tambores, estrépito de cavalos: a cidade desperta de um salto. Grita o pregoeiro com toda força e ao seu lado Francisco de Carvajal dita e escuta. O pregoeiro anuncia que todos os senhores principais de Lima serão enforcados como esses dois, e não ficará pedra sobre pedra, se o cabildo não aceitar como governador Gonzalo Pizarro. O general Carvajal, comandante de campo das tropas rebeldes, dá de prazo até o meio-dia.

– Carvajal!

Antes que se apague o eco, já os auditores da Real Audiência e os notáveis de Lima vestiram alguma roupa e meio desabotoados chegaram correndo até o palácio e estão assinando, sem discussão, a ata que reconhece Gonzalo Pizarro como autoridade única e absoluta.

Falta apenas a assinatura do advogado Zárate, que acaricia o próprio pescoço e duvida enquanto os demais esperam, atordoados, tremelicantes, escutando ou pensando escutar e resfolegar dos cavalos e a maldições dos soldados que tomam campo, com as rédeas curtas, ansiosos por desembestar.

– Depressa! – suplicam.

Zárate pensa que deixa um bom dote à sua filha casadeira, Teresa, e que suas quantiosas oferendas à Igreja pagaram de sobra outra vida mais serena que esta.

– Que espera vosmecê?

– Curta é a paciência de Carvajal!

Carvajal: mais de trinta anos de guerras na Europa, dez na América. Bateu-se em Ravena e em Pávia. Esteve no saqueio de Roma. Lutou ao lado de Cortez no México e no Peru junto a Francisco Pizarro. Seis vezes atravessou a cordilheira.

– O demônio dos Andes!

No meio da batalha, sabe-se, o gigante joga fora o elmo e a couraça e oferece o peito. Come e dorme em cima de seu cavalo.

– Calma, senhores, calma!

– Correrá sangue de inocentes!

– Não há tempo para perder!

A sombra da forca se fecha sobre os recém-comprados títulos de nobreza.

– Assinai, senhor! Evitemos ao Peru novas tragédias!

O advogado Zárate molha a pluma de ganso, desenha uma cruz e embaixo, antes de assinar, escreve: *Juro por Deus e por esta Cruz e pelas palavras dos Santos Evangelhos, que assino por três motivos: por modo, por medo e por medo. (167)*

1545
Cidade Real de Chiapas

De Valladolid chega a má notícia

A Coroa espanhola suspendeu as mais importantes leis novas, que faziam dos índios homens livres.

Enquanto duraram, apenas três anos, quem as cumpriu? Na realidade continuam sendo escravos até os índios que levam marcada no braço, em carne viva, a palavra *livre.*

– Para isto me deram razão?

Frei Bartolomé sente-se abandonado por Deus, folha sem galho, solitário e ninguém.

– Me disseram que sim para que nada mude. Agora, nem o papel protegerá os que não têm mais escudo que seus ventres. Para isso receberam os reis o Novo Mundo das mãos do Papa? É Deus mero pretexto? Esta sombra de verdugo sai de meu corpo?

Acocorado em uma manta, escreve uma carta ao príncipe Felipe. Anuncia que viajará a Valladolid sem esperar resposta ou licença

Depois, Frei Bartolomé se ajoelha sobre a esteira, de cara para a noite, e reza em voz alta uma oração inventada. *(70)*

1546
Potosí

A prata de Potosí

Cinquenta índios caídos por terem-se negado a servir nos túneis da mina. Não faz um ano que apareceu o primeiro veio e já se mancharam de sangue humano as ladeiras do morro. E a uma légua daqui, os penhascos da quebrada mostram manchas de um verde quase negro: sangue do Diabo. O Diabo tinha fechado a pau e pedra a quebrada que conduz a Cuzco e esmagado os espanhóis que passavam por ali. Um arcanjo arrancou o Demônio de sua cova e despedaçou-o contra as rochas. Sangue de índio, sangue de Diabo: agora, as minas de prata de Potosí têm mão de obra e caminho aberto.

Antes da conquista, em tempos do Inca Huaina Cápac, quando o pico de pedra afundou nas veias de prata do morro, houve um espantoso estrondo que estremeceu o mundo. Então, a voz do morro disse aos índios:

– Outros donos tem esta riqueza. *(21)*

1547
Valparaíso

A despedida

Zunem as moscas entre os restos do banquete. Nem o muito vinho nem o bom sol adormecem os comilões. Esta manhã, os corações batem apressados. Debaixo da folhagem, frente ao mar, Pedro de Valdívia diz adeus aos que vão partir. No fim de tanta guerra e fome nas terras bravias do Chile, quinze de seus homens se dispõem a regressar à Espanha. Alguma lágrima roda quando Valdívia recorda os anos passados juntos, as cidades nascidas do nada, os índios domados pelo ferro das lanças:

– *Não me sobra outro consolo* – se inflama no discurso – *além de entender que vais descansar e gozar o que bem merecido tem, e isso alivia, em parte pelo menos, o meu penar.*

Não longe da praia, as ondas acalantam o navio que os levam ao Peru. De lá, viajarão ao Panamá; através do Panamá, ao outro mar, e depois... Será longo, mas o que estica as pernas sente que já está pisando as pedras do cais de Sevilha. A bagagem, roupa e ouro, está na coberta desde a noite anterior. Três mil pesos de ouro levará do Chile o escrivão Juan Pinel. Com seu maço de papéis, uma pluma de ave e um tinteiro, seguiu Valdívia como uma sombra, dando fé de cada um de seus passos e força de lei a cada um de seus atos. Várias vezes roçou a morte. Esta fortuninha sobrará para remediar a sorte das filhas donzelas que esperam pelo escrivão Pinel na distante Espanha.

Estão os soldados sonhando em voz alta, quando de repente alguém dá um pulo e pergunta:

– E Valdívia? Onde está Valdívia?

Todos se precipitam para a beira do mar. Saltam, gritam, erguem os punhos.

Valdívia aparece, cada vez menor. Lá vai, remando o único bote, rumo ao navio carregado do ouro de todos.

Na praia de Valparaíso, as maldições e as ameaças soam mais forte que o barulho das ondas.

As velas se inflam e se afastam rumo ao Peru. Vai-se Valdívia em busca de seu título de governador do Chile. Com o ouro que leva e o brio de seus braços, espera convencer os que mandam em Lima.

No alto de um rochedo, o escrivão Juan Pinel aperta a cabeça e ri sem parar. Morrerão virgens as suas filhas na Espanha. Alguns choram, vermelhos de raiva; e o corneteiro Alonso de Torres desafina uma velha melodia e depois arrebenta seu clarim, que é o que lhe restou. *(67 e 85)*

Canção de saudade do cancioneiro espanhol

Saudade tenho de ti,
terra minha onde nasci.
Se morresse sem ventura,
sepultem-me em alta serra,
para que não sinta saudade
meu corpo na sepultura;
e em serra de grande altura
para ver se verei dali
a terra onde nasci. (7)

1548

Xaquixaguana

A batalha de Xaquixaguana acabou

Gonzalo Pizarro, o melhor lanceiro da América, o homem capaz de partir um mosquito em pleno voo com o arcabuz ou a balestra, entrega a espada a Pedro de La Gasca

Gonzalo tira lentamente sua armadura de aço de Milão. La Gasca veio com a missão de cortar-lhe as asas e agora o chefe dos rebeldes já não sonha em coroar-se rei do Peru. Agora só sonha que La Gasca perdoe a sua vida.

Na tenda dos vencedores chega Pedro de Valdívia. A infantaria lutou sob suas ordens.

– A honra do rei estava em vossas mãos, governador – diz La Gasca.

Esta é a primeira vez que o representante do rei o chama de governador. Governador do Chile. Valdívia agradece, inclinando a cabeça. Tem outras coisas para pedir, mas nem bem abre a boca e entram os soldados que trazem o segundo homem de Gonzalo Pizarro. O general Carvajal aparece com o elmo, bem alto de plumas. Quem o fez prisioneiro não se atreve a tocá-lo.

De todos os oficiais de Pizarro, Carvajal é o único que não se passou para o lado inimigo. Quando La Gasca ofereceu o perdão do rei aos rebeldes arrependidos, muitos soldados e capitães fincaram subitamente as esporas e a galope, através do pântano, mudaram de acampamento. Carvajal ficou e lutou até que derrubaram seu cavalo.

– Carvajal – diz Diego Centeno, comandante das tropas vitoriosa. – Caíste com honra, Carvajal.

O velho nem olha para ele.

– Será que não me reconheces? – insiste Centeno, e avança a mão para receber a espada.

Carvajal, que mais de uma vez derrotou Centeno e o pôs em fuga e o perseguiu por meio Peru, crava-lhe os olhos e diz:

– Só te conhecia de costas.

E entrega a espada a Pedro de Valdívia *(67 e 85)*

1548

Xaquixaguana

O verdugo

Enrolado em cordas e correntes, vem Carvajal dentro de uma cesta enorme que as mulas arrastam. Entre redemoinhos de pó e gritos de ódio, o guerreiro canta. Sua bronca voz atravessa o clamor dos insultos, alheia às patadas e aos golpes de quem ontem o aplaudia e hoje cospe-lhe na cara:

Que ventura!
Criança no berço
velho no berço!
Que ventura!

canta na cesta que o leva aos trambolhões. Quando as mulas chegam ao patíbulo, lá em cima, os soldados atiram Carvajal aos pés do verdugo. Brame a multidão enquanto o verdugo desembainha, lento, o alfanje.

– Irmão Juan – pede Carvajal. – Já que somos do ofício, trate-me de alfaiate a alfaiate.

Juan Enríquez é o nome deste rapaz de rosto doce. Outro nome tinha em Sevilha, quando passeava pelo cais sonhando com ser verdugo do rei na América. Se comenta que ama o ofício porque mete medo e não há senhor principal nem grande guerreiro que não se afaste de seus passos pelas ruas. Também se diz que é um vingador afortunado. Pagam a ele para que ele mate; e não se enferruja sua arma, nem se apaga seu sorriso.

Ai avô!
Ai avô!,

cantarola Carvajal, em voz baixa e triste, porque bem agora deu para pensar em seu cavalo, Boscanillo, que também está velho e derrotado, e pensar em como se entendiam bem.

Juan Enríquez empunha a barba com a mão esquerda e com a direita corta-lhe o pescoço de um talho.

Debaixo do sol, explode uma ovação.

O verdugo exibe a cabeça de Carvajal, que até um instante atrás tinha oitenta e quatro anos e jamais tinha perdoado ninguém. *(76 e 167)*

1548
Xaquixaguana

SOBRE O CANIBALISMO NA AMÉRICA

Desde que Francisco Pizarro assistiu, de luto, ao enterro de sua vítima, o imperador Atahualpa, vários homens sucederam-se no mando e poder do vasto reino que foi dos incas.

Diego de Almagro, governador de uma parte, alçou-se contra Francisco Pizarro, governador da outra. Ambos tinham jurado, frente à hóstia consagrada, que dividiriam honras, índios e terras *sem que ninguém leve mais*, mas Pizarro avançou e venceu e Almagro foi degolado.

O filho de Almagro vingou seu pai e proclamou-se governador sobre o cadáver de Pizarro. Depois o filho de Almagro foi enviado ao patíbulo por Cristóbal Vaca de Castro, que passou à história por ser o único que se salvou da forca, do machado e da espada.

Depois ergueu-se em armas Gonzalo Pizarro, irmão de Francisco, contra Blasco Núñez Vela, primeiro vice-rei do Peru. Nuñez Vela caiu, fulminado, de seu cavalo. Cortaram-lhe a cabeça, que foi cravada num poste.

A ponto esteve Gonzalo Pizarro de coroar-se rei. Hoje, segunda-feira 9 de abril, sobe a ladeira que conduz ao degoladeiro. Marcha montado em uma mula. Ataram-lhe as mãos às costas e atiraram sobre ele uma capa negra, que cobre sua cara e impede que ele veja a cabeça sem corpo de Francisco de Carvajal. *(76 e 81)*

1548
Guanajuato

NASCEM AS MINAS DE GUANAJUATO

– Na paz de Deus, irmão.
– Que assim seja, viajante.

Encontram-se os arrieiros que vêm da Cidade do México e decidem acampar. Fez-se noite e nas sombras espreitam os que dormem de dia.

– Não é aquele o morro do Cubilete?

– Dos malfeitores, deveria chamar-se.

Mestre Pedro e Martin Rodrigo vão para Zacatecas, buscar fortuna naquelas minas, e levam o que têm, umas poucas mulas, para vendê-las a bom preço: ao amanhecer, continuarão o caminho.

Juntam alguns galhos, sobre um colchão de folhas secas, e os rodeiam de pedras. O ferro castiga o pedernal, a chispa se faz chama: cara ao fogo, os arrieiros contam suas histórias, suas má sortes, e estão nessa quando um dos dois, entre farrapos e nostalgias, grita:

– Brilham!

– O quê?

– As pedras !

Martin Rodrigo salta até o céu, esquálida estrela de cinco pontas à luz da lua, e Mestre Pedro arrebenta as unhas contra as pedras quentes e queima os lábios beijando-as. *(182)*

1549

La Serena

O regresso

Acaba de desembarcar Pedro de Valdívia na enseada de Quintero e a pouco caminhar sente o cheiro ácido da carniça.

No Peru, a Valdívia sobravam forças para evitar as armadilhas e vencer dúvidas e inimigos. Muito eloquentes foram, frente aos que mandam em Lima, o vigor de seus braços postos ao serviço do rei e o fulgor do ouro que tinha arrebatado a seus homens na praia de Valparaíso. Ao cabo de dois anos, regressa com seu título de governador do Chile bem amarrado e assinado e confirmado. Também traz a obrigação de devolver aquele ouro até o último grama. E outra obrigação, que lhe morde o peito: para estrear seu título novinho em folha, deverá pôr ponto final a seus amores com Inês Suarez e deverá trazer da Espanha a sua esposa legítima.

O Chile não o recebe sorrindo. Nesta cidade de La Serena, que ele batizou com o nome da comarca onde havia nascido, os espanhóis jazem, sem mãos, sem cabeças, entre ruínas. Suas histórias alucinantes não interessam aos urubus. *(67 e 85)*

1549

Santiago do Chile

ÚLTIMA VEZ

O amanhecer abre um corte ondulante na negra neblina e separa a terra do céu.

Inês, que não dormiu, se solta dos braços de Valdívia. Está toda empapada dele e sente ferozmente vivo cada cantinho de seu corpo; olha suas próprias mãos, na brumosa primeira luz, e assusta-se com esses dedos que queimam. Busca o punhal. Ergue o punhal.

Valdívia dorme ronroneando. Vacila o punhal no ar, sobre o corpo despido.

Passam-se séculos.

Inês crava suavemente o punhal no travesseiro, junto à cara dele, e se afasta, na ponta dos pés pelo chão de terra. Deixa a cama toda vazia de mulher.

(67 e 85)

1552

Valladolid

JÁ ESTÁ MANDANDO AQUELE QUE SEMPRE SERVIU

A mulher beija a barra de prata com os lábios, com a testa, com os peitos, enquanto o padre lê em voz alta a carta de seu marido, Juan Prieto, escrita em Potosí. Quase um ano levaram a carta e o lingote para cruzar o oceano e chegar a Valladolid.

Diz Juan Prieto que enquanto os outros gastam seu tempo em bebedeiras e touradas, ele não aparece nas tabernas nem na arena de touros, que em Potosí por qualquer coisinha metem os homens a mão na espada e sopra ali um vento de pó que arruina a roupa e enlouquece os ânimos. Que ele não pensa mais que no regresso à Espanha e que agora manda esta barra grande de prata para que possam ir construindo o jardim onde se celebrará o banquete de boas-vindas.

O jardim haverá de ter um duplo portão de ferro e um arco de pedra largo o suficiente para que passem as carruagens dos convidados à festa. Será um jardim cercado de muros, de altos muros sem nenhuma abertura, cheio de árvores e flores e coelhos e pombas. No centro haverá de ter uma grande mesa com manjares, para os senhores de Valladolid a quem ele tinha servido, anos atrás, como criado. Terá um tapete sobre a grama, junto à poltrona da cabeceira, e sobre o tapete deverão sentar-se sua mulher e sua filha Sabina.

Encarece muito à esposa que não tire o olhar de sua Sabina e não permita que nem o sol a toque, pois por buscar-lhe bom dote e boa boda passou ele todos estes anos nas Índias. *(120)*

1553

Margens do rio San Pedro

Miguel

Bastante pele tinha deixado nos chicotes. O acusavam de trabalhar sem vontade ou de perder a ferramenta e dizia o mordomo: "Que pague com o corpo". Quando iam amarrá-lo para outra dose de açoites, Miguel arrebatou uma espada e perdeu-se na montanha.

Outros escravos das minas de Buría fugiram atrás dele. Uns quantos índios se somaram aos chimarrãos. Assim nasceu o pequeno exército que no ano passado atacou as minas e investiu contra a recém-nascida cidade de Barquisimeto.

Depois os rebeldes vieram montanha adentro e longe de tudo fundaram, nas margens do rio, este reino livre. Os índios jirajaras pintaram de negro seus corpos, da cabeça aos pés, e junto com os africanos proclamaram como monarca o negro Miguel.

A rainha Guiomar passeia, rumbosa, entre as palmeiras. Range sua ampla saia de brocados. Dois pajens erguem as pontas de seu manto de seda.

De seu trono de pau, Miguel manda cavar trincheiras e levantar paliçadas, designa oficiais e ministros e proclama bispo o mais sabido dos homens. Aos seus pés, brinca com pedrinhas o príncipe herdeiro.

– Meu reino é redondo e de águas claras – diz Miguel, enquanto um cortesão ajeita sua gola de rendas e outro estica as mangas do gibão de cetim.

Já se prepara em Tocuyo, ao mando de Diego de Losada, a tropa que matará Miguel e aniquilará seu reino. Virão os espanhóis armados de arcabuzes e cães e balestras. Os negros e os índios que sobreviverem perderão suas orelhas ou seus testículos ou os tendões de seus pés, para exemplo de toda Venezuela. *(2)*

1553
Concepción

Um sonho de Pedro de Valdívia

Treme no breu a luz das tochas. Ruído de esporas que arrancam faíscas do chão de pedras, em uma praça de armas que não é do Chile, nem de nenhum lugar. Na galeria, uma fila de homens nobres, de palácio: longas capas negras, espadas na cinta, chapéus de plumas. À passagem de Pedro de Valdívia, cada um dos homens se inclina e tira o chapéu. Ao tirar o chapéu, sai junto a cabeça. *(67 e 85)*

1553
Tucapel

Lautaro

A flecha da guerra percorreu todas as comarcas do Chile.

Chefiando os araucanos ondeia a capa vermelha de Caupolicán, o cíclope de braços capazes de arrancar as árvores com raiz e tudo.

Avança a cavalaria espanhola. O exército de Caupolicán se abre em leque, deixa-a entrar e em seguida se fecha e a devora pelos flancos.

Valdívia envia o segundo batalhão, que se arrebenta contra uma muralha de milhares de homens. Então ataca, seguido por seus melhores soldados. Avança gritando a toda carreira, lança na mão, e os araucanos se desmoronam ante sua ofensiva fulminante.

Enquanto isso, à frente dos índios que servem ao exército espanhol, Lautaro aguarda sobre uma colina.

– Que covardia é esta? Que infâmia de nossa terra?

Até este instante, Lautaro foi o pajem de Valdívia. À luz de um relâmpago de fúria, o pajem escolhe a traição, escolhe a lealdade: sopra o corno que leva cruzado no peito e a galope se lança ao ataque. Abre caminho a golpes, partindo couraças e ajoelhando cavalos, até que chega a Valdívia, olha-o na cara e o derruba.

Não cumpriu vinte anos o novo caudilho dos araucanos. *(5)*

1553
Tucapel

Valdívia

Há festa ao redor da árvore de canela.

Os vencidos, vestidos de tangas, assistem às danças dos vencedores, que usam elmo e couraça. Lautaro usa as roupas de Valdívia, o gibão verde coberto de ouro e prata, a fulgurante couraça e o capacete de viseira de ouro, cheio de plumas e coroado de esmeraldas.

Valdívia, nu, se despede do mundo.

Ninguém se enganou. Esta é a terra que há treze anos Valdívia escolheu para morrer, quando saiu de Cuzco seguido por sete espanhóis a cavalo e mil índios a pé. Ninguém se enganou, exceto dona Marina, sua esquecida esposa da Extremadura, que no fim de vinte anos decidiu cruzar o oceano e está navegando, agora, com bagagem digna do cargo de governadora, a poltrona de prata, a cama de veludo azul, os tapetes e toda sua corte de parentes e servos.

Os araucanos abrem a boca de Valdívia e a enchem de terra. Fazem com que ele engula terra, punhado atrás de punhado, incham seu corpo de terra do Chile, enquanto dizem:

– Queres ouro? Come ouro. Farta-te de ouro. *(5 e 26)*

1553
Potosí

O alcaide e a bela

Se Potosí tivesse hospital e ela passasse pela porta, os doentes ficariam curados.

Mas esta cidade ou amontoado de casas nascido há menos de seis meses não tem hospital.

Cresceu loucamente o acampamento mineiro, que já soma vinte mil almas. Brotam novos tetos, cada amanhecer, ao impulso dos aventureiros que de todas as partes acodem, dando cotoveladas e estocadas, em busca de fortuna fácil. Nenhum homem se arrisca pelas ruelas de terra sem armar-se de espada e malha de couro, e estão as mulheres condenadas a viver atrás dos pórticos. Mais perigo correm as menos feias: e entre elas, a mais bela solteira não tem mais remédio que esconder-se do mundo. Só sai ao amanhecer, muito escoltada, para ir à missa: porque ao vê-la qualquer um teria vontade de bebê-la inteirinha, de um gole ou aos pouquinhos.

O alcaide-mor da vila, dom Diego de Esquivel, pôs-lhe o olho. Dizem que por isso anda sorrindo de orelha a orelha, e todo mundo sabe que ele não tinha tornado a sorrir desde aquela distante vez que tentou fazê-lo, na infância, e seus músculos ficaram doendo. *(167)*

AO SOM DO REALEJO, CANTA UM CEGO À QUE DORME SOZINHA

Senhora,
por que dormes sozinha
podendo dormir
com um mancebo
que tenha calções
de polidos botões
e casaca
de ilhós de prata?
Lá em cima
há uma verde oliveira.
Lá embaixo
há um verde laranjal.
E no meio
há um pássaro negro
que chupa
seu torrão de açúcar. (196)

1553

Potosí

O ALCAIDE E O GALÃ

– Não dorme sozinha – diz alguém. – Dorme com esse aí.

E o apontam. O preferido da moça é um soldado de boa postura e com mel nos olhos e na voz. Dom Diego mastiga o despeito e resolve esperar.

A oportunidade chega uma noite, em uma das casas de jogo de Potosí, vinda na mão de um frade que tinha jogado o dinheiro das esmolas. Um mago dos baralhos está recolhendo os frutos de seu ofício quando o padre depenado deixa cair um braço, tira um punhal da batina e crava a mão dele no tapete. O galã, que anda por ali por pura curiosidade, se mete na briga.

Vão todos presos.

Toca ao alcaide, dom Diego, decidir. Encara o galã e oferece:

– Multa ou chibata.

– Multa, não posso pagar. Sou pobre, mas fidalgo de sangue puro e solar conhecido.

– Doze chibatadas para este príncipe – decide o alcaide.

– A um fidalgo espanhol! protesta o soldado.

– Conte-me isso pela outra orelha, porque esta não te crê – diz dom Diego e senta-se para desfrutar as chibatadas.

Quando o desamarram, o castigado amante ameaça:

– Em vossas orelhas, senhor alcaide, cobrarei vingança. As empresto a vós por um ano. Podeis usá-las por um ano, mas são minhas. *(167)*

1554

Cuzco

O alcaide e as orelhas

Desde que o galã fez a ameaça, dom Diego apalpa as orelhas cada manhã, ao despertar, e as mede no espelho. Descobriu que as orelhas crescem quando estão contentes e que as encolhem o frio e as melancolias; que as transformam em ferro em brasa os olhares e as calúnias e que batem asas desesperadamente, como pássaros na gaiola, quando escutam o ruído de uma folha de aço que se afia.

Para pô-las a salvo, dom Diego as traz para Cuzco. Guardas e escravos o acompanham na longa viagem.

Um domingo de manhã, dom Diego sai da missa, mais desfilando que caminhando, seguido por um negrinho que leva seu reclinatório de veludo. De repente um par de olhos se cravam, certeiros, em suas orelhas, e uma capa azul atravessa em rajada a multidão e se desvanece, ondulando, na distância.

Ficam as orelhas como que machucadas. *(167)*

1554

Lima

O ALCAIDE E O COBRADOR

Daqui a pouco, os sinos da catedral anunciarão a meia-noite. E então se cumprirá um ano exato daquele estúpido episódio que obrigou dom Diego a mudar-se para Cuzco, e de Cuzco a Lima.

Dom Diego confirma pela milésima vez que estão as trancas postas e que não dormiram os que montam Barda até no teto. Ele mesmo revistou a casa canto por canto, sem esquecer nem a lenha da cozinha

Daqui a pouco oferecerá uma festa. Haverá touros e mascaradas, jogos de canas e fogos de artifício, aves assando-se nas fogueiras e barris de vinho com a torneira aberta. Dom Diego deixará Lima inteira vesga de deslumbramento. Na festa estreará sua capa de damasco e sua nova sela de veludo negro, tacheada de cravos de ouro, que tão bom jogo faz com as abas de sua casaca carmesim.

Senta-se para esperar pelos sinos. Conta as badaladas. Suspira fundo.

Um escravo ergue o candelabro e ilumina o caminho de tapetes até o dormitório. Outro escravo tira seu gibão e suas calças, estas calças que parecem luvas, e as meias brancas. Os escravos fecham a porta e se retiram para ocupar seus postos de vigilância até o amanhecer.

Dom Diego sopra as velas, afunda a cabeça no travesseiro de seda e, pela primeira vez em um ano, mergulha em um sono sem sobressaltos.

Muito depois, começa a mover-se a armadura que enfeita um canto do dormitório. Espada em punho, a armadura avança na escuridão, muito lentamente, até a cama. *(167)*

1554

Cidade do México

SEPÚLVEDA

O cabildo da Cidade do México, flor e nata do senhorio colonial, resolve mandar a Juan Ginés de Sepúlveda duzentos pesos de ouro, em reconhecimento por sua tarefa e para animá-lo no futuro.

Sepúlveda, o humanista, não é somente doutor e arcipreste, cronista e capelão de Carlos V. Brilha também nos negócios, segundo prova sua crescente fortuna, e nas cortes trabalha como ardoroso agente de propaganda dos donos de terras e índios da América.

Ante os alegados de Bartolomé de las Casas, assegura Sepúlveda que os índios são servos pela natureza, segundo desejo de Deus, e que sobrados exemplos brindam as Sagradas Escrituras do castigo aos injustos. Quando Las Casas pretende que os espanhóis aprendam a língua dos índios tanto como os índios a língua de Castilha, contesta Sepúlveda que a diferença entre os espanhóis e os índios é a mesma que separa machos e fêmeas e quase a que diferencia homens de macacos. O que Las Casas chama de abuso e crime, para Sepúlveda é legítimo sistema de domínio e recomenda a arte da caça contra quem, tendo nascido para obedecer, recusa a escravidão.

O rei, que publica os ataques de Las Casas, proíbe, em compensação, o tratado de Sepúlveda sobre as justas causas da guerra colonial. Sepúlveda aceita a censura sorrindo e sem protestar. Pode mais, afinal das contas, a realidade que a má consciência, e bem sabe ele o que no fundo sabem todos os que mandam: que é o desejo de ganhar ouro, e não o de ganhar almas, o que levanta impérios. *(90 e 118)*

1556

Assunção do Paraguai

As conquistadoras

Em suas costas carregaram lenha e feridos. As mulheres trataram os homens como menininhos: lhes deram água fresca e consolo e teias de aranha para fechar as feridas. As vozes de ânimo e de alarma brotaram de suas bocas, e também as maldições que fulminaram os covardes e empurraram os frouxos. Elas dispararam as balestras e os canhões enquanto eles se arrastavam buscando sombra onde morrer. Quando chegaram aos bergantins os sobreviventes da fome e das flechas, foram as mulheres que içaram as velas e buscaram o rumo, rio acima, remando e remando sem queixas. Assim ocorreu em Buenos Aires e no rio Paraná.

Ao cabo de vinte anos, o governador Irala reparte índios e terras em Assunção do Paraguai.

Bartolomé García, que foi daqueles que chegaram nos bergantins do sul, murmura seus protestos. Irala não lhe deu mais que dezesseis índios, a ele que tem ainda afundada no braço uma ponta de flecha e soube lutar corpo a corpo com as onças que saltavam as paliçadas de Buenos Aires.

– E eu? Se tu te queixas, que direi eu? – geme dona Isabel de Guevara.

Ela também esteve desde o princípio. Veio da Espanha para fundar Buenos Aires ao lado de Mendoza e ao lado de Irala subiu até Assunção. Por ser mulher, não ganhou do governador nem um índio. *(120)*

1556
Assunção do Paraguai

"O paraíso de Maomé"

Rodam os dados. Uma índia segura o candeeiro. Despida será levada por quem a ganhe, porque sem roupas a apostou quem a perde.

No Paraguai, as índias são os troféus das rodas de dados ou de baralho, a presa das expedições da selva, a causa dos duelos e dos assassinatos. Embora existam muitas, a mais feia vale tanto como um toucinho ou um cavalo. Os conquistadores das Índias e das índias acodem à missa seguidos de manadas de mulheres. Nesta terra estéril de ouro e prata, alguns têm oitenta ou cem, que durante o dia moem cana e pela noite tecem algodão e se deixam amar, para dar a seus senhores mel, roupas, filhos: elas ajudam a esquecer as riquezas sonhadas que a realidade negou e as distantes noivas que na Espanha envelhecem esperando.

– Cuidado. Vão para a cama com ódio – adverte Domingo Martínez, pai de infinitos mestiços e futuro frade. Ele diz que são índias rancorosas e teimosas, sempre ávidas por regressar aos montes onde foram caçadas, e que não se lhes pode confiar nem uma onça de algodão porque o escondem ou queimam ou dão, *que sua glória é outra a não ser pôr a perder os cristãos e destruir tudo que existe.* Algumas se mataram enforcando-se ou comendo terra e tem as que negam o peito a seus filhos recém-nascidos. E a índia Juliana matou uma noite o conquistador Nuño de Cabrera e, aos gritos, incitou as outras para que seguissem seu exemplo. *(73 e 74)*

Canção do mulherengo, do cancioneiro espanhol.

Como os mouros gastam
sete mulheres,
também os espanhóis
sete querem. Ai, que alegria,
que já se fez da Espanha
uma mouraria!
Querer uma é nenhuma,
querer duas é mentira
querer três e enganar quatro
é glória que nem Deus tira! (196)

1556
A Imperial

Mariño de Lobera

O cavalo, pelo de ouro e muito brio, decide o rumo e o ritmo. Se quer galopar, galopa: busca o campo e salta entre os pastos altos, vai até o arroio e regressa: respeitoso, a trote lento vai e vem pelas ruas de terra da cidade novinha.

Rédeas soltas, montado em pelo, Pedro Mariño de Lobera passeia e celebra. Todo o vinho que havia na Imperial circula por suas veias. De vez em quando, dá risadas e faz comentários. O cavalo vira a cabeça, olha e aprova.

Hoje faz quatro anos que dom Pedro abandonou o séquito do vice-rei em Lima e empreendeu o longo caminho até o Chile.

– Eu tenho quatro anos – diz dom Pedro ao cavalo. – Quatro aninhos. Você é mais velho e mais burro.

Neste tempo, foi muito o que viu e lutou. Ele diz que destas terras chilenas brotam alegrias e ouro como as plantas crescem em outras comarcas. E quando há guerra, que sempre há, a Virgem faz surgir neblina espessa para cegar os índios e o apóstolo Santiago junta sua lança e seu cavalo branco às hostes da conquista. Não longe daqui, faz pouco tempo, estando as esquadras araucanas de costas para o mar, uma onda gigantesca os arrebatou e tragou.

Dom Pedro lembra e comenta e o cavalo move a cabeça.

Um relâmpago escorre, de repente, no céu, e os trovões atordoam a terra.

– Chove – comprova dom Pedro. – Chove leite!

O cavalo ergue a boca e bebe. *(130)*

1558
Cañete

A guerra continua

Com cem flechas no peito acaba Caupolicán. O grande chefe de um olho só cai derrotado pela traição. A lua costumava parar para contemplar suas façanhas e não havia entre os homens quem não o amasse ou temesse, mas um traidor pôde com ele.

No ano passado, a traição surpreendeu também Lautaro:

– E tu, que fazes aqui? – perguntou o chefe dos espanhóis.

– Venho oferecer-te a cabeça de Lautaro – disse o traidor.

Lautaro não entrou em Santiago chefiando seus homens, com passo de vencedor. Uma lança, a mais longa do exército espanhol, levou a Santiago sua cabeça, vinda do morro Chilipirco.

A traição é uma arma tão devastadora como o tifo, a varíola e a fome, que atormentam os araucanos enquanto a guerra vai arrasando os plantios.

Mas os lavradores e os caçadores destas terras do Chile têm outras armas. Dominam agora os cavalos que antes davam terror: atacam a cavalo, torvelinho de ginetes, e se protegem com couraças de couro cru. Sabem disparar os arcabuzes que arrancam no campo de batalha e atam as espadas nas pontas de suas lanças. Atrás dos arbustos que se movem na bruma do amanhecer, avançam sem que ninguém os veja. Depois simulam retirar-se, para que os cavalos inimigos afundem nos pântanos ou quebrem as patas nas armadilhas ocultas. As colunas de fumaça lhes dizem por onde andam as tropas espanholas: atacam e desaparecem. De repente regressam e atiram-se sobre o inimigo quando brilha forte o sol do meio-dia e os soldados estão cozinhando-se dentro das armaduras. Os laços corrediços, que Lautaro inventou, derrubam os ginetes.

Além disso, os araucanos voam. Antes de sair para a luta, esfregam no corpo as penas dos pássaros mais velozes. *(5 e 66)*

Canção Araucana do Ginete Fantasma

Quem é o que cavalga no vento,
como o tigre,
com seu corpo de fantasma?
Quando os carvalhos o veem,
quando o veem as pessoas,
se dizem em voz baixa
uns a outros: "Veja, irmão,
aí vem o espectro de Caupolicán". (42)

1558
Michmaloyan

Os tzitzime

Prenderam e estão castigando Juan Téton, índio predicador do povo de Michmaloyan, no vale do México, e também quem o escutou e acatou.

Andava Juan anunciando o fim de um ciclo e dizia que estava próximo o laço dos anos. Então, dizia, chegará a completa escuridão, se secarão os verdores e haverá fome. Em animais se transformarão todos os que não lavem a cabeça para apagar o batismo. Os *tzitzime*, espantosos pássaros negros, baixarão do céu e comerão todos os que não tenham tirado de si as marcas dos padres.

Também tinha anunciado os *tzitzime* Martín Océlotl, que foi preso e açoitado, despojado e desterrado de Texcoco. Também ele disse que não haverá lume na festa do fogo novo e que se acabará o mundo por culpa dos que esqueceram as lições dos pais e avós e já não sabem a quem devem o ter nascido e crescido. Através das sombras se abaterão sobre nós os *tzitzime*, dizia, e devorarão as mulheres e os homens. Segundo Martín Océlotl, os frades missionários são *tzitzime* disfarçados, *inimigos de toda alegria, que ignoram que nascemos para morrer e que depois de mortos não temos prazer os regozijo.*

E algo assim também opinam sobre os frades os antigos senhores que sobreviveram em Tlaxcala. *Coitados*, dizem. *Coitados. Devem estar doentes ou loucos. Ao meio-dia, à meia-noite e ao quarto da madrugada, quando todos se regozijam, estes gritam e choram. Mal grande haverão de ter. São homens sem sentido. Não buscam prazer ou alegria, e sim tristeza e solidão. (109)*

1558
Yuste

Quem sou, quem terei sido?

Respirar é uma façanha e a cabeça arde. Já não caminham os pés, inchados pela gota.Deitado no terraço, o que foi monarca da metade do mundo espanta os bufões e contempla o crepúsculo neste vale da Extremadura. O sol já se vai, além da serra roxa, e os últimos reflexos pintam de vermelho as sombras sobre o convento dos jerônimos.

Com passo de vencedor entrou em muitas cidades. Foi aclamado e odiado. Muitos deram a vida por ele; e a muitos mais arrancaram a vida em seu nome. Depois de quarenta anos de viajar e lutar, o mais alto prisioneiro de seu próprio império quer descanso e esquecimento. Hoje fez que celebrassem uma missa de requiém por si próprio. Quem sou, quem terei sido? Pelo espelho, viu entrar a morte. O que mente ou o mentido?

Entre batalha e batalha, à luz das fogueiras, assinou mais de quatrocentos empréstimos com banqueiros alemães, genoveses e flamengos, e nunca trouxeram bastante ouro e prata os galeões da América. Ele que tanto amava a música escutou mais estrondos de canhões e cavalos que melodias de alaúdes; e no fim de tanta guerra seu filho, Felipe, herda um império em bancarrota.

Através da névoa, pelo norte, Carlos tinha chegado à Espanha aos dezessete anos, seguido por seu séquito de mercadores flamengos e banqueiros alemães, em uma infinita caravana de carretas e cavalos. Naquele então ele não sabia nem cumprimentar na língua de Castilha. Mas amanhã escolherá esta língua para despedir-se:

– *Ai, Jesus*! – serão suas últimas palavras. *(41 e 116)*

1559
Cidade do México

Os doentes

A águia dos Austrias abre suas asas de ouro contra o céu limpo do altiplano. Sobre um pano negro, rodeado de bandeiras, resplandece a coroa. O túmulo rende homenagem a Carlos V e também à morte, *que a monarca tão invencível venceu.*

A coroa, cópia exata da que usava o imperador da Europa, percorreu ontem as ruas do México. Sobre uma almofada de damasco trouxeram-na em procissão. A multidão orava e cantava atrás dela, enquanto repicavam, fúnebres, os sinos de todas as igrejas. A cavalo desfilaram os senhores principais, cetins negros, negros brocados, capotes de veludo negro bordados de ouro e prata, e debaixo de um pálio atravessaram as nuvens de incenso o arcebispo, os bispos e suas mitras fulgurantes.

Há várias noites não dormem os alfaiates. A colônia inteira se veste de luto.

Nos arrabaldes, os astecas também estão de luto. Há meses, um ano quase, que estão de luto. A peste mata em quantidade. Uma febre, que não se conhecia antes da conquista, arranca sangue do nariz e dos olhos e mata. *(28)*

Conselho dos velhos sábios astecas

Agora que já olhas com teus olhos,
percebe.
Aqui, é assim: não há alegria,
não há felicidade.

Aqui na terra é o lugar de muito pranto,
o lugar onde se rende o fôlego
e onde bem se concebe
o abatimento e a amargura.
Um vento de pedra sopra e se abate
sobre nós.
A terra é lugar de alegria penosa,
de alegria que fere.

Mas ainda que assim fosse,
ainda que fosse verdade que só se sofre,
ainda que fossem assim as coisas na terra,
haverá que estar sempre com medo?
haverá que estar sempre tremendo?
haverá que viver sempre chorando?

Para que não andemos sempre gemendo,
para que nunca nos sature a tristeza,
o Senhor Nosso nos deu
o riso, o sonho, os alimentos,
nossa força,
e finalmente
o ato de amor
que semeia gentes. (110)

1560

Huexotzingo

A recompensa

Os chefes indígenas de Huexotzingo usam, agora, os nomes de seus novos senhores. Se chamam Felipe de Mendoza, Hernando de Meneses, Miguel de Alvarado, Diego de Chaves e Mateo de la Corona. Mas escrevem em sua língua, em língua náhuatl, e nela dirigem uma carta ao rei da Espanha: *Desafortunados somos, pobres vassalos vossos de Hgexotzingo...*

Explicam a Felipe II que não podem chegar a ele de outra maneira, porque não têm com que pagar a viagem, e por carta contam sua história e formulam sua petição. Como falaremos? Quem falará por nós? Desafortunados somos.

Eles não guerrearam nunca com os espanhóis. Vinte léguas caminharam até Hernán Cortez e o abraçaram, o alimentaram e o serviram e carregaram seus soldados doentes. Deram a ele homens e armas e a madeira para construir os bergantins que assaltaram Tenochtitlán. Caída a capital dos astecas, os de Huexotzingo lutaram depois junto a Cortez na conquista de Michoacán, Jalisco, Colhuacan, Pánuco, Oaxaca, Tehuantepec e Guatemala. Muitos morreram. E depois, *quando nos disseram que rompêssemos as pedras e queimássemos as madeiras que adorávamos, o fizemos, e destruímos nossos templos... Tudo o que mandaram, obedecemos.*

Huexotzingo era um reino independente quando os espanhóis chegaram. Eles nunca tinham pago tributo aos astecas. Nossos pais, avós e antepassados não conheciam o tributo e não o pagavam a ninguém.

Agora, em compensação, os espanhóis exigem tributos tão altos em dinheiro e milho que *declaramos ante Vossa Majestade que não se passará muito tempo antes de que nossa cidade de Huexotzingo desapareça e morra. (120)*

1560

Michoacán

Vasco de Quiroga

Cristianismo primitivo, comunismo primitivo: o bispo de Michoacán redige as ordenanças para suas comunidades evangélicas. Ele fundou-as inspirando-se na Utopía de Thomas Morus, nos profetas bíblicos e nas antigas tradições dos índios da América.

Os povoados criados por Vasco de Quiroga, onde ninguém é dono de ninguém ou de nada e não se conhece a fome ou o dinheiro, não se multiplicarão, como ele queria, por todo o México. O Conselho das Índias jamais levará a sério os projetos do insensato bispo nem dará ao menos uma olhada nos livros que ele, teimosamente, recomenda. Mas a utopia já regressou à América, que era sua realidade de origem. A quimera de Thomas Morus encarnou-se no pequeno mundo solidário de Michoacán; e os índios daqui sentirão sua, nos tempos que estão por vir, a memória de Vasco de Quiroga, o alucinado que pregou seus olhos no delírio para ver além do tempo da infâmia. *(227)*

1561

Vila dos Bergantins

A primeira Independência da América

Foi coroado ontem. Os macacos apareceram, curiosos, entre as árvores. Da boca de Fernando de Guzmán escorria suco de fruta-de-conde e havia sóis em seus olhos. Um após outro, os soldados se ajoelharam frente ao trono de madeira e palha, beijaram a mão do eleito e juraram obediência. Depois assinaram a ata, com nome ou cruz, todos os que não eram mulheres, nem criados, nem índios, ou negros. O escrivão deu fé e testemunho e proclamada ficou a independência.

Os buscadores do El Dorado, perdidos no meio da selva, têm agora o seu próprio monarca. Nada os une à Espanha, a não ser o rancor. Negaram vassalagem ao rei do outro lado do mar:

– Não o conheço! – gritou ontem Lope de Aguirre, puro osso e cólera, erguendo sua espada coberta de mofo. – Não o conheço, nem quero conhecê-lo, ou tê-lo, ou obedecê-lo!

Na choça maior da aldeia se instala a corte. À luz de um candelabro, o príncipe Fernando come incessantes broas de mandioca regadas de mel. É servido por seus pajens; entre broa e broa, dá ordens a seus secretários, dita decretos aos escrivãos e concede audiências e mercês. O tesoureiro do reino, o capelão, o mordomo-mor e o mestre-sala vestem gibões em farrapos e têm as mãos inchadas e os lábios partidos. O chefe de campo é Lope de Aguirre, manco, caolho, quase anão, pele queimada, que pelas noites conspira e durante o dia dirige a construção dos bergantins.

Soam os golpes de machados e de martelos. As correntes do Amazonas despedaçaram as naus, mas já duas novas quilhas se erguem na areia. A selva oferece boa madeira. Com o couro dos cavalos, fizeram foles; das ferraduras saíram pregos, pernos e pinças.

Atormentados pelos mosquitos e pernilongos, envolvidos nos vapores da umidade e da febre, os homens esperam que os barcos cresçam. Comem ervas e carne de urubu, sem sal. Já não sobram cães ou cavalos e os anzóis não trazem mais que barro e algas podres; mas ninguém no acampamento duvida que chegou a hora da vingança. Saíram há meses do Peru, em busca do lago onde, conta a lenda, há ídolos de ouro maciço grandes como rapazes, e ao Peru querem regressar, agora, em pé de guerra. Não vão perder nem um dia mais perseguindo a terra da promissão, porque entenderam que já a conhecem e estão fartos de maldizer seu azar. Navegarão o Amazonas, sairão ao oceano, ocuparão a ilha Margarita, invadirão a Venezuela e o Panamá...

Os que dormem, sonham com a prata de Potosí. Aguirre, que jamais fecha o olho que lhe resta, vê essa prata acordado. *(123 e 164)*

1561

Nova Valência do Rei

Aguirre

No centro do palco, machado na mão, aparece Lope de Aguirre rodeado de dezenas de espelhos. O perfil do rei Felipe II se recorta, negro, imenso, sobre o pano de fundo.

LOPE DE AGUIRRE *falando ao público.* Caminhando nossa derrota, e passando por mortes e desventuras, tardamos mais de dez meses e meio em chegar à boca do rio das Amazonas, que é rio grande e temeroso e mal afortunado. Depois, tomamos posse da ilha Margarita. Ali cobrei em forca ou porrete vinte e cinco traições. E depois, abrimos passo em terra firme. Tremem de medo os soldados do rei Felipe! Logo sairemos da Venezuela... Logo entraremos triunfantes no reino do Peru! (*Dá a volta e enfrenta sua própria imagem, de dar pena, em um dos espelhos.*) Eu fiz de dom Fernando de Guzmán rei no rio das Amazonas! (*Ergue o machado e parte o espelho.*) Eu o fiz rei e eu o matei! E o capitão de sua guarda e o tenente-general e quatro capitães! (*Enquanto fala, vai despedaçando todos os espelhos, um atrás do outro*). E seu mordomo e seu capitão capelão! E uma mulher que estava contra mim, e um comendador de Rodas, e um almirante... e seis outros aliados!... E nomeei de novo capitães e sargento-mor! E quiseram me matar e os enforquei! (*Pulveriza os últimos espelhos.*) Matei todos! Todos! (*Senta-se, muito sufocado, no chão coberto de cristais. Nas mãos, vertisal, o machado. O olhar perdido. Longo silêncio.*) Em minha mocidade passei o oceano indo às terras do Peru, por valer mais com a lança na mão... Um quarto de século!... Mistérios, misérias... Eu cavei cemitérios arrancando para outros pratarias e xícaras de ouro... Montei forca no centro de cidades não nascidas... A cavalo, persegui multidões... Os índios fugindo apavorados através das chamas. Cavaleiros de pomposo título e emprestadas roupas de seda, filhos de sei lá quem, filhos de ninguém, agonizando na selva, raivosos, mordendo terra, o sangue envenenado pelos dardos... Na cordilheira, guerreiros de armadura de aço atravessados de lado a lado por vendavais mais violentos que qualquer tiro de arcabuz... Muitos encontraram sepultura no ventre dos abutres.... Muitos ficaram amarelos como o ouro que buscavam... A pele amarela, os olhos amarelos.... E o ouro... (*Deixa cair o machado. Abre com dificuldade as mãos, que são como garras. Mostra as palmas.*)

Desvanecido... Ouro que virou sombra ou orvalho... (*Olha com estupor. Fica mudo, longos momentos. De repente, se levanta. De costas para o público, ergue o punho seco e torto contra a enorme sombra de Felipe II, projetada, a barba em ponta, no pano de fundo.*) Poucos reis vão ao inferno, porque poucos sois! (*Caminha até o pano de fundo arrastando sua perna manca.*) Ingrato! Eu perdi meu corpo defendendo-te contra os rebeldes do Peru! Te entreguei uma perna e um olho e estas mãos que pouco me servem! Agora, o rebelde sou eu! Rebelde até a morte, por tua ingratidão! (*Encara o público, desembainha a espada.*) Eu, Príncipe dos rebeldes! Lope de Aguirre o Peregrino, Ira de Deus, Caudilho dos feridos! Não te necessitamos, rei da Espanha! (*Se acendem luzes coloridas sobre vários pontos do palco.*) Não deixaremos com vida ministro teu! (*Se atira, com a espada na mão, contra um facho de luz avermelhada.*) Auditores, governadores, presidentes, vice-reis! Guerra de morte contra os alcaguetes cortesãos! (*O facho de luz continua em seu lugar, indiferente à espada que o corta.*) Usurpadores! Ladrões! (*A espada fere o ar.*) Vós destruístes as Índias! (*Avança contra o facho de luz dourada.*) Letrados, tabeliães, caga-tintas! Até quando haveremos de sofrer vossos roubos nestas terras por nós ganhadas? (*As cuteladas atravessam um facho de luz branca.*) Frades, bispos, arcebispos! Vós não quereis enterrar nenhum índio pobre! Por penitência tens na cozinha uma dúzia de moças! Traficantes! Traficantes de sacramentos! Ladrões! *(E assim continua o inútil torvelinho da espada contra os fachos de luz imóvel, que se multiplicam no palco. Aguirre vai perdendo as forças e parece cada vez mais solitário e pequenino.) (123 e 164)*

1561

Nova Valencia del Rei

Da carta de Lope de Aguirre ao rei Felipe II

...Já de fato percebemos neste reino quanto de cruel és e quebrantador de fé e palavra, e assim temos nesta terra tuas promessas por de menos crédito que os livros de Martim Lutero, pois teu Vice-rei Marquês de Cañete enforcou Martin de Robles homem destacado a teu serviço e o bravoso Tomas Vázquez conquistador do Piru, e o triste do Alonso Deaz que trabalhou mais no descobrimento deste reino que os exploradores de Moisés no deserto...

Olha, olha Rei espanhol, que não sejas cruel a teus vassalos nem ingrato, pois estando tu e teu pai nos reinos de Espanha sem nenhuma tristeza, te deram teus vassalos a custa de seu sangue e sua fazenda tantos reinos e senhorias como nestas partes tens, e olha rei e senhor, que não podes levar com título de rei justo nenhum interesse destas partes onde não aventurastes nada, sem que primeiro os que nisso trabalharam e suaram sejam gratificados...

Ai, ai que pena tão grande que César e Imperador teu pai conquistasse com as forças de Espanha a soberba Germania e gastasse tanta moeda levada destas Índias descobertas por nós, que não te apiades de nossa velhice e cansaço sequer para matar-nos a fome um dia!... *(123)*

1561

Barquisimeto

Restabelecem a ordem

Abandonado pelos seus, que preferiram o perdão ou as mercês reais, Lope de Aguirre crava punhaladas em sua filha Elvira, *Para que não venha a ser colchão de velhacos*, e enfrenta seus verdugos. Corrige-lhes a pontaria, assim não, assim não, mau tiro, e cai sem encomendar-se a Deus.

Quando Felipe II lê a carta, sentado em seu trono muito longe daqui, a cabeça de Aguirre está cravada em uma estaca, para advertência de todos os peões do desenvolvimento europeu. *(123 e 164)*

1562

Maní

Se engana o fogo

Frei Diego de Landa atira às chamas, um após outro, os livros dos maias. O inquisidor amaldiçoa Satanás e o fogo crepita e devora. Em volta do queimadeiro, os hereges uivam de cabeça para baixo. Pendurados pelos pés, em carne viva pelas chibatadas, os índios recebem banhos de cera fervendo enquanto crescem as chamas e gemem os livros, como queixando-se.

Esta noite se transformam em cinzas oito séculos de literatura maia. Nestes longos rolos de papel de casca de árvore, falavam os sinais e as imagens: contavam os trabalhos e os dias, os sonhos e as guerras de um povo nascido antes que Cristo. Com pincéis de pelos de javali, os sabedores de coisas tinham pintado estes livros iluminados, iluminadores, para que os netos dos netos não fossem cegos e soubessem ver-se e ver a história dos seus, para que conhecessem os movimentos das estrelas, as frequências dos eclipses e as profecias dos deuses, e para que pudessem chamar as chuvas e as boas colheitas de milho.

Ao centro, o inquisidor queima os livros. Ao redor da fogueira imensa, castiga os leitores. Enquanto isso, os autores, artistas-sacerdotes mortos há anos ou séculos, bebem chocolate na sombra fresca da primeira árvore do mundo. Eles estão em paz, porque morreram sabendo que a memória não se incendeia. Não se cantará e dançará, por acaso, pelos tempos dos tempos, o que eles tinham pintado?

Quando queimam suas casinhas de papel, a memória encontra refúgio nas bocas que cantam as glórias dos homens e deuses, *cantares que de gente em gente ficam*, e nos corpos que dançam ao som dos troncos ocos, dos cascos de tartaruga e das flautas de taquara. *(205 e 219)*

1563

Forte de Arauco

A história que será

O cerco afoga. Neste forte de fronteira, duas vezes queimado e renascido, quase não resta água. Logo haverá que beber o pouco que se mija. Tantas flechas caíram dentro que os espanhóis as usam como lenha para cozinhar.

O chefe dos araucanos se aproxima, a cavalo, até os pés da muralha:

– Capitão! Me escutas?

Lorenzo Bernal aparece lá no alto.

O chefe indígena anuncia que rodearão a fortaleza com palha e acenderão o fogo. Diz que não deixaram homem com vida em Concepción.

– Que nada! – grita Bernal.

– Renda-se, capitão! Não tem saída!

– Que nada! Nunca!

O cavalo fica em pé em duas patas.

– Então, vão morrer!

– Pois morreremos – diz Bernal, e grita: "Mas com o tempo ganharemos a guerra! Seremos cada vez mais!"

O índio responde com uma gargalhada.

– Com que mulheres? – pergunta.

– Se não há espanholas, teremos as vossas – diz o capitão, lento, saboreando, e acrescenta:

– E nelas faremos filhos que serão vossos amos. (130)

1564
Plymouth

HAWKINS

Os quatro navios, ao mando do capitão John Hawkins, esperam a maré da manhã. Nem bem subam as águas, partirão rumo à África, para caçar homens nas costas da Guiné. Dali porão a proa rumo às Antilhas, para trocar os escravos por açúcar, couros e pérolas.

Há um par de anos Hawkins fez esse trajeto por conta própria. Em uma nau chamada *Jesus*, vendeu de contrabando trezentos negros em São Domingos. Explodiu de fúria a rainha Isabel quando ficou sabendo, mas desfez-se sua ira quando soube o lucro da viagem. Em um piscar de olhos, se tornou sócia do audaz lobo-do-mar do condado de Devon, e os condes de Pembroke e Leicester e o alcaide-mor de Londres compraram as primeiras ações da nova empresa.

Enquanto os marinheiros içam as velas, o capitão Hawkins discursa da ponte de comando. A armada britânica fará suas essas ordens nos séculos vindouros:

– *Sirvam a Deus diariamente*! – manda Hawkins. – *Amai-vos uns aos outros! Reservai vossas provisões! Cuidai-vos do fogo! Mantenhai-vos em boa companhia! (127, 187 e 198)*

1564
Bogotá

DESVENTURAS DA VIDA CONJUGAL

– Diga. Me achas esquisita?
– Pois um pouco.
– Um pouco o quê?
– Um pouco gorda, senhora, queira desculpar-me.
– Vamos ver se adivinhas. Gorda estou de comer ou de rir?
– Gorda de amar, pareceria, e isso não é ofender.
– Qual o que, mulher, se por isso te chamei...

Está a senhora muito preocupada. Pouca paciência teve seu corpo, incapaz de esperar pelo marido ausente; e alguém lhe disse que o traído está chegando a Cartagena. Quando descubra sua barriga.. O que não fará esse homem tão categórico, que decapitando cura as dores de cabeça?

– Por isso te chamei, Juana. Ajuda-me, tu que és tão voadora e que podes beber vinho de uma taça vazia. Diz-me. Vem meu marido na frota de Cartagena?

Em bacia de prata, a negra Juana García revolve águas, terras, sangues, ervas. Mergulha um livrinho verde e o deixa navegar. Depois afunda o nariz:

– Não – informa. – Não vem. E se a senhora quer ver o seu marido, olhe aqui.

Se inclina a senhora sobre a bacia. À luz das velas, vê o marido. Ele está sentado ao lado de uma bela mulher, em um lugar de muitas sedas, enquanto alguém corta um vestido de pano bordado.

– Ah, farsante. Diz-me, Juana, que lugar é este?

– A casa de um alfaiate, na ilha de São Domingos.

Nas espessas águas aparece a imagem de um alfaiate cortando uma manga.

– Devo tirá-la? – propõe a negra.

– Pois tire!

A mão emerge da bacia com uma manga de fino tecido gotejando entre os dedos.

A senhora treme, mas de fúria.

– Merece mais barrigas o porcalhão!

De um canto, um cãozinho rosna com os olhos entreabertos. *(194)*

1565
Caminho de Lima

A espiã

Na fazenda de dom Antonio Sola, nas margens do rio Lurín, cresceram melões grandes como sóis. É a primeira vez que por aqui se plantam essas frutas trazidas da Espanha; e o capataz envia ao amo dez amostras para seu prazer e glória. A enormidade destes melões é comparável à grandeza dos rabanetes do vale de Cuzapata, dos quais se diz que se pode amarrar cinco cavalos aos seus ramos.

Dois índios levam a Lima, em dois sacos, a oferenda do capataz. O capataz deu-lhes uma carta para que entregassem, com os melões, a dom Antonio Sola:

– Se comerem algum melão – advertiu – a carta dirá.

Na metade do caminho, quando estão a um par de léguas da Cidade dos Reis, os índios se sentam em um barranco para descansar.

– E que sabor terá esta fruta tão estranha?

– Haverá de oferecer maravilhas.

– E se provarmos? Um melão. Unzinho.

– *Carta canta* – adverte um dos índios.

Olham a carta, odeiam a carta. Buscam uma prisão para ela. Escondem a carta atrás de uma pedra, de onde não possa ver nada, e com rápidas dentadas devoram um melão, polpa de água doce, delícia jamais imaginada, e depois comem outro, para igualar as cargas.

Então apanham a carta, que guardam entre suas roupas, jogam os sacos às costas e continuam seu caminho. *(76)*

1565

Yauyos

Essa pedra sou eu

O funcionário do rei aguarda a bruxa, sábia em maldades, que virá prestar contas. Aos seus pés jaz, de boca para baixo, o ídolo de pedra. A bruxa foi surpreendida quando estava velando esta *huaca* escondida, e daqui a pouco pagará por sua heresia. Mas antes do castigo, o funcionário quer escutar de sua boca a confissão de suas conversas com o demônio. Enquanto espera que ela chegue, se distrai pisando a *huaca* e meditando sobre o destino destes índios, que dá pena a Deus tê-los feito.

Os soldados atiram a bruxa e a deixam tremendo no umbral.

Então a *huaca* de pedra, feia e velha, cumprimenta em idioma quechua a bruxa velha e feia:

– *Bem-vinda sejas, princesa* – diz a voz, rouca, debaixo das solas do funcionário.

O funcionário fica vesgo e cai, esparramado, no chão.

Enquanto o abana com um chapéu, a velha se agarra à casaca do desmaiado e clama: "Não me castigues, senhor, não a quebre!"

A velha queria explicar-lhe que nessa pedra vivem as divindades e que se não fosse por causa da *huaca*, ela não saberia como se chama, nem quem é, nem de onde vem e andaria pelo mundo nua e perdida. *(221)*

Oração dos incas em busca de Deus

Ouça-me,
do mar de cima onde permaneces,
do mar de baixo onde estás.
Criador do mundo,
alfareiro do homem,
Senhor dos Senhores,
a ti,
com meus olhos que se desesperam por ver-te
ou de pura vontade de conhecer-te
pois ao ver-te,
ao conhecer-te,
ao considerar-te,
ao compreender-te,
tu me verás e me conhecerás.
O sol,
a lua,
o dia,
a noite,
o verão,
o inverno,
não em vão caminham,
ordenados,
ao lugar designado
e a bom termo chegam.
Por todas as partes levas contigo
teu cetro de rei.
Ouça-me,
escuta-me.
Que não seja que eu canse
e morra. (105)

1565
Cidade do México

Cerimônia

Cintila a túnica dourada. Quarenta e cinco anos depois de sua morte, Montezuma encabeça a procissão. Os cavaleiros entram, a trote lento, na praça maior da Cidade do México.

Os bailarinos dançam ao som dos tambores e ao lamento dos pífanos. Muitos índios, vestidos de branco, levantam ramos de flores; outros sustentam enormes caçarolas de barro. A fumaça do incenso se mistura aos aromas das comidas picantes.

Na frente do palácio de Cortez, Montezuma desce do cavalo.

A porta se abre. Entre seus pajens, armados com altas e afiadas alabardas, aparece Cortez.

Montezuma humilha sua cabeça, coroada de plumas e ouro e pedras preciosas. Ajoelhado, oferece *grinaldas* de flores. Cortez toca seu ombro. Montezuma se levanta. Com gesto lento, tira a máscara e descobre os cabelos cacheados e os bigodes de pontas altas de Alonso de Ávila.

Alonso de Ávila, senhor de forca e punhal, dono de índios, terras e minas, entra no palácio de Martín Cortez, marquês do vale de Oaxaca. O filho do conquistador abre sua casa ao sobrinho de outro conquistador.

Hoje começa oficialmente a conspiração contra o rei da Espanha. Na vida da colônia, nem tudo são saraus e torneios, baralhos e caçadas. *(28)*

1566
Madrid

O FANÁTICO DA DIGNIDADE HUMANA

Frei Bartolomé de Las Casas está passando por cima do rei e do Conselho das Índias. Será castigada a sua desobediência? Aos noventa e dois anos, pouco lhe importa. Meio século lutou ele. Não estão em sua façanha as chaves de sua tragédia? Muitas batalhas deixaram que ele ganhasse; faz tempo que sabe disso, porque o resultado da guerra estava decidido por antecipação.

Os dedos já não lhe dão confiança. Dita a carta. Sem autorização de ninguém, se dirige diretamente à Santa Sé. Pede ao papa Pio V que mande cessar as guerras contra os índios e que ponha fim ao saqueio que usa a cruz como álibi. Enquanto dita se indigna, sobe-lhe o sangue à cabeça e se rompe a voz que lhe sobra, rouca e pouca.

Subitamente, cai ao chão. *(70 e 90)*

1566
Madrid

Mesmo perdendo, vale à pena.

Os lábios se movem, dizem palavras sem som.

– Me perdoarás, Deus?

Frei Bartolomé pede clemência no Juízo Final, por ter acreditado que os escravos negros e mouros aliviariam a sorte dos índios.

Jaz estendido, úmida a testa, pálido, e não cessam de mover-se os seus lábios.

Um trovão explode, lento, ao longe. Frei Bartolomé, o nascedor, o fazedor, fecha os olhos. Embora tenha sido sempre duro de ouvido, escuta a chuva sobre o telhado do convento de Atocha. A chuva molha a sua cara. Sorri.

Um dos sacerdotes que o acompanham murmura alguma coisa sobre a estranha luz que acendeu-lhe o rosto. Através da chuva, livre de dúvida e tormento, frei Bartolomé está viajando, pela última vez, para os verdes mundos onde conheceu a alegria.

– Obrigado – dizem seus lábios, em silêncio, enquanto lê as orações à luz de vaga-lumes, salpicado pela chuva que golpeia o teto de folhas de palmeiras.

– Obrigado – diz, enquanto celebra missa em choupanas sem paredes e batiza crianças nuas nos rios.

Os sacerdotes fazem o sinal da cruz. Caíram os últimos grãos de areia do relógio. Alguém vira a ampulheta, para que o tempo não pare. *(27, 70 e 90)*

1568
Los Teques

Guaicaipuro

Nunca mais o rio refletirá seu rosto, seu penacho de altas plumas. Esta vez os deuses não escutaram sua mulher, Urquía, que pedia que não o tocassem balas nem doenças e que nunca o sono, irmão da morte, esquecesse de devolvê-lo ao mundo ao fim de cada noite.

A tiros, os invasores derrubaram Guaicaipuro. Desde que os índios o tinham escolhido como chefe, não houve trégua neste vale nem nas serras de Ávila. Na recém-nascida cidade de Caracas se benziam ao dizer, em voz baixa, seu nome. Frente à morte e seus funcionários, o último dos livres caiu gritando *matem-me, matem-me, livrem-se do medo. (158)*

1568
Cidade do México

OS FILHOS DE CORTEZ

Martín se chama o filho mais velho de Hernán Cortez, filho natural nascido da índia Malinche. Seu pai deixou-lhe, ao morrer, uma pensão anual magra.

Martín se chama, também, o filho legal de Hernán Cortez, nascido de uma espanhola filha de conde e sobrinha de duque. Este Martín herdou o brasão e a fortuna: é o marquês do vale de Oaxaca, dono de milhares de índios e léguas nesta terra que seu pai tinha humilhado e amado e escolhido para dormir para sempre.

Em poltrona de veludo carmesim e beiradas de ouro, costumava passear Martín, o marquês, pelas ruas do México. Atrás dele marchavam seus guardas de libré vermelha, armados de espadas. Quem se cruzava com ele se descobria, lhe rendia homenagem e se somava ao séquito. O outro Martín, o bastardo, fazia parte da comitiva.

Martín, o marquês, quis romper com a Espanha, e proclamar-se rei do México. Quando a conjura fracassou, balbuciou arrependimentos e delatou nomes. Perdoaram-lhe a vida.

Martín, o bastardo, que serviu a seu irmão na conspiração e em todo o resto, se contorce agora na tortura. Ao seu lado, o escrivão anota: *Foi despido e posto na cilha. Admoestado, disse que não devia nada.*

O verdugo dá uma volta na roda. As cordas arrebentam carne e esticam os ossos.

O escrivão anota: *Admoestam-lhe de novo. Diz que não tem mais a dizer do que já disse.*

Segunda volta de corda. Terceira, quarta, quinta. *(28)*

1569
Havana

SÃO SIMÃO CONTRA AS FORMIGAS

As formigas acossam a cidade e arrasam plantios. Andam devorando pelo umbigo mais de um cristão de sono pesado.

Em sessão extraordinária, as autoridades de Havana resolvem pedir proteção a um santo padroeiro contra as *bibijaguas* e outras formigas bravas.

Frente ao reverendo Alonso Álvarez, celebra-se o sorteio entre os doze apóstolos. Sai favorecido São Simão, a quem tomam por advogado *para que seja intercessor ante Deus Nosso Senhor, para que tire todas as formigas de sobre este povo, casa e fazendas desta vila e seus limites.*

Em retribuição, a cidade celebrará festa anual para honra e reverência do bem-aventurado São Simão, com canto de véspera, missa, procissão de assistência obrigatória e tourada. *(161)*

1571
Cidade do México

Delatarás ao próximo

Dos balcões escorrem, pendurados, os escudos de armas, tapetes coloridos, veludos, bandeirolas. Fulguram a armadura do cavaleiro de Santiago, que inclina seu estandarte ante o vice-rei. Os pajens erguem seus grandes machados, em torno da enorme cruz cravada no patíbulo.

O inquisidor geral está chegando de Madrid. É anunciado com atabaques e clarins. Vem em lombo de mula, com arreio cravejado, no meio de uma multidão de círios acesos e capuzes negros.

Sob sua autoridade suprema serão atormentados ou queimados os hereges. Há séculos, o papa Inocêncio IV mandou agoniar com tormentos os assassinos das almas e os ladrões da fé de Cristo; e muito depois o papa Paulo III proibiu que a tortura durasse mais de uma hora. Desde então, os inquisidores interrompem um pouquinho seu trabalho a cada hora. O inquisidor geral recém-chegado ao México cuidará que nunca se use lenha verde nas execuções, para que não feda a cidade a fumaças ruins; e as ordenará em dias de céu claro, para que todos possam admirá-las. Não se ocupará dos índios, *por ser novos na fé, gente fraca e de pouca substância.*

O inquisidor geral se senta ao lado do vice-rei. É saudado por uma salva de artilharia.

Repicam os tambores e o pregoeiro proclama o edital geral da fé. Manda o edital que todos delatem o que saibam ou tenham visto ou ouvido, sem reservar mulher, marido, pai ou quem quer que seja, por mais íntimo que seja. Estão todos obrigados a denunciar vivos ou mortos que tenham dito ou acreditado em *palavras ou opiniões heréticas, suspeitas, errôneas, temerárias, malsoantes, escandalosas ou blasfemas. (115 e 139)*

1571
Madrid

A culpa é do criminoso ou da testemunha?

Do espelho ou da cara? O rei não pensa duas vezes. Por decreto ordena a incautação de todos os manuscritos que deixou frei Bartolomé de Las Casas, para que não cheguem às mãos dos maus espanhóis e dos inimigos da Espanha. Sobretudo, preocupa-se Felipe II que possa publicar-se ou de algum modo difundir-se a muito volumosa História das Índias, que Las Casas não pôde concluir e que vive, prisioneira trancada à chave, no mosteiro de São Gregório. *(70 e 90)*

1572
Cuzco

Túpac Amaru I

Vem arrastando os pés pela rua de pedras. No lombo de um burrico anão, com a corda no pescoço, caminha Túpac Amaru para o lugar onde será degolado. Na frente, o pregoneiro o proclama tirano e traidor.

Na praça maior, cresce o alvoroço.

– Inca, por que te levam para cortar a tua cabeça?

Os murmúrios da multidão indígena se transforma em gritaria. *Que mandem matar-nos todas!*, pedem os gritos das mulheres.

Do alto do tablado, Túpac Amaru levanta uma das mãos, apoia essa mão sobre o ouvido e deixa-a cair parcimoniosamente. Cala-se, então, a multidão.

Não há nada que não seja silêncio quando o sabre do verdugo parte o pescoço do neto de Huaina Cápac.

Com Túpac Amaru se acabam quatro séculos de dinastia dos incas e quase quarenta anos de resistência nas montanhas de Wilcabamba. Já não descerão sobre o vale de Cuzco os vendavais da guerra, o ronco ritmo dos caracóis-do-mar. *(76)*

1572
Cuzco

Acreditam os vencidos:

Ele voltará e pela terra andará. As mais altas montanhas sabem. Como são as mais altas, veem mais longe e sabem.

Foi filho do sol e de mulher boa.

Ele prendeu o vento; e o sol, seu pai, foi por ele amarrado, para que o tempo dure.

A chibatadas, guiando-as, levou pedras até as alturas. Com essas pedras fez templos e fortalezas.

Por onde foi, foram-se os pássaros. Os pássaros o cumprimentavam e alegravam seu passar. Por muito caminhar, derramou sangue dos pés. Quando o sangue dos pés dele se misturou com a terra, nós aprendemos a cultivar. Aprendemos a falar quando ele nos disse: "Falem". Ele foi mais forte e mais jovem que nós.

Nem sempre tivemos medo no peito. Nem sempre andamos aos tombos, como os besouros dos caminhos. É longa a nossa história. Nossa história nasceu no dia em que fomos arrancados da boca, dos olhos, das axilas e da vagina da terra.

O irmão de Inkarrí, Españarrí, cortou-lhe a cabeça. Foi ele. A cabeça de Inkarrí se transformou em dinheiro. Ouro e prata brotaram das tripas cheias de merda de seu ventre.

As mais altas montanhas sabem. A cabeça de Inkarrí está querendo crescer rumo aos pés. Seus pedaços haverão de juntar-se algum dia. Esse dia, amanhecerá ao anoitecer. Esse dia, ele andará pela terra perseguido pelos pássaros. *(15 e 162)*

1574
Cidade do México

O primeiro auto de fé no México

Desde que os pregoneiros difundiram o edital das delações choveram denúncias contra hereges e bígamos e bruxas e blasfemos.

Celebra-se o auto de fé no primeiro domingo da Quaresma. Desde que sai o sol até que apareça a noite, o Tribunal do Santo Ofício da Inquisição dita as sentenças contra os espantalhos arrancados das celas e das câmaras de tortura. Os verdugos trabalham no alto do tablado suntuoso, rodeados de lanças e ovações da multidão. *Não há memória de tanta multidão que tenha acudido a nenhum regozijo público nem a outra coisa de muito grande solenidade que na terra tenha sido oferecida*, diz o vice-rei da Nova Espanha, que assiste ao espetáculo sentado em poltrona de veludo e com almofadinha aos seus pés.

Aplica-se o castigo de vela, corda, mordaça, abjuração *de levi* e entre cem e duzentos açoites a um prateiro, um fazedor de facas, um dourador, um escrivão e um sapateiro *por ter dito que a simples fornicação não era pecado mortal.* Penas semelhantes sofrem vários bígamos, e entre eles o frade Agostinho Juan Sarmiento, que com as costas em carne viva vai remar galeras durante cinco anos.

Cem açoites recebem o negro Domingo, nascido aqui, *porque tem o costume de renegar a Deus*, e Miguel Franco, mestiço, *porque fazia que sua mulher se confessasse com ele.* Outros cem o boticário sevilhano Gaspar de los Reyes, *por ter dito que era melhor estar amancebado que casado e que aos pobres e aflitos era lícito cometer perjúrio por dinheiro.*

A remar galeras, *duro cárcere de travessos*, vão vários luteranos e judeus *que no leite mamaram sua heresia*, uns quantos ingleses da armada do pirata. John Hawkins e um francês *que chamava de poltrões o Papa e o Rei.*

Nas fogueiras acabam seus hereges dias um inglês das minas de Guanajuato e um barbeiro francês de Yucatán. *(139)*

1576

Guanajuato

Dizem os frades:

Chegou ao México há vinte anos. Duas pombas a guiaram até Guanajuato. Sem um arranhão chegou, embora tenha cruzado o mar e atravessado o deserto e tenham-se extraviado os que a traziam. O rei a mandou para nós, em gratidão pelas riquezas que a jorros brotam, sem nunca cessar, das entranhas destes montes.

Durante mais de oito séculos, ela tinha vivido na Espanha. Sobreviveu escondida, oculta dos mouros, em uma gruta de Granada. Quando os cristãos a descobriram a resgataram, não encontraram em seu corpo de madeira nenhuma ferida. Intacta chegou a Guanajuato. Intacta continua, fazendo milagres. A pobres e ricos consola da pobreza. Nossa Senhora de Guanajuato; e do frio salva os que dormem na intempérie ou em abrigado palácio. Em sua infinita indulgência, não distingue servos de senhores. Não há quem a invoque e não receba o favor divino.

Por sua graça estão se salvando, agora, muitos índios de Guanajuato que a ela acodem com arrependimento e fé. Ela deteve a espada do Senhor, que com justa fúria castiga nestes dias idolatrias e pecados dos índios do México. Não foram tocados pela peste os infelizes que a ela elevaram suas súplicas e pagaram a devida esmola.

Nas demais comarcas, morre de fome ou de pena o índio que não foi morto pelo tifo. Há cadáveres nos campos e nas praças e estão cheias de mortos as casas onde, morrendo todos, não ficou quem corresse para dar aviso. Por todo México vem erguendo a peste tal cheiro de podridão e fogueiras que temos de andar, os espanhóis, com os narizes tapados. *(79 e 131)*

1576

Xochimilco

O apóstolo Santiago contra a peste

Aqui pagaram tributo, em dinheiro ou em milho, até os bebês de peito. Se a peste continua, quem pagará? Braços daqui levantaram a catedral do México. Se não cessa a peste, quem semeará estes campos? Quem fiará e tecerá? Quem erguerá igrejas e porá pedras nas ruas?

Os franciscanos discutem a situação no convento. Dos trinta mil índios que existiam em Xochimilco quando os espanhóis chegaram, sobram quatro mil, e exagerando. Muitos morreram lutando ao lado de Hernán Cortez, conquistando homens e terras para ele, e mais morreram trabalhando para ele e para Pedro de Alvarado, e muitos mais estão morrendo graças à epidemia.

Frei Jerônimo de Mendieta, guardião do convento, tem uma ideia salvadora.

Preparam o sorteio. Um coroinha, de olhos vendados, remexe os papeizinhos na bacia de prata. Em cada papelzinho está escrito o nome de um santo de provado predicamento na corte celestial. O coroinha escolhe um e o padre Mendieta desdobra e lê:

– É o apóstolo Santiago!

Do balcão, faz o anúncio aos índios de Xochimilco na língua deles. O apocalíptico frade fala de joelhos, erguendo os braços:

– Santiago derrotará a peste!

Promete-lhe um altar. *(79 e 161)*

1577
Xochimilco

São Sebastião contra a peste

Durante os duros anos da conquista, ouviam-se ruídos de armas na tumba de Santiago, na véspera de cada batalha; e lutava o apóstolo junto com as hostes invasoras, lança em punho, em seu cavalo branco. Está visto que o apóstolo Santiago tem o costume de matar índios, mas não de salvá-los. A peste, que mal roça os espanhóis, continua massacrando índios em Xochimilco e nas demais comarcas do México.

De sua cela, quando cai a noite, o padre Mendieta escuta alaridos e lamentos mais fortes que os coros dos arcanjos.

Alguém haverá de intervir junto ao Senhor, já que o apóstolo Santiago não se interessa, ou daqui a pouco Xochimilco ficará sem índios. Discutem os franciscanos e se celebra um novo sorteio. A sorte escolhe o bem-aventurado Sebastião para santo advogado.

Prometem-lhe um altar. *(79 e 161)*

1579
Quito

O filho de Atahualpa

Para Beto, sacerdote índio da região de Archidona, apareceu o diabo na forma de uma vaca e disse-lhe que Deus estava muito zangado com os cristãos e que não ia defendê-los. Guami, sacerdote índio de Tambisa, viveu cinco dias em outro mundo. Lá viu maravilhas e escutou Deus e agora tem o poder da chuva e o poder da ressurreição. Anunciam Beto e Guami que os índios que não se unam à rebelião colherão sapos e serpentes em terras para sempre estéreis.

Os profetas se fazem chefes de muitas lanças. A sudeste de Quito, se alçam os índios quijos. Assaltam os índios vários povoados e esperam, em vão, o levantamento da serra. O filho do Inca Atahualpa, Francisco capitão das tropas espanholas, prende os conjurados da serra e evita a insurreição. Os índios quijos ficam sozinhos.

Depois de alguns combates, chega a derrota. Os espanhóis obrigam todos os índios da região de Quijos e dos arredores de Quito a presenciar a execução dos profetas Beto e Guami. Os passeiam de carro pelas ruas de Quito, os atormentam com tenazes candentes, os enforcam, os esquartejam e exibem seus pedaços. Do palco de honra, o capitão Francisco Atahualpa assiste à cerimônia. *(156)*

1580
Buenos Aires

Os fundadores

Há cerca de meio século, um capitão espanhol se fez ao mar, em Sevilha, rumo a estas costas sem fama. Gastou na expedição toda a fortuna que tinha feito no saqueio a Roma.

Aqui fundou uma cidade, um forte rodeado de ranchos, e daqui perseguiu, rio acima, a serra da prata e o misterioso lago onde dorme o sol.

Dez anos antes, Sebastián Gaboto tinha buscado os tesouros do rei Salomão remontando este rio da Prata inocente de seu nome, que só tem barro em uma margem e areia na outra e conduz a outros rios que conduzem à selva.

Pouco durou a cidade de dom Pedro de Mendoza. Enquanto seus soldados se comiam entre si, loucos de fome, o capitão lia Virgílio e Erasmo e pronunciava frases para a imortalidade. Em pouco tempo, desvanecida a esperança de outro Peru, quis voltar à Espanha. Não chegou vivo. Depois veio Alonso Cabrera, que incendiou Buenos Aires em nome do rei. Ele, sim, pôde regressar à Espanha. Lá matou a mulher e terminou seus dias em um manicômio.

Juan de Garay chega agora de Assunção. Santa María de los Buenos Aires nasce de novo. Acompanham Garay uns quantos paraguaios, filhos de conquistadores, que receberam de suas mães guaranis o primeiro leite e a língua indígena que falam.

A espada de Garay, cravada nesta terra, desenha a sombra da cruz. Tiritam de frio e medo os fundadores. A brisa arranca uma música que range nas copas das árvores e mais além, nos campos infinitos, silenciosos espiam os índios e os fantasmas. *(74, 97 e 99)*

1580
Londres

Drake

– Ao ouro dos galeões! À prata de Potosí!

Vem o dragão!, gritavam as mulheres; e tocavam com força os sinos das igrejas. Em três anos, Francis Drake deu a volta ao mundo. Cruzou o equador duas vezes e saqueou os mares da Espanha, esvaziando portos e navios do Chile ao México.

Regressa agora com um barco só e uma tripulação de dezoito moribundos, mas traz tesouros que multiplicam por cento e vinte o capital investido na expedição. A rainha Isabel, principal acionista e autora do plano, converte o pirata em cavalheiro. Sobre as águas do Tâmisa realiza-se a cerimônia. A espada que o consagra leva gravada esta frase da rainha: *Quem te golpeia me golpeia, Drake.* De joelhos, ele oferece a Sua Majestade um broche de esmeraldas roubado no Pacífico.

Erguida sobre a névoa e a fuligem, Isabel está no topo do império que nasce. Ela é filha de Henrique VIII e Ana Bolena, que por pari-la mulher tinha perdido a cabeça na torre de Londres. A Rainha Virgem devora seus amantes, trata a murros suas donzelas de honra e cospe na roupa de seus cortesãos.

Francis Bacon será o filósofo e o chanceler do novo império e William Shakespeare seu poeta. Francis Drake, o capitão de seus navios. Desafiador de tempestades, amo das velas e dos ventos, o pirata Drake sobe na corte como se trepasse mastros e cordames. Baixinho fornido, de barba de fogo, nasceu na beira-mar e foi educado no temor a Deus. O mar é sua casa; e nunca se lança ao assalto sem uma Bíblia apertada contra o peito, debaixo da casaca. *(149, 187 e 198)*

1582

Cidade do México

De que cor é a pele dos leprosos?

O candelabro avança violando a escuridão e a golpes de luz vai arrancando caras da negrura, caras de espectros, mãos de espectros, e as prega na parede.

O funcionário não toca nada, as mãos enluvadas escondidas debaixo do capote, e olha quase que fechando as pálpebras, como se tivesse medo de contagiar os olhos. Veio o funcionário comprovar o cumprimento da nova ordem sobre este hospital de São Lázaro. Manda o vice-rei que não se misturem os doentes varões. Os brancos e mestiços devem ocupar uma sala, outra os negros e os mulatos e outra os índios, sozinhos. As mulheres, em compensação, devem estar todas juntas na mesma peça. *(148)*

1583

Copacabana

A mãe Aymara de Deus

Atravessa o lago Titicaca na barca de junco. Ela viaja ao seu lado. Está vestida de festa. Na cidade de La Paz douraram a sua túnica.

Ao desembarcar, cobre-a com a manta, para defendê-la da chuva; e com ela nos braços, tapadinha, entra no povoado de Copacabana. A chuva metralha a multidão que se reuniu para recebê-los.

Francisco Tito Yupanqui entra com ela no santuário e a descobre. A sobem ao altar. Do alto, a Virgem de Copacabana abraça todos. Ela evitará as pestes e as penas e o mau tempo de fevereiro.

O escultor índio talhou-a em Potosí e de lá ele a trouxe. Quase dois anos esteve trabalhando para que ela nascesse com a devida formosura. Os índios só podem pintar ou talhar imagens que imitem os modelos europeus e Francisco Tito Yupanqui não pretendeu violar a proibição. Ele se dispôs a fazer uma virgem idêntica à Nossa Senhora da Candelária, mas suas mãos modelaram este corpo do altiplano, amplos pulmões ansiosos de ar, torso grande e pernas curtas, e esta larga cara de índia, de lábios carnudos e olhos amendoados que olham, tristes, a terra ferida. *(56 e 103)*

1583

Santiago do Chile

Foi livre por um instante

Ergue-se sobre as mãos e cai de bruços. Quer apoiar um cotovelo e escorrega. Consegue enterrar um joelho e afunda no barro.

De cara contra o barro, debaixo da chuva, chora.

Hernando Maravilla não tinha chorado durante os duzentos açoites que recebeu nas ruas de Lima a caminho do porto, e nem uma lágrima foi vista em sua cara enquanto recebia outras duzentas chibatadas aqui em Santiago.

Agora é açoitado pela chuva que arranca seu sangue seco e o barro dos tombos.

– Desgraçado! Assim mordes a mão que te alimenta! – disse a dona, dona Antonia Nabía, viúva de longo luto, quando foi devolvido o escravo fugido.

Hernando Maravilla tinha escapado porque um dia viu uma mulher bela como uma bandeira e não teve mais remédio a não ser seguir seus passos.

Foi agarrado em Lima e interrogado pela Inquisição. Foi condenado a quatrocentos açoites por ter dito que os casamentos os fez o diabo e que não era nada o bispo e que cagava para o bispo.

O que nasceu na África, neto de mago, filho de caçador, se retorce e chora, com as costas em carne viva, enquanto a chuva cai sobre Santiago do Chile. *(31 e 138)*

1583

Tlatelolco

Sahagún

Tóssozim', Tossozim' canta a pomba.

Uma mulher oferece flores a uma pedra em pedaços:

– Senhor – diz a mulher à pedra. – Senhor, como sofreste.

Os velhos sábios indígenas oferecem seu testemunho a frei Bernardino de Sahagún: "Que nos deixem morrer", pedem, "já que mataram nossos deuses".

Frei Bernardino de Ribeira, natural de Sahagún: filho de São Francisco, pés descalços, batina remendada, buscador da plenitude do Paraíso, buscador da memória destes povos vencidos: mais de quarenta anos leva Sahagún percorrendo comarcas do México, do senhorio de Huexotzingo, à Tula dos toltecas e à região de Texcoco, para resgatar as imagens e as palavras dos tempos passados. Nos doze livros da *História Geral das coisas da Nova Espanha*, Sahagún e seus jovens ajudantes salvaram e reuniram as vozes antigas, as festas dos índios, seus rituais, seus deuses, seu modo de contar a passagem dos anos e dos astros, seus mitos, seus poemas, sua medicina, seus relatos de épocas remotas e da recente invasão europeia.... A história canta nesta primeira grande obra da antropologia americana.

Há seis anos, o rei Felipe II mandou arrancar esses manuscritos das mãos de Sahagún, e todos os códices indígenas por ele copiados e traduzidos, *sem que deles reste original ou cópia alguma.* Onde terão ido parar esses livros suspeitos de perpetuar e divulgar idolatrias? Ninguém sabe. O Conselho das Índias não respondeu a nenhuma das súplicas do desesperado autor e compilador. Que fez o rei com estes quarenta anos da vida de Sahagún e vários séculos da vida do México? Dizem em Madrid que suas páginas foram usadas para embrulhar especiarias.

O velho Sahagún não se dá por vencido. Aos oitenta anos longos, aperta contra o peito uns poucos papéis salvos do desastre, e dita a seus alunos, em Tlatelolco, as primeiras linhas de uma obra nova, que se chamará *Arte adivi-*

nhatória. Depois, se porá a trabalhar em um calendário mexicano completo. Quando o calendário acabar, começará o dicionário náhuatl-castelhano-latim. E nem bem termine o dicionário...

Lá fora uivam os cães, temendo chuva. *(24 e 200)*

1583

Á coma

O pedregoso reino de Cíbola

O capitão Antonio de Espejo, que tinha feito grande e rápida fortuna na fronteira do México, acudiu ao chamado das sete cidades de ouro. A mando de uns quantos ginetes guerreiros, empreendeu a odisseia do norte; e em vez do fabuloso reino de Cíbola encontrou um imenso deserto, salpicado muito de vez em quando de povoados em forma de fortaleza. Não há pedras preciosas penduradas nas árvores, porque não há árvores a não ser nos raros vales, e não há mais fulgor de ouro que o que arranca o sol dos rochedos, quando golpeia duro.

Nestes povoados erguem os espanhóis sua bandeira. Os índios ainda não sabem que logo serão obrigados a mudar de nome e a levantar templos para adorar outro deus, embora o Grande Espírito dos hopis tenha anunciado a eles há tempos que uma nova raça chegaria, raça de homens de língua bifurcada, trazendo a cobiça e a jactância. Os hopis recebem o capitão Espejo com oferendas de broas de milho e perus e peles; e os índios navajos, da serra, dão-lhe as boas-vindas trazendo água e milho.

Mais além, no alto do céu cor de púrpura, se ergue uma fortaleza de pedra e barro. Do fio da meseta, o povoado dos ácomas domina o vale, verdoso de milharais irrigados por canais e represas. Os ácomas, inimigos dos navajos, têm fama de muito ferozes, e nem Francisco Vázquez de Coronado, que andou por aqui há quarenta anos, atreveu-se a se aproximar.

Os ácomas dançam em honra do capitão Espejo e põem a seus pés mantas coloridas, perus, milho e peles de veado.

Daqui a alguns anos, se negarão a pagar tributos. O assalto durará três dias e três noites. Aos sobreviventes cortarão um pé com um golpe de machado, e os chefes serão jogados no precipício. *(89)*

Canto noturno, do povo navajo

Casa feita de alvorada,
casa feita de luz do entardecer,
casa feita de nuvem escura...
A nuvem escura está na porta
e de nuvem escura é o caminho que aparece
sob o relâmpago que se ergue...
Feliz, possa eu caminhar.
Feliz, com chuvas abundantes, possa caminhar.
Feliz, entre muitas folhas, possa caminhar.
Feliz, pelo rastro do pólen, possa caminhar.
Feliz, possa caminhar.
Que seja belo o que me espera.
Que seja belo o que deixo atrás.
Que seja belo o que está embaixo.
Que seja belo o que está em cima.
Que seja belo tudo o que me rodeia
em beleza acabe. (42)

1586

Cauri

A peste

A gripe não brilha como a espada de aço, mas não há índio que possa esquivar-se dela. Mais mortes fazem o tétano e o tifo que mil cães de olhos de fogo e bocas de espuma. A varíola ataca em segredo e o canhão com grande estrépito, entre nuvens de faíscas e fumaça de enxofre, mas a varíola aniquila mais índios que todos os canhões.

Os ventos da peste estão arrasando estas comarcas. Quem é golpeado, é derrubado: devoram seu corpo, comem seus olhos, fecham sua garganta. Tudo tem cheiro de podridão.

Enquanto isso, uma voz misteriosa percorre o Peru. Anda pisando os calcanhares da peste e atravessa as ladainhas dos moribundos, esta voz que sussurra, de ouvido em ouvido: "Quem atirar o crucifixo para fora de casa, voltará da morte". *(221)*

1588

Quito

O neto de Atahualpa

Suam ouro as colunas, arabescos e folhagens de ouro; rezam os santos de ouro e as adoradas virgens de dourado manto e o coro de anjos e asinhas de ouro: esta é uma das casas que Quito oferece ao que há séculos nasceu em Belém, em palha de estábulo, e morreu despido.

A família do Inca Atahualpa tem um altar nesta igreja de São Francisco, no retábulo grande do cruzeiro, ao lado do Evangelho. Aos pés do altar, descansam os mortos. O filho do Atahualpa, que se chamou Francisco como seu pai e o assassino de seu pai, ocupa a tumba principal. Deus há de ter em sua glória o capitão Francisco Atahualpa se Deus escuta, como dizem, os pareceres dos que mandam com maior atenção da que presta aos alaridos dos mandados. O filho do Inca soube afogar os alçamentos indígenas no sul. Ele trouxe a Quito, prisioneiros, os caciques rebeldes de Cañaribamba e Cuyes e foi recompensado com o cargo de diretor de Trabalhos Públicos desta cidade.

As filhas e as sobrinhas de Francisco vieram instalar a imagem de Santa Catarina que um escultor de Toledo, Juan Bautista Vázquez, talhou para que brilhe no alto do altar dos Atahualpa. Alonso, o filho de Francisco, enviou a imagem da Espanha; e a família ainda não sabe que Alonso morreu em Madrid enquanto Santa Catarina atravessava o mar rumo a esta igreja.

Alonso Atahualpa, neto do Inca, morreu na prisão. Sabia tocar a harpa, o violino e o clavicórdio. Só vestia roupas espanholas, cortadas pelos melhores alfaiates, e há muito tempo deixara de pagar o aluguel de sua casa. Os fidalgos não vão à prisão por causa das suas dívidas, mas Alonso foi parar na cadeia, denunciado pelos alfaiates, os joalheiros e os chapeleiros e os fabricantes de luvas mais importantes de Madrid. Tampouco tinha pago a escultura que sua família está colocando agora, entre grinaldas de ouro, no dourado altar. *(155 e 215)*

1588

La Habana

São Marcial contra as formigas

As formigas devoradoras continuam assustando as pessoas e corroendo as paredes. Cortam árvores, arrasam plantios e engolem frutas e milhos e a carne dos distraídos.

Tendo em vista a ineficácia de Simão, santo padroeiro, o cabildo escolhe, por unanimidade, outro protetor.

A cidade promete que cada ano celebrará sua festa e guardará seu dia. São Marcial é o novo escudo de La Habana contra os avanços das formigas *bibijaguas*. São Marcial, que há três séculos foi bispo de Limoges, tem fama de especialista; e a ele se atribui grande influência junto ao Senhor. *(161)*

1589

Cuzco

Diz que teve o sol

Duro entre os lençóis, Mancio Serra de Leguízamo descarrega a consciência. Frente ao tabelião, dita e jura:

– *Que achamos estes reinos de tal maneira que em todos eles não havia um ladrão, um homem de vícios! nem folgazão, nem havia mulher adúltera nem nada...*

O velho capitão de Pizarro não quer ir embora do mundo sem dizer pela primeira vez:

– *Que as terras e montes e minas e pastos e caça e madeiras e todo gênero de aproveitamentos estavam governados ou repartidos de maneira que cada um conhecia e tinha sua fazenda, sem que nenhum outro a ocupasse ou tomasse...*

Do exército que conquistou o Peru, dom Mancio é o último sobrevivente. Há mais de meio século, ele foi um dos que invadiram esta cidade sagrada de Cuzco, saquearam as joias das tumbas e as casas e a machadadas arrancaram as paredes do Templo do Sol tão coalhado de ouro que seus resplendores davam cor de defunto a quem entrava. Pelo que diz, recebeu a melhor parte: o rosto de ouro do sol, com seus raios e chamas de fogo, que reinava, imenso, sobre a cidade e deixava cego os cuzquenhos na hora do amanhecer.

Uma noite, dom Mancio apostou o sol no baralho. Perdeu. *(118)*

1592

Lima

Um auto de fé em Lima

O vento leva as cinzas de três ingleses luteranos, capturados na ilha de Puná. Um deles, Henry Oxley, foi queimado vivo porque não quis renegar a sua fé.

Flameia a fumaça no centro de um círculo de altas lanças, enquanto delira a multidão e o Tribunal do Santo Ofício dita penas de açoites e outras dores e humilhações.

Vários sofrem castigo por serem *casados duas vezes* ou pela simples formação e outros delitos em razão do pecado da carne. São condenados, por *solicitantes de monjas*, um frade dominicano, um franciscano, um agostinho e um jesuíta Juan de la Portilla, soldado por *jurar pelas orelhas de Deus.* Isabel de Angulo, mulher de soldado porque *para que a quisessem os homens recitava em voz baixa as palavras da Consagração.* Bartolomé de Lagares, marinheiro, por *afirmar que sendo solteiro e pagando, não se comete pecado.* Lorenzo de la Pena, barbeiro, *que disse que se tomavam o assento de sua mulher na igreja que se acontecia assim, é que não havia Deus.*

Sai com mordaça rumo a dez anos de cárcere o sevilhano Pedro Luís Enríquez, *por ter afirmado que levando um galo a um campo onde não houvesse ruído de cães, cortando-lhe a cabeça à meia-noite se achava dentro uma pedrinha como uma avelã, com a qual esfregando os próprios lábios, a primeira mulher formosa que visse, ao falar-lhe, morreria de amor por quem isso fizesse, e que matando um gato no mês de janeiro e metendo-lhe uma fava em cada junta e enterrando-o, as favas que assim nascessem, indo as mordendo, olhando-se em um espelho, tinham virtude de fazer a quem isso fizesse que se tornasse invisível, e porque declarou que era sacana e cumprimentador, e que em sinal disso tinha uma cruz no peito e outra no céu da boca, e referiu que na prisão via resplendores e sentia suavíssima fragrância. (137)*

1593

Guarapari

Anchieta

Ignácio de Loyola aprontou o horizonte e declarou:

– *Ide, e incendiai o mundo!*

José de Anchieta era o mais jovem dos apóstolos que trouxeram a mensagem de Cristo, a boa-nova, às selvas do Brasil. Quarenta anos depois, os índios o chamavam de *caraibebé,* homem com asas, e dizem que fazendo o sinal da cruz Anchieta desvia tempestades e converte um peixe em presunto e um moribundo em atleta. Coros de anjos baixam do céu para anunciar-lhe a chegada dos galeões ou os ataques dos inimigos, e Deus o eleva da terra quando reza, ajoelhado, as pregações. Raios de luz despede seu corpo magro, queimado pelo cinturão de silício, quando ele se açoita compartindo os tormentos do filho único de Deus.

Outros milagres o Brasil lhe agradecerá. Da mão deste santo esfarrapado nasceram os primeiros poemas escritos nesta terra, a primeira gramática tupi-guarani e as primeiras obras de teatro, autos sacramentais que em língua indígena transmitem o evangelho misturando personagens nativas com imperadores romanos e santos cristãos. Anchieta foi o primeiro mestre-escola e o primeiro médico do Brasil, e foi o descobridor e o cronista dos animais e plantas desta terra, em um livro que conta como muda de cores a penugem dos guarás, como desova o peixe-boi nos rios orientais e quais são os costumes do porco-espinho.

Aos sessenta anos, continua fundando cidades e levantando igrejas e hospitais; sobre os ombros ossudos carrega, junto com os índios, as vigas-mestres. Como que chamados por sua limpa e humilde luminosidade, os pássaros o procuram e o procuram as pessoas. Ele caminha léguas sem se queixar. Não aceita que o carreguem em redes, através destas comarcas onde tudo tem a cor do calor e tudo nasce e apodrece em um instante para tornar a nascer, fruta que se faz mel, água, morte, semente de novas frutas: ferve a terra, ferve o mar a fogo lento e Anchieta escreve na areia, com um pauzinho, seus versos de alabança ao Criador da vida incessante. *(10 e 38)*

1596

Londres

Raleigh

Bailarino do tabaco, fogueteiro fanfarrão, sir Walter Raleigh jorra pelo nariz cobrinhas de fumaça e pela boca anéis e espirais, enquanto diz:

– Se me cortarem a cabeça, ela cairá feliz com o cachimbo entre os dentes.

– Você fede – comenta seu amigo.

Não há mais ninguém na taverna, a não ser um escravinho negro que espera sentado em um canto.

Raleigh está contando que descobriu o Paraíso Terrestre na Guiana, no ano passado, lá onde se esconde a Manoa de ouro. Lambe os lábios recordando o sabor dos ovos de iguana e fecha as pálpebras para falar das frutas e das folhas que jamais caem das copas das árvores.

– Escuta, colega diz. – Essa obra tua, a dos jovens amantes... Sim, essa. Naqueles bosques, que maravilha! Você a colocou em Verona e ela ficou com cheiro de porão. Se enganou de paisagem, querido. Aqueles ares...

O amigo de Raleigh, um calvo de olhos malandros, sabe que a tal Guiana é um pântano com o céu sempre negro de mosquitos, mas escuta em silêncio e concorda com a cabeça, porque também sabe que Raleigh não está mentindo. *(198)*

1597

Sevilha

Em um lugar do cárcere

Foi ferido e mutilado pelos turcos. Foi assaltado pelos piratas e açoitado pelos mouros. Foi excomungado pelos curas. Esteve preso em Argel e em Castro del Río. Agora está preso em Sevilha.

Sentado no chão, na frente da cama de pedra, duvida. Molha a pluma no tinteiro e duvida, os olhos fixos na luz da vela, a mão útil quieta no ar.

Valerá a pena insistir? Ainda dói a resposta do rei Felipe, quando pela segunda vez lhe pediu um emprego na América: *Busque por aqui no que se lhe faça mercê.* Mudaram as coisas desde então, mas para pior. Antes teve, pelo menos, a esperança de uma resposta. Há tempos que o rei de negras roupas, ausente do mundo, não fala com ninguém além de seus próprios fantasmas, entre os muros do Escorial.

Miguel de Cervantes, solitário em sua cela, não escreve ao rei. Não pede nenhum cargo disponível nas Índias. Sobre a folha nua, começa a contar as desventuras de um poeta errante, *fidalgo dos de lança em riste, adaga antiga, cavalgadura magra e galgo corredor.*

Soam tristes ruídos no cárcere. Não os escuta. *(46 e l95)*

1598

Potosí

História de Floriana Rosales, virtuosa mulher de Potosí (em versão abreviada da crônica de Bartolomé Arzáns de Orsúa y Vela)

Por causa da grande formosura que desde o berço manifestava como terna e bela flor, e por ser Ana o nome de sua mãe, a batizaram Floriana.

Exercitada sempre na virtude e recolhimento de sua casa, a belíssima donzela excusava o ver e ser vista, mas isto mesmo acendia mais o desejo dos pretendentes que desde que cumpriu doze anos rondavam. Entre eles, os que com maior eficácia permaneciam na solicitação eram dom Júlio Sánchez Farfán, senhor de minas, o capitão dom Rodrigo de Albuquerque e o governador do Tucumán, que por aqui passou indo para Lima e por ter visto Floriana na igreja ficou em Potosí.

Por puro despeito vendo-se rejeitado, o governador do Tucumán desafiou para duelo o pai de Floriana, e em um ermo de mananciais sacaram espadas e entre os dois se esfaquearam até que umas damas, não sem falta de valor, se meteram no meio.

Ardeu em iras Floriana ao ver o pai ferido e determinou satisfazer por sua mão aquele agravo. Enviou a dizer ao governador que na seguinte noite o esperava em certa tenda, onde sem nenhuma testemunha queria falar com ele.

Se pôs o governador em gala rica, que nisto era vaníssimo, vício abominável nos homens que cursaram a escola de Heliogábalo, de quem disse Herodiano que menosprezava a vestidura romana e grega por ser feita de lã e a trazia de ouro e púrpura com preciosas pedras à maneira dos persas, como refere Lampridio. Pontualmente esteve o governador, ataviado de ricas telas, e à hora combinada apareceu Floriana trazendo entre as belas flores de seu rosto o venenoso áspide de suas raivas. Tirando um largo e bem afiado punhal que trazia na manga, como uma leoa arremeteu para cortar-lhe a cara dizendo-lhe mizitos insultos. Com a mão rebateu o talho o governador, e mostrou uma adaga. Percebendo Floriana seu risco, atirou-lhe ao rosto um envoltório de mantas, após o que teve como empunhar com as duas mãos um grosso tronco que ali deparou sua fortuna. Tão grande golpe lhe deu que caiu duro o governador do Tucumán.

Com grande pesar e sobressalto, os pais de Floriana trataram de escondê-la em sua casa, mas já não foi possível. O corregidor, máxima autoridade em assuntos de justiça e polícia, veio com toda diligência, e não pôde fazer outra coisa Floriana além de subir a seu quarto e atirar-se pela janela à rua. Quis Deus prender-lhe a anágua de uma madeira que sobressaía da moldura da janela, e ficou ela pendurada com a cabeça para baixo.

Uma criada que conhecia dom Júlio Sánchez Farfán e sabia que amava a sua senhora, lhe disse que fosse ao beco que estava nas costas das casas e visse se Floriana andava por lá, porque fazia tempo que se atirara da janela. Mas como o capitão Rodrigo de Albuquerque visse falar em segredo com dom Júlio a criada, foi-lhe seguindo os passos até o beco.

Chegou dom Júlio no ponto em que a aflita Floriana, que bom tempo levava pendurada, com ânsias mortais pedia já favor dizendo que se sufocava. Aproximou-se o amante cavalheiro e estendendo os braços tomou-a pelos ombros e puxando-a fortemente caiu com ela ao chão.

Nisto acudiu o capitão Rodrigo, e com palavras de enamoramento cobriu com sua capa Floriana e levantou-a. Vendo-o assim dom Júlio, ardente em ciúmes pôs-se em pé e sacando um punhal investiu ao capitão dizendo-lhe que era traidor vilão. Ferido de morte no peito, caiu em terra o capitão pedindo confissão, ouvindo o que Floriana amaldiçoou sua sorte e os padecimentos de sua honra e marcou-se a toda pressa.

Pôs-se Floriana em hábitos de índia para ausentar-se desta vila de Potosí, mas quando estava por montar em uma mula não faltou quem avisasse o corregedor que veio a ponto de colocá-la em prisão. Quando o corregedor via Floriana, o menino cego que chamam de Cupido atravessou-lhe o coração com terrível flecha, de lado a lado. Tomou-lhe desejoso as mãos, e levou-a ao palácio.

Dadas as dez da noite, hora em que haveria de ir à alcova do corregedor, Floriana amarrou uma corda ao balcão e deixou-se cair até pôr-se em mãos de dom Júlio, que a esperava abaixo. Disse a donzela a dom Júlio que antes de dar um só passo lhe fizesse juramento de segurança em sua pessoa e pureza.

Vendo o cavalheiro o perigo que corriam, pois já se havia descoberto a fuga, tomou Floriana sobre seus ombros e correu carregando-a até a distante praça do Gato. Voou sobre pedras e barro, suando e suando, e quando por fim pode sentar-se para descansar e desceu Floriana de suas costas, repentinamente caiu.

Julgando que fosse algum desmaio, ela pôs a cabeça de dom Júlio em seu regaço. Mas percebendo que era morto, com grande sobressalto pôs-se de pé e fugiu para os bairros de San Lorenzo, no mês de março daquele ano de 1598.

Ali permaneceu, decidida a guardar perpétua castidade e a continuar sendo, até o fim de seus dias, obediente serva do Senhor. (21)

Versos espanhóis de cantar e dançar

Eu vi um homem viver
com mais de cem punhaladas
e depois o vi morrer
por causa de uma olhada.
Suspirava uma baleia
no profundo do mar
e nos suspiros dizia:
"Quem tem amor, tem penar".
Desejos sinto agora
de muito cantar
amanhã talvez seja
minha vez de chorar. (196)

1598
Cidade do Panamá

HORAS DE SONO E SORTE

Simón de Torres, boticário do Panamá, queria dormir, mas não pode soltar o olhar do buraco do teto. Cada vez que fecha as pálpebras, os olhos abrem sozinhos e se grudam ali. Simón acende e apaga e acende o cachimbo, enquanto espanta mosquitos com a fumaça e com a mão, e dá voltas e reviravoltas, empapado, fervendo, na cama torta por causa do desmoronamento do outro dia. As estrelas piscam os olhos pelo buraco do teto e ele gostaria de não pensar. Assim vão passando as horas até que canta o galo, anunciando o dia ou exigindo galinhas.

Há uma semana, uma mulher caiu do teto sobre Simón.

– Quem, quem, quem és? – gaguejou o boticário.

– Temos pouco tempo – disse ela, enquanto arrancava as roupas.

Ao amanhecer ergueu-se, luminosa, saborosa, e vestiu-se em um instante.

– Aonde vais?

– A Nombre de Deus. Lá deixei o pão no forno.

– Mas está a vinte léguas! – assombrou-se o boticário.

– Dezoito – corrigiu ela. E enquanto desaparecia, avisou:

– Cuide-se. Quem entra em mim, perde a memória. *(157)*

1599
Quito

OS CAFUSOS DE ESMERALDAS

Olham vigiando. Não movem nem as pestanas. Desconfiam. Esse pincel que está roubando-lhes a imagem, não estará roubando-lhes a alma? O pincel é mágico como o espelho. Como o espelho, se apodera da gente.

De vez em quando espirram, por culpa destes frios de Quito, e o artista reclama. Incômodos, meio enforcados pelas golas, tornam a colocar-se em pose, rígidos, até o próximo espirro. Estão nesta cidade há alguns dias e ainda não entendem porque gente tão poderosa veio viver em um lugar tão frio, nem entendem porque as casas têm portas nem porque as portas têm fechaduras, trancas e cadeados.

Há meio século, a tempestade arrebentou um barco negreiro contra os arrecifes da costa, pertinho do boca do rio Esmeralda. O barco levava escravos da

Guiné para vender em Lima. Os negros fugiram e se perderam monte adentro. Fundaram aldeias e tiveram filhos com mulheres indígenas e esses filhos também se multiplicaram. Dos três que o pintor Andrés Sánchez Gallque está retratando agora, dois nasceram dessa mistura de africanos e equatorianas. O outro, Francisco de Arobe, veio da Guiné. Tinha dez anos na época do naufrágio.

Estão disfarçados de floridos senhores, saios e capas, punhos bordados, chapéus, para que não deem má impressão ao rei quando receba, em Madrid, este retrato de seus novos súditos, *estes bárbaros que até agora tinham sido invencíveis.* Também levam lanças nas mãos, colares de dentes e conchas sobre as roupas espanholas; e nos rostos mostram adornos de ouro que atravessam as suas orelhas, seus narizes e seus lábios. *(176)*

1599

Rio Chagres

Não falam os sábios

Este é o caminho mais brilhante do mundo. De mar a mar serpenteia o longo fio de prata. Infinitas fileiras de mulas esmagadas pelo peso dos metais de Potosí, atravessam a selva rumo aos galeões que esperam em Portobelo.

Os micos acompanham a rota da prata voando de galho em galho através do Panamá. Gritando sem trégua, caçoam dos arrieiros e disparam goiabas.

Nas margens do rio Chagres, frei Diego de Ocaña os está admirando. Para atravessar o rio, os micos formam uma corrente da copa de uma árvore, agarrando-se uns a outros pelos rabos: a corrente balança e toma impulso até que um empurrão forte a atira até os galhos mais altos da outra margem.

O índio peruano que carrega a bagagem de Ocaña se aproxima e comenta:

– Padre, esses são gente. Não falam para que os espanhóis não percebam. Se veem que são gente, os mandam trabalhar nas minas. *(157)*

1599

La Imperial

As flechas flamejantes

A rebelião estala na costa do Pacífico e os trovões sacodem a cordilheira dos Andes.

Martín García Oñez e de Loyola, sobrinho de Santo Ignácio, tinha vindo do Peru com fama de caçador incansável e certeiro matador. Lá tinha capturado Túpac Amarú, o último dos Incas. O mandaram como governador ao Chile para que amansasse os araucanos. Aqui, matou índios, roubou ovelhas e queimou sementeiras sem deixar um grão. Agora os araucanos passeiam sua cabeça na ponta de uma lança.

Os índios chamam para a luta soprando ossos de cristãos como se fossem trombetas. Máscaras de guerra, couraças de couro: a cavalaria araucana arrasa o sul. Sete povoados se desmoronam, um depois do outro, sob a chuva de flechas de fogo. A presa se faz caçador. Os araucanos sitiam La Imperial. Pra deixá-la sem água, desviam o curso do rio.

Meio reino do Chile, todo o sul do Bío-Bío, volta a ser araucano.

Os índios dizem, apontando a lança: *Este é meu amo. Este não me manda tirar ouro para ele, nem que traga ervas ou lenhas, nem que guarde seu gado, nem que plante e colha para ele. Com este amo quero andar.* (66 e 94)

1599
Santa Marta

Fazem a guerra para fazer o amor

A rebelião estala no litoral do Caribe e os trovões sacodem a serra Nevada. Os índios se alçam pela liberdade de amar.

Na festa da lua cheia, dançam os deuses no corpo do chefe Cuchacique e dão magia a seus braços. Dos povoados de Jeriboca e Bonda, as vozes da guerra despertam a terra toda dos índios tairona e sacodem Masinga e Masinguilla, Zaca e Mamazaca, Mendiguaca e Rotama, Buritaca e Tairama, Taironaca, Guachaca Chonea, Cinto e Nahuange, Maroma, Ciénaga, Dursino e Gairaca, Origua e Durama, Dibocaca, Daona, Chengue e Masaca, Daodama, Sacasa, Cominca, Guarinea, Mamatoco, Mauracataca, Choquenca e Masanga.

O chefe Cuchacique veste pele de onça. Flechas que assoviam, flechas que queimam, flechas que envenenam: os tairona incendeiam capelas, arrebentam cruzes e matam frades, lutando contra o deus inimigo que proíbe seus costumes.

No mais distante dos tempos, nestas terras se divorciava quem queria e faziam o amor os irmãos, se tinham vontade, e a mulher com o homem ou o homem com o homem ou a mulher com a mulher. Assim foi nestas terras até que chegaram os homens de negro e os homens de ferro, que lançam aos cães quem ama como os antepassados amavam.

Os tairona celebram as primeiras vitórias. Em seus templos, que o inimigo chama de casas do Diabo, tocam a flauta nos ossos dos vencidos, bebem vinho de milho e dançam ao som dos tambores e das trombetas de caracol. Os guerreiros fecharam todas as passagens e caminhos para Santa Marta, e se preparam para o assalto final. *(189)*

1600

Santa Marta

Eles tinham uma pátria

O fogo tarda em arder.

Ruídos de ferro, perambular de armaduras. O assalto a Santa Marta fracassou e o governador ditou a sentença de arrasamento. Armas e soldados chegaram de Cartagena no momento preciso e os tairona, esgotados por tantos anos de tributos e escravidões, se espalharam na derrota.

Extermínio através do fogo. Ardem povoados e plantações, milharais e algodoais, campos de mandioca e batata, os pomares. Ardem os regadios e os celeiros que alegravam a vista e davam de comer, os campos de lavoura onde os tairona faziam o amor em pleno dia, porque nascem cegas as crianças feitas na escuridão.

Quantos mundos iluminam estes incêndios? O que estava e era visto, e o que estava e não era visto...

Desterrados ao cabo de sessenta e cinco anos de revolta, os tairona fogem pelas montanhas rumo aos cantos mais áridos e distantes, onde não há peixe nem milho. Para lá os expulsam, serra acima, para arrancar-lhes a terra e a memória: para que lá longe se isolem e esqueçam, na solidão, os cantos de quando estavam juntos, federação de povos livres, e eram poderosos e vestiam mantas de algodão colorido e colares de ouro e pedras fulgurantes: para que nunca mais lembrem que seus avós foram jaguares.

Às suas costas, deixam ruínas e sepulturas.

Sopra o vento, sopram as almas em pena, e o fogo se afasta dançando. *(189)*

Técnica da caça e da pesca

No fundo da selva amazônica, um pescador da tribo dos desana senta sobre uma rocha alta e contempla o rio. As águas deslizam, levam peixes, polem pedras, águas douradas pelas primeiras luzes do dia. O pescador olha e olha e sente que o velho rio se faz fluxo de seu sangue pelas veias. Não pescará o pescador até que tenha cativado as mulheres dos peixes.

Pertinho, na aldeia, se prepara o caçador. Já vomitou, já banhou-se no rio, está limpo por dentro e por fora. Bebe agora infusões de plantas que têm a cor do veado, para que seus aromas impregnem seu corpo, e pinta a cara com a máscara que o veado prefere. Depois de soprar fumaça de tabaco sobre suas armas, caminha suavemente até o manancial onde o veado bebe. Ali derrama suco de abacaxi, que é leite da filha do sol.

O caçador dormiu sozinho estas últimas noites. Não esteve com mulheres nem sonhou com elas, para não provocar ciúmes ao animal que perseguirá e penetrará com sua lança ou suas flechas. *(189)*

1600

Potosí

A oitava maravilha do mundo

Incessantes caravanas de lhamas e mulas levam ao porto de Arica a prata que, por todas as suas bocas, sangra o morro de Potosí. Ao cabo de longa navegação, os lingotes se despejam na Europa para financiar, lá, a guerra, a paz e o progresso.

Em troca chegam a Potosí, de Sevilha ou de contrabando, vinhos da Espanha e chapéus e sedas da França, bordados, espelhos e tapeçaria de Flandres, espadas alemãs e papelaria genovesa, meias de Nápoles, cristais de Veneza, ceras de Chipre, diamantes do Ceilão, marfins da Índia e perfumes da Arábia, Málaca e Goa, tapetes da Pérsia e porcelanas da China, escravos negros de Cabo Verde e Angola e cavalos chilenos de muito brio.

Tudo é caríssimo nesta cidade, a mais cara do mundo. Só são baratas a *chicha* e as folhas de coca. Os índios, arrancados à força das comunidades de todo o Peru, passam o domingo nos currais, dançando ao redor de tambores e bebendo *chicha* até rodar pelo chão. Ao amanhecer da segunda-feira são arrastados morro adentro e mascando coca perseguem, a golpes de picareta, as veias de prata, serpentes alviverdes que aparecem e fogem pelas tripas deste ventre imenso, nenhuma luz, ar nenhum. Ali trabalham os índios a semana inteira, prisioneiros, respirando pó que mata os pulmões e mascando coca que engana a fome e disfarça a extenuação, sem saber quando anoitece nem quando amanhece, até que no fim do sábado soa o toque de oração e saída. Avançam então, abrindo caminho com velas acesas, e emergem o domingo ao amanhecer, que são assim fundas as covas e os infinitos túneis e galerias.

Um padre, recém-chegado a Potosí, os vê aparecer nos subúrbios da cidade, longa procissão de fantasmas esquálidos, as costas marcadas pelo chicote, e comenta:

– Não quero ver este retrato do inferno.

– Pois feche os olhos, padre – aconselham.

– Não posso – diz o sacerdote. – Com os olhos fechados, vejo mais. *(21 e 157)*

Profecias

Ontem à noite se casaram, frente ao fogo, como quer a tradição, e escutaram as palavras sagradas.

A ele:

– *Que quando nele se acenda o fogo do amor, não estejas gelada.*

A ela:

– *Que quando nela se acenda o fogo do amor, não estejas gelado.*

Ao resplendor do fogo despertam, abraçados, se felicitam com os olhos e contam os sonhos.

Durante o sonho, viaja a alma fora do corpo e conhece, em uma eternidade ou em um piscar de olhos, o que acontecerá. Os belos sonhos, se oferecem; e para isso despertam cedinho os casais. Os sonhos maus, porém, a gente joga aos cães.

Os sonhos maus, pesadelos de abismos ou abutres ou monstros podem anunciar o pior. E o pior é ser obrigado a ir para as minas de mercúrio de Huancavélica ou ao distante morro da prata em Potosí. *(150 e 151)*

Cantar do Cuzco

Uma lhama eu queria,
que tivesse de ouro o pelo,
brilhante como o sol

forte como o amor
e suave como a nuvem que a aurora desfaz,
para tecer um cordão onde marcaria,
nó após nó,
as luas que passam,
as flores que morrem. *(202)*

1600
Cidade do México

As carruagens

Voltaram as carruagens às largas ruas do México.

Há mais de vinte anos, o ascético Felipe II as tinha proibido. Dizia o decreto que o uso do carro apoltrona os homens e os acostuma à vida mansa e preguiçosa; e que assim perdem músculos para a arte da guerra.

Morto Felipe II, as carruagens reinam novamente nesta cidade. Por dentro, sedas e cristais; por fora, ouro e o brasão na portinhola. Soltam aroma de madeiras finas e rodam com andar de gôndola e balançar de berço; atrás das cortinas cumprimenta e sorri a nobreza colonial. No pescante alto, entre franjas e bolas de seda, ergue-se o cocheiro, desdenhoso, quase rei; e os cavalos calçam ferraduras de prata.

Continuam proibidas as carruagens para os índios, as putas e os castigados pela Inquisição. *(213)*

1601
Valladolid

Quevedo

Há vinte anos que a Espanha reina sobre Portugal e todas as suas comarcas, de modo que pode um espanhol passear pelo mundo sem pisar terra estrangeira.

Mas a Espanha é a nação mais cara da Europa: produz cada vez menos coisas e cada vez mais moedas. Dos trinta e cinco milhões de escudos nascidos há seis anos, não sobra nem sombra. Não são alentadores os dados que acaba de publicar aqui dom Martín González de Cellorigo em seu *Memorial da política necessária*: por obra do azar e da herança, cada espanhol que trabalha mantém outros trinta. Para os rentistas, trabalhar é pecado. Os fidalgos têm por campo de batalha as alcovas; e crescem na Espanha menos árvores que frades e mendigos.

Rumo a Gênova marcham as galeras carregadas com a prata da América. Nem o aroma deixam na Espanha os metais que chegam do México e do Peru. Tal parece, que a façanha das conquistas tivesse sido cumprida pelos mercadores e banqueiros alemães, genoveses, franceses e flamengos.

Vive em Valladolid um rapaz manco e míope, puro de sangue e com espada e língua de muito fio. Pela noite, enquanto o pajem arranca-lhe as botas, medita versos rimados. Na manhã seguinte deslizam as serpentes por baixo dos portões do palácio real.

Com a cabeça afundada no travesseiro, o jovem Francisco de Quevedo y Villegas pensa em quem do covarde faz guerreiro e amolece o juiz mais severo; e amaldiçoando este ofício de poeta ergue-se na cama, esfrega os olhos, aproxima a lamparina e de um impulso tira de dentro de si os versos que não o deixam dormir. Falam os versos de dom Dinheiro, que

nasce nas Índias honrado,
onde o mundo o acompanha,
e vem morrer na Espanha,
e é em Gênova enterrado. (64, 183 e 218)

1602
Recife

A primeira expedição contra Palmares

Nos engenhos, que espremem e amassam canas e homens, se mede o trabalho de cada escravo como se mede o peso das canas e a pressão do trapiche e o calor do forno. A força de um escravo se esgota em cinco anos, mas em um único ano recupera seu dono o preço que por ele pagou. Quando os escravos deixam de ser braços úteis e se transformam em bocas inúteis, recebem de presente a liberdade.

Nas serras do nordeste do Brasil se escondem os escravos que conquistaram a liberdade antes de que os derrubassem a súbita velhice ou a morte antecipada Palmares se chamam os santuários onde se refugiam os quilombolas, nas florestas de altas palmeiras de Alagoas.

O governador-geral do Brasil envia a primeira expedição contra Palmares. A integram uns poucos brancos e mestiços pobres, ansiosos por capturar e vender negros, uns quantos índios a quem prometeram pentes, facas e espelhinhos, e muitos mulatos.

Ao regressar do rio Itapicurú, o comandante da expedição, Bartolomeu Bezerra, anuncia no Recife: *O foco da rebelião foi destruído.* Tem quem acredite. *(22 e 69)*

1603

Roma

AS QUATRO PARTES DO MUNDO

Publica-se em Roma uma edição ilustrada e ampliada da *Iconologia* de Cesare Ripa.

O dicionário de imagens simbólicas mostra o mundo tal como é visto na margem norte do Mediterrâneo.

Em cima aparece a Europa, a rainha, com seus emblemas de poder. A sustentam cavalos e lanças. Com uma das mãos sustenta as colunas do templo; na outra, ostenta o cetro. Leva uma coroa na cabeça e outras coroas jazem aos seus pés, entre mitras e livros e pincéis, cítaras e harpas. Junto ao corno da abundância, repousam o compasso e a régua.

Embaixo, à direita, a Ásia. Oferece café, pimenta, incenso. É adornada por grinaldas de flores e frutas. Um camelo, deitado, espera.

Ao lado, a África é uma morena mourisca, com uma cabeça de elefante no alto. Mostra no peito um colar de coral. Está rodeada pelo leão, a serpente, o escorpião e as espigas.

Abaixo de todos, América, *a mulher de rosto espantoso de olhar*. Usa plumas sobre a pele cor de oliva, nua. Aos pés, tem uma cabeça humana recém-cortada. Está armada de arco e flecha. *(125)*

1603

Santiago do Chile

A MATILHA

O cabildo de Santiago comprou uma nova marca de prata para ferrar os índios na cara. O governador, Alonso de Ribera, manda que se destine a gastos de guerra e sustento de soldados a quinta parte do valor de cada araucano vendido nos portos de Valdívia e Arica.

Se sucedem caçadas. Os soldados atravessam o Bío-Bío e nas noites dão seus botes. Incendeiam e degolam e regressam tocando homens, mulheres e crianças amarrados pelos pescoços. Uma vez marcados, são vendidos para o Peru.

O governador ergue a botija de vinho e brinda pelas batalhas vencidas. Brinda à flamenca, como Pedro de Valdívia. Primeiro, por todos os fidalgos e as damas que lhe vieram à memória, gole após gole. Quando se acabam as pessoas, brinda pelos santos e anjos; e nunca se esquece de agradecer-lhes o pretexto. *(94)*

1605

Lima

A noite do Juízo Final

Recém-passado o Natal, com estrondo os canhões da terra voaram a cidade de Arequipa. Arrebentou-se a cordilheira e a terra vomitou os alicerces das casas. Ficou gente esquartejada debaixo dos escombros e as colheitas queimadas debaixo das cinzas. Ergueu-se o mar, enquanto isso, e afogou o porto de Arica.

Ontem, quando entardecia, um frade descalço convocou a multidão na praça de Lima. Anunciou que esta cidade libertina afundaria nas próximas horas e com ela seus arredores até onde se perdia a vista.

– Ninguém poderá fugir! – gritava, uivava – Nem o mais veloz dos cavalos nem a mais rápida nave poderão escapar!

Quando o sol se pôs, já estavam as ruas cheias de penitentes que se açoitavam à luz dos faróis. Os pecadores gritavam suas culpas nas esquinas e dos balcões os ricos arrojavam à rua as baixelas de prata e as roupas de festa. Segredos tenebrosos se revelavam em viva voz. As esposas infiéis arrancavam as pedras das ruas para golpear o peito. Os ladrões e os sedutores se ajoelhavam na frente de suas vítimas, os amos beijavam os pés de seus escravos e os mendigos não tinham mãos para tantas esmolas. A Igreja recebeu ontem à noite mais dinheiro que em todas as quaresmas de toda a sua história. Quem não buscava padre para confessar, buscava padre para casar. Estavam abarrotados os templos de gente que quis ficar ao seu amparo.

E depois, amanheceu.

O sol brilha como nunca em Lima. Os penitentes buscam unguentos para suas costas esfoladas e os amos perseguem seus escravos. As recém-

-casadas perguntam por seus maridos novinhos em folha, que a luz do dia evaporou; os arrependidos andam pelas ruas em busca de pecados novos. Escutam-se prantos e maldições atrás de cada porta. Não há um mendigo que não se tenha perdido de vista. Também os curas esconderam-se, para contar as montanhas de moedas que Deus aceitou ontem à noite. Com o dinheiro que sobra, as igrejas de Lima comprarão na Espanha autênticas penas do arcanjo Gabriel. *(157)*

1607
Sevilha

O morango

O capitão Alonso González de Nájera, que viveu seis anos no Chile, recorda e conta.

Fala dos que nascem entre trombetas e tambores, a nobre hoste que veste cota de malha a partir do berço e faz muralha de seus corpos frente às avançadas dos índios. Garante que a chuva arranca grãos de ouro da terra chilena e que os índios pagam o tributo com o ouro que tiram das barrigas das lagartixas.

Também conta de uma fruta estranha, de cor e formato de coração, que ao roçar dos dentes explode em sucos doces. Bem que poderia competir, tão vistosa, saborosa e cheirosa, com as melhores frutas da Espanha, *embora lá no Chile a ofendam com o nome de frutilla. (66)*

1608
Porto Príncipe

Silvestre de Balboa

Na casa de barro e palmeira de Silvestre de Balboa, escrivão do cabildo de Porto Príncipe, nasce o primeiro poema épico da história de Cuba. Dedica o autor suas oitavas reais ao bispo Altamirano, que há quatro anos foi sequestrado pelo pirata francês Gilbert Giron no porto de Manzanillo.

Ao navio do pirata ascenderam, do reino de Netuno, focas e nereidas com piedade do bispo, que não quis em sua defesa aceitar nada. Conseguiram os moradores de Manzanillo reunir duzentos ducados, mil couros e outras prendas e no fim o corsário luterano soltou sua presa. Dos bosques chegaram à praia, para dar as boas-vindas ao bispo resgatado, sátiros, faunos e semicapros que lhe trouxeram frutas-de-conde e outras delícias. Vieram dos prados as ninfas, carregadas de mamões, abacaxis, figos-da-índia, abacates, tabaco; e vestindo anáguas, as dríades desceram das árvores, cheios os braços de silvestres pitangas e frutos da árvore *birijí* e da alta palma. Também recebeu o bispo Altamiro *guabinas, dajaos* e outros peixes de rio das mãos das náides; e as ninfas das fontes e os estanques o presentearam com umas saborosas tartarugas de Masabo. Quando se dispunham os piratas a cobrar o resgate, caíram sobre eles uns poucos mancebos, flor e nata de Manzanillo, que valentemente lhes deram o merecido. Foi um negro escravo, chamado Salvador, quem atravessou com sua lança o peito do pirata Gilbert Giron:

Oh Salvador crioulo, negro honrado!
Voe tua fama e nunca se consuma;
que em alabança a tão bom soldado
é bem que não se cansem língua e pluma.

Inchado de admiração e espanto, Silvestre de Balboa invoca Troia e compara com Aquiles e Ulisses os moradores de Manzanillo, depois de tê-los misturado com ninfas, faunos e centauros. Mas entre as portentosas divindades abriram caminho, humildemente, as pessoas deste povoado, um negro escravo que portou-se como um herói e muitas frutas, ervas e animais desta ilha que o autor chama e ama por seus nomes. *(23)*

1608
Sevilha

Mateo Alemán

Mateo Alemán sobe ao navio que parte para o México. Para poder viajar para as Índias, subornou o secretário do rei e demonstrou pureza de sangue.

Judeu de pai e mãe e com um ou outro parente queimado pela Inquisição, Mateo Alemán inventou-se uma cristianíssima linhagem e um imponente escudo de armas, e ao mesmo tempo converteu sua amante, Francisca de Calderón, em sua filha mais velha.

O novelista soube aprender as artes de sua personagem, Guzmán de Alfarache, *destro no ofício da florida malícia*, quem muda de vestimenta, de nome e de cidade para apagar estigmas e escapar da pobreza. *Dançar tenho ao som que todos, dure o que dure*, explica Guzmán de Alfarache na novela que a Espanha está lendo. *(6 e 147)*

1608

Córdoba

O Inca Garcilaso

Aos sessenta anos, se inclina sobre a mesa, molha a pluma no tinteiro de chifre e escreve desculpando.

É homem de prosa minuciosa e galante. Elogia o invasor na língua do invasor, que fez sua. Com uma das mãos cumprimenta a conquista, por ser obra da Divina Providência: os conquistadores, braços de Deus, evangelizaram o Novo Mundo e a tragédia pagou o preço de sua salvação. Com a outra mão diz adeus ao reino dos incas, *antes destruído que conhecido*, e o evoca com saudades de paraíso. Uma mão pertence ao seu pai, capitão de Pizarro. A outra é de sua mãe, prima de Atahualpa, que esse capitão humilhou e atirou aos braços de um soldado.

Como a América, o Inca Garcilaso de la Vega nasceu de uma violação. Como a América, vive desgarrado.

Embora há meio século esteja na Europa, ainda escuta, como se fossem de agora, as vozes da infância em Cuzco, *coisas recebidas nos cueiros e no leite*: nessa cidade arrasada veio ao mundo, oito anos depois da entrada dos espanhóis, e nessa cidade bebeu, dos lábios de sua mãe, as histórias que vêm do dia distante em que o sol deixou cair, sobre o lago Titicaca, o príncipe e a princesa nascidos de seus amores com a lua. *(76)*

1609

Santiago do Chile

As regras da mesa

Disseram-lhe esta manhã, quando lhe trouxeram o fumegante, cheiroso chocolate. De um pulo, o governador soltou-se dos lençóis holandeses: o rei da Espanha decidiu legalizar a escravidão dos índios capturados na guerra.

Quase um ano demorou a notícia para atravessar o oceano e a cordilheira. Já faz tempo que no Chile se vendem araucanos na frente de escrivão público, e aos que pretendem escapar, mandam cortar os tendões; mas a aprovação do rei fechará a boca de alguns resmungões que protestam.

– *Bendiga Deus este pão...*

O governador oferece uma ceia aos domadores destas terras ariscas. Os convidados bebem vinho do país em chifres de boi e comem pães de milho enrolados em folhas de milho, a saborosa *humita*, prato dos índios. Como tinha recomendado Alfonso o Sábio, tomam com três dedos os pedaços de carne com pimenta; e como queria Erasmo de Rotterdam não roem os ossos, nem atiram embaixo da mesa, as cascas da fruta. Depois de tomar a aguinha quente de quelén-quelén, limpam os dentes com um palito, sem deixá-lo depois entre os lábios ou na orelha. *(94 e 172)*

1611
Yarutini

O extirpador de idolatrias

A golpes de picareta estão quebrando Cápac Huanca.

O sacerdote Francisco de Ávila grita com seus índios para que se apressem. Ainda restam muitos ídolos para serem descobertos e triturados nestas terras do Peru, onde ele não conhece ninguém que não incorra no pecado da idolatria. Jamais descansa a cólera divina. Ávila, açoite dos feiticeiros, vive sem sentar-se.

Mas para seus servos, que sabem, cada golpe dói. Esta pedra grande é um homem escolhido e salvo pelo deus Pariacaca. Cápac Huanca foi o único que partilhou com ele sua *chicha* de milho e suas folhas de coca, quando Pariacaca se disfarçou com trapos e veio a Yarutini e aqui suplicou que lhe dessem de beber e mascar. Esta grande pedra é um homem generoso. Cápac Huanca foi esfriado e convertido em pedra, para que não fosse levado pelo furacão de castigo que levou, em um sopro, todos os outros.

Ávila faz com que joguem seus pedaços em um abismo. Em seu lugar, finca uma cruz.

Depois pergunta aos índios a história de Cápac Huanca; e a escreve. *(14)*

1612
São Pedro de Omapacha

O que apanha bate

O símbolo da autoridade, trança de couro, ponta de corda, assovia no ar e morde. Arranca em tiras a pele e rasga a carne.

Despido, amarrado à pedra do suplício, aguenta o castigo Cristóbal de León Mullohuamani, cacique da comunidade de Omapacha. Os gemidos se sucedem no ritmo do chicote.

Da cela ao cepo, do cepo ao açoite, vive o cacique em agonia. Ele ousou protestar ante o vice-rei de Lima e não entregou os índios que devia: por sua culpa faltaram braços para levar vinho das planícies a Cuzco e para fiar e tecer roupa como o corregedor mandou.

O verdugo, um escravo negro, descarrega o chicote com vontade. Essas costas não são piores nem melhores que qualquer outra. *(179)*

1613
Londres

Shakespeare

A Companhia de Virgínia está levando a breca na costa do norte da América, sem ouro nem prata, mas por toda Inglaterra circulam seus panfletos de propaganda anunciando que lá os ingleses trocam com os índios *pérolas do Céu por pérolas da terra.*

Não faz muito que John Donne explorava o corpo de sua amante, em um poema, como quem descobre a América; e Virgínia, o ouro de Virgínia, é o tema central das festas da boda da princesa Isabel. Em honra da filha do rei, representa-se uma dança mascarada de George Chapman que gira ao redor de um grande rochedo de ouro, símbolo de Virgínia ou das ilusões de seus acionistas: o ouro, chave de todos os poderes, segredo da vida perseguido pelos alquimistas, filho do sol como a prata é filha da lua e o cobre nasce de Vênus. Há ouro nas zonas quentes do mundo, onde o sol semeia, generoso, seus raios.

Nas celebrações do casamento da princesa, também estreia uma obra de William Shakespeare, *A Tempestade*, inspirada no naufrágio de um barco da Companhia de Virgínia nas Bermudas. O grande criador de almas e maravilhas situa esta vez seu drama em uma ilha do Mediterrâneo que mais parece do mar Caribe. Ali o duque Próspero encontra Calibã, filho da bruxa Sycorax, adoradora do deus dos índios da Patagônia. Calibã é um selvagem, um desses índios que Shakespeare viu em alguma exibição de Londres: coisa da escuridão, mais animal que homem, não aprende outra coisa a não ser amaldiçoar e não tem capacidade de juízo nem sentido de responsabilidade. Só como escravo, ou atado como um macaco, poderia encontrar um lugar na sociedade humana, ou seja, a sociedade europeia, onde não tem nenhum interesse de incorporar-se. *(207)*

1614

Lima

Atas do cabildo de Lima: nasce a censura teatral

Neste cabildo se tratou e disse que por não haver-se examinado as comédias que se representassem nesta cidade ocorreu haver-se dito muitas coisas em prejuízo de partes e contra a autoridade e honestidade que se deve nessa república. E para que cessem ditos inconvenientes para adiante se convém prover-se de remédio. E havendo-se tratado e conferido sobre isso, decidiu-se e mandou-se que se notifique aos autores de comédias que ao presente são e em adiante sejam que de nenhuma maneira representem comédia nenhuma nem a façam representar sem primeiro se haja visto e examinado e aprovado por a pessoa que este cabildo para isso nomeie, sob pena de duzentos pesos dos de nove reais... (122)

1614

Lima

Proíbem-se as danças dos índios do Peru

Asas de condor, cabeça de papagaio, peles de jaguar: dançam os índios peruanos seu antigo Raymi em pleno Corpus Christi. Em língua quechua celebram suas invocações ao sol, na hora de semear, ou rendem homenagem ao sol quando ocorre um nascimento ou chega o tempo da colheita.

Para que com a ajuda de Nosso Senhor se suprimam as ocasiões de cair em idolatria, e o demônio não possa continuar exercendo seus enganos, decide o arcebispo de Lima que *não deverá consentir-se que nem em dialeto local nem em língua geral se celebrem danças, cantos ou taquies.* Anuncia o arcebispo terríveis castigos e manda queimar todos os instrumentos indígenas, inclusive a doce quena, mensagem de amores:

Na margem dormirás,
à meia-noite virei... (21)

1615
Lima

GUAMÁN POMA

Aos setenta anos, inclina-se sobre a mesa, molha a pluma no tinteiro de chifre e escreve e desenha desafiando.

É homem de prosa atropleada e rasgada. Amaldiçoa o invasor na língua do invasor, que não é a sua, e a faz explodir. A língua de Castilha a três por dois tropeça com palavras quechuas e aymaras, mas no final das contas Castilha é Castilha por causa dos índios, *e sem os índios Vossa Majestade não vale coisa.*

Hoje Guamán Poma de Ayala termina sua carta ao rei da Espanha. A princípio estava dirigida a Felipe II, que morreu enquanto Guamán a escrevia. Agora quer entregá-la em mãos de Felipe III. O peregrino perambulou de aldeia em aldeia, *caminhando o autor pela serra com muita neve,* comendo se podia e levando sempre nas costas seu crescente manuscrito de desenhos e palavras. *Do mundo volta o autor... Andou no mundo chorando em todo caminho* e por fim chegou a Lima. Daqui se dispõe a viajar à Espanha. Como, não sabe. Que importa? Ninguém conhece Guamán, ninguém o escuta, e o monarca está muito longe e muito alto; mas Guamán, pluma em riste, o trata de igual a igual, trata-o por tu e explica o que deve fazer.

Desterrado de sua província, despido, ignorado, Guamán não vacila em proclamar-se herdeiro das reais dinastias dos yarovilcas e os incas e se autodesigna Conselheiro do Rei. Primeiro Índio Cronista, Príncipe do Reino e Segundo ao Mando. Escreveu esta longa carta a partir do orgulho: sua linhagem provém dos antigos senhores de Huánuco e no nome que ele mesmo se pôs recolheu o falcão e o puma do escudo de armas de seus antepassados, que mandavam nas terras do norte do Peru desde antes dos incas e dos espanhóis.

Escrever esta carta é chorar. Palavras, imagens, lágrimas de raiva. *Os indeos são proprietários naturais deste reino e espanhoes naturais da Espanha aqui neste rreino são extrangeros.* O Apóstolo Santiago, de uniforme militar, pisa em um nativo caído. Nos banquetes, os pratos estão cheios de minúsculas mulheres. O arrieiro leva uma canastra repleta de filhos mestiços do padre. *Também é castigo de deus morrer muitos indeos minas de mercureo e de prata.* Em todo o Peru, *adonde havia cem não ha dez.* "Comes este ouro?", pergunta o Inca, e o conquistador responde: "Este ouro comemos".

Hoje Guamán termina a sua carta. Viveu para ela. Meio século gastou escrevendo e desenhando. São quase mil e duzentas páginas. Hoje Guamán termina a sua carta e morre.

Nem Felipe III nem outro rei a conhecerá jamais. Durante três séculos andará perdida pelo mundo. *(124, 125 e 179)*

1616

Madrid

Cervantes

– Que novas trazes de nosso pai?

– Jaz, senhor, entre lágrimas e rezas. Inchado está, e de cor cinza. Já pôs a alma em paz com o escrivão e com o padre. As carpideiras esperam.

– Se tivesse eu o bálsamo de Ferrabrás.... Dois goles e no ponto sararia!

– Aos setenta anos que quase tem, e em agonia? Com seis dentes na boca e uma só mão que serve? Com cicatrizes tantas de batalhas, afrontas e prisões? De nada serviria esse feio Brás.

– Não digo dois goles. Duas gotas!

– Tarde chegaria.

– Morreu, dizes?

– Morrendo está.

– Descubra-se, Sancho. E tu, Rocinante, baixa a testa. Ah, príncipe das armas! Rei das letras!

– Sem ele, senhor, o que será de nós?

– Nada haveremos de fazer que não seja em sua alabança.

– Onde iremos parar, tão sozinhos?

– Iremos onde ele quis e não pôde.

– Onde, senhor?

– A endireitar o que torto está na costa de Cartagena, na ribanceira de La Paz e os bosques de Soconuco.

– Para que nos moam por lá os ossos.

– Hás de saber, Sancho, irmão meu de caminhos e correrias, que nas Índias a glória aguarda os cavaleiros andantes, sedentos de justiça e fama...

– Como foram poucas as chibatadas....

– ...e recebem os escudeiros, em recompensa, imensos reinos jamais explorados.

– Não os haverá mais perto?

– E tu, Rocinante, fique sabendo: nas Índias, os cavalos calçam prata e mordem ouro. São tidos por deuses!

– Depois de mil tundas, mil e uma.

– Cale-se, Sancho.

– Não nos disse nosso pai que a América é refúgio de malandros e santuário de putas?

– Cala, te digo!

– Quem às Índias embarca, nos disse, no cais deixa a consciência.

– Pois lá iremos, a lavar a honra de quem livres nos pariu no cárcere!

– E se aqui o choramos?

– Homenagem chamas semelhante traição? Ah, velhaco! Voltaremos ao caminho! Se para ficar no mundo nos fez, pelo mundo o levaremos. Alcançai-me o elmo! A adarga ao braço, Sancho! A lança! *(46)*

1616

Potosí

Retratos de uma procissão

Morro mágico de Potosí: nestes altos páramos inimigos, que só ofereciam solidão e frio, fez brotar a cidade mais povoada do mundo.

Altas cruzes de prata encabeçam a procissão, que avança entre duas fileiras de estandartes e de espadas. Sobre as ruas de prata, ferraduras de prata; soam os cavalos luxuosos de veludo e bridões cobertos de pérolas. Para confirmação dos que mandam e consolo dos que servem, a prata desfila, fulgurante, pisa forte, sabedora de que não há espaço da terra ou do céu que não possa comprar.

Vestiu-se de festa a cidade; os balcões brilham de brasões e flâmulas; de um mar de farfalhantes sedas, espumas de bordados e cataratas de pérolas, as senhoras admiram a cavalgada que avança com estrépito de trombetas, pífaros e atabaques. Uns quantos cavaleiros levam vendas negras em um dos olhos e protuberâncias e chagas na testa, que não são marcas da guerra e sim da sífilis; mas voando vão e vêm, dos balcões à rua, da rua aos balcões, os beijos e os gracejos.

Abrem caminho, mascarados, o Interesse e a Cobiça Canta a Cobiça, máscara de cobras, enquanto o cavalo faz cabriolas:

Dizem que sou dos males a raiz
mas meu troféu é
a ninguém deixar feliz.

E responde o Interesse, calças negras, gibão negro bordado de ouro, máscara negra sob o negro chapéu cheio de plumas:

Se eu venci o amor
e o amor vence a morte
sou de todos o mais forte.

Encabeça o bispo um lento e longo exército de padres e encapuçados nazarenos armados de altos círios e candelabros de prata, até que o ruído da trombeta dos heraldos se impõe sobre o repicar dos sininhos anunciando a Virgem de Guadalupe, Luz dos que esperam Espelho de justiça, Refúgio de pecadores, Consolo dos aflitos, Palma verde, Vara florescida, Pedra refulgente. Ela chega em ondas de ouro e madrepérola, nos braços de cinquenta índios; afogada por muitas joias, assiste com olhos de assombro o bulício dos querubins de asas de prata e o espetacular movimento de seus adoradores. No branco corcel irrompe o Cavaleiro da Ardente Espada, seguido por um batalhão de pajens e lacaios de librés brancas. O Cavaleiro atira longe o seu chapéu e canta à Virgem:

Em minha dama, embora morena
tal formosura se encerra
que suspende céu e terra.

Lacaios e pajens de libré roxa correm atrás do Cavaleiro do Amor Divino, que vem trotando, ginete romano, ao vento das longas casacas de seda arroxeada: frente à Virgem cai de joelhos e humilha a testa coroada de louro, mas quando incha o peito para cantar as rimas, explode uma fuzilaria de fumaça de enxofre. Invadiu a rua o carro dos Demônios, e ninguém presta a menor atenção ao Cavaleiro do Amor Divino.

O príncipe Tartáreo, adorador de Maomé, abre suas asas de morcego, e a princesa Proserpina, cabeleira e cauda de serpentes, lança do alto blasfêmias e gargalhadas que a corte dos diabos celebra. Em alguma parte soa de repente o nome de Jesus Cristo e o carro do Inferno arrebenta-se em uma explosão descomunal. O príncipe Tartáreo e a princesa Proserpina atravessam de um salto a fumaça e as chamas e rodam, prisioneiros, aos pés da Mãe de Deus.

Cobre-se a rua de anjinhos, auréolas e asas de prata cintilante, e alegram o ar o som de violões e guitarras, cítaras e flautins. Os músicos, vestidos de donzelas, festejam a chegada da Misericórdia, da Justiça, da Paz e da Verdade, quatro airosas filhas de Potosí erguidas sobre poltronas de prata e veludo. Têm cabeça e peito de índio os cavalos que puxam a carruagem.

E chega então, atropelando, a Serpente. Sobre mil pernas de índios se desliza o imenso réptil, aberta a boca flamejante, metendo medo e fogo na romaria, e aos pés da Virgem desafia e combate. Quando os soldados cortam-lhe a cabeça a golpes de machado e espada, das entranhas da Serpente emerge, com seu orgulho feito pedaços, o Inca. Arrastando suas assombrosas vestes, o filho do Sol cai de joelhos frente à Divina Luz. Exibe a Virgem manto de ouro, rubis e pérolas grandes como grãos-de-bico, e mais que nunca brilha, acima de seus olhos atônitos, a cruz de ouro da coroa imperial.

Depois, a multidão. Artesãos de todos os ofícios e malandros e mendigos capazes de arrancar lágrimas de um olho de vidro: os mestiços, filhos da violência, nem servos nem senhores, caminham a pé. Proíbe a lei que tenham cavalos ou armas, como proíbe aos mulatos o uso do guarda-sol, para que ninguém dissimule o estigma que mancha o sangue até a sexta geração. Com os mestiços e os mulatos vêm os quarterões e os cafusos e todos os misturados, as mil cores dos filhos do caçador e sua presa.

Atrás, fecha a procissão uma multidão de índios carregados de frutas e flores e travessas de comida fumegante. Frente à Virgem imploram os índios perdão e consolo.

Mais longe, alguns negros varrem o lixo deixado por todos os outros. *(21 e 157)*

1616
Santiago Papasquiaro

O deus dos amos, é o deus dos servos?

Falou da vida livre um velho profeta índio. Vestido à antiga, andou por estes desertos e serras levantando pó e cantando, ao triste som de um tronco oco, as façanhas dos antepassados e a perdida liberdade. Predicou o velho a guerra contra quem arrebatou dos índios as terras e os deuses e os arrebenta nas entranhas das minas de Zacatecas. Ressuscitarão os que morram na guerra necessária, anunciou, e renascerão jovens e velozes os velhos que morram lutando.

Os tepehuanos roubaram mosquetões e armaram e esconderam muitos arcos e flechas, porque eles são arqueiros destros como Estrela da Manhã, o flechador divino. Roubaram e mataram cavalos, para comer sua agilidade, e mulas para comer sua força.

A rebelião começou em Santiago Papasquiaro, ao norte de Durango. Os tepehuanes, os índios mais cristãos da região, os primeiros convertidos, pisaram as hóstias; e quando o padre Bernardo Cisneros pediu clemência, responderam *Dominas Vobiscum.* Ao sul, em Mezquital, romperam a machadadas a cara da Virgem e beberam vinho nos cálices. No povoado de Zape, índios vestidos de batina de jesuíta perseguiram pelos bosques os espanhóis fugitivos. Em Santa Catarina, descarregaram seus porretes sobre o padre Heraldo del Tovar enquanto diziam: *Vamos ver se Deus te salva.* O padre Juan del Valle ficou estendido na terra, nu, no ar a mão que fazia o sinal da cruz e a outra mão cobrindo seu sexo jamais usado.

Mas pouco durou a insurreição. Nas planícies de Cacária, as tropas coloniais fulminaram os índios. Cai uma chuva vermelha sobre os mortos. A chuva atravessa o ar espesso de pó e criva os mortos com balas de barro vermelho.

Em Zacatecas repicam os sinos, chamando aos banquetes de celebração. Os senhores das minas suspiram aliviados. Não faltará mão de obra nos túneis. Nada interromperá a prosperidade do reino. Poderão eles continuar mijando tranquilos em baciazinhas de prata lavrada e ninguém impedirá que acudam à missa suas senhoras acompanhadas de cem criados e vinte donzelas. *(30)*

1617

Londres

Fumaças de Virgínia na névoa de Londres

Dramatis personae:

O REI Jacó I da Inglaterra, VI da Escócia. Escreveu: *O tabaco converte em uma cozinha as partes interiores do homem, sujando-as ou infetando-as com uma espécie de fuligem untuosa e gordurosa.* Também escreveu que quem fuma imita *as bárbaras e bestiais maneiras dos selvagens e servis índios sem Deus.*

JOHN ROLFE. Colono inglês de Virgínia. Um dos membros mais distintos deste *povo apontado e escolhido pelo dedo de Deus* – segundo o próprio Rolfe define aos seus. Com sementes levadas da ilha de Trinidad à Virginia, fez boas misturas de tabaco em suas plantações. Há três anos despachou para Londres, nos porões do Elizabeth, quatro tonéis cheios de folhas, que iniciaram o recente, mas já frutífero, comércio de tabaco com a Inglaterra. Bem se pode dizer que John Rolfe colocou o tabaco no trono de Virgínia, como planta-rainha de poder absoluto. No ano passado veio a Londres com o governador Dale, buscando novos colonos e novos investimentos para a Companhia de Virgínia e prometendo lucros fabulosos a seus acionistas, porque o tabaco será para a Virgínia o que a prata é para o Peru. Também veio para apresentar ante o rei Jacó sua esposa, a princesa índia Pocahontas, batizada Rebeca.

SIR THOMAS DALE. Governador de Virgínia até o ano passado. Autorizou a boda de John Rolfe e a princesa Pocahontas, primeiro matrimônio anglo-índio da história de Virgínia, por entender que era um ato de alta conveniência política, que contribuiria ao pacífico subministro de grãos e braços por parte da população indígena. Entretanto, em sua solicitação de permissão, John Rolfe não mencionava este aspecto do assunto. Tampouco mencionava o amor, embora se ocupasse de negar terminantemente qualquer desenfreado desejo em relação à sua bela noiva de dezoito anos de idade. Dizia Rolfe que queria casar-se com essa pagã de *rude educação, bárbaras maneiras e geração condenada, pelo bem desta plantação, pela honra de nosso país, pela glória de Deus, por minha própria salvação e para converter ao verdadeiro conhecimento de Deus e Jesus Cristo uma criatura incrédula.*

POCAHONTAS. Também chamada Matoaka enquanto viveu com os índios. Filha predileta do grande chefe Powhatan. Desde que se casou com John Rolfe, Pocahontas renunciou à idolatria, passou a chamar-se Rebeca e cobriu com roupa inglesa sua nudez. Usando chapéu de copa e bordados altos no pescoço, chegou a Londres e foi recebida na corte. Falava como inglesa e pensava como inglesa; devotamente partilhava a fé calvinista de seu esposo e o tabaco de Vírginia encontrou nela a mais hábil e exótica propaganda que necessitava para se impor em Londres. De doença inglesa morreu. Navegando pelo Tâmisa de regresso a Virgínia, e enquanto o barco esperava ventos favoráveis, Pocahontas exalou seu último suspiro nos braços de John Rolfe, em Gravesend no mês de março deste ano de 1617. Não tinha cumprido vinte e um anos.

OPECHANCANOUGH. Tio de Pocahontas, irmão mais velho do grande chefe Powhatan. Foi Opechancanough quem entregou a noiva na igreja protestante de Jamestown, igreja nua, de troncos, há três anos. Não disse uma palavra durante a cerimônia, nem antes, nem depois, mas Pocahontas contou a John Rolfe a história de seu tio. Opechancanough viveu em outros tempos na Espanha e no México, foi cristão e se chamou Luis de Velasco, mas nem bem o devolveram à sua terra e atirou ao fogo o crucifixo e a capa e a gola, degolou os padres que o acompanhavam e recuperou seu nome de Opechancanough, que na língua dos algonquins significa *o que tem a alma limpa.*

Alguém que foi ator do Globe Theatre nos anos de Shakespeare reuniu os dados desta história e se pergunta agora, frente a uma jarra de cerveja, o que fará com eles. Escreverá uma tragédia de amor ou um drama moralizante sobre o tabaco e seus poderes maléficos? Ou talvez uma mascarada que tenha por tema a conquista da América? A obra seria um êxito certo, porque toda Londres fala da princesa Pocahontas e sua passagem fugaz por aqui. Essa mulher... Ela sozinha era um harém. Toda Londres sonha com ela nua entre as árvores, com flores cheirosas nos cabelos. Que anjo vingador atravessou-a com sua espada invisível? Expiou ela os pecados de seu povo pagão? Ou foi essa morte uma advertência de Deus a seu marido? O tabaco, filho ilegítimo de Proserpina e Baco... Não ampara Satanás o misterioso pacto entre essa erva e o fogo? Não sopra Satanás a fumaça que deixa os virtuosos tontos? E a escondida lascívia do puritano John Rolfe... E o passado de Opechancanough, antes chamado Luis de Velasco, traidor ou vingador... Opechancanough entrando na igreja com a princesa no braço... Alto, erguido, mudo...

– Não, não – conclui o indiscreto caçador de histórias, enquanto paga suas cervejas e sai à rua – Esta história é boa demais para ser escrita. Como costuma dizer o galeno Silva, poeta das Índias: "Se a escrevo, o que me sobrará para contar aos amigos?" *(36, 159 e 207)*

1618

Lima

Mundo pouco

O amo de Fabiana Crioula morreu. Em seu testamento, rebaixou-lhe o preço da liberdade, de duzentos a cento e cinquenta pesos.

Fabiana passou toda a noite sem dormir, perguntando-se quanto valeria a sua caixa de madeira cheia de canela em pó. Ela não sabe somar, de modo que não pode calcular as liberdades que comprou, com seu trabalho, ao longo do meio século que leva no mundo, nem o preço dos filhos que fizeram nela e depois arrancaram dela.

Nem bem desponta a alvorada, acode o pássaro a bater na janela com o bico. Cada dia, o mesmo pássaro avisa que é hora de despertar e andar.

Fabiana boceja, senta na esteira e olha os pés gastos. *(31)*

1618

Luanda

O embarque

Foram agarrados pelas redes dos caçadores e caminham até a costa, amarrados uns a outros pelo pescoço, enquanto soam os tambores da dor nas aldeias.

Na costa africana, um escravo vale quarenta colares de vidro ou um apito com correntinha ou um par de pistolas ou um punhado de balas. Os mosquetões e os facões, a aguardente, as sedas da China ou o percal da Índia são pagos com carne humana.

Um frade percorre as filas de cativos na praça principal do porto de Luanda. Cada escravo recebe uma pitada de sal na língua, uma salpicadura de água benta na cabeça e um nome cristão. Os intérpretes traduzem o sermão: *Agora, sois filhos de Deus...* O sacerdote manda que não pensem nas terras que abandonam e que não comam carne de cão, rato ou cavalo. Recorda a epístola de São Paulo aos efésios (*Servos, servi a vossos amos*!) e a maldição de Noé contra os filhos de Cam, que ficaram negros para sempre.

Veem o mar pela primeira vez e os aterroriza esse enorme animal que ruge. Creem que os brancos os levam a um matadouro distante, para comê-los e fazer óleo e banha deles. Os chicotes de pele de hipopótamo os empurram às enormes canoas que atravessam a arrebentação. Nas naus, os ameaçam os canhões de popa e proa, com as mechas acesas. Os grilhões e as correntes impedem que se atirem no mar.

Muitos morrerão na travessia. Os sobreviventes serão vendidos nos mercados da América e outra vez marcados com ferro em brasa.

Nunca esquecerão seus deus. Oxalá, ao mesmo tempo homem e mulher, se disfarçará de São Jerônimo e Santa Bárbara. Obatalá será Jesus Cristo; e Oxum, espírito da sensualidade e das águas frescas, se converterá na Virgem da Candelária, da Conceição, da Caridade ou dos Prazeres, e será Santa Ana na ilha de Trinidad. Por trás de São Jorge, Santo Antônio ou São Miguel, aparecerão os ferros de Ogum, deus da guerra; e dentro de São Lázaro cantará Babalu. Os trovões e os fogos do temível Xangô vão tirar o sossego de São João Batista ou de Santa Bárbara. Em Cuba, Elegguá continuará tendo duas caras, a vida e a morte, e no Brasil Exu terá duas cabeças, Deus e o Diabo, para oferecer a seus fiéis consolo e vingança. *(68, 127, 129 e 160)*

1618
Lima

Um porteiro de cor escura

Os amigos reviram suas capas puídas e varrem o chão com seus chapéus. Cumprida a mútua reverência, se elogiam:

– Maravilha esse toco de braço!

– E essa tua chaga? Está tremenda!

Atravessam junto o descampado, perseguidos pelas moscas. Conversam enquanto mijam, de costas para o vento.

– Tempos sem te ver.

– Corri feito mosca. Sofrendo, sofrendo.

– Ai.

Laxartixa extrai do bolso uma bolacha dura, sopra, dá brilho e oferece a Pedepão. Sentados em uma pedra, contemplam as flores dos abrolhos.

Pedepão morde com todos os seus três dentes, e conta.

– Na Auditoria, boas esmolas havia... O melhor lugarzinho de Lima. Me expulsaram a pontapés. Foi o porteiro.

– Juan Ochoa?

– Satanás, você quer dizer. Lá sabe meu Deus que eu não fiz nada.

– Já não está Juan Ochoa.

– Verdade?

– O expulsaram feito cachorro. Já não é porteiro da Auditoria, nem nada.

Pedepão, vingado, sorri. Estica os dedos de seus pés descalços.

– Por suas maldades, deve ter sido.

– Não, não.

– Por ser burro?

– Não, não. Por ser filho de mulata e neto de negra. Por isso. *(31)*

1620

Madrid

As danças do Diabo vêm da América

Graças ao cadáver de São Isidro, que nas últimas noites dormiu ao seu lado, o rei Felipe III sente-se melhor. Este meio-dia comeu e bebeu sem se sufocar. Seus pratos favoritos acenderam seus olhos e esvaziou de um gole o copo de vinho.

Molha agora seus dedos na bacia de água que um pajem, ajoelhado, lhe oferece. O *panetier* estende o guardanapo ao mordomo de turno, o mordomo de turno passa o guardanapo ao mordomo principal. O mordomo principal se inclina frente ao duque de Uceda. O duque apanha o guardanapo. Inclinando a testa, o estende ao rei. Enquanto o rei seca as mãos, o trinchante sacode as migalhinhas de sua roupa e o sacerdote eleva uma oração de graças a Deus.

Felipe boceja, desabotoa o colarinho de rendas, pergunta o que há de novo.

O duque conta que vieram ao palácio os da Junta de Hospitais. Se queixam de que o público se nega a ir ao teatro desde que o rei proibiu os bailes; e os hospitais vivem dos teatros de comédias. "Senhor", disseram os da Junta ao duque, "desde que não há bailes não há ingressos. Os doentes morrem. Não temos com que pagar as vendas ou os médicos". Os atores recitam versos de Lope de Vega que elogiam o índio americano:

Taquitán mitanacuní,
espanhol daqui para lá. ...
Na Espanha não há amor,
creio-o assim:
lá reina o interesse,
e o amor reina aqui.

Mas da América o público exige cantorias salgadas e danças que põem fogo nos mais honestos. De nada vale que os atores façam as pedras chorar e os mortos rirem, nem que as artes de tramoia arranquem relâmpagos às nuvens de papelão. "Se os teatros continuam vazios", gemem os da Junta, "os hospitais terão de fechar".

– Respondi-lhes – diz o duque – que Sua Alteza decidiria.

Felipe coça o queixo, investiga as próprias unhas.

– Se Sua Majestade não mudou de parecer... O proibido, proibido está, e bem proibido.

A sarabanda e a chacona fazem brilhar os sexos na escuridão. O padre Mariana tinha denunciado estas danças, inventos de negros e de selvagens americanos, infernais nas palavras e nos gestos. Até nas procissões se escutam suas rimas de elogio ao pecado; e quando brotam seus sons lascivos dos pandeiros e castanholas, já não são donas de suas pernas as monjas dos conventos e a cócega do Diabo dispara suas cadeiras e ventres.

O olhar do rei persegue os andares de uma mosca gorda, folgazã, entre os restos do banquete.

– E tu, o que opinas? – pergunta o rei à mosca.

O duque se dá por mencionado:

– Estes bailes de impostores são música de festa de bruxas, como bem o disse Sua Majestade, e o lugar das bruxas está nas fogueiras da Praça Maior.

Os manjares desapareceram da mesa, mas persiste o aroma pegajoso no ar. Balbuciante, ordena o rei à mosca:

– Decida tu.

– Nem o pior inimigo poderia acusar Sua Alteza de intolerância – insiste o duque. – Indulgente foi Sua Majestade. Nos tempos do rei seu pai, que o tenha Deus em sua glória...

– Não és tu quem manda? – murmura Felipe.

– ...outros prêmios recebia quem ousasse bailar a sarabanda! Duzentos açoites e, depois, remar galeras!

– Tu, digo – sussurra o rei, e fecha os olhos.

– Tu – e uma bolotinha espumosa, saliva que sempre lhe sobra na boca, aparece entre seus lábios.

O duque insinua um protesto e em seguida se cala e retrocede nas pontas dos pés.

Felipe vai-se afundando em torpor, pesadas as pestanas, e sonha com uma mulher gorda e nua que devora baralhos. *(186)*

1622

Sevilha

Os ratos

O padre Antônio Vázquez de Espinosa, recém-chegado da América, é o convidado de honra.

Enquanto os criados servem os pedaços de peru com molho explode no ar a espuma das ondas, alto e branco mar enlouquecido pela tempestade; e quando chegam os frangos recheados desaba sobre a mesa a chuva dos trópicos. Conta o padre Antônio que na costa do mar Caribe chove de tal maneira que esperando que acabe a chuva ficam grávidas as mulheres e nascem os filhos: quando vem a bonança, já são homens.

Os demais convidados, atentos ao relato e ao banquete, comem e calam; o padre tem a boca cheia de palavras e se esquece dos pratos. No chão, sentados sobre almofadões, as crianças e as mulheres escutam como se fosse missa.

Foi uma façanha a travessia entre o porto hondurenho de Trujillo e Sanlúcar e Barrameda. Navegaram as naus aos trambolhões, atormentadas pela borrasca; várias embarcações foram tragadas pelo mar e vários marinheiros pelos tubarões. Mas nada pior, e baixa a voz o padre Antônio, nada pior que os ratos.

Como castigo pelos muitos pecados cometidos na América, e porque ninguém embarca confessado e comungado como é devido, Deus semeou os ratos nos navios. Meteu ratos nos paióis, entre os víveres, e debaixo do castelo da proa; na câmara de popa, nos camarotes e até na cadeira do piloto: temos ratos, e tão grandes, que causavam espanto e admiração. Dezesseis arrobas de pão roubaram os ratos do quarto onde o padre dormia, e os bolos que estavam debaixo da escotilha. Devoraram os presuntos e os toucinhos do tombadilho da popa. Quando iam os sedentos buscar água, encontravam ratos afogados, flutuando nas pipas. Quando iam os famintos ao galinheiro, não encontravam mais que ossos e penas e uma ou outra galinha caída com as patas roídas. Nem os papagaios, em suas gaiolas, se salvaram dos ataques. Os marinheiros vigiavam os restos de água e comida dia e noite, armados de paus e facas, e os ratos atacavam e mordiam mãos e se devoraram entre si.

Entre as azeitonas e as frutas, chegaram os ratos. Estão intactas as sobremesas. Ninguém prova nem uma gota de vinho.

– Querem escutar as orações novas que inventei? Como as velhas ladainhas não aplacavam as iras do Senhor...

Ninguém responde.

Tossem os homens, levando o guardanapo à boca. Das mulheres que perambulavam dando ordens ao serviço, não resta nenhuma. As que escutavam sentadas no chão, estão vesgas e boquiabertas. As crianças veem no padre Antônio uma tromba longa, tremendos dentes e bigodes, e torcem o pescoço buscando sua cauda debaixo da mesa. *(201)*

1624

Lima

Se vende gente

– Caminha!

– Corre!

– Canta!

– E esse, que defeito tem?

– Abre essa boca!

– Esse é bêbado, ou brigão?

– Quanto oferece, senhor?

– E doenças?

– Mas vale o dobro!

– Corre!

– O senhor não trate de me enganar, que devolvo ele!

– Salta, cachorro!

– Uma peça assim não se dá de presente!

– Que levante os braços!

– Que cante forte!

– Essa negra, é com cria ou sem cria?

– Vamos ver esses dentes!

São levados pela orelha. O nome do comprador será marcado em sua bochecha ou em sua testa e serão instrumentos de trabalho nas plantações, nas minas e na pesca, e armas de guerra nos campos de batalha. Serão parteiras e amas de leite, dando vida, e tomando-a serão verdugos e sepultureiros. Serão trovadores e carne de cama.

Está o curral de escravos em pleno centro de Lima, mas o cabildo acaba de votar pela mudança. Os negros em oferta serão alojados em um barracão do outro lado do rio Rímac, junto ao matadouro de São Lázaro. Lá estarão bastante afastados da cidade, para que os ventos levem seus ares corrompidos e contagiosos. *(31 e 160)*

1624

Lima

O negro açoita o negro

Três escravos africanos percorreram as ruas de Lima com as mãos amarradas e uma corda no pescoço. Os verdugos negros também, caminhavam atrás. A cada poucos passos, uma chicotada, até somar cem; e quando caíam, os açoites eram de presente.

O alcaide tinha dado a ordem. Os escravos tinham levado baralhos ao cemitério da catedral, convertendo-o em sala de jogo usando as lápides como mesa; e bem sabia o alcaide que não vinha mal a lição para os negros em geral, de tão insolentes e numerosos que são, e tão amigos de um alvoroço.

Agora jazem, os castigados, no pátio da casa de seu amo. Têm as costas em carne viva. Uivam enquanto lavam as suas chagas com urina e aguardente.

O amo amaldiçoa o alcaide, agita o punho, jura vingança. Não se brinca assim com a propriedade alheia. *(31)*

1624

Lima

"A endiabrada"

Luz de lua à uma, anuncia o sino da igreja, e dom Juan de Mogrovejo de la Cerda sai da taverna e se põe a caminhar pela noite de Lima, cheirosa de flores de laranjeira.

Ao chegar no cruzamento da rua do Trato, escuta vozes estranhas ou ecos; para e estica a orelha.

Um tal de Asmodeu está dizendo que mudou várias vezes de residência desde que saiu de Sevilha Ao chegar a Portobelo habitou os corpos de vários mercadores que *chamam o engano de trato, o furto de lucro e a gazua de vara de medir*; e no Panamá mudou-se e passou a viver dentro de um hipócrita da cavalaria, de nome falso, *que sabia de mamória a cópia dos duques, o calendário dos marqueses e a ladainha los condes...*

– Conta uma coisa, Asmodeu. Guardava esse sujeito os mandamentos da cavalaria moderna?

– Todos, Amonio. Mentia e não pagava as dívidas nem dava importância ao sexto mandamento; se levantava sempre tarde, falava na missa e sentia frio o tempo inteiro, o que dizem ser de bom gosto. E olha que é difícil sentir frio no Panamá, com aqueles calores que o inferno gostaria de ter. No Panamá as pedras suam e dizem as pessoas: "Depressa com a sopa, que vai esquentar".

O indiscreto dom Juan de Mogrovejo de la Cerda não pode ver Asmodeu nem Amonio, que se falam de longe, mas basta saber que tais nomes não figuram no santoral e sentir o cheiro do inconfundível bafo de enxofre, que invadiu o ar, como se não bastasse o tema de conversa tão eloquente. Dom Juan esmaga suas costas contra a alta cruz da esquina do Trato, cuja sombra impede, através da rua, que Asmodeu e Amonio se aproximem; faz o sinal da cruz e imediatamente convoca toda uma esquadra de santos para sua proteção e socorro. Mas não pode rezar, porque quer escutar. Não vai perder uma palavra disto.

Asmodeu conta que saiu do corpo daquele cavaleiro para meter-se em um clérigo renegado e depois, na viagem ao Peru, encontrou pousada nas entranhas de uma beata especializada em vender donzelas.

– Assim cheguei a Lima, em cujos labirintos muito norte me serão tuas advertências. Dê-me notícias destas dilatadas províncias... São bem ganhados os dinheiros?

– Se o fossem, mais desocupado estaria o inferno.

– Por que caminho hei de tentar os mercadores?

– Procurando que o sejam, e deixando-os.

– Pelos superiores, têm aqui amor ou respeito?

– Medo.

– Pois o que haverá de fazer o que queira prêmio?

– Não merecê-lo.

Dom Juan invoca a Virgem de Atocha, busca o rosário, que esqueceu, e aperta o pomo da espada, enquanto continua o questionário sobre Lima que Amonio, depressinha, responde.

– E quanto aos presumidos de gala, te pergunto se vestem bem.

– Poderiam, pelo muito que todo o ano cortam.

– Tanto murmuram?

– De maneira que em Lima todas as horas são críticas.

– Diz-me agora, por que chamam os Francisco de Panchos, os Luises de Luchos e as Isabelas de Chabelas?

– Primeiro para não dizer a verdade, segundo, para não dizer os nomes dos santos.

Sofre então dom Juan um inoportuno ataque de tosse. Escuta gritar: *Fujamos, fujamos!*, e ao final de um longo silêncio se desgruda da cruz que o protegia. Com os joelhos tremendo, dá uma olhada na rua dos Mercadores e nos postais da Província. Dos boquirrotos, não sobra nem sombra. *(57)*

1624

Sevilha

O último capítulo de "A vida do buscão"

O rio reflete o homem que o interroga.

– Aonde mando o malandro? Hei de mandá-lo à morte?

Dançam sobre o Guadalquivir, lá no cais de pedra, as botas tortas. Este homem tem o costume de agitar os pés enquanto pensa.

– Eu decido. Fui eu quem o fez nascer filho de barbeiro e bruxa e sobrinho de verdugo. Eu o coroei príncipe da vida buscona no reino dos piolhos, mendigos e enforcados.

Brilham os óculos nas águas esverdeadas, cravados nas profundidades, perguntando, perguntadores:

– Que faço? Eu o ensinei a roubar frangos e implorar esmola pelas chagas de Cristo. De mim aprendeu maestrias em dados, baralhos e espadas. Com minhas artes foi gala de monjas e ator.

Francisco de Quevedo franze o nariz para acomodar os óculos.

– Eu decido. Que mais remédio tenho? Jamais se viu novela, na história das letras, que não tenha capítulo final.

Estica o pescoço entre os galeões que vêm, arriando as velas rumo ao cais.

– Ninguém sofreu como eu. Não fiz minhas as suas fomes, quando rangiam suas tripas e nem os exploradores encontravam seus olhos? Se dom Pablos deve morrer, devo matá-lo. Ele é cinza, como eu, que sobrou da chama.

De longe, um menino esfarrapado olha o cavaleiro que coça a cabeça, inclinado sobre o rio. “Uma coruja”, pensa o menino. E pensa: “A coruja está louca. Quer pescar sem anzol”.

E Quevedo pensa.

– Matá-lo? Não é fama, então, que traz má sorte quebrar espelhos? Matá-lo. E se tomassem o crime por justo castigo ao seu mau viver? Tremenda alegria para inquisidores e censores! Só de imaginar sua felicidade, me dá voltas na tripa.

Explode, então, uma gritaria de gaivotas. Um navio da América está ancorando. De um pulo, Quevedo se põe a caminhar. O menino o persegue, imitando o andar bambo.

Resplandece a cara do escritor. No cais encontrou o destino que seu personagem merece. Enviará dom Pablos, o buscão, às Índias. Onde, a não ser na América, poderia terminar seus dias? Já tem desembocadura a sua novela e Quevedo se afunda alucinado, nesta cidade de Sevilha, onde sonham os homens com navegações, e as mulheres, com regressos. *(183)*

1624

Cidade do México

O RIO DA CÓLERA

A multidão, que cobre toda a praça maior e as ruas vizinhas, lança maldições e pedras ao palácio do vice-rei. As pedradas e os gritos, *traidor, ladrão, cachorro, Judas*, se arrebentam contra os portais e os portões, fechados a pedra e cal. Os insultos ao vice-rei se misturam com os vivas ao bispo, que o excomungou por ter especulado com o pão desta cidade. Há tempos que o vice-rei vinha estocando todo o milho e o trigo em seus celeiros privados; e assim brinca, a seu bel-prazer, com os preços. A multidão está em brasa. *Enforquem ele! Paulada! Matem ele a pauladas*! Uns pedem a cabeça do oficial que profanou a igreja, arrastando para fora dela o arcebispo; outros exigem linchar Mejía, testa de ferro do vice-rei em seus negócios; e dois querem fritar em azeite o vice-rei estocador.

Aparecem picaretas, chuços, alabardas; ouvem-se tiros de pistolas e mosquetões. Mãos invisíveis hasteiam o pendão do rei, no teto do palácio, e pedem auxílio os gritos das trombetas; mas ninguém acode para defender o vice-rei encurralado. Os principais do reino fecharam-se em seus palácios e juízes e oficiais escorreram pelos buracos. Nenhum soldado obedece ordens.

As paredes da prisão da esquina não aguentam o ataque. Os presos se incorporam à maré furiosa. Caem os portões do palácio, o fogo devora as portas e a multidão invade os salões, furacão que arranca cortinas, arrebenta baús e devora o que encontra.

O vice rei, disfarçado de frade, fugiu por um túnel secreto, rumo ao convento de São Francisco. *(72)*

1625

Cidade do México

O que o senhor acha desta cidade?

O padre Thomas Gage, recém-chegado, se distrai no passeio da Alameda. Mordendo com os olhos contempla as damas que deslizam, flutuando, debaixo do túnel das altas árvores. Nenhuma usa o lenço grande ou a *mantilla* abaixo da cintura, para melhor mostrar o balanço das cadeiras e o andar garboso; e atrás de cada senhora vem um séquito de negras e mulatas espetaculares, os peitos saltando do decote, fogo e jogo: usam rosas nos sapatos de salto muito alto e palavras de amor bordadas nas fitas de seda que apertam suas testas.

No lombo de um índio, o padre chega ao palácio do governo.

O vice-rei oferece-lhe docinhos de abacaxi e chocolate quente e pergunta o que ele está achando da cidade.

Em pleno recital de elogios ao México, mulheres e carruagens e avenidas, o dono da casa o interrompe:

– O senhor sabe que eu salvei minha vida por um fio de cabelo? E por um fio de cabelo de careca..

Da boca do vice-rei brota, em cachoeira a história do motim do ano passado.

Depois de muita fumaça e sangue e duas xícaras de chocolate esvaziadas de gole em gole, o padre Gage fica sabendo que o vice-rei passou um ano escondido no convento de São Francisco, e que ainda não pode pôr o nariz fora do palácio sem arriscar-se a levar uma pedrada. O arcebispo rebelde, entretanto, está sofrendo o castigo do exílio na pobretona e distante Zamora, uns quantos padres foram condenados a remar nas galeras e para esmagar a insolência da plebe bastou enforcar três ou quatro agitadores.

– Se dependesse de mim, enforcaria todos – diz o vice-rei. Se levanta da poltrona, proclama:

– Todos! Toda esta maldita cidade! – e torna a sentar-se.

– Estas são terras sempre prontas para a rebelião – bufa – Eu limpei de bandidos os caminhos do México!

E acrescenta, confidencial, esticando o pescoço:

– O senhor sabia? Os filhos dos espanhóis, os nascidos aqui... na cabeça do tumulto, quem estava? Eles! Os criollos! Sentem-se em pátria própria, querem mandar...

O padre Gage olha com olhos de místico o pesado lustre de cristal que ameaça a sua cabeça, e opina:

– Gravemente ofende-se Deus. Uma segunda Sodoma.. Eu vi com meus próprios olhos, esta tarde. Deleites mundanos...

O vice-rei move a cabeça confirmando.

– Como o feno serão cortados – sentencia o padre. – Como a erva verde recém-cortada, secarão.

Bebe o último gole do chocolate.

– Salmo trinta e sete – conclui, apoiando suavemente a xícara no pires. *(72)*

1625

Samayac

FICAM PROIBIDAS AS DANÇAS DOS ÍNDIOS DA GUATEMALA

Proclamam os frades que já não há memória nem rastro dos rituais e antigos costumes da região de Verapaz, mas gastam a voz os pregoeiros anunciando, nas praças, os sucessivos decretos de proibição.

Juan Maldonado, auditor da Real Auditoria, dita agora, no povoado de Samayac, novas ordenanças *contra os bailes daninhos à consciência dos índios e a guarda da lei cristã que professam,* porque tais bailes *trazem à memória sacrifícios e rituais antigos e fazem ofensas a Nosso Senhor.* Os índios dilapidam dinheiro em plumas, vestidos e máscaras e *perdem muito tempo em ensaios e bebedeiras, e por isso deixam de acudir ao benefício das fazendas, ao pagamento de seus tributos e ao sustento de suas casas.*

Receberá cem açoites quem dançe o *tun.* No *tun,* os índios têm *pacto com os demônios.* O *tun,* o Rabinal Achí, é um baile da fertilidade, dramatizado com máscaras e palavras, e o *tun* é também o tronco oco cujo ritmo acompanham as longas trombetas de som longo enquanto transcorre o drama do Varão dos quichés, prisioneiro dos rabinales: os vencedores cantam e dançam em homenagem à grandeza do vencido, que dignamente diz adeus à sua terra e sobe ao bramadeiro onde será sacrificado. *(3)*

1626
Potosí

Um deus castigador

A lagoa investiu, arrebentou o dique, invadiu a cidade. Muitos foram triturados pela inundação.

As mulas arrancaram as pessoas quebradas do barro. Às fossas comuns foram parar, entreverados, espanhóis, *criollos*, mestiços, índios. Também as casas de Potosí pareciam cadáveres quebrados.

Não se acalmaram as fúrias da lagoa Caricari até que os padres levaram em procissão o Cristo da Vera Cruz. Ao ver que ele vinha, as águas pararam.

Dos púlpitos de todo o Peru se escutam por estes dias os mesmos sermões:

– Pecadores! Até quando brincarão com a bondade do Senhor? Deus é de paciência sofrida. Até quando, pecadores? Não foram suficientes os avisos e castigos?

Nestes dilatados e opulentos reinos, a explosão da lagoa de Potosí não é nenhuma novidade.

Há quarenta e cinco anos, uma pedra gigantesca despencou subitamente sobre uma aldeia de índios feiticeiros, em Achocalla, a um par de léguas da cidade de La Paz. Da aldeia esmagada só o cacique se salvou, e ficou mudo e contou a história por gestos. Outra pedra imensa sepultou pouco depois uma aldeia de índios hereges em Yanaoca, perto do Cuzco. No ano seguinte, a terra se abriu e engoliu homens e casas em Arequipa; e como a cidade não se tinha corrigido, novamente mostrou sua boca a terra pouco depois, e não deixou em pé nada além do convento de São Francisco. Em 1586, o mar afogou a cidade de San Marcos de Arica, e todos seus portos e praias.

Ao nascer do século novo, explodiu o vulcão de Ubinas. Tanta foi a sua cólera que as cinzas atravessaram por terra a cordilheira e por mar chegaram até o litoral da Nicarágua.

Duas estrelas de advertência apareceram neste céu em 1617. Não queriam ir embora. Se afastaram, por fim, graças aos sacrifícios e promessas das beatas de todo o Peru, que rezaram cinco novenas sem parar. *(141)*

1628
Chiapas

O bispo e o chocolate

Não põe pimenta-do-reino, como fazem os que sofrem de frio no fígado. Não põe milho, porque incha. Rega-o generosamente de canela, que esvazia a bexiga, melhora a vista e fortalece o coração. Tampouco regateia os pimentões bem moídos. Acrescenta água de flor de laranjeira, açúcar branco e *achiote* para dar cor; e jamais esquece um punhado de anis, dois de baunilha e o pozinho de rosas de Alexandria.

Frei Thomas Gage adora o espumoso chocolate bem preparado. Se não são molhados em chocolate, não têm sabor os doces ou os marzipãs. Ele necessita uma xícara de chocolate no meio da manhã para continuar andando, outra depois de comer para levantar-se da mesa e outra para esticar a noite e afastar o sono.

Desde que chegou a Chiapas, entretanto, não prova chocolate. A barriga protesta; mas prefere frei Thomas malviver entre enjoos e desmaios, desde que conseguia evitar a desgraça que matou o bispo Bernardo de Salazar.

Até pouco tempo, as damas desta cidade acudiam à missa acompanhadas por um cortejo de pajens e criadas que além de carregar o genuflexório de veludo, levavam braseiro, caldeira e xícara para preparar o chocolate. Por serem débeis de estômago, as damas não podiam aguentar sem o elixir quente as orações da missa rezada, e muito menos uma missa-maior. Assim foi até que o bispo Bernardo de Salazar decidiu proibir esse hábito, por causa da confusão e do barulho que metiam na igreja.

As senhoras se vingaram. Uma manhã, o bispo apareceu morto em seu escritório. Aos seus pés foi encontrada, aos pedaços, a xícara de chocolate que alguém lhe havia servido. *(72)*

1628
Madrid

Oferecem-se fidalguias

Frente ao litoral de Matanzas, em Cuba, a frota espanhola caiu em mãos do corsário Piet Heyn. Toda a prata que vinha do México e do Peru irá para a Holanda. Em Amsterdam elevam Heyn ao grau de grande almirante e preparam para ele uma recepção de herói nacional. As crianças holandesas cantarão para sempre:

Piet Heyn, Piet Heyn.
Pequeno era seu nome
mas grande foi o que ele fez.

Em Madrid, todo mundo agarra a cabeça. Do tesouro real não sobra mais que um buraco.

O rei decide, entre outras medidas de emergência, colocar à venda novos títulos de fidalguia. Concede-se a fidalguia por fatos visíveis. E que fato mais visível que ter dinheiro para comprá-la? A troco de quatro mil ducados, qualquer plebeu desperta transformado em nobre de longa antiguidade; e amanhece com o sangue limpo quem até a noite anterior era filho de judeu ou neto de muçulmano.

Mas os títulos de segunda mão saem mais barato. Sobram em Castilha os nobres que andariam com a bunda ao vento se não a cobrissem com uma capa, fidalgos de mesa ilusória que vivem sacudindo migalhas do colete e dos bigodes: eles oferecem à melhor oferta o direito ao uso do dom, que é a única coisa que lhes sobra.

Com os nobres que andam em carruagens de prata, os decadentes só têm em comum o sentido da honra e as saudades da glória, o horror ao trabalho – mendigar é menos indigno – e o asco ao banho, que é costume de mouros, alheio à religião católica e malvisto pela Inquisição. *(64 e 218)*

Rimas de quem foi à Índia, cantadas na Espanha

À Ronda se vai por peras,
a Argonales por maçãs,
às Índias por dinheiro
e à serra por moças louçãs.
Meu marido foi às Índias
para aumentar seu dinheiro:
trouxe muito para dizer,
trouxe pouco o que contar.
Meu marido foi às Índias
e me trouxe uma navalha
com umas letras que dizem:
"Se quiseres comer, trabalha".
Às Índias vão os homens,
às Índias, para ganhar.
As Índias, aqui as tem,
se quisessem trabalhar! (19)

1629
Caranguejeiras

BASCUÑÁN

A cabeça range e dói. Estendido no barro, entre a montanha de mortos, Francisco Núnez de Pineda y Bascunán abre os olhos. O mundo é um torvelinho de sangue e barro, metralhado pela chuva, que gira e dá volta e espirra e gira.

Os índios atiram-se em cima dele. Arrancam-lhe a couraça e o capacete de ferro, afundado pelo golpe que o derrubou, e o despem aos arrancões. Francisco consegue fazer o sinal da cruz antes de ser amarrado a uma árvore.

A tormenta açoita sua cara. O mundo deixa de balançar. Uma voz dentro dele diz, através da gritaria dos araucanos: "Estás em um charco da comarca de Chillán, em tua terra do Chile. Esta chuva é a que molhou a pólvora. Este vento é o que apagou as mechas. Perdeste. Escutas os índios, que discutem a tua morte".

Francisco murmura uma última oração.

De repente, uma rajada de plumas coloridas atravessa a chuva. Os araucanos abrem caminho ao cavalo branco, que chega jorrando fogo pelas narinas e espuma pela boca. O cavaleiro, mascarado pelo elmo que usa, dá um puxão brusco nas rédeas. O cavalo ergue-se em duas patas na frente de Maulicán, o vencedor da batalha. Todos ficam mudos.

"É o verdugo", pensa Francisco. "Agora, acabou".

O florido cavaleiro se inclina e diz alguma coisa a Maulicán. Francisco não escuta nada além das vozes da chuva e do vento. Mas quando o cavaleiro dá as costas e desaparece, Maulicán desamarra o prisioneiro, tira a própria capa e o cobre.

Depois, os cavalos galopam rumo ao sul. *(26)*

1629
Margens do Bío-Bío

PUTAPICHUN

Depois de pouco andar, veem chegando uma multidão da distante cordilheira. Maulicán dá com os calcanhares em seu cavalo e adianta-se ao encontro do cacique Putapichun.

Os da cordilheira também trazem um prisioneiro, que vem tropeçando entre os cavalos, com uma corda ao pescoço.

No alto de uma colina rasa, Putapichun crava sua lança de três pontas. Faz desamarrar o prisioneiro e atira um galho aos seus pés.

– Diga o nome dos capitães mais valentes do teu exército.

– Não os conheço – gagueja o soldado.

– Diga um nome – ordenou Putapichun.

– Não lembro.

– Um.

E diz o nome do pai de Francisco.

– Outro.

E diz outro. A cada nome, deve quebrar um ramo do galho. Francisco assiste à cena com os dentes apertados. O soldado diz o nome de doze capitães: tem doze pauzinhos na mão.

– Agora, cava um buraco.

O prisioneiro atira no fundo os pauzinhos, um por um, repetindo os nomes.

– Atira terra. Cobre esses paus.

Então, sentenceia Putapichun:

– Já estão enterrados os doze valentes capitães.

E o verdugo faz despencar sobre o prisioneiro o bastão eriçado de pregos.

Arrancam seu coração. Oferecem a Maulicán o primeiro sorvo de sangue. A fumaça do tabaco flutua no ar, enquanto o coração passa de mão em mão.

Depois Putapichun, veloz na guerra e lento na fala, diz a Maulicán:

– Viemos comprar o capitão que você leva. Sabemos que é filho de Álvaro, o grande chefe por quem nossas terras tremeram.

Oferece-lhe uma de suas filhas, cem ovelhas de Castilha, cinco lhamas, três cavalos com sela lavrada e vários colares de pedras ricas:

– Com tudo isso, pode-se pagar dez espanhóis e ainda sobra.

Francisco engole saliva. Maulicán olha para o chão. Depois, diz:

– Antes, devo levá-lo para que meu pai o veja, e também os outros chefes da comarca de Repocura. Quero mostrar-lhes esta prenda de meu valor.

– Esperaremos – aceita Putapichun.

"Anda a minha vida nascendo de morte em morte", pensa Francisco. Zunem seus ouvidos. *(26)*

1629

Margens do rio Imperial

Maulicán

– Te banhaste no rio? Aproxima-te do fogo. Estás tremendo. Senta-se e bebe. Vamos, capitão. Estás mudo? Se falas a nossa língua como se fosses um de nós... Come, bebe. Nos espera uma longa viagem. Não gostas de nossa *chi-*

cha? Não gostas de nossa carne sem sal? Nossos tambores fazem teus pés bailarem. Tens boa sorte, menino capitão. Vocês queimam as caras dos cativos com o ferro que não se apaga. Tens má sorte, menino capitão. Agora tua liberdade é minha. Sinto dor por ti. Bebe, bebe, tira o medo de teu coração. Não te terão os que te buscam com ira. Te esconderei. Nunca te venderei. Teu destino está nas mãos do Dono do mundo e dos homens. Ele é justo. Assim. Toma Mais? Antes de que chegue o sol partiremos para Repocura. Quero ver meu pai, e celebrá-lo. Meu pai é muito velho. Logo seu espírito irá comer batatas negras lá, além dos picos de neve. Escutas os passos da noite caminhando? Nossos corpos estão limpos e vigorosos para iniciar a caminhada. Nos esperam os cavalos. Meu coração bate forte, menino capitão. Escutas os tambores de meu coração? Escutas a música da minha alegria? *(26)*

1629

Comarca de Repocura

PARA DIZER ADEUS

Lua após lua, passou o tempo. É muito o que Francisco escutou e aprendeu nestes meses de cativeiro. Conheceu, e algum dia a escreverá, a outra versão desta longa guerra do Chile, *justa guerra que os índios moveram contra os que os enganaram e ofenderam e tiveram como escravos, e pior ainda.*

No bosque, ajoelhado na frente de uma cruz feita de galhos, Francisco reza orações de gratidão. Esta noite empreenderá o caminho até o forte do Nascimento. Lá será trocado por três chefes araucanos prisioneiros. Viajará protegido por cem lanças.

Caminha, agora, até o rancho. Debaixo do cipoal, o espera um círculo de ponchos esfarrapados e rosto de barro. De boca em boca anda a *chicha* de morango ou de maçã.

O venerável Tereupillán recebe o galho de canela, que é a palavra, e erguendo-o dedica uma longa alabanca a cada um dos caciques presentes. Elogia depois Maulicán, guerreiro bravio, que na batalha obteve um preso tão valioso e soube guardá-lo vivo.

– Não é de corações generosos – diz Tereupillán – tomar a vida a sangue-frio. Quando nós tomamos as armas contra os espanhóis tiramos que perseguidos e vexados nos tinham, só nas batalhas não senti compaixão por eles. Mas depois, quando cativos os via, grande dor e pena me causavam e machucada a alma me tinham, que verdadeiramente não odiávamos suas pessoas. Suas cobiças, sim. Suas crueldades, sim. Suas soberbas, sim.

E virando para Francisco, diz:

– *E tu, capitão, amigo e companheiro, que te ausentas de nós e nos deixas machucados, tristes e sem consolo, não nos esqueça.*

Tereupillán deixa cair o ramo de canela no centro do círculo e os araucanos despertam a terra, golpeando-a com os pés. *(26)*

1630
Motocintle

Não traem seus mortos

Durante quase dois anos tinha predicado frei Francisco Bravo neste povoado de Motocintle.

Um dia anunciou aos índios que tinha sido chamado da Espanha. Ele queria regressar à Guatemala, disse, e ficar para sempre aqui junto a seu querido rebanho, mas lá na Espanha seus superiores lhe negariam a permissão.

– Somente o ouro poderá convencê-los – advertiu frei Francisco.

– Ouro não temos – disseram os índios.

– Sim, têm – desmentiu o padre. – Eu sei que existe um criadeiro de ouro escondido em Motocintle.

– Esse ouro não nos pertence – explicaram eles. – Esse ouro é de nossos antepassados. Nós só estamos cuidando dele. Se faltar alguma coisa, o que lhes diremos quando voltem ao mundo?

– Eu só sei o que dirão meus superiores na Espanha. Me dirão: Se tanto te amam os índios desse povo onde queres ficar, como estás tão pobre?"

Se reuniram os índios em assembleia para discutir o assunto.

Um domingo, depois da missa, vendaram os olhos de Frei Francisco e o fizeram dar voltas até ficar tonto. Todos foram atrás dele, dos velhos às crianças de peito. Ao chegar ao fundo de uma gruta, tiraram-lhe a venda. O padre piscava os olhos, machucados pelo fulgor do ouro, mais ouro que o de todos os tesouros das mil e uma noites, e suas mãos trêmulas não sabiam por onde começar. Transformou em saco a sua batina e carregou o que pôde. Depois jurou por Deus e os santos evangelhos que jamais revelaria o segredo e recebeu uma mula e comida para a viagem.

Com o tempo, chegou à Real Auditoria da Guatemala uma carta de frei Francisco Bravo do porto de Veracruz. Com grande dor na alma cumpria o sacerdote seu dever, *no ato de serviço ao rei por tratar-se de importante e esmerado negócio.* Dava notícias do possível rumo do ouro: "Creio ter andado a escassa distância da aldeia. Corria à esquerda um arroio..." Enviava algumas pepitas como amostra e prometia empregar o resto em devoções a um santo de Málaga.

Agora aparecem a cavalo em Motocintle o juiz e os soldados. Vestindo túnica vermelha e com uma vara branca pendurada no peito, o juiz Juan Maldonado trata de convencer os índios a entregar o ouro.

Promete e garante bom tratamento.

Ameaça com rigores e castigos.

Tranca uns quantos na prisão.

A outros aplica cepo e dá tormento.

Outros faz subir as escadas do patíbulo.

E não adianta. *(71)*

1630

Lima

Maria, matrona da farândula

– Cada dia tenho mais problemas e menos marido! – suspira Maria del Castillo. Aos seus pés, o tramoísta, o apontador e a primeira atriz oferecem consolos e brisas de seu leque.

No turbio crepúsculo, os guardas da Inquisição arrancaram Juan dos braços de Maria e atiraram-no ao cárcere porque línguas envenenadas dizem que ele disse, enquanto escutava o evangelho:

– *Eia! Que não tem outra coisa que viver e morrer!*

Poucas horas antes, na praça da matriz e pelas quatro ruas que dão esquina aos mercadores, o negro Lázaro tinha apregoado as novas ordens do vice-rei sobre os teatros de comédias.

Manda o vice-rei, conde de Chinchón, que uma parede de pau a pique separe as mulheres dos homens no teatro, sob pena de cárcere e multa a quem invada o território do outro sexo. Também dispõe que acabem as comédias mais cedo, ao repicarem os sinos de oração, e que entrem e saiam homens e mulheres por portas diferentes, para que não continuem as graves ofensas contra Deus. Nosso Senhor na escuridão dos becos. E se isso fosse pouco, o vice-rei decidiu que baixem os preços das entradas.

– Nunca me terá! – clama Maria – Por muita guerra que me declare, nunca me terá!

Maria del Castillo, grande chefa dos cômicos de Lima, leva intacto o ar e a beleza que a fizeram célebre, e aos sessenta longos anos ainda ri das *tapadas*, que com um xale cobrem um olho: como ela tem belos os dois, a cara descoberta olha, seduz e assusta. Era quase menina quando escolheu este ofício de maga; e faz meio século que enfeitiça multidões nos palcos de Lima. Mesmo que queira, explica, já não poderia mudar o teatro pelo convento, pois não gostaria Deus de tê-la como esposa, depois de três matrimônios tão desfrutados.

Por muito que agora os inquisidores a deixem sem marido e que os decretos do governo pretendam espantar seu público, Maria jura que não entrará na cama do vice-rei:

– Nunca, nunca!

Contra o vento e as marés, sozinha e solitária, ela continuará oferecendo obras de capa e espada em seu teatro de comédias, atrás do mosteiro de Santo Agostinho. Daqui a pouco reporá *A Monja Alferez*, do notável engenho peninsular Juan Pérez de Montalbán, e estreará um par de obras bem apimentadas, para que todos dancem e cantem e tremam de emoção nesta cidade onde nunca acontece nada, tão chata que morrem todos bocejando. *(122)*

1631
Guatemala Antiga

Uma tarde de música no convento da Conceição

No jardim do convento, Juana canta e tange o alaúde. Luz verde, troncos verdes, verde brisa: estava morto o ar até que ela o tocou com as palavras e a música.

Juana é filha do juiz Maldonado, que distribui os índios da Guatemala em lavouras, minas e oficinas. De mil ducados foi o seu dote para o casamento com Jesus, e no convento seis escravas negras a servem. Enquanto Juana canta letras próprias ou alheias, as escravas, paradas à distância, escutam e esperam.

O bispo, sentado na frente da monja, não pode conter as caretas. Olha a cabeça de Juana inclinada sobre o mastro do alaúde, o pescoço nu, a boca que se abre, iluminada, e dá a si mesmo a ordem de ficar quieto. Tem fama de jamais mudar de expressão quando dá beijos ou os pêsames, mas agora franze essa cara imutável: sua boca se torce e batem asas, rebeldes, as suas pálpebras. Seu pulso firme parece alheio a essa mão que segura, trêmula, um cálice.

As melodias, alabanças a Deus ou melancolias profanas, se elevam na folhagem. Longe, ergue-se o verde vulcão de água e o bispo gostaria de concentrar-se naquelas plantações de milho e trigo e nos mananciais que brilham na ladeira.

O vulcão tem a água presa. Quem se aproxima escuta fervores de marmita. A última vez que vomitou, faz menos de um século, afogou a cidade que Pedro de Alvarado tinha fundado aos seus pés. Aqui, a cada verão treme a terra, prometendo fúrias; e vive a cidade em pânico, entre dois vulcões que cortam a sua respiração. Este a ameaça com o dilúvio. O outro, com o inferno.

Nas costas do bispo, frente ao vulcão de água, ergue-se o vulcão de fogo. As chamas que aparecem pela boca permitem ler cartas a uma légua, em plena noite. De tempos em tempos soa um troar de canhões e o vulcão bombardeia o mundo a pedradas: dispara pedras tão grandes que não as moveriam vinte mulas e enche o céu de cinza e o ar de um enxofre que fede.

Voa a voz da moça.

O bispo olha para o chão, querendo contar formigas, mas seus olhos deslizam até os pés de Juana, que os sapatos ocultam e delatam, e o olhar percorre este corpo bem lavrado que palpita debaixo do hábito branco, enquanto a memória desperta de repente e viaja até a infância. O bispo recorda aquelas vontades que sentia, incontíveis, de morder a hóstia em plena missa, e o pânico de que a hóstia sangrasse; e depois navega por um mar de palavras não ditas e cartas não escritas e sonhos não contados.

De tanto calar, o silêncio soa. O bispo percebe de repente que faz um bom tempo que Juana deixou de cantar e tocar. O alaúde repousa sobre seus joelhos e olha para o bispo, sorrindo muito, com esses olhos que nem ela merece ter. Uma auréola verde flutua ao redor.

O bispo sofre um ataque de tosse. O anis cai no chão e suas mãos ficam com bolhas-d'água de tanto aplaudir.

– Farei de ti superiora! – geme. – Farei de ti abadessa! *(72)*

RIMAS POPULARES DO QUE AMA EM SILÊNCIO

Quero dizer e não digo
e estou sem dizer dizendo.
Quero e não quero querer
e estou sem querer querendo.

Tenho uma dor não sei onde
nascido de não sei quê.
Curarei, não sei quando,
pois meu remédio é você.

Cada vez que olhas
e eu te olho,

com os olhos te digo o que não digo.
Por não te achar
me calo a te olhar. *(196)*

1633
Pinola

Gloria in excelsis deo

O bicho-de-pé é menor que uma pulga e mais feroz que um tigre. Se mete pelos pés e derruba quem se coça. Não ataca os índios, mas não perdoa os estrangeiros.

Dois meses passou em guerra o padre Thomas Gage, deitado em uma cama, e enquanto celebra sua vitória contra o bicho-de-pé, faz um balanço do tempo vivido na Guatemala. A não ser pelo bicho-de-pé, não pode se queixar. Nos povoados o recebem ao som das trombetas, debaixo de um pálio de ramagens e flores. Tem os criados que quer e um palafreneiro que leva seu cavalo pelo bridão.

Cobra seu salário, pontualmente, em prata, trigo, milho, cacau e galinhas. As missas que oferece aqui em Pinola e em Mixco, são pagas por separado, e por separado os batismos, matrimônios e enterros, e as orações que reza por conta para conjurar gafanhotos, pestes ou terremotos se incluem as oferendas aos santos a seus cuidados, que são muitos, e as da Noite de Natal e da Semana Santa, o padre Gage recebe mais de dois mil escudos por ano, livres, limpinhos, além do vinho e da batina grátis.

O salário do padre vem dos tributos que pagam os índios a dom Juan de Guzmán, dono desses homens e destas terras. Como só pagam tributo os casados, e os índios são rápidos no saber e na malícia, os funcionários obrigam ao casamento os meninos de doze e treze anos e o padre os casa enquanto lhes cresce o corpo. *(72 e 135)*

1634
Madrid

Quem se escondia no berço da tua mulher?

O Conselho Supremo do Santo Ofício da Inquisição, velando pela limpeza do sangue, decide que de agora em diante se fará cuidadosa investigação antes que seus funcionários contraiam matrimônio.

Todos os que trabalham para a Inquisição, o porteiro e o fiscal, o torturador e o verdugo, o médico e o ajudante de cozinha, deverão apresentar a genealogia de dois séculos da mulher que escolheram, *para evitar que se casem com pessoas infectas.*

Pessoas infectas, ou seja: com litros ou gotas de sangue índio e ou sangue negro, ou com tataravós de fé judia ou cultura islâmica ou devoção a qualquer heresia. *(115)*

1636

Quito

A TERCEIRA METADE

Durante vinte longos anos foi o mandão do reino de Quito, presidente do governo e rei do amor, dos baralhos e da missa. Todos os outros caminham ou correm ao ritmo de sua cavalgadura.

Em Madrid, o Conselho das Índias delcarou-o culpado de cinquenta e seis malvadezas, mas a má notícia não cruzou ainda o mar. Terá de pagar multa pela loja que há vinte anos instalou na Auditoria Real, para vender as sedas e os tafetás chineses que tinha trazido de contrabando, e por infinitos escândalos com casadas, viúvas e virgens; e, também por causa do cassino que instalou na sala de bordar de sua casa, ao lado da capela privada onde comungava todos os dias. As rodas de baralho deixaram para dom Antonio de Morga duzentos mil pesos de lucro pelas entradas que cobrou, sem contar as façanhas de seus ágeis dedos depenadores. (Por dívidas de dez pesos, dom Antonio condenou muitos índios a passarem o resto de suas vidas atados aos teares nas oficinas.)

Mas a resolução do Conselho das Índias ainda não chegou a Quito. Não é isso o que o preocupa.

Está em pé na sala, despido na frente do espelho lavrado em ouro, e vê outro. Busca seu corpo de touro e não o encontra. Debaixo do adiposo ventre e entre as pernas magras balança, muda, a chave que tinha sabido abrir todas as fechaduras de mulher.

Busca a sua alma no espelho, e não a encontra. Quem roubou a metade piedosa do homem que dava sermões aos frades e era mais devoto que o bispo? E o fulgor em seus olhos de místico? Só há escuridões e rugas sobre a barba branca.

Dom Antonio de Morga dá alguns passos até roçar o espelho e pergunta por sua terceira metade. Tem que existir uma região onde buscaram refúgio os sonhos sonhados e esquecidos. Tem que existir: um lugar onde os olhos, gastos de tanto olhar, tenham guardado as cores do mundo; e os ouvidos, já quase surdos, as melodias. Busca algum sabor invicto, algum aroma que não tenha sumido, alguma calidez que persista na mão.

Não reconhece nada que esteja a salvo e mereça ficar. O espelho só lhe devolve um velho vazio que morrerá esta noite. *(176)*

1637
Boca do rio Sucre

Dioguinho

Há poucos dias, o padre Thomas Gage aprendeu a escapar dos jacarés. Se a gente foge em *zig-zag*, os jacarés ficam desnorteados. Eles só sabem correr em linha reta.

Em compensação ninguém ensinou-o a escapar dos piratas. Mas, será que alguém conhece a maneira de fugir de dois bons navios holandeses em uma fragata lenta e sem canhões?

Recém-saída ao mar Caribe, a fragata arria as velas e se rende.

Mais desinflada que as velas, rola pelo chão a alma do padre Gage. Viaja com ele todo o dinheiro que juntou na América durante os doze anos que passou salvando sacrílegos e arrancando mortos do inferno.

Os esquifes vão e vêm. Os piratas levam o toucinho, a farinha, o mel, as galinhas, a banha e os couros. Também quase toda a fortuna que o padre trazia em pérolas e em ouro. Não toda, porque respeitaram a sua cama e ele tinha costurado no colchão boa parte de seus bens.

O capitão dos piratas, um mulato fornido, o recebe em seu camarote. Não lhe dá a mão, mas oferece-lhe assento e um jarro de rum com pimenta. Um suor frio brota da nuca do padre e percorre as suas costas. Toma o trago depressa. O capitão Diogo Grillo é conhecido, o padre ouviu falar dele. Sabe que pirateava sob as ordens do terrível Perna de Pau e que agora rouba por conta própria, com patente de corsário dos holandeses. Dizem que Dioguinho mata para não perder a pontaria.

O padre implora, balbucia que não lhe deixaram nada além da batina que veste. Enquanto enche o jarro, o pirata conta, surdo, sem pestanejar, os maus-tratos que sofreu quando era escravo do governador de Campeche.

– Minha mãe ainda é escrava, em Havana. Não conheces minha mãe? É tão boa, a coitada, que dá vergonha.

– Eu não sou espanhol – geme baixinho o padre. – Eu sou inglês – diz e repete, em vão. – Minha nação não é inimiga da vossa. Não são boas amigas, a Inglaterra e a Holanda?

– Hoje ganho, amanhã perco – diz o corsário. Retém um gole de rum, o envia pouco a pouco à garganta.

– Olhe – ordena, e arranca a casaca. Mostra as costas, as costuras dos açoites.

Escutam-se ruídos que chegam da coberta. O sacerdote os agradece, porque ocultam as batidas de seu coração desbocado.

– Eu sou Inglês...

Uma veia lateja, desesperada, na testa do padre Gage. A saliva se nega a passar por sua garganta.

– Levai-me à Holanda. Vos rogo, senhor, levai-me à Holanda. Por favor! Não pode um homem generoso abandonar-me assim, despido e sem...

De um puxão, o capitão solta seu braço das mil mãos do padre.

Bate no chão com uma bengala e acodem dois homens.

– Fora com ele!

Despede-se de costas, enquanto se olha no espelho.

– Se passas por Havana – diz –, não deixes de visitar minha mãe. Mande-lhe lembranças. Diga-lhe... diga-lhe que as coisas estão indo muito bem para mim.

Enquanto regressa para a sua fragata, o padre Gage sente câimbras na barriga. Andam fortes as ondas e o padre amaldiçoa quem lhe disse, lá em Jerez de la Frontera, há doze anos, que a América estava com as ruas cobertas de ouro e de prata, e que era preciso caminhar com cuidado para não tropeçar com os diamantes. *(72)*

1637

Baía de Massachusetts

"Deus é inglês",

disse o piedoso John Aylmer, pastor de almas, há uns quantos anos. E John Winthrop, fundador da colônia da baía de Massachusetts, afirma que os ingleses podem apropriar-se das terras dos índios tão legitimamente como Abraão entre os sodomitas: *O que é comum a todos não pertence a ninguém. Este povo selvagem mandava sobre vastas terras sem título nem propriedade.* Winthrop é o chefe dos puritanos que chegaram no *Arbella*, há quatro anos. Veio com seus sete filhos.

O reverendo John Cotton despediu os peregrinos no cais de Southampton garantindo-lhes que Deus os conduziria voando sobre eles com uma águia, da velha Inglaterra, terra de iniquidades, até a terra prometida.

Para construir a nova Jerusalém no alto da colina, chegam os puritanos. Dez anos antes do *Arbella* chegou o *Mayflower* a Plymouth, quando já outros ingleses, ansiosos por ouro, tinham alcançado, ao sul, a costa de Virgínia. As famílias puritanas fogem do rei e de seus bispos. Deixam atrás os impostos e as guerras, a fome e as pestes. Também fogem das ameaças de mudança na velha ordem. Como diz Winthrop, advogado de Cambridge nascido em berço nobre, *Deus todo-poderoso, em sua mais santa e sábia providência, dispõe que na condição humana de todos os tempos uns haverão de ser ricos e outros pobres; uns altos e eminentes no poder e dignidade, e outros medíocres e submetidos.*

A primeira vez, os índios viram uma ilha que caminhava. O mastro era uma árvore e as velas, nuvens brancas. Quando a ilha parou, os índios se aproximaram, em suas canoas, para buscar morangos. Em lugar de morangos, encontraram varíola.

A varíola arrasou comunidades índias e limpou o terreno aos mensageiros de Deus, escolhidos por Deus, povo de Israel nas areias de Canaã. Como moscas morreram os que aqui viviam há mais de três mil anos. A varíola, diz Winthrop, foi enviada por Deus para obrigar os colonos ingleses a ocupar as terras limpas pela peste. *(35, 153 e 204)*

1637
Mystic Fort

Da descrição de John Underhill, puritano de Connecticut, sobre uma matança de índios pequot.

Eles não sabiam nada de nossa chegada. Estando perto do forte, nos encomendamos a Deus e suplicamos Sua assistência em tão pesada empresa...

Não pudemos outra coisa além de admirar a Divina Providência quando nossos soldados, inexperientes no uso das armas, lançaram uma carga tão cerrada que parecia que o dedo de Deus tivesse posto fogo na mecha. Ao romper do dia, a andanada provocou terror nos índios, que estavam profundamente adormecidos, e escutamos os gritos mais cheios de lamento. Se Deus não tivesse preparado os corações nossos para o Seu serviço, teríamos sido movidos à comiseração. Mas havendo Deus nos despojado de piedade, nos dispusemos a cumprir nosso trabalho sem compaixão considerando o sangue que os índios tinham derramado quando trataram barbaramente e assassinaram a uns trinta de nossos compatriotas. Com nossas espadas na mão direita e nossas carabinas ou mosquetões na mão esquerda, atacamos...

Muitos morreram queimados no forte... Outros foram forçados a sair e nossos saldados os recebiam com as pontas das espadas. Caíram homens, mulheres e crianças; os que escapavam de nós, caíam nas mãos de nossos índios aliados, que esperavam na retaguarda. Segundo os índios pequot havia umas quatrocentas almas nesse forte, e nem mesmo cinco conseguiram escapar de nossas mãos. Grande e lastimável foi a visão do sangue para os jovens soldados que nunca tinham estado na guerra, vendo tanta almas que jaziam de boca arfante no chão e tão amontoadas que em algumas partes não se podia passar.

Se poderia perguntar: por que tanta fúria? (Como alguém disse.) Não deveriam os cristãos ter mais clemência e compaixão? E eu respondo recordando a guerra de David. Quando um povo chegou a tal ponto de sangue e pecado contra Deus e o homem, David não respeita as pessoas, e sim as rasga e destroça com sua espada e lhes dá a morte mais terrível. Às vezes as escrituras declaram que as mulheres e as crianças devem perecer junto a seus pais. As vezes se dão casos diferentes, mas não vamos discutir isso agora. Suficiente luz recebemos da Palavra de Deus, para nossos procederes. (204)

1639

Lima

Martín de Porres

Tocam fúnebres os sinos das igrejas de Santo Domingo. À luz das velas, banhado em suores gelados, Martín de Porres entregou sua alma depois de muito lutar contra o Demônio com o auxílio de Maria Santíssima e de Santa Catarina Virgem e Mártir. Morreu em sua cama, com uma pedra como travesseiro e uma caveira ao lado, enquanto o vice-rei de Lima de joelhos, beijava a sua mão e lhe rogava que intercedesse para que lhe abrissem um lugarzinho lá no Céu.

Martín de Porres tinha nascido de uma escrava negra e seu amo, cavaleiro de tradição e puro solar espanhol, que não a engravidou para dispor dela como coisa, e sim para aplicar-lhe o princípio cristão de que na cama todas são iguais perante Deus.

Aos quinze anos, Martín foi doado ao convento dos frades dominicanos. Aqui viveu seus trabalhos e milagres. Nunca o ordenaram sacerdote, por ser mulato; mas abraçando com amor a vassoura, varreu cada dia os salões, os claustros, a enfermaria e a igreja. Navalha na mão, barbeava os duzentos curas do convento; atendia os doentes e distribuía roupa limpa com aroma de alecrim.

Quando soube que o convento sofria penúrias de dinheiro, apresentou-se ao prior:

– *Ave Maria.*

– *Gratia plena.*

– *Que o senhor venda este mulato cachorro – ofereceu-se.*

Deitava em sua cama os mendigos ulcerosos da rua e orava de joelhos durante toda a noite. Ficava branco feito neve na luz sobrenatural; brancas almas saíam de seu rosto quando cruzava o claustro à meia-noite, voando qual divino meteoro, rumo à solidão de sua cela. Atravessava portas fechadas com cadeado e rezava, às vezes, ajoelhado no ar, longe do chão; os anjos o acompanhavam ao côro levando luzes nas mãos. Sem sair de Lima consolava os cativos em Argel e salvava almas nas Filipinas, China e Japão; sem mover-se de sua cela, tocava os sinos do angelus. Curava os moribundos com panos molhados em sangue de galo negro e pó de sapo e mediante exconjuros aprendidos com sua mãe. Com o dedo roçava um dente e suprimia a dor e convertia em cicatrizes as feridas abertas; fazia branco o açúcar escuro e apagava incêndios com o olhar. O bispo teve de proibir-lhe tantos milagres sem autorização.

Depois das matinas se despia e açoitava as próprias costas com um chicote de nervos de boi amarrados em grossos nós, e enquanto arrancava seu próprio sangue gritava:

– *Vil mulato cachorro! Até quando vai durar tua vida pecadora?*

Com olhos de súplica, lacrimejantes, sempre pedindo perdão, passou pelo mundo o primeiro santo de pele escura do branquíssimo santuário da Igreja católica. *(216)*

1639

São Miguel de Tucumán

De uma denúncia contra o bispo de Tucumán, enviada ao Tribunal de Inquisição de Lima

Com a sinceridade e verdade que a tão santo Tribunal se deve falar, denuncio da pessoa do reverendo bispo de Tucumán, dom Fr. Melchor Maldonado de Saavedra, do qual ouvi coisas gravíssimas suspeitas em nossa santa fé católica, e correm geralmente entre todo este bispado. Que em Salta, estando confirmando, chegou uma menina de bom parecer, e disse a ela: "Melhor é vossa mercê para tomada que para confirmada"; e em Córdoba este passado ano de 1638 chegou outra em presença de muita gente e erguendo-lhe a saia disse: "Zape! Que não a hei de confirmar para baixo e sim para cima"; e com a primeira amancebou-se com publicidade... (140)

1639
Potosí

O testamento do mercador

Entre as cortinas, aparece o nariz do escrivão. A alcova tem cheiro de cera e de morte. À luz da única vela, se adivinha a caveira debaixo da pele do moribundo.

– Que esperas, abutre?

Não abre os olhos o mercador, mas sua voz soa invicta.

– Minha sombra e eu discutimos e decidimos – diz. E suspira. E ordena ao tabelião:

– Não haverás de acrescentar ou tirar coisa alguma. Me ouves? Te pagarei duzentos pesos em aves, para que com suas plumas, e as que usas para escrever, voes aos infernos. Me estás ouvindo? Ai! Cada dia que vivo é um dia que alugo. Cada dia mais caro me custa. Escreve, anda! Depressa. Mando que com a quarta parte da prata que deixo se façam na pracinha da ponte umas grandes latrinas, para que nobres e plebeus de Potosí rendam homenagem ali, *cada dia, à minha memória. Outra quarta parte de minhas barras e moedas haverão de enterrar-se no curral desta minha casa, e em suas portas se porão quatro cães dos mais bravos, para guardar este enterro.*

Não enrola a língua e continua, sem tomar fôlego:

– E que com outra quarta parte de minhas riquezas se cozinhem os mais esplêndidos manjares e postos em minhas travessas de prata se metam em um barranco profundo, com todos os mantimentos de minha despensa, porque quero que se fartem os vermes, como farão comigo. E mando...

Agita o dedo indicador, que projeta uma sombra de bastão sobre o muro branco:

– E mando... que a meu próprio enterro não acuda pessoa alguma, e que acompanhem meu corpo todos os asnos que existam em Potosí, vestidos em riquíssimos vestidos e joias melhores, que serão compradas com o que reste de meus dinheiros. (21)

Dizem os índios:

Que tem dono a terra? Como assim? Como se há de vender? Como se há de comprar? Se ela não nos pertence... Nós somos dela. Seus filhos somos. Assim sempre, sempre. Terra viva. Como cria os vermes, assim nos cria. Tem ossos e sangue. Tem leite, e nos dá de mamar. Tem cabelos, pasto, palha, árvores. Ela sabe parir batatas. Faz nascer casas. Gente, faz nascer. Ela cuida de nós e nós cuidamos dela. Ela bebe *chicha*, aceita nosso convite. Filhos seus somos. Como há de vender-se? Como há de comprá-la? *(15 e 84)*

1640

São Salvador, Bahia

Vieira

Cintila a boca enquanto lança palavras armadas como exércitos. O orador mais perigoso do Brasil é um sacerdote português criado na Bahia, baiano de alma.

Os holandeses invadiram estas terras e o jesuíta Antônio Vieira pergunta aos senhores coloniais se não somos tão pretos para eles como os índios para nós. Do púlpito, o dono da palavra desafia os donos da terra e das pessoas:

– *"Não pode haver maior inconsideração do entendimento nem maior erro de juízo entre homens, que cuidar em que hei de ser vosso senhor porque nasci mais longe do sol, e que vos haveis de ser meu escravo porque nascestes mais perto".*

Na igrejinha da Ajuda, a mais antiga do Brasil, Antônio Vieira acusa também Deus, culpado de ajudar os invasores holandeses:

– *Ainda que nós somos os pecadores, Deus meu, vós haveis de ser, hoje, o arrependido. (33, 171 e 226)*

1641

Lima

Ávila

Interrogou milhares e milhares de índios, sem encontrar um que não fosse herege. Destruiu ídolos e adoratórios, queimou múmias; raspou cabeças e esfolou costas a chibatadas. Em seu caminho, o vento da fé cristã purificou o Peru.

O sacerdote Francisco de Ávila tem sessenta e cinco anos quando vê que as forças o abandonam, anda meio surdo e sente que até a roupa dói; e decide que não se irá do mundo sem conseguir o que vem querendo desde que era menino. Solicita, então, seu ingresso na Companhia de Jesus.

– Não,

responde o reitor dos jesuítas, Antonio Vazquez.

– Não,

porque por mais que diga que é homem douto e grande lenguaraz, Francisco de Ávila representa sua condição de mestiço. (14)

1641

Mbororé

AS MISSÕES

Chegam os mamelucos da região de São Paulo, caçadores de índios, devastadores de terras: avançam ao som da *caixa, bandeira estendida e ordem militar*, troar de guerra, vento de guerra, através do Paraguai. Trazem longas cordas com colares para os índios que agarrarão, e venderão como escravos nas plantações do Brasil.

Os mamelucos ou bandeirantes estão há anos arrasando as missões dos jesuítas. Das treze missões do Guayrá, não sobram mais que pedras e carvão. Novas comunidades evangélicas nasceram do êxodo, águas abaixo do Paraná; mas os ataques, incessantes, continuam. Nas missões, a serpente encontra os passarinhos reunidos e engordados, milhares de índios treinados para o trabalho e a inocência, sem armas, fáceis para o bote. Sob a tutela dos sacerdotes, os guaranis partilham uma vida regulada, sem propriedade privada nem dinheiro nem pena de morte, sem luxo nem escassez, e caminham para o trabalho ao som das flautas. Nada podem suas flechas de taquara contra os arcabuzes dos mamelucos, que *provam os aços de suas alfanjes fendendo em duas partes as crianças* e que como troféu levam tiras esfarrapadas de batinas e caravanas de escravos.

Mas desta vez uma surpresa espera pelos invasores. O rei da Espanha, assustado pela fragilidade destas fronteiras, ordenou que entregassem armas de fogo aos guaranis. Os mamelucos fogem em debandada.

Das casas brotam penachos de fumaça e cantos de alabança a Deus. A fumaça, que não é de incêndio e sim de lareiras, celebra a vitória. *(143)*

1641

Madrid

A ETERNIDADE CONTRA A HISTÓRIA

O conde-duque de Olivares morde os punhos e amaldiçoa baixinho.

É muito o que manda, depois de vinte anos de tanto fazer e desfazer na corte, mas mais forte pisa Deus.

A Junta de Teólogos acaba de rejeitar o projeto de canalização dos rios Tejo e Manzanares, que tanto bem faria para os páramos de Castilha. Os rios ficarão como os fez Deus, e ao arquivo irão os projetos dos engenheiros Carducci e Martelli.

Na França anunciam que logo se abrirá o grande canal do Languedoc, para unir o Mediterrâneo com o vale do Garona. Enquanto isso, nesta Espanha que conquistou a América, a Junta de Teólogos decide que *atenta contra a Divina Providência quem tenta melhorar o que ela, por motivos inescrutáveis, quis que seja imperfeito.* Se Deus quisesse que os rios fossem navegáveis, os teria feito navegáveis. *(128)*

1644

Jamestown

Opechancanough

Antes que um soldado inglês o fulmine pelas costas, o chefe Opechan--canough se pergunta: "Onde está o guardião invisível de minhas viagens? Quem roubou-me a minha sombra?".

Aos cem anos, foi derrotado. Tinha ido ao campo de batalha em uma liteira.

Faz mais de oitenta anos que o almirante Pedro Menéndez de Avilés levou-o a Cadiz. Apresentou-o na corte de Felipe II: *Eis aqui um belo príncipe índio da Florida.* Puseram-lhe calças, gibão e gola. Em um convento dominicano de Sevilha ensinaram-lhe a língua e a religião dos castelhanos. Depois, no México, o vice-rei deu-lhe seu nome de presente e Opechanca-nough passou a chamar-se Luis de Velasco. Ao mesmo tempo regressou à terra de seus pais, como intérprete e guia dos jesuítas. Sua gente achou que ele voltava da morte. Predicou o cristianismo e depois despiu-se e degolou os jesuítas e tornou a chamar-se como antes.

Desde aquele tempo, matou muito e viu muito. Viu as chamas devorando aldeias e campos de cultivo e viu seus irmãos vendidos a quem pagava mais, nesta região que os ingleses batizaram de Virgínia em memória a uma rainha virgem de espírito. Viu a varíola engolindo homens e o tabaco, faminto, devorando terras. Viu como eram apagados do mapa dezessete das vinte e oito comunidades que existiam aqui, e como as outras recebiam a possibilidade de escolher entre a diáspora e a guerra. Trinta mil índios deram as boas-vindas aos navegantes ingleses que chegaram à baía de Chesapeake, em uma fresca manhã de 1607. Sobrevivem três mil. *(36 e 207)*

1645
Quito

Mariana de Jesus

Ano de catástrofes para a cidade. Uma fita negra balança em cada porta. Os invisíveis exércitos do sarampo e da difteria invadiram e estão arrasando. A noite caiu em seguida do amanhecer e o vulcão Pichincha, o rei da neve, explodiu: um grande vômito de lava e fogo caiu sobre os campos e um furacão de cinzas varreu a cidade.

– Pecadores, pecadores!

Como o vulcão, o padre Alonso de Roias jorra chamas pela boca. Do púlpito brilhante da igreja dos jesuítas, igreja de ouro, o padre Alonso golpeia o próprio peito, que soa enquanto chora, grita, clama:

– Aceita, Senhor, o sacrifício do mais humilde de teus servos! Que meu sangue e minha carne expiem os pecados de Quito!

Então uma moça se levanta aos pés do púlpito e serenamente diz:

– Eu.

Frente à multidão que lota a igreja, Mariana anuncia que é ela a escolhida. Ela acalmará a cólera de Deus. Ela será castigada por todos os castigos que a cidade merece.

Mariana jamais fez de conta que era feliz nem sonhou que era feliz, nem dormiu nunca mais do que quatro horas. A única vez que um homem roçou sua mão, ele ficou doente, com febre, durante uma semana. Desde que era menina decidiu ser a esposa de Deus e não lhe dá seu amor em um convento, e sim nas ruas e nos campos: não bordando nem fazendo doces e geleias na paz dos claustros, mas rezando de joelhos sobre os espinhos e as pedras e buscando pão para os pobres, remédio para os doentes e luz para os anoitecidos que ignoram a lei divina.

Às vezes, Mariana sente-se chamada pelo rumor da chuva ou o crepitar do fogo, mas sempre soa mais forte o trovão de Deus: esse Deus da ira, barba de serpentes, olhos de raio, que em sonhos aparece nu para colocá-la à prova.

Mariana regressa à sua casa, estende-se na cama e se dispõe a morrer no lugar de todos. Ela paga o perdão. Oferece a Deus sua carne para que coma e seu sangue e suas lágrimas para que beba até ficar tonto e esquecer.

Assim cessarão as pragas, se acalmará o vulcão e a terra deixará de tremer. *(176)*

1645
Potosí

História de Estefânia, pecadora mulher de Potosí (em versão abreviada da crônica de Bartolomé Arzáns de Orsúa y Vela)

Nasceu Estefânia nesta Vila imperial e cresceu em formosura a tal grau que mais não pôde subi-lo a natureza.

Aos catorze anos de idade saiu de casa a belíssima donzela, aconselhada por outras perdidas mulheres, e havendo entendido sua mãe a abominável determinação com que esta filha se afastava, cheia de pesar em breves dias acabou-se-lhe a vida.

Não por isso emendou-se a filha, que havendo já perdido o tesouro inestimável da virgindade, vestindo-se profanamente se fez pública e escandalosa pecadora.

Vendo seu irmão tanto descrédito e má fama, chamou-a à sua casa e disse: "Mesmo que te pese haverás de ouvir-me, que enquanto estiveres em pecado mortal és inimiga de Deus e escrava do demônio, e além disto degeneras tua nobreza e desonras toda a sua linhagem. Olhe, irmã, o que fazes, levanta-te deste pântano, teme a Deus e faz penitência". Ao que Estefânia respondeu: "Que necessidade tens de mim, hipocritão". E enquanto o irmão a repreendia, em um momento despiu ela a cortadora adaga que estava na parede pendurada e com diabólica ferocidade avançou dizendo: "Só esta resposta merecem tuas razões". Deixou-o morto em um lago de sangue e depois disfarçou aquela maldade com fingido sentimento, vestindo-se de luto e ponderando a lástima.

Também seu ancião pai, entristecido pela morte do bom filho e o escândalo da má filha, procurou reduzi-la com boas razões que contra sua vontade escutava a despiadada. Em vez da emenda, deu ela em aborrecer o venerável velho e à meia-noite pôs fogo no telhado da casa. Saltou da cama o atordoado ancião, gritando com toda a sua voz: "Fogo, fogo!", mas caíram as vigas que sustentavam o teto e ali mesmo abrasou-lhe o terrível elemento. Vendo-se livre Estefânia, com mais desenfreio se deu a maiores vícios e pecados.

Arribou nesses dias a esta Vila de Potosí um homem dos reinos da Espanha, mercador dos mais opulentos que naqueles galeões vieram ao Peru, e chegou a suas notícias a formosura e graça daquela pública pecadora. Solicitou-a, e quando mais gozosos se encontravam em suas torpezas, um amante antigo da dama, armado de todas as armas e com duas bravas pistolas, apareceu decidido a vingar sua ofensa.

Achou o antigo amante solitária a mulher, mas com enganosas palavras deteve ela seu airado ânimo, e quando houve controlado tão arrebatada cólera, com grande presteza tirou da manga um punhal e caiu ao chão morto o infeliz.

Referiu Estefânia o sucesso ao rico mercador. Passados alguns meses, estando ele muito atormentado pelos ciúmes, ameaçou-a com acusá-la à justiça do homicídio feito. Nesses dias foram juntos banhar-se na lagoa de Tarapaya. Arrojou ela de si seus ricos vestidos, ficando patente a neve de seu corpo salpicada de belíssimo carmin, e nua atirou-a à água. Seguiu-a o descuidado mercador e estando juntos na metade da lagoa, com toda a força de seus braços meteu ela a cabeça do desaventurado dentro da água.

Não se creia que pararam ali suas abominações. Deu um golpe de alfanje acabou com a vida de um cavalheiro de ilustre sangue; e a outros dois matou com veneno que enviou em uma merenda. Por suas intrigas transpassaram-se outros os peitos com as espadas, ficando Estefânia alegríssima de que se derramasse sangue por sua causa.

E assim foi até o ano de 1645, quando escutou a pecadora um sermão do padre Francisco Patino, servo de Deus de cujas admiráveis virtudes gozava neste tempo Potosí, e socorreu-a Deus com um raio de sua divina graça. E foi tão grande a dor de Estefânia que começou a derramar arrios de lágrimas, com grandes suspiros e soluços que pareciam arrancar-lhe a alma, e quando acabou o sermão arrojou-se aos pés do sacerdote pedindo-lhe confissão.

Exortou-a o padre à penitência e absolve-a, que bem se sabe com quanta felicidade se entregam as mulheres em mãos da serpente, por coisas herdadas da que tentou Adão. Levantou-se Estefânia dos pés do confessor qual outra Madalena e quando ia a caminho de sua casa, oh feliz pecadora!, mereceu que lhe aparecesse Maria Santíssima e lhe dissesse: "Filha, já estás perdoada. Eu pedi por ti a meu Filho, porque em tua infância rezavas meu rosário". (21)

1647
Santiago do Chile

SE PROÍBE O JOGO DOS ÍNDIOS DO CHILE

O capitão-geral, dom Marin de Mujica, proclama por caixa e pendão a proibição do jogo da *chueca*, que os araucanos praticam, segundo a tradição, golpeando uma bola com paus de ponta encurvada, em campo rodeado de ramagens verdes.

Com cem chibatadas serão castigados os índios que não obedeçam; e com multa os demais, porque muito se difundiu a infame chueca entre a soldadesca *criolla*.

Diz a ordem do capitão-geral que se dita a proibição *para que se evitem pecados tão contra a honra de Deus Nosso Senhor* e porque correndo a bola os índios treinam para a guerra: *do jogo nascem alvoroços e assim depois corre a flecha entre eles.* É uma indecência, diz, que na *chueca* se juntem homens e mulheres quase nus, *vestidos apenas de plumas e peles nos quais fundamentam a ventura de ganhar.* No começo invocam aos deuses para que a bola seja favorável às suas proezas e corridas e no fim, todos abraçados, bebem mares de *chicha. (173)*

1648

Olinda

Excelências da carne de canhão

Era menino quando foi arrancado de sua aldeia africana, embarcado em Luanda e vendido em Recife. Já era homem quando fugiu dos canaviais e refugiou-se em um dos baluartes negros de Palmares.

Nem bem os holandeses entraram no Brasil, os portugueses prometeram a liberdade aos escravos que combatessem contra os invasores. Os chimarrãos de Palmares decidiram que essa guerra não era deles: tanto fazia que fosse holandês ou português quem empunhasse o chicote nos canaviais e engenhos. Mas é, Henrique Dias acudiu para oferecer-se. Desde então comanda um regimento de negros que lutam pela coroa portuguesa no nordeste brasileiro. Os portugueses fizeram dele fidalgo cavalheiro.

De Olinda, o capitão Henrique Dias envia uma carta de intimidação ao exército holandês acampado em Recife. Adverte que de quatro nações está composto o seu regimento, o Tércio dos Henriques: *minas, ardas, angolas e crioulos: estes são tão malévolos que não temem nem devem; os minas tão bravos, que aonde não podem chegar com o braço, chegam com o nome; os ardas tão fogosos, que tudo querem cortar de um só golpe; e os angolas tão robustos, que nenhum trabalho os cansa. Considerem agora se romperão a toda Holanda homens que tudo romperam. (69 e 217)*

1649

Sainte-Marie des Hurons

A linguagem dos sonhos

– Coitadinhos,

pensa o padre Ragueneau, enquanto contempla os índios hurones rodeando de presentes e rituais um homem que sonhou, ontem à noite, um sonho misterioso. A comunidade lhe dá de comer na boca e dança para ele; as moças o acariciam, esfregam cinza em seu corpo. Depois, sentados todos em roda, começam a adivinhar seu sonho. Perseguem o sonho com flechas de imagens ou palavras e ele vai dizendo: "Não, não", até que alguém diz: "Rio", e então, entre todos, conseguem agarrá-lo: o rio, uma corrente furiosa, uma mulher solitária em uma canoa, ela perdeu o remo, o rio a leva, a mulher não grita, sorri, parece feliz... "Sou eu?", pergunta uma das mulheres. "Sou eu?", pergunta outra. A comunidade chama a que tem olhos que penetram até nos mais escondidos desejos, para que ela interprete os símbolos do sonho. Enquanto bebe um chá de ervas, a vidente invoca o seu espírito guardião e vai decifrando a mensagem.

Creem os hurones, como todos os povos iroqueses, que o sonho transfigura as coisas mais triviais e as converte em símbolos ao tocá-las com os dedos do desejo. Creem que o sonho é a linguagem dos desejos não realizados e chamam de *ondinnonk* os secretos desejos da alma, que a vigília ignora. Os *ondinnonk* aparecem nas viagens que faz a alma enquanto dorme o corpo.

– Coitadinhos – pensa o padre Ragueneau.

Para os hurones, se faz culpado de grave crime quem não respeita o que o sonho diz. O sonho manda. Se o sonhador não cumpre suas ordens, a alma se enfurece e adoece o corpo ou o mata. Todos os povos da família iroquesa sabem que a doença pode vir de guerra ou acidente, ou da bruxa que mete no corpo dentes de urso ou estilhaços de osso, mas também vem da alma, quando ela quer algo que não lhe dão.

O padre Ragueneau discute com outros jesuítas franceses que predicam na região. Ele defende os índios do Canadá: *Resulta tão fácil chamar de sacrilégio o que é pura estupidez...*

Alguns sacerdotes enxergam os chifres de Satanás aparecendo nestas superstições; e estão escandalizados porque a três por dois sonham os índios contra o sexto mandamento e no dia seguinte se dedicam a terapêuticas orgias. Habitualmente andam os índios quase despidos, olhando-se e tocando-se com demoníaca liberdade, e se casam e se descasam quando querem; e basta com que o sonho ordene para que se desate a festa do *andacwandat*, que é sempre ocasião de frenéticos pecados. O padre Ragueneau não nega que pode encontrar o Diabo terra adubada nesta sociedade sem juízes nem delegados, nem cárceres, nem proprietários, onde as mulheres dividem o comando com os homens e juntos adoram deuses falsos, mas reivindica o fundo de inocência destas almas primitivas, ainda ignorantes da lei de Deus.

E quando outros jesuítas se estremecem de pânico porque qualquer noite destas algum iroquês pode sonhar que mata um padre, Ragueneau recorda que isso já ocorreu, várias vezes, e que então basta com permitir que o sonhador esfaqueie uma batina enquanto dança seu sonho em uma inofensiva pantomina.

– Estes são costumes tontos – opina o padre Ragueneau –, mas não são costumes criminosos. *(153 e 222)*

1649
Vale de Mohawk

Uma história iroquesa

Neva no mundo e no centro da casa-grande fala o velho narrador, de cara ao fogo. Sentados sobre peles de animais, todos escutam enquanto costuram a roupa e reparam as armas.

– No céu tinha crescido a árvore mais grandiosa – conta o velho. – Tinha quatro longas raízes brancas, que se estendiam nas quatro direções. Dessa árvore nasceram todas as coisas...

Conta o velho que um dia o vento arrancou a árvore pela raiz. Pelo buraco que se abriu no céu caiu a mulher do grande chefe, levando na mão um punhado de sementes. Uma tartaruga trouxe-lhe terra sobre a carcaça, para que ela plantasse as sementes, e assim brotaram as primeiras plantas que nos deram comida. Depois essa mulher teve uma filha, que cresceu e se fez esposa do vento do oeste. O vento do oeste soprou-lhe certas palavras no ouvido...

O bom narrador conta a sua história e faz que aconteça. O vento do oeste está soprando, agora, sobre a casa-grande; Se mete pela chaminé e a fumaça vela as caras.

O irmão lobo, que ensinou os iroqueses a reunir-se e a escutar, uiva dos montes. É hora de dormir.

Uma manhã qualquer, o narrador não despertará. Mas algum dos que escutaram suas histórias as contará a outros. E depois esse algum também morrerá, mas as histórias continuarão vivas enquanto haja casa-grandes e gente reunida em torno ao fogo. *(37)*

Canto do canto dos iroqueses

Quando eu canto,
posso ajudá-la.
Sim, posso, sim!
Forte é o canto!
Quando eu canto,

posso levantá-la.
Sim, posso, sim!
Forte é o canto!
Quando eu canto,
endireito seus braços
Sim, posso, sim!
Forte é o canto!
Quando eu canto, endireito seu corpo.
Sim, posso, sim!
Forte é o canto! *(197)*

1650
Cidade do México

Os vencedores e os vencidos

O escudo familiar se ergue, pomposo, sobre a renda de ferro do portão, lavrado como um altar. Em carruagem de caioba entra o dono da casa, com seu séquito de libré e cavalos. Dentro, cala o clavicórdio; se ouvem rangidos de sedas e telas bondades de ouro e prata vozes de filhas casadeiras, passos nos tapetes de suave pisar. Depois, tintineiam em porcelana as colherinhas de prata lavrada.

Esta Cidade do México, cidade de palácios, é uma das maiores do mundo. Embora esteja muito longe do mar, aqui vêm parar a frota da Espanha, a nau da China e a grande carreta de prata do norte. O poderoso consulado de comerciantes rivaliza com o de Sevilha. Daqui fluem mercadorias ao Peru, Manilha e o Extremo Oriente.

Os índios, que fizeram esta cidade para os vencedores sobre as ruínas de Tenochtitlán, acodem trazendo alimentos nas canoas. Podem trabalhar aqui durante o dia, mas ao cair da noite os desalojam, sob pena de açoite, para seus arrabaldes do outro lado das muralhas.

Alguns índios vestem meias e sapatos e falam espanhol, para ver se os deixam ficar e escapar, assim, do tributo e dos trabalhos forçados. *(148)*

Do canto náhuatl sobre a vida efêmera

De uma vez só se vai nossa vida.
Em um dia nos vamos, em uma noite baixamos
à região do mistério.
Aqui viemos apenas para conhecer-nos
Só estamos de passagem na terras.

Em paz e prazer passemos a vida.
Venha, e gozemos!
Que não o façam os que vivem zangados:
larga é a terra.
Oxalá vivesse sempre,
oxalá nunca tivesse que morrer!

Enquanto vivemos, com a alma quebrada,
aqui nos ameaçam, aqui nos espiam.
Mas apesar das desditas,
apesar das feridas na alma,
não há que viver em vão!
Oxalá vivesse sempre,
oxalá nunca tivesse que morrer! (77)

1654

Oaxaca

Medicina e bruxaria

Os índios zapotecas, que antes de cair na terra eram pássaros muito coloridos e cantadores, contaram alguns segredos para Gonzalo de Balsalobre. Depois de viver um tempo entre eles, e depois de muito averiguar mistérios de religião e medicina, dom Gonzalo está escrevendo em Oaxaca um detalhado relatório que enviará à Cidade do México. O relatório denuncia os índios à Santa Inquisição e pede que se castigue as curandeiras que os freis e a justiça ordinária não foram capazes de suprimir. Faz algum tempo, o bacharel Alarcón partilhou durante nove anos a vida da comunidade dos índios cohuixcos. Conheceu as ervas sagradas que curam os doentes; e depois denunciou os índios por práticas demoníacas.

Na primeira época da conquista, entretanto, a medicina indígena despertava grande curiosidade na Europa e se atribuíam maravilhas às plantas da

América. Frei Bernardino de Sahagún recolheu e publicou as sabedorias de oito médicos astecas e o rei Felipe II enviou ao México seu médico de cabeceira, Francisco Hernández, para que estudasse a fundo a medicina nativa.

Para os índios, as ervas falam, têm sexo e curam. São as plantinhas, ajudadas pela palavra humana, as que arrancam as doenças do corpo, revelam mistérios, endireitam destinos e provocam o amor e o esquecimento. Estas vozes da terra soam como se fossem vozes do inferno aos ouvidos da Espanha do século XVII, ocupada em inquisições e exorcismos, que para curar-se confia na magia das orações, dos esconjuros e dos talismãs, mais que em xaropes, purgantes e sangrias. *(4)*

1655

San Miguel de Nepantla

Juana aos quatro anos

Anda Juana e dá-lhe conversa com a alma, que é tua companheira de dentro, enquanto caminha pela beira da calçada. Sente-se muito feliz porque tem soluço, e Juana cresce quando tem soluço. Para e olha a sombra, que cresce com ela, e com um galho vai medindo depois de cada pulinho de sua barriga. Também os vulcões cresciam com o soluço, antes, quando estavam vivos, antes de que os queimasse o seu próprio fogo. Dois dos vulcões ainda fumegam, mas já não têm soluço. Já não crescem. Juana tem soluço e cresce. Cresce.

Chorar, em compensação, encolhe. Por isso têm tamanho de barata as velhinhas e as carpideiras dos enterros. Isto não dizem os livros do avô, que Juana lê, mas ela sabe. São coisas que sabe, de tanto conversar com a alma. Também com as nuvens conversa Juana. Para conversar com as nuvens, é preciso subir nas montanhas ou nos galhos mais altos das árvores.

– Eu sou nuvem. Nós, nuvens, temos caras e mãos. Pés, não. *(16 e 75)*

1656

Santiago de la Vega

Gage

Em uma rede esticada entre duas palmeiras, morre na Jamaica o pastor anglicano Thomas Gage.

Tinha sonhado em ser o primeiro vice-rei inglês do México desde os velhos dias em que peregrinou pelas terras da América com batina de frade católico, predicando e espiando e desfrutando o chocolate e o doce de goiaba. Em Londres mudou de igreja e convenceu lord Cromwell de que era preciso e possível armar uma boa frota de conquista contra as colônias espanholas.

No ano passado, as tropas do almirante William Penn invadiram esta ilha de Jamaica A Inglaterra arrancou da Espanha o primeiro fiapo de seu império americano, e os herdeiros de Colombo, marqueses da Jamaica, perderam a melhor parte de suas rendas. Então o pastor Thomas Gage pronunciou um patriótico sermão protestante, do púlpito da capela maior de Santiago de la Vega, enquanto o governador espanhol chegava nos braços de seus escravos para entregar a espada. *(145)*

1658

San Miguel de Nepantla

Juana aos sete anos

Pelo espelho vê entrar a mãe e solta a espada, que cai com o rumor de um canhão, e dá Juana tamanho pulo que toda a sua cara fica metida debaixo do chapéu de abas imensas.

– Não estou brincando – zanga ante o riso de sua mãe. Livra-se do chapéu e aparecem os bigodões de carvão. Mal navegam as perninhas de Juana nas enormes botas de couro; tropeça e cai no chão e chuta, humilhada, furiosa; a mãe não para de rir.

– Não estou brincando! – protesta Juana, com água nos olhos. – Eu sou homem! Eu irei à universidade, porque sou homem!

A mãe acaricia sua cabeça

– Minha filha louca, minha bela Juana. Deveria açoitar-te por estas indecências.

Senta-se ao seu lado e docemente diz: “Mais te valia ter nascido tonta, minha pobre filha sabichona”, e a acaricia enquanto Juana empapa de lágrimas a enorme capa do avô. *(16 e 75)*

Um sonho de Juana

Ela perambula pelo mercado de sonhos. As vendedoras estenderam sonhos sobre grandes panos no chão.

Chega ao mercado o avô de Juana, muito triste porque faz muito tempo que não sonha. Juana o leva pela mão e ajuda-o a escolher sonhos, sonhos de marzipã ou algodão, asas para voar dormindo, e vão-se embora os dois tão carregados de sonhos que não haverá bastante noite.

1663

Guatemala Antigua

Chega a impressora

O bispo Payo Ebríquez de Ribera é um dos mais fervorosos partidários dos trabalhos forçados aos índios. Sem os repartimentos índios, raciocina o bispo, quem cultivará os campos? E se não há quem cultive os campos, quem cultivará os espíritos?

Está redigindo o bispo um documento sobre o tema, quando recebe, lá de Puebla, a primeira máquina impressora, que chega à Guatemala. O douto chefe espiritual desta diocese mandou trazer a prensa e as caixas de letras de fôrma, com tipógrafo e tudo, para que se imprima aqui seu tratado de teologia Explicatio Apologética.

O primeiro livro que se edita na Guatemala não está escrito nas línguas maias ou em castelhano. Fala latim. *(135)*

1663

Margens do rio Paraíba

A liberdade

Há muito apagaram-se os latidos dos cães de caça e as trombetas dos caçadores de escravos.

O fugitivo atravessa o campo, montes de palha brava mais altos que ele, e corre para o rio.

Atira-se no campo de boca para baixo, os braços abertos, as pernas abertas. Escuta vozes cúmplices de grilos e cigarras e sapinhos. "Não sou uma coisa. Minha história não é a história das coisas." Beija a terra, morde a terra.

"Tirei o pé da armadilha. Não sou uma coisa." Gruda seu corpo nu contra a terra molhada de orvalho e escuta o rumor das plantinhas que atravessam a terra, ansiosas de nascer. Está louco de fome e pela primeira vez a fome é uma alegria. Tem o corpo todo atravessado de talhos e não sente esses talhos. Vira para o céu, como se pudesse abraçá-lo. A lua sobe e brilha e o golpeia, violentos golpes de luz, pinceladas de luz de lua cheia e as estrelas suculentas, e ele ergue-se e busca o rumo.

Agora, rumo à selva. Agora, rumo aos grandes leques verdes.

– Também vais a Palmares? – pergunta o fugitivo para a formiga que anda por sua mão, e pede:

– Me guia. *(43)*

Canção de Palmares

Folga, nego
branco não vem cá.
Se vié
o diabo há de levá.
Folga, nego
branco não vem cá.
Se ele vié
pau há de levá. (69)

1663
Serra da Barriga

Palmares

Algumas noites, à luz dos relâmpagos, pode-se ver a crista incandescente desta serra lá da costa de Alagoas. No pé desta serra, os portugueses exterminaram os índios caetés, que o Papa tinha excomungado para sempre por terem comido o primeiro bispo brasileiro; e aqui é onde os escravos negros fugitivos encontraram refúgio, há muitos anos, nas aldeias escondidas de Palmares.

Cada povoado é uma fortaleza. Atrás das altas paliçadas e das armadilhas cheias de farpas, estendem-se as vastas plantações. Os lavradores trabalham com as armas ao alcance da mão; e de noite, quando regressam à cidadela, se contam para ver se não falta alguém.

Brotam aqui duas colheitas anuais de milho e também feijão, mandioca, açúcar, batata, tabaco, legumes, frutas; são criados porcos e galinhas. Muito mais e melhor comem os negros de Palmares que os habitantes da costa, onde a devoradora cana-de-açúcar, produzida para a Europa, usurpa todo o tempo e todo o espaço de todos.

Como em Angola, a palmeira reina nestas comunidades negras: com fibra de palmeira são tecidas as roupas, canastras e leques; as folhas servem de teto e de cama; do fruto come-se a polpa, faz-se vinho e se extrai o óleo que dá luz; e o caroço se converte em gordura branca e cachimbo. Como em Angola, os chefes exercem o nobre ofício da ferraria, e a forja ocupa o lugar de honra na praça onde o povo celebra as suas assembleias.

Mas Angola é múltipla; e mais ainda a África inteira. Os de Palmares vieram de mil comarcas e mil línguas. Sua única língua comum é a que escutaram da boca de seus amos, acompanhando as ordens da chibata nos barcos negreiros e nos canaviais. Salpicada por palavras africanas e guaranis, a língua portuguesa vincula e comunica, agora, a quem antes humilhou.

Folga, nego.
Branco não vem cá.

Desde que os holandeses foram expulsos de Pernambuco, os portugueses lançaram mais de vinte expedições militares contra estas terras livres. Escreve um informante do Brasil a Lisboa: *Nosso exército, que pôde domar o orgulho da Holanda, não conseguiu nenhum resultado contra estes bárbaros em várias e repetidas entradas que fez a Palmares. ..*

Não tinham tido melhor sorte os holandeses. Também as suas expedições foram jornadas sem glória. Holandeses e portugueses incendiaram aldeias vazias e perderam-se na floresta dando voltas, como loucos, debaixo de chuvas violentas. Uns e outros guerrearam a sombra, sombra que morde e foge; e cantaram, cada vez, vitória. Nem uns nem outros conseguiram esmagar Palmares nem conseguiram evitar as fugas de escravos que deixam sem braços o rei Açúcar e toda a sua corte, embora os holandeses crucificassem negros rebeldes e os portugueses os açoitem e mutilem para meter medo e dar exemplo.

Uma das expedições portuguesas contra Palmares acaba de regressar, com as mãos vazias, a Recife. Foi encabeçada por um capitão negro, Gonçalo Rebelo, que tinha sob suas ordens duzentos soldados negros. Degolaram os poucos prisioneiros que puderam agarrar. *(69)*

1665

Madrid

Carlos II

O novo monarca balança e chora. De trás, o sustentam suspensórios amarrados às suas axilas e à sua cintura. Aos quatro anos, não sabe falar nem caminhar e foi arrancado das tetas de suas catorze amas de leite para sentar-se no trono da Espanha.

Chora porque a coroa o machuca, afundada até os olhos, e porque quer tornar a brincar com os duendes e beber o leite morno das fadas.

O doente sobrevive por milagre; ou graças ao fato de não ter sido banhado nem quando nasceu, embora tenha a cabeça e o pescoço cobertos por crostas purulentas. (Ninguém toma banho na corte, desde que Domingo Centurion morreu de resfriado há nove anos.)

– *Arrorró* – balbucia o rei, e aconchega seu próprio pé contra a orelha. *(201)*

1666

Nova Amsterdam

Nova York

Com um par de tiros de canhão, os ingleses abatem a bandeira que ondula sobre o forte e arrancam a ilha de Manhattan das mãos dos holandeses, que a tinham comprado dos índios delaware por sessenta florins

Dizem os delaware, recordando a chegada dos holandeses há mais de meio século: *O grande homem só queria uma terra pequena, pequena, para semear as verduras de sua sopa, aquele espaço pequenino que uma pele touro pudesse cobrir. Devíamos perceber então que seu espírito era fraudulento.*

Nova Amsterdam, o mercado de escravos mais importante da América do Norte, passa a chamar-se, agora, Nova York; e Wall Street é o nome da rua da muralha construída para que não fujam os negros. *(136)*

1666
Londres

Os serventes brancos

Três barcos cheios de serventes brancos deslizam pelo Tâmisa rumo ao mar. Quando abrirem suas comportas, na remota ilha de Barbados, os vivos caminharão para as plantações de açúcar, algodão e tabaco, e os mortos irão ao fundo da baía.

Espiritus se chamam os traficantes de brancos, grandes magos na arte de evaporar gente: eles enviam às Antilhas as putas e os vagabundos sequestrados nos bairros baixos de Londres, os jovens católicos caçados na Irlanda e na Escócia e os presos que esperavam a forca no cárcere de Bristol por terem matado um coelho em terras privadas. Armazenados a sete chaves, nos porões dos barcos, acordam os bêbados agarrados nos cais, e com eles viajam para a América alguns meninos atraídos por guloseimas e muitos aventureiros enganados pela promessa da fortuna fácil. Lá nas plantações de Barbados ou Jamaica ou Virgínia serão sugados até que tenham pago o seu preço e o preço da passagem.

Os serventes brancos sonham em transformar-se em donos de terras e de negros. Quando recuperam a liberdade, depois de anos de dura penitência e trabalho sem salário, a primeira coisa que fazem é comprar um negro que os abane na hora da sesta.

Existem quarenta mil escravos africanos em Barbados. Os nascimentos são registrados nos livros de contabilidade das plantações.

Ao nascer, um negrinho vale meia libra. *(11 e 24)*

1666
Ilha Tortuga

Retábulo de piratas

Jean, David Nau, conhecido como o Olonês, vem saquear Remédios e Maracaibo. Seu alfanje transformou muitos espanhóis em fatias. As fragatas regressam devagar por causa do peso da riqueza roubada.

Desembarca o Olonês. Entre suas botas, agita o rabo e ladra seu único amigo e confidente, companheiro de aventuras e desventuras e atrás aparece uma matilha de homens que acabam de livrar-se dos fios de teia de aranha dos velames, ávidos de tavernas e mulheres e terra firme debaixo dos pés.

Nestas areias quentes, onde os ovos de tartaruga se cozinham sozinhos, os piratas suportam uma longa missa em pé e em silêncio. Corpos serzidos, casacas duras de sujeira, engorduradas barbas de profeta, caras de punhais carcomidos pelos anos: se durante a missa alguém ousar tossir ou rir, será derrubado por um tiro, e todos farão o sinal da cruz. Cada pirata é um arsenal. Em bainhas de pele de jacaré levam quatro facas e uma baioneta, duas pistolas, o sabre de abordagem batendo no joelho e o mosquetão cruzando as costas.

Depois da missa, a presa de guerra é repartida. Os mutilados, primeiro. Quem perdeu o braço direito recebe seiscentos pesos ou seis escravos, negros. O braço esquerdo vale quinhentos pesos ou cinco escravos, que é também o preço de qualquer perna. O que deixou um olho ou um dedo na costa de Cuba ou da Venezuela, tem direito a receber cem pesos ou um escravo.

A jornada estende-se em longos goles de rum com pimenta e culmina na apoteose do banquete de tartaruga. Debaixo da areia, coberto de brasas, foi assando-se lentamente, no casco, o picadinho de carne de tartaruga, gemas de ovo e ervas, que é a festa suprema destas ilhas. Os piratas fumam cachimbo, deitados na areia, e viajam na fumaça e na melancolia.

Quando a noite vem, cobrem de pérolas o corpo de uma mulata a quem sussurram horrores e maravilhas, histórias de enforcados e abordagens e tesouros, e juram em seus ouvidos que não haverá mais viagens. Bebem e amam sem tirar as botas: as botas que amanhã polirão as pedras do porto buscando navio para outro bote. *(61 e 65)*

1667

Cidade do México

Juana aos dezesseis

Nos navios, o sino marca os quartos de hora da vigília marinheira. Nas grutas e nos canaviais, empurra para o trabalho os índios e os escravos negros. Nas igrejas dá a hora e anuncia missas, mortes e festas.

Mas na torre do relógio, sobre o palácio do vice-rei do México, há um sino mudo. Segundo contam, os inquisidores o tiraram do campanário de uma velha aldeia espanhola, arrancaram seu badalo e o desterraram para as Índias, já não se sabe há quantos anos. Desde que mestre Rodrigo o criou em 1530, este sino tinha sido sempre claro e obediente. Tinha, dizem, trezentas vozes, segundo o toque ditado pelo sineiro, e todo mundo estava orgulhoso dele. Até que uma noite seu longo e violento repicar fez todo mundo saltar da cama. Tocava solto o sino, desatado pelo alarma ou a alegria ou sabe-se lá porque, e pela primeira vez, ninguém entendeu o sino. Juntou-se uma multidão no átrio enquanto o sino tocava sem parar, enlouquecido, e o alcaide e o padre subiram na torre e comprovaram, gelados de espanto, que ali não havia ninguém. Nenhuma mão humana o movia. As autoridades acudiram à Inquisição. O tribunal do Santo Ofício declarou nulo e sem nenhum valor o repicar deste sino, que foi calado para sempre e expulso para o exílio no México.

Juana Inês de Asbaje abandona o palácio de seu protetor, o vice-rei Mancera, e atravessa a praça principal seguida por dois índios que carregam seus baús. Ao chegar à esquina, para e olha a torre, como se tivesse sido chamada pelo sino sem voz. Ela conhece sua história. Sabe que foi castigado por cantar por conta própria.

Juana caminha rumo ao convento de Santa Teresa a Antiga. Já não será dama de corte. Na serena luz do claustro e na solidão de sua cela, buscará o que não pôde encontrar lá fora. Quisera estudar na universidade os mistérios do mundo, mas as mulheres nascem condenadas ao quarto de bordar e ao marido que as escolhem. Juana Inês de Asbaje será carmelita descalça, e se chamará Sor Juana Inês de la Cruz. *(58 e 213)*

1668

Ilha Tortuga

OS CÃES

Já não restam índios nesta ilhota ao norte do Haiti. Mas sobram cães que os espanhóis tinham trazido para persegui-los e castigá-los. Os mastins, que se multiplicaram e andam em manadas devorando javalis, disputam com os flibusteros franceses o domínio desta terra. Todas as noites chegam os latidos da floresta. Dentro das muralhas, os piratas dormem tremendo.

A ilha Tortuga pertence à empresa criada pelo ministro Colbert para o tráfico de escravos e a pirataria. A empresa nomeou como governador Bertrand d'Ogeron, cavalheiro de brilhante prestígio entre bucaneiros e flibusteiros.

Da França, o governador traz um carregamento de veneno. Matará alguns cavalos e os espalhará pela ilha, com o ventre cheio de veneno. Assim pensa por fim ao perigo dos cães selvagens. *(65)*

1669
Villa de Gibraltar

Toda a riqueza do mundo

Os homens de Henry Morgan andam cavando as margens do lago de Maracaibo. Buscam os tesouros enterrados que o Olonês não pôde levar. Por mais que madruguem e trabalhem os piratas, não há tempo que seja suficiente nem porão que não fique lotado.

Depois dos tiros de canhão, o desembarque. Saltam os piratas dos esquifes e entram com seus sabres na aldeia fumegante.

Não há ninguém, não há nada.

No centro da praça, um rapaz, meio desfeito, em farrapos, os recebe rindo. O enorme chapéu, que tapa seus olhos, tem uma aba quebrada, caída sobre o ombro.

– Segredo! Segredo! – grita. Move os braços como hélices, espantando moscas imaginárias, e ri sem cessar.

Quando a ponta de um sabre arranha sua garganta, sussurra: "Não durmas com os pés nus, que eles serão comidos pelos morcegos".

Arde o ar, espesso de vapores e fumaça e pó. Morgan ferve de calor e de impaciência. Amarram o rapaz. "Onde esconderam as joias?" Batem nele. "Onde está o ouro?" Abrem os primeiros cortes em seu rosto e no peito.

– Eu sou Sebastián Sánchez! – grita – Eu sou o irmão do governador de Maracaibo! Muito senhor e principal!

Cortam metade de sua orelha.

O arrastam. O rapaz conduz os piratas a uma cova, através do bosque, e revela seu tesouro. Escondidos debaixo de galhos, há dois pratos de barro, uma ponta de âncora coberta de ferrugem, um caracol vazio, várias plumas e pedras coloridas, uma chave e três moedinhas.

– Eu sou Sebastián Sánchez! – diz e repete o dono do tesouro enquanto é morto. *(65 e 117)*

1669
Maracaibo

Arrebentação

Ao amanhecer, Morgan descobre que as naus espanholas, brotadas durante a noite, fecham a boca do lago.

Decide atacar. Na cabeça de sua frota, envia uma balandra a toda vela, de proa contra a nau-capitã dos espanhóis. A balandra leva o estandarte de guerra hasteado em desafio e contém todo o breu, o alcatrão e o enxofre que Morgan encontrou em Maracaibo, e vários cartuchos de pólvora escondidos em cada canto. É tripulada por alguns bonecos de madeira, vestidos de camisa e chapéu. O almirante espanhol, dom Alonso del Campo y Espinoza, voa pelos ares sem perceber que seus canhões dispararam contra um paiol.

Atrás, arremete toda a frota dos piratas. As fragatas de Morgan rompem o cadeado espanhol a tiros de canhão e ganham o mar. Navegam repletas de ouro e joias e escravos.

À sombra dos velames ergue-se Henry Morgan, vestido da cabeça aos pés com o que roubou em Maracaibo. Usa uma luneta de ouro e botas amarelas, de couro de Córdoba; os botões de sua jaqueta são esmeraldas incrustadas por joalheiros de Amsterdam. O vento levanta a espuma de rendas da camisa de seda branca; e traz a distante voz da mulher que espera por Morgan na Jamaica, a mulata lança-chamas que advertiu-o no cais, quando lhe disse adeus:

– Se você morrer, eu te mato. *(65 e 117)*

1670

Lima

"Tenha dó de nós",

Tinham-lhe dito, sem palavras, os índios das minas de Potosí. E no ano passado o conde de Lemos, vice-rei do Peru, escreveu ao rei da Espanha: *Não há nação no mundo tão fatigada. Eu descarrego minha consciência com informar a Vossa Majestade com esta clareza: não é prata o que se leva à Espanha, e sim sangue e suor de índios.*

O vice-rei viu o monte que come homens. Das comunidades trazem índios atados a cordas com argolas de ferro, e quantos mais o monte come, mais cresce sua fome. As aldeias ficam vazias de homens.

Depois do relatório ao rei, o conde de Lemos proibiu as jornadas de semana inteira nas covas asfixiantes. Golpes de tambor, pregão de negro: daqui para a frente, dispôs o vice-rei, trabalharão os índios da saída até o pôr do sol, porque *não são escravos para pernoitar nas galerias.*

Ninguém acreditou.

E agora recebe, em seu austero palácio de Lima, uma resposta do Conselho das Índias, de Madrid. O Conselho se nega a suprimir o trabalho forçado nas minas de prata e mercúrio. *(121)*

1670
San Juan Atitlán

Um intruso no altar

No meio da manhã, o padre Marcos Ruiz se deixa levar pelo burrico até a aldeia de San Juan Atitlán. Quem sabe se vem da aldeia ou do sono a doce música de água e sinos que a brisa traz? O frade não apressa a marcha, o balanço dormilão, e boceja.

É preciso andar muito, dar muita volta, para chegar a San Juan Atitlán, aldeia que tem muita afeição com as asperezas da terra; e bem se sabe que os índios têm seus cultivos nos rincões mais escondidos do monte para render homenagem, nesses esconderijos, a seus deuses pagão.

Começa a despertar frei Marcos nas primeiras casas. Está a aldeia vazia ninguém sai para recebê-lo. Pisca os olhos com força ao chegar na igreja, lotada de gente, e seu coração dá um pulo feroz quando consegue abrir caminho, e esfrega os olhos ao ver o que está vendo: na igreja, florida e perfumada como nunca, os índios estão adorando o bobo da aldeia. Sentado no altar, coberto dos pés à cabeça com as vestes sagradas, o idiota recebe, babando, com os olhos vesgos, as oferendas de incenso e frutas e comida quente, no meio de uma choradeira de orações e cânticos misturados. Ninguém escuta os gritos de indignação de frei Marcos, que foge correndo em busca de soldados.

O espetáculo enfurece o piedoso sacerdote, mas muito pouco lhe durou a surpresa. Afinal, o que se pode esperar destes idólatras que pedem perdão a uma árvore quando vão cortá-la e não cavam um poço sem antes dar explicações à terra? Não confundem Deus, por acaso, com qualquer pedrinha, um rumor de arroio ou a garoa? Não chamam, enfim, de *brinca-deira* o pecado carnal? *(71)*

1670
Masaya

"O Güegüence"

O sol rompe as nuvens aparece e retorna a seu esconderijo, arrependido ou assustado pelo muito que aqui embaixo brilham as pessoas, que está a terra incendiada de alegria: dança conversada, teatro dançado *sainete, bailete musicaleiro e respondão*: à margem das palavras, o Güegüence desata a festa. As personagens, mascaradas, falam uma língua nova, nem náhuatl nem castelhano, língua mestiça que cresceu na Nicarágua. Foi alimentada pelos mil modos populares de dizer desafiando e de inventar dizendo, pimenta ardida da imaginação do povo que caçoa de seus amos.

Um índio velhote, enganador e respondão, ocupa o centro da obra. É o Güegüence ou Macho-Rato, um desafiador de proibições que nunca diz o que fala nem escuta o que ouve, e assim consegue evitar que os poderosos o esmaguem: o que o malandro não ganha, empata; e quando não empata, enrola. *(9)*

1670
Cuzco

O Pintado

As paredes da catedral, inchadas de ouro, acossam a Virgem. Humilhada parece a imagem simples desta Virgem morena, com sua negra cabeleira brotando do chapéu de palha e uma lhama pequenina nos braços, rodeada como está por um mar de ouro espumoso de infinitas filigranas. A catedral de Cuzco quisera vomitar de seu ventre opulento esta Virgem índia, Virgem do desamparo, como não faz muito tempo expulsaram seus porteiros uma velha descalça que pretendia entrar:

– Deixem! – gritou o sacerdote, do púlpito. – Deixem essa índia entrar, é minha mãe!

O sacerdote se chama Juan de Espinosa Medrano, mas todos o conhecem por Pintado, porque Deus semeou sua cara de pintas.

Quando o Pintado predica, acode a multidão à catedral. Não tem melhor orador a Igreja peruana. Além disso, ensina teologia, no seminário de Santo Antonio, e escreve teatro. *Amar a sua própria morte*, sua comédia em língua castelhana, a língua de seu pai, é parecida ao púlpito onde pronuncia seus sermões: pomposos versos torcidos em mil arabescos, ostentosos e exibicionistas como as igrejas coloniais. Em compensação, escreveu em quechua, língua de sua mãe, um auto sacramental simples na estrutura e despojado no dizer. No auto, sobre o tema do filho pródigo, o Diabo é um latifundiário peruano, o vinho é *chicha* e o bezerro bíblico um leitão gordo. *(18)*

1671
Cidade do Panamá

Sobre a pontualidade nos encontros

Há mais de dois anos que Henry Morgan chegou em uma canoa ao Panamá, e à cabeça de um punhado de homens saltou as muralhas de Portobelo levando um facão entre os dentes. Com tropa muito escassa e sem colubrinas nem canhões venceu esse bastião invulnerável; e para não incendiá-lo recebeu como resgate uma montanha de ouro e prata. O governador do Panamá, derrotado e deslumbrado frente à façanha ímpar, mandou pedir a Morgan uma pistola das que tinha usado no assalto.

– Que a guarde por um ano – disse o pirata – Voltarei para buscá-la.

Agora entra na cidade do Panamá, avançando entre as chamas, com a bandeira inglesa ondulando em uma das mãos e o sabre na outra. Dois mil homens e vários canhões o seguem. Em plena noite, o incêndio é uma luz de meio-dia, outro verão que sufoca o eterno verão desta costa o fogo devora casas e conventos, igrejas e hospitais, e jorra fogo a boca do corsário que grita:

– Vim em busca de dinheiro, não de preces!

Depois de muito queimar e matar, afasta-se seguido por uma infinita caravana de burrinhos carregados de ouro, prata e pedras preciosas.

Morgan manda pedir perdão ao governador, pela demora. *(61 e 65)*

1672
Londres

A carga do homem branco

O duque de York, irmão do rei da Inglaterra, fundou há nove anos a Companhia dos Reais Aventureiros. Os cultivadores ingleses das Antilhas compravam seus escravos de negreiros holandeses; e a Coroa não podia permitir que adquirissem artigos tão valiosos de estrangeiros. A nova empresa, nascida para o comércio com a África, tinha prestigiosos acionistas: o rei Calos II, três duques, oito condes, sete lordes, uma condessa e vinte e sete cavalheiros. Como homenagem ao duque de York, os capitães marcavam com ferro em brasa as letras DY no peito dos três mil escravos que a cada ano levavam a Barbados e Jamaica.

Agora, a empresa passou a chamar-se Real Companhia Africana.

O rei inglês, que tem a maioria das ações, estimula em suas colônias a compra dos escravos, seis vezes mais caros do que custam na África.

Os tubarões fazem a viagem até as ilhas, atrás dos barcos, esperando os cadáveres que caem da borda. Muitos morrem porque a água não é suficiente e os mais fortes bebem a pouca água que existe, ou por causa da disenteria e da varíola, e muitos morrem de melancolia: se negam a comer e não há maneira de abrir-lhes os dentes.

Dormem em fileiras, esmagados uns contra outros, com o teto em cima do nariz. Vão algemados os pulsos, e os grilhões deixam em carne viva seus tornozelos. Quando o mar agitado ou a chuva obrigam a fechar as escotilhas, o muita pouco ar é uma febre, mas com as escotilhas abertas também fede o porão a ódio, a ódio fermentado, pior que o pior fedor dos matadouros, e está o chão sempre escorregadio de sangue, fluxos e merda.

Os marinheiros, que dormem na coberta, escutam os gemidos incessantes que soam lá de baixo a noite inteira; e ao amanhecer, os gritos dos que tinham sonhado que estavam em seu país. *(1127, 160 e 224)*

CANÇÃO DO PÁSSARO DO AMOR, DO POVO MANDINGA

Mas deixa-me, oh Dyambere!
Tu que levas a faixa de franjas longas,
deixa-me cantar
aos pássaros aos pássaros que escutam a princesa que parte
e recebem suas vítimas confidências.
E vós, donzelas, cantai, cantai
docemente
"lah, lah" – o belo pássaro.
E tu, Dono-do-fuzil-formidável,
deixa-me contemplar o pássaro do amor,
o pássaro que meu amigo e eu amamos.
Deixa-me, dono-da-túnica-esplendida,
amo das vestes mais brilhantes
que a claridade do dia.
Deixa-me amar o pássaro do amor! (134)

1674
Port Royal

Morgan

Era quase um menino quando o venderam, em Bristol, a um traficante. O capitão que o trouxe às Antilhas trocou-o por umas moedas em Barbados.

Nestas ilhas aprendeu a romper com uma só machadada o galho que golpeia a cara; e soube que não há fortuna que não tenha o crime por pai, e por mãe a infâmia. Passou anos esvaziando galeões e fazendo viúvas. Converteu-se no caudilho dos piratas. *Corsários*, corrige. *Almirante de corsários*: Em seu pescoço de sapo está pendurada sempre a patente de corso, que legaliza a tarefa e evita a forca.

Há três anos, depois de saquear o Panamá, foi levado preso a Londres. O rei tirou suas correntes, armou-o cavalheiro da corte e o designou lugar-tenente geral da Jamaica.

O filósofo John Locke redigiu as instruções para o bom governo desta ilha, que é o quartel-general dos flibusteiros ingleses. Morgan cuidará de que nunca faltem Bíblias e cães para caçar os negros fugidos, e enforcará seus irmãos piratas cada vez que o rei decida ficar bem com a Espanha.

Recém-desembarcado em Port Royal, Henry Morgan tira o chapéu emplumado, bebe um gole de rum e como brinde esvazia a caneca sobre sua peruca de muitos cachos. Os flibusteiros gritam e cantam, erguendo os sabres.

Tem ferraduras de ouro o cavalo que conduz Morgan ao palácio de governo. *(11 e 169)*

1674
Potosí

Cláudia, a feiticeira

Com a mão movia as nuvens e desatava ou afastava tormentas. Em um piscar de olhos trazia gente de terras longínquas e também da morte. A um corregedor das minas de Porco mostrou Madrid, sua pátria, em um espelho: e a dom Pedro de Ayamonte, que era de Utrera, serviu na mesa tortas recém-feitas em um forno de lá. Fazia brotar jardins nos desertos e convertia em virgens as amantes mais sabidas. Salvava os perseguidos que buscavam refúgio em sua casa transformando-os em cães ou gatos. Ao mau tempo, boa cara, dizia, e contra a fome, violeiros: tangia a viola e agitava a pandeireta e assim ressuscitava os tristes e os mortos. Podia dar a palavra aos mudos e tomá-la dos charlatães. Fazia o amor à intempérie, com um demônio muito negro, em pleno campo. A partir da meia-noite, voava.

Tinha nascido em Tucumán e morreu, esta manhã, em Potosí. Em agonia chamou um padre jesuíta e lhe disse que tirasse de uma gavetinha certas figuras de cera e tirasse os alfinetes que tinha pregado, pois assim se curariam cinco padres que ela tinha adoecido.

O sacerdote ofereceu-lhe confissão e misericórdia divina, mas ela deu risada e rindo morreu. *(21)*

1674
Yorktown

Os corcéis do Olimpo

James Bullocke, um alfaiate de Yorktown, tinha desafiado para uma corrida de cavalos Mathew Slader. O tribunal do condado aplica-lhe uma multa, por ter sido pretensioso, e lhe adverte que *é contrário à lei que um trabalhador participe em uma corrida, sendo esta um esporte de cavalheiros.*

O povo a pé, a nobreza a cavalo: a auréola da aristocracia e a nuvem de pó que os cascos levantam no caminho. As patas dos cavalos fazem e desfazem fortunas. Para disputar corridas nos sábados de tarde, ou para falar de cavalos nas noites, saem da solidão do latifúndio os cavalheiros do tabaco, roupas de seda, primeiras perucas cacheadas; e em torno de jarras de cidra ou brandy discutem e apostam enquanto rodam os dados sobre a mesa. Apostam dinheiro ou tabaco ou escravos negros ou serventes brancos, desses que pagam com anos de trabalho a dívida da viagem da Inglaterra; mas só em grandes noites de glória ou ruína apostam cavalos. Um bom cavalo dá a medida do valor de seu dono, tabacocrata de Virgínia que a cavalo vive e manda e a cavalo entrará na morte, voo de vento até as portas do céu.

Em Virgínia não há tempo para outra coisa. Há três anos, o governador William Berkeley pôde dizer, orgulhoso: *Agradeço a Deus que não existam escolas gratuitas nem imprensa, e espero que não as tenhamos em cem anos; porque a instrução trouxe ao mundo a desobediência, a heresia e as seitas, e a imprensa as divulgou. (35)*

1676
Vale de Connecticut

O machado da guerra

Quando caem as primeiras neves, erguem-se os índios wampanoag. Estão fartos de que a fronteira da Nova Inglaterra corra rumo ao sul e rumo ao oeste, fronteira de pés ágeis, e no fim do inverno os índios já arrasaram o vale de Connecticut e lutam a menos de vinte milhas de Boston.

O cavalo arrasta, preso ao estribo, um cavaleiro morto por uma flechada. Os despojados, guerreiros velozes, golpeiam e desaparecem; e assim vão empurrando os invasores até a costa onde desembarcaram há tempos. *(153 e 204)*

1676
Plymouth

Metacom

A metade da população indígena morreu na guerra. Doze vilas inglesas viraram cinza.

No final do verão, os ingleses trazem a Plymouth a cabeça de Metacom, o chefe dos wampanoag Metacom, ou seja, Satanás, o que quis arrebatar dos colonos puritanos as terras que Deus lhes havia outorgado.

Discute a Corte Suprema de Plymouth: *O que fazemos com o filho de Metacom? O enforcamos ou o vendemos como escravo*? Levando em consideração o Deuteronômio (24.16), o Livro Primeiro dos Reis (11,17), o Livro Segundo das Crônicas (25.4) e os Salmos (137.8,9) os juízes resolvem vender o filho de Metacom, que tem nove anos nos mercados de escravos das Antilhas.

Dando outra prova de generosidade, os vencedores oferecem aos índios um pedacinho do todo que antes tinham: daqui em diante, as comunidades índias da região, tenham lutado ou não junto a Metacom, serão encerradas em quatro reservas na baía de Massachusetts. *(153 e 204)*

1677
Old Road Town

Morrem aqui, renascem ali

O corpo, que pouco sabe, não sabe, e nem sabe a alma que respira; mas sabe a alma que sonha, que é a que mais sabe: o negro que se mata na América ressuscita na África. Muitos escravos desta ilha de Saint Kitts se deixam morrer negando-se a comer ou comendo nada além de terra, cinza e cal; e outros amarram uma corda no pescoço. Nos bosques, entre os cipós que caem das grandes árvores choronas, balançam escravos que não apenas matam, ao matar-se, sua memória de dores: ao matar-se também iniciam, em branca canoa, a viagem de regresso às terras de origem.

Um tal Bouriau, dono de plantações, anda na mata, facão na mão, decapitando enforcados:

– Pendurem-se, se quiserem! – adverte aos vivos. – Lá em seus países não terão cabeça e não poderão ver, nem ouvir, nem falar, nem comer!

E outro proprietário, o major Crips, o mais duro castigador de homens, entra no bosque com uma carreta carregada de caldeiras de cobre e peias de moinho de açúcar. Busca e encontra seus escravos fugitivos, que se reuniram e estão armando nós e escolhendo galhos, e lhes diz:

– Continuem, continuem. Eu me enforcarei com vocês. Vou acompanhá-los. Comprei na África um grande engenho de açúcar, e vocês trabalharão lá para mim.

O major Crips escolhe a maior árvore, uma ceiba imensa; enrola a corda ao redor do próprio pescoço e ajusta o nó corrediço. Os negros olham para ele, atordoados, mas sua cara é uma pura sombra debaixo do chapéu de palha, sombra que diz:

– Vamos, todos! Depressa! Necessito braços na Guiné! *(101)*

1677
Porto Calvo

O capitão promete terras, escravos e honrarias

Na madrugada, sai o exército de Porto Calvo. Os soldados, voluntários ou arrebanhados, marcham contra os negros livres de Palmares, que andam incendiando canaviais em todo o sul de Pernambuco. Fernão Carrilho, capitão-mor da guerra de Palmares, discursa para a tropa depois da missa:

– Por grande que seja a multidão dos inimigos, é uma multidão de escravos. A natureza os criou mais para obedecer que para resistir. Se os destruirmos, teremos terras para nossas plantações, negros para nosso serviço e honra para nossos nomes. Os negros lutam como fugitivos. Nós os perseguiremos como senhores! (69)

1678

Recife

Ganga Zumba

Missa de ação de graças na igreja matriz: o governador de Pernambuco, Aires de Sousa Castro, recolhe as abas de sua casaca bordada e ajoelha-se na frente do trono do Santíssimo. Ao seu lado, coberto por uma ampla capa de seda vermelha, ajoelha-se também Ganga Zumba, chefe supremo da federação dos Palmares.

Repicam os sinos, alvoroço de artilharia e tambores: o governador outorga a Ganga Zumba o título de comandante de campo, e em prova de amizade adota dois de seus filhos menores, que se chamarão Sousa de Castro. Ao cabo das conversas de paz celebradas em Recife entre delegados do rei de Portugal e representantes de Palmares, celebra-se o acordo: os santuários de Palmares serão desalojados. Declara-se livre todo indivíduo nascido ali, e quem levar marca de ferro em brasa voltará às mãos de seus proprietários.

– Mas eu não me rendo – diz Zumbi, sobrinho de Ganga Zumba.

Zumbi fica em Macacos, capital de Palmares, surdo aos sucessivos decretos que lhe oferecem perdão.

Dos trinta mil palmarinos, só cinco mil acompanham Ganga Zumba. Para os outros, é um traidor que merece a morte e o esquecimento.

– Não acredito na palavra de meus inimigos – diz Zumbi. – Meus inimigos não se acreditam nem entre eles. *(43 e 69)*

Sortilégio yoruba contra o inimigo

Quando tentam apanhar um camaleão
debaixo de uma esteira,
o camaleão toma cor da esteira
e se confunde com ela.

Quando tentam apanhar um crocodilo
no leito do rio,
o crocodilo toma a cor da água
e se confunde com a corrente.
Quando tentar agarrar-me o Feiticeiro,
que possa eu ganhar a agilidade do vento e escapar de um sopro! (134)

1680
Santa Fé do Novo México

A cruz vermelha e a cruz branca

Os nós de uma corda de fibra de *maguey* anunciam a revolução e mostram os dias que faltam. Os mais ágeis mensageiros levam a corda de aldeia em aldeia, por todo o Novo México, até que chega o domingo da ira.

Rebelam-se os índios de vinte e quatro comunidades. São as que sobram, das sessenta e seis que havia nestas terras do norte quando os conquistadores chegaram. Os espanhóis conseguem esmagar os rebeldes em uma ou duas aldeias:

– Renda-se.

– Prefiro a morte.

– Irás ao inferno.

– Prefiro o inferno.

Mas os vingadores da dor avançam arrasando igrejas e fortes e depois de uns dias se fazem donos de toda a região. Para apagar os óleos do batismo e tirar os nomes cristãos, os índios mergulham nos rios e se esfregam o corpo com amor. Disfarçados de padre, bebem celebrando a recuperação de suas terras e de seus deuses. Anunciam que nunca mais trabalharão para outros e que por todas as partes brotarão as abóboras e ficará nevado o mundo de tanto algodão.

O cerco se fecha ao redor da cidade de Santa Fé, último reduto da Espanha nestas distantes comarcas. O chefe dos índios chega a galope ao pé da muralha. Vem armado de arcabuz, adaga e espada, e usa uma faixa de tafetá encontrada em um convento. Joga duas cruzes, uma branca e outra vermelha, aos pés da muralha

– A cruz vermelha é resistência. A branca, rendição. Levantem a que escolham!

Então dá as costas aos sitiados e desaparece em uma nuvem de pó.

Os espanhóis resistem. Ao cabo de alguns dias, erguem a cruz branca. Tinham chegado há muito tempo, em busca das lendárias cidades douradas de Cíbola. Agora empreendem a retirada rumo ao sul. *(88)*

1681

Cidade do México

Juana aos trinta

Depois de rezer as matinas e as laudes, põe um pião dançando em cima de farinha e estuda os círculos que ele desenha. Investiga a água e a luz, o ar e as coisas. Por que o ovo se une no óleo fervente e se despedaça em calda de açúcar? Em triângulos de alfinetes, busca o anel de Salomão. Com um olho grudado no telescópio, caça estrelas.

Ameaçaram-na com a Inquisição e lhe proibiram de abrir os livros, mas sor Juana Ines de la Cruz estuda *nas coisas que Deus criou, servindo-me elas de letras e de livro, toda esta máquina universal.*

Entre o amor divino e o amor humano, entre os quinze mistérios do rosário pendurado em seu pescoço e os enigmas do mundo se debate sor Juana; e muitas noites passa em branco, orando, escrevendo, quando recomeça em seu interior a guerra infinita entre a paixão e a razão. No final de cada batalha, a primeira luz do dia entra em sua cela no convento das jerônimas e ajuda sor Juana a recordar o que disse Lupercio Leonardo, aquela frase que diz que bem se pode filosofar e temperar a ceia. Ela cria poemas na mesa e no forno, massas folhadas; letras e delícias para dar de presente, músicas da harpa de David curando Saul e curando também David, alegrias da alma e da boca condenadas pelos advogados da dor.

– Só o sofrimento te fará digna de Deus – diz-lhe o confessor, que ordena que ela queime o que escreve, ignore o que sabe e não veja o que olhe. *(55, 58 e 190)*

1681

Cidade do México

Sigüenza y Gongora

Desde fins do ano passado, um cometa incendeia o céu do México. Que males anuncia o colérico, profeta? Que penas trará? Cairá o sol sobre a terra?

O sol como grande punho de Deus? Secará o mar e não ficará uma gota de água nos rios?

– Por nenhum motivo haverão de ser infaustos os cometas – responde o sábio aos apavorados.

Carlos de Sigüenza y Gongora publica seu *Manifesto philosofico contra os cometas despojados do imperio que tinha sobre os timidos*, formidável argumento contra a superstição e o medo. Desata-se a polêmica entre a astronomia e a astrologia, entre a curiosidade humana e a revelação divina. O jesuíta alemão Eusébio Francisco Kino, que anda por estas terras, se apoia em seis fundamentos bíblicos para afirmar que quase todos os cometas são precursores de sinistros, tristes e calamitosos sucessos. Desdenhoso, Kino pretende emendar a tese de Sigüenza y Gongora, que é filho de Copérnico e Galileu e outros hereges; e lhe responde o sábio local:

– Poderá o senhor reconhecer, ao menos, que também há matemáticos fora da Alemanha, embora metidos entre garriçais e espadanas da lagoa mexicana.

Cosmógrafo-mor da Academia, Sigüenza y Gongora intuiu a lei da gravidade e crê que outras estrelas terão, como o sol, planetas voando ao seu redor. Valendo-se do cálculo das eclipses e dos cometas, conseguiu situar as datas da história indígena do México; por ser a terra seu ofício tanto como o céu, também fixou exatamente a longitude desta cidade (283°23' a oeste de Santa Cruz de Tenerife), desenhou o primeiro mapa completo da região e contou seus acontecimentos, em verso e prosa, em obras de títulos extravagantes, como se usa neste século. *(83)*

1682

Accra

TODA A EUROPA VENDE CARNE HUMANA

Não distante das fortalezas da Inglaterra e Dinamarca, à distância de um tiro, ergue-se a nova instalação comercial prussiana. Uma nova bandeira ondeia nesta costa, sobre o teto de tronco do armazém de escravos e nos mastros dos navios que partem repletos. Através da Companhia da África, os alemães se incorporaram ao negócio mais suculento da época.

Os portugueses caçam e vendem negros através da Companhia da Guiné. A Real Companhia Africana opera em proveito da coroa inglesa. O pavilhão francês navegas nos barcos da Companhia do Senegal. Prospera a Companhia Holandesa das Índias Ocidentais. A empresa dinamarquesa especializada no tráfico de escravos se chama também Companhia das Índias Ocidentais; e a Companhia do Mar do Sul dá lucro aos suecos.

A Espanha não tem nenhuma empresa negreira. Mas há um século, em Sevilha, a Casa de Contratação enviou ao rei um documentado relatório explicando que os escravos eram as mercadorias mais lucrativas de todas as que entravam na América; e continua sendo assim. Pelo direito de vender escravos nas colônias espanholas, as empresas estrangeiras pagam fortunas às arcas reais. Com esses fundos se construíram, entre outras coisas, palácios reais de Madrid e de Toledo. A Junta de Negros se reúne na sala principal do Conselho das Índias. *(127, 129, 160 e 224)*

1682

Remédios

Por ordem do Diabo

Treme, se entorta, ruge, baba. Faz vibrar as pedras da igreja. Em volta, fumega a vermelha terra de Cuba.

– Satanás, cão! Cão bêbado! Fala ou mijo em você! – ameaça o inquisidor José González de la Cruz, pároco desta vila de Remédios, enquanto se espuma no chão e dá chutes a negra Leonarda frente ao altar-mor. Bartolomé del Castillo, tabelião público, aguarda sem respirar: aperta um grosso maço de papéis com uma das mãos, e com a outra tem suspensa uma pluma de ave.

O Diabo brinca, feliz, no corpo gracioso da negra Leonarda.

O inquisidor vira a escrava com um golpe e ela cai de bruços e morde o pó e rebota, erguendo-se, e gira e balança, sangrando, bela, sobre o xadrez das lajes.

– Satanás! Lúcifer! Mandinga! Fala de uma vez, merda pestilenta!

Da boca de Leonarda saem fogos e espumas. Também vocifera estrépitos que ninguém entende, salvo o padre José, que traduz e dita ao escrivão:

– Diz que é Lúcifer! Diz que há oitocentos mil demônios em Remédios!

Outros ruídos troveja a negra.

– Que mais? Que mais, cão? – exige o padre, e levanta Leonarda pela carapinha

– Fala, merda!

Não xinga a mãe, porque Diabo não tem mãe.

Antes que a escrava desmaie, o padre grita e o tabelião escreve:

– Diz que Remédios afundará! Está confessando tudo! O tenho agarrado pelo pescoço! Diz que a terra nos tragará!

E uiva:

– Uma, boca do inferno! Diz que Remédios é uma boca do inferno!

Todos gritam. Todos os moradores de Remédios chutam e gemem e gritam. Mais de um desmaia.

O padre, banhado em suor, com a pele transparente e os lábios trêmulos, afrouxa os dedos que oprimem o pescoço de Leonarda. A negra desmorona.

Ninguém acode. *(161)*

1682
Remédios

Porém, ficam.

Oitocentos mil demônios. Quer dizer que o ar de Remédios tem mais demônios que mosquitos: mil trezentos e cinco diabos atormentam cada morador.

Os demônios são mancos, desde aquela queda que todo mundo conhece. Têm barbas e chifres de bode, asas de morcego, rabo de rato e pele negra. Por serem negros, brincam satisfeitos no corpo de Leonarda.

Leonarda chora e se nega a comer.

– Se Deus quer limpar-te – diz-lhe o padre José –, branqueará a tua pele.

Das almas em pena sai o canto queixoso das cigarras e dos grilos. Os caranguejos são pecadores condenados a caminhar torto. Nos pântanos e nos rios, moram os duendes ladrões de crianças. Quando chove, soa em covas e grutas a briga dos demônios, furiosos porque se molham os raios e as centelhas que acenderam para incendiar o céu. Com voz rouca, fanhosa, croa o sapo na gruta do Boquerón. Prognostica chuva ou amaldiçoa? Vem de onde a luz que brilha na escuridão? Esses olhos, são da coruja? Contra quem assovia a cobra? Noturnoso, cego, zune o morcego: quem é tocado por sua asa vai parar no inferno, que está lá embaixo, embaixo de Remédios: lá as chamas queimam sem iluminar, e o gelo eterno faz tremer os que aqui na terra pecaram em brasa.

– Para trás!

Ao menor sinal de alarma, o padre se mete de um salto na pia de água benta.

– Para trás, Satanás!

Com água benta são lavadas as alfaces. Boceja-se com a boca fechada.

– Jesus! Jesus! – persignam-se os moradores.

Não há casa que as réstias de alho não enfeitem, nem ar que a fumaça de alfavaca não impregne.

– Que pés tenham e não me alcancem, ferro e não me machuquem, nós e não me amarrem...

Mas ficam. Nenhum vai embora. Ninguém abandona a vila de Remédios. *(161)*

1682

Remédios

Por ordem de Deus

Os sinos da igreja, recortados contra o céu, chamam para a reunião.

Toda Remédios acode.

O escrivão ocupa seu lugar à direita do altar. A multidão aperta-se até muito além das portas abertas.

Corre o rumor de que o padre José tomará declaração de Deus. Espera-se que Cristo solte sua mão direita e jure que dirá a verdade, toda a verdade e nada mais que a verdade.

O padre José avança até o tabernáculo do altar-mor e abre o sacrário. Ergue o cálice e a hóstia; e frente à carne e ao sangue do Senhor, de joelhos, formula seu requerimento. O escrivão toma nota. Deus iluminará o lugar onde os habitantes de Remédios haverão de viver.

Se o Diabo falou pela boca de Leonarda, Leonardo será o intérprete de seu invencível inimigo.

O padre cobre com uma venda os olhos de Leonardo, um menino que não lhe chega à cintura, e Leonardo afunda a mão na taça de prata onde estão, revolvidos, alguns papeizinhos com nomes de lugares.

O menino escolhe um. O padre o desdobra e em voz muito alta lê:

– Santa Maria de Guadalupe! Tome nota, escrivão!

E acrescenta, triunfal:

– O Senhor teve piedade de nós! Ele, em sua infinita misericórdia, nos oferece amparo! Adiante, remedianos! Chegou a hora de partir!

E vai-se embora.

Olha para trás. Poucos o seguem.

O padre José leva tudo: o cálice e as hóstias, a lamparina e os candeeiros de prata, as imagens e as talhas de madeira. Mas só um punhadinho de beatas e uns poucos assustados o acompanham até a terra prometida.

No lombo ou arrastando, escravos e cavalos carregam os trastes. Levam móveis e roupas, arroz e feijão, sal, azeite, açúcar, carne-seca, tabaco e também livros de Paris, algodões de Rouen e rendas de Malinas, que entraram em Cuba de contrabando.

É longa a viagem até Santa Maria de Guadalupe. Lá está o Rancho do Cupey. Essas terras pertencem ao padre José. Há anos que o padre não encontra quem as compre. *(161)*

1688
Havana

Por ordem do rei

Não se fala de outra coisa em toda Cuba. Nas rodas de intrigas, fazem-se apostas.

Obedecerão os de Remédios?

O padre José, abandonado por seus fiéis, ficou sozinho e teve que voltar a Remédios. Mas continua batalhando em sua guerra santa que encontrou eco até no palácio real. De Madrid, Carlos II ordenou que a população de Remédios se mude para as terras do Rancho do Cupey, em Santa Maria de Guadalupe.

O capitão-geral da capitania e o bispo de Havana anunciam que de uma vez por todas deve cumprir-se a vontade do rei.

Se acaba a paciência.

Os de Remédios continuam fazendo-se de surdos. *(161)*

1691
Remédios

E daqui não saem

Ao amanhecer, chega de Havana o capitão Perez de Morales, com quarenta homens bem armados.

Param na igreja. Um a um, comungam os soldados. O padre José abençoa os mosquetões e os machados.

Preparam as tochas.

Ao meio-dia, a vila de Remédios é uma grande fogueira. De longe, a caminho de suas terras no Rancho do Cupey, o padre José olha a labareda azulada erguendo-se dos escombros em chamas.

Ao cair da noite, pertinho das ruínas, aparecem da mata os escondidos. Sentados em roda, os olhos fixos na fumaceira que não cessa amaldiçoam e recordam. Muitas vezes os piratas tinham saqueado esta vila. Há anos levaram até a custódia do Santíssimo Sacramento e deste desgosto morreu, dizem, um bispo – e ainda bem que levava o escapulário no peito. Mas nunca nenhum pirata tinha incendiado Remédios.

À luz da lua, debaixo de uma ceiba enorme, os escondidos celebram uma assembleia. Eles, que pertencem a esta terra vermelha aberta entre o verde, resolvem que Remédios será reconstruída.

As mulheres apertam seus filhotes contra o peito e olham com olhos de fera disposta a saltar.

O ar cheira a queimado. Não cheira a enxofre nem a merda de diabo.

Escutam-se as vozes dos que discutem e o pranto de um recém-nascido, que pede leite e nome. *(161)*

1691
Cidade do México

Juana aos quarenta

Um jorro de luz branca, luz de cal, metralha sor Juana Inês de la Cruz, ajoelhada no centro do palco. Ela está de costas e olha para o alto. Lá em cima um enorme Cristo sangra, abertos os braços, sobre o estrado empinado, forrado de veludo negro e espetado de cruzes, espadas e estandartes. No estrado, dois promotores acusam.

Todo mundo é negro, e negros são os capuzes que mascaram os promotores. Um, porém, leva hábito de monja e debaixo do capuz aparecem os cachos avermelhados da peruca: é o bispo de Puebla, Manuel Fernández de Santa Cruz, no papel de sor Filotea. O outro, Antonio Núnez de Miranda, confessor de sor Juana, se representa a si mesmo. Seu nariz aquilino, que faz volume no capuz, se move querendo soltar-se do dono.

Sor Filotea (*bordando em um bastidor*). – Misterioso é o Senhor. Para que, me pergunto, terá posto cabeça de homem no corpo de sor Juana? Para que se ocupe das rasteiras notícias da terra? Aos Livros Sagrados, nem se digna a dar uma olhada.

O Confessor (*apontando sor Juana com uma cruz de madeira*) – Ingrata!

Sor Juana (*pregados os olhos em Cristo, por cima dos promotores*). – Mal correspondo à generosidade de Deus, é verdade. Eu só estudo para ver se com estudar, ignoro menos, e aos cumes da Sagrada Teologia dirijo meus passos;

mas muitas coisas estudei e nada, ou quase nada, aprendi. Longe de mim as divinas verdades, sempre longe... Tão próximas as sinto às vezes, e tão distantes as sei! Desde que era muito menina... Aos cinco ou seis anos buscava nos livros de meu avô essas chaves, essas claves... Lia, lia. Me castigavam e lia, escondida buscando...

O CONFESSOR (*a sor Filotea*). – Jamais aceitou a vontade de Deus. Agora, até letra de homem tem. Eu vi seus versos manuscritos!

SOR JUANA. – Buscando... Muito cedo soube que as universidades não são para mulheres, e que se tem por desonesta a que sabe mais do que rezar o Pai-Nosso. Tive por mestres livros mudos, e por condiscípulo, um tinteiro. Quando me proibiram os livros, como mais de uma vez ocorreu neste convento, me pus a estudar nas coisas do mundo. Até cozinhando se pode descobrir segredos da natureza.

SOR FILOTEA – A Real e Pontifícia Universidade da Fritura! Como sede, uma caçarola!

SOR JUANA. – O que podemos saber as mulheres além de filosofias de cozinha? Mas se Aristóteles tivesse cozinhado, muito mais teria escrito. Provoca risos, não é? Pois riam, se lhes dá prazer. Muito sábios se sentem os homens, só porque são homens. Também Cristo foi coroado com espinhos por ser rei de caçoadas.

O CONFESSOR (*apaga-se o sorriso; bate na mesa com a mão*). – Vejam isso! A pedante freirinha! Como sabe fazer versinhos, se compara com o Messias.

SOR JUANA. – Também Cristo sofreu esta ingrata lei. Por ter o sinal? Pois que morra! Por ter sido apontado? Pois que padeça!

O CONFESSOR – Que humildade!

SOR FILOTEA – Vamos, filha, que se escandaliza Deus com semelhante orgulho falador...

SOR JUANA – Meu orgulho? (*Sorri triste*). Tempo faz que se gastou.

O CONFESSOR – Como celebra o vulgo seus versos, acredita-se uma eleita. Versos que envergonham esta casa de Deus, exaltação da carne... (Tosse.) Artes ruins de macho...

SOR JUANA. – Meus pobres versos! Pó, sombra, nada. A glória vã, os aplausos... Será que os solicitei? Que revelação divina proíbe as mulheres de escrever? Por graça ou maldição, foi o Céu quem me fez poeta.

O CONFESSOR (*olha o teto e ergue as mãos, suplicando*). – Ela suja a pureza da fé e a culpa é de Cristo!

SOR FILOTEA (*afasta o bastidor de bordar e enlaça os dedos sobre o ventre*). – Muito canta sor Juana ao humano, e pouco, pouco ao divino.

SOR JUANA – Não nos ensinam os Evangelhos que no terrenal se expressa o celestial? Uma força poderosa empurra a minha mão...

O CONFESSOR (*agitando a cruz de madeira, como para bater em sor Juana de longe*). – Força de Deus ou força do rei dos soberbos?

SOR JUANA – ... e escrevendo continuarei, temo, enquanto o corpo me der sombra. Fugia de mim quando tomei os hábitos, mas, miserável de mim!, trouxe-me a mim mesma comigo.

SOR FILOTEA – Toma banho nua. Há provas.

SOR JUANA – Apaga, Senhor, a luz de meu entendimento! Deixa apenas a que baste para guardar a Tua lei! Não sobra todo o resto, em uma mulher?

O CONFESSOR (gemendo, rouco, voz de corvo). – Envergonhe-se! Mortifique teu coração, ingrata!

SOR JUANA – Apague-me. Apague-me, meu Deus!

A obra continua, com diálogos semelhantes, até 1693. (55 e 75)

1691
Placentia

ADARIO, CHEFE DOS ÍNDIOS HURÕES, FALA AO BARÃO DE LAHONTAN, COLONIZADOR FRANCÊS DE TERRANOVA

Não, já bastante miseráveis são os senhores; não imagino como poderiam ser piores. A que espécie de criaturas pertencem os europeus, que classe de homens são? Os europeus, que só fazem o bem por obrigação, e não tem outro motivo para evitar o mal que o medo ao castigo...

Quem lhes deu os países que agora habitam? Com que direito os possuem? Estas terras pertenceram desde sempre aos algonquinos. De verdade, meu querido irmão, sinto pena de ti no fundo da minha alma. Siga meu conselho e faça-te hurão. Vejo claramente a diferença que há entre a minha condição e a tua. Eu sou meu amo, e o amo da minha condição. Eu sou o amo de meu próprio corpo, disponho de mim, faço o que me dá prazer, sou o primeiro e o último de minha nação, não tenho medo de ninguém e só dependo do Grande Espírito. Em compensação, teu corpo e tua alma estão condenados, dependem do grande capitão, o vice-rei dispõe de ti, não tens a liberdade de fazer o que te vier a cabeça; vives com medo dos ladrões, das falsas testemunhas, dos assassinos; e deves obediência a uma infinidade de pessoas que estão por cima de ti. É verdade ou não é verdade? (136)

1692
Salem Village

As bruxas de Salem

– Cristo sabe quantos demônios há aqui! – ruge o reverendo Samuel Parris, pastor da vila de Salem, e fala de Judas, o demônio sentado à mesa do Senhor, que se vendeu por trinta dinheiros, 3,15 em libras inglesas, irrisório preço de uma escrava.

Na guerra dos cordeiros contra os dragões, clama o pastor, não há neutralidade possível nem refúgio seguro. Os demônios meteram-se em sua própria casa: uma filha e uma sobrinha do reverendo Parris foram as primeiras atormentadas pelo exército de diabos que tomou de assalto esta puritana vila. As meninas acariciaram uma bola de cristal, querendo ver a sorte, e viram a morte. Desde que isso aconteceu, são muitas as jovenzinhas de Salem que sentem o inferno no corpo: a maligna febre as queima por dentro e se revolvem e se retorcem, rodam pelo chão espumando e uivando blasfêmias e obscenidades que o Diabo lhes dita.

O médico, William Griggs, diagnostica o malefício. Oferecem a um cão um bolo de farinha de centeio misturada com urina das possuídas, mas o cão come, mexe o rabo, agradecido, e vai embora para dormir em paz. O Diabo prefere a moradia humana.

Entre convulsão e convulsão, as vítimas acusam.

São mulheres, e mulheres pobres, as primeiras condenadas à forca. Duas brancas e uma negra: Sarah Osborne, uma velha prostrada que há anos chamou aos gritos seu servente irlandês, que dormia no estábulo, e abriu-lhe um lugarzinho na cama; Sarah Good, uma mendiga turbulenta, que fuma cachimbo e responde resmungando às esmolas; e Tituba, escrava negra das Antilhas, apaixonada por um demônio todo peludo e de nariz comprido. A filha de Sarah Good, jovem bruxa de quatro anos de idade, está presa no cárcere de Boston, com grilhões nos pés.

Mas não cessam os gemidos de agonia das jovenzinhas de Salem e se multiplicam as acusações e condenações. A caçada de bruxas sobe da suburbana Salem Village ao centro de Salem Town, da vila ao porto, dos malditos aos poderosos: nem a esposa do governador se salva do dedo que aponta culpados. Balançam na forca prósperos granjeiros e mercadores, donos de barcos que comerciam com Londres, privilegiados membros da Igreja que desfrutavam do direito à comunhão.

Anuncia-se uma chuva de enxofre sobre Salem Town, o segundo porto de Massachusetts, onde o Diabo, trabalhador como nunca, anda prometendo aos puritanos cidades de ouro e sapatos franceses. *(34)*

1692
Guápulo

A nacionalização da arte colonial

No santuário de Guápulo, uma aldeia recostada nas costas de Quito, se inauguram os quadros a óleo de Miguel de Santiago.

Em homenagem à Virgem daqui, que é muito milagrosa, Miguel de Santiago oferece esta serra e este planalto, esta cordilheira e este céu, paisagens que não estariam totalmente vivas se não as acendessem as pessoas que as atravessam: gente daqui, que anda por lugares daqui em procissão ou solidão. O artista já não copia gravuras vindas de Madrid ou Roma sobre a vida de Santo Agostinho. Agora pinta a luminosa cidade de Quito, rodeada de vulcões, as torres destas igrejas, os índios de Pujili e o despenhadeiro de Machangura, a colina de Bellavista e o vale de Guápulo; e são daqui os sóis atrás das montanhas, a fumaça das fogueiras de nuvens erguendo-se e os neblinosos rios que cantam sem calar-se nunca.

E não é apenas Miguel de Santiago. Mãos anônimas de artesãos indígenas ou mestiços, deslizam de contrabando lhamas no lugar de camelos nos presépios de Natal e abacaxis e palmeiras e milho e abacates nas folhagens das fachadas das igrejas; e até sóis com faixas nas cabeças, pertinho dos altares. Por todas as partes há Virgens grávidas e Cristos que sofrem como homens, como homens daqui, pela infelicidade desta terra. *(215)*

1693
Cidade do México

Juana aos quarenta e dois

Lágrimas da vida inteira, brotadas do tempo e da pena, empapam a sua cara. No fundo, no triste, vê nublado o mundo. Derrotada, diz adeus.

Vários dias durou a confissão dos pecados de toda a sua existência frente ao impassível, implacável padre Antonio Núñez de Miranda, e todo o resto será penitência. Com tinta de seu sangue escreve uma carta ao Tribunal Divino, pedindo perdão.

Já não navegarão *suas velas leves e suas quilhas graves* pelo mar da poesia. Sor Juana Inês de la Cruz abandona os estudos humanos e renuncia às letras. Pede a Deus que lhe dê como presente o esquecimento e escolhe o silêncio, aceita-o, e assim perde a América a sua melhor poetisa.

Pouco sobreviverá o corpo a este suicídio da alma. *Que se envergonha a vida de durar-me tanto...* *(16, 55 e 58)*

1693
Santa Fé do Novo México

Treze anos durou a independência

Treze anos se passaram desde que se enlouqueceram os sinos de Santa Fé do Novo México, celebrando a morte do Deus dos cristãos e de Maria, a sua mãe.

Treze anos demoraram os espanhóis em reconquistar estas terras bravias do norte. Enquanto durou essa trégua de independência, os índios recuperaram sua liberdade e seus nomes, sua religião e seus costumes, mas além disso incorporaram às suas comunidades o arado e a roda e outros instrumentos que os espanhóis tinham trazido.

Para as tropas coloniais, não foi fácil a reconquista. Cada *pueblo* do Novo México é uma gigantesca fortaleza fechada a sete chaves, com muros largos de pedra e pau a pique, com vários andares de altura. No vale do rio Grande vivem homens não acostumados à obediência nem ao trabalho servil. *(58)*

Canto à imagem que se vai da areia, dos índios do Novo México

Para que eu me cure,
o feiticeiro pintou,
no deserto, tua imagem:
teus olhos são de areia dourada,
de areia vermelha é agora a tua boca,
de areia azul são teus cabelos
e minhas lágrimas são de areia branca.
Todo o dia pintou.
Crescias como uma deusa
sobre a imensidão da tela amarela.
O vento da noite dispersará a tua sombra

e as cores da tua sombra.
Segundo a lei antiga, nada me restará.
Nada, a não ser o resto de minhas lágrimas,
areias de prata. (63)

1694
Macacos

A última expedição contra Palmares

O caçador de índios, matador de muitas léguas de índios, nasceu de mãe índia. Fala guarani e muito pouco português. Domingos Jorge Velho é capitão de mamelucos de São Paulo, mestiços que semearam o terror em meio Brasil em nome dos senhores coloniais e para feroz exorcismo da metade de seu sangue.

Nos últimos seis anos, o capitão Domingos alugou seus serviços à coroa portuguesa contra os índios janduim, alçados no sertão de Pernambuco e no Rio Grande do Norte. Depois de longa carniceria chega a Recife, vitorioso, e ali o contratam para arrasar Palmares. Oferecem-lhe uma recompensa em terras e negros para vender no Rio de Janeiro e Buenos Aires, e além disso lhe prometem infinitas anistias, quatro hábitos de ordens religiosas e trinta graus militares para repartir entre seus homens.

Com a luneta à bandoleira sobre o peito nu, aberta a casaca gordurosa, o capitão Domingos desfila a cavalo pelas ruas de Recife, à cabeça de seus oficiais mestiços e seus soldados índios degoladores de índios. Cavalga entre nuvens de pó e cheiro de pólvora e aguardente, atravessando ovações e marés de lenços brancos: este messias nos salvará dos negros rebeldes, crê ou quer crer a população, convencida de que os negros têm a culpa da falta de braços para os engenhos e também têm a culpa das pestes e das secas que estão assolando o nordeste, porque não enviará Deus a saúde nem a chuva enquanto não cesse o escândalo de Palmares.

E organiza-se a grande cruzada. De todas as partes acodem voluntários, empurrados pela fome, em busca de ração segura. Esvaziam-se as cadeias: até os presos se incorporam ao maior exército até agora reunido no Brasil.

Os exploradores índios marcham adiante e os carregadores negros na retaguarda. Nove mil homens atravessam a selva, chegam à serra e sobem até os picos onde se erguem as fortificações de Macacos. Esta vez, levam canhões.

Vários dias dura o assédio. Os canhões aniquilam a tríplice muralha de madeira e pedra. Luta-se corpo a corpo, na beira do abismo. São tantos os mortos que não há onde cair, e continua a degolação entre os matagais. Muitos negros tentam fugir e escorregam no vazio pelos despenhadeiros; e muitos se atiram, escolhendo o precipício.

As chamas devoram a capital de Palmares. Da distante cidade de Porto Calvo veem-se os resplendores da gigantesca fornalha, que arde durante toda a noite. *Queimar até a memória.* Os cornos de caça não param de anunciar o triunfo.

O chefe Zumbi, ferido, conseguiu escapar. Dos altos picos chega à selva. Perambula por túneis verdes, na espessura, buscando os seus. *(38, 43 e 69)*

Lamento do povo azande

O menino morreu;
cubramos nossas caras
com terra branca.
Quatro filhos pari na
choça de meu esposo.
Somente o quarto vive.
Quisera chorar,
mas nesta aldeia
está proibida a tristeza. (34)

1695

Serra Dois Irmãos

Zumbi

Profundezas da paisagem, funduras da alma. Fuma cachimbo Zumbi, perdido o olhar nas altas pedras vermelhas e nas grutas abertas como feridas, e não vê que nasce o dia com luz inimiga nem vê que fogem os pássaros, assustados, em revoadas.

Não vê que chega o traidor. Vê que chega o companheiro, Antônio Soares, e se levanta e o abraça. Antônio Soares afunda várias vezes o punhal em suas costas.

Os soldados cravam a cabeça na ponta de uma lança e a levam para Recife, para que apodreça na praça e os escravos aprendam que Zumbi não é imortal.

Já não respira Palmares. Tinha durado um século e tinha resistido a mais de quarenta invasões este amplo espaço de liberdade aberto na América colonial. O vento levou as cinzas dos baluartes negros de Macacos e Subupira, Dambrabanga e Obenga, Tabocas e Arotirene. Para os vencedores, o século de Palmares se reduz ao instante das punhaladas que acabaram com Zumbi. Cairá a noite e nada ficará debaixo das frias estrelas. Mas, que sabe a vigília comparado com o que sabe o sonho?

Sonham os vencidos com Zumbi; e o sonho sabe que enquanto nestas terras um homem seja dono de outro homem, andará o seu fantasma. Mancando andará, porque Zumbi era manco por culpa de uma bala; andará tempo acima e tempo abaixo e mancando lutará nestas selvas de palmeiras e em todas as terras do Brasil. Se chamarão Zumbi os chefes das incessantes rebeliões negras. *(69)*

1695

São Salvador da Bahia

A capital do Brasil

Nesta cidade radiante há uma igreja para cada dia do ano e uma festa por dia. Fulgor de torres e campanários e altas palmeiras, fulgor de corpos, ares pegajosos de azeite de dendê: hoje celebra-se um santo e amanhã uma amante na Bahia de Todos os Santos e dos não tão santos. São Salvador da Bahia, morada do vice-rei e do arcebispo, é a cidade portuguesa mais populosa depois de Lisboa e inveja Lisboa seus mosteiros monumentais e suas igrejas de ouro, suas mulheres incendiárias e suas festas e bailes de máscaras e procissões. Aqui andam as rameiras mulatas vestidas de rainha e os escravos passeiam em liteira seus senhores pelas frondosas alamedas, entre palácios dignos da região do delírio. Gregório de Matos, nascido na Bahia, retrata assim os nobres senhores das plantações de açúcar:

No Brasil a fidalguia
no bom sangue nunca está
nem no bom procedimento:
Pois, logo, em que pode estar?
Consiste em muito dinheiro...

Os escravos negros são os alicerces destes castelos. Do púlpito da catedral, o padre Antônio Vieira exige gratidão ao reino de Angola, porque sem

Angola não haveria Brasil e sem Brasil não haveria Portugal, *podendo-se com muita razão dizer que o Brasil tem o corpo na América e a alma na África*: Angola, que vende escravos bantu e dentes de elefante; Angola, proclama o sermão do padre Vieira, *com cujo triste sangue e negras mas felizes almas, o Brasil é nutrido, animado, sustentado, servido e preservado.*

Aos seus noventa anos, este sacerdote jesuíta continua sendo o pior inimigo da inquisição, o advogado dos índios, negros e judeus, e o mais atrevido acusador dos senhores coloniais, que acreditam que o trabalho é coisa de animais e cospem na mão que lhes dá de comer. *(33 e 226)*

1696

Regla

VIRGEM NEGRA, DEUSA NEGRA

Ao cais de Regla, parente pobre de Havana, chega a Virgem, e chega para ficar. A talha de cedro veio de Madrid, envolta em um saco, nos braços de seu devoto Pedro Aranda. Hoje, 8 de setembro, está de festa esta aldeola de artesãos e marinheiros, sempre cheirando a mariscos e breu: come o povo manjares de carne e feijão e mandioca, pratos cubanos, pratos africanos, ecó, olelê, ecru, quimbombó, fufú, enquanto rios de rum e terremotos de tambores dão as boas-vindas à Virgem negra, à negrita, padroeira protetora da baía de Havana.

Cobre-se o mar de cascas de côco e galhos de alfavaca e um vento de vozes canta, enquanto a noite cai:

Opa ulê, opa ulê,
opa ê, opa ê,
opa, opa, Yemanjá.

A Virgem negra de Regla é também a africana Yemanjá, prateada deusa dos mares, mãe dos peixes e mãe e amante de Xangô, o deus guerreiro mulherengo e brigão. (68 e 82)

1697
Cap Français

Ducasse

Escudos de ouro, dobrões, ouro do mandachuva e do pobre-diabo, joias e travessas e pratos e xícaras de ouro, ouro dos cálices e das coroas de virgens e santos: chegaram cheios de ouro os porões dos galeões de Jean-Baptiste Ducasse, governador do Haiti e chefe dos flibusteiros franceses das Antilhas. Com tiros de canhão humilhou Ducasse Cartagena das Índias; fez virar pó as muradas da fortaleza, colossais leões de rocha erguidos sobre o mar, e deixou a igreja sem campanário e o governador, sem anéis.

Para a França ruma o ouro da colônia espanhola saqueada. De Versalhes recebe Ducasse o título de almirante e uma frondosa peruca de cachos de neve, digna de rei.

Antes de ser governador do Haiti e almirante da marinha real, Ducasse trabalhava por conta própria, roubando escravos dos barcos negreiros holandeses e tesouros dos galeões da frota espanhola. Desde 1691, trabalha para Luís XIV. *(11 e 61)*

1699
Madrid

O enfeitiçado

Embora não tenha sido anunciada pelo heraldo trombeteiro, pelas ruas de Madrid voa a notícia. Os inquisidores descobriram o culpado do feitiço do rei Carlos. A feiticeira Isabel será queimada viva na praça Maior.

Toda a Espanha rezava pelo rei Carlos II. Ao despertar, o monarca bebia sua poção de pó de víbora, infalível para dar forças, mas em vão: o pênis seguia abobado, incapaz de fazer filhos, e pela boca do rei continuavam saindo babas e hálito imundo e nem uma palavra que valesse a pena.

O malefício não vinha de certa xícara de chocolate com pó de testículos de enforcado, como tinham dito as bruxas de Cangas, nem do próprio talismã que o rei usava pendurado no pescoço, como acreditou o exorcista frei Mauro. Houve quem dissesse que o monarca tinha sido enfeitiçado pela própria mãe, com tabaco da América ou pastilhas de *benjuy*; e inclusive se rumoreou que o mordomo-mor, o duque de Castellflorit, tinha servido à mesa real um presunto misturado com unhas de mulher moura ou judia queimada pela Inquisição.

Os inquisidores tinham encontrado, finalmente, o redemoinho de agulhas, grampos, caroços de cereja e louros cabelos de Sua Majestade, que a feiticeira Isabel tinha escondido pertinho da alcova real.

Balança o nariz, balança o lábio, balança o queixo; mas agora que o rei foi desembruxado, parece que os olhos dele se acenderam um pouquinho. Um anão ergue o círio, para que o Rei contemple seu retrato, que há anos pintou Carreño.

Enquanto isso, fora do palácio faltam pão e carne, peixe e vinho, como se Madrid fosse uma cidade sitiada. *(64 e 201)*

1699

Macouba

Uma demonstração prática

Para que trabalhem com vontade seus escravos nesta terra de sonolências e lentidões, o padre Jean-Baptiste Labat lhes conta que ele era negro antes de vir à Martinica, e que Deus o fez branco em recompensa pelo fervor e submissão com que tinha servido a seus amos na França.

Está o carpinteiro negro da igreja tentando talhar em uma viga uma espiga de encaixe difícil, e não consegue. O padre Labat traça umas linhas com régua e compasso e ordena:

– Corta aí.

O corte é exato.

– Agora, acredito no senhor – diz o escravo olhando-o nos olhos. – Não há homem branco que possa fazer isso. *(101)*

1700

Ouro Preto

Todo o Brasil rumo ao sul

Nos velhos dias, os mapas mostravam a Bahia pertinho das recém-descobertas minas de Potosí, e o governador-geral informava a Lisboa *que esta terra do Brasil e a do Peru são tudo uma.* Para transformar as montanhas de Paranapiacaba em cordilheira dos Andes, os portugueses levaram a São Paulo duzentas lhamas e sentaram-se para esperar que brotassem a prata e o ouro.

Um século e meio depois, o ouro chegou. Estão cheios de pedras brilhantes os leitos dos rios e arroios, nos flancos da serra do Espinhaço. Encontraram ouro os mamelucos de São Paulo, quando andavam em plena caçada de índios cataguazes.

O vento esparramou a notícia por todo o Brasil, chamando multidões: para conseguir ouro na região de Minas Gerais, basta agarrar um punhado de areia ou um maço de erva e sacudi-lo.

Com o ouro chegou a fome. Por um gato ou um cachorro paga-se nos acampamentos 115 gramas de ouro, que é o que um escravo recolhe em dois dias de trabalho. *(33 e 38)*

1700

Ilha de São Tomás

O que faz com que as coisas falem

Lúgubres sinos e melancólicos tambores estão soando nesta ilhota das Antilhas, centro de contrabando e pirataria: um escravo caminha até o queimadouro. Vanbel, o todo-poderoso, condenou-o porque este negro desarta a chuva quando quer, ajoelhando-se ante três laranjas, e porque tem um ídolo de barro que lhe responde todas as perguntas e o salva de todas as dúvidas.

Marcha o condenado com um sorriso de orelha a orelha e os olhos pregados no poste rodeado de lenha. Vanbel corta seu passo:

– Já não poderás falar com teu fantoche de barro, negro bruxo!

Sem olhá-lo, responde o escravo suavemente:

– Posso fazer esta bengala falar.

– Parem! – grita Vanbel aos guardas. – Desamarrem-no!

E na frente da multidão que espera, atira-lhe a bengala.

– Vamos ver – diz.

O negro se ajoelha, abana com as mãos a bengala cravada na terra, dá umas voltas ao redor, torna a ajoelhar-se e acaricia a bengala.

– Quero saber – diz o amo – se já partiu o galeão que deve vir. Quando chegará, quem viaja, o que aconteceu...

O escravo retrocede uns passos.

– Aproxime-se, senhor – propõe. – Ela dirá.

Com o ouvido grudado na bengala, escuta Vanbel que o navio já partiu há tempos do porto de Helsingor, na Dinamarca, mas que ao chegar ao trópico uma tempestade rompeu sua gávea pequena e levou a vela do mastro de ré. O pescoção de Vanbel treme como papo de sapo. O público vê como ele empalidece.

– Não ouço nada – diz Vanbel, enquanto a bengala vai dizendo a eles os nomes do capitão e dos marinheiros.

– Nada! – geme.

A bengala diz em segredo: *O barco chegará dentro de três dias. Sua carga te alegrará*, e Vanbel explode, arranca a peruca e grita:

– Queimem esse negro!

Ruge:

– Queimem já!

Uiva:

– Queimem esse bruxo! *(101)*

Canto do fogo, do povo banto

Fogo que contemplam os homens
na noite, na noite profunda.
Fogo que ardes sem queimar, que brilhas
sem arder.
Fogo que voas sem corpo.
Fogo sem coração, que não reconheces morada
nem tens cabana.
Fogo transparente de palmeiras:
um homem te invoca sem medo.
Fogo dos feiticeiros, teu pai, onde está?
Tua mãe, onde está?
Quem te alimentou?
És teu pai; és tua mãe.
Passas e não deixas rastro.
A lenha seca não te engendra,
não tens como filhas as cinzas.
Morres e não morres.
A alma errante se transforma em ti, e ninguém
sabe disso.
Fogo dos feiticeiros, Espírito
das águas inferiores e dos ares superiores.
Fogo que brilhas, vaga-lume que iluminas
o pântano.

Pássaro sem asas, coisa sem corpo, Espírito
da Força do Fogo.
Escute a minha voz: um homem te invoca
sem medo. (134)

1700

Madrid

Penumbra de Outono

Nunca pôde vestir-se sozinho, nem ler correntemente, nem ficar em pé por conta própria. Aos quarenta anos, é um velhinho sem herdeiros, que agoniza rodeado de confessores, exorcistas, cortesãos e embaixadores que disputam o trono.

Os médicos, vencidos, tiraram de cima dele as pombas recém-mortas e as entranhas de cordeiro. As sanguessugas já não cobrem seu corpo. Não lhe dão de beber aguardente nem a água da vida trazida de Málaga, porque só resta esperar a convulsão que o arrancará deste mundo. À luz das tochas, um Cristo ensanguentado assiste, da cabeceira da cama, à cerimônia final. O cardeal salpica água benta com o aspersório. A alcova fede a cera, incenso, sujeira. O vento golpeia os pórticos do palácio, mal amarrados com barbantes.

O levarão à morgue de El Escorial, onde o espera, há anos, a urna de mármore que leva seu nome. Essa era a sua viagem preferida, mas há tempos que não visita a própria tumba nem mostra o nariz nas ruas. Está Madrid cheia de buracos e lixo e vagabundos armados; e os soldados, que mal e mal vivem da sopa boba dos conventos, não se preocupam em defender o rei. Nas últimas vezes em que se atreveu a sair, as lavadeiras do rio Manzanares e os rapazes da rua perseguiram a carruagem e cobriram ele de insultos e pedradas.

Carlos II, com os vermelhos olhos arregalados, treme e delira. Ele é um pedacinho de carne amarela que foge entre os lençóis, enquanto foge também o século e acaba, assim, a dinastia que fez a conquista da América. *(201 e 211)*

(Fim do primeiro volume de *Memória do fogo*)

FONTES

1. Abbad y Lasierra, Agustín Íñigo, *Historia geográfica civil y natural de la isla de San Juan Bautista de Puerto Rico*, Río Piedras, Universidad, 1979.
2. Acosta Saignes, Miguel, *Vida de los esclavos negros en Venezuela*, La Habana, Casa de las Américas, 1978.
3. Acuña, René, *Introducción al estudio del Rabinal Achí*. México, UNAM, 1975.
4. Aguirre Beltrán, Gonzalo, *Medicina y magia. El proceso de aculturación en la estructura colonial*, México, Instituto Nacional Indigenista, 1980.
5. Alegría, Fernando, *Lautaro, joven libertador de Arauco*, Santiago de Chile, Zig-Zag, 1978.
6. Alemán, Mateo, *Guzmán de Alfarache* (Ed. de Benito Brancaforte), Madrid, Cátedra, 1979.
7. Alonso, Dámaso, *Cancionero y romancero español*, Estella, Salvat, 1970.
8. Alvarado, Pedro de, *Cartas de relación*, BAE, tomo XXII, Madrid, M. Rivadeneyra, 1863.
9. Álvarez Lejarza, Emilio (Versión), *El Güegüence*, Manágua, Distribuidora Cultural, 1977.
10. Amaral, Álvaro do, *O Padre José de Anchieta e a fundação de São Paulo*, San Pablo, Secretaría de Cultura, 1971.
11. Arciniegas, Germán, *Biografia del Caribe*, Buenos Aires, Sudamericana, 1951.
12. ______. *Amerigo y el Nuevo Mundo*, México, Hermes, 1955.
13. ______. *El Caballero de El Dorado*, Madrid, Revista de Occidente, 1969.
14. Arguedas, José Maria (Versión. Incluye texto de Pierre Duviols), *Dioses y hombres de Huarochirí*, México, Siglo XXI, 1975.
15. ______. (Con F. Izquierdo), *Mitos, leyendas y cuentos peruanos*, Lima, Casa de la Cultura, 1970.
16. Arias de la Canal, Fredo, *Intento de psicoanálisis de Juana Inés*, México Frente de Afirmación Hispanista, 1972.
17. Armellada, Cesáreo de, y Carmela Bentivenga de Napolitano, *Literaturas indígenas venezolanas*, Caracas, Monte Ávila, 1975.
18. Arrom, José Juan, El teatro hispanoamericano en la época colonial, La Habana, Anuario Bibliográfico Cubano, 1956.
19. ______.*Certidumbre de América*, La Habana, Anuario Bibliográfico Cubano, 1959.
20. Arteche, José de, *Elcano*, Madrid, Espasa-Calpe, 1972.
21. Arzáns de Orsúa y Vela, Bartolomé, *Historia de la Villa Imperial de Potosí* (Ed. de Lewis Hanke y Gunnar Mendoza), Providence, Brown University, 1965.
22. Asturias, Miguel Ángel, *Leyendas de Guatemala*, Madrid, Salvat, 1970.
23. Balboa, Silvestre de, *Espejo de paciencia* (Prólogo de Cintio Vitier), La Habana, Arte y Literatura, 1975.
24. Ballesteros Gaibrois, Manuel, *Vida y obra de fray Bernardino de Sahagún*, León, Inst. Sahagún, 1973.
25. Barrera Vázquez, Alfredo, y Silvia Rendón (Versión e introducción), *El Libro de los Libros de Chilam Balam*, México, Fondo de Cultura Econômica, 1978.
26. Bascuñán, Francisco Núñes de Pineda y, *Cautiverio feliz*, Santiago de Chile, Editorial Universitaria, 1973.
27. Bataillon, Marcel, y André Saint-Lu, *El Padre Las Casas y la defensa de los indios*, Barcelona, Ariel, 1976.
28. Benltez, Fernando, *Los primeros mexicanos*. La vida criolla en el siglo XVI, México, Era, 1962.
29. ______. *La ruta de Hernán Cortés*, México, FCE, 1974.

30. ______. *Los indios de México* (tomo v), México, Era, 1980.
31. Bowser, Frederick P., *El esclavo africano en el Peru colonial* (1524/1650), - México, Siglo XXI, 1977.
32. Boxer, C. R., *Race relations in the Portuguese colonial empire* (1415/ 1825), Oxford, Carendon, 1963.
33. ______. *The golden age of Brazil* (1695/1750), Berkeley, University of Califórnia, 1969.
34. Boyer, Paul, y Stephen Nissenbaum, *Salem possessed. The social origins of witchcraft*, Cambridge, Harvard University, 1978.
35. Breen, T. H., *Puritans and adventurers. Change and persistence in early America*, Nueva York/Oxford, Oxford University, 1980.
36. Bridenbaugh, Carl, *Jamestown* 1544/1699, Nova York/Oxford, Oxford University, 1980.
37. Bruchac, Joseph, *Stone giants and flying heads*, Nova York, The Crossing, 1979.
38. Buarque de Holanda, Sérgio, «A época colonial», en *la História Geral da Civilização Brasileira* (I), Rio de Janeiro/San Pablo, Difel, 1977.
39. Cabeza de Vaca, Álvar Núñez, *Naufragios y comentarios*, Madrid, Espasa-Calpe, 1971.
40. Cadogan, León (Versión), *La literatura de los guaraníes*, México, Joaquín Mortiz, 1965.
41. Carande, Ramón, *Carlos V y sus banqueros*, Barcelona, Critica, 1977.
42. Cardenal, Ernesto, *Antología de poesía primitiva*, Madrid, Alianza, 1979.
43. Carneiro, Edison, *O quilombo dos Palmares*, Rio de Janeiro, Civilização Brasileira, 1966.
44. Carpentier, Alejo, *El arpa y la sombra*, Madrid, Siglo XXI, 1979.
45. Carvajal, Gaspar de, *Relación del nuevo descubrimiento del famoso rio Grande de las Amazonas*, México, FCE, 1955.
46. Cervantes Saavedra, Miguel de, *El ingenioso hidalgo don Quijote de la Mancha*, Barcelona, Sopena, 1978.
47. Cieza de León, Pedro de, *La crónica del Perú*, BAE, tomo XXVI, Madrid, M. Rivadeneyra, 1879.
48. Civrieux, Marc de, *Watunna. Mitologia makiritare*, Caracas, Monte Ávila, 1970.
49. Colón, Cristóbal, *Diario del descabrimiento* (Anotado por Manuel Alvar) Las Palmas, Cabildo de Gran Canaria, 1976.
50. ______. *Los cuatro viajes del Almirante y su testamento*, Madrid, Espasa Calpe, 1977.
51. Cora, María Manuela de, *Kuai-Mare. Mitos aborígenes de Venezuela*, Caracas, Monte Ávila, 1972.
52. Corona Núñez, José, *Mitologia tarasca*, México, FCE, l957.
53. Cossío del Pomar, Felipe, *El mundo de los incas*, México, FCE, 1375.
54. Cortés, Hernán, *Cartas de relación*, BAE, tomo XXII, Madrid, M. Rivadeneyra, 1863.
55. Cruz, Juana Inés de la, *Páginas escogidas* (Selección de Fina García Marruz), La Habana, Casa de las Américas, 1978.
56. Chacón Torres, Mario, *Arte virreinal en Potosí*, Sevilla, Escuela de Estudios Hispanoamericanos, 1973.
57. Chang-Rodríguez, Raquel, *Prosa hispanoamericana virreinal* (Incluye texto de Mogrovejo de la Cerda), Barcelona, Hispam, 1978.
58. Chávez, Ezequiel A., *Ensayo de psicología de Sor Juana Inés de la Cruz*, Barcelona, Araluce, 1931.
59. D'Ans, André Marcel, *La verdadera Biblia de los cashinahua*, Lima, Mosca Azul, 1975.
60. Davies, Nigel, *Los aztecas*, Barcelona, Destino, 1977.
61. Deschamps, Hubert, *Piratas y filibusteiros*, Barcelona, Salvat, l956.
62. Díaz del Castillo, Bernal, *Verdadera historia de los sucesos de la conquista de la Nueva España*, BAE, tomo XXVI, Madrid, M. Rivadeneyra, 1879.
63. Di Nola, Alfonso M., *Canti erotici dei primitivi*, Roma, Lato Side, 1980.

64. Elliott, J. H., *La España imperial*, Barcelona, V. Vices, 1978.
65. Exquemelin, Alexandre O., *Piratas de América*, Barcelona, Barral, s/f.
66. Eyzaguirre, Jaime, *Historia de Chile*, Santiago, Zig-Zag, 1977.
67. ______. *Ventura de Pedro de Valdivia*, Madrid, Espasa-Calpe, 1967.
68. Franco, José Luciano, *La diáspora africana en el Nuevo Mundo*, La Habana, Ciencias Sociales, 1975.
69. Freitas, Decio, *Palmares, la guerrilla negra*, Montevideo, Nuestra América, 1971.
70. Friede, Juan, *Bartolomé de las Casas: precursor del anticolonialismo*, México, Siglo XXI, 1976.
71. Fuentes y Guzmán, Francisco Antonio de, *Obras históricas*, Madrid, BAE, 1969 y 1972.
72. Gage, Thomas, *Viajes en la Nueva España*, La Habana, Casa de las Américas, 1980.
73. Gandia, Enrique de, *Indios y conquistadores en el Paraguay*, Buenos Aires, García Santos, 1932.
74. – *Historia de la conquista del rio de la Plata y del Paraguay (1535/ 1556)*, Buenos Aires, García Santos, 1932.
75. Garcés, Jesús Juan, *Vida y poesia de Sor Juana Inés de la Cruz*, Madrid,. Cultura Hispánica, 1953.
76. Garcilaso de la Vega, Inca, *Comentarios reales de los incas*, Madrid, BAE, 1960.
77. Garibay K., Ángel María (Selección y versiones), Poesía indígena de la altiplanicie, México, UNAM, 1972.
78. Gerbi, Antonello, *La naturaleza de las Índias Nuevas*, México, FCE, 1978.
79. Gibson, Charles, *Los aztecas bajo el dominio español* (1519/1810), México, Siglo XXI, 1977.
80. Godoy, Diego, *Relación a Hernán Cortés*, BAE, tomo XXII, Madrid, M. Rivadeneyra, 1863.
81. Gómara, Francisco López de, *Primera y segunda parte de la Historia General de las Índias*, BAE, tomo XXII, Madrid, M. Rivadeneyra 1863.
82. Gómez Luaces, Eduardo, *Historia de Nuestra Senora de Regla* (Folleto), La Habana, Valcayo, 1945.
83. Gortari, Eli de, *La ciencia en la historia de México*, México, FCE, 1963.
84. Gow, Rosalind, y Bernabé Condori: *Kay Pacha, Cuzco*, Centro de Estudios Rurales Andinos, 1976.
85. Graham, R. B. Cunningham, *Pedro de Valdivia*, Buenos Aires, Inter-Americana, 1943.
86. Granada, Daniel, *Supersticiones del río de la Plata*, Buenos Aires, Guillermo Kraft, 1947.
87. Gridley, Marion E., *The story of the Haida*, Nova York, Putnam's 1972.
88. Hackett, Charles Wilson, «The revolt of the Pueblo Indians of New México in 1680, en *The Quarterly of the Texas State Historical Association*, vol. xv, nº 2, octubre de 1911.
89. Hammond, George P., y Agapito Rey, *The rediscovery of New México (1580/1594)*, Albuquerque, University of New México, 1966.
90. Hanke, Lewis, *Bartolomé de Las Casas*, Buenos Aires, EUDEBA, 1968.
91. Harris, Olivia, y Kate Young (Recopilación), *Antropología y feminismo*, Barcelona, Anagrama, 1979.
92. Henestrosa, Andrés, *Los hombres que dispersó la danza*, La Habana Casa de las Américas, 1980.
93. Hernández Sánchez-Barba, M., *Historia de América*, Madrid, Alhambra, 1981.
94. Jara, Álvaro, *Guerra y sociedad en Chile*, Santiago de Chile, Editorial Universitaria, 1961.
95. ______. Estructuras coloniales y subdesarrollo en Hispanoaméricas, en *Journal de la Société des Américanistes*, tomo LXV, Paris, 1978.
96. Jerez, Francisco de, *Verdadera relación de la conquista del Perú y Província del Cuzco*, BAE, tomo XXVI, Madrid, M. Rivadeneyra, 1879.
97. Kirkpatrick, F. A., *Los conquistadores españoles*, Madrid, Espasa-Calpe, 1970.

98. Konetzke, Richard, *América Latina (II). La época colonial*, Madrid, Siglo XXI, 19778.
99. ____. *Descubridores y conquistadores de América*, Madrid, Gredos, 1968.
100. Krickeberg, Walter, *Mitos y leyendas de los aztecas, incas mayas y musicas*, México FCE, 1971.
101. Labat, Jean-Baptiste, *Viajes a las islas de la América* (selección de Francisco de Oraá)" La Habana, Casa de las Américas, 1979.
102. Las Casas, Bartolomé de, *Brevíssima relación de la destrucción de las Índias*, Barcelona, Fontamara, 1979.
103. ______. *Historia de las Indias*, México, FCE, 1951.
104. ______. *Apologética historia de las Indias*, México, UNAM, 1967.
105. Lafone Quevedo, Samuel A., «E1 culto de Tonapa», en *Tres relaciones de antiguidades peruanas*, de Santillán, Valera y Santacruz Pacha cuti, Asunción, Guarania, 1950.
106. Leal, Rine, *La selva oscura*, La Habana, Arte y Literatura, 1975.
107. León-Portilla, Miguel, *El reverso de la Conquista. Relaciones aztecas, mayas e incas*, México, Joaquim Mortiz, 1964.
108. ______. *Los antiguos mexicanos*, México FCE, 1977.
109. ______. *Culturas en peligro*, México, Alianza Editorial Mexicana, 1976.
110. ______. *La filosofía náhuatl* México, UNAM, 1958.
111. Lévi-Strauss, Claude, *Lo crudo y lo cocido (Mitológicas, I)*, México, FCE, 1978.
112. ______. *De la miel a las cenizas (Mitológicas, II)*, México, FCE, 1978.
113. _____. *El origen de las maneras de mesa (Mitológicas, III)*, México, Siglo XXI, 1976.
114. _____. *El hombre desanudo (Mitológicas, IV)*, México, Siglo XXI, 1976.
115. Levin, Boleslao, *La Inquisición en Hispanoamérica*, Buenos Aires, Proyección, 1962.
116. Lesvis, D. B. Wyndhan, *Carlos de Europa, emperador de Occidente*, Madrid, Espasa-calpe 1962.
117. Leydi, Roberto, Arrigo Polillo y Tommaso Giglio, *Piratas, corsários y filibusteros*, Barcelona Maucci, 1961.
118. Lipschutz, Alejandro, *El problema racial en la conquista de América*, México, Siglo XXI, 1975.
119. __ *Perfil de Indoamérica de nuestro tiempo*, Santiago de Chile, Andrés Bello, 1968.
120. Lockhart, James, y Enrique Otte, *Letters and people of the Spanish Indies. The sixteenth century*, Cambridge, Cambridge University, 1976.
121. Lohmann Villena, Guillermo, *El conde de Lemos, virrey del Perú*, Madrid, Escuela Ele Estudios Hispanoamericanos, 1946.
122. ______. E arte dramático en Lima durante el Virreinato, Madrid, Escuela de Estudios Hispanoamericanos, 1945.
123. López, Casto Fulgencio, *Lope de Aguirre, el Peregrino*, Barcelona, Plon, 1977.
124. López-Baralt, Mercedes, «Guamán Poma de Ayala y el arte de la memoria en una crónica ilustrada del siglo XVII», en *Cuadernos Americanos*, México, mayo/junio de 1979.
125. ______. *La crónica de Indias como texto cultural: policulturalidad y articulación, de códigos semióticos múltiples en el arte de reinar de Guamán Poma de Ayala (inédito).*
126. ______. *El mito taíno: Raíz y proyecciones en la Amazonia continental*, Río Piedras, Huracán, 1976.
127. Mannix, Daniel P., y M. Conwley, *Historia de la trata de negros*, Madrid, Alianza, 1970.
128. Marañón, Gregorio, *El conde-duque de Olivares (La pasión de mandar)*, Madrid, Espasa--Calpe, 1936.
129. Marchant, Alexander, *From barter to slavery*, Baltimore, Johns Hopkins, 1942.
130. Mariño de Lobera, Pedro, *Crónica del Reino de Chile*, Santiago de Chile, Editorial Universitaria, 1979.

131. Marmolejo, Lucio, *Efemérides guanajuatenses* (t. I), Guanajuato, Universidad, 1967.
132. Marriott, Alice, y Carol K. Rachlin, *American Indian mythology*, Nova York, Apollo, 1968.
133. Martínez, José Luis, *El mundo antiguo, VI. América antigua*, México, Secretaría de Educadón, 1976.
134. Martínez Fivee, Rogelio (Selección), *Poesía anónima africana*, Madrid, Miguel Castellote, s/f.
135. Martínez Peláez, Severo, *La patria del criollo*, San José de Costa Rica, EDUCA, 1973.
136. McLuhan, T. C. (Compilador), *Touch the Earth (A self-portrait of Indian existence)*, Nova York, Simon and Schuster, 1971.
137. Medina, José Toribio, *Historia del Tribunal de la Inquisición de Lima (1569/1820)*, Santiago de Chile, Fondo Histórico y Bibliográfico J. T. Medina, 1956.
138. ______. *Historia del Tribunal del Santo Oficio de la Inquisición en Chile*, Santiago, Fondo J. T. Medina, 1952.
139. ______. *Historia del Tribunal del Santo Oficio de la Inquisición en México*, Santiago, Elzeviriana, 1905.
140. ______. *El Tribunal del Santo Oficio de la Inquisición en las provincias del Plata*, Santiago, Elzeviriana, 1900.
141. Mendoza, Diego de, *Chronica de la Provincia de S. Antonio de los Charcas...*, Madrid, s/e, 1664.
142. Méndez Pereira, Octavio, *Núñes de Balboa*, Madrid, Espasa-Calpe, 1975.
143. Montoya, Antonio Ruiz de, *Conquista espiritual hecha por los religiosos de la Compañia de Jesús en las provincias del Paraguay, Paraná, Uruguay y Tape*, Bilbao, El Mensajero, 1892.
144. Morales, Emesto, *Leyendas guaraníes*, Buenos Aires, El Ateneo, 1929.
145. Morales Padrón, Francisco, *Jamaica española*, Sevilla, Escuela de Estudios Hispanoamericanos, 1952.
146. More, Thomas, *Utopía* (Ed. bilingue. Introducción de Joaquim Mallafré Gabaldá), Barcelona, Bosch, 1977.
147. Mörmer, Magnus, *Historia social latinoamericana (Nuevos enfoques)*, Caracas, Universidad Católica Andrés Bello, 1979.
148. ______. *La Corona española y los foráneos en los pueblos de indios de América*, Estocolmo, Instituto de Estudios Ibero-Americanos, 1970.
149. Mousnier, Roland, *Historia general de las civilizaciones. Los siglos XVI y XVII*, Barcelona, Destino, 1974.
150. Murra, John V., *La organización económica del Estado* inca. México, Siglo XXI, 1978.
151. __ *Formaciones económicas y políticas del mundo andino*, Lima, Instituto de Estudios Peruanos, 1975.
152. Nabokov, Peter (Selección), *Native American Testimony*, Nueva York, Harper and Row, 1978.
153. Nash, Gary B., *Red, white and black. The peoples of early America*, Nueva Jersey, Prentice--Hall, 1974.
154. Nebrija, Elio Antonio de, *Vocabulario español-latino* (Edición facsimilar), Madrid, Real Academia Española, 1951.
155. Oberem, Udo, <<Notas y documenttos sobre miembros de la família del Inca Atahualpa en el siglo XVI», en *Estudios etno-históricos del Ecuador*, Casa de la Cultura Ecuatoriana, Núcleo del Guayas, 1976.
156. ______. *Los quijos*, Otavalo, Instituto Otavaleño de Antropologia, 1980.
157. Ocaña, Diego de, *Un viaje fascinante por la América hispana del siglo XVI* (anotada por fray Arturo Alvarez), Madrid, Stvdivm, 1969.
158. Oliva de Coll, Josefina, *La resistencia indígena ante la conquista*, México Siglo XXI, 1974.

159. Ortiz, Fernando, *Contrapunteo cubano del tabaco y el azúcar*, La Habana, Consejo Nacional de Cultura, 1963.
160. ______. *Los negros esclavos*, La Habana, Ciencias Sociales, 1975.
161. ______. *Historia de una pelea cubana contra los demonios*, La Habana, Ciencias Sociales, 1975.
162. Ortiz Rescaniere, Alejandro, *De Adaneva a Inkarrí*, Lima, Retablo de Papel, 1973.
163. Otero, Gustavo Adolfo, *La vida social del coloniaje*, La Paz, La Paz, 1942.
164. Otero Silva, Miguel, *Lope de Aguirre, príncipe de la libertad*, Barcelona, Seix Barral, 1979.
165. Oviedo y Baños, José de, *Los Bélzares. El tirano Aguirre.* Diego de Losada, Caracas, Monte Avila, 1972.
166. Oviedo y Valdés, Gonzalo Fernández de, *Historia general y natural de las Indias*, Madrid, Real Academia de la Historia, 1851.
167. Palma, Ricardo, *Tradiciones peruanas* (primera y segunda selección), Buenos Aires, Espasa-Calpe, 1938 y 1940.
168. Pané, Ramón, *Relación acerca de las antigüedades de los indios* (Ed. de José Juan Arrom), México, Siglo XXI, 1974.
169. Parry, J. H., y Philip Sherlock, *Historia de las Antillas*, Buenos Aires, Kapelusz, 1976.
170. Paz, Ramón, *Mitos, leyendas y cuentos guajiros*, Caracas, Instituto Agrario Nacional, 1972.
171. Peixoto, Afranio, *Breviario da Bahía*, Rio de Janeiro, Agir, 1945.
172. Pereira Salas, Eugenio, *Apuntes para la historia de la cocina chilena*, Santiago de Chile, Editorial Universitaria, 1977.
173. ______. *Juegos y alegrías coloniales en Chile*, Santiago, Zig-Zag, 1947.
174. Péret, Benjamin, *Anthologie des mythes, légendes et contes populaires d'Amérique*, París, Albin Michel, 1960.
175. Pérez Embid, Florentino, *Diego de Ordás, compañero de Cortés y explorador del Orinoco*, Sevilla, Escuda de Estudios Hispano-americanos, 1950.
176. Phelan, John Leddy, *The kingdom of Quito in the seventeenth century*, Madison, Univ. of Wisconsin, 1967.
177. ______. *The millennial kingdom of the Franciscans in the New World*, Berkeley, Univ. of California, 1970.
178. Plath, Oreste, *Geografía del mito y la leyenda chilenos*, Santiago de Chile, Nascimento, 1973.
179. Poma de Ayala, Felipe Guamán, *Nueva corónica y buen gobierno* (edic. facsimilar), París, Institut d'Ethnologie, 1936.
180. Portigliotti, Giuseppe, *Los Borgia*, Madrid, J. Gil, 1936.
181. Portuondo, Fernando, *El segundo viaje del descubrimiento* (cartas de Michele de Cúneo y Alvarez Chanca), La Habana, Ciencias Sociales 1977.
182. Prado Juan José, *Leyendas y tradiciones guanajuatenses*, Guanajuato, Prado Hnos., 195v.
183. Quevedo, Francisco de, *Obras completas*, Madrid, Aguilar, 1974.
184. Quintana, Manuel J., *Los conquistadores*, Buenos Aires, Suma, 1945.
185. ______. *Vida de Francisco Pizarro*, Madrid, Espasa-Calpe, 1959.
186. Ramos Smith, Maya, *La danza en México durante la época colonial*, La Habana, Casa de las Américas, 1979.
187. Real, Cristóbal, *El corsario Drake y el imperio español*, Madrid, Editora Nacional, s/f.
188. Recinos, Adrián (versión), *Popol Vuh. Las antiguas historias del Quiché*, México FCE, 1976.
189. Reichel-Doimatoff, Gerardo y Alicia, *Estudios antropológicos*, Bogotá, Inst. Colombiano de Cultura, 1977.
190. Reyes, Alfonso, *Medallones*, Buenos Aires, Espasa-Calpe, 1952.
191. Rivet, Paul, *Etnographie ancienne de l'Equateur*, Paris, Gauthier-Villars, 1912.

192. Roa Bastos, Augusto (comp.), *Las culturas condenadas*, México, Siglo XXI, 1978.
193. Rodrigues, Nina, *Os africanos no Brasil*, San Pablo, Cia. Editora Nacional, 1977.
194. Rodríguez Fresle, Juan, *El carnero de Bogotá*, Bogotá, Ed. Colombia, 1926.
195. Rodríguez Marín, Francisco, El Quixote. Don Quixote en América, Madrid, Hernando, 1911.
196. ______. *Cantos populares españoles*, Sevilla, Alvarez, 1882/3.
197. Rothenberg, Jerome, *Shaking the Pumpkin. Traditional Poetry of the Indian North Americas*, Nueva York, Doubleday, 1972.
198. Rowse, A. L., *The England of Elizabete*, Londres, Cardinal, 1973.
199. Rubio Mañé, J. Ignacio, *Introducción al estudio de los virreyes de Nueva España* (1535/1746), México, UNAM, 1959.
200. Sahagún, Bernardino de, *Historia general de las cosas de la Nueva España* (anotado por Angel M.ª Garibay K.), México, Porrúa, 1969.
201. Salas, Horacio, *La España barroca*, Madrid, Altalena, 1978.
202. Salazar Bondy, Sebastián (selección), *Poesía quechua*, Montevideo, Arca,
203. Sapper, Karl, «El infierno de Masaya», en *Nicaragua en los cronistas de Indias*, vários autores, Managua, Banco de América, 1975.
204. Segal, Charles M., y David C. Stineback, *Puritans, Indians and manifest destiny*, Nova York, Putnam's, 1977.
205. Sejourné, Laurette, *América Latina, I. Antiguas culturas precolombinas*. Madrid, Siglo XXI, 1978.
206. ______. *Pensamiento y religión en el México antiguo*, México, FCE, 1957.
207. Sheehan, Bernard, *Savagism and Civility*, Cambridge, Cambridge University, 1980.
208. Sodi, Demetrio, *La literatura de los mayas*, México, Mortiz, 1964.
209. Teitelboim, Volodia, *El amanecer del capitalismo y la conquista de América*, La Habana, Casa de las Américas, 1979.
210. Tibón, Gutierre, *Historia del nombre y de la fundación de México*, México, FCE, 1975.
211. Tizón, Héctor, *La España borbónica*, Madrid, Altalena, 1978.
212. Toscano, Salvador, *Cuauhtémoc*, México FCE, 1975.
213. Valle-Arizpe, Artemio de, *Historia de la ciudad de México según los relatos de sus cronistas*, México, Jus, 1977.
214. Vargas, José María, *Historia del Ecuador. Siglo XVI*, Quito, Universidad Católica, 1977.
215. ______. (Coordinador) *Arte colonial de Ecuador*, Quito, Salvat Ecuatoriana, 1977.
216. Velasco, Salvador, *San Martín de Porres*, Villava, Ope, 1962.
217. Vianna, Helio, *História do Brasil*, San Pablo, Melhoramentos, 1980.
218. Vicens Vives, J. (director), *Historia de España y América, Barcelona*, Vicens Vives, 1977.
219. Von Hagen, Víctor W., *El mundo de los mayas*, México, Diana, 1968.
220. ______. Culturas preincaicas, Madrid, Guadarrama, 1976.
221. Wachtel, Nathan, *Los vencidos. Los indios del Perú frente a la conquista española (1530/1570)*, Madrid, Alianza, 1976.
222. Wallace, Anthony F. C., «Dreams and the wishes of the soul: a type of psychoanalytic theory among the seventeenth century Iroquois», en *The American Anthropologist*, 60 (2), 1958.
223. Watt, Montgomery, *Historia de la España islámica*, Madrid, Alianza, 1970.
224. Williams, Eric, *Capitalismo y esclavitud*, Buenos Aires, Siglo XX, 1973.
225. Wolf, Eric, *Pueblos y culturas de Mesoamérica*, México, Era, 1975.
226. Zavala, Silvio, *El mundo americano en la época colonial*, México, Porrúa, 1967.
227. ______. *Ideario de Vasco de Quiroga*, México, El Colegio de México, 1941.

II

AS CARAS E AS MÁSCARAS

Este livro

é o segundo volume da trilogia *Memória do fogo*. Não se trata de uma antologia, mas de uma obra de criação literária. O autor se propõe a narrar a história da América, e principalmente da América Latina, revelar suas múltiplas dimensões e penetrar em seus segredos. O vasto mosaico chegará, no terceiro volume, até nossos dias. *As caras e as máscaras* abrange os séculos XVIII e XIX.

Na cabeça de cada texto estão indicados o ano e o lugar onde ocorreu o que o episódio narra. No pé, entre parênteses, os números indicam as principais obras que o autor consultou em busca de informação e sinais de referência. A lista das fontes documentais é oferecida ao final do volume.

As transcrições literais aparecem em itálico.

Gratidões

Além dos amigos que aparecem em *Os nascimentos*, e que continuaram colaborando ao longo deste segundo volume, muitos outros facilitaram o acesso do autor à bibliografia necessária. Entre eles, Mariano Baptista Gumucio, Olga Behar, Claudia Canales, Hugo Chumbita, Galeno de Freitas, Horacio de Marsilio, Bud Flakoll, Piruncha e Jorge Galeano, Javier Lentini, Alejandro Losada, Paco Moncloa, Lucho Nieto, Rigoberto Paredes, Rius, Lincoln Silva, Cintio Vitier e René Zavaleta Mercado.

Desta vez, padeceram as agruras da leitura do rascunho Jorge Enrique Adoum, Mario Benedetti, Edgardo Carvalho, Antonio Doñate, Juan Gelman, María Elena Martínez, Ramírez Contreras, Lina Rodríguez, Miguel Rojas-Mix, Nicole Rouan, Pilar Royo, César Salsamendi, José María Valverde e Federico Vogelius. Sugeriram várias mudanças e evitaram bobagens e disparates.

Novamente Helena Villagra acompanhou este trabalho passo a passo, compartilhando voos e tropeços, com misteriosa paciência, até a última linha.

Este livro
é dedicado a Tomás Borge, à Nicarágua.

Yo no sé dónde nací,
ni sé tampoco quién soy.
No sé de dónde he venío
ni sé para dónde voy.

Soy gajo de árbol caído
que no sé dónde cayó.
¿Dónde estarán mis raíces?
¿De qué árbol soy rama yo?

Eu num sei onde nasci,
nem sei quem é que sou.
Num sei donde eu vim
e nem pra donde eu vou.

Sou galho de árvore caído
que num sei donde ficou.
Onde é que estão minhas raízes?
De que árvore galho sou?

(*versos populares de Boyacá,
na Colômbia*)

Promessa da América

O tigre azul romperá o mundo.

Outra terra, a que não tem mal, a que não tem morte, vai nascer da aniquilação desta terra. Ela pede que seja assim. Pede a morte, pede o nascimento, esta terra velha e ofendida. Ela está cansadíssima e, de tanto chorar por dentro, ficou cega. Moribunda, atravessa os dias, lixo do tempo, e quando é noite inspira piedade às estrelas. Logo logo, o Pai Primeiro escutará as súplicas do mundo, terra querendo ser outra, e então soltará o tigre azul que dorme debaixo da sua rede.

Esperando esse momento, os índios guaranis peregrinam pela terra condenada.

– *Você tem alguma coisa que dizer para nós, colibri?*

Dançam sem parar, cada vez mais leves, mais voadores, e cantam os cantos sagrados que celebram o próximo nascimento da outra terra.

– *Lança raios, lança raios, colibri!*

Buscando o paraíso chegaram até as costas do mar e até o centro da América. Rodaram selvas e serras e rios, perseguindo a terra nova, a que será fundada sem velhice nem doença nem nada que interrompa a incessante festa de viver. Os cantos anunciam que o milho crescerá por sua conta e as flechas voarão sozinhas na floresta; e não serão necessários o castigo e o perdão, porque não haverá proibição nem culpa. *(72 e 232)*

1701

Vale das Salinas

A pele de Deus

Os índios chiriguanos, do povo guarani, navegaram o rio Pilcomayo, há anos ou séculos, e chegaram até a fronteira do império dos incas. Aqui ficaram, frente às primeiras alturas dos Andes, esperando pela terra sem mal e sem morte. Aqui cantam e dançam os perseguidores do paraíso.

Os chiriguanos não conheciam o papel. Descobrem o papel, a palavra escrita, a palavra impressa, quando os frades franciscanos de Chuquisaca apareceram nesta comarca depois de muito andar, trazendo livros sagrados nos alforjes.

Como não conheciam o papel, nem sabiam que precisavam dele, os índios não tinham nenhum nome para ele. Hoje dizem *pele de Deus,* porque o papel serve para mandar palavras aos amigos que estão longe. *(233 e 252)*

1701
São Salvador, Bahia

Palavra da América

O padre Antônio Vieira morreu na virada do século, mas não a sua voz, que continua abrigando o desamparo. Em terras do Brasil ecoam recentes, sempre vivas, as palavras do missionário dos infelizes e dos perseguidos.

Eles não se enganavam, disse, quando liam o destino nas entranhas dos animais que sacrificavam. Nas entranhas, disse. Nas entranhas, e não na cabeça, porque o melhor profeta é aquele capaz do amor, e não o capaz da razão. *(351)*

1701
Paris

Tentação da América

Em seu gabinete de Paris, está em dúvida um sábio geógrafo. Guillaume Deslile desenha mapas exatos da terra e do céu. Incluirá o Eldorado no mapa da América, pintará o misterioso lago, como já é costume, em alguma parte do alto Orinoco? Deslile se pergunta se existem de verdade as águas de ouro que Walter Raleigh descreveu grandes como o mar Cáspio. São ou foram de carne e osso os príncipes que mergulham e nadam, ondulantes peixes de ouro, à luz das tochas?

O lago aparece em todos os mapas desenhados até agora. Às vezes, se chama Eldorado; às vezes, Parima. Mas Deslile conhece, de ouvir falar ou de ler por aí, histórias que o fazem duvidar. Buscando o Eldorado, muitos soldados da fortuna penetraram no distante novo mundo, lá onde se cruzam os quatro ventos e se misturam todas as cores e dores, e não encontraram nada. Espanhóis, portugueses, ingleses, franceses e alemães atravessaram abismos que os deuses americanos tinham cavado com unhas ou dentes, violaram as selvas aquecidas pela fumaça de tabaco soprada pelos deuses, navegaram rios nascidos de árvores gigantes que os deuses tinham arrancado pela raiz, e atormentaram ou mataram índios que os deuses tinham criado com saliva, sopro ou sonho. Mas no ar foi-se embora e no ar vai-se embora, sempre, o ouro fugidio, e se desvanece no lago antes que alguém chegue. Eldorado parece nome de uma tumba sem ataúde ou sudário.

Há dois séculos o mundo cresceu e se fez redondo, e desde então os perseguidores de ilusões saem, de todos os cais, para as terras da América. Amparados por um deus navegante e conquistador, atravessam, comprimindo-se nos navios, o mar imenso. Junto a pastores e tropeiros que a Europa não matou de guerra, peste ou fome, viajam capitães, mercadores, vagabundos, místicos e aventureiros. Todos buscam o milagre. No outro lado do mar, mágico mar que lava sangues e transforma destinos, se oferece, escancarada, a grande promessa de todos os tempos. Lá se vingarão os mendigos. Lá se transformarão em marqueses os esfarrapados, em santos os aventureiros e em fundadores os condenados à forca. As vendedoras de amor se farão donzelas de alto dote. *(326)*

Sentinela da América

Na noite pura viviam os índios, os muito antigos, na cordilheira dos Andes. O condor trouxe o sol para eles. O condor, o mais velho dos voadores, deixou cair uma bolinha de ouro entre as montanhas. Os índios apanharam a bolinha e sopraram com toda a força dos pulmões, e soprando o ouro para o céu, no céu deixaram o ouro aceso para sempre. O sol suava ouro, e com o ouro de seus raios os índios modelaram os animais e as plantas que povoam a terra.

Uma noite, a lua brilhou envolvida por três auréolas, sobre as montanhas: uma auréola de sangue, anunciadora de guerra; outra de fogo, anunciadora de incêndio; e uma auréola negra, de ruína. Então os índios fugiram para os altos páramos, carregando o ouro sagrado, e junto com o ouro se deixaram cair no fundo de lagoas e vulcões.

O condor, aquele que trouxe o sol para os andinos, é o zelador desses tesouros. Com grandes asas imóveis sobrevoa os picos nevados e as águas e as crateras fumegantes. O ouro avisa a ele quando vai chegar a cobiça: o ouro geme, e assovia, e grita. O condor se lança, vertical, e seu bico arranca os olhos dos ladrões e suas garras estraçalham a carne deles.

Só o sol pode ver as costas do condor, sua cabeça calva, seu pescoço enrugado. Só o sol conhece a sua solidão. Visto da terra, o condor é um voo invulnerável. *(246)*

1701

Ouro Preto

Artes malabares

O morro de prata de Potosí não é miragem, nem os socavões fundos do México estão guardando apenas delírios e trevas; e os rios do centro do Brasil dormem em leitos de ouro de verdade.

O ouro do Brasil é distribuído em sorteios ou punhaladas, pela sorte ou pela morte. Ganha imensas fortunas quem não perde a vida, embora o rei português fique com a quinta parte de tudo. A quinta parte, aliás, é modo de falar. Muito, muito ouro foge de contrabando e isso não pode ser evitado nem que ponham tantos guardas como árvores nos bosques fechados da região.

Os frades das minas brasileiras dedicam mais tempo a traficar ouro que a salvar almas. Os santos de madeira oca servem de vasilhame para tais misteres. Longe, na costa, o monge Roberto falsifica selos como quem reza rosários, e assim as barras de ouro mal-havidas mostram o selo da Coroa. Roberto, monge beneditino do convento de Sorocaba, fabricou também uma chave toda-poderosa, que derrota qualquer fechadura. *(11)*

1703

Lisboa

O ouro, passageiro em trânsito

Faz um par de anos, o governador-geral do Brasil lançou profecias tão certeiras quanto inúteis. Da Bahia, João de Lencastre advertiu ao rei de Portugal que os bandos de aventureiros converteriam a região mineira em santuário de criminosos e vagabundos; e acima de tudo, anunciou ao rei outro perigo muito mais grave: em Portugal poderia acontecer, com o ouro, a mesma coisa que na Espanha com a prata; na mesma hora em que recebe sua prata da América, a Espanha lhe diz adeus com lágrimas nos olhos. O ouro brasileiro poderia entrar pela baía de Lisboa e continuar viagem pelo rio Tejo, sem parar em chão português, rumo à Inglaterra, França, Holanda, Alemanha...

Como se fosse eco da voz do governador, é assinado o tratado de Methuen. Portugal pagará com o ouro do Brasil os tecidos ingleses. Com o ouro do Brasil, colônia alheia, a Inglaterra dará um tremendo impulso ao seu desenvolvimento industrial. *(11, 48 e 226)*

1709

Ilhas de Juan Fernández

Robinson Crusoé

O vigia anuncia fogos distantes. Para buscá-los, os flibusteiros do *Duke* mudam a rota e põem a proa em direção à costa do Chile.

A nau se aproxima das ilhas de Juan Fernández. Uma canoa, um talho de espuma, vem ao seu encontro, lá da fila de fogueiras. Sobe na coberta um novelo de cabelos e imundície, que treme de febre e emite ruídos pela boca.

Dias depois, o capitão Rogers vai entendendo. O náufrago se chama Alexander Selkirk e é um colega escocês, sábio em velas, ventos e saques. Chegou à costa de Valparaíso na expedição do pirata William Dampier. Graças à Bíblia, ao punhal e ao fuzil, Selkirk sobreviveu mais de quatro anos numa dessas ilhas sem ninguém. Com tripas de cabrito soube armar artes de pescaria; cozinhava com sal cristalizado nas rochas e para a iluminação usava óleo de lobos-marinhos. Construiu uma cabana nas alturas e, ao lado, um curral de cabras. No tronco de uma árvore marcava a passagem do tempo. A tempestade lhe trouxe restos de um naufrágio e também um índio quase afogado. Chamou o índio de Sexta-Feira, porque esse era o dia. Dele aprendeu o segredo das plantas. Quando chegou o grande barco, Sexta-Feira preferiu ficar. Selkirk jurou que ia voltar, e Sexta-Feira acreditou.

Dentro de dez anos, Daniel Defoe publicará, em Londres, as aventuras de um náufrago. Em seu livro, Selkirk será Robinson Crusoé, nascido em York. A expedição do pirata britânico Dampier, que tinha limpado a costa do Peru e do Chile, se transformará em uma respeitável viagem de comércio. A ilhota deserta e sem história saltará do Pacífico para a boca do Orinoco, e o náufrago viverá nela vinte e oito anos. Robinson também salvará a vida de um selvagem canibal: *master*, amo, será a primeira palavra que ensinará em língua inglesa. Selkirk marcava com a ponta de uma faca as orelhas de cada cabra que capturava. Robinson projetará a divisão da ilha, seu reino, para vendê-la em lotes; marcará cada objeto que recolher do barco naufragado, fará a contabilidade de tudo que produza na ilha e fará o balanço de cada situação, o *dever* das desgraças, o *haver* das sortes. Robinson atravessará, como Selkirk, as duras provações da solidão, o pavor e a loucura; mas na hora do resgate Alexander Selkirk é um espantalho esfarrapado que não consegue falar e se assusta com tudo. Robinson Crusoé, ao contrário, invicto domador da natureza, voltará para a Inglaterra, com seu fiel Sexta-Feira, fazendo contas e projetando aventuras. *(92, 149 e 259)*

1711
Paramaribo

Elas se calaram

Os holandeses cortam o tendão de Aquiles do escravo que foge pela primeira vez, e quem insiste fica sem a perna direita; mas não há jeito de evitar que se difunda a peste da liberdade no Suriname.

O capitão Molinay desce pelo rio até Paramaribo. Sua expedição volta com duas cabeças. Foi preciso decapitar as prisioneiras, porque já não podiam se mover inteiras através da selva. Uma se chama Flora, a outra, Sery. Elas ainda têm os olhos pregados no céu. Não abriram a boca apesar dos açoites, do fogo e das tenazes incandescentes, teimosamente mudas como se não tivessem pronunciado palavra alguma desde o remoto dia em que foram engordadas e untadas de óleo e lhes rasparam os cabelos, desenhando-lhes nas cabeças estrelas e meias-luas, para vendê-las no mercado de Paramaribo. Todo o tempo mudas, Flora e Sery, enquanto os soldados lhes perguntavam onde se escondiam os negros fugidos: elas olhavam o céu sem piscar, perseguindo nuvens maciças como montanhas que andavam lá no alto, à deriva. *(173)*

Elas levam a vida nos cabelos

Por mais negros que crucifiquem ou pendurem em ganchos de ferro que atravessam suas costelas, são incessantes as fugas nas quatrocentas plantações da costa do Suriname. Selva adentro, um leão negro flameja na bandeira amarela dos cimarrões. Na falta de balas, as armas disparam pedrinhas ou botões de osso; mas a floresta impenetrável é o melhor aliado contra os colonos holandeses.

Antes de escapar, as escravas roubam grãos de arroz e de milho, pepitas de trigo, feijão e sementes de abóbora. Suas enormes cabeleiras viram celeiros. Quando chegam nos refúgios abertos na selva, as mulheres sacodem as cabeças e fecundam, assim, a terra livre. *(173)*

O cimarrão

O jacaré, disfarçado de tronco, aproveita o sol. Giram os olhos na ponta dos chifres do caracol. Com acrobacias de circo, o pássaro corteja a pássara.

O aranho sobe pela perigosa teia da aranha, lençol e mortalha onde abraçará e será devorado. Um bando de macacos se lança de assalto às frutas silvestres nos ramos: os gemidos dos macacos atordoam a floresta fechada e não deixam ouvir as ladainhas das cigarras nem as perguntas das aves. Mas soam passos estranhos no tapete de folhas e de repente a selva se cala e se paralisa, se encolhe e espera. Quando soa o primeiro tiro, a selva inteira foge em debandada.

O tiro anuncia a caçada dos cimarrões. *Cimarrón*, voz antilhana, significa "flecha que busca a liberdade". Assim chamaram os espanhóis o touro que fugia para o monte, e depois a palavra ganhou outras línguas, cimarrão, *maroom*, *marron*, para batizar o escravo que em todas as regiões da América busca o amparo das selvas e pântanos, vales profundos e longe do amo levanta uma casa livre e a defende abrindo caminhos falsos e armadilhas mortais.

O cimarrão gangrena a sociedade colonial. *(264)*

1711
Murrí

Não estão sozinhos nunca

Também existem índios cimarrões. Para trancá-los debaixo do controle de frades e capitães, são fundados cárceres como a recém-nascida aldeia de Murrí, na região do Chocó.

Aqui chegaram há tempos as imensas canoas de asas brancas, buscando os rios de ouro que descem da cordilheira; e desde então andam fugindo os índios. Uma infinidade de espíritos os acompanha peregrinando pela selva e pelos rios.

O feiticeiro conhece as vozes que chamam os espíritos. Para curar os enfermos, sopra sua concha de caracol na direção das matas habitadas pelo pecari, a ave-do-paraíso e o peixe que canta. Para adoecer os sadios, mete nos pulmões deles a borboleta da morte. O feiticeiro sabe que não existe terra, água ou ar vazio de espíritos nas terras do Chocó. *(121)*

1711
Palenque de São Basílio

O rei negro, o santo branco e sua santa mulher

Faz mais de um século que o negro Domingo Bioho fugiu das galeras de Cartagena das Índias e foi rei-guerreiro no pântano. Batalhões de cães e homens armados de arcabuzes o perseguiram e caçaram, e várias vezes Domingo foi enforcado. Em vários dias de grande festa, Domingo foi arrastado pelas ruas de Cartagena, amarrado no rabo de uma mula, e várias vezes cortaram seu pênis e o pregaram num poste alto. Seus caçadores foram premiados com sucessivas mercês de terras e várias vezes ganharam títulos de marqueses; mas nos terrenos cercados de estacas dos cimarrões do canal do Dique ou do baixo Cauca, Domingo Bioho reina e ri com sua inconfundível cara pintada.

Os negros livres vivem em estado de alerta, treinados para lutar desde que nascem e protegidos por despenhadeiros e fossos fundos de farpas envenenadas. O mais importante dos cercados dessa região, que existe e resiste há um século, tomará nome de santo. Vai se chamar São Basílio, porque logo sua imagem chegará pelo rio Magdalena. São Basílio será o primeiro branco autorizado a entrar. Virá com mitra e bastão de comando e trará uma igrejinha de madeira cheia de milagres. Não se assustará com o escândalo da nudez, nem falará jamais com voz de amo. Os cimarrões lhe oferecerão casa e mulher. Conseguirão para ele uma santa fêmea, Catarina, para que no outro mundo Deus não lhe dê como esposa uma burra e para que juntos se desfrutem nesta terra, enquanto nela estiverem. *(108 e 120)*

A MARIA-PALITO

Tem muito bicho nas terras onde Domingo Bioho reina para a eternidade em seus terrenos cercados. Os mais temidos são o tigre, a jiboia abraçadora e a serpente que se enrosca nos galhos e desliza nas choças. Os mais fascinantes são o peixe mayupa, que caga pela cabeça, e a maria-palito.

Como a aranha, a maria-palito devora seus amantes. Quando o macho a abraça pelas costas, ela vira para ele sua cara sem queixo, mede-o com seus olhos saltados, crava-lhe os dentes e o almoça com toda a calma, até transformá-lo em nada.

A maria-palito é muito beata. Sempre tem seus braços em prece, e come rezando. *(108)*

1712

Santa Marta

Da pirataria ao contrabando

Entre as pernas verdes da serra Nevada, que molha seus pés no mar, ergue-se um campanário rodeado de casas de madeira e palha. Nelas vivem as trinta famílias brancas do porto de Santa Marta. Ao redor, em choças de taquara e barro, ao abrigo das folhas de palmeira, vivem os índios, negros e mestiços que ninguém perdeu tempo em contar.

Os piratas sempre foram o pesadelo desses litorais. Há quinze anos, o bispo de Santa Marta teve que esvaziar o órgão da igreja para improvisar munições. Há uma semana, as naus inglesas atravessaram os tiros de canhão dos fortes que vigiam a baía e amanheceram tranquilamente na praia.

Todo mundo fugiu para as montanhas.

Os piratas esperaram. Não roubaram nem um lenço, não incendiaram nenhuma casa.

Os vizinhos, desconfiados, se aproximaram pouco a pouco; e Santa Marta se transformou agora em um mercado alegre. Os piratas, armados até os dentes, vieram vender e comprar. Barganham, mas são escrupulosos na hora de pagar.

Lá longe, as fábricas britânicas crescem e exigem mercados. Muitos piratas viram contrabandistas, embora nenhum deles saiba que diabo quer dizer isso de *acumulação de capital. (36)*

1714

Ouro Preto

O médico das minas

Esse médico não crê em drogas nem nos caríssimos pozinhos vindos de Portugal. Desconfia das sangrias e dos purgantes e faz pouco caso do patriarca Galeno e de suas tábuas da lei. Luís Gomes Ferreira aconselha a seus pacientes um banho por dia, o que na Europa seria claro sinal de heresia ou loucura, e receita ervas e raízes da região. Muitas vidas o doutor Ferreira salvou, graças ao bom senso e à antiga experiência dos índios e à ajuda da moça-branca, aguardente de cana que ressuscita moribundos.

Pouco ou nada pode fazer, porém, contra o costume dos mineiros de abrir barrigas a tiro ou faca. Aqui toda fortuna é glória de um momento, e mais vale o sabido que o valente. Não há ciência que valha na guerra implacável pela conquista do barro negro que esconde sóis nas entranhas. O capitão Tomás de Souza, tesoureiro do rei, andava buscando ouro e encontrou chumbo. O médico não pôde fazer nada, a não ser o sinal da cruz. Todo o mundo achava que o capitão tinha uma tonelada de ouro guardada, mas os credores só encontraram alguns escravos para repartir.

Raramente o médico atende um doente negro. Nas minas brasileiras, o escravo é usado e jogado fora. Em vão, o doutor Ferreira recomenda aos amos um trato mais cuidadoso, pois assim estão pecando contra Deus e contra os seus próprios interesses. Nos lavadouros de ouro e nas galerias subterrâneas não há negro que dure dez anos, mas um punhado de ouro compra um menino novo, que custa tanto quanto um punhado de sal ou um porco inteirinho. *(48)*

1714

Vila Nova do Príncipe

JACINTA

Ela consagra a terra que pisa. Jacinta de Siqueira, africana do Brasil, é a fundadora dessa vila do Príncipe e das minas de ouro dos barrancos de Quatro Vinténs. Mulher negra, mulher verde, Jacinta se abre e se fecha como planta carnívora engolindo homens e parindo filhos de todas as cores, nesse mundo que ainda não tem mapa. Jacinta avança, rompendo a selva, à cabeça dos facínoras que vêm em lombo de mula, descalços, armados de velhos fuzis, e que, ao entrar na mina, deixam a consciência pendurada em um galho ou enterrada no pântano: Jacinta, nascida em Angola, escrava na Bahia, mãe do ouro de Minas Gerais. *(89)*

1716

Potosí

HOLGUÍN

O vice-rei de Lima, dom Diego Rubio Morcillo de Auñón, entra em Potosí debaixo de cento e vinte arcos triunfais de prata lavrada, ao longo de um túnel de quadros que mostram Ícaro e Eros, Mercúrio, Endimião, o Colosso de Rodes e Eneias fugindo de Troia.

Potosí, aí, já não é o que era. Sua população foi reduzida à metade. A cidade recebe o vice-rei em rua de madeira, e não de prata. Mas ecoam, como nos tempos assombrosos, as trombetas e os tambores: pajens com elegantes librés iluminam, com tochas de cera, o passo dos capitães a cavalo, dos governadores e dos juízes, dos corregedores, dos embaixadores... Com a noite, chega, radiante, o baile à fantasia: a cidade oferece ao empoado visitante a homenagem dos doze heróis de Espanha, os doze pares de França e as doze sibilas. Cumprimentam-no e saúdam-no, em fulgurantes vestimentas, Cid, o campeador, e o imperador Carlos, e tudo que é ninfa e príncipe árabe e rei etíope que o mundo viu ou sonhou.

Melchor Pérez Holguín retrata essa jornada prodigiosa. Pinta as mil personagens, uma por uma, e pinta Potosí e o morro mais generoso do universo, cores de terra, sangue, fumaça, fulgores de prata, e pinta a sua própria imagem ao pé do vasto quadro: Holguín, mestiço cinquentão, nariz de águia, longos cabelos negros chovendo do chapéu de aba revirada, a palheta erguida em uma mão. Também pinta dois velhotes de bastão e escreve as palavras que saem de suas bocas:

– Fia batizada viu junto tar maravia.

– Trabaio em cento i tantos anos num vi grandeza tamanha.

Talvez Holguín não saiba que maravilha é a que ele cria, achando que copia; nem sabe que sua obra continuará viva quando as pompas de Potosí tenham sido apagadas da face da terra e ninguém se lembre de vice-rei algum. *(16 e 215)*

1716

Cusco

Os imagineiros

Diego Quispe Tito, o professor de Holguín, morreu pouco depois que seus olhos morreram. Quando viu chegando a cegueira, e a morte, pintou sua própria imagem a caminho do Paraíso, com a borla imperial dos incas na testa. Quispe foi o mais talentoso dos artistas índios de Cusco. Em suas obras voam papagaios entre anjos e pousam sobre São Sebastião crivado de flechas.

Caras, aves e frutas daqui aparecem, de contrabando, nas paisagens da Europa ou do Céu.

Enquanto os espanhóis queimam quenas e ponchos na Praça Maior, os imagineiros de Cusco dão um jeito de pintar travessas de abacates, pimentões, frutas-de-conde, morango e marmelos sobre a mesa da Última Ceia, e pintam o Menino Jesus brotando do ventre da Virgem e a Virgem dormindo, em leito de ouro, abraçada a São José.

O povo ergue cruzes de milho, enfeita as cruzes com grinaldas de batata; e aos pés dos altares veem-se oferendas de abóboras e melancias. *(138 e 300)*

Maria, Terra-mãe

Nas igrejas dessas comarcas volta e meia aparece a Virgem coroada de penas ou protegida por um guarda-sol, como princesa inca, e Deus aparece em forma de sol, entre macacos que sustentam colunas e molduras que oferecem frutas, peixes e aves do trópico.

Uma tela sem assinatura mostra a Virgem Maria no morro de prata de Potosí, entre o sol e a lua. Num lado está o papa de Roma e noutro, o rei da Espanha. Mas Maria não está em cima do morro, e sim *dentro* dele. Ela é o morro, um morro com cara de mulher e mãos de oferenda, Maria-morro, Maria-pedra, fecundada por Deus como o sol fecunda a terra. *(137)*

A Pachamama

No planalto andino, *mama* é a Virgem e *mama* é a terra e o tempo.

Fica zangada a terra, a mãe terra, a *Pachamama*, se alguém bebe sem lhe oferecer. Quando ela sente muita sede, quebra a botija e derrama o que está lá dentro.

A ela se oferece a placenta do recém-nascido, enterrando-a entre as flores, para que a criança viva; e para que o amor viva, os amantes enterram cachos de cabelos.

A deusa terra recolhe nos braços os cansados e os maltrapilhos que dela brotaram, e se abre para lhes dar refúgio no fim da viagem. Lá embaixo da terra, os mortos florescem. *(247)*

Sereias

Na porta principal da catedral de Puno, Simón de Astro entalhara na pedra duas sereias.

Embora as sereias simbolizem o pecado, o artista não esculpirá monstros. O artista criará duas formosas moças índias que alegremente tocarão o *charango*, e amarão sem sombra de culpa. Elas serão as sereias andinas, Quesintuu e Umantuu, que em tempos antigos brotaram das águas do lago Titicaca para fazer amor com o deus Tunupa, deus aimará do fogo e do raio, que ao passar deixou uma fieira de vulcões. *(137)*

1717
Quebec

O HOMEM QUE NÃO ACREDITAVA NO INVERNO

De acordo com o que contou Rabelais e Voltaire repetiu, é tão frio o frio do Canadá que as palavras se congelam ao sair da boca e ficam suspensas no ar. No final de abril, os primeiros sóis partem os gelos sobre os rios e a primavera explode no meio de gemidos de ressurreição. Então, e só então, é possível escutar as frases pronunciadas no inverno.

Os colonos franceses temem o inverno mais do que temem os índios, e invejam os animais que o atravessam dormindo. Nem o urso nem a marmota percebem as maldades do frio: vão embora do mundo por alguns meses, enquanto o inverno parte as árvores com o ruído de tiros e transforma os humanos em estátuas de sangue congelado e carne de mármore.

O português Pedro da Silva passava os invernos levando cartas em um trenó de cães, sobre os gelos do rio São Lourenço. No verão, viajava de canoa e, às vezes, por culpa dos ventos, demorava um mês inteiro indo e vindo de Quebec a Montreal. Pedro levava decretos do governador, relatórios de frades e funcionários, ofertas de vendedores de peles, promessas de amigos, segredos de amantes.

O primeiro carteiro do Canadá trabalhou durante um quarto de século sem pedir licença ao inverno. Agora morreu. *(96)*

1717
Isle Dupas

OS FUNDADORES

O mapa do Canadá ocupa uma parede inteira. Entre a costa leste e os grandes lagos, algumas cidades, alguns fortes. Mais além, um imenso espaço de mistério. Na outra parede, debaixo dos canos cruzados dos mosquetões, estão penduradas cabeleiras de índios inimigos, escurecidas por fumaça de cachimbo.

Sentado em uma cadeira de balanço, Pierre de La Vérendrye morde o cachimbo. La Vérendrye não escuta o berreiro do filho recém-nascido. Com os olhos semicerrados olha o mapa e se deixa levar pelos impetuosos rios que nenhum europeu navegou até agora.

Ele regressou vivo dos campos de batalha da França, onde o deram por morto com um tiro no peito e vários cortes de sabre. No Canadá não lhe falta o que comer, graças ao trigo de seus campos e à sua pensão de alferes inválido de guerra; mas se aborrece e delira.

Suas pernas feridas chegarão mais longe que seus mais loucos sonhos. As explorações de La Vérendrye tornarão esse mapa ridículo. Indo para oeste, em busca do mar que conduz ao litoral da China, chegará pelo norte a lugares onde o cano do mosquetão se arrebenta de frio ao disparar e, pelo sul, subirá o desconhecido rio Missouri. Esse bebê que está chorando ao seu lado, no berço de madeira, será o descobridor do invencível muro das montanhas rochosas.

Missionários e mercadores de pele seguirão os passos do explorador. Assim aconteceu, sempre. Assim foi com Cartier, Champlain e La Salle.

A Europa paga bons preços pelas peles de castor, nútria, marta, cervo, raposa e urso. Em troca dessas peles, os índios recebem armas, para se matarem entre si ou para morrer em guerras entre os ingleses e os franceses que disputam suas terras. Os índios também recebem aguardente, que transforma em trapo o guerreiro mais robusto, e pestes mais arrasadoras que as piores tempestades de neve. *(176 e 330)*

Retábulo dos índios

Entre os índios do Canadá não existe nenhum barrigudo e nenhum corcunda, dizem os frades e os exploradores franceses. Se existe algum manco, ou cego, ou caolho, é por ferimento de guerra.

Não conhecem a propriedade nem a inveja, conta Pouchot, e chamam o dinheiro de *serpente dos franceses.*

Consideram ridículo obedecer a um semelhante, diz Lafitau. Escolhem chefes que não têm nenhum privilégio; e quem se torna mandão é destituído. As mulheres opinam e decidem, igualzinho aos homens. Os conselhos de anciãos e as assembleias públicas têm a última palavra; mas nenhuma palavra humana soa mais forte que a voz dos sonhos.

Obedecem aos sonhos como os cristãos ao comando divino, observa Brébeuf. Obedecem todos os dias, porque, através dos sonhos, a alma fala todas as noites; e quando chega o fim do inverno e se rompem os gelos do mundo, celebram uma longa festa consagrada aos sonhos. Então os índios se disfarçam e toda loucura é permitida.

Comem quando têm fome, anota Cartier. Não conhecem outro relógio além do apetite.

São libertinos, adverte Le Jeune. Tanto a mulher como o homem podem romper seu matrimônio quando bem quiserem. A virgindade não significa nada para eles. Champlain descobriu anciãs que tinham se casado vinte vezes.

Segundo Le Jeune, trabalhar não lhes agrada, mas inventar mentiras os fascina. Ignoram a arte, a não ser a arte de pelar crânios de inimigos. São vingativos: por vingança comem piolhos ou vermes e todo bicho que goste de carne humana. São incapazes, comprova Biard, de entender qualquer ideia abstrata.

Segundo Brébeuf, os índios não conseguem entender a ideia de inferno. Jamais tinham ouvido falar de castigo eterno. Quando os cristãos os ameaçam com o inferno, os selvagens perguntam: *E meus amigos estarão no inferno? (97)*

Cantos dos índios Chippewa, na região dos Grandes Lagos

Ando às vezes
com pena de mim
enquanto o vento me leva
pelos céus afora.

O arbusto
se sentou debaixo da árvore
e canta. (38 e 340)

1718

São José del Rei

O pelourinho

A horda aventureira derruba selvas, abre montanhas, desvia rios; e enquanto o fogo revela fulgores nas pedras ferruginosas, os perseguidores do ouro comem sapos e raízes e fundam cidades sob o duplo signo da fome e do castigo.

A instalação do pelourinho indica o nascimento de cada cidade na região brasileira do ouro: o pelourinho é o centro de tudo, e ao seu redor ficarão as casas, as igrejas nos topos dos morros: o pelourinho, com uma coroa na ponta alta e um par de argolas para prender os escravos que mereçam o açoite.

Erguendo a espada na frente do pelourinho, o conde de Assumar dá nascimento oficial à aldeia de São José del Rei. Quatro meses levou a viagem do Rio de Janeiro até aqui, e no caminho comeu carne de macaco e formigas assadas.

Essa terra lhe dá pânico e asco. O conde de Assumar, governador de Minas Gerais, acredita que o espírito de rebelião é uma segunda natureza dessa gente intratável e sem domicílio: aqui os astros induzem à desordem, diz, e a água exala motins e a terra solta vapor de tumultos: são insolentes as nuvens, rebeldes os ares, e o ouro, desaforado.

Manda o conde que seja cortada a cabeça de todo fugitivo, e organiza milícias para perseguir a negrada rebelde. Os *desraçados*, nem brancos nem negros, miseráveis filhos do senhor e da escrava ou mistura de mil sangues, são os caçadores de escravos fugidos. Nascidos para viver fora da lei, são bons para morrer matando. Eles, mulatos e mestiços, são muitos: não existem aqui mulheres brancas nem existe maneira para cumprir a vontade do rei que, lá de Lisboa, ordenou evitar *a descendência defeituosa e impura. (122 e 209)*

1719

Potosí

A peste

Há três anos, o céu mandou uma advertência, *fogo espantoso, presságio de calamidade:* o cometa, sol solto, sol louco, apontava para o morro de Potosí sua cauda acusadora.

No começo desse ano, nasceu um menino de duas cabeças no bairro de São Pedro e o padre relutava entre fazer um batizado ou dois.

E apesar do cometa e do monstro, persistiu um Potosí à moda francesa, roupas e costumes *reprovados por Deus; vergonhosos ao sexo, ofensivos à natureza e escandalosos à decência civil e política.* A cidade festejou os carnavais como sempre, farras e confusões *mui contra a honestidade;* e quando seis formosas donzelas se puseram a dançar nuas, justo aí a peste fulminou.

Padece Potosí de mil penas e mortes. Deus enfureceu-se com os índios, que pagam os pecados da cidade jorrando rios de sangue.

Segundo dom Matías Ciriaco y Selda, *médico sábio e mui respeitado,* Deus empregou, para vingar-se, a má influência de Saturno, que altera o sangue e o converte em urina e cólera. *(16)*

1721

Zacatecas

PARA COMER DEUS

Repicam os sinos chamando para a festa de celebração. O centro mineiro de Zacatecas assinou um tratado de paz com os índios huicholes. Retirados nas montanhas de Nayarit, os huicholes tinham defendido sua independência durante dois séculos, invulneráveis ao contínuo acossamento, e agora se submetem à coroa espanhola. O tratado lhes garante que não serão obrigados a servir nas minas.

Nas peregrinações rumo às suas terras sagradas, os huicholes não têm mais remédio a não ser passar na região mineira, ansiosa por mão de obra. O Avô Fogo os protege do escorpião e da serpente, mas pouco pode contra os caçadores de índios.

A longa viagem até a meseta de Viricota, através dos morros desolados e dos pedregais de nunca acabar, é uma viagem às origens, pelo caminho dos deuses. Em Viricota, os huicholes revivem a primeira caçada ao veado. Ali regressam ao eterno momento em que o Senhor dos Veados ergueu com seus chifres o sol recém-nascido, aceitou sacrificar-se para que a vida humana fosse possível e com seu próprio sangue fecundou o milho.

O veado, deus dos deuses, mora em um cacto, o *peyote,* muito difícil de encontrar. O *peyote,* pequeno e feio, se esconde entre as pedras. Quando o descobrem, os huicholes atiram flechas no cacto, e quando ele é apanhado, chora. Depois o sangram, esfolam e cortam sua carne em rodelas. Ao redor da fogueira, os huicholes comem o cacto sagrado, e então começa o transe. Na beira da loucura, no êxtase onde tudo é sempre e tudo é nunca, eles são deuses enquanto acontece a comunhão. *(31)*

E SE POR ACASO PERDES A ALMA...

O que essa índia huichole, a ponto de parir, está fazendo? Ela lembra. Recorda intensamente a noite de amor de onde vem a criança que vai nascer.

Pensa nisso com toda a força de sua memória e sua alegria. Assim o corpo se abre, feliz da felicidade que teve, e então nasce um bom huichole, que será digno do gozo que o fez.

Um bom huichole cuida da alma, sua alumbradora força de vida, mas sabe-se bem que a alma é menor que uma formiga e mais suave que um sussurro, uma coisa de nada, um arzinho, e em qualquer descuido pode se perder.

Um rapaz tropeça e rola serra abaixo e a alma se solta e cai no rolar, amarrada que estava só por um fio de teia de aranha. Então o jovem huichole se atordoa e fica doente. Balbuceando chama o guardião dos cantos sagrados, o sacerdote feiticeiro.

O que procura esse velho índio cavoucando a serra? Percorre o rastro por onde andou o doente. Sobe, muito em silêncio, entre os rochedos afiados, explorando as ramagens, folha por folha, e debaixo das pedrinhas. *Onde caiu a vida? Onde se assustou a vida?* Caminha lentamente e com os ouvidos muito abertos, porque as almas perdidas choram e às vezes assoviam como a brisa.

Quando encontra a alma, o sacerdote feiticeiro a levanta na ponta de uma pluma, a enrola em um minúsculo floco de algodão e, dentro de uma palhinha oca, a leva de volta a seu dono, que não morrerá. *(124)*

1726

Baía de Montevidéu

Montevidéu

Ao oriente do arco do rio Uruguai, as ondulantes planícies fazem mais vacas que trevos. Os bandeirantes do Brasil, engolidores de fronteiras, ambicionam essa vasta mina de carnes e couros; e a bandeira de Portugal já ondula na costa do rio da Prata, sobre a fortaleza de Colônia do Sacramento. Para conter a investida, o rei da Espanha manda fundar um povoado na baía de Montevidéu.

Protegida pelo canhão e pela cruz, surge a cidade nova. Brota em uma ponta de terra e rochedos, que o vento açoita e os índios ameaçam. De Buenos Aires chegam os primeiros povoadores, quinze jovens, dezenove crianças e uns quantos escravos que não aparecem na lista – mãos negras para o machado, a enxada e a forca, peitos para dar leite, uma voz para cantar pregões.

Os fundadores, quase todos analfabetos, recebem do rei o privilégio da fidalguia. Estreiam o direito de se chamar *dom* nas rodas do mate, genebra e cigarros:

– *À sua saúde, dom.*

– *À sua.*

O empório cheira à erva-mate e a fumo. É a primeira casa com porta de madeira e parede de adobe entre as choças de couro esparramadas à sombra do forte. O empório serve bebida, conversa e violão, e além disso vende botões e frigideiras, biscoitos e qualquer coisa.

Do empório, nascerá o café. Montevidéu será a cidade dos cafés. Nenhuma esquina será esquina sem um café cúmplice para a confidência ou a confusão, pequenos templos onde toda solidão terá refúgio e todo encontro será celebrado e onde a fumaça dos cigarros será o incenso. *(278 e 315)*

1735
Ouro Preto

Festas

Arcos de flores cobrem as ruas de Ouro Preto, e à sua sombra desfila o Santíssimo Sacramento entre paredes de seda e damasco. Os Quatro Ventos e os Sete Planetas vão e vêm sobre cavalos forrados de joias e em altos tronos fulguram a Lua, as Ninfas e a Estrela D'Alva, com seus cortejos de anjos. No fim de uma semana de fogos de artifício e festa contínua, a procissão canta a gratidão ao Ouro, alvíssaras ao Diamante e devoções a Deus.

Os diamantes são uma novidade na região. Até há pouco eram usados para marcar pontos nas rodas de baralho. Quando se soube que eram diamantes esses cristaizinhos, o monarca de Portugal deu de presente a Deus os primeiros e depois ao Papa e depois comprou do Vaticano o caro, muito caro título de Rei Fidelíssimo.

As ruas de Ouro Preto sobem e descem de verdade, como fios de navalha, e nos topos e abismos se dividem suas gentes. As festas dos lá de cima são sinais de celebração obrigatória, mas as festas dos lá de baixo provocam suspeita e castigo. As peles escuras escondem ameaças de feitiçaria e perigos de rebelião. Cantos e viola de pobre são pecado, mulata que ri muito arrisca-se à cadeia ou ao desterro, e no domingo de folia o escravo negro pode perder a cabeça. *(209)*

1736
Saint John's

O fogaréu

Selaram o juramento bebendo na mesma caneca uma mistura de rum e pó de sepultura e sangue de galo, e explodiu um terremoto de tambores.

Tinham preparado a pólvora para fazer voar o governador e todos os senhores principais da ilha britânica de Antígua. Foi isto que o promotor contou. Foi no que acreditaram os juízes.

Seis escravos negros morrem de fome, amarrados ao patíbulo, e cinco outros homens são esquartejados. Setenta e sete são queimados vivos. Outros dois se salvam contando mentiras que mandam os próprios pais para a fogueira.

Os conspiradores são carvão ou carne podre, mas vagam pela praia ao amanhecer. Quando baixa a maré deixa a descoberto maravilhas na areia, e os pescadores passam pelos mortos, que andam buscando água e comida para continuar a viagem rumo ao além. *(78)*

1738

Trelawny Town

Cudjoe

As plantas e as pessoas transpiram a jorros nas montanhas peludas do oeste da Jamaica. Vem o sol a se esconder, quando o longo lamento do chifre anuncia que o chefe inimigo chegou ao desfiladeiro.

Dessa vez, o coronel Guthrie não vem lutar. Os comerciantes ingleses de escravos oferecem paz aos cimarrões. Prometem respeitar a liberdade que ganharam em longos anos de guerra e reconhecem a propriedade das terras onde vivem. Em troca, os cimarrões se transformam em guardas de seus irmãos prisioneiros: de agora em diante, eles ajudarão a castigar as revoltas de escravos nas plantações de açúcar e entregarão os fugitivos que aparecerem por aqui pedindo refúgio.

O chefe Cudjoe sai ao encontro do coronel Guthrie. Cudjoe leva na cabeça um chapéu sem abas e veste uma casaca que já foi azul e teve mangas. O pó vermelho da Jamaica iguala as cores das peles e das roupas, mas no colete do coronel não falta nenhum botão e ainda é possível adivinhar a brancura de sua cacheada peruca. Cudjoe se abaixa e beija os sapatos do coronel. *(78, 86 e 264)*

1739

New Nanny Town

Nanny

Depois de firmar um pacto com Cudjoe, o chefe dos cimarrões de Sotavento, o coronel Guthrie marcha rumo ao oriente da ilha. Alguma misteriosa mão desliza no rum um veneno fulminante e Guthrie cai como chumbo do cavalo.

Uns meses mais tarde, ao pé de uma montanha muito alta, o capitão Adair consegue a paz no oriente. Quao, o chefe dos cimarrões de Barlovento, aceita as condições exibindo espadim e rico chapéu.

Mas nos precipícios do oriente, mais poder que Quao tem Nanny. Os bandos dispersos de Barlovento obedecem à Nanny, assim como a obedecem os esquadrões de mosquitos. Nanny, grande fêmea de barro aceso, amante dos deuses, veste apenas um colar de dentes de soldados ingleses.

Ninguém a vê, todos a veem. Dizem que morreu, mas ela se atira nua, negra rajada, no meio do tiroteio. Agacha-se de costas para o inimigo, e sua bunda magnífica atrai as balas. Às vezes as devolve, multiplicadas, e às vezes as transforma em flocos de algodão. *(78 e 264)*

Peregrinação na Jamaica

Vêm dos ocos das árvores, dos buracos da terra, das grotas das rochas.

Não os detêm as chuvas nem os rios. Atravessam pântanos, abismos, bosques. Não os despista a névoa nem os assustam os sóis ferozes. Descem das montanhas, lentos, implacáveis. Marcham de perfil, em linha reta, sem desvios. As couraças brilham ao sol. Os batalhões de guerreiros machos encabeçam a peregrinação. Diante do perigo erguem suas armas, suas tenazes. Muitos morrem ou perdem um braço abrindo caminho. Range a terra da Jamaica, coberta pelo imenso exército de caranguejos.

É longa a viagem rumo ao mar. Depois de dois ou três meses, chegam os que chegam, exaustos. Então as fêmeas se adiantam e se deixam cobrir pelas ondas do mar, e o mar lhes arranca as ovas.

Poucos voltam. Dos milhões que iniciaram a viagem até o mar, poucos voltam. Mas o mar incuba, debaixo da areia, um novo povo de caranguejos. E logo o novo povo empreende a travessia para as montanhas de onde suas mães vieram, e não há quem os detenha.

Os caranguejos não têm cabeça. Chegaram tarde à divisão de cabeças que lá, na África, o deus-rei fez, em seu palácio de algodão e cobre. Os caranguejos não têm cabeça, mas sonham e sabem. *(86)*

1742
Ilhas de Juan Fernández

Anson

Acreditam os chilenos que as ondas desse mar são cavalos de espumosas bocas que as bruxas cavalgam com rendas de sargaço. As ondas se lançam ao assalto dos penhascos, que não acreditam em bruxas, e os castelos de rocha se deixam açoitar com remoto desdém. Lá no alto, um macho caprino de barba venerável contempla, digno como um rei, o vaivém da espuma.

Sobram poucas cabras nas ilhas de Juan Fernández. Há anos, os espanhóis trouxeram do Chile uma manada de cães para arrebatar aos piratas essa comida fácil. Os homens do comandante Anson perseguem, em vão, as sombras dos cornos pelos penhascos e precipícios; e acreditam que reconhecem a marca de Alexander Selkirk nas orelhas de algumas cabras que agarram.

A bandeira inglesa flameja intacta nos mastros. A frota de lorde George Anson voltará a Londres arrasada pela fome e escorbuto, mas tão esplêndido será o tesouro que quarenta carretas, puxadas por bois, não serão suficientes para tirá-lo do porto. Em nome do aperfeiçoamento da Cartografia, da Geografia e da Astronomia, da Geometria e da Arte da Navegação, o cientista Anson caçou a tiros de canhão vários navios espanhóis e incendiou algumas aldeias, levando até as perucas e os calções bordados.

Nesses anos, o império britânico está nascendo na passagem da pirataria para o contrabando; mas Anson é um pirata no velho estilo. *(10)*

1753
Rio Serra Leoa

Cantemos louvores ao Senhor

A revelação de Deus aconteceu à luz dos relâmpagos. O capitão John Newton converteu-se ao cristianismo numa noite de blasfêmias e bebedeira, quando uma súbita tempestade esteve a ponto de jogar seu barco nas profundezas do oceano. Desde então, é um eleito do Senhor. A cada entardecer, prega um sermão. Reza antes de cada refeição e começa cada jornada cantando salmos que a marujada repete roucamente em coro. No fim de cada viagem, paga em Liverpool uma cerimônia especial de ação de graças ao Altíssimo.

Enquanto espera a chegada de um carregamento na foz do rio Serra Leoa, o capitão Newton espanta medos e mosquitos e roga a Deus que proteja a nave *African* e todos os seus tripulantes, e que chegue intacta à Jamaica a mercadoria que se dispõe a embarcar.

O capitão Newton e seus numerosos colegas praticam o comércio triangular entre a Inglaterra, a África e as Antilhas. De Liverpool embarcam tecidos, aguardentes, fuzis e facas que são trocados por homens, mulheres e crianças na costa africana. Os barcos apontam a proa em direção às ilhas do Caribe, e lá trocam os escravos por açúcar, melado, algodão e fumo que levam para Liverpool, a fim de reiniciar o ciclo.

Em suas horas de ócio, o capitão contribui para a sagrada liturgia compondo hinos. Essa noite, trancado em seu camarote, começa a escrever um novo hino, enquanto espera uma caravana de escravos que está atrasada, porque alguns deles quiseram se matar comendo barro, pelo caminho. Já tem título. O hino vai se chamar *Como soa doce o nome de Jesus.* Os primeiros versos nascem, e o capitão cantarola possíveis melodias embaixo do lampião cúmplice que balança. *(193)*

1758

Cap Français

Macandal

Em frente a uma grande assembleia de cimarrões, Français Macandal tirou um lenço amarelo de um copo d'água:

– *Primeiro, foram os índios.*

E depois, um lenço branco:

– *Agora, os brancos são os donos.*

E então agitou um lenço negro aos olhos dos cimarrões e anunciou que tinha chegado a hora de quem veio da África. Agitou o lenço com sua única mão, pois a outra tinha ficado entre os dentes de ferro da moenda de cana.

Nas planícies do norte do Haiti, o maneta Macandal era o senhor do fogo e do veneno. Um gesto dele, e ardiam os canaviais; e por seu sortilégio despencavam, no meio do jantar, jorrando baba e sangue, os senhores do açúcar.

Sabia transformar-se em iguana, formiga ou mosca, vestido de dentes, antenas ou asas; mas foi agarrado. E foi condenado. E está sendo queimado vivo.

A multidão vislumbra, entre as chamas, o corpo que se retorce e sacode, quando de repente um alarido racha a terra, feroz grito de dor e de júbilo, e Macandal se solta do poste e da morte: uivando, flamejando, atravessa a fumaça e se perde no ar.

Para os escravos, não é nenhum assombro. Eles sabiam que ficaria no Haiti, na cor de toda sombra, o peregrino da noite. *(63 e 115)*

1761
Cisteil

Canek

Os índios maias proclamam a independência de Iucatã e anunciam a próxima independência da América.

– *Puras penas nos trouxe o poder da Espanha. Puras penas e nada mais.*

Jacinto Uc, aquele que acariciando folhas de árvore faz soar trombetas, vira rei. Canek, *serpente negra,* é o nome que escolhe. O rei de Iucatã amarra no pescoço o manto de Nossa Senhora da Conceição e fala aos outros índios. Rolaram pelo chão os grãos de milho, cantaram a guerra. Os profetas, os homens de peito quente, os iluminados dos deuses, tinham dito que quem morrer lutando despertará. Diz Canek que não é rei por amor ao poder, que o poder quer mais e mais poder e que se derrama a água quando a xícara está cheia. Diz que é rei contra o poder dos poderosos e anuncia o fim da servidão e dos postes de flagelação e dos índios em fila beijando a mão do amo. *Não poderão nos amarrar: vai lhes faltar corda.*

Na aldeia de Cisteil e em outros povoados se propagam os ecos, palavras que se tornam gritos, e os frades e capitães rolam em sangue. *(67 e 144)*

1761
Mérida

Pedaços

Depois de muita morte, foi preso. São José foi o patrono da vitória colonial.

Acusam Canek de ter açoitado Cristo e de ter enchido de capim a boca de Cristo.

É condenado. Vão arrebentá-lo vivo, a golpes de ferro, na praça principal de Mérida.

Canek entra na praça, no lombo de uma mula, a cara quase escondida debaixo de uma enorme coroa de papel. Na coroa se lê a sua infâmia: *Revoltou-se contra Deus e contra o Rei.*

É esquartejado pouco a pouco, sem que lhe deem o alívio da morte, pior que animal no matadouro; e vão arrojando seus pedaços à fogueira. Uma longa ovação acompanha a cerimônia. Debaixo da ovação, murmura-se que os servos botarão vidro moído no pão dos amos. *(67 e 144)*

1761

Cisteil

Sagrado milho

Os verdugos lançam aos ventos as cinzas de Canek, para que não ressuscite no dia do Juízo Final. Morrem oito de seus chefes no garrote vil e cortam a orelha de duzentos índios. E para culminar o castigo, doendo no que é mais sagrado, os soldados queimam as sementeiras de milho das comunidades rebeldes.

O milho está vivo. Sofre se é queimado, ofende-se quando é pisado. Talvez o milho sonhe com os índios, como os índios sonham com o milho. O milho organiza o espaço e o tempo e a história da gente feita de carne de milho.

Quando Canek nasceu, cortaram-lhe o umbigo em cima de uma espiga. Em nome do recém-nascido, semearam os grãos manchados de seu sangue. Desse plantio Canek se alimentou, e bebeu água de sereno, que contém a luz do amanhecer; e foi crescendo. *(1, 67, 144 e 228)*

1763

Buraco de Tatu

Por que os altivos davam mau exemplo

Os baqueanos, que veem como de dia nas noites sem lua, evitaram as armadilhas. Graças a eles, os soldados puderam atravessar o labirinto de espadas, estacas afiadas que traem quem pisa, e ao amanhecer se lançaram sobre a aldeia dos negros livres.

Fumaça de pólvora, fumaça de incêndio, ar espesso e azedo na beira da praia de Itapoã: ao meio-dia não sobra nada do Buraco de Tatu, refúgio de cimarrões que tanto ofenderam, há vinte anos, a vizinha cidade de São Salvador da Bahia.

O vice-rei jurou que limpará o Brasil de negros cimarrões, mas eles brotam de tudo que é lado. Em vão o capitão Bartolomeu Bueno arrancou em Minas quatro mil pares de orelhas.

A golpes de culatra fazem fila os que não caíram na defesa do Buraco de Tatu. Todos são marcados no peito, com a letra *F*, de *Fugido*, e devolvidos aos donos. O capitão Joaquim da Costa Cardoso, que anda mal de dinheiro, vende os meninos a preço de ocasião. *(264 e 284)*

Comunhão

Muito terá que ocultar a História, dama de véus rosados, beijadora dos que vencem. Bancará a distraída ou ficará doente de fingida amnésia; mentirá que foram mansos e resignados, talvez até felizes, os escravos negros do Brasil.

Mas os amos das plantações obrigam o cozinheiro a provar na frente deles cada prato. Venenos de lenta agonia escorregam entre as delícias da mesa. Os escravos matam; e também se matam ou fogem, que são maneiras de roubar ao amo a sua principal riqueza. Ou se sublevam acreditando, dançando, cantando, que é a maneira de se redimir e ressuscitar.

O cheiro das canas cortadas embebeda o ar das plantações e ardem fogos na terra e nos peitos: o fogo tempera as lâminas, repicam os tambores. Os tambores invocam os velhos deuses, que voam até essa terra de exílio, respondendo às vozes de seus filhos perdidos, e entram neles e fazem amor com eles arrancando-lhes música e uivos, devolvendo-lhes assim, intacta, a vida quebrada.

Na Nigéria ou no Daomé, os tambores pedem fecundidade para as mulheres e as terras. Aqui, não. Aqui, as mulheres geram escravos e as terras os aniquilam. Aqui, os deuses agrários cedem o passo aos deuses guerreiros. Os tambores não pedem fecundidade, pedem vingança; Ogum, o deus do ferro, afia punhais, e não enxadas. *(27)*

Retábulo da Bahia

Dizem os que mandam na Bahia que *negro não vai pro Céu, nem que seja rezador, porque tem o cabelo duro, espeta Nosso Senhor*. Dizem que não dorme: ronca. Que não come: engole. Que não conversa: resmunga. Que não morre: acaba. Dizem que Deus fez o branco e pintou o mulato. O negro, dizem, o Diabo o cagou.

Toda festa de negros é tida como homenagem a Satanás, negro cruel, rabo, cascos, tridente, mas os que mandam sabem que, se os escravos se divertem de vez em quando, trabalham mais, vivem mais anos e têm mais filhos. Assim como a capoeira, ritual e mortal maneira de lutar corpo a corpo, faz de conta que é uma brincadeira vistosa, também o candomblé finge que é só dança e barulho. Nunca faltam, além disso, Virgens ou santos para disfarçar: não há quem proíba Ogum quando ele vira São Jorge, cavaleiro louro, e os astutos deuses negros encontram esconderijo até nas chagas de Cristo.

Na Semana Santa dos escravos, é um justiceiro negro quem faz explodir o traidor, o Judas branco, boneco pintado de cal; e quando os escravos mostram a Virgem na procissão, é o negro São Benedito quem está no centro de todas as homenagens. A Igreja não conhece esse santo. Segundo os escravos, São Benedito foi escravo como eles, cozinheiro de um convento, e os anjos mexiam as panelas enquanto ele rezava suas preces.

Santo Antônio é o preferido dos amos. Santo Antônio ostenta galões militares, recebe soldo e é especialista em vigiar negros. Quando um escravo escapa, o amo joga o santo no canto das escórias. Santo Antônio fica em penitência, de boca para baixo, até que os cães agarrem o fugitivo. *(27 e 65)*

TUA OUTRA CABEÇA, TUA OUTRA MEMÓRIA

Do relógio de sol do convento de São Francisco, uma lúgubre inscrição recorda aos caminhantes como a vida é fugaz: *Cada hora que passa te fere e a última te matará.*

São palavras escritas em latim. Os escravos negros da Bahia não entendem latim nem sabem ler. Da África trouxeram deuses alegres e brigões: com eles estão, com eles se vão. Quem morre, entra. Soam os tambores para que o morto não se perca e chegue à região de Oxalá. Lá na casa do criador dos criadores, espera por ele sua outra cabeça, a cabeça imortal. Todos nós temos duas cabeças e duas memórias. Uma cabeça de barro, que será pó, e outra invulnerável para sempre às mordidas do tempo e da paixão. Uma memória que a morte mata, bússola que acaba com a viagem, e outra memória, a memória coletiva, que viverá enquanto viver a aventura humana no mundo.

Quando o ar do universo se agitou e respirou pela primeira vez, e nasceu o deus dos deuses, não havia separação entre a terra e o céu. Agora parecem divorciados; mas o céu e a terra voltam a se unir cada vez que alguém morre, cada vez que alguém nasce e cada vez que alguém recebe os deuses em seu corpo palpitante. *(361)*

1763
Rio de Janeiro

AQUI

Há um quarto de século, Luís da Cunha propôs ao rei de Portugal que se mudasse com sua corte de Lisboa para o Rio de Janeiro, e que nesta cidade se proclamasse Imperador do Oeste. A capital do Império devia ficar aqui, no centro da abundância, porque Portugal não podia viver sem as riquezas do Brasil, mas o Brasil, advertia Luís da Cunha, viveria facilmente sem Portugal.

O trono continua, por enquanto, em Lisboa. Mas o centro da colônia se desloca do norte para o sul. Bahia, porto do açúcar, cede lugar ao Rio de Janeiro, porto do ouro e dos diamantes. O Brasil cresce rumo ao sul e rumo ao oeste, avançando contra as fronteiras espanholas.

A nova capital ocupa o lugar mais lindo do mundo. Aqui os morros parecem casais de amantes, há no ar aromas que fazem rir e a brisa quente excita os pássaros. As coisas e as pessoas são feitas de música e o mar fulgura aos olhos de um jeito que seria um prazer afogar-se. *(48)*

1763
Tijuco

O MUNDO DENTRO DE UM DIAMANTE

Entre as altas rochas vermelhas que mais parecem dragões, ondula a terra rasgada pela mão do homem: a região dos diamantes exala um pó de fogo que avermelha as paredes da cidade do Tijuco. Perto corre um arroio e longe se estendem as montanhas cor de mar ou de cinza. Do leito e dos esconderijos do arroio saem os diamantes que atravessam as montanhas, navegam do Rio de Janeiro a Lisboa e de Lisboa a Londres, onde são lapidados e multiplicam seu preço várias vezes para depois dar brilho ao mundo inteiro.

Muito diamante escapa de contrabando. Jazem sem sepultura, carniça para urubu, os mineiros clandestinos que foram apanhados, mesmo que o corpo de delito tenha o tamanho do olho de uma pulga; e ao escravo suspeito de engolir o que não deve aplicam violento purgante de pimenta brava.

Todo diamante pertence ao rei de Portugal e a João Fernandes de Oliveira, que aqui reina contratado pelo rei. Ao seu lado, Xica da Silva também se chama Xica que Manda. Ela é mulata, mas usa roupas europeias proibidas para quem tem pele escura e faz alarde indo à missa de liteira, acompanhada por um cortejo de negras enfeitadas como princesas; e, no templo, ocupa o lugar principal. Não há nobre dessas bandas que não baixe o cangaço frente à sua mão cheia de anéis de ouro, e não há quem recuse seus convites para a mansão da serra. Lá, Xica da Silva oferece banquetes e apresentações de teatro, a estreia de *Os encantos de Medeia* ou qualquer peça da moda, e depois leva os convidados para navegar pelo lago que Oliveira mandou cavar para ela porque ela queria mar e mar não havia. Chega-se ao cais por escadarias douradas, e passeia-se num grande navio tripulado por dez marinheiros.

Xica da Silva usa peruca de cachos brancos. Os cachos cobrem a testa e ocultam a marca feita a ferro, quando ela era escrava. *(307)*

1763

Havana

O progresso

Faz um ano que, distribuindo tiros de canhão, os ingleses entraram pela praia de Cojímar.

Enquanto Havana assinava a rendição, depois de longo assédio, os barcos negreiros esperavam fora do porto. Quando ancoraram na baía, os compradores arrebataram a mercadoria. Os mercadores, é costume, seguem os guerreiros. Um único traficante, John Kennion, vendeu mil e setecentos escravos durante a ocupação britânica. Ele e seus colegas duplicaram a força de trabalho das plantações, tão antiquadas que ainda cultivam todo tipo de alimentos e têm uma única máquina, um trapiche que gira moendo cana ao ritmo dos bois.

O domínio britânico sobre Cuba durou apenas dez anos, mas os espanhóis custam a reconhecer a colônia que recuperam. A sacudida dos ingleses despertou Cuba de seu longo cochilo agrário. Essa ilha se transformará, nos tempos que virão, em uma imensa fábrica de açúcar, trituradora de escravos e devastadora de tudo.

Serão arrasadas as terras de tabaco, as plantações de milho e as hortas. Serão devastados os bosques e secados os arroios. Cada escravo negro será espremido até se acabar em sete anos. *(222)*

CREEM OS ESCRAVOS

Os deuses movem o sangue e a seiva. Em cada erva de Cuba respira um deus e por isso está vivinho, que nem gente, o monte. O monte, templo dos deuses africanos, casa dos avós dos africanos, é sagrado e tem segredos. Se alguém não o cumprimenta, o monte fica bravo e nega saúde e sorte. É preciso dar-lhe presentes e cumprimentá-lo para receber as folhas que curam chagas e fecham caminho à desgraça. Cumprimenta-se o monte com palavras rituais ou palavras que saírem. Cada um fala com os deuses como sente ou como pode.

Nenhum deus é totalmente bom ou totalmente mau. Pode salvar, pode matar. A brisa refresca e o ciclone arrasa, mas os dois são ar. *(56)*

A PAINEIRA

– Boa tarde, mãe Paineira. A bênção.

A imponente paineira é árvore de mistério. A preferida pelos antepassados e pelos deuses. Foi respeitada pelo dilúvio. Está a salvo do raio e do furacão.

Não se pode dar-lhe as costas nem pisar sua sombra sem pedir licença para a paineira. Quem desce o machado sobre seu tronco sagrado sente a machadada no próprio corpo. Dizem que às vezes aceita morrer queimada, por ser o fogo o seu filho preferido.

Ela se abre quando alguém lhe pede refúgio, e, para defender o fugitivo, se cobre de espinhos. *(56)*

A PALMEIRA

Na palmeira altiva vive Xangô, o deus negro que se chama Santa Bárbara quando se disfarça em mulher cristã. As folhas do penacho são seus braços: lá de cima, dispara esse artilheiro do céu. Xangô come fogo, veste-se com relâmpagos, fala trovões e fulmina a terra com seus raios. Os inimigos, faz virar cinza.

Guerreiro e festeiro, brigão e namorador, Xangô não se cansa de distribuir porradas ou amores. Os deuses o odeiam; as deusas vivem loucas por ele. De seu irmão Ogum, roubou a mulher: Oiá, que diz que é a Virgem da

Candelária, combate ao lado de Xangô com duas espadas. Outra de suas mulheres, Oxum, faz amor com ele nos rios, e juntos devoram manjares de açúcar e canela. *(28 e 56)*

1766

Campos de Areco

Os cavalos cimarrões

Com o templo lotado cantaram, em Buenos Aires, os vinte meninos índios do coro da missão dos jesuítas em São Xavier. Cantaram na catedral e em várias igrejas; e o público soube agradecer a essas vozes vindas do alto dos céus. Também fez milagres a orquestra guarani de violinos e trombetas marinhas.

Os músicos empreendem o regresso, conduzidos pelo frade Hermann Paucke. Duas semanas de viagem os separam de suas casas no litoral. Nas paradas do caminho, Paucke recolhe e desenha tudo que vê: plantas, pássaros, costumes.

Nos campos de Areco, Paucke e seus músicos guaranis assistem ao sacrifício dos cavalos cimarrões. Os peões levam aos currais esses cavalos selvagens, misturados com os mansos, e lá os laçam e vão puxando, um a um, para campo aberto. Então derrubam os cavalos e abrem seus ventres de um talho só. Os cimarrões ainda galopam, pisando as tripas, até rolar no pasto; no dia seguinte, os ossos amanhecem descarnados pelos cachorros.

Os cavalos selvagens andam pelo pampa em tropas que mais parecem cardumes, peixes voadores ondulando entre o ar e o pasto, e contagiam os cavalos mansos com seus hábitos de liberdade. *(55)*

1767

Missões

História dos sete povoados

O rei da Espanha tinha dado de presente sete povoados a seu sogro, o rei de Portugal. Ofertou-os vazios, mas estavam habitados. Esses povoados eram sete missões fundadas pelos padres jesuítas, para índios guaranis, a leste do alto rio Uruguai. Como muitas outras missões da região guarani, tinham servido de baluartes da sempre acossada fronteira.

Os guaranis se negaram a ir embora. Iam trocar de pasto, como rebanho de ovelhas, só porque o amo decidia? Os jesuítas tinham ensinado os guaranis a usar relógios, arados, sinos, clarinetes e livros impressos em sua própria língua guarani; mas também tinham ensinado os índios a fabricar canhões para se defender dos caçadores de escravos.

Soldados portugueses e espanhóis arrebanharam os índios e os índios regressaram, escorregando pela noite, às suas sete aldeias. E novamente os índios foram arrebanhados e novamente regressaram, mas voltaram feito vento arrasador, tormenta de relâmpagos, incendiando as fortificações; e todo mundo soube que os frades estavam do lado deles. *A vontade do rei é a vontade de Deus,* diziam os superiores da ordem de Loyola, *vontade impenetrável que nos põe à prova: quando Abraão obedeceu à voz divina, e ergueu a espada sobre o pescoço do próprio filho Isaac, Deus soube mandar um anjo para impedir o golpe no momento exato.*

Mas os sacerdotes jesuítas se negavam a imolar os índios e de nada serviram as ameaças do arcebispo de Buenos Aires, que anunciou a excomunhão de índios e padres. Em vão os figurões da Igreja mandaram queimar a pólvora e arrebentar os canhões e as lanças que nas missões tinham detido, mil vezes, as investidas portuguesas contra a fronteira espanhola.

Longa foi a guerra dos sete povoados contra as duas coroas. Na batalha do morro Caybaté, caíram mil e quinhentos índios.

As sete missões foram arrasadas, mas o rei de Portugal nunca pôde desfrutar a oferenda que o rei da Espanha tinha feito.

Os reis não perdoaram a ofensa. Três anos depois da batalha de Caybaté, o rei de Portugal expulsou os jesuítas de todos os seus domínios. E agora é imitado pelo rei da Espanha. *(76 e 189)*

1767

Missões

A expulsão dos jesuítas

As instruções chegam em envelopes lacrados vindos de Madri. Vice-reis e governadores as executam imediatamente, em toda a América. Pela noite, de surpresa, agarram os padres jesuítas e os embarcam rapidamente para a remota Itália. Mais de dois mil sacerdotes vão para o desterro.

O rei da Espanha castiga os filhos de Loyola, que tão filhos da América viraram, por serem culpados de reiterada desobediência e suspeitos do projeto de um reino índio independente.

Ninguém chora por eles como os guaranis. As numerosas missões dos jesuítas na região guarani anunciavam a prometida terra sem mal e sem morte; e os índios chamavam de *karaí* os sacerdotes, que era nome reservado aos seus profetas.

Dos restos da missão de São Luís Gonzaga, os índios fazem chegar uma carta ao governador de Buenos Aires. *Não somos escravos,* dizem. *Não gostamos do costume dos senhores de cada um por si em vez de se ajudarem uns aos outros.*

De repente acontece a debandada. Desaparecem os bens comuns e o sistema comunitário de produção e de vida. As fazendas missionárias são vendidas pela melhor oferta. Caem as igrejas, as fábricas e as escolas; as ervas daninhas invadem as plantações de mate e os campos de trigo. As folhas dos livros servem de cartuchos para a pólvora. Os índios fogem para a selva ou viram vagabundos ou putas ou bêbados.

Nascer índio volta a ser insulto ou crime. *(189)*

1767
Missões

Não deixam que arranquem sua língua

Nas gráficas das missões paraguaias tinham sido feitos alguns dos melhores livros impressos na América colonial. Eram livros religiosos, publicados em língua guarani, com letras e gravuras que os índios talhavam em madeira.

Nas missões falava-se o guarani e lia-se o guarani. A partir da expulsão dos jesuítas, é imposta aos índios a língua castelhana, obrigatória e única.

Ninguém se resigna a ficar mudo e sem memória. Ninguém obedece. *(117)*

1769
Londres

O primeiro romance escrito na América

Há dez anos, os sinos de Londres foram gastos celebrando as vitórias do Império britânico no mundo. A Cidade de Quebec tinha caído, depois de intenso bombardeio, e a França tinha perdido seus domínios no Canadá. O jovem general James Wolfe, que comandava o exército inglês, tinha anunciado que esmagaria a *praga canadense;* mas morreu sem ver realizada sua promessa.

Dizem as más-línguas que Wolfe se media ao despertar e cada dia se achava mais alto, até que uma bala interrompeu seu crescimento.

Agora Frances Brooke publica em Londres um romance. A *história de Emily Montagne,* que mostra os oficiais de Wolfe conquistando corações na terra conquistada a tiros de canhão. A autora, uma inglesa gorducha e simpática, vive e escreve no Canadá. Através de duzentas e vinte e oito cartas, conta suas impressões e suas experiências na nova colônia britânica e tece alguns romances entre galãs de uniforme e suspirosas jovenzinhas da alta sociedade de Quebec. As bem-educadas paixões conduzem ao matrimônio, depois de uma passagem pela casa da modista, os salões de baile e os piqueniques nas ilhas. As grandiosas cataratas e os sublimes lagos proporcionam o cenário adequado. *(50, 52 e 176)*

Os índios e os sonhos no romance de Frances Brooke

Os índios conservam a maior parte de suas antigas superstições. Eu assinalaria sua fé nos sonhos, loucura da qual não podem se curar apesar das repetidas decepções... Um selvagem nos estava contando um sonho profético, que, segundo ele, anunciava a morte de um oficial inglês, e eu não pude conter um sorriso. "Vocês, europeus", me disse, "são a gente menos razoável do mundo. Caçoam de nossa fé nos sonhos e, no entanto, esperam que nós acreditemos em coisas que são mil vezes mais incríveis." *(50)*

1769

Lima

O vice-rei Amat

Na hora em que as famílias se ajoelham para rezar o rosário, o triságio, a novena e as preces para os defuntos, se escutava o trote da carruagem do vice-rei rodando em direção ao teatro. Um rumor de escândalo faz eco atrás das gelosias entreabertas. Cessam as rezas, soltam-se os rumores: o rígido vice-rei de Lima perdeu a cabeça por uma atriz dos subúrbios.

Noite após noite, dom Manuel de Amat y Junyent assiste a tudo que é zarzuela, comédia e auto sacramental ou recital que tenha Micaela Villegas gingando as cadeiras ou sapateando no palco. Do enredo, nem toma conhecimento. Quando Micaela, canela, canela fina, canela de galho, começa a cantar, salta a peruca do velho vice-rei: aplaude com fúria e arrebenta o assoalho com sua bengala. Ela responde revirando os olhos, sorrindo debaixo da pinta imprescindível e oferecendo os seios em reverências de muita lantejoula.

O vice-rei tinha sido homem de quartel, não de saraus. Solteirão de cara adusta, com cinco cicatrizes trazidas das guerras do Norte da África, chegou a Lima para limpar de ladrões os caminhos e expulsar os malandros sem ofício ou benefício. Debaixo desse céu de chumbo, mais teto que céu, teve vontade de se matar; e enforcando gente venceu a tentação.

Oito anos depois de sua chegada, o vice-rei aprendeu a roubar, a comer pimenta ardida e *picante de cuy* e a estudar decotes com binóculo. A nau que o trouxe de Valparaíso tinha uma mulher nua como carranca de proa. *(26 e 245)*

1769

Lima

A Perricholi

Como toda limenha, Micaela Villegas abre seu decote mas esconde os pés, protegidos por minúsculos sapatos de cetim branco. Como todas elas, adora exibir rubis e safiras até no ventre, embora fossem, e eram, de fantasia.

Filha de mestiço provinciano e pobre, Micaela percorria as lojas dessa cidade pelo simples prazer de olhar ou apalpar sedas de Lyon e veludos de Flandres, e mordia os lábios quando descobria um colar de ouro e brilhantes no pescoço de um gatinho pertencente a uma dama de alta classe.

Micaela abriu caminho no palco e conseguiu ser, enquanto durasse cada função, rainha, ninfa ou deusa. Agora é, além disso, Primeira Cortesã ao longo do dia e da noite. Está rodeada por uma nuvem de escravos negros, suas joias não admitem dúvida e os condes beijam sua mão.

As damas de Lima se vingam chamando-a de Perricholi. Foi como a batizou o vice-rei ao chamá-la *Perra Chola* (Cadela Índia) com sua boca sem dentes. Contam que a amaldiçoou assim, como esconjuro, enquanto a fazia subir pela escadinha para o leito alto, porque ela despertou nele perigosos pânicos e ardores e molhaduras e securas que o devolveram, trêmulo, aos seus anos remotos. *(93, 245 e 304)*

O relógio dos sabores

Com a leiteira, às sete, nasce o barulho de Lima. Com cheiro de santidade chega, atrás, a vendedora de tisanas.

Às oito passa o vendedor de requeijão.

Às nove, outra voz oferece doce de canela.

Às dez, os *tamales,* pamonhas salgadas, procuram bocas para alegrar.

Às onze é hora de melões e doces de coco e milho tostado.

Ao meio-dia, passeiam pelas ruas as bananas e romãs, os abacaxis, as frutas-de-conde leitosas e de veludo verde, os abacates prometendo polpa suave.

À uma, chegam os bolinhos de mel quente.

Às duas, a doceira anuncia *picarones,* bolos que convidam à gula, e atrás dela vem a canjica com canela e não há boca que esqueça.

Às três aparece o vendedor de *anticuchos,* pedacinhos de coração de boi no espeto, seguido pelos vendedores de mel e açúcar.

Às quatro, a pimenteira vende guisados e fogos.

Cinco horas é a hora do *cebiche,* peixe cru curtido em limão.

Às seis, nozes.

Às sete, a papinha de milho que ficou no ponto depois de ter sido exposta ao tempo nos telhados.

Às oito, os sorvetes de muitos sabores e muitas cores abrem de par em par, rajadas frescas, as portas da noite. *(93 e 245)*

1771

Madri

Encontro de reis

Grandes caixas chegam ao palácio, vindas dos desertos incandescentes do Peru. O monarca espanhol lê o relatório do funcionário que as envia: esta é a tumba completa de um rei *mochica,* muito anterior aos incas; os herdeiros dos *mochicas* e dos *chimus* vivem agora em espantosa penúria, e são cada vez menos; seus vales estão nas mãos de um *punhado de maus espanhóis.*

Abrem-se as caixas. Um rei de mil e setecentos anos aparece aos pés de Carlos III. Tem dentes, unhas e cabelos ainda invictos, e carne de pergaminho grudada aos ossos, e brilha de ouro e plumas sua roupa vistosa. O cetro, um deus do milho com grinalda de plantas, acompanha o remoto visitante; e também viajaram para Madri as vasilhas que estavam enterradas com ele.

O rei da Espanha contempla, atônito, as cerâmicas que rodeavam o colega defunto. Jazia o rei dos *mochicas* com o prazer à sua volta: as cerâmicas representam casais de amantes que se abraçam e se penetram de mil maneiras, ignorantes do pecado original, gozando sem saber que por culpa desse ato de desobediência fomos condenados a viver na terra. *(355)*

1771

Paris

O Século das Luzes

Abrem-se brechas, na Europa, nos veneráveis muros de catedrais e palácios. A burguesia ataca, armada de máquinas a vapor, volumes da *Enciclopédia* e outros aríetes da revolução industrial.

De Paris brotam as desafiantes ideias que, voando por cima do *populacho ignorante*, dão sua marca ao século. Tempos de *furor de aprender*, e da *febre de inteligência:* o Século das Luzes ergue a razão humana, razão da minoria que pensa, contra os dogmas da Igreja e os privilégios da nobreza. A condenação, a perseguição e o desterro não fazem mais do que estimular os sábios filhos dos filósofos ingleses e do fecundo Descartes, *o que começou por duvidar de tudo.*

Nenhum tema é alheio aos filósofos da Ilustração, da lei da gravidade ao celibato eclesiástico. A instituição da escravidão merece seus ataques contínuos. A escravidão contraria a natureza, sustenta Denis Diderot, diretor da *Enciclopédia, Dicionário Racional das Ciências, das Artes e dos Ofícios*: um homem não pode ser propriedade de seu amo pela mesma razão que uma criança não pode ser propriedade de seu pai, nem uma mulher, de seu marido, nem um servo, de seu patrão, nem um súdito, de seu rei, e quem acreditar no contrário está confundindo pessoas com coisas. Helvétius disse que *não chega à Europa barril de açúcar que não esteja tingido de sangue humano;* e Cândido, o personagem de Voltaire, encontra no Suriname um escravo sem uma das mãos, que foi comida por uma moenda de cana, e sem uma perna, cortada por ter fugido:

– *Este é o preço para que os senhores comam açúcar na Europa.*

Se admitimos que os negros são seres humanos, admitimos que somos pouco cristãos, diz Montesquieu. Toda religião que abençoe a escravidão merece ser proibida, afirma o abade Raynal. Jean-Jacques Rousseau sente vergonha de ser homem. *(95 e 98)*

1771
Paris

Os fisiocratas

Mais que um crime, a escravidão é um erro econômico, dizem os fisiocratas.

Na última edição das *Efemérides do cidadão,* Pierre Dupont de Nemours explica que a escravidão perpetua os métodos arcaicos de cultivo e freia o desenvolvimento das colônias francesas nas Antilhas e em terra firme da América. Apesar da incessante reposição da mão de obra gasta, a escravidão implica um desperdício e uma deterioração do capital investido. Dupont de Nemours propõe que sejam reconhecidos como elementos de cálculo as perdas produzidas pela mortalidade precoce dos escravos, os incêndios dos cimarrões e os gastos da constante guerra contra eles, a péssima preparação das colheitas e as ferramentas que se estragam por ignorância ou má vontade. A má vontade e a preguiça, diz, são armas que o escravo emprega para recuperar uma parte de sua pessoa, roubada pelo amo; e a inépcia responde à absoluta falta de estímulo ao desenvolvimento da inteligência. É a escravidão, e não a natureza, que faz o escravo.

Só a mão de obra livre será eficazmente produtiva, segundo os filósofos economistas da escola fisiocrática. Eles acreditam que a propriedade é sagrada, mas unicamente em liberdade é possível realizar-se na plenitude a produção do valor. *(98)*

1771
Paris

O ministro francês das colônias explica por que não se devem libertar os mulatos de seu congênito "estado de humilhação"

Sua Majestade considerou que uma tal graça tenderia a destruir a diferença que a natureza interpôs entre brancos e negros, e que o preconceito político cuidou de manter como uma distância que jamais poderão transpor as gentes de cor e seus descendentes; enfim, que interessa à boa ordem não debilitar o estado de humilhação congênita à espécie, em qualquer grau em que ela se perpetue; preconceito tanto mais útil, quanto está no próprio coração dos escravos, e contribui de primordial maneira para o próprio repouso das colônias... (139)

1772
Cap Français

A colônia mais rica da França

Os frades negaram o ofício funerário à diva da Comédia do Cabo, mademoiselle Morange, cuja perda irreparável é chorada em seis teatros e em mais de seis alcovas do Haiti. Não merece responsório nenhum comediante, por ser o teatro uma ocupação infame, com condenação eterna; mas um dos atores, campainha na mão e crucifixo no peito, batina negra e tonsura brilhante, caminha cantando salmos em latim, à testa do cortejo da virtuosa falecida.

Antes de chegar ao cemitério, a polícia já está atrás do barítono e seus cúmplices, que desaparecem num segundo. O povaréu os acolhe e os esconde. Quem não sente simpatia por esses comediantes que sopram cultas brisas de loucura entre os aborrecidos ares do Haiti?

Nos palcos dessa colônia, a mais rica da França, são aplaudidas obras recém-estreadas em Paris, e os teatros são como os de lá, ou gostariam de ser. Aqui, o público senta-se de acordo com a cor da pele: ao centro, o marfim; à direita, o cobre; e o ébano, escassos negros livres, à esquerda.

As pessoas ricas assistem aos espetáculos navegando em marés de leques, mas o calor provoca inundações debaixo das perucas empoadas. Cada dama branca parece uma joalheria: ouros, pérolas e diamantes dão uma moldura de grande brilho aos peitos úmidos, que saltam da seda exigindo obediência e desejo.

Os mais poderosos colonos do Haiti vivem se cuidando do sol e dos cornos. Só saem de casa na hora do crepúsculo, quando o sol castiga menos, e só então se arriscam a aparecer em cadeiras de mão ou carruagens de muitos cavalos; e é notório que as damas amam muito, e muito enviúvam. *(115 e 136)*

1772
Léogane

Zabeth

Desde que aprendeu a andar, fugiu. Amarraram aos seus tornozelos uma pesada corrente, e acorrentada cresceu; mas mil vezes saltou as muralhas de madeira e mil vezes foi apanhada pelos cães nas montanhas do Haiti.

Com ferro em brasa, marcaram a flor de lis na sua face. Puseram-lhe uma coleira de ferro e argolas de ferro e foi trancada num engenho, e ela afundou os dedos entre cilindros trituradores de cana e depois, a dentadas, arrancou as bandagens. Tornaram a acorrentá-la, e agora ela agoniza cantando maldições.

Zabeth, essa mulher de ferro, pertence à senhora Galbaud du Fort, que mora em Nantes. *(90)*

1773

São Mateus Huitzilopochco

A força das coisas

A igreja dessa aldeia está de dar pena. O padre, recém-chegado da Espanha, resolve que Deus não pode continuar morando em casa tão lúgubre e carcomida e põe mãos à obra: para levantar paredes sólidas, manda que os índios tragam pedras das ruínas dos tempos da idolatria.

Não há ameaça ou castigo que os faça obedecer. Os índios se negam a mover essas pedras do lugar onde os avós dos avós adoravam os deuses. Essas pedras não prometem nada, mas salvam do esquecimento. *(135 e 322)*

1774

San Andrés Itzapan

Dominus vobiscum

Os índios são obrigados a cuspir cada vez que falam em qualquer um dos seus deuses.

São obrigados a dançar danças novas, o Baile da Conquista e o Baile de Mouros e Cristãos, que celebram a invasão da América e a humilhação dos infiéis.

São obrigados a cobrir seus corpos, porque a luta contra a idolatria é também uma luta contra a nudez, a perigosa nudez que produz em quem a contempla, segundo o arcebispo da Guatemala, *muita lesão no cérebro.*

São obrigados a repetir de cor a Ladainha, a Ave-Maria e o Pai-Nosso.

Terão virado cristãos os índios da Guatemala?

O frade doutrinador de San Andrés Itzapan não tem muita certeza. Diz que explicou o mistério da Santíssima Trindade dobrando um pano e mostrando-o aos índios: *Olhai: um pano só, em três dobras. Assim também é Deus.* E diz que os índios ficaram convencidos de que Deus é de pano.

Os índios fazem a Virgem desfilar em andores de plumas, e chamando-a de *Avó da Luz* pedem todas as noites que ela traga o sol na manhã seguinte; mas com maior devoção veneram a serpente que ela esmaga com o pé. Oferecem incenso à serpente, velho deus que dá bom milho e bom veado e ajuda a matar os inimigos. Mais do que a São Jorge, celebram o dragão, cobrindo-o de flores; e as flores aos pés do apóstolo São Tiago rendem homenagem ao cavalo, e não ao apóstolo. Identificam-se com Jesus, que foi condenado sem provas, como eles; mas não adoram a cruz, por ser símbolo de sua imolação, e sim porque a cruz tem a forma do fecundo encontro da chuva com a terra. *(322)*

1775

Cidade da Guatemala

SACRAMENTOS

Os índios não cumprem os rituais da Páscoa se estes não coincidem com dias de chuva, de colheita ou de plantio. O arcebispo da Guatemala, Pedro Cortés Larraz, dita um novo decreto ameaçando quem se esquece, assim, da salvação da alma.

Tampouco os índios vão à missa. Não respondem ao chamado nem ao sino; é preciso ir buscá-los a cavalo por aldeias e plantações e arrastá-los à força. A falta é castigada com oito chibatadas, mas a missa ofende os deuses maias e isso pode mais que o medo de apanhar. Cinquenta vezes por ano, a missa interrompe o trabalho agrário, cotidiana cerimônia de comunhão com a terra. Acompanhar passo a passo os ciclos de morte e ressurreição do milho é, para os índios, uma forma de rezar; e a terra, templo imenso, lhes dá provas, dia a dia, do milagre da vida que renasce. Para eles, toda terra é igreja e todo bosque, santuário.

Para fugir do castigo no pelourinho da praça, alguns índios se aproximam do confessionário, onde aprendem a pecar, e se ajoelham diante do altar, onde comungam comendo o deus de milho. Mas só levam seus filhos à pia batismal depois de tê-los levado, monte adentro, para oferecê-los aos antigos deuses. Ante eles, celebram as alegrias da ressurreição. Tudo que nasce, nasce de novo. *(322)*

1775
Huehuetenango

Árvores que sabem, sangram, falam

O frade entra em Huehuetenango atravessando neblinas de incenso. Ele crê que assim os fiéis estão rendendo homenagem ao Deus verdadeiro. Mas as mães cobrem com mantos os recém-nascidos, para que o padre não os adoeça com o olhar. O incenso não se ergue por gratidão ou boas-vindas, mas por exorcismo. Arde a resina do copal e ondula a fumaça suplicando aos antigos deuses maias que cessem as pestes que os cristãos trouxeram.

O copal, que sangra incenso, é árvore sagrada. Sagrada é a paineira, que durante as noites vira mulher, e o cedro, e todas as árvores que sabem escutar as penas humanas. *(322)*

1775
Gado-Saby

Bonny

Uma avalanche de tiros abre caminho para os oitocentos soldados vindos da Holanda. A aldeia cimarrona de Gado-Saby range e cai. Por trás das cortinas de fumaça e fogo, os rastros de sangue se perdem na beira da selva.

O coronel suíço Fourgeaud, veterano das guerras da Europa, decide acampar entre as ruínas. Na calada da noite, soam vozes misteriosas vindas da floresta e assoviam tiros que obrigam os soldados a se atirar no chão.

A tropa passa a noite cercada por disparos, insultos e canções de desafio e vitória. Os cimarrões, invisíveis, dão gargalhadas quando o coronel Fourgeaud, do chão, promete liberdade e comida a troco da rendição.

– *Morto de fome!* – gritam mil vozes da selva. – *Espantalho!*

As vozes chamam os soldados holandeses de *escravos brancos* e anunciam que logo o chefe Bonny mandará em toda essa terra do Suriname.

Quando o amanhecer rompe o cerco, o coronel Fourgeaud descobre que seus homens não foram feridos por balas e sim por pedrinhas, botões e moedas. Também descobre que os cimarrões passaram a noite inteira carregando, selva adentro, sacos de arroz, mandioca e inhame, enquanto o tiroteio de projéteis e palavras imobilizava os holandeses.

Bonny foi o autor da manobra. Bonny, caudilho dos cimarrões, não tem no corpo a marca de ferro. Sua mãe, escrava, fugiu do leito do amo e foi pari-lo livre na selva. *(264)*

1776

Cape Coast Castle

Prodígios dos alquimistas no tráfego africano

O capitão Peleg Clarke leva muito tempo barganhando na costa da África. O barco fede. O capitão ordena a seus marinheiros que subam à coberta com os escravos já comprados, para banhá-los; mas nem bem tiram suas correntes, os negros se atiram ao mar. Nadando para terra, são devorados pela correnteza.

A perda dessa mercadoria machuca a honra do capitão Clarke, veterano pastor desses rebanhos, e fere o prestígio dos negreiros de Rhode Island. Os estaleiros norte-americanos se orgulham de construir os barcos mais seguros para o tráfico da Guiné. Suas prisões flutuantes são bem-feitas, mas tão bem-feitas, que só registram uma rebelião de escravos a cada quatro anos e meio, média quatro vezes menor que a dos franceses e duas vezes menor que a das empresas especializadas da Inglaterra.

Muito têm que agradecer a seus negreiros as treze colônias que daqui a pouco serão os Estados Unidos da América. O rum, bom remédio para a alma e para o corpo, se transforma em escravos na costa africana. Depois, esses negros se transformam em melaço nas ilhas antilhanas da Jamaica e Barbados. Dali viaja o melaço para o norte e se transforma em rum nas destilarias de Massachusetts. E então novamente o rum atravessa o mar para a África. Cada viagem se completa com a venda de tabaco, tábuas, ferragens, farinha, carne salgada e compras de especiarias nas ilhas. Os negros que sobram vão parar nas plantações da Carolina do Sul, Geórgia e Virgínia.

Assim, o tráfico de escravos dá lucro aos navegantes, aos comerciantes, aos agiotas e aos donos de estaleiros, destilarias, serrarias, salinas, moinhos, plantações e empresas de seguros. *(77 e 193)*

1776
Pensilvânia

PAINE

Chama-se "Common Sense". O panfleto foi publicado no começo do ano e circulou pelas colônias norte-americanas como água ou pão. O autor, Tom Paine, inglês vindo a essas terras há dois anos, exorta a que declarem a independência de uma vez por todas: *O direito ao governo próprio é nosso direito natural. Por que duvidamos?*

A monarquia, diz Paine, *é uma forma ridícula de governo.* Na melhor das hipóteses, Paine considera o governo um mal necessário; na pior, um mal intolerável. E a monarquia é a pior das hipóteses. Qualquer homem honrado, diz, *vale mais que todos os rufões coroados que tenham existido,* e chama Jorge III *Fera Real da Grã-Bretanha.*

No mundo inteiro, diz, a liberdade é objeto de caçadas ferozes. Na Europa, é olhada como uma estranha; a Ásia e a África a expulsaram faz tempo e os ingleses já a advertiram de que deve ir-se embora. Paine exorta os colonos da América a converter esse solo em refúgio de homens livres: *Recebam os fugitivos e preparem, a tempo, um asilo para a condição humana! (243)*

1776
Filadélfia

OS ESTADOS UNIDOS

A Inglaterra nunca prestou muita atenção às suas treze colônias na costa atlântica norte-americana. Não têm ouro, nem prata, nem açúcar; as colônias nunca foram imprescindíveis, nunca foram impedidas de crescer. Elas caminharam sozinhas: assim foi desde o distante tempo em que os peregrinos pisaram pela primeira vez as terras pedregosas que chamaram de Nova Inglaterra, e era tão duro o solo que dizem que foi preciso espalhar as sementes a tiro. Agora, em pleno desenvolvimento, as treze colônias inglesas precisam correr.

As treze colônias têm fome do Oeste. Muitos pioneiros sonham em se lançar além das montanhas, levando como bagagem um rifle, um machado e um punhado de milho; mas a coroa britânica marcou a fronteira no topo dos Apalaches e reservou aos índios as terras do lado de lá. As treze colônias têm fome de mundo. Seus navios já andam por todos os mares; mas a coroa britânica obriga-as a comprarem o que ela quer e a venderem onde ela decide.

De repente, rompem-se as amarras. As treze colônias se negam a continuar tributando obediência e dinheiro ao rei de uma ilha tão distante. Erguem bandeira própria, decidem chamar-se Estados Unidos da América, renegam o chá e proclamam que o rum, produto nacional, é bebida patriótica.

Todos os homens nascem iguais, diz a declaração de independência. Os escravos, meio milhão de escravos negros, não são avisados. *(130 e 224)*

1776

Monticello

JEFFERSON

O redator da declaração de independência, certidão de nascimento dos Estados Unidos, é homem de mil talentos e curiosidades.

Incansável leitor de termômetros, barômetros e livros, Thomas Jefferson pergunta e descobre, perseguindo a revelação da natureza e querendo abraçar todas as dimensões do pensamento humano. Está reunindo uma fabulosa biblioteca e um universo de pedras, fósseis e plantas; e sabe tudo o que pode ser sabido sobre a filosofia neoplatônica, a gramática latina, a estrutura da língua grega e a organização da sociedade através da história. Conhece a fundo sua terra, a Virgínia, cada filho e cada avô de cada família, cada fiapo de erva; e está em dia com as novidades da técnica no mundo. Passa o tempo ensaiando máquinas de vapor, novos modelos de arado e métodos originais para produzir manteiga e queijo. Ele imaginou sua mansão de Monticello, desenhou-a e construiu-a sem um só erro.

Os puritanos contavam a população por *almas*. Jefferson a conta por *indivíduos da espécie humana*. Dentro da espécie, os negros são quase iguais. Os negros têm memória aceitável e nenhuma imaginação e sua pobre inteligência jamais poderia entender Euclides. Aristocrata da Virgínia, Jefferson prega a democracia, uma democracia de proprietários, e a liberdade de pensamento e fé; mas defende a hierarquia do sexo e da cor. Seus planos de educação não chegam até as mulheres, nem aos índios, nem aos negros. Jefferson condena a escravidão e é, continuará sendo, senhor de escravos. As mulatas o atraem mais que as brancas, mas teme a perda da pureza racial e acha que a mistura de sangues é a pior das desgraças que ameaçam o colono branco. *(41 e 161)*

1777
Paris

Franklin

O norte-americano mais célebre chega à França em missão desesperada. Benjamin Franklin vem pedir auxílio contra as tropas coloniais inglesas, que ocuparam a Filadélfia e outros redutos patrióticos. Usando de todo o peso de seu prestígio pessoal, o embaixador se propõe a despertar glórias e rancores no coração dos franceses.

Não há no mundo rei ou plebeu que não conheça Franklin, desde que ele empinou um papagaio e descobriu que os fogos e os trovões do céu não expressam a ira de Deus e sim a eletricidade da atmosfera. Suas descobertas científicas provêm da vida cotidiana. O mais complicado está no mais humilde, a aurora e seus desenhos que não se repetem nunca, o óleo que se atira na água e alisa as ondas, a mosca afogada no vinho que revive ao sol. Observando que o suor mantém o corpo fresco em dias de calor sufocante, Franklin imaginou um sistema de produção de frio por evaporação. Também inventou e fabricou aquecedores e relógios e um instrumento de música, a harmônica de cristal, que inspirou Mozart; e como ficava aborrecido por ter de trocar constantemente os óculos para ler ou ver de longe, cortou as lentes e as uniu dentro de um mesmo aro, e assim deu nascimento às lentes bifocais.

Mas Franklin se fez popularíssimo quando percebeu que a eletricidade procura as pontas afiadas e derrotou os raios colocando uma vareta de ferro pontiaguda no alto de uma torre. Por ser Franklin o porta-voz dos rebeldes da América, o rei da Inglaterra ordenou que os para-raios britânicos terminem em ponta redonda. *(79)*

Se ele tivesse nascido mulher

Dos dezesseis irmãos de Benjamin Franklin, Jane é a que mais se parece com ele em talento e força de vontade.

Mas na idade em que Benjamin saiu de casa para abrir seu próprio caminho, Jane casou-se com um seleiro pobre, que a aceitou sem dote, e dez meses depois deu à luz seu primeiro filho. Desde então, durante um quarto de século, Jane teve um filho a cada dois anos. Algumas crianças morreram, e cada morte abriu-lhe um talho no peito. As que viveram exigiram comida, abrigo, instrução e consolo. Jane passou noites a fio ninando os que choravam, lavou montanhas de roupa, banhou montões de crianças, correu do mercado à cozinha, esfregou torres de pratos, ensinou abecedários e ofícios, trabalhou ombro a ombro com o marido na oficina e atendeu os hóspedes cujo aluguel ajudava a encher a panela. Jane foi esposa devota e viúva exemplar; e quando os filhos já estavam crescidos, encarregou-se dos próprios pais, doentes, de suas filhas solteironas e de seus netos desamparados.

Jane jamais conheceu o prazer de se deixar flutuar em um lago, levada à deriva pelo fio de um papagaio, como costuma fazer Benjamin, apesar da idade. Jane nunca teve tempo de pensar, nem se permitiu duvidar. Benjamin continua sendo um amante fervoroso, mas Jane ignora que o sexo possa produzir outra coisa além de filhos.

Benjamin, fundador de uma nação de inventores, é um grande homem de todos os tempos. Jane é uma mulher do seu tempo, igual a quase todas as mulheres de todos os tempos, que cumpriu com seu dever nesta terra e expiou sua parte de culpa na maldição bíblica. Ela fez o possível para não ficar louca e buscou, em vão, um pouco de silêncio.

Seu caso não despertará o interesse dos historiadores. *(313)*

1778
Filadélfia

WASHINGTON

O primeiro dos soldados é também o mais prestigioso dos granjeiros, o mais veloz dos cavaleiros, o caçador mais certeiro. Não dá a mão a ninguém, nem permite que ninguém olhe em seus olhos. Ninguém o chama de George. De sua boca jamais escapa um elogio, mas tampouco escapa alguma queixa; e sempre dá exemplo de firmeza e bravura, por mais que o façam sofrer suas úlceras e cáries e febres.

Com a ajuda de homens e armas da França, o exército de George Washington arranca das mãos britânicas a cidade de Filadélfia. A guerra pela independência dos Estados Unidos, casacas negras contra casacas vermelhas, está se tornando longa e penosa. *(224 e 305)*

1780
Bolonha

Clavijero defende as terras malditas

Um dos jesuítas expulsos da América, Francisco Javier Clavijero, escreve na Itália a sua *História antiga do México.* Em quatro volumes, o sacerdote conta *a vida de um povo de heróis,* ato de tomada de consciência, consciência nacional, consciência histórica, dos *criollos* que começam a chamar de México a Nova Espanha e já pronunciam com orgulho a palavra pátria. A obra assume a defesa da América, tão atacada nesses anos por Paris, Berlim ou Edimburgo: *Se a América não tinha trigo, a Europa não tinha milho... Se a América não tinha romãs ou limões, agora tem; mas a Europa não tinha, nem tem, nem pode ter, frutas-de-conde, abacates, bananas, sapotis...*

Com inocência e paixão arremete Clavijero contra os enciclopedistas que descrevem o Novo Mundo como um empório de abjeções. O conde de Buffon afirma que na América o céu é avarento e a terra ficou podre por causa das chuvas; que os leões são calvos, pequenos e covardes, e o tapir, um elefante de bolso; que lá os cavalos ficam anões, que nem os cachorros e os porcos, que os índios, frios como serpentes, não têm alma nem ardor diante da fêmea. Também Voltaire fala de leões e homens imberbes, e o barão de Montesquieu explica que os povos vis nascem em terras quentes. O abade Guillaume Raynal se indigna porque na América as cordilheiras vão de norte a sul em vez de correr de este a oeste, como devem, e seu colega prussiano Corneille de Pauw retrata o índio americano como animal degenerado e frouxo. Segundo De Pauw, o clima de lá deixa os animais desconjuntados e sem rabo; as mulheres são tão feias que se confundem com os varões e não tem gosto o açúcar nem cheiro o café. *(73 e 134)*

1780
Sangarara

Arde a América da cordilheira ao mar

Passaram-se dois séculos desde que o sabre do verdugo partiu o pescoço de Túpac Amaru, o último dos incas, na Praça Maior de Cusco. Realiza-se agora o mito que naquele momento nasceu da sua morte. A profecia se cumpre: a cabeça se junta com o corpo e Túpac Amaru, renascido, ataca.

José Gabriel Condorcanqui, Túpac Amaru II, entra na aldeia de Sangarara, ao som de grandes caracóis marinhos, *para cortar o mau governo de tanto ladrão ordinário que rouba o mel de nossos favos.* Atrás de seu cavalo branco, cresce um exército de desesperados. Lutam com estilingues, paus e facas esses soldados nus. São, na maioria, índios *que passam a vida em vômitos de sangue* nos socavões de Potosí ou se extenuam em construções e fazendas.

Troar de tambores, nuvens de bandeiras, cinquenta mil homens coroando as serras: avança e arrasa Túpac Amaru, libertador de índios e negros, castigador dos *que nos puseram nesse estado de morte tão deplorável.* Os mensageiros galopam sublevando povoados do vale do Cusco até as costas de Arica e as fronteiras de Tucumán, *porque os que caem nessa guerra têm certeza de que renascerão depois.*

Muitos mestiços se juntam à revolta. Também uns quantos *criollos,* europeus de sangue, mas americanos de nascimento. *(183 e 344)*

1780

Tungasuca

Túpac Amaru II

Antônio Oblitas, escravo do corregedor Arriaga, içou uma corda forte, corda de forca, corda de mulas, na praça deste povoado de Tungasuca, e o vento balançou durante a semana inteira o corpo de Arriaga, chefão de índios, dono de negros, dono de Antônio.

Essa mão que pinta é a mão que enforcou. Antônio Oblitas está pintando o retrato do homem que ordenou a liberdade de todos os escravos do Peru. Na falta de cavalete, jaz o quadro nuns sacos de milho. Sobre a áspera madeira vão e vêm, criando cor, os pincéis de Antônio, verdugo de seu amo, nunca mais escravo. Túpac Amaru posa a cavalo, ao ar livre. Não veste sua habitual jaqueta de veludo negro nem seu chapéu de três pontas. O herdeiro dos incas mostra roupas de filho do sol, insígnia de rei: leva na cabeça, como seus antepassados, o casco de plumas, a tríplice coroa e a borla dependurada, o sol de ouro sobre o peito e na mão, comandando, traz o cetro cheio de espinhos. Ao redor do imóvel cavaleiro vão surgindo cenas da recente vitória contra as tropas coloniais. Da mão de Antônio brotam soldadinhos e fumaceiras, índios em guerra, as chamas devorando a igreja de Sangarara e os presos fugindo do cárcere.

Nasce o quadro entre duas batalhas, durante a vigília das armas. Há muito Túpac Amaru e seu cavalo posam. Tão de pedra estão que Antônio se pergunta se respiram. Cores vivas vão cobrindo a madeira, muito lentamente. O pintor se abandona nesse longo instante de trégua. Assim o artista e seu modelo fogem do tempo, enquanto dura o retrato, para que não haja derrota que chegue nem morte que vença. *(137, 183 e 344)*

1780
Pomacanchi

A oficina é um imenso navio

que navega sobre terras da América, uma galera que jamais deixa de navegar, noite e dia impulsionada pelos índios que remam para um porto que jamais alcançarão: para a costa que se afasta, remam e remam os índios; e a chibata os acorda quando são vencidos pelo sono.

Homens, mulheres, crianças e velhos fiam, tecem e lavram algodão e lã nos teares. Os reis prometem horários e salários, mas os índios atirados nesses grandes galpões ou cárceres só saem dali quando chega a hora do enterro.

Pelo sul de Cusco anda Túpac Amaru libertando índios atados aos teares. Os ventos da grande rebelião tiram o sono dos vice-reis de Lima, Buenos Aires e Bogotá. *(170 e 320)*

Um poema colonial: se triunfam os índios...

...nos fizessem trabalhar
do modo que eles trabalham
e o quanto agora os rebaixam
nos fizessem rebaixar.
Ninguém pudesse esperar
casa, propriedade, esplendores,
ninguém a nos honrar,
e todos seriam plebeus:
eu seria índio deles,
e eles, senhores meus. (183)

1781
Bogotá

Os comuneiros

Treme de ira o arcebispo de Bogotá e geme o couro da poltrona. As mãos, mãos de enfeite, ornadas de rubis e esmeraldas, amassam a saia roxa. Sua ilustríssima, dom Antonio Caballero y Góngora, amaldiçoa com a boca cheia, embora não esteja comendo, porque sua língua é gorda como ele.

Indigentes notícias chegaram da vila do Socorro. Os comuneiros, gentes comuns, ergueram-se contra os novos impostos, e os *criollos* ricos são os capitais da sua revolta. Ricos e pobres se ofendem com os impostos, que castigam tudo, das velas de sebo ao mel, e que não perdoam nem o vento: chama-se *tributo do vento* o imposto que paga o mercador ambulante.

Em Socorro, vila de rochas, rompeu a rebelião que o vice-rei, em Bogotá, via chegar. Foi em dia de mercado, em plena praça. Uma plebeia, Manuela Beltrán, arrancou o edital das portas do *Cabildo*, rasgou-o em pedaços que depois pisou; e o povo se lançou em assalto aos armazéns e queimou a cadeia. Agora milhares de comuneiros, armados de paus e enxadas, vêm batendo tambores até Bogotá. As armas espanholas caíram na primeira batalha.

O arcebispo, que manda mais que o vice-rei, decide sair ao encontro dos sublevados. Ele marchará, para enganá-los com promessas, à cabeça da embaixada da comitiva. A mula olha para ele com pânico. *(13 e 185)*

1781

Támara

As planícies

Gritando o nome de Túpac Amaru, mil e quinhentos índios vêm galopando das planícies do oriente dos Andes. Querem ganhar a cordilheira e somar-se à maré de comuneiros que marcham sobre Bogotá. O governador das planícies foge e salva o pescoço.

Esses rebeldes são índios das savanas dos rios que vão dar no Orinoco. Nas praias do Orinoco, onde põem seus ovos, as tartarugas tinham o costume de celebrar mercados. Para ali acudiam, desde tempos remotos, outros índios da Guiana e da Amazônia. Trocavam sal, ouro, panelas de barro, cestas, redes, peixe seco, óleo de tartaruga, veneno para flechas e tinta vermelha para proteger dos mosquitos os corpos nus. As conchas de caracol eram a moeda corrente, até que chegaram os europeus ansiosos de escravos e ofereceram machados, tesouras, espelhos e aguardente a troco de homens. Então os índios começaram a se escravizar uns aos outros, e a vender seus irmãos, e cada perseguidor foi também um fugitivo; e muitos morreram de sarampo ou de varíola. *(121 e 185)*

1781
Zipaquirá

GALÁN

No povoado de Zipaquirá é assinado o tratado de paz, que o arcebispo redige, jura sobre os evangelhos e consagra com a missa.

O acordo dá razão aos rebeldes. Daqui a pouco esse papel será cinza, e os capitães comuneiros sabem disso muito bem; mas também eles, *criollos* ricos, precisam acalmar o quanto antes essa tormenta assombrosa, *enorme confusão das gentes plebeias,* que cresce escurecendo os céus de Bogotá e está ameaçando os americanos de fortuna do mesmo jeito que a coroa espanhola é ameaçada.

Um dos capitães rebeldes se nega a entrar na trama. José Antonio Galán, que tinha feito suas primeiras armas no batalhão de pardos de Cartagena, continua a luta. Marcha de aldeia em aldeia, de fazenda em fazenda, libertando escravos, abolindo tributos e repartindo terras. *União dos oprimidos contra os opressores,* proclama seu estandarte. Amigos e inimigos o chamam de *o Túpac Amaru daqui. (13 e 185)*

ROMANCE POPULAR DOS COMUNEIROS

Calai os tambores
e vós, ficai atentos,
que este é o fiel romance
que dizem os comuneiros:
puxa a cabra pro monte
e o monte puxa pro céu;
e o céu não sei pra donde
e nem há quem o saiba agora.
O rico puxa o pobre.
O índio, que vale menos,
ricos e pobres o puxam,
pra parti-lo meio a meio... (13)

1781
Cusco

O centro da Terra, a casa dos deuses

Cusco, a cidade sagrada, está querendo voltar a ser. As negras pedras dos tempos antigos, muito apertadas entre si, amando-se muito, vencedoras das fúrias da terra e dos homens, andam querendo sacudir-se em cima das igrejas e palácios que as esmagam.

Micaela Bastidas contempla Cusco e morde os lábios. A mulher de Túpac Amaru contempla, do alto de um monte, o centro da Terra, o lugar eleito pelos deuses. Ali espera a que foi capital dos incas, cor de barro e fumaça, tão perto que poderia tocá-la.

Mil vezes insistiu, em vão, Micaela. O novo inca não se decide a atacar. Túpac Amaru, o filho do sol, não quer matar índios. Túpac Amaru, encarnação do fundador de toda vida, promessa viva de ressurreição, não pode matar índios. E são índios, comandados pelo cacique Pumacahua, os que defendem este bastião espanhol.

Mil vezes insistiu e mil vezes insiste Micaela e Túpac se cala. E ela sabe que haverá tragédia na Praça dos Prantos e sabe que ela vai chegar, de qualquer maneira, até o final. *(183 e 344)*

1781
Cusco

De pó e pena são os caminhos do Peru

Atravessados de balas, uns sentados e outros estendidos, ainda se defendiam e nos ofendiam atirando-nos muitas pedras... Ladeiras das serras, campos de cadáveres: entre os mortos e as lanças e as bandeiras rasgadas, os vencedores recolhem uma ou outra carabina.

Túpac Amaru não entra na cidade sagrada com passo de vencedor, na frente de tropas tumultuosas. Entra em Cusco no lombo de uma mula, carregado de correntes que se arrastam sobre as pedras das ruas. Entre duas filas de soldados, caminha rumo à prisão. Repicam, frenéticos, os sinos das igrejas.

Túpac Amaru tinha escapado nadando pelo rio Combapata e foi surpreendido por uma emboscada no povoado de Langui. Foi vendido por um de seus capitães, Francisco Santa Cruz, que era também seu compadre.

O traidor não procura uma corda para se enforcar. Cobra dois mil pesos e recebe um título de nobreza. *(183 e 344)*

1781
Cusco

Auto sacramental na câmara de torturas

Amarrado ao potro do suplício, jaz nu, ensanguentado, Túpac Amaru. A câmara de torturas do cárcere de Cusco é sombria e de teto baixo. Um jorro de luz cai sobre o chefe rebelde, luz violenta, que fere. José Antônio de Areche exibe uma peruca cacheada e uniforme militar de gala. Areche, representante do rei da Espanha, comandante geral do exército e juiz supremo, está sentado junto à manivela. Quando a faz girar, uma nova volta de corda atormenta os braços e as pernas de Túpac Amaru e escutam-se, então, gemidos abafados.

ARECHE – Ah, rei dos reis, reizinho vendido a preço vil! Dom José I, agente a soldo da coroa inglesa! O dinheiro se casa com a ambição de poder. Quem se surpreende com a boda? É costume... Armas britânicas, dinheiro britânico. Por que não negas, hem? Pobre-diabo. *(Levanta-se e acaricia a cabeça de Túpac Amaru.)* Os hereges luteranos jogaram pó em seus olhos e escuro véu em seu entendimento. Pobre-diabo. José Gabriel Túpac Amaru, dono absoluto e natural desses domínios... Dom José I, monarca do Novo Mundo! (*Desenrola um pergaminho e lê em voz alta.*) "Dom José I, pela graça de Deus, Inca, Rei do Peru, Santa Fé, Quito, Chile, Buenos Aires e continentes dos mares do sul, duque da Superlativa, Senhor dos Césares e Amazonas, com domínio no grande Paitití, Comissário distribuidor da propriedade divina..." *(Vira-se, de repente, para Túpac Amaru.)* Negue! Encontramos esse manifesto nos teus bolsos! Prometias liberdade... Os hereges te ensinaram as más artes do contrabando. Envolta na bandeira da liberdade, trazias a mais cruel das tiranias! *(Caminha ao redor do corpo atado ao potro.)* "Tratam-nos como cães", dizias. "Arrancam-nos a pele", dizias. Mas, por acaso alguma vez pagaram tributo, tu e os teus? Desfrutavas o privilégio de usar armas e andar a cavalo. Sempre foste tratado como cristão de linhagem limpa de sangue! Demos-te vida de branco e pregaste o ódio das raças. Nós, teus odiados espanhóis, te ensinamos a falar. E que disseste? "Revolução!" Ensinamos-te a escrever, e o que escreveste? "Guerra!" *(Senta-se, dá as costas a Túpac Amaru e cruza as pernas.)* Assolaste o Peru. Crimes, incêndios, roubos, sacrilégios... Tu e teus sequazes terroristas trouxeram o inferno para estas províncias. Que os espanhóis deixam os índios lambendo terra? Já ordenei que acabem as vendas obrigatórias e que se abram teares e se pague o que for justo. Suprimi os dízimos e as alfândegas... Por que continuaste a guerra, se foi restabelecido o bom trato? Quantos milhares de mortos causaste, farsante imperador? Quanta dor puseste nas terras invadidas? *(Levanta-se e se inclina sobre Túpac*

Amaru, que não abre os olhos.) Que o trabalho forçado dos índios é um crime, e que de cada cem índios que vão para as minas só voltam vinte? Já ordenei que se acabe o trabalho forçado. E por acaso o incômodo trabalho forçado não foi inventado pelos teus antepassados incas? Os incas... Ninguém teve pior trato com os índios. Renegas o sangue europeu que te corre pelas veias, José Gabriel Condorcanqui Noguera... *(Faz uma pausa e fala enquanto rodeia o corpo do vencido.)* Tua sentença está pronta. Já a imaginei, escrevi e assinei. *(A mão corta o ar sobre a boca de Túpac.)* Vão te arrastar para o cadafalso e o verdugo cortará a tua língua. Vão te amarrar em quatro cavalos, pelas mãos e pelos pés. Serás esquartejado. *(Passa a mão pelo torso nu.)* Arrojarão teu corpo a uma fogueira no morro do Picchu e lançarão ao ar as cinzas. *(Toca na cara.)* Tua cabeça balançará três dias pendurada numa forca, no povoado de Tinta, e depois ficará espetada num pau, na estrada do povoado, com uma coroa de onze pontas de ferro, por teus onze títulos de imperador. *(Acaricia os braços.)* Enviaremos um braço teu a Tungasuca e o outro será exibido na capital de Carabaya. *(E as pernas.)* Uma perna na aldeia de Livitaca e a outra em Santa Rosa de Lampa. Serão arrasadas as casas que habitaste. Jogaremos sal sobre tuas terras. Cairá a infâmia sobre a tua descendência pelos séculos dos séculos. *(Acende uma vela e a empunha sobre o rosto de Túpac.)* Ainda tens tempo. Dize-me: Quem continua a rebelião que iniciaste? Quem são teus cúmplices? *(Meloso.)* Tens tempo. Ofereço-te a forca. Tens tempo para escapar de tanta humilhação e sofrimento. Dá-me nomes. Dize-me.*(Aproxima a orelha.)* Tu és o teu verdugo, índio carniceiro! *(Novamente adoça o tom da voz.)* Cortaremos a língua de teu filho Hipólito. Cortaremos a língua de Micaela, tua mulher, e a daremos ao garrote vil... Não te arrependas, mas salva-a. Ela. Salva tua mulher de uma morte infame. *(Aproxima-se. Espera.)* Sabe Deus que crimes arrastas! *(Faz girar violentamente a roda do tormento e se escuta um gemido atroz.)* Não vais desculpar-te com silêncios frente ao tribunal do Altíssimo, índio orgulhoso! *(Com pena.)* Ah! Tu me entristeces quando vejo que há uma alma que quer ir assim para a eterna condenação... *(Furioso.)* Pela última vez! Quem são teus cúmplices?

TÚPAC AMARU (*Erguendo a duras penas a cabeça, abre os olhos e finalmente fala.*) – Aqui não há mais cúmplices que tu e eu. Tu, por ser opressor, e eu, por ser libertador, merecemos a morte. *(183 e 344)*

1781
Cusco

Ordem de Areche contra os trajes incaicos e para que falem os índios a língua castelhana

Proíbe-se que os índios usem os trajes gentílicos, e especialmente os da nobreza gentílica, que só servem para representar-lhes os que usavam seus antigos incas, recordando-lhes memórias que nada outra coisa influem senão calcar-lhes mais e mais ódio à nação dominante; além de ser seu aspecto ridículo e pouco conforme à pureza de nossa religião, pois colocam em várias partes dele o sol, que foi sua primeira divindade; estendendo-se essa resolução a todas as províncias dessa América Meridional, deixando de todo extinguidos tais trajes... como igualmente todas as pinturas ou retratos dos incas...

E para que esses índios se desgrudem do ódio que conceberam contra os espanhóis, e sigam os trajes que lhes determinam as leis, se vistam de nossos costumes espanhóis e falem a língua castelhana, se introduzirá com mais vigor que até aqui o uso da língua nas escolas sob as penas mais rigorosas e justas contra os que não a usem, depois de passado algum tempo onde possam tê-la aprendido... (345)

1781
Cusco

Micaela

Nesta guerra, que fez ranger a terra com dores de parto, Micaela Bastidas não teve descanso nem consolo. Essa mulher de pescoço de pássaro percorria as terras *arranjando mais gente* e enviava à frente novas hostes e escassos fuzis, a luneta que alguém tinha perdido, folhas de coca e milho verde. Galopavam os cavalos, incessantemente, levando e trazendo através das serras suas ordens, salvo-condutos, relatórios e cartas. Numerosas mensagens enviou a Túpac Amaru, apressando-o a lançar suas tropas sobre Cusco de uma vez por todas, antes que os espanhóis fortalecessem as defesas e se dispersassem, desanimados, os rebeldes. *Chepe*, escrevia, *Chepe, meu muito querido: Bastantes advertências te dei...*

Puxada pelo rabo de um cavalo, entra Micaela na Praça Maior de Cusco, que os índios chamam Praça dos Prantos. Ela vem dentro de um saco de couro, desses que carregam mate do Paraguai. Os cavalos arrastam também, rumo ao cadafalso, Túpac Amaru e Hipólito, o filho dos dois. Outro filho, Fernando, olha. *(159 e 183)*

1781

Cusco

Sagrada chuva

O menino quer virar a cabeça, mas os soldados o obrigam a olhar. Fernando vê como o verdugo arranca a língua de seu irmão Hipólito e o empurra na escada da forca. O verdugo pendura também dois tios de Fernando e depois o escravo Antônio Oblitas, que tinha pintado o retrato de Túpac Amaru, e o corta a golpes de machado; e Fernando vê. Com correntes nas mãos e grilhões nos pés, entre dois soldados que o obrigam a olhar, Fernando vê o verdugo aplicando o garrote vil em Tomasa Condemaita, mulher do cacique de Acos, cujo batalhão de mulheres tinha dado tremenda tunda no exército espanhol. Então sobe ao tablado Micaela Bastidas e Fernando vê menos. Seus olhos ficam enevoados enquanto o verdugo busca a língua de Micaela, e uma cortina de lágrimas tapa os olhos do menino quando sentam a mãe dele para culminar o suplício: a argola que se aperta não consegue sufocar o pescoço fino e é preciso que *enrolando laços no pescoço, puxando de um e outro lado e dando-lhe chutes no estômago e nos peitos, acabem de matá-la.*

Fernando já não vê nada, já não houve nada, Fernando que há nove anos nasceu de Micaela. Não vê que agora trazem o seu pai, Túpac Amaru, e o amarram às cinchas de quatro cavalos, pelos pés e pelas mãos, a cara para o céu. Os ginetes cravam as esporas rumo aos quatros pontos cardeais, mas Túpac Amaru não se quebra. *Levam-no pelo ar, parece uma aranha;* as esporas rasgam os ventres dos cavalos, que se erguem em duas patas e se arremetem com todas as forças, mas Túpac Amaru não se quebra.

É tempo de longa seca no vale de Cusco. Ao meio-dia em ponto, enquanto lutam os cavalos e Túpac Amaru não se arrebenta, uma violenta catarata cai de repente do céu: tomba a chuva para valer, como se Deus ou o Sol ou alguém tivesse decidido que esse momento bem merece uma chuva dessas que deixam o mundo cego. *(183 e 344)*

Os índios creem:

Jesus se veste de branco para vir a Cusco. Um menino pastor o vê, brinca com ele, persegue-o. Jesus é menino também, e corre entre o chão e o ar: atravessa o rio sem se molhar e desliza muito suavemente pelo vale sagrado dos incas, cauteloso para não raspar essas terras recém-feridas. Das fraldas do pico Ausangate, cujo hálito gelado irradia a energia da vida, caminha para a montanha de Coylloriti. Ao pé dessa montanha, albergue de antigas divindades, Jesus deixa cair sua túnica branca. E caminha rocha acima e para. Então, entra na rocha.

Jesus quis se dar aos vencidos, e por eles se faz pedra, como os antigos deuses daqui, pedra que diz e dirá: *Eu sou Deus, sou vocês, eu sou os que caíram.*

Para sempre os índios do vale de Cusco subirão em procissão para saudá-lo. Eles se purificarão nas águas da torrente e com tochas nas mãos dançarão para ele, dançarão para lhe dar alegria: tão triste está Jesus, tão quebrado, ali dentro. *(301)*

Dançam os índios à glória do paraíso

Muito longe de Cusco, a tristeza de Jesus também preocupava os índios tepehuas. Desde que o deus novo tinha chegado ao México, os tepehuas acorriam à igreja, com banda de música, e lhe ofereciam bailes e brincadeiras de disfarces e saborosos *tamales*, e bons tragos; mas não havia maneira de lhe dar alegria. Jesus continuava penando, a barba esmagada sobre o peito, e assim foi até que os tepehuas inventaram a Dança dos Velhos.

Ela é dançada por dois homens mascarados. Um é a Velha, o outro é o Velho. Os Velhos vêm do mar com oferendas de camarões e percorrem a aldeia de São Pedro apoiando em bengalas de madeira os corpos torcidos pelas doenças. Diante dos altares improvisados nas ruas, param e dançam, enquanto canta o cantor e o músico bate numa carapaça de tartaruga. A Velha, malandra, se mexe e se oferece e finge que foge; o Velho a persegue, agarra por trás, abraça-a e a ergue. Ela chuta o ar, morrendo de rir, fingindo defender-se a bengaladas, mas apertando-se, feliz, no corpo do Velho que ataca e tropeça e ri, enquanto todo mundo celebra.

Quando Jesus viu os Velhos fazendo o amor, ergueu a fronte e riu pela primeira vez. Desde então ri cada vez que os tepehuas dançam para ele essa dança irreverente.

Os tepehuas, que salvaram Jesus da tristeza, tinham nascido dos flocos de algodão, em tempos remotos, lá nas beiras da serra de Veracruz. Para dizer *amanhece,* eles dizem: *Faz-se Deus. (359)*

1781
Chincheros

PUMACAHUA

Ao centro, resplandece a Virgem de Montserrat. De joelhos reza, em ação de graças, Mateo García Pumacahua. A esposa e uma comitiva de parentes e capitães aparecem atrás, em procissão. Pumacahua veste roupas de espanhol, colete e casaca, sapatos com fivelas. Lá longe acontece a batalha, soldadinhos e canhões que parecem de brinquedo: o puma Pumacahua vence o dragão Túpac Amaru. *Vini, vidi, vinci*, lê-se em cima.

Ao cabo de vários meses, um artista sem nome concluiu seu trabalho. A igreja do povoado de Chincheros mostra, sobre o pórtico, as imagens que perpetuarão a glória e a fé do cacique Pumacahua na guerra contra Túpac Amaru.

Pumacahua, também herdeiro dos incas, recebeu uma medalha do rei da Espanha e, do bispo de Cusco, uma indulgência plenária. *(137 e 183)*

1781
La Paz

TÚPAC CATARI

Só falava aimará, a língua dos seus. Proclamou-se vice-rei dessas terras que ainda não se chamam Bolívia, e nomeou sua mulher vice-rainha. Instalou sua corte nas alturas que dominam a cidade de La Paz, escondida num buraco, e a sitiou.

Caminhava torto e um fulgor estranho acendia seus olhos, muito fundos na cara jovem e já arada. Vestia veludo negro, comandava de bastão e lutava de lança. Decapitava os padres suspeitos de celebrar missas de maldição e cortava os braços de espiões e traidores.

Julián Apaza tinha sido sacristão e padeiro antes de se converter em Túpac Catari. Junto à sua mulher, Bartolina Sisa, organizou um exército de quarenta mil índios que manteve em xeque as tropas enviadas pelo vice-rei de Buenos Aires.

Apesar das derrotas e matanças que sofreu, não havia jeito de agarrá-lo. Andando de noite, burlava todos os cercos, até que os espanhóis ofereceram a seu melhor amigo, Tomás Inca Lipe, chamado *o bom*, o cargo de governador da comarca de Achacachi, nas margens do lago Titicaca. *(183)*

1782
La Paz

As libertadoras

As cidades espanholas do Novo Mundo, nascidas como oferendas a Deus e ao rei, têm um vasto coração de terra pisada. Na Praça Maior estão o cadafalso e a casa de governo, a catedral e o cárcere, o tribunal e o mercado. Perambula o gentio ao redor da forca e da fonte de água; na Praça Maior, praça forte, praça de armas, se cruzam o cavalheiro e o mendigo, o senhor de esporas de prata e o escravo descalço, as beatas que levam a alma à missa e os índios que trazem a *chicha*, aguardente de milho fermentado, em barrigudas vasilhas de barro.

Hoje tem espetáculo na Praça Maior de La Paz. Duas mulheres, caudilhas de levantamentos indígenas, serão sacrificadas. Bartolina Sisa, mulher de Túpac Catari, vem do quartel com uma corda no pescoço, amarrada ao rabo de um cavalo. Gregoria Apaza, irmã de Túpac Catari, vem montada num burrinho. Cada uma leva um pedaço de pau, como se fosse um cetro, na mão direita, e cravada na testa, uma coroa de espinhos. Na frente, os presos varrem o caminho com galhos. Bartolina e Gregoria dão várias voltas na praça, sofrendo em silêncio as pedradas e as risadas dos que caçoam delas por serem rainhas de índios, até que chega a hora da forca. Suas cabeças e suas mãos, manda a sentença, serão exibidas pelas aldeias da região.

O sol, o velho sol, também assiste à cerimônia. *(183 e 288)*

1782
Guaduas

Com olhos de vidro,

de uma jaula de madeira, a cabeça de José Antonio Galán olha para a aldeia de Charalá. Em Charalá, onde ele tinha nascido, exibem o seu pé direito. Há uma mão dele cravada na praça do Socorro.

A flor e a nata da sociedade colonial arrependeram-se do pecado de insolência. Os *criollos* ricos preferem continuar tributando impostos e obediência ao monarca espanhol, só para evitar a *contagiosa peste* que Galán, como Túpac Amaru, como Túpac Catari, encarnou e difundiu em jornadas de fúria. Galán, o mais capitão dos comuneiros, foi traído, perseguido e apanhado por gente que tinha sido companheira dele à frente da insurreição. Caiu em uma choça, depois de longo acossamento, junto a seus doze últimos homens.

Dom Antonio Caballero y Góngora, o arcebispo balofo, afiou o sabre que decapitou Galán. Enquanto jogava ao fogo o tratado de paz, tão cheio de promessas, tão enganador, sua ilustríssima acrescentava infâmias contra o *rancoroso plebeu:* Galán não foi esquartejado só porque era rebelde, mas também por ser *homem de obscuríssimo nascimento e amante da sua própria filha.*

O arcebispo tem duas poltronas. Além da poltrona apostólica, fez dele a poltrona de vice-rei de Bogotá. *(13 e 185)*

1782

Sicuani

Este maldito nome

Diego Cristóbal, primo-irmão de Túpac Amaru e continuador de sua guerra no Peru, firmou um acordo de paz. As autoridades coloniais prometeram perdão e indulto geral.

Deitado no chão, Diego Cristóbal jura fidelidade ao rei. Multidões de índios descem dos montes e entregam as armas. O marechal oferece um banquete com brindes jubilosos, e o bispo, uma missa de ação de graças. De Lima, manda o vice-rei que todas as casas se iluminem durante três noites.

Dentro de um ano e meio, em Cusco, na Praça da Alegria, o carrasco arrancará aos pedaços a carne deste primo de Túpac Amaru, com tenazes em brasa, antes de pendurá-lo na forca. Também a mãe dele será enforcada e esquartejada. O juiz, Francisco Díez de Medina, tinha sentenciado que *nem ao Rei nem ao Estado convém que sobre semente ou raça deste e todo Túpac Amaru, pelo muito barulho e impressão que este maldito nome causou aos naturais. (183)*

1783

Cidade do Panamá

Pelo amor da morte

Desde que amanhece fumega a terra, suplicando água, e os vivos buscam sombra e ar. Se o calor murcha os vivos que agarra, que não fará com os mortos, que não têm quem os abane?

Os mortos principais jazem nas igrejas. Assim requer o costume na seca meseta de Castela, e portanto assim deve ser, também, nesse fervedouro do

Panamá. Os fiéis pisam lápides, ou se ajoelham sobre elas, e lá de baixo murmura a morte: *Já vou vir para ti;* mas faz chorar mais o cheiro da podridão que o pânico de morrer ou a memória de tão irreparável perda.

Sebastián López Ruiz, sábio investigador da natureza, escreve um relatório demonstrando que esse costume de lá é, aqui nessas bandas, inimigo da higiene e fatal para a saúde pública e que mais sadio seria enterrar os fidalgos do Panamá em algum distante campo-santo. Respondem-lhe que os mortos estão bem nas igrejas; e que o que foi e é, continuará sendo. *(323)*

1783

Madri

Reivindicação das mãos

Aos ventos proclamam as trombetas que o rei da Espanha decidiu redimir a mão humana. De agora em diante, não perderá a sua nobre condição de fidalgo quem realizar trabalho manual. Diz o rei que a indústria não desonra quem a exerce, nem à sua família, e que nenhum ofício artesanal é indigno de espanhóis.

Carlos III quer pôr seu reino em dia. O ministro Campomanes sonha com o fomento da indústria, a educação popular e a reforma agrária. Da grande proeza imperial na América, a Espanha recebe as honras, e outros reinos da Europa, os lucros. Até quando a prata das colônias continuará pagando as mercadorias que a Espanha não produz? O que significa o monopólio espanhol se são ingleses, franceses, holandeses ou alemães os produtos que saem do porto de Cádiz?

Os fidalgos, que na Espanha abundam como frades, têm mãos inúteis para morrer pela Espanha ou matá-la. Embora sejam muito pobres, não se rebaixam em produzir com as suas mãos outra coisa além de glória. Faz muito tempo que essas mãos se esqueceram de trabalhar, como as asas das galinhas se esqueceram de voar. *(175)*

1785

Cidade do México

O doutor Villarroel contra a *pulquería*

Cada pulquería, *esse local onde se vende o* pulque, *bebida perigosa e pagã, é uma oficina onde se formam os adultérios, os concubinatos, os estupros, os furtos, os roubos, os homicídios, brigas, feridas e demais delitos... Elas são os teatros onde se transformam homens e mulheres nas mais abomináveis fúrias infernais, saindo de suas bocas as mais refinadas obscenidades, as mais soezes palavras e as produções mais dissolutas, grosseiras, picantes e provocativas, que não seriam proferidas pelos homens mais libertinos, se não estivessem perturbados pelos vapores de tão fétida e asquerosa bebida... Estes são os efeitos da incúria, da omissão e da tolerância dos juízes, não lhes causando horror ver esticados pelas ruas os homens e as mulheres, como se fossem cães, expostos a que um cocheiro bêbado como eles passe-lhes por cima o carro, como sucede, despachando-os à eternidade num estado tão infeliz como no que se acham. (352)*

A *pulquería*

Quando o vice-rei expulsou o *pulque* da Cidade do México, o desterrado encontrou refúgio nos subúrbios.

Licor das verdes matas... Nas tabernas dos subúrbios, o *pulquero* vai e vem sem parar entre as tinas generosas e os jarros cobiçados, *tu me tombas, tu me matas, tu me fazes andar de quatro,* enquanto num canto chora um recém--nascido aos berros e, em outro canto, um velho cochila.

Cavalos, burros, galos de briga, acorrentados a argolas de ferro, envelhecem esperando lá fora. Lá dentro, as tinas coloridas mostram nomes desafiantes: "A não me derrube", "A dos fortes", "A valente"... Lá dentro não existem as leis nem o tempo de fora. No chão de terra rodam os dados e sobre um barril joga-se com baralhos floridos. Ao som da harpa alegre canta um bêbado e o soldado promete bronca a um cocheiro, *que sou muito homem, que sou demais,* e o *pulquero* barrigudo oferece: *Pra quem vai essoutra? (153 e 266)*

O *pulque*

Talvez o *pulque* devolva aos índios seus velhos deuses. Aos velhos deuses o oferecem, regando a terra ou o fogo ou erguendo a jarra às estrelas. Talvez os deuses continuem sedentos do *pulque* que mamavam nas quatrocentas tetas da mãe Mayahuel.

Talvez bebam os índios, também, para conseguir força e se vingar; e com certeza bebem para esquecer e serem esquecidos.

Segundo os bispos, o *pulque* tem a culpa da preguiça e da pobreza e traz idolatria e rebelião. *Vício bárbaro de um povo bárbaro*, diz um oficial do rei: sob os efeitos do espesso vinho de *maguey*, dizem, *o menino renega o pai, e o vassalo, seu senhor*. *(153 e 331)*

O *MAGUEY*

Armado de verdes espadas, o *maguey* resiste invicto à seca e ao granizo, às noites de gelo e aos sóis de fúria dos desertos do México.

O pulque vem do *maguey*, *árvore que amamenta*, e do *maguey* vêm a forragem dos animais, as vigas e as telhas dos telhados, os troncos das cercas e a lenha das fogueiras. Suas folhas carnudas oferecem laços, bolsas, esteiras, sabão e papel, o papel dos antigos códices, e seus espinhos servem de agulhas e alfinetes.

O maguey só floresce quando vai morrer. Abre-se e floresce como quem diz adeus. Um altíssimo talo, talvez mastro, talvez pênis, abre caminho do coração do *maguey* até as nuvens, numa explosão de flores amarelas. Então o grande talo cai e com ele cai *o maguey*, arrancado pela raiz.

É raro encontrar-se um *maguey* florido no árido vale do Mezquital. Mal começa a dar talo, a mão do índio o castra e revolve a ferida e assim o *maguey* verte seu *pulque*, que acalma a sede, alimenta e consola. *(32 e 153)*

A JARRA

O oleiro mexicano tem uma longa história. Três mil anos antes de Hernán Cortez, suas mãos transformavam a argila em vasilha ou figura humana que o fogo endurecia contra o tempo. Muito depois, explicavam os astecas que um bom oleiro *dá alma ao barro e faz viver as coisas*.

A remota tradição se multiplica cada dia em garrafões, moringas, vasilhas e principalmente em jarras: jarras como de marfim, de Tonalá, jarras brigonas de Metepec, jarras barrigudas e brilhantes de Oaxaca, humildes jarrinhas de Chililico; avermelhadas jarras de Toluca, escorridas de barro negro... A jarra de barro cozido preside as festas e as cozinhas e acompanha o preso e o mendigo. Recolhe o *pulque*, desprezado pela taça de cristal, e é prenda de amantes:

Quando eu morrer, de meu barro
faça-se, comadre, um jarro.
Se de mim tiveres sede, beba:
se a boca ficar grudada,
serão beijos desse seu camarada. *(18, 153 e 294)*

1785

Cidade do México

Sobre a literatura de ficção na época colonial

O vice-rei do México, Matías de Gálvez, assina um novo decreto a favor dos trabalhadores índios. Receberão os índios salário justo, bons alimentos e assistência médica; e terão duas horas de descanso, ao meio-dia, e poderão mudar de patrão quando quiserem. *(146)*

1785

Guanajuato

O vento sopra onde quer e onde pode

Um abismo de luz se abre no ar transparente e entre as negras muralhas da serra resplandece o deserto. No deserto se erguem, fulgor de cúpulas e torres, as cidades mineiras do México. Guanajuato, tão habitada como a capital do vice-reino, é a mais senhorial. Carregados em andor vão à missa seus donos, perseguidos por enxames de mendigos, seguindo um labirinto de ruelas e ruinhas, a viela do Bego, a do Escorregão, a dos Quatro Ventos, e entre as pedras polidas pelos pés do tempo aparecem capins e fantasmas.

Em Guanajuato, os sinos das igrejas organizam a vida; e o acaso a governa. Algum jogador trapaceiro, brincalhão e misterioso distribui as cartas. Dizem que aqui se pisa ouro e prata por onde se caminha, mas tudo depende dos veios que serpenteiam debaixo da terra e que a seu bel-prazer se oferecem e se negam. Ontem celebrou o golpe de sorte um afortunado cavalheiro, e a todos brindou com o melhor vinho de beber, e pagou serenatas de flautas e violas, e comprou rendas finas de Cambray e calção de veludo e casaca de seda bordada a ouro e camisola da Holanda; e hoje foge sem deixar rastros o filão de prata que por um dia o fez príncipe.

A vida dos índios, em compensação, não depende do acaso. Por causa do mercúrio que respiram ficam trêmulos para sempre e sem dentes, na fabricação de amálgama, e por causa do pó assassino e dos vapores pestilentos que respiram, seus peitos arrebentam nos socavões. Às vezes saltam aos pedaços quando a pólvora estoura, e às vezes escorregam no vazio quando descem carregando pedras ou quando sobem levando nas costas os capatazes, que por isso chamam os índios de *cavalinhos.*

(6, 261 e 349)

1785
Guanajuato

Retábulo de prata

Conversam as damas com a linguagem dos leques nos frondosos jardins. Alguém mija na parede de uma igreja e, na beira de uma praça, dois mendigos, sentados ao sol, catam piolhos um no outro. Debaixo de um arco de pedra, fala dos Direitos do Homem um ilustrado doutor de vasta toga, e anda um frade pela viela sussurrando condenações eternas contra os bêbados, as putas e os ladrões que vão atravessando seu caminho. Não distante da cidade, os *recolhedores* caçam índios a laço.

Já faz tempo que Guanajuato destronou Potosí. A nova rainha da prata no mundo está faminta de mão de obra.

Os operários, assalariados livres, não veem uma moeda na vida, mas estão presos pelas dívidas. Seus filhos herdarão as dívidas e também o medo: medo da dor e do cárcere e da fome e dos deuses antigos e do deus novo. *(261 e 349)*

1785
Lisboa

A função colonial

A Coroa portuguesa manda liquidar as fábricas têxteis do Brasil, que de agora em diante não poderão produzir nada além de roupa rústica para escravos. Em nome da rainha, o ministro Melo e Castro envia as instruções correspondentes. Observa o ministro que *na maior parte das capitanias do Brasil se têm estabelecido, e vão cada vez mais se propagando, diferentes fábricas e manufaturas, não só de tecidos de várias qualidades, mas até de galões de ouro e prata.* Estas são, diz, *perniciosas transgressões:* se continuarem, *a consequência será que todas as utilidades e riquezas dessas importantíssimas colônias ficarão sendo patrimônio dos seus habitantes.* Sendo o Brasil terra tão fértil e abundante em frutos, *ficarão os ditos habitantes totalmente independentes de sua capital dominante: é, por isso, indispensavelmente necessário abolir do Estado do Brasil as ditas fábricas e manufaturas. (205)*

1785

Versalhes

A batata vira uma grande dama

Há dois séculos e meio, os conquistadores a trouxeram do Peru. Vinha muito recomendada pelos índios, de modo que na Europa foi destinada aos porcos, aos presos e aos moribundos. A batata foi alvo de chacotas e de castigos todas as vezes que quis escapar dos chiqueiros, cárceres e hospitais. Em várias regiões foi proibida; e em Besançon foi acusada de provocar a lepra.

Antoine Parmentier conheceu a batata na prisão. Estava Parmentier preso num cárcere prussiano e não lhe davam outra coisa para comer. Pareceu-lhe sem graça a princípio, mas depois soube amá-la e descobriu nela encantos e sabores.

Já livre em Paris, Parmentier organizou um banquete. Estavam lá D'Alembert, Lavoisier, o embaixador norte-americano Benjamin Franklin e outras celebridades. Parmentier ofereceu-lhes um cardápio de pura batata: pão de batata, sopa de batata, purê, salada de batata alegrada com molhos à vontade, batata frita, bolinhos e pastéis de batata. De sobremesa, torta de batata. Para beber, aguardente de batata. Parmentier pronunciou uma exposição sobre as virtudes da batata. Exaltou suas qualidades nutritivas, proclamou-a necessária ao paladar e ao sangue e declarou que a batata venceria a fome na Europa, por ser invulnerável ao granizo e de fácil cultivo. Os convidados, boquiabertos, aplaudiram com emoção e convicção.

Depois Parmentier convenceu o rei. Luís XVI mandou que se plantassem batatas em suas terras da planície de Sablons, perto de Paris, e mandou-as cercar de soldados em guarda permanente. Assim conseguiu excitar as curiosidades e os desejos pelo fruto proibido.

Em Versalhes ocorre a consagração definitiva. A rainha Maria Antonieta, transformada num jardim de flores de batata, dá um soberano beijo na face de Antoine Parmentier. O rei Luís, que ainda não perdeu a cabeça, lhe oferece um abraço. Toda a nobreza da França assiste à apoteose da batata, nesse reino onde a arte do bem comer é a única religião sem ateus. *(156 e 250)*

A batata nasceu do amor e do castigo, segundo contam nos Andes

O inca, contam, condenou os amantes que violaram as leis sagradas. Que os enterrem vivos e juntos, decidiu.

Ela havia sido uma virgem consagrada ao deus Sol. Tinha fugido do templo para se entregar a um servo lavrador.

Vivos e juntos, decidiu o inca. No poço profundo foram enterrados, amarrados um ao outro, de boca para cima; e nenhuma queixa foi escutada enquanto eram cobertos de terra.

Chegou a noite e as estrelas andaram por caminhos estranhos. Pouco depois, desapareceu o ouro do leito dos rios e se fizeram estéreis, puro pó e pedra, os campos do reino. Só a terra que tapava os amantes estava a salvo da seca.

Os altos sacerdotes aconselharam ao inca que desenterrasse os amantes, os queimasse e esparramasse suas cinzas pelo vento. Que assim seja, decidiu o inca.

Mas não os encontraram. Cavaram muito fundo e não encontraram nada além de uma raiz. Essa raiz se multiplicou e a batata foi, desde então, a comida principal dos andinos. *(248)*

1790

Paris

Humboldt

Aos vinte anos, Alexander von Humboldt descobriu o mar e a revolução.

Em Dunquerque o mar deixou-o mudo, e em Calais arrancou-lhe um grito a lua cheia brotando das ondas. Assombro de mar, revelação da revolução: em Paris, no ano do catorze de julho, Humboldt se deixa levar pelo doce turbilhão das ruas em festa, metido no povo que dança e canta a liberdade recém-nascida.

Ele viveu buscando respostas e encontrando perguntas. Sem se dar trégua interrogou os livros e o céu e a terra, perseguindo os enigmas da alma e os mistérios do cosmos e os segredos dos besouros e das pedras, sempre apaixonado pelo mundo e pelos homens e mulheres que lhe deram vertigem e pânico. *Alexander jamais será feliz,* diz seu irmão Wilhelm, o preferido da mãe.

Aos vinte anos, febre de viver, febre de ver, Humboldt jura eterna lealdade às bandeiras da Revolução Francesa e jura que atravessará o mar, como Balboa e Robinson Crusoé, rumo às terras onde sempre é meio-dia. *(30 e 46)*

1790

Petit Goâve

Embora tenham terras e escravos

A gordura do bolso pode mais, às vezes, que a cor da pele. No Haiti, são negros os mulatos pobres e mulatos os negros ricos que reuniram bastante dinheiro. Os mulatos ricos pagam imensas fortunas para se transformarem em brancos, embora poucos consigam o mágico documento que permite que o filho do amo e da escrava se faça doutor, se chame senhor, use espada e possa tocar numa mulher branca sem perder o braço.

Balança em uma forca o mulato que reivindicou os direitos do cidadão, recém-proclamados em Paris, e no alto de uma estaca passeia pela vila de Petit Goâve a cabeça de outro mulato que quis ser deputado. *(115)*

1791

Bois Caiman

Os conjurados do Haiti

A velha escrava, íntima dos deuses, afunda o facão na garganta de um javali negro. A terra do Haiti bebe o sangue, sob a proteção dos deuses da guerra e do fogo, duzentos negros cantam e dançam o juramento da liberdade. Na proibida cerimônia do vodu, iluminada por relâmpagos, os duzentos escravos decidem converter em pátria essa terra de castigo.

É fundada no Haiti a língua *créole.* Como o tambor, o *créole* é o idioma comum que os arrancados da África falam em várias ilhas antilhanas. Brotou do interior das plantações, quando os condenados necessitaram reconhecer-se e resistir. Veio das línguas africanas, com africana melodia, e se alimentou dos dizeres normandos e bretões. Recolheu palavras dos índios caraíbas e dos piratas ingleses e também dos colonos espanhóis do oriente do Haiti. Graças ao *créole, os* haitianos sentem que se tocam quando se falam.

O créole reúne palavras, e o vodu, deuses. Esses deuses não são amos e sim amantes, muito dançadores, que transformam cada corpo em que penetram em música e luz, pura luz em movimento, ondulante e sagrada. *(115 e 265)*

Canção haitiana de amor

Queimo-me como lenha.
Minhas pernas se quebram como taquaras.
Nenhum prato tenta minha boca.
O trago mais ardente se faz água.
Quando penso em ti,
meus olhos se inundam
e minha razão cai derrotada
pela minha dor.

Não é verdade, minha formosa,
que falta pouco para que voltes?
Oh! Regressa a mim, minha sempre fiel!
Crer é menos doce que sentir!
Não demores demais.
Grande é a dor.
Vem libertar da gaiola
o pássaro faminto. (265)

1792
Rio de Janeiro

Os conjurados do Brasil

Há apenas meio século, acreditava-se que as minas do Brasil durariam tanto quanto o mundo, mas cada vez há menos ouro e menos diamantes e cada vez pesam mais os tributos que é preciso pagar à rainha de Portugal e à sua corte de parasitas.

De lá enviam muitos burocratas vorazes e nem um único técnico em mineração. De lá impedem que os teares de algodão teçam outra coisa além de roupa de escravos e de lá proíbem a exploração do ferro, que jaz ao alcance da mão, e proíbem a fabricação da pólvora.

Para romper com a Europa, *que nos chupa como esponja,* conspirou um punhado de senhores. Donos de minas e fazendas, frades, poetas, doutores, contrabandistas de longa experiência organizaram há três anos uma rebelião que se propunha a converter essa colônia em república independente, onde fossem livres os negros e mulatos nela nascidos e onde todo mundo vestisse roupa nacional.

Antes que soasse o primeiro tiro de mosquete, falaram os delatores. O governador prendeu os conjurados de Ouro Preto. Debaixo de torturas, confessaram; e se acusaram entre si com abundantes detalhes. Basílio de Britto Malheiro se desculpou, explicando que quem tem a desgraça de nascer no Brasil copia os maus costumes de negros, mulatos, índios e outros modelos ridículos. Cláudio Manuel da Costa, o mais ilustre dos prisioneiros, enforcou-se na cela, ou foi enforcado, por não ter confessado ou por ter confessado demais.

Houve um homem que se calou. O alferes Joaquim José da Silva Xavier, chamado Tiradentes, só falou para dizer:

– Eu sou o único responsável. *(205 e 209)*

1792

Rio de Janeiro

Tiradentes

Parecem cadáveres à luz dos candeeiros. Presos por enormes correntes aos barrotes das janelas, os acusados escutam o juiz, há dezoito horas, sem perder uma só palavra.

Seis meses levou o juiz para redigir a sentença. Muito ao fim da noite, fica-se sabendo: são seis os condenados. Os seis serão enforcados, decapitados e esquartejados.

Cala-se então o juiz, enquanto os homens que queriam a independência do Brasil trocam críticas e perdões, insultos e lágrimas, afogados gritos de arrependimento ou protesto.

E chega, na madrugada, o perdão da rainha. Não haverá morte, e sim desterro, para cinco dos seis condenados. Mas um, o único que não delatou ninguém e foi por todos delatado, marchará para o patíbulo ao amanhecer. Por ele vibrarão os tambores e a lúgubre voz do pregoeiro percorrerá as ruas anunciando o sacrifício.

Tiradentes não é inteiramente branco. Alferes entrou no exército e alferes ficou para sempre, arrancando dentes para arredondar o soldo. Ele quis que os brasileiros fossem brasileiros. Bem sabem disso os pássaros que desaparecem, enquanto sai o sol, atrás das montanhas. *(205)*

1794

Paris

"O remédio do homem é o homem",

dizem os negros sábios, e bem o sabem os deuses. Os escravos do Haiti já não são escravos.

Durante cinco anos, a Revolução Francesa tinha bancado a surda. Em vão protestavam Marat e Robespierre. A escravidão continuava nas colônias: não nasciam livres nem iguais, apesar da Declaração dos Direitos do Homem, os homens que eram propriedade de outros homens nas distantes plantações das Antilhas. Afinal de contas, a venda de negros da Guiné era o negócio principal dos revolucionários mercadores de Nantes, Bordéus e Marselha; e do açúcar antilhano viviam as refinarias francesas.

Acossado pela insurreição negra, encabeçada por Toussaint Louverture, o governo de Paris acaba decretando o fim da escravidão. *(71)*

1795

Montanhas do Haiti

Toussaint

Entrou em cena há um par de anos. Em Paris, é chamado de *O Espártaco Negro*.

Toussaint Louverture tem corpo de rã e os lábios ocupam quase toda a sua cara. Era cocheiro de uma plantação. Um negro velho lhe ensinou a ler e a escrever, a curar cavalos e a falar com os homens; mas sozinho aprendeu a olhar não só com os olhos, e sabe ver o voo em cada pássaro que dorme. *(71)*

1795

São Domingos

A ILHA QUEIMADA

Assustado com a libertação dos escravos no Haiti, o rei da Espanha cede à França o território de São Domingos. De uma penada apaga-se a fronteira que cortava a ilha em duas, dividida entre a mais pobre das colônias espanholas e a mais rica das colônias francesas. Dom Manuel Godoy, o mandachuva da corte, diz em Madri que a revolta do Haiti converteu a ilha inteira em *terra de maldição para os brancos.*

Essa tinha sido a primeira colônia da Espanha na América. Aqui, o império tinha tido sua primeira audiência, sua primeira catedral, sua primeira universidade; daqui tinham partido as hostes da conquista rumo a Cuba e a Porto Rico. Tal nascimento anunciava glorioso destino, mas São Domingos foi devastado há dois séculos. O governador Antonio de Osorio transformou essa colônia em fumaça

Dia e noite trabalhou Osorio torrando a terra pecadora, e palmo a palmo queimou casas e fortalezas e embarcações, moinhos e chiqueiros e campos de plantação, e regou tudo com sal, e com as mãos enforcou quem ousou resistir. No crepitar das chamas ressoavam as trombetas do Juízo Final. Ao cabo de um ano e meio de contínua fogueira, o incendiador ergueu-se sobre a ilha por ele arrasada e recebeu do rei da Espanha dois mil ducados como pagamento por seu trabalho de redenção pelo fogo.

O governador Osorio, veterano das guerras de Flandres, tinha purificado esses solos. Tinha começado queimando as cidades do norte, porque por essa costa entravam piratas ingleses e holandeses trazendo Bíblias *da seita de Lutero* e difundindo o costume herege de comer carne na Sexta-Feira Santa. Começou pelo norte; e depois, não conseguiu mais parar. *(216)*

1795

Quito

ESPEJO

Passou pela história cortando e criando.

Escreveu as mais afiadas palavras contra o regime colonial e seus métodos de educação, *uma educação de escravos,* e destripou o estilo balofo dos retóricos de Quito. Cravou suas diatribes nas portas das igrejas e das esquinas principais, para que se multiplicassem depois, de boca em boca, porque *escrevendo como anônimo podia muito bem tirar a máscara dos falsos sábios e fazer com que aparecessem vestidos de sua verdadeira e natural ignorância.*

Pregou o governo da América pelos nela nascidos. Propôs que o grito de independência soasse, ao mesmo tempo, em todos os vice-reinados e auditorias, e que se unissem as colônias para se tornarem pátrias, sob governos democráticos e republicanos.

Era filho de índio. Recebeu o nome de Chusig, que significa *coruja.* Para ter o título de médico, decidiu chamar-se Francisco Javier Eugenio de Santa Cruz y Espejo, nome que soa a linhagem longa, e assim pôde praticar e difundir seus descobrimentos contra a varíola e outras pestes.

Fundou, dirigiu e escreveu de cabo a rabo *Primícias da Cultura*, o primeiro jornal de Quito. Foi diretor da biblioteca pública. Jamais recebeu um salário.

Acusado de crimes contra o rei e contra Deus, Espejo foi trancado numa cela imunda. Ali morreu, de cárcere; e no último suspiro suplicou o perdão dos credores.

A cidade de Quito não registra no livro de pessoas notáveis o fim desse precursor da independência hispano-americana, que foi o mais brilhante de seus filhos. *(17 e 249)*

Assim satirizava Espejo a oratória desses tempos

Despeço as auras voláteis do alento; perco as pulsáticas oscilações da vida, quando ouço essas fulgurantes incompreensividades dos retóricos conceitos. Que delicioso gozo não é ouvir os cisnes canoros da oradora cancionante palavra, gorjeando com gutural sonoridade, trinar canções tristes em suas doces sílabas! Que intervalos saborosos de gloriado contentamento não percebe a alma aos ecos harmoniosos de suas fatídicas descrições. (17)

1795

Montego Bay

Instrumentos de guerra

Bem merecido é o prestígio dos cães cubanos. Com eles os franceses caçaram muitos negros fugitivos nas montanhas do Haiti e uns poucos cães cubanos bastaram para derrotar os índios misquitos, que tinham aniquilado três regimentos espanhóis nas costas da Nicarágua.

Os latifundiários ingleses da Jamaica mandam para Cuba o coronel William Dawes Quarrell, em busca de cães. Assim exige, diz a assembleia, a segurança da ilha e a vida de seus habitantes. Os cães são instrumentos de guerra. Os asiáticos não empregam elefantes em suas batalhas? As mais civilizadas e polidas nações da Europa, raciocinam os plantadores ingleses, perseguem a cavalo a infantaria inimiga. Por que não rastrear com cães os esconderijos dos escravos cimarrões, se os negros são mais selvagens que os cães?

O coronel Quarrell consegue em Cuba o que procura, graças aos bons ofícios de dona Maria Ignacia de Contreras e Jústiz, marquesa de São Felipe e Santiago, condessa de Castillo e dona e senhora do Bejucal. Homens e cães embarcam no veleiro *Mercury*.

Brumas do crepúsculo na baía de Montego. As feras chegam à Jamaica. Esvaziam-se num piscar de olhos as ruas, fecham-se as portas. Quarenta capatazes cubanos fazem fila à luz das tochas. Cada um leva três cães enormes, amarrados à cintura por correntes esticadas. *(86 e 240)*

1795

Havana

Imaginou o rebelde da Galileia que seria feitor de escravos?

Nas plantações cubanas de açúcar, os escravos não são desamparados. O amo os redime pelo trabalho e lhes abrevia a permanência neste vale de lágrimas; e os frades os salvam do inferno. A Igreja recebe cinco por cento da produção de açúcar para ensinar aos escravos que Deus os fez escravos, que escravo é o corpo, mas livre é a alma, pois a alma pura é como o açúcar branco, limpa da rapadura do purgatório, e que Jesus Cristo é o grande feitor que vigia, anota os méritos, castiga e recompensa.

Às vezes Jesus Cristo não é só o feitor, mas o próprio amo. O conde de Casa Bayona lavou os pés de doze negros, uma noite de Quinta-Feira Santa, e os sentou à sua mesa e dividiu com eles a ceia. Os escravos expressaram sua gratidão incendiando o engenho, e houve doze cabeças cravadas, diante dos campos de cana, numa fileira de lanças. *(222)*

1796
Ouro Preto

O Aleijadinho

O Aleijadinho, criador de plenitudes, esculpe e talha com o toco dos braços. É de uma feiura horripilante o escultor das mais altas formosuras na região mineira do Brasil. Para não servir a senhor tão horroroso, um dos escravos que ele comprou quis suicidar-se. A doença, lepra ou sífilis ou misteriosa maldição, vai devorando-o a dentadas. Em troca de cada pedaço de carne que a doença arranca, ele entrega ao mundo novas maravilhas de madeira ou pedra.

Em Congonhas do Campo estão esperando por ele. Poderá chegar até lá? Terá forças para talhar os doze profetas e erguê-los contra o céu azulíssimo? Dançarão sua atormentada dança de animais feridos os profetas anunciadores do amor e da cólera de Deus?

Ninguém acredita que lhe sobre vida para tanto. Os escravos o carregam pelas ruas de Ouro Preto, sempre escondido debaixo do capuz, e amarram o cinzel ao resto da sua mão. Só eles veem os despojos de sua cara e de seu corpo. Só eles se aproximam desse monstrengo. Antônio Francisco Lisboa, o Aleijadinho, vai se quebrando; e nenhuma criança sonha que o cola com saliva. *(29 e 118)*

1796
Mariana

Ataíde

Manuel da Costa Ataíde aplica ouro e cores nas figuras que o Aleijadinho talha na madeira. E é, além disso, pintor de fama própria. Nas igrejas, Ataíde cria céus desta terra; usando tintas de flores e plantas, pinta a Virgem com a cara de Maria do Carmo, mulher nascida aqui, madona morena e da qual brotam o sol e as estrelas, e pinta anjinhos músicos e cantores com pálpebras e lábios bem carnudos, cabelo encarapinhado e olhos de assombro ou malícia: os anjos mulatos são seus filhos, e a Virgem, a mãe de seus filhos.

Na igreja de São Francisco, em Mariana, tem traços africanos o santo do povoado de Assis que transformava lobos em cordeiros. Vivem junto a ele as santas brancas, com cabelo de verdade e caras de loucas. *(123)*

1796
São Salvador da Bahia

NOITE E NEVE

A amante mulata oferece festa sexual, e a esposa branca, prestígio social. Para alcançar a esposa branca, o mulato necessita se branquear. Se tem muito dinheiro, compra algum documento que apaga o estigma da avó escrava e lhe permite levar espada e chapéu, botinas de pele e guarda-sol de seda. Também manda pintar um retrato que os netos poderão mostrar sem rubor na sala. Ao Brasil chegaram artistas capazes de dar cara europeia a qualquer modelo dos trópicos. Molduras douradas, em formas ovais, rodeiam o rosto do patriarca, homem de pele rosada, cabelos lisos e olhar grave e vigilante. *(65 e 119)*

1796
Caracas

COMPRA-SE PELE BRANCA

A coroa espanhola já não considera vil a linhagem indígena; o sangue negro, em compensação, *obscurece os nascimentos* por muitas gerações. Os mulatos ricos podem comprar certidões de brancura pagando quinhentas moedas de prata.

Para tirar-lhe a mancha que o aflige extremamente, o rei declara *branco* Diego Mejías Bejarano, mulato de Caracas, *para que sua qualidade triste e inferior não lhe seja obstáculo ao uso, trato, alternativa e vestido como os outros sujeitos.*

Em Caracas, só os brancos podem escutar missa na catedral e ajoelhar-se sobre tapetes em qualquer igreja. *Mantuanos* se chamam os que mandam, porque a mantilha é privilégio das brancas damas. Nenhum mulato pode ser sacerdote ou doutor.

Mejías Bejarano pagou as quinhentas moedas, mas as autoridades locais se negam a obedecer. Um tio de Simón Bolívar e os outros *mantuanos* do cabildo declaram que a concessão real é espantosa para os moradores e naturais da América. O cabildo pergunta ao rei: *Como é possível que os moradores e naturais brancos desta província admitam ao seu lado um mulato descendente de seus próprios escravos, ou dos escravos de seus pais? (174 e 225)*

1796
San Mateo

SIMÓN RODRÍGUEZ

Orelhas de rato, nariz de pato, boca de sapo. Uma bola vermelha balança, esfiapada, do gorro que tapa a calvície precoce. Os óculos, apoiados em cima das sobrancelhas, raramente ajudam os olhos azuis, ávidos e voadores. Simón Carreño, Rodríguez porque escolheu este nome, perambula pregando esquisitices.

Garante esse leitor de Rousseau que as escolas deveriam abrir-se ao povo, às pessoas de sangue misturado; que meninas e meninos deveriam partilhar as salas e que mais útil ao país seria criar pedreiros, ferreiros e carpinteiros que fidalgos e frades.

Simón o mestre e Simón o aluno. Vinte e cinco anos tem Simón Rodríguez e treze Simón Bolívar, o órfão mais rico da Venezuela, herdeiro de mansões e plantações, dono de mil escravos negros.

Longe de Caracas, o preceptor inicia o garoto nos segredos do universo e fala de liberdade, igualdade, fraternidade; mostra a ele a dura vida dos escravos que para ele trabalham, e conta que o não-me-esqueças, essa florzinha, também se chama *myosotis palustris.* Mostra a ele como nasce o potrinho do ventre da égua e como cumprem os ciclos o cacau e o café. Bolívar se faz nadador, caminhador e cavaleiro; aprende a semear, a construir uma cadeira e a chamar pelo nome as estrelas do céu de Aragua. Mestre e aluno atravessam a Venezuela, acampando onde for, e conhecem juntos a terra que os fez. À luz de um lampião, leem e discutem *Robinson Crusoé* e as *Vidas* de Plutarco. *(64, 116 e 298)*

1797
La Guaira

O COMPASSO E O ESQUADRO

Por causa da fuga do mestre, interrompe-se a educação de Bolívar. Simón Rodríguez, suspeito de conspiração contra o rei, passa a chamar-se Simón Robinson. Do porto de La Guaira, navega rumo à Jamaica, rumo ao exílio.

Os conspiradores queriam uma América independente e republicana, sem tributo indígena nem escravidão negra, livre do rei e do papa, onde as pessoas de todas as raças seriam irmãs na razão e em Jesus Cristo.

Maçons *criollos,* da loja que Francisco de Miranda fundou em Londres, encabeçavam o movimento. São acusados também três espanhóis maçons, desterrados em Caracas, e fala-se que na conspiração havia franceses sábios em revoluções e guilhotinas. As investigações descobrem mais livros proibidos que armas perigosas.

Na praça principal de Caracas, esquartejam José María de Espanha, líder da rebelião. *(191 e 298)*

1799

Londres

MIRANDA

Há quase trinta anos Francisco de Miranda saiu da Venezuela. Na Espanha foi guerreiro vitorioso. Fez-se maçom em Cádis e se pôs a percorrer a Europa em busca de armas e dinheiro para a independência da América. Sobre tapete mágico viajou de corte em corte, levando como bagagem uma flauta, um falso título de conde e muitas cartas de recomendação. Comeu com reis e dormiu com rainhas. Na França, a revolução fez dele um general. O povo de Paris aclamou-o como herói, mas Robespierre condenou-o como traidor; e para salvar a cabeça, Miranda voltou para Londres. Atravessou o canal da Mancha com passaporte falso, peruca e óculos escuros.

O chefe do governo inglês, William Pitt, o recebe em seu gabinete. Manda chamar o general Abercromby e conversam os três enquanto engatinham sobre imensos mapas abertos no chão:

Miranda (falando inglês): Que fique claro que tudo isso se faz pela independência e liberdade daquelas províncias, sem o que... *(olhando o teto, conclui a frase em castelhano)* ...seria uma infâmia.

Abercromby (concordando com a cabeça): Independência e liberdade.

Miranda: Necessito quatro mil homens e seis barcos de guerra. *(Aponta o mapa.)* Começaríamos atacando Caracas e...

Pitt: Não leve a mal, mas falarei francamente. Prefiro o opressivo governo da Espanha que o abominável sistema da França.

Miranda (fecha os olhos e sussurra em castelhano): O inimigo de meu inimigo é meu amigo. O inimigo de meu inimigo é meu amigo. O inimigo...

Pitt: Não gostaria de empurrar os americanos às calamidades de semelhante revolução.

Miranda: Compreendo e participo de vossa inquietude, excelentíssimo senhor. Precisamente com esse fim, solicito a aliança, para que em comum lutemos contra os princípios monstruosos da liberdade francesa. *(Volta ao mapa.)* Caracas cairá sem dificuldade...

Abercromby: E se as pessoas de cor tomarem as armas? E se pegarem o comando, como no Haiti?

Miranda: Na minha terra, a bandeira da liberdade está nas mãos de ilustres cidadãos, de tão civilizados hábitos que bem os teria desejado Platão para sua república. *(Desliza a mão até a província de Santa Fé. Os três pregam o olhar no porto de Cartagena.)*

Abercromby: Parece difícil.

Miranda: Parece invulnerável. Mas conheço um ponto que faz esta praça ficar fraquíssima. No lado esquerdo da muralha... *(150 e 191)*

Miranda sonha com Catarina da Rússia

Às vezes, noite alta, Miranda volta a São Petersburgo e ressuscita Catarina, a Grande, em seus aposentos íntimos do Palácio de Inverno. A infinita cauda do manto da imperatriz, que milhares de pajens sustentam no ar, é um túnel de seda por onde corre Miranda até se afundar num mar de rendas. Buscando o corpo que arde e espera, Miranda faz saltar broches de ouro e grinaldas de pérolas e abre caminho entre tecidos que rangem, mas lá dentro da ampla saia fofa os arames do merinaque o arranham. Consegue atravessar essa armadura e chega à primeira anágua e a rasga de uma vez. Debaixo encontra outra, e depois outra e outra, muitas anáguas adamascadas, capas de cebola que suas mãos vão arrancando cada vez com menos brio, e quando finalmente rompe a última anágua aparece o espartilho, invulnerável bastião defendido por um exército de ganchos e ganchinhos e lacinhos e botõezinhos, enquanto a augusta senhora, carne que não se cansa jamais, geme e suplica.

1799

Cumaná

Um par de sábios a lombo de mula

Não cabe o Novo Mundo nos olhos dos dois europeus que acabam de desembarcar em Cumaná. Fulgura o porto sobre o rio, incendiado de sol, casas de madeira branca ou bambu junto ao forte de pedra, e mais além, verde mar, terra verde, resplandece a baía. Tudo é novo de verdade, nunca usado, jamais visto: a plumagem dos flamingos e o bico dos pelicanos, os coqueiros de vinte metros e as imensas flores de veludo, os troncos acolchoados de cipós e folhas, a sesta eterna dos crocodilos, os caranguejos azuis, amarelos, vermelhos... Há índios dormindo nus na areia quente e mulatas vestidas de musselina bordada, que descalças acariciam o que pisam. Aqui não há árvore que não ofereça o fruto proibido no centro do perdido jardim.

Alexander von Humboldt e Aimé Bonpland alugam uma casa que dá para a praça principal, com bom telhado plano e resistente, para instalar o telescópio. Dessa cobertura veem, olhando para cima, um eclipse de sol e uma chuva de meteoros, o céu em cólera cuspindo fogo durante uma noite inteira, e olhando para baixo veem como os compradores de escravos abrem as bocas dos negros recém-chegados ao mercado de Cumaná. Nessa casa sofrem o primeiro terremoto de suas vidas e daqui saem para explorar a região: classificam samambaias e pássaros raros e procuram Francisco Loyano, que deu de mamar ao filho de cinco meses e teve tetas e suave e doce leite enquanto durou a doença da mulher.

Depois, Humboldt e Bonpland empreendem viagem rumo às terras altas do sul. Carregam seus instrumentos: o sextante, a bússola, o termômetro, o higrômetro, o magnetômetro. Também levam papel para secar as flores, bisturis para a autópsia dos pássaros, peixes e caranguejos; e tinta e pluma para desenhar seus assombros. Em lombo de mulas viajam, sufocados de bagagem, o alemão de cartola negra e olhos azuis e o francês de lupa insaciável.

As selvas e as montanhas da América, perplexas, se escancaram para esses dois loucos. *(30 e 46)*

1799

Montevidéu

O pai dos pobres

Francisco Antonio Maciel fundou o primeiro estabelecimento de charque dessa margem do Prata. Sua é, também, a fábrica de sabão e velas de sebo. Acende as velas de Maciel o faroleiro que anda pelas ruas de Montevidéu, ao cair da noite, tocha na mão e escada no ombro.

Quando não anda percorrendo seus campos, Maciel revista nas charqueadas as fatias de charque que venderá a Cuba ou ao Brasil, ou dá uma olhada, nos cais, aos couros que embarca. Costuma acompanhar seus bergantins, que exibem nomes de santos, até além da baía. Os montevideanos o chamam de *Pai dos Pobres*, porque nunca lhe falta tempo, e parece milagre, para dar socorro aos doentes deixados nas mãos de Deus, e a qualquer hora e em qualquer lugar o piedoso Maciel estende o prato suplicando esmola para o Hospital de

Caridade que ele mesmo criou. Tampouco se esquece de visitar os negros que passam a quarentena nas barracas na foz do arroio Miguelete. Ele fixa pessoalmente o preço mínimo de cada um dos escravos que seus barcos trazem do Rio de Janeiro ou de Havana. Duzentos pesos fortes valem os que têm dentadura completa; quatrocentos, os que sabem artes de pedreiro ou carpinteiro.

Maciel é o mais importante dos comerciantes montevideanos especializados no intercâmbio de carne de vaca por carne de gente. *(195 e 251)*

1799
Guanajuato

Vida, paixão e negócios da classe dominante

Ao longo do século que está morrendo, os donos das minas de Guanajuato e Zacatecas compraram dezesseis títulos de alta nobreza. Dez mineiros se fizeram condes, e seis, marqueses. Enquanto eles estreavam genealogias e ensaiavam perucas, um novo código de trabalho transformava seus operários em escravos, por dívidas. Durante o século XVIII, Guanajuato multiplicou por oito sua produção de prata e ouro.

Enquanto isso, a varinha mágica do dinheiro tocou também sete comerciantes da Cidade do México, lavradores vindos das montanhas do norte da Espanha, e os fez marqueses e condes.

Alguns mineiros e comerciantes, ansiosos de prestígio aristocrático, compram terras além de comprar títulos. Pelo México afora, as infinitas fazendas avançam devorando o espaço tradicional das comunidades indígenas.

Outros, em compensação, preferem investir na avareza. O agiota José Antonio del Mazo, por exemplo, arrisca pouco e ganha muito. *O amigo Mazo*, escreve Francisco Alonso Terán, *é um dos que mais negócios faz em Guanajuato. Se Deus lhe der muita vida, guardará a cidade inteira em sua pança.* (49 e 223)

1799
Cidade Real de Chiapas

Os *tamemes*

Dom Agustín de las Quentas Zayas, governador de Chiapas, projeta um novo caminho do rio Tulijá até Comitán, rumo à Guatemala. Mil e duzentos *tamemes* transportarão os materiais necessários.

Os tamemes, mulas de duas pernas, são índios capazes de suportar até sete arrobas. Com cordas atadas na testa, carregam às costas imensos volumes ou pessoas sentadas em poltronas, e assim atravessam as altas montanhas e beiram os precipícios com um pé dentro da vida e o outro fora. *(146 e 321)*

1799

Madri

Fernando Túpac Amaru

Na rua, alguém arranca gemidos de um violão.

Lá dentro, Túpac Amaru treme de febre e morre sonhando que tira neve da boca. Pobre como um rato, acaba em Madri sua breve vida de desterro e cárcere.

Há vinte anos, a chuva violenta varreu a Praça Maior de Cusco, e desde então não parou de chover no mundo.

O médico diz que Fernando morreu de melancolia. *(344)*

1800

Rio Apure

Rumo ao Orinoco

A América arde e gira, queimada e atordoada pelos seus sóis, mas as árvores gigantes se abraçam sobre os rios e à sua sombra resplandece a canoa dos sábios.

A canoa avança perseguida pelos pássaros e por famintas hordas de mosquitos e pernilongos. Humboldt e Bonpland se defendem a bofetadas das contínuas cargas dos lanceiros, que atravessam a roupa e o couro e chegam ao osso, enquanto o alemão estuda a anatomia do manati, o gordo peixe com mãos, ou a eletricidade do peixe-elétrico ou a dentadura da piranha, e o francês recolhe e classifica plantas ou mede um crocodilo e calcula sua idade. Juntos desenham mapas, registram a temperatura da água e a pressão do ar, analisam as placas de mica da areia, as conchas dos caracóis e o perambular das Três-Marias pelo céu. Eles querem que a América lhes conte tudo o que sabe e nesses reinos não há folha ou pedra muda.

Acamparam numa pequena enseada, desembarcaram os aborrecidos instrumentos. Acenderam a fogueira para espantar os mosquitos e cozinhar. Nesse momento, um cão late como que avisando que se aproxima o jaguar, e corre para se esconder atrás das pernas de Bonpland. O tucano, que Humbo ldt leva no ombro, dá uma bicada, nervoso, no seu chapéu. Rangem as folhas e entre as árvores aparece um homem nu, pele de cobre, cara índia, cabelo africano:

– Bem-vindos às minhas terras, cavalheiros.

E lhes faz uma reverência:

– Dom Ignácio, às suas ordens.

Na frente da fogueira improvisada, dom Ignácio faz uma careta. Os sábios estão assando uma capivara.

– Isso é comida de índios – diz, com desdém, e os convida para jantar em sua casa o esplêndido veado recém-caçado à flecha.

A casa de dom Ignácio consiste em três redes estendidas entre as árvores, não longe do rio. Ali ele apresenta a mulher, dona Isabela, e a filha, dona Manuela, tão nuas como ele. Oferece cigarros aos viajantes. Enquanto o veado fica dourado, criva os visitantes de perguntas. Dom Ignácio está ávido para conhecer as novidades da corte de Madri e as últimas notícias dessas guerras sem fim que machucam tanto a Europa. *(338)*

1800

Esmeralda del Orinoco

O senhor do veneno

Navegam rio abaixo.

Ao pé de uma montanha de pedra, na remota missão cristã de Esmeralda, encontram o senhor do veneno. Seu laboratório é a choça mais limpa e arrumada da aldeia. O velho índio, rodeado de esfumaçantes caldeiras e vasilhas de barro, verte um suco amarelado em canudos de folha de bananeira e funis de palma: o assustador curare vai caindo, gota a gota, e borbulha. A flecha untada por esse curare penetrará e matará mais que as presas de uma serpente.

– Superior a tudo – diz o velho, enquanto amassa uma pasta de cipós e cascas de árvores. – Superior a tudo o que vocês fazem.

E Humboldt pensa: *Tem o mesmo tom pedante e o mesmo ar engomado de nossos farmacêuticos.*

– Vocês inventaram a pólvora negra – continua o velho, e muito lentamente, com minuciosa mão, vai derramando água em cima da pasta.

– Conheço ela – diz, pouco depois. – A tal pólvora não vale nada. É barulhenta. É desleal. A pólvora não é capaz de matar em silêncio e mata mesmo quando se erra o golpe.

Aviva o fogo debaixo das panelas e vasilhas. Do meio da fumaça pergunta:

– Sabem fazer sabão?

– Ele sabe – diz Bonpland.

O velho olha para Humboldt com respeito:

– Depois do curare – sentencia – o sabão é o mais principal. *(338)*

Curare

Guam, o menino-deus dos índios tucanos, conseguiu chegar ao reino do veneno. Lá agarrou a filha de Curare e fez amor com ela. Ela escondia aranhas, escorpiões e serpentes entre as pernas. Cada vez que entrava nesse corpo, Guam morria; e ao ressuscitar via cores que não eram deste mundo.

Ela o conduziu para a casa do pai dela. E o velho Curare, que comia gente, lambeu os lábios. Mas Guam virou pulga, e feito pulga se meteu pela boca do velho, procurou o seu fígado e mordeu. Curare tapou a boca, o nariz, as orelhas, os olhos, o umbigo, o cu e o pênis, para que a pulga não tivesse por onde escapar. Guam fez-lhe cócegas por dentro e fugiu no espirro.

Voltou à sua terra voando, e em seu bico de pássaro trazia um pedacinho do fígado de Curare.

Assim os índios tucanos conseguiram o veneno, segundo contam os homens de muito tempo, os guardadores da memória. *(164)*

1800

Uruana

Terra e sempre

Diante da ilha de Uruana, Humboldt conhece os índios que comem terra.

Todos os anos se ergue o Orinoco, o *Pai dos rios,* e durante dois ou três meses inunda suas margens. Enquanto dura a crescente, os otomacos comem suave argila, mal e mal endurecida pelo fogo, e disso vivem. É terra pura, comprova Humboldt, não misturada com farinha de milho nem azeite de tartaruga nem gordura de crocodilo.

Assim viajam pela vida até a morte esses *índios errantes,* barro que anda rumo ao barro, barro erguido, comendo a terra que os comerá. *(338)*

1801

Lagoa Guatavita

A deusa no fundo das águas

Nos mapas da América, o Eldorado continua ocupando uma boa parte da Guayana. A lagoa de ouro foge quando seus perseguidores se aproximam, e os amaldiçoa e mata; mas nos mapas é uma tranquila mancha azul que se une com o alto Orinoco.

Humboldt e Bonpland decifram o mistério da lagoa enganadora. Nos fulgores de mica de uma montanha, que os índios chamam de Montanha Dourada, descobrem uma parte da alucinação; e a outra nas águas de um laguinho que em épocas de chuva invade a vasta planície vizinha às fontes do Orinoco e depois, quando as chuvas passam, se desvanece.

Na Guayana está a lagoa-fantasma, o mais tentador dos delírios da América. Longe, na meseta de Bogotá, está o Eldorado de verdade. Humboldt e Bonpland o encontram, ao cabo de muitas léguas de piroga e mula, na sagrada lagoa Guatavita. O espelho das águas reflete fielmente até a folha mais minúscula do bosque que o encerra: no fundo, jazem os tesouros dos índios muíscas.

A esse santuário chegavam os príncipes, radiantes de pó de ouro no corpo nu, e no centro da lagoa deixavam cair as mais belas obras dos ourives. Atrás delas mergulhavam e nadavam. Se reapareciam limpos, sem uma só gota de ouro na pele, a deusa Furatena tinha aceitado as oferendas. Naqueles tempos, a deusa Furatena, deusa serpente, governava o mundo lá das profundidades. *(326 e 338)*

1801

Bogotá

Mutis

O velho frade conversa enquanto descasca laranjas e uma incessante espiral de ouro escorrega rumo a um tacho a seus pés.

Para vê-lo, para escutá-lo, Humboldt e Bonpland desviaram-se de sua rota rumo ao sul e subiram o rio durante quarenta dias. José Celestino Mutis, patriarca dos botânicos da América, dorme nos discursos, mas desfruta como ninguém as conversas cúmplices.

Os três homens, sábios sempre atônitos ante a beleza e o mistério do universo, trocam ideias, dúvidas, descobrimentos. Mutis se entusiasma escutando falar da lagoa Guatavita, das salinas de Zipaquirá e do salto de Tequendama. Elogia o mapa do rio Magdalena, que Humboldt acaba de desenhar, e discretamente sugere algumas mudanças, com a suavidade de quem muito andou e muito conhece e se sabe, muito no fundo, muito de verdade, continuado no mundo.

E mostra tudo e conta tudo. Enquanto come e oferece laranjas, Mutis fala das cartas que Linneo escrevia para ele e de quanto essas cartas lhe ensinaram, e dos problemas que teve com a Inquisição. E recorda e divide seus achados sobre os poderes curativos da casca da quina, ou a influência da lua no barômetro, ou os ciclos da vigília e o sono das flores, que dormem como nós e se espreguiçam e despertam pouco a pouco, abrindo as pétalas. *(148)*

1802

Mar das Antilhas

Napoleão restabelece a escravidão

Esquadrões de patos selvagens escoltam o exército francês. Fogem os peixes. Pelo mar turquesa, ouriçado de corais, os navios perseguem as montanhas azuis do Haiti. Logo aparecerá no horizonte a terra dos escravos vitoriosos. O general Leclerc se ergue à testa da frota. Sua sombra de carranca de proa é a primeira a partir as ondas. Atrás, desfazem-se outras ilhas, castelos de rocha, verdíssimos fulgores, sentinelas do novo mundo que há três séculos foi encontrado por quem não o buscava.

– *Qual foi o regime mais próspero para as colônias?*

– *O anterior.*

– *Pois que seja restabelecido* – decidiu Napoleão.

Nenhum homem, nascido vermelho, negro ou branco, pode ser propriedade de seu próximo, tinha dito Toussaint Louverture. Agora, a frota francesa traz a escravidão às Antilhas. Mais de cinquenta naus, mais de vinte mil soldados vêm da França devolver o passado na base de tiros de canhão.

No camarote da nau capitânia, uma escrava abana Paulina Bonaparte e outra lhe coça suavemente a nuca. *(71)*

1802

Pointe-à-Pitre

Os indignados

Também na ilha de Guadalupe, como em todas as colônias francesas, os negros livres voltam a ser escravos. Os cidadãos negros se reincorporam aos inventários e aos testamentos de seus amos, na qualidade de bens móveis embargáveis; e novamente passam a formar parte das ferramentas das plantações, das peças dos barcos e do arsenal do exército. O governo colonial convoca os brancos que abandonaram a ilha e lhes garante a devolução de suas propriedades. Os negros não reclamados por seus donos serão vendidos em benefício do tesouro público.

A caçada vira carnificina. As autoridades de Guadalupe pagam quarenta e quatro francos por cada cabeça de rebelde. Os enforcados apodrecem para sempre no alto da colina Constantin. Na praça da Vitória, em Pointe-à-Pitre, o queimadouro de negros não se apaga nunca e as chamas são mais altas que as casas.

Três brancos protestam. Por serem dignos, indignados, são condenados. A Millet de La Girardiere, velho oficial do exército francês, várias vezes condecorado, cabe a sentença de morrer em jaula de ferro, exposto ao público, sentado nu sobre uma folha cortante. Os outros dois, Barse e Barbet, terão os ossos do corpo arrebentados antes de serem queimados vivos. *(180)*

1802

Vulcão Chimborazo

Nos cumes do mundo

Trepam sobre nuvens, entre abismos de neve, abraçados ao áspero corpo do Chimborazo, rasgando as mãos contra a rocha nua.

Deixaram as mulas na metade do caminho. Humboldt carrega nas costas um saco cheio de pedras que falam da origem da cordilheira dos Andes, nascida de um descomunal vômito do ventre incandescente da Terra. A cinco mil metros, Bonpland capturou uma borboleta e, mais acima, um mosquito incrível, e continuaram subindo, apesar do gelo, da vertigem, dos escorregões e do sangue que lhes brota dos olhos e das gengivas e dos lábios partidos. São envolvidos pela névoa e continuam, às cegas, vulcão acima, até que uma machadada de luz rompe a névoa e deixa despido o cume, alta torre branca, frente aos atônitos viajantes. Será, não será? Jamais homem algum subiu tão perto do céu e fala-se que nos tetos do mundo aparecem cavalos voando até as nuvens e estrelas coloridas em pleno meio-dia. Será pura alucinação essa catedral de neve erguida entre o céu do norte e o céu do sul? Não são enganados pelos olhos machucados?

Humboldt sente uma plenitude de luz mais intensa que qualquer delírio: estamos feitos de luz, sente Humboldt, de luz nós e de luz a terra e o tempo, e sente uma tremenda vontade de contar tudo isso agorinha mesmo ao irmão Goethe, lá em sua casa de Weimar. *(338)*

1803
Fort Dauphin

A ILHA REQUEIMADA

Toussaint Louverture, chefe dos negros livres, morreu prisioneiro num castelo da França. Quando o carcereiro abriu o cadeado ao amanhecer e correu o ferrolho, encontrou Toussaint gelado na cadeira.

Mas a vida do Haiti mudou de corpo e sem Toussaint o exército negro venceu Napoleão Bonaparte. Vinte mil soldados franceses caíram degolados ou febris. Vomitando sangue negro, sangue morto, desmoronou-se o general Leclerc, e foi sua mortalha a terra que ele tinha querido dominar.

O Haiti perdeu metade da sua população. Escutam-se tiros ainda e martelos pregando caixões, e fúnebres tambores, no vasto campo de cinzas regado de cadáveres que os urubus desprezam. Essa ilha, incendiada há dois séculos por um anjo exterminador, foi novamente comida pelo fogo dos homens em guerra.

Sobre a terra fumegante, os que foram escravos proclamam a independência. A França não perdoará a humilhação.

Na costa, formam fileiras de lanças as palmeiras inclinadas contra o vento. *(71)*

1804
Cidade do México

A COLÔNIA MAIS RICA DA ESPANHA

Os professores de teologia ainda ganham cinco vezes mais que seus colegas de cirurgia ou astronomia, mas Humboldt encontra, na Cidade do

México, um assombroso viveiro de jovens cientistas. Essa é a herança de alguns sacerdotes jesuítas, amigos da física experimental, a nova química e certas teorias de Descartes, que aqui ensinaram e contagiaram, apesar da Inquisição; e é também a obra do vice-rei Revillagigedo, homem aberto aos ventos do tempo, desafiador de dogmas, que há poucos anos governou essas terras com angustiosa preocupação com falta de máquinas e laboratórios e obras modernas para ler.

Humboldt descobre e elogia a Escola de Minas e seus sábios professores, enquanto o México produz mais prata que todo o resto do mundo, crescente rio de prata que flui rumo à Europa pelo porto de Veracruz; mas ao mesmo tempo percebe Humboldt que a terra é pouco e mal trabalhada e que o monopólio colonial do comércio e a miséria do povo bloqueiam o desenvolvimento das manufaturas. *O México é o país da desigualdade*, escreve: salta à vista a *desigualdade monstruosa dos direitos e das fortunas*. Os condes e marqueses pintam seus recém-comprados escudos de armas nas carruagens e o povo mal vive numa indigência inimiga de toda indústria. Os índios padecem espantosa penúria. Como em toda a América, também aqui *a pele mais ou menos branca decide a classe que ocupa o homem na sociedade. (163 e 217)*

1804

Madri

O FISCAL DO CONSELHO DAS ÍNDIAS ACONSELHA A NÃO EXAGERAR NA VENDA DOS ATESTADOS DE BRANCURA

Com o objetivo de que todos os pardos não tentem generalizar essas graças, e na sua sombra, acreditando-se igualados por elas aos brancos sem outra diferença que a acidental da sua cor, se estimem capazes de obter todos os destinos e empregos e enlaçar-se com qualquer família legítima e limpa de mescla... consequências que é preciso evitar numa monarquia, onde a classificação de classes contribui para sua melhor ordem, segurança e bom governo...

Os pardos ou morenos provenientes de misturas infectas constituem uma espécie muito inferior, e por sua viciada índole, seu orgulho ou inclinação à liberdade, foram e são pouco afetos a nosso governo e nação... (174)

1804
Catamarca

O pecado de Ambrosio

Atado ao poste da Praça Maior de Catamarca, Ambrosio Millicay recebe vinte e cinco chibatadas.

O mulato Ambrosio, que pertence ao mestre de campo Nieva y Acastillo, foi denunciado às autoridades porque tinha cometido o delito de aprender a ler e escrever. Rasgaram suas costas a chibatadas para *ensinamento de índios e mulatos rábulas metidos a espanhóis.*

De boca para baixo sobre as pedras do pátio, Ambrosio geme e delira e sonha vinganças:

– *Dá licencinha* – pede em sonhos, e crava o punhal. *(272)*

1804
Paris

Napoleão

Os graves acordes do órgão convocam os sessenta reis que a França teve, e talvez os anjos, enquanto o papa de Roma oferece a coroa a Napoleão Bonaparte.

Napoleão cinge a própria testa com o louro dos césares. Depois desce, lento, majestoso de arminho e púrpura, e coloca o diadema que consagra Josefina primeira imperatriz da história da França. Em carruagem de ouro e cristal chegaram ao trono dessa nação o pequeno estrangeiro, grande guerreiro, brotado das ásperas montanhas da Córsega, e sua esposa Josefina, nascida na Martinica, antilhana que, dizem, quando abraça, carboniza. *Napoleone,* o tenente de artilharia que odiava os franceses, se transforma em Napoleão I.

O fundador da dinastia que hoje se inaugura ensaiou mil vezes essa cerimônia de coroação. Cada personagem do cortejo, cada ator, vestiu-se como ele decidiu, situou-se onde ele quis, moveu-se como ele mandou.

– *Ah, José, se nosso pai nos visse...*

A voraz parentada, príncipes e princesas da nova nobreza da França, cumpriu seu dever. É verdade que Letícia, a mãe, negou-se a vir, a mãe que está no palácio resmungando, mas Napoleão ordenará a David, artista oficial, que outorgue à Letícia lugar proeminente no quadro que retratará esses faustos para a posteridade.

Os convidados não cabem na catedral de Notre-Dame. Entre eles, um jovem venezuelano estica o pescoço para não perder nenhum detalhe. Aos vinte anos, Simón Bolívar assiste, alucinado, ao nascimento da monarquia napoleônica: *Não sou mais que um brilhante do punho da espada de Bonaparte...*

Nesses dias, num salão dourado de Paris, Bolívar conheceu Alexander von Humboldt. O sábio aventureiro, recém-chegado da América, lhe disse:

– Creio que seu país está maduro para a independência, mas não vejo o homem que possa... *(20 e 116)*

1804

Sevilha

Frei Servando

Por querer a independência do México, e por acreditar que o deus pagão Quetzacóatl era o apóstolo São Tomás em pessoa, frei Servando foi condenado ao desterro na Espanha.

De cárcere em cárcere e de fuga em fuga, o herege mexicano recebeu hospedagem nos mais diversos calabouços espanhóis. Mas esse artista da lima, do túnel e do salto em altura conseguiu andar muitos caminhos no velho continente.

Trota-mundo, quebra-mundo: passarinho de asas ágeis e bico de aço, frei Servando se defende da fascinação europeia amaldiçoando tudo que vê. *Sou mexicano,* diz e se diz a cada passo, e acha que as mulheres francesas têm cara de rã chata e bocuda, que na França os homens são como mulheres e as mulheres como crianças, que a língua italiana foi feita para mentir e que a Itália é a pátria do superlativo e da fraude, embora exista lá uma cidade que vale a pena, Florença, porque se parece bastante com as cidades do México. Contra a Espanha, esse frade impertinente reza um rosário de insultos: diz que os espanhóis imitam que nem macacos os franceses, que a corte é um bordel e que o Escorial não é mais do que um montão de pedras, que os bascos pregam pregos com a testa e os aragoneses também, mas com a ponta para fora; que os catalães não dão um passo sem lanterna nem admitem visita de parente que não traga a comida e que os madrilenos são anões construtores de rosários e herdeiros de presídios, condenados a um clima de oito meses de inverno e quatro meses de inferno.

Agora, num calabouço de Sevilha, frei Servando está arrancando piolhos do peito, aos punhados, enquanto um exército de percevejos faz ondas no cobertor e as pulgas caçoam dos abanos de mão e os ratos, das porradas. Todos querem almoçar frei Servando e ele pede, por favor, uma trégua. Precisa de um instantinho de paz para terminar os detalhes de sua próxima fuga, que já está quase pronta. *(318 e 346)*

1806

Ilha de Trinidad

Aventuras, desventuras

Depois de muitos anos de inútil espera, Francisco de Miranda vai embora de Londres. Os ingleses lhe deram de presente um soldo bom, umas quantas promessas e benevolentes sorrisos, mas nem uma bala para sua expedição libertadora. Miranda escapa do tabuleiro de xadrez da diplomacia britânica e tenta a sorte nos Estados Unidos.

Em Nova York consegue um barco. Duzentos voluntários o acompanham. Desembarca na costa venezuelana do golfo de Coro, ao cabo de trinta e seis anos de exílio.

Tinha prometido a seus recrutas uma gloriosa recepção, flores e música, honras e tesouros, mas encontra silêncio. Ninguém responde aos proclamas que anunciam a liberdade. Miranda ocupa um par de aldeias, cobre-as de bandeiras e palavras, e abandona a Venezuela antes que o aniquilem os cinco mil soldados que vêm de Caracas.

Na ilha de Trinidad recebe notícias que indignam. Os ingleses se apoderaram do porto de Buenos Aires e projetam a conquista de Montevidéu, Valparaíso e Veracruz. De Londres, o ministro da Guerra deu instruções claras: *A novidade consistirá, unicamente, na substituição do domínio do rei espanhol pelo domínio de Sua Majestade britânica.*

Miranda regressará a Londres, à sua casa na rua Grafton, e de viva voz expressará seu protesto. Lá, subirão sua pensão anual de trezentas para setecentas libras esterlinas. *(150)*

1808

Rio de Janeiro

É proibido queimar o Judas

Por vontade do príncipe português, recém-chegado ao Brasil, fica proibida nessa colônia a tradicional queima dos Judas na Semana Santa.

Para vingar Cristo ou vingar-se, o povo atirava ao fogo, uma noite por ano, o marechal e o arcebispo, o mercador rico, o grande latifundiário e o comandante da polícia; e gozavam os esfarrapados vendo como os bonecos de trapo, enfeitados de grande luxo e recheados de foguetes, se contorciam de dor e estalavam entre as chamas.

De agora em diante, nem na Semana Santa sofrerão os poderosos. A família real, que acaba de chegar de Lisboa, exige silêncio e respeito. Um barco inglês resgatou o príncipe português com toda a sua corte e suas joias, e o trouxe para essas terras distantes.

A eficaz manobra põe a dinastia portuguesa a salvo da investida de Napoleão Bonaparte, que invadiu a Espanha e Portugal, e oferece à Inglaterra um eficaz centro de operações na América. Os ingleses sofreram tremenda surra no rio da Prata. Expulsos de Buenos Aires e Montevidéu, penetram agora pelo Rio de Janeiro, através do mais incondicional de seus aliados. *(65 e 171)*

1809

Chuquisaca

O grito

da América explode em Chuquisaca. Enquanto a Espanha ferve em revolta contra os invasores franceses, a América se subleva. *Os criollos* desconhecem o trono que José Bonaparte, irmão de Napoleão, ocupa em Madri.

Chuquisaca é a primeira. A rebelião da Salamanca americana anuncia que a Espanha perderá o senhorio das Índias.

Chuquisaca, que se chamou La Plata e Charcas e se chamará Sucre, jaz aos pés de dois morros amantes. De seus pátios e jardins flui um aroma de botões de flores de laranjeira; e por suas ruas circulam mais fidalgos que vilões. Mas o que mais tem são togas e tonsuras: bem de Chuquisaca são os doutores, tesos como suas bengalas de castão dourado, e os frades que andam garoando casas com o hissope.

Aqui o mundo parecia imutável e a salvo. Assombrosamente, o rouco grito da liberdade brotou dessa boca acostumada ao latim em tom de falsete. Em seguida fazem-lhe eco La Paz e Quito e Buenos Aires. Ao norte, no México... *(5)*

1810
Atotonilco

A Virgem de Guadalupe contra a Virgem dos Remédios

Abrindo caminho entre cortinas de pó, a multidão atravessa a aldeia de Atotonilco.

– *Viva a América e morra o mau governo!*

O padre Miguel Hidalgo arranca da igreja a imagem da Virgem de Guadalupe e amarra o manto na lança. O estandarte fulgura sobre a multidão.

– *Viva Nossa Senhora de Guadalupe! Morram os* guachupines!

Fervor da revolução, paixão da religião; os sinos repicaram na igreja de Dolores, o padre Hidalgo chama para a luta e a Virgem mexicana de Guadalupe declara guerra à Virgem espanhola dos Remédios. A Virgem índia desafia a Virgem branca, a que escolheu um índio pobre na colina de Tepeyac marcha contra a que salvou Hernán Cortés da fuga de Tenochtitlán. Nossa Senhora dos Remédios será vestida de generala e o pelotão de fuzilamento crivará de balas o estandarte da Virgem de Guadalupe por ordem do vice-rei.

Mãe, rainha e deusa dos mexicanos, a Virgem de Guadalupe se chamava Tonantzin, entre os astecas, antes que o arcanjo Gabriel pintasse sua imagem no santuário de Tepeyac. Ano após ano acode o povo a Tepeyac, em procissão, *Ave Virgem e prenhe, Ave donzela parida,* sobe de joelhos até a rocha onde ela apareceu e a gruta de onde brotaram rosas, *Ave de Deus possuída, Ave de Deus mais amada,* bebe água de suas fontes, *Ave que a Deus fazes ninho,* e suplica amor e milagres, proteção, consolo, *Ave Maria, Ave, Ave.*

Agora a Virgem de Guadalupe avança matando pela independência do México. *(178)*

1810
Guanajuato

O Pípila

As tropas de Hidalgo abrem caminho, feito tromba-d'água, das florestas e dos montes, e a pedradas se descarregam sobre Guanajuato. O povo mineiro se soma à avalanche rebelde. Apesar dos estragos da fuzilaria do rei, a multidão inunda as ruas e a maré atropela soldados e arremete contra o bastião do poder espanhol: em Alhóndiga de Granaditas, esse enorme mercado de cereais, debaixo da abóbada de trinta salas, estão cinco mil fangas de milho, e cada uma dessas fangas equivale a cinquenta e cinco litros, todas cheias, e há ainda uma incontável fortuna em barras de prata, ouro e joias. Os senhores da colônia, apavorados, trancaram-se ali com seus tesouros.

Em vão imploram piedade os janotas. Explodem as degolas, o saque e a bebedeira solta e os índios despem os mortos para ver se eles têm rabo.

Pípila, trabalhador das minas, é o herói da jornada. Dizem que ele jogou sobre as costas uma enorme pedra, atravessou feito tartaruga a chuva de balas e com uma tocha acesa e muito breu incendiou a porta do celeiro. Dizem que o Pípila se chama Juan José Martínez e dizem que tem outros nomes, todos os nomes dos índios que nos túneis das minas de Guanajuato foram ou são. *(197)*

1810

Guadalajara

Hidalgo

Todo mundo sabia, na aldeia de Dolores, que o padre Hidalgo tinha o mau costume de ler enquanto caminhava pelas ruas, as grandes abas do chapéu entre o sol e as páginas, e que por puro milagre não era atropelado pelos cavalos ou pela Inquisição, porque mais perigoso que ler era ler o que ele lia. A passo lento, atravessava o padre a neblina de pó das ruas de Dolores, sempre com algum livro francês tapando-lhe a cara, um desses livros que falam de contrato social e direitos do homem e liberdades do cidadão; e se não cumprimentava era por sede de ilustração, não por grosseria.

O padre Hidalgo se insurgiu, junto com os vinte índios que com ele faziam panelas e vasilhas, e no fim de uma semana eram cinquenta mil. Então, foi atacado pela Inquisição. O Santo Ofício do México declarou-o *herege, apóstata da religião, negador da virgindade de Maria, materialista, libertino, advogado da fornicação, sedicioso, cismático e sectário da liberdade francesa.*

A Virgem de Guadalupe invade Guadalajara, à testa do exército rebelde. Miguel Hidalgo manda retirar das paredes o retrato do rei Fernando e responde à Inquisição decretando a abolição da escravidão, o confisco dos bens dos europeus, o fim dos tributos que os índios pagam e a devolução das terras de cultura que lhes foram roubadas. *(127, 203 e 321)*

1810

Ao Pé da Colina

Morelos

É padre do campo, como Hidalgo. Como Hidalgo, nasceu no país dos tarascos, nas serras de Michoacán, onde o bispo Vasco de Quiroga tinha criado, há dois séculos e meio, sua utopia comunista – terra de redenção, depois assolada pelas pestes e pelo trabalho forçado de milhares de índios atirados às minas de Guanajuato.

– *Passo com violência a percorrer as terras quentes do sul.*

José Maria Morelos, pastor e arrieiro, padre de Carácuaro, adere à revolução. Atira-se no caminho com vinte e cinco lanças e umas quantas espingardas. Atrás do lenço branco que amarra na cabeça, vai crescendo a tropa.

Em busca de índios de Atoyac, escondidos nos palmeirais, Morelos atravessa a aldeola de Pé da Colina.

– *Quem vem lá?*

– *Santo Deus!* – dizem os índios.

Morelos fala para eles. A partir de agora, o grito de *quem vem lá* terá como resposta *América. (332 e 348)*

1811

Buenos Aires

Moreno

As grandes fortunas em poucas mãos, acreditava Mariano Moreno, são águas estancadas que não banham a terra. *Para não mudar de tiranos sem destruir a tirania,* era preciso expropriar os capitais parasitários amansados no negócio colonial. Por que buscar na Europa, ao preço de juros esfoladores, o dinheiro que sobrava aqui dentro? Do estrangeiro haveria que trazer máquinas e sementes, em vez de pianos Stoddard e jarrões chineses. O Estado, achava Moreno, deveria converter-se no grande empresário da nova nação independente. A revolução, acreditava, devia ser terrível e astuta, implacável com os inimigos e vigilante com os espectadores.

Fugazmente teve o poder, ou acreditou que o tinha.

– *Graças a Deus* – suspiram os mercadores de Buenos Aires. Mariano Moreno, *o demônio do inferno,* morreu em alto-mar. Seus amigos French e Beruti vão rumo ao desterro. Dita-se ordem de prisão contra Castelli.

Cornelio Saavedra manda recolher os exemplares do *Contrato social* de Rousseau, que Moreno tinha editado e difundido; e adverte que não há lugar para nenhum Robespierre no rio da Prata. *(2 e 267)*

1811
Buenos Aires

Castelli

Eram dois: uma pluma e uma voz. Um Robespierre que escrevia, Mariano Moreno, e outro que falava. *Todos são perversos,* dizia um comandante espanhol, *mas Castelli e Moreno são perversíssimos.* Juan José Castelli, o grande orador, está preso em Buenos Aires.

Usurpada pelos conservadores, a revolução sacrifica os revolucionários. Despejam-se as acusações: Castelli é mulherengo, bêbado, trambiqueiro e profanador de igrejas. O prisioneiro, agitador de índios, justiceiro de pobres, porta-voz da causa americana, não pode se defender. Um câncer amarrou-lhe a boca. É preciso amputar-lhe a língua.

A revolução fica muda em Buenos Aires. *(84)*

1811
Bogotá

Nariño

Mudamos de amos, escreve Antonio Nariño na Colômbia.

La Bagatela, jornal por ele fundado, dirigido e escrito de cabo a rabo, não deixa títere com cabeça nem prócer com pedestal. Nariño denuncia que o levante patriótico dos colombianos está se transformando num baile de máscaras e exige que se declare a independência de uma vez por todas. Também exige, voz no deserto, que se reconheça aos humildes o direito de voto e que tanto valha a vontade do plebeu nu como a do senhor forrado de veludo.

Mudamos de amos, escreve. Há alguns meses, o povo invadiu a Praça Maior de Bogotá e os homens levaram preso o vice-rei e as mulheres atiraram a mulher dele no cárcere de putas. O fantasma de José Antonio Galán, capitão de comuneiros, avançava à testa da multidão enfurecida. Então levaram um bom susto os doutores e os bispos e os mercadores e os donos de terras e de escravos: jurando evitar a qualquer preço *os erros dos libertinos da França*, facilitaram, ao vice-rei e sua mulher, uma fuga sigilosa.

Mudamos de amos. Governam a Colômbia os cavalheiros de camisa muito engomada e casaca bem abotoada. *Até no céu existem hierarquias*, prega o cônego da catedral, *e nem os dedos da mão são iguais*. As damas fazem o sinal da cruz, inclinando um emaranhado de cachos, flores e fitas debaixo das mantilhas negras. A Junta dos Grandes emite seus primeiros decretos. Entre outras patrióticas medidas, resolve despojar os despojados índios da única coisa que lhes sobra. Sob pretexto de liberá-los de tributos, a Junta arranca dos índios suas terras comunitárias para obrigá-los a servir nas grandes fazendas que ostentam um cepo no meio do pátio. *(185 e 235)*

Quadrinhas do mundo às avessas, para violão acompanhado de cantor

Pintar o mundo às avessas
já se viu entre tanto erro:
a raposa atrás do cachorro
e o ladrão atrás do juiz.
Para cima vão os pés,
com a boca se vai pisando,
o fogo a água apagando,
o cego ensinando letras,
os bois na carroça
e o carroceiro puxando.

Às margens de um homem
estava sentado um rio,
afiando seu cavalo
e dando água ao punhal. (179)

1811

Chilapa

O barrigudo

No México, a ordem militar está vencendo o tumulto popular. Hidalgo foi fuzilado em Chihuahua. Fala-se que tinha renegado suas ideias, após quatro meses de cadeia e tormento. A independência depende, agora, das forças que seguem Morelos.

Ignacio López Rayón envia a Morelos uma mensagem urgente de advertência: *Sei de boa fonte que o vice-rei pagou um assassino para que mate o senhor. Não posso dar-lhe mais detalhes sobre esse homem, a não ser que é muito barrigudo...*

Ao amanhecer, arrebentando cavalos, chega o mensageiro ao acampamento de Chilapa.

Ao meio-dia, o assassino vem oferecer seus serviços à causa nacional. Braços cruzados, Morelos recebe uma lufada de discursos patrióticos. Sem dizer uma palavra, senta o assassino à sua direita e o convida a participar do almoço. Morelos mastiga cada pedaço durante uma eternidade. Olha o assassino comer, enquanto o assassino come olhando o prato.

De noite, jantam juntos. O assassino come e fala e engasga. Morelos, estátua cortês, procura seus olhos.

– *Tenho um mau pressentimento* – diz de repente, e espera o arrepio, o rangido da cadeira, e presenteia alívio:

– *Outra vez o reumatismo. Chuva.*

Seu olhar sombrio corta o riso.

Acende um cigarro. Estuda a fumaça.

O assassino não se atreve a levantar. Gagueja gratidões. Morelos aproxima o rosto:

– *Serei curioso* – diz.

Comprova o pulo pequenino, mínimo, do assassino na cadeira, e conta as gotas de transpiração que banham sua testa. Atrasa a pergunta:

– *O senhor está com sono?*

E em seguida:

– *O senhor poderia me dar a honra de dormir ao meu lado?*

Deitam-se, separados por uma vela que agoniza sem se decidir a morrer. Morelos oferece as costas. Respira fundo, talvez ronque. Antes de amanhecer, escuta os cascos do cavalo que se afasta.

No meio da manhã, pede ao assistente que por favor escreva:

Carta para Ignacio López Rayón: *Obrigado pelo aviso. Neste acampamento, o único barrigudo sou eu. (348)*

1811
Campos da Banda Oriental

"NINGUÉM É MAIS QUE NINGUÉM",

dizem os cavaleiros pastores. A terra não pode ter dono, porque nem o ar tem dono. Não se conhece melhor teto que as estrelas, nem glória que se compare à liberdade de se vagar sem rumo, sobre o cavalo amigo, através dos prados ondulados como o mar.

Tendo reses que voltear no campo aberto, tem-se quase tudo. Os gaúchos não comem mais que carne, porque a verdura é pasto e o pasto é para as vacas. O churrasco se completa com fumo e aguardente, e com violões que cantam fatos e milagres.

Os gaúchos, *homens soltos* que o latifúndio usa e expulsa, juntam lanças em torno de José Artigas. Pegam fogo as planícies a leste do rio Uruguai. *(277 e 278)*

1811
Margens do rio Uruguai

O ÊXODO

Buenos Aires firma um pacto com o vice-rei e retira as tropas que sitiavam Montevidéu. José Artigas se nega a cumprir o armistício, que devolve sua terra aos espanhóis, e jura que continuará a guerra *mesmo que seja com os dentes, com as unhas.*

O caudilho emigra para o norte, para organizar o exército da independência, e um povo disperso se une e nasce em suas pegadas. As hostes andarilhas juntam gaúchos montadores, peões e arrieiros, fazendeiros patriotas. Ao norte marcham mulheres que curam feridos ou empunham a lança e frades que vão batizando, ao longo da marcha, soldados recém-nascidos. Os bem-abrigados escolhem a intempérie, e os tranquilos, o perigo. Marcham ao norte professores de letras e professores de punhais, doutores de palavra fácil e cavilosos matreiros que devem alguma morte. Marcham dentistas e feiticeiros, desertores de barcos e fortalezas, escravos fugidos. Os índios queimam suas barracas e se acrescentam com flechas e boleadeiras.

Ao norte vai a longa caravana de carretas e cavalos e gente a pé. À sua passagem se despovoa, querendo pátria, a terra que se chamará Uruguai. Ela mesma vai-se embora com seus filhos, vai-se embora neles, e atrás não fica nada. Nem mesmo cinza, nem mesmo silêncio. *(277)*

1812

Cochabamba

MULHERES

Em Cochabamba, muitos homens fugiram. Mulheres, nenhuma. Na colina, ressoa o clamor. As plebeias de Cochabamba, encurraladas, lutam no meio de um círculo de fogo. Cercadas por cinco mil espanhóis, resistem disparando arrebentados canhões de estanho e uns poucos arcabuzes; combatem até o último grito.

A longa guerra da independência recolherá seus ecos. Quando a tropa afrouxar, o general Manuel Belgrano gritará as palavras infalíveis para restituir moderação e disparar coragens. O general perguntará a seus soldados vacilantes: *Estão aqui as mulheres de Cochabamba? (5)*

1812

Caracas

BOLÍVAR

Um terremoto arrasa Caracas, La Guaira, São Felipe, Barquisimeto e Mérida. São as cidades venezuelanas que proclamaram a independência. Em Caracas, centro da insurreição *criolla,* dez mil mortos jazem debaixo dos escombros. Não se ouvem mais do que ladainhas e maldições enquanto a multidão procura corpos entre as pedras.

Será Deus espanhol? O terremoto engoliu o patíbulo levantado pelos patriotas e não deixou em pé nenhuma das igrejas que tinham cantado o *Te Deum* em honra da nascente república. Na arrasada igreja das Mercês, ergue-se intacta a coluna que exibe o brasão imperial da Espanha. Coro, Maracaibo, Valência e Angostura, cidades leais ao rei, não sofreram nenhum raspão.

Em Caracas, arde o ar. Das ruínas se levanta um pó espesso, que paralisa o olhar. Um monge discursa para a multidão. Proclama que Deus já não aguenta tanto desrespeito.

– *Vingança!*

A multidão se apinha ao seu redor, no que era o convento de São Jacinto. Encarapitado sobre os restos do altar, o monge exige castigo para os culpados da ira de Deus.

– *Vingança!* – ruge o açoite de Cristo, e seu dedo acusador aponta para um oficial patriota que, de braços cruzados, contempla a cena. A multidão se volta contra o oficial baixinho, ossudo, de uniforme brilhante, e avança para esmagá-lo.

Simón Bolívar não suplica nem retrocede: avança. Sabre na mão, atravessa a fúria, sobe no altar e gira o frade apocalítico com um só golpe de sabre.

O povo, mudo, dispersa-se. *(116)*

1813

Chilpancingo

A independência é revolução ou é mentira

Em três campanhas militares, Morelos ganhou boa parte do território mexicano. O Congresso da futura república, Congresso errante, peregrina atrás do caudilho. Os deputados dormem no chão e comem a ração dos soldados.

À luz de uma vela de sebo, Morelos escreve as bases da Constituição nacional. Propõe uma América livre, independente e católica; substitui os tributos dos índios pelo imposto de renda e aumenta o salário diário do pobre; confisca os bens do inimigo; estabelece a liberdade de comércio, mas com barreiras alfandegárias; suprime a escravidão e a tortura e liquida o regime de castas, que fundamenta as diferenças sociais na cor da pele, de modo que *só distinguirão um americano de outro, o vício e a virtude.*

Os criollos ricos vão de susto em susto. As tropas de Morelos marcham desapropriando fortunas e dividindo fazendas. Guerra contra a Espanha ou levantamento de servos? Essa independência não lhes convém. Farão outra. *(348)*

1814

San Mateo

Boves

Na Venezuela, a palavra *independência* não significa, ainda, mais do que *liberdade de comércio* para os *criollos* ricos.

O chefe dos espanhóis, um hércules de barba vermelha e olhos verdes, é o caudilho dos negros e dos pardos. Em busca de José Tomás Rodríguez Boves, o *Vovô* Boves, fogem os escravos. Dez mil cavaleiros das planícies incendeiam plantações e degolam amos em nome de Deus e do rei. A bandeira de Boves, uma caveira sobre fundo negro, promete saque e revanche, guerra de morte contra a oligarquia do cacau que pretende libertar-se da Espanha. Nos campos de San Mateo, Boves entra a cavalo na mansão da família Bolívar e à ponta de faca grava seu nome na porta do vestíbulo principal.

A lança não se arrepende, a bala não se arrepende. Antes de matar com chumbo, Boves fuzila com salvas de pólvora, pelo prazer de ver a cara das vítimas. Entre seus soldados mais valentes reparte as senhoritas das melhores famílias. Diverte-se toureando os patriotas, depois de lhes cravar bandarilhas na nuca. Decepa como se fosse uma brincadeira.

Em pouco, uma lança o atravessará. Será enterrado com os pés amarrados. *(160)*

1815

San Cristóbal Ecatepec

O lago vem buscá-lo

Na espinhosa lombada de Tezmalaca, os espanhóis agarram José Maria Morelos. Depois de muitos erros e derrotas, vão caçá-lo nas sarças, sozinho, a roupa em farrapos, sem armas nem esporas.

É acorrentado. É desafiado. Pergunta o tenente-coronel Eugenio Villasana:

– *O que faria o senhor se fosse o vencedor, e eu o vencido?*

– *Dou-lhe duas horas para se confessar* – diz o padre Morelos – *e o fuzilo.*

É levado para as celas secretas da Inquisição.

É posto de joelhos. É executado pelas costas.

Diz o vice-rei que o rebelde morreu arrependido. Diz o povo mexicano que o lago escutou a descarga dos fuzis e se encrespou e transbordou e veio para levar o corpo. *(178 e 332)*

1815

Paris

Navegantes de mares ou bibliotecas

Julien Mellet, escritor viajante, conta ao público europeu suas aventuras na América meridional. Entre outras coisas, descreve uma *dança muito viva e lasciva* que se dança muito em Quillota, no Chile, e que foi trazida *pelos negros da Guiné*. Mellet copia, fazendo-se de distraído, a descrição de uma dança de Montevidéu, tal como publicou o viajante Anthony Helms, há oito anos, em Londres. Por sua vez, Helms tinha roubado seu texto, linha por linha, do livro que Dom Pernetty publicou em Paris em 1770. Pernetty, por seu lado, tinha retratado em primeira mão o baile dos escravos de Montevidéu com palavras assombrosamente iguais às que o padre Jean Baptiste Labat tinha consagrado aos negros do Haiti, num livro editado meio século antes em Haia.

Do Caribe até a cidade chilena de Quillota, passando por Montevidéu, e de Haia a Paris, passando por Londres, essas frases do padre Labat viajaram muito mais que seu autor. Sem passaporte nem disfarce. *(19)*

1815

Mérida de Iucatã

Fernando VII

Os engomados senhores de Iucatã atravessam a Praça de Armas de Mérida, branca de pó e de sol, e, em muito solene procissão, entram na catedral. Da sombra dos portais, os índios vendedores de *tamales*, ou vendedores de colares, não entendem por que se alegram tanto os sinos, nem sabem de quem é essa cara coroada que os senhores levam num estandarte.

A aristocracia colonial está celebrando as novidades de Madri. Com atraso fica-se sabendo que os franceses foram expulsos e que Fernando VII reina na Espanha. Contam os mensageiros que em torno do monarca ouve-se gritar: *Viva os grilhões!, Viva as cadeias!* Enquanto tilintam as joias falsas e cheias de guizos dos bufões, o rei Fernando manda encarcerar ou fuzilar os guerrilheiros que o trouxeram ao trono, restaura a Inquisição, devolve os privilégios ao clero e à nobreza. *(339)*

1815
Curuzú-Cuatiá

O ciclo do couro no rio da Prata

Na ponta da lança, a afiada meia-lua busca as patas do animal que foge. Um só talho: o cavaleiro dá o golpe certeiro, e o novilho manca, tropeça e cai. O cavaleiro desmonta. Degola-o e desossa-o.

Nem sempre mata assim. É mais fácil arrebanhar a grito o gado fujão e passar na faca, nos currais, milhares e milhares de reses ou cavalos selvagens apanhados em desabalada carreira rumo à morte; e mais fácil ainda é surpreender os animais morro adentro, de noite, enquanto dormem.

O gaúcho arranca o couro e o estica, preso a estacas, ao sol. Do resto, o que a boca não quiser, fica para os corvos.

Os irmãos Robertson, John e William, comerciantes escoceses, andam por essas terras com saquinhos compridos que parecem salsichas, recheados de moedas de ouro. De uma fazenda em Curuzú-Cuatiá, mandam dez mil couros ao povoado de Goya, em sessenta carroças. Gemendo, giram as enormes rodas de madeira e as aguilhadas tangem os bois. Cortam o campo as carretas; sobem lombadas, atravessam estuários e arroios crescidos. Ao anoitecer as carroças rodeiam as fogueiras. Enquanto os gaúchos fumam e tomam chimarrão, o ar vira espesso aroma de carne dourando nas brasas. Depois do churrasco, soam contos e guitarras.

Do povoado de Goya, os couros seguirão em viagem para o porto de Buenos Aires e atravessarão o mar até os curtumes de Liverpool. O preço terá sido multiplicado muitas vezes quando os couros regressarem ao rio da Prata, tempos depois, transformados em botas, sapatos e rebenques de manufatura britânica. *(283)*

1815
Buenos Aires

Os próceres procuram rei na Europa

A pena de ganso escreve: *José Artigas, traidor da pátria.*

Em vão lhe ofereceram ouro e galões. Comerciantes hábeis nas varas de medir e nas balanças de precisão, os patrícios de Buenos Aires calculam o preço de Artigas vivo ou morto. Estão dispostos a pagar seis mil *duros* pela cabeça do caudilho dos campos rebeldes.

Para exorcizar essas terras do demônio gaúcho, Carlos de Alvear oferece-as aos ingleses: *Estas províncias*, escreve Alvear a lorde Castlereagh, *desejam pertencer à Grã-Bretanha sem condição alguma.* E suplica a lorde Strangford: *A Nação Britânica não pode abandonar à sua sorte os habitantes do rio da Prata no preciso instante em que se arrojam a seus braços generosos...*

Manuel de Sarratea viaja para Londres em busca de um monarca para coroar em Buenos Aires. O interior, republicano e federal, ameaça os privilégios do porto, e o pânico leva à frente qualquer juramento. Em Madri, Manuel Belgrano e Bernardino Rivadavia, que tinham sido republicanos ardentes, propõem o trono ao infante Francisco de Paula, irmão de Fernando VII. Os emissários portenhos prometem um poder hereditário, que abarcaria toda a região do rio da Prata, o Chile e o Peru. O novo reino independente teria bandeira azul e branca; seriam sagradas a liberdade e a propriedade e formariam a corte distinguindo *criollos* promovidos a duques, condes e marqueses.

Ninguém aceita. *(2 e 278)*

1815

Acampamento de Purificación

Artigas

Aqui, onde o rio se zanga e se contorce em fervores e redemoinhos, sobre a meseta purpúrea rodeada de fossas e canhões, governa o general Artigas. Essas mil fogueiras de *criollos* pobres, esses ranchos de barro e palha e janelas de couro, são a capital da confederação de povos do interior do rio da Prata. Frente à choça do governo, os cavalos esperam os mensageiros que galopam trazendo consultas ou levando decretos. Não exibe galões ou medalhas o uniforme do caudilho do sul.

Artigas, filho dos prados, tinha sido contrabandista e perseguidor de contrabandistas. Ele conhece os passos de cada rio, os segredos de cada monte, o sabor do pasto de cada região; e conhece mais as profundezas da alma dos rudes cavaleiros que só têm a vida para dar e a dão lutando com lanças em alucinante confusão.

As bandeiras de Artigas ondulam sobre a região molhada pelos rios Uruguai e Paraná e que se estende até as serras de Córdoba. Compartilham esse imenso espaço as províncias que se negam a ser colônia de Buenos Aires depois de se terem libertado da Espanha.

O porto de Buenos Aires vive de costas para a terra que despreza e teme. Os comerciantes se aproximam dos mirantes e esperam os navios que não trazem nenhum rei e sim novidades para vestir, dizer ou pensar.

Diante da avalanche de mercadorias europeias, Artigas quer levantar diques que defendam *nossas artes ou fábricas*, com livre acesso às máquinas, aos livros e remédios; e deriva para o porto de Montevidéu o comércio provincial que Buenos Aires usurpa em monopólio. A liga federal artiguista não quer rei, quer assembleias e congressos de habitantes; e para cúmulo dos escândalos, o caudilho decreta a reforma agrária. *(277 e 278)*

1816

Campos da Banda Oriental

A reforma agrária

Em Buenos Aires botam a boca no mundo. A leste do rio Uruguai, Artigas desapropria terras da família Belgrano e da família Mitre, do sogro de San Martín, de Bernardino Rivadavia, de Azcuénaga e de Almagro e de Díaz Vélez. Em Montevidéu chamam a reforma agrária de *projeto criminoso.* Artigas mantém presos, com ferros nos pés, Lucas Obes, Juan Maria Pérez e outros artistas do minueto e do engodo.

Para os donos da terra, devoradores de léguas comidas por mercê do rei, fraude ou roubo, o gaúcho é bucha de canhão ou criado de fazenda, e quem se negue é cravado no tronco ou costurado a tiros. Artigas quer que cada gaúcho seja dono de um pedaço de terra.

Os pobres invadem as fazendas. Nos campos orientais, arrasados pela guerra, começam a brotar ranchos, sementeiras e currais. Torna-se atropeladora a paisagem atropelada. Negam-se a voltar ao desamparo os homens que puseram os mortos na guerra da independência. O cabido de Montevidéu chama de *foragido, perverso, vadio e turbulento* Encarnación Benítez, soldado de Artigas, que galopa repartindo terras e vacas na frente de *uma tropa de malvados.* À sombra de sua lança, os humildes encontram refúgio, mas esse analfabeto, pardo, corajoso, talvez feroz, nunca será estátua, nem dará seu nome a nenhuma avenida, nem rua, nem viela de subúrbio, nem picada no campo. *(335)*

1816

Morro de Chicote

A ARTE DA GUERRA

No morro de Chicote, a infantaria leal ao rei cercou um punhado de patriotas do Alto Peru.

– *Eu não me entrego ao inimigo!* – grita o soldado Pedro Loayza, e se atira ao precipício.

– *Morreremos pela pátria!* – proclama o comandante Eusebio Lira, tomando impulso para atirar-se também.

– *Morreremos se formos idiotas* – interrompe José Santos Vargas, tambor-mor da banda de musiqueiros.

– *Queimemos o palheiro* – propõe o sargento Julián Reinaga.

Ardem as altas palhas e o vento empurra as chamas para as filas inimigas. O fogo avança em ondas. Os sitiadores fogem em debandada, lançando ao ar fuzis e cartucheiras e suplicando misericórdia ao Todo-poderoso. *(347)*

1816

Tarabuco

JUANA AZURDUY,

educada no catecismo, nascida para monja de convento em Chuquisaca, é tenente-coronel dos exércitos guerrilheiros da independência. De seus quatro filhos, só vive o que foi parido em plena batalha, entre os trovões de canhões e cavalos; e a cabeça do marido está fincada no alto de uma estaca espanhola.

Juana cavalga nas montanhas, à frente dos homens. Seu xale celeste ondula aos ventos. Uma mão aperta as rédeas, a outra quebra pescoços com a espada.

Tudo o que come se converte em valentia. Os índios não a chamam de Juana. É chamada *Pachamama*, é chamada Terra. *(126)*

1816

Port-au-Prince

Pétion

O Haiti jaz em ruínas, bloqueado pelos franceses e isolado por todos os outros povos. Nenhum país reconheceu a independência dos escravos que derrotaram Napoleão.

A ilha está dividida ao meio.

Ao norte, Henri Christophe proclamou-se imperador. No castelo de Sans-Souci, dança o minueto a nova nobreza negra, o duque de Marmelada, o conde de Limonada, enquanto fazem reverências os lacaios negros de perucas de neve e os hussardos negros passeiam seus barretes emplumados pelos jardins copiados de Versalhes.

Ao sul, Alexandre Pétion preside a república. Distribuindo terras entre os antigos escravos, Pétion tenta criar uma nação de camponeses muito pobres, mas livres e armados, sobre as cinzas das plantações arrasadas pela guerra.

Na costa sul do Haiti desembarca Simón Bolívar, em busca de refúgio e ajuda. Vem da Jamaica, onde vendeu até o relógio. Ninguém acredita em sua causa. Não foram mais do que miragem as brilhantes campanhas militares. Francisco de Miranda agoniza acorrentado a um muro do arsenal de Cádis; e os espanhóis reconquistaram a Venezuela e a Colômbia, que preferem o passado ou ainda não acreditam no futuro que os patriotas prometem.

Pétion recebe Bolívar assim que ele chega, no dia de ano novo. Entrega a ele sete navios, duzentos e cinquenta homens, mosquetões, pólvora, víveres e dinheiro. Impõe somente uma condição. Pétion, que nasceu escravo, filho de negra e francês, exige de Bolívar a liberdade dos escravos nas terras que vai libertar.

Bolívar aperta a sua mão. A guerra mudará de rumo. Talvez a América também. *(115, 116 e 202)*

1816

Cidade do México

"O Periquito Sarnento"

O primeiro romance latino-americano nasce em uma gráfica da rua Zuleta. Em três cadernos, José Joaquín Fernández de Lizardi conta as malandragens do Periquito Sarnento; e os leitores devoram e festejam. O vice-rei proíbe o quarto caderno quando está a ponto de sair, mas já não há como agarrar o personagem.

O Periquito, filho americano da picaresca espanhola, ganhou as ruas do México. Anda por toda a parte, despindo costumes; salta da mesa dos jogadores ao gabinete do tabelião e da cadeira dos barbeiros ao chão do cárcere. Muitos não desfrutam suas aventuras. O padre o critica em seus edificantes sermões. Lizardi, moralista ilustrado, converte toda brincadeira em moral da história. *(9, 11 e 303)*

1817

Santiago do Chile

Luciferando

Os jovens elegantes fumam segurando os cigarros com pequenas pinças de ouro, para não manchar os dedos, mas Santiago do Chile faz fronteira com o lixo nos quatro pontos cardeais. Ao norte, as casas olham a lixeira do rio Mapocho. Ao sul, se estendem as porcarias de La Cañada. Ergue-se o sol sobre os montões de rebotalhos no morro Santa Lúcia e os últimos raios iluminam os depósitos dos subúrbios de São Miguel e São Paulo.

De alguma dessas lixeiras brotou o visitante que ontem à noite atravessou a cidade, rajada de enxofre que fez tremer as velinhas de sebo nos lampiões, e ficou espionando ou ameaçando lá perto do templo da Companhia, até que a voz do guarda-noturno cantou às onze:

– *Ave Maria Puríííííssssssimaaaa!*

O Diabo fugiu em disparada.

O sapato que perdeu está percorrendo Santiago, de casa em casa. Um frade o leva, coberto por um guardanapo, em bandeja de prata. As beatas fazem o pelo-sinal. *(256)*

1817

Santiago do Chile

Manuel Rodríguez

Quem fala em emancipação americana assina a própria sentença. Quem recebe carta de Mendoza, marcha para a forca ou o muro de fuzilamento. O Tribunal de Vigilância dá curso às delações em Santiago do Chile.

De Mendoza e para Mendoza, os patriotas estão reorganizando o exército triturado pelos espanhóis. O vento da resistência vai e vem através da cordilheira, no fulgor de neve, sem deixar rastro.

O mensageiro desliza uma ordem em Santiago, na briga de galos, e ao mesmo tempo outra no brilhante sarau, enquanto recolhe um relatório entre duas corridas de cavalos no subúrbio. Anuncia-se o mensageiro numa casa, três batidinhas de aldrava, e ao mesmo tempo emerge nas montanhas, no lombo de uma mula, e a cavalo galopa pelos prados. O guerrilheiro se lança ao assalto de Melipilla enquanto atravessa o povoado de São Fernando. Batendo em Rancagua, o guerrilheiro desmonta em Pomaire e bebe um copo de vinho.

O governador espanhol pôs um preço para a cabeça de Manuel Rodríguez, o mensageiro, o guerrilheiro, mas sua cabeça viaja oculta pelo capuz de frade, o chapelão de arrieiro, o cesto de vendedor ambulante ou a cartola de grão-senhor. Não há quem o agarre, porque voa sem se mover e sai para dentro e entra para fora. *(106)*

1817
Montevidéu

Imagens para uma epopeia

Um enorme exército vem do Rio de Janeiro, por terra e mar, com a missão de aniquilar José Artigas, e para não deixar nem sombra da memória de seu contagioso exemplo. As tropas do Brasil invadem a sangue e fogo, anunciando que limparão de bandidos esses campos: o general Lecor promete restabelecer os machucados direitos de liberdade e herança.

Lecor entra em Montevidéu sob um pálio. O padre Larrañaga e Francisco Javier de Viana oferecem as chaves da cidade aos redentores do latifúndio, e as damas atiram flores e lacinhos azuis à passagem do nunca visto desfile das tochas, condecorações e penachos. Repicam os sinos da catedral, cansados de tocar o luto. Balançam os incensórios e balançam os homens de negócios, em reverências e beija-mãos de nunca acabar. *(195, 278 e 335)*

1817
Quito

MANUELA SÁENZ

Nasceu Quito entre vulcões, alta, distante do mar; e entre a catedral e o palácio, na Praça Maior, nasceu Manuela. Chegou a Quito em leito de cetim, sobre lençóis de Bruxelas, filha de amores secretos de don Simón Sáenz, o matador de *criollos* que aqui se tinham sublevado.

Aos quinze anos, Manuela vestia roupa de homem, fumava e domava cavalos. Não montava de lado, como as senhoras, e sim de pernas abertas e desprezando as selas. Sua melhor amiga era sua escrava negra, Jonatás, que miava feito gato, cantava feito pássaro e caminhava ondulando que nem serpente. Manuela tinha dezesseis anos quando a trancaram num dos muitos conventos dessa cidade rezadora e pecadora, onde os frades ajudam as monjas velhas a morrer melhor e as monjas jovens a viver melhor. No convento de Santa Catarina, Manuela aprendeu a bordar, a tocar clavicórdio, a fingir virtudes e a desmaiar virando os olhos. Aos dezessete anos, louca pelos uniformes, fugiu com Fausto D'Elhuyar, oficial do rei.

Aos vinte, cintila. Todos os homens querem ser a ostra dessa pérola. Acaba casando com James Thorne, respeitável médico inglês. A festa dura uma semana inteira. *(295)*

1818
Acampamento de Colônia

A GUERRA DOS DE BAIXO

Já é só povo despido, a tropa de Artigas. Os que não têm outra propriedade senão o cavalo, e os negros, e os índios, sabem que nessa guerra se joga seu destino. Dos campos e rios, avançam a lança e punhal, montados em cavalos, rumo ao bem armado e numeroso exército do Brasil; e em seguida se desvanecem como bandos de pássaros.

Enquanto tocam a degola os clarins na terra invadida, o governo de Buenos Aires difunde propaganda dirigida *aos que têm bens a perder*. Um folheto assinado por um "Amigo da Ordem" chama Artigas de *gênio maléfico, apóstolo da mentira, lobo devorador, açoite da pátria, novo Átila, opróbrio do século e afronta do gênero humano.*

Alguém leva esses papéis ao acampamento. Artigas não desvia os olhos da fogueira:

– *Minha gente não sabe ler.* *(277)*

1818
Corrientes

Andrezinho

– *Eles têm o principal direito* – disse Artigas dos índios, e eles sofreram muita morte por serem leais.

Andrés Guacurarí, Andrezinho, índio guarani, filho adotivo de Artigas, é o chefe. Num aluvião invadiu Corrientes há um par de meses, flechas contra fuzis, e pulverizou os aliados de Buenos Aires. Tendo como roupas o barro do caminho e algum farrapo, os índios de Andrezinho entraram na cidade. Traziam uns quantos meninos índios que tinham sido escravos da gente de Corrientes. Encontraram silêncio e janelas fechadas. O comandante da guarnição enterrou sua fortuna no jardim e o tabelião morreu de susto.

Os índios estavam há tempos sem comer, mas não arrebataram nada nem pediram nada. Assim que chegaram, ofereceram uma função de teatro em homenagem às famílias principais. Imensas asas de papel de prata, abertas sobre armações de taquara, converteram os índios em anjos da guarda. Para ninguém, porque ninguém foi, representaram *A tentação de Santo Inácio*, velha pantomima do tempo dos jesuítas.

– *Quer dizer que não querem vir à festa de índios?*

Andrezinho acendeu um enorme charuto e a fumaça lhe saía pelas orelhas e pelos olhos.

Ao amanhecer, os tambores tocaram, comandando as armas. Na ponta de lanças, os mais respeitáveis cavalheiros de Corrientes foram obrigados a cortar o mato da praça e a varrer as ruas até deixá-las transparentes. Todo esse dia estiveram atarefados os cavalheiros em tão nobre tarefa e nessa noite, no teatro, deixaram os índios surdos com tanto aplauso.

Andrezinho governa Corrientes até que Artigas manda chamá-lo.

Já se afastam os índios pelo caminho. Levam aquelas enormes asas de prata nas costas. Rumo ao horizonte cavalgam os anjos e o sol lhes dá fulgores e lhes dá sombras de águias em voo. *(283)*

1818

Rio Paraná

Os corsários patriotas

A tropa de Andrezinho desce rumo a Santa Fé, beirando o rio. Pelas águas do Paraná, acompanha os índios uma frota dos corsários patriotas.

Canoas, barcos e alguns bergantins bem armados tornam a vida impossível aos barcos mercantes do Brasil. O pavilhão tricolor de Artigas navega e luta nos rios e no mar. Os corsários esvaziam as naus inimigas em fulminantes abordagens e levam os frutos de suas pilhagens para as distantes Antilhas.

Pedro Campbell é o almirante dessa esquadra de barcos e barquinhos.

Campbell tinha chegado aqui com os invasores ingleses, há alguns anos. Desertou e lançou-se a galopar pela planície. Logo deitou fama, o gaúcho irlandês de brincos nas orelhas e turvo olhar espreitando no emaranhado de cabelos avermelhados. Quando Artigas o nomeou chefe dos corsários, Campbell já tinha sido cortado em vários duelos *criollos* e devia algumas mortes e nenhuma traição. Todo mundo sabe que seu punhal de prata é uma serpente que jamais morde pelas costas. *(277 e 283)*

1818

San Fernando de Apure

A guerra de morte

Na frente de um exército triturado pela derrota, cavalga Bolívar. Um capote de peregrino faz sombra em sua cara; na sombra brilham os olhos, que olham devorando, e o melancólico sorriso.

Bolívar cavalga no cavalo do finado Rafael López. A sela exibe as iniciais de prata do morto, um oficial espanhol que disparou contra Bolívar enquanto o chefe patriota dormia numa rede.

A ofensiva ao norte fracassou.

Em San Fernando de Apure, Bolívar passa em revista os restos de sua tropa.

– *Está louco* – pensam ou murmuram os soldados descalços, extenuados, machucados, enquanto ele anuncia que logo levarão essa guerra, guerra santa, guerra de morte, até a Colômbia e o Peru e as alturas de Potosí. *(53 e 116)*

1819

Angostura

Gravuras escolares: a Assembleia Constituinte

Debaixo do toldo, numa barca que navega pelo Orinoco, Bolívar dita aos secretários seu projeto de Constituição. Escuta, corrige e torna a ditar no acampamento, enquanto a fumaça da fogueira o defende dos mosquitos. Outras barcas trazem deputados de Caracas, Barcelona, Cumaná, Barinas, Guayana e da ilha Margarida. De repente mudaram os ventos da guerra, talvez em homenagem à obstinação de Bolívar, e em súbita rajada a metade da Venezuela voltou às mãos dos patriotas.

Os delegados ao congresso desembarcaram no porto de Angostura, aldeia de casinhas desenhadas por crianças. Numa gráfica de brinquedo se imprime aqui, semana após semana, o *Correio do Orinoco*. Da selva, o porta-voz do pensamento republicano difunde os artigos dos doutores *criollos* e avisos que anunciam a chegada de cerveja, canivetes, selas e soldados voluntários de Londres.

Três salvas de canhão saúdam Bolívar e seu estado-maior. Fogem os pássaros, mas um papagaio caminha, indiferente, com andar de brigão.

Os deputados sobem a escadinha de pedra.

Francisco Antonio Zea, prefeito de Angostura, abre a sessão. Seu discurso compara essa patriótica vila com Mênfis, Tebas, Alexandria e Roma. O congresso confirma Bolívar como chefe do exército e presidente com plenos poderes. Escolhe-se o gabinete.

Depois Bolívar ocupa a tribuna. *Os ignorantes*, adverte, *confundem a realidade com a imaginação e a justiça com a vingança...* Expõe suas ideias sobre a necessidade da criação da Grande Colômbia e fundamenta seu projeto de Constituição, elaborado sobre a base da Carta Magna dos ingleses. *(202)*

1820

Paso del Boquerón

Final

Os três grandes portos do sul, Rio de Janeiro, Buenos Aires e Montevidéu, não tinham podido com as colunas *montoneras* de José Artigas, o caudilho de terra adentro.

Mas a morte tinha levado a maioria de sua gente. Nas panças dos urubus jaz a metade dos homens da campanha oriental. Andrezinho agoniza no cárcere. Estão presos Lavalleja e Campbell e outros leais; e outros tantos são levados pela traição. Fructuoso Rivera chama Artigas de *criminoso* e o acusa de ter posto *a propriedade à mercê do despotismo e da anarquia*. Francisco Ramírez, de Entre Ríos, proclama que Artigas é *a causa e origem de todos os males da América do Sul*, e também vira a casaca Estanislao López em Santa Fé.

Os caudilhos donos de terras fazem causa comum com os mascates dos portos e o chefe da revolução perambula de desastre em desastre. Seguem-no as últimas colunas de índios e negros e um punhado de gaúchos esfarrapados sob as ordens de Andrés Latorre, o último de seus oficiais.

Na margem do Paraná, Artigas escolhe o melhor cavaleiro. Entrega-lhe quatro mil patacões, que é tudo que lhe resta, para que leve aos presos no Brasil.

Depois, finca a lança na margem e cruza o rio. Rumando contra o coração vai-se embora para o Paraguai, para o exílio, o homem que não quis que a independência da América fosse uma emboscada contra seus filhos mais pobres. *(277)*

O senhor

Sem virar a cabeça, o senhor afunda no exílio. Vejo o senhor, estou vendo: desliza o Paraná com preguiça de lagarto e lá se afasta ondulando seu poncho mambembe, ao trote do cavalo, e se perde na mata.

O senhor não diz adeus à sua terra. Ela não acreditaria. Ou talvez o senhor não saiba, ainda, que está indo para sempre.

Vai ficando cor de cinza a paisagem. O senhor vai-se embora, vencido, e sua terra fica sem fôlego. Será que lhe devolverão a respiração os filhos que nascerem, os amantes que chegarem? Os que desta terra brotem, os que nela entrem, serão dignos de tristeza tão profunda?

Sua terra. Nossa terra do sul. O senhor será muito necessário a ela, dom José. Cada vez que os ambiciosos a machucarem e humilharem, cada vez que os bobos acharem que ela está muda e estéril, o senhor fará falta. Porque o senhor, dom José Artigas, general dos simples, é a melhor palavra que ela pronunciou.

1821

Acampamento Laurelty

São Baltasar, o rei negro, o mais mago

Das aldeias vizinhas e das distantes comarcas acodem os paraguaios para ver esses estranhos seres de pele de noite. Os negros não eram conhecidos no Paraguai. Os escravos que Artigas tinha libertado, e que seguiram o caudilho no rastro do desterro, fazem aldeia em Laurelty.

Acompanha-os Baltasar, o rei negro eleito para dar as boas-vindas a Deus na terra. Invocando São Baltasar, trabalham nas hortas; e por ele soam tambores e cânticos de guerra trazidos da África para as planícies do rio da Prata. Os companheiros de Artigas, os *Artigas-cué*, vestem capas de seda vermelha e coroas de flores quando chega o dia 6 de janeiro; e dançam pedindo ao rei mago que nunca mais retorne a escravidão, e que lhes dê proteção contra os maus espíritos que deixam mole a cabeça e contra as galinhas que cantam como galo. *(66)*

1821

Carabobo

Páez

Aos quinze anos nasceu matando. Matou para se defender; e teve que fugir para as montanhas e se fez cavaleiro nômade nas pradarias imensas da Venezuela. Cavaleiro caudilho de cavaleiros: José Antonio Páez, o cavaleiro Páez, vira a cabeça dos pastores artistas da lança e do laço, que montam em pelo e carregam em avalanche todo o medo. Ele anda em cavalo branco, porque cavalo branco navega melhor. Quando não está em campanha, aprende a ler e a tocar violoncelo.

Os cavaleiros das planícies, cavaleiros nus que em tempos de Boves tinham servido à Espanha, derrotam a Espanha na batalha de Carabobo. A golpes de facão abrem caminho pelo terreno coberto de ervas daninhas do oeste, pântanos e arbustos, e surpreendem e arrasam o inimigo.

Bolívar nomeia Páez comandante em chefe das forças armadas venezuelanas. O cavaleiro entra em Caracas a seu lado e exibe, como ele, grinalda de flores.

Na Venezuela, a sorte está lançada. *(202)*

1822

Guaiaquil

San Martín

Encontro em Guaiaquil. Entre o mar do Caribe e o oceano Pacífico, abre-se um caminho de arcos do triunfo: o general Bolívar acode do norte. Vem do sul José de San Martín, o general que atravessou a cordilheira dos Andes em busca da liberdade do Chile e do Peru.

Bolívar fala, oferece.

– *Estou cansado* – corta, lacônico, San Martín. Bolívar não acredita; ou talvez desconfie, porque ainda não sabe que também a glória cansa.

San Martín tem trinta anos de batalhas, de Orán até Maipú. Pela Espanha lutou o soldado, e pela América, o curtido general. Pela América, e nunca contra ela: quando o governo de Buenos Aires mandou-o esmagar as colunas federais de Artigas, San Martín desobedeceu e lançou seu exército rumo às montanhas, para continuar sua campanha pela independência do Chile. Buenos Aires, que não perdoa, nega-lhe agora o pão e o sal. Em Lima tampouco o aceitam. Lá é chamado de *Rei José.*

Desencontro em Guaiaquil. San Martín, grande jogador de xadrez, evita a partida.

– *Estou cansado de mandar* – diz, mas Bolívar escuta outras palavras: *O senhor ou eu. Juntos, não cabemos.*

Depois, banquete e baile. Bolívar dança no centro do salão, disputado pelas damas. San Martín fica atordoado com o ruído. Passada a meia-noite, sem dizer adeus caminha para o cais. A bagagem já está no bergantim.

Dá ordem de zarpar. Passeia na coberta, passos lentos, acompanhado por seu cachorro e perseguido pelos mosquitos. O barco se solta da costa e San Martín vira para contemplar a terra da América que se afasta, se afasta. *(53 e 54)*

1822

Buenos Aires

Pássaro cantor

Na beira do casario de Morón, a fossa comum engole os ossos de um poeta que até ontem tinha violão e nome.

Mió é andá magru,
andá gavião e sem penas...

Bartolomé Hidalgo, o trovador dos acampamentos de Artigas, viveu um pouquinho só, sempre num turbilhão de cantorias e brigas, e morreu no exílio. Os cães da fome lhe trituraram os pulmões. Pelas ruas e praças de Buenos Aires perambulava Hidalgo vendendo suas quadras, que cantam os livres e despem inimigos. Pouco de comer lhe davam elas, mas muito para viver; porque, enquanto o corpo sem mortalha vai para a terra, as quadras, também nuas, também plebeias, vão para o ar. *(125)*

1822
Rio de Janeiro

TRÁFEGO LOUCO

O *Diário do Rio de Janeiro* anuncia as novidades recém-chegadas de Londres: máquinas para consertar ruas, curar pulmões ou espremer mandioca; tornos e alambiques e cozinhas a vapor; óculos, lunetas, canivetes, pentes. Também selas acolchoadas, estribos de prata, aros com muitos lustres e lanternas para carruagens.

Ainda se veem cavaleiros solitários pelas ruas e algumas velhas liteiras douradas, lentas; mas a moda manda arrancar chispas das pedras do chão nas asas da carruagem inglesa último modelo. São um perigo as ruas do Rio de Janeiro. Os acidentes se multiplicam por excesso de velocidade e cresce o poder dos cocheiros.

Luvas brancas, chapéus de copa: do alto da boleia, os cocheiros deixam cair algum olhar perdoa-vidas sobre os demais escravos negros, e se deliciam esparramando o pânico entre as pessoas a pé. Têm fama de bêbados, delatores e bons violeiros; e são imprescindíveis à vida moderna. Uma carruagem vale uma fortuna quando é vendida acompanhada por cavalo veloz e negro hábil. *(119)*

1822
Quito

DOZE NINFAS ESPERAM POR ELE NA PRAÇA MAIOR

e cada uma segura uma coroa. Explodem músicas e fogos de artifício e parece rumor de chuva o golpear dos cascos dos cavalos na longa rua de pedra.

À testa de seu exército, entra Bolívar em Quito: gladiador trêmulo, todo nervos, a espada de ouro mais longa que o corpo. Dos balcões chovem flores e lencinhos bordados. Os balcões são altares onde as mulheres e moças de Quito deixam adorar o garbo de seus peitos quase despidos entre rendas e mantilhas. Manuela Sáenz ergue-se, deslumbrante máscara de proa: deixa cair uma das mãos, da mão escapa uma coroa de louros. Bolívar levanta a cabeça e crava-lhe o olhar, lenta lança.

Esta noite, dançam. Dançam a valsa a toda, e gira e gira o mundo enquanto rangem as mil anáguas e voa a longa e negra cabeleira da mulher ímpar. *(202, 249 e 295)*

1823

Lima

As mãos se incham de tanto aplaudir

Cavalga desde Callao, entre duas filas de soldados, por caminho de flores. Lima recebe o general Bolívar com cem salvas, cem bandeiras, cem discursos e banquetes de cem talheres.

O Congresso dá a ele plenos poderes para expulsar os espanhóis, que recuperaram metade do Peru. O marquês de Torre Tagle obsequia-o com uma biografia de Napoleão, um jogo de canivetes de Toledo e ramos de floreadas frases: *A vitória te espera nas geladas alturas dos Andes para cingir-te com seus louros e as ninfas do Rímac entoam já os hinos para celebrar teus triunfos!* O ministro da Guerra dá ordens à deusa Fortuna: *Empreende teu majestoso voo das faldas do Chimborazo até as alturas de nossos Andes e ali espera pelo imortal Bolívar para cingir-lhe a fronte com os louros do Peru!*

O Rímac, *o rio que fala*, é o único que se cala. *(53 e 202)*

1824

Lima

Apesar de tudo

Cavalga desde Callao, entre duas filas de soldados, num caminho de flores. Lima recebe o chefe dos espanhóis, o general Monet, içando e aclamando a bandeira do rei. Ondula a bandeira e ondulam os discursos. O marquês de

Torre Tagle se derrete em gratidões e suplica à Espanha que salve o Peru da ameaça do maldito Bolívar, *o monstro colombiano.*

Lima prefere continuar dormindo, entre brasões erguidos, o sonho da Arcadia colonial. Vice-reis, santos e cavalheiros, vigaristas e graciosas mulheres trocam suspiros e reverências no meio dos rudes areais da América, debaixo de um céu que nega chuvas e sóis mas envia anjos para defender as muralhas da cidade. Lá dentro, respira-se aroma de jasmins; lá fora, a solidão e o perigo ameaçam. Lá dentro, os beija-mãos, as procissões, os cortejos: qualquer funcionário imita o rei, e qualquer frei, o papa. Nos palácios, o estuque imita o mármore; nas setenta igrejas de ouro e prata, o ritual imita a fé.

Longe de Lima, Bolívar jaz doente na aldeia costeira de Pativilca. *De todos os lados,* escreve entre febres, *escuto o ruído do desastre... Tudo nasce na vida e morre ante meus olhos, como partido por um raio... Pó, cinzas, nada.* O Peru inteiro, menos um par de vales, voltou às mãos da Espanha. Os governos independentes de Buenos Aires e do Chile abandonaram a causa da liberdade dessa terra; e nem os próprios peruanos parecem muito interessados.

– E agora, o que pensa fazer? – pergunta alguém a esse homem maltratado e solitário.

– *Vencer* – diz Bolívar. *(53, 202 e 302)*

1824

Montevidéu

Crônicas da cidade, a partir da poltrona do barbeiro

Nenhuma brisa faz tilintar a bacia de latão pendurada em um arame, sobre o oco da porta, anunciando que aqui se fazem barbas, arrancam-se dentes e aplicam-se ventosas.

Por mero hábito, ou para sacudir-se da sonolência do verão, o barbeiro andaluz discursa e canta enquanto acaba de cobrir de espuma a cara de um cliente. Entre frases e bulícios, sussurra a navalha. Um olho do barbeiro vigia a navalha, que abre caminho no creme, e outro vigia os montevideanos que abrem caminho pela rua poeirenta. Mais afiada é a língua que a navalha, e não há quem se salve das esfoladuras. O cliente, prisioneiro do barbeiro enquanto dura a função, mudo, imóvel, escuta a crônica de costumes e acontecimentos e de vez em quando tenta seguir, com o rabo do olho, as vítimas fugazes.

Passa um par de bois, levando uma morta para o cemitério. Atrás da carreta, um monge desfia o rosário. À barbearia chegam os sons de algum sino que, por rotina, despede a defunta de terceira classe. A navalha para no ar. O barbeiro faz o sinal da cruz e de sua boca saem palavras sem desolação:

– Coitadinha. Nunca foi feliz.

O cadáver de Rosalia Villagrán está atravessando a cidade ocupada pelos inimigos de Artigas. Há muito que ela acreditava que era outra, e achava que vivia em outro tempo e em outro mundo, e no hospital de caridade beijava as paredes e discutia com as pombas. Rosalia Villagrán, esposa de Artigas, entrou na morte sem uma moeda que lhe pagasse o ataúde. *(315)*

1824
Vale de Junín

A batalha calada

Bolívar reconstrói seu exército, magias de sua coragem confiante, e triunfa na planície peruana de Junín. Os melhores ginetes do mundo se atiram com sabre e lança e arrasam. Não soa um tiro em toda a batalha.

No exército americano se misturam gaúchos das margens do rio da Prata, camponeses do Chile e da Grande Colômbia, que lutam com as rédeas amarradas nos joelhos; patriotas peruanos e equatorianos, heróis de San Lorenzo e Maipú, Carabobo e Pichincha. Levam os homens lanças de Guaiaquil e ponchos de Cajamarca, e os cavalos, selas de Lambayeque e ferraduras de Trujillo. Seguem também Bolívar ingleses, alemães, franceses e até espanhóis conquistados pelo Novo Mundo, europeus veteranos de distantes guerras no Guadiana, no Reno ou no Sena.

Enquanto morre o sol, apaga-se a vida dos feridos. Na tenda de Bolívar, agoniza o tenente-coronel Sowersby, um inglês que tinha acompanhado Napoleão em Borodin; e não longe dali, um cachorrinho uiva junto ao corpo de um oficial espanhol. O cachorrinho correu durante toda a batalha de Junín, sempre grudado no cavalo do amigo. Agora o general Miller quer agarrá-lo ou expulsá-lo e não consegue. *(202)*

1825
La Paz

BOLÍVIA

A bandeira imperial cai rendida aos pés de Antonio José de Sucre, general aos vinte e três anos, grande marechal aos trinta, o oficial preferido de Bolívar. A fulminante batalha da pequena pampa de Ayacucho liquida o poder espanhol no Peru e em todo o continente.

Quando a notícia chega a Lima, Bolívar salta sobre a mesa do salão e dança pisando em pratos e quebrando copos e garrafas.

Depois cavalgam juntos, Bolívar e Sucre, sob os arcos triunfais da cidade de La Paz. Ali nasce um país. O Alto Peru, que tinha integrado o vice-reinado de Lima e o de Buenos Aires, se chama agora República Bolívar, e se chamará Bolívia, para que seus filhos perpetuem o nome do libertador.

José Mariano Ruyloba, frade de grandes dotes oratórios, um bico de ouro, tinha preparado um extenso discurso de boas-vindas. Quis o destino que Ruyloba morresse antes que Bolívar pudesse escutá-lo. O discurso estava redigido em grego. *(202)*

1825
Potosí

GRAVURAS ESCOLARES: O HERÓI NO TOPO

Em Potosí, Bolívar sobe ao topo do morro de prata. Fala Bolívar, falará a História: *Esta montanha cujo seio é o assombro e a inveja do universo...* Ao vento as bandeiras das novas pátrias e os sinos de todas as igrejas. *Eu estimo em nada esta opulência quando a comparo...* Mil léguas abraçam os braços de Bolívar. Os vales multiplicam as salvas dos canhões e o eco das palavras: *...com a glória de ter trazido vitorioso o estandarte da liberdade lá das ardentes e distantes praias...* Falará a História do prócer na altura. Nada dirá das mil rugas na cara desse homem, ainda não usada pelos anos mas talhada fundo pelos amores e pelas dores. A História não se ocupará dos potros que galopam em seu peito enquanto abraça a terra como se fosse mulher, lá dos céus de Potosí. A terra como se fosse *essa* mulher: a que afia as espadas dele, e com um só olhar o despe e perdoa. A que sabe escutá-lo por baixo do trovão dos canhões e os discursos e as ovações, quando ele anuncia: *Tu estarás sozinha, Manuela. E eu estarei sozinho no meio do mundo. Não haverá outro consolo além da glória de termos vencido. (53, 202 e 238)*

1825
Potosí

A DÍVIDA INGLESA VALE UM POTOSÍ

Caminham agachadas as colônias espanholas que nascem para a vida independente. Desde o primeiro dia arrastam uma pesada pedra pendurada no pescoço, pedra que cresce e sufoca: a *dívida inglesa,* nascida do apoio britânico em armas e soldados, se multiplica por obra de agiotas e negociantes. Os prestamistas e seus intermediários, sábios nas artes da alquimia, convertem qualquer pedregulho em joia de ouro; e os comerciantes britânicos encontram nessas terras seus mercados mais lucrativos. Os novos países, temerosos da reconquista espanhola, necessitam do reconhecimento oficial da Inglaterra; mas a Inglaterra não reconhece ninguém sem a prévia assinatura de um Tratado de Amizade e Comércio que garanta a liberdade de invasão às suas mercadorias industriais.

Aborrecem-me mais as dívidas que os espanhóis, escreve Bolívar ao general colombiano Santander, e conta que para pagá-las vendeu aos ingleses as minas de Potosí por dois milhões e meio de pesos. Além disso, escreve, *indiquei ao governo do Peru que venda na Inglaterra todas as suas minas, todas as suas terras e propriedades e todos os demais arbítrios do governo, por sua dívida nacional, que não baixa de vinte milhões.*

O Morro Rico de Potosí, rebaixado, pertence agora a uma empresa de Londres, a fantasmagórica *Potosí, La Paz and Peruvian Mining Association.* Como sucede com outros delírios em plena febre de especulação, o nome é mais longo que o capital: a empresa anuncia um milhão de libras, mas reúne cinquenta mil. *(40, 172 e 234)*

A MALDIÇÃO DO MORRO DE PRATA

Pouca prata dá o Potosí, que tanta prata já deu. O morro se recusa.

Durante mais de dois séculos, o morro ouviu os índios gemerem em suas entranhas. Os índios, os condenados dos socavões, lhe suplicavam que esgotasse seus veios. E, no fim, o morro amaldiçoou a cobiça.

Desde então, misteriosas caravanas de mulas chegavam nas noites, se metiam no morro e levavam, às escondidas, os carregamentos de prata. Ninguém podia vê-las, ninguém podia agarrá-las; e o morro foi-se esvaziando, noite após noite.

Quando alguma mula quebrava uma pata, porque era muito o mineral, algum besouro amanhecia mancando penosamente no caminho. *(247)*

1826
Chuquisaca

BOLÍVAR E OS ÍNDIOS

Jamais se cumpriram as leis nas colônias espanholas da América. Boas ou más, nunca as leis existiram realmente – nem as muitas ordens reais que protegiam os índios, e que ao se repetirem confessavam sua impotência, nem as ordenanças que proibiam a circulação de judeus ou romances. Essa tradição não impede que os *criollos* ilustrados, generais ou doutores, acreditem que a Constituição é a poção infalível da felicidade pública.

Simón Bolívar cinzela constituições com fervor. Agora encaminha ao Congresso um projeto de Constituição para a nova república que vai levar seu nome. Segundo o texto, na Bolívia haverá presidente vitalício e três câmaras legislativas: a de tribunos, a de senadores e a de censores, *que têm alguma semelhança,* diz Bolívar, *com a do Areópago de Atenas e a dos censores de Roma.*

Não terão direito ao voto os que não saibam ler. Ou seja: só terão direito ao voto um punhado de seletos varões. Quase todos os bolivianos falam quíchua ou aimará, ignoram a língua castelhana e não sabem ler.

Como na Colômbia e no Peru, Bolívar decretou no novo país a abolição do tributo indígena e do trabalho forçado dos índios; e dispôs que se divida a terra das comunidades em lotes privados. E para que os índios, imensa maioria do país, possam receber as luzes europeias da civilização, Bolívar trouxe a Chuquisaca seu velho mestre, Simón Rodríguez, com a ordem de fundar escolas. *(42 e 172)*

1826
Chuquisaca

MALDITA SEJA A IMAGINAÇÃO CRIADORA

Simón Rodríguez, o mestre de Bolívar, regressou à América. Um quarto de século andou dom Simón do outro lado do mar: lá foi amigo dos socialistas de Paris e Londres e Genebra; trabalhou com os tipógrafos de

Roma e os químicos de Viena e até ensinou as primeiras letras em um povoado de estepe russa.

Depois do longo abraço de boas-vindas, Bolívar o nomeia diretor de educação do pais recém-fundado.

Com uma escola-modelo em Chuquisaca, Simón Rodríguez inicia sua tarefa contra as mentiras e os medos consagrados pela tradição. Chiam as beatas, grasnam os doutores, uivam os cães do escândalo: horror: o louco Rodríguez se propõe a misturar os meninos bem-nascidos com os *mestiços* que até ontem à noite dormiam nas ruas. O que pretende? Quer que os órfãos o levem para o céu? Ou corrompe-os para que o acompanhem ao inferno? Nas salas de aula não se ouve o catecismo, nem latins de sacristia, nem regras de gramática, e sim o ruído de serrotes e martelos, insuportáveis aos ouvidos dos frades e leguleios educados no asco ao trabalho manual. *Uma escola de putas e ladrões!* Os que acreditam que o corpo é uma culpa e a mulher um enfeite, gritam aos céus: na escola de dom Simón, meninos e meninas sentam-se juntos, todos grudados; e, o cúmulo: estudam brincando.

O prefeito de Chuquisaca encabeça a campanha *contra o tarado que veio corromper a moral da juventude.* Pouco depois, o marechal Sucre, presidente da Bolívia, exige de Simón Rodríguez que renuncie, porque não apresentou suas contas com a devida prolixidade. *(296 e 298)*

As ideias de Simón Rodríguez "Para ensinar a pensar"

Fazem passar o autor por louco. Deixem que ele transmita suas loucuras aos pais que estão por nascer.

Terá de se educar todo mundo sem distinção de raças nem cores. Não nos alucinemos: sem educação popular, não haverá verdadeira sociedade.

Instruir não é educar. Ensinem, e terão quem saiba; eduquem, e terão quem faça.

Mandar recitar de memória o que não se entende é fazer papagaios. Não se mande, em nenhum caso, uma criança fazer nada que não tenha o seu "porquê" junto. Acostumada a criança a ver sempre a razão apoiando as ordens que recebe, sentirá falta dela quando não a vir, e perguntará por ela dizendo: "Por quê?". Ensinem as crianças a serem perguntadoras, para que, pedindo o porquê do que as mandam fazer, se acostumem a obedecer à razão: não à autoridade, como os limitados, nem ao costume, como os estúpidos.

Nas escolas devem estudar juntos os meninos e as meninas. Primeiro, porque assim desde criança os homens aprendem a respeitar as mulheres; e segundo, porque as mulheres aprendem a não ter medo dos homens.

Os varões devem aprender três ofícios principais: construção, carpintaria e ferraria, porque com terras, madeiras e metais são feitas as coisas necessárias. Dar-se-ão instrução e ofício às mulheres, para que não se prostituam por necessidade, nem façam do matrimônio uma especulação para garantir a subsistência.

Ao que não sabe, qualquer um engana. Ao que não tem, qualquer um compra. (297)

1826
Buenos Aires

Rivadavia

Na crista das barrancas do Prata, sobre a margem barrenta do rio, abre-se o porto que usurpa a riqueza do país inteiro.

No Coliseu de Buenos Aires, o cônsul britânico ocupa o camarote do vice-rei da Espanha. Os *criollos* usam palavras da França e luvas da Inglaterra; e assim deslizam pela vida independente.

Do Tâmisa flui a corrente de mercadorias fabricadas, sobre moldes argentinos, em Yorkshire ou Lancashire. Em Birmingham imitam, detalhe por detalhe, a tradicional caldeira de cobre, para esquentar a água do chimarrão, e produzem estribos de madeira, boleadeiras e laços tais como os usados no país. Mal podem resistir às investidas as oficinas e teares das províncias. Um só barco traz vinte mil pares de botas a preço de pechincha e um poncho de Liverpool custa cinco vezes menos que um de Catamarca.

O dinheiro argentino é impresso em Londres, e o Banco Nacional, com maioria de acionistas britânicos, monopoliza a emissão. Através desse banco opera a *River Plate Mining Association*, que paga a Bernardino Rivadavia um salário anual de duzentas mil libras.

De uma poltrona que será sagrada, Rivadavia multiplica a dívida pública e as bibliotecas públicas. O ilustrado jurista de Buenos Aires, que anda em carruagem de quatro cavalos, diz ser presidente de um país que ele ignora e despreza. Fora das muralhas de Buenos Aires, esse país o odeia. *(55, 271 e 342)*

1826
Panamá

Pátrias que são solidões

A criatura disse suas primeiras palavras. Foram as últimas. Dos convidados ao batizado, só quatro chegaram ao Panamá, e em vez de batismo houve extrema-unção. A dor, dor de pai, encolhe o rosto de Bolívar. As piedades e condolências soam vazias para ele.

Dobram os sinos pela unidade da Hispano-América.

Bolívar tinha convocado as novas pátrias a se unirem sob o amparo inglês, em uma pátria só. Não convidou os Estados Unidos nem o Haiti, *por serem estranhos a nossos acordos americanos;* mas quis que a Grã-Bretanha integrasse a liga hispano-americana, para defendê-la do perigo da reconquista espanhola.

Nenhum interesse tem Londres na unidade de seus novos domínios. O congresso do Panamá não pariu mais que edificantes declarações, porque os velhos vice-reinos pariram países atados ao novo império de ultramar e divorciados entre si. A economia colonial, minas e plantações produzindo para o exterior, cidades que preferem o bazar à fábrica, não abre passo para uma grande nação e sim para um grande arquipélago. Os países independentes estão se desintegrando enquanto Bolívar sonha com a pátria grande. Não assinaram um único acordo comercial entre eles, mas estão inundados de mercadorias europeias e quase todos compraram a doutrina do livre-comércio, que é o principal produto britânico de exportação.

Em Londres, o primeiro-ministro George Canning exibe seu troféu na Câmara dos Comuns. *(202 e 207)*

1826
Londres

Canning

Fala a pérola da Coroa. O plebeu George Canning, chefe da diplomacia britânica, consagra sua obra diante da Câmara dos Comuns. Canning escancara seus braços, suas asas de falcão:

– *Eu chamei à vida o Novo Mundo* – proclama o arquiteto do império – *para endireitar a balança do Velho.*

Em um canto, soa uma risadinha gozadora. Prossegue um longo silêncio. Canning ergue na escuridão seu afiado perfil de fantasma e explode, então, a maior ovação jamais escutada nessa sala.

A Inglaterra é o eixo do planeta. Lorde Castlereagh tinha feito muito pelo projeto imperial até que uma noite, pesaroso, abriu a garganta com uma navalha. Nem bem chegou ao poder, Canning, o herdeiro de Castlereagh, anunciou que a era dos cavaleiros tinha ficado para trás. As glórias militares deviam deixar espaço para as astúcias diplomáticas. Mais tinham feito pela Inglaterra os contrabandistas que os generais; e tinha chegado o tempo em que os mercadores e os banqueiros ganhavam as verdadeiras batalhas pelo domínio do mundo.

A paciência do gato é mais eficaz que a fúria do tigre. *(171 e 280)*

1828

Bogotá

Aqui a odeiam

Sem baixar a voz chamam-na de *A Forasteira* ou *A Messalina,* e em segredo dão-lhe nomes piores. Dizem que por causa dela Bolívar anda carregado de sombra e crivado de rugas e que na cama queima seus talentos.

Manuela Sáenz lutou com lança em Ayacucho. Os bigodes que arrancou de um inimigo foram talismã do exército patriota. Quando Lima se amotinou contra Bolívar, ela se disfarçou de homem e percorreu os quartéis com uma pistola e um saco de dinheiro. Aqui em Bogotá passeia à sombra das cerejeiras, vestida de capitã e escoltada por duas negras que usam uniformes de hussardos. Há algumas noites, numa festa, fuzilou um boneco de trapo contra a parede, debaixo de um letreiro que dizia: *Francisco de Paula Santander morre por ser traidor.*

Santander cresceu à sombra de Bolívar, nos anos da guerra: foi Bolívar quem o nomeou vice-presidente. Agora Santander gostaria de assassinar o *monarca sem coroa* em algum baile de máscaras, ou num assalto à traição.

O guarda-noturno de Bogotá, farol na mão, dá a última voz. Respondem os sinos da igreja, que assustam o Diabo e convidam ao recolhimento.

Soam tiros, caem os guardas. Aparecem os assassinos escadas acima. Graças à Manuela, que os distrai mentindo, Bolívar consegue escapar pela janela. *(53, 202 e 295)*

1828

Bogotá

Da carta de Manuela Sáenz a seu esposo, James Thorne

Não, não, já não mais, homem, por Deus! Por que fazer-me o senhor escrever, faltando à minha resolução? Vamos, o que consegue o senhor além de me fazer passar pela dor de lhe dizer mil vezes não? *Senhor: o senhor é excelente, é inimitável; jamais direi outra coisa que não seja aquilo que o senhor é. Mas, meu amigo, deixá-lo pelo general Bolívar é algo; deixá-lo por outro marido sem as qualidades do senhor, seria nada.*

...Eu sei muito bem que nada pode me unir a ele sob os auspícios do que o senhor chama de honra. O senhor me acha menos honrada por ser ele meu amante e não meu esposo? Ah! Eu não vivo das preocupações sociais inventadas para se atormentar mutuamente.

Deixe-me, meu querido inglês. Façamos outra coisa: no céu voltaremos a nos casar, mas na terra não... Lá tudo será à inglesa, porque a vida monótona está reservada à sua nação (em amores, digo, porque no resto, quem mais hábil para o comércio e a marinha?). O amor os acomoda sem prazeres; a conversa, sem graça, e o caminhar, devagar; o cumprimento, com reverência; o levantar-se e sentar-se, com cuidado; a troça, sem riso. Estas são as formalidades divinas; mas eu, miserável mortal, que rio de mim mesma, do senhor e dessas seriedades inglesas, como me daria mal no céu! (238)

1829

Corrientes

Bonpland

Descobriu a América ao longo de nove mil léguas e sessenta mil plantas. Quando voltou a Paris, a América lhe fez falta. Por revelação de sua nostalgia, Aimé Bonpland soube que pertencia à mesma terra que as raízes e flores que tinha colhido. Essa terra o chamava como nunca a Europa o tinha chamado; e por ela descruzou o mar.

Foi professor em Buenos Aires e lavrador nas plantações de mate do alto Paraná. Ali foi surpreendido pelos soldados de Gaspar Rodríguez de Francia, ditador supremo e perpétuo do Paraguai. Foi moído a porradas e levado preso em canoa rio acima.

Nove anos ficou preso no Paraguai. Por ser espião, dizem que disse o ditador Francia, que reina mediante terror e mistério. Reis, imperadores e presidentes intervieram pela liberdade do célebre sábio; mas não serviram para nada gestões nem missões, súplicas nem ameaças.

O ditador o tinha condenado num dia de vento norte, vento que lhe azeda a alma. Num dia de vento sul, decide libertá-lo. Como Bonpland não quer ir embora, o ditador o expulsa.

Bonpland não tinha estado preso numa cela. Trabalhava terras que lhe davam algodão, cana e laranjas, e tinha criado uma destilaria de aguardente, uma oficina de carpintaria e um hospital; assistia os partos das mulheres e das vacas de toda a comarca e dava de presente xaropes infalíveis contra o reumatismo e a febre. O Paraguai amou seu prisioneiro descalço, de camisa flutuante, catador de plantas raras, homem de má sorte que dá tanta sorte boa; e agora ele vai-se embora porque os soldados o levam à força.

Nem bem cruza a fronteira, em território argentino, roubam-lhe os cavalos. *(255)*

1829

Assunção do Paraguai

Francia, o supremo

Não há ladrões no Paraguai, a não ser debaixo de sete palmos de terra, nem há ricos, nem mendigos. Ao chamado do tambor, e não do sino, correm as crianças para a escola. Embora todo mundo saiba ler, não existe nenhuma gráfica, e nenhuma biblioteca, nem se recebe de fora nenhum livro, nem jornal, nem boletim, e o correio extinguiu-se por falta de uso.

Encurralado rio acima pela natureza e pelos vizinhos, o país vive em guarda, esperando o bote da Argentina ou do Brasil. Para que os paraguaios se arrependam de sua independência, Buenos Aires cortou-lhes a saída para o mar, e apodrecem seus barcos junto ao cais; mas eles persistem empobreando sua dignidade. Dignidade, solidão nacional: erguido sobre os vastos deltas do rio, Gaspar Rodríguez de Francia manda e vigia. O ditador vive sozinho, e em solidão come o pão e o sal de sua terra em pratos que os cães provam primeiro.

Todos os paraguaios são espiões ou espiados. Muito de manhãzinha, enquanto afia a navalha, o barbeiro Alejandro oferece ao supremo o primeiro relatório do dia sobre rumores e conspirações. Já entrada a noite, o ditador caça estrelas com o telescópio; e também elas lhe contam o que anda tramando o inimigo. *(82 e 281)*

1829
Rio de Janeiro

A bola de neve da dívida externa

Faz sete anos que o príncipe Pedro se proclamou imperador do Brasil. O país nasceu para a vida independente batendo nas portas dos banqueiros britânicos: o rei João, pai de Pedro, tinha esvaziado o banco e levado para Lisboa até o último grama de ouro e prata. Logo chegaram, de Londres, os primeiros milhões de libras esterlinas. As rendas da alfândega foram hipotecadas como garantia e os intermediários nativos receberam dois por cento de cada empréstimo.

Agora o Brasil deve o dobro do que recebeu e a dívida rola e cresce feito bola de neve. Os credores mandam; e cada brasileiro nasce devendo.

Em solene discurso, o imperador Pedro revela que o tesouro público está exausto, *em estado miserável*, e que a ruína total ameaça o país. Anuncia, porém, a salvação: o imperador resolveu tomar *medidas que destruirão com um golpe só a causa da calamidade existente.* E explica quais são essas radicais medidas: consistem em novos empréstimos que o Brasil espera receber das casas Rothschild e Wilson, de Londres, com interesses caros mas honrados.

Enquanto isso, os jornais informam que mil festas se preparam para celebrar o casamento do imperador com a princesa Amélia. Os anúncios nos jornais oferecem escravos negros à venda ou para alugar, queijos e pianos recém-chegados da Europa, casacas inglesas de veludo fino e vinhos de Bordéus. O Hotel do Globo, na rua da Quitanda, procura *cozinheiro branco e estrangeiro, que não seja beberrão nem pitador de cigarros,* e na rua do Ouvidor, 76, necessitam *de uma dama que fale francês para cuidar de um cego. (186 e 275)*

1830
Rio Magdalena

Baixa o barco rumo ao mar

Terra verde, terra negra. Lá longe a névoa desbota montanhas. O Magdalena leva Bolívar águas abaixo.

– *Não.*

Nas ruas de Lima, estão queimando sua Constituição os mesmos que tinham lhe dado de presente uma espada cheia de diamantes. Aqueles que o chamavam "Pai da Pátria" estão queimando sua efígie nas ruas de Bogotá. Em

Caracas o declaram, oficialmente, "inimigo da Venezuela". Lá em Paris publicam artigos que o infamam; e os amigos que sabem elogiá-lo não sabem defendê-lo.

– *Não posso.*

Era isso a história dos homens? Esse labirinto, esse vão jogo de sombras? O povo venezuelano amaldiçoa as guerras que lhe arrebataram a metade dos filhos em remotas regiões, e não lhe deram nada. A Venezuela se desgarra da Grande Colômbia e o Equador também se afasta, enquanto Bolívar jaz debaixo de um sujo toldo na barca que baixa pelo rio Magdalena rumo ao mar.

– *Não posso mais.*

Os negros continuam sendo escravos na Venezuela, apesar das leis. Na Colômbia e no Peru, as leis ditadas para *civilizar os* índios são aplicadas para despojá-los. O tributo, imposto colonial que os índios pagam por serem índios, voltou a se impor na Bolívia.

Era isso, era isso a história? Toda a grandeza se torna anã. Na nuca de cada promessa aparece a traição. Os próceres se convertem em vorazes latifundiários. Os filhos da América se destroçam entre si. Sucre, o preferido, o herdeiro, que se salvara do veneno e do punhal, cai nos bosques, a caminho de Quito, derrubado por uma bala.

– *Não posso mais. Vamos embora.*

No rio deslizam jacarés e troncos. Bolívar, pele amarela, olhos sem luz, tiritando, delirando, baixa pelo Magdalena rumo ao mar, rumo à morte. *(53 e 202)*

1830

Maracaibo

Proclama o governador:

...Bolívar, o gênio do mal, a teia da anarquia, o opressor de sua pátria, deixou de existir. (202)

1830

Guaira

Divide et impera

O cônsul norte-americano em Guaira, J. G. Williamson, profeta e protagonista da desintegração da Grande Colômbia, enviou ao Departamento de

Estado um certeiro relatório. Com um mês de antecipação, anunciou a separação da Venezuela e o fim dos impostos que não convêm aos Estados Unidos.

Simón Bolívar morreu no dia 17 de dezembro. Em outro 17 de dezembro, há onze anos, tinha fundado a Grande Colômbia, que nasceu da fusão da Colômbia e da Venezuela e somou depois o Equador e o Panamá. A Grande Colômbia morreu com ele.

Outro cônsul norte-americano, William Tudor, contribuiu lá de Lima para tecer a trama da conspiração contra o projeto americano de Bolívar, *o perigoso louco da Colômbia.* Tudor não se preocupava apenas com a luta de Bolívar contra a escravidão, mau exemplo para o sul dos Estados Unidos, mas também, e principalmente, com o *engrandecimento excessivo* da América libertada da Espanha. Com toda a razão disse o cônsul que a *Inglaterra e os Estados Unidos têm razões poderosas e comuns* contra o desenvolvimento de uma nova potência. O almirante britânico Fleming, enquanto isso, ia e vinha entre Valência e Cartagena fortalecendo a divisão. *(207 e 280)*

1830

Montevidéu

Gravuras escolares: o juramento da Constituição

O governo inglês, tinha dito lorde John Ponsonby, *não consentirá jamais que só os Estados Unidos, o Brasil e a Argentina sejam donos exclusivos das costas orientais da América do Sul.*

Com um empurrão de Londres, e sob seu amparo, o Uruguai se faz país independente. A mais rebelde província do rio da Prata, que expulsou os brasileiros de seu solo, desgarra-se do velho tronco e ganha vida própria. O porto de Buenos Aires se liberta, por fim, do pesadelo dessa planície arisca, onde Artigas se rebelou.

Na igreja Matriz de Montevidéu, o padre Larrañaga oferece a Deus um cântico de ação de graças. O fervor ilumina a cara do sacerdote, como naquele outro *Te Deum* que celebrou há alguns anos, desse mesmo púlpito, em homenagem aos invasores do Brasil.

Jura-se a Constituição em frente dos balcões do cabido. As damas, que não existem nas leis, acompanham a consagração jurídica do novo país, como se fosse assunto delas: prendem nos cabelos com uma das mãos suas gigantescas travessas, perigosas em dias de vento, e com a outra sustentam, abertos sobre o peito, os leques pintados com temas patrióticos. Os altos colarinhos engomados impedem que os cavalheiros movimentem as cabeças. A Carta

Magna ressoa na praça, cláusula por cláusula, sobre um mar de cartolas. Segundo a Constituição da nova república, não serão cidadãos os homens que ofereceram o peito às balas espanholas, portenhas e brasileiras. O Uruguai não é feito para os gaúchos pobres, nem para os índios, que estão sendo exterminados, nem para os negros, que continuam sem perceber que uma lei os libertou. Não poderão votar nem ter empregos públicos, diz a Constituição, quem foi servo, peão ou soldado raso, vagabundo, bêbado ou analfabeto.

Ao anoitecer, o Coliseo fica repleto. Ali se estreia *O engano feliz ou o triunfo da inocência*, de Rossini, a primeira ópera completa cantada nessa cidade. *(278)*

1830

Montevidéu

A pátria ou a tumba

O primeiro vate do parnaso uruguaio, Francisco Acuña de Figueroa, iniciou-se nas letras compondo uma ode, em oitavas reais à glória militar da Espanha. Quando os gaúchos de Artigas tomaram Montevidéu, fugiu para o Rio de Janeiro. Lá brindou suas rimas de louvor ao príncipe português e a toda a sua corte. Sempre com a lira no ombro, dom Francisco voltou para Montevidéu seguindo os invasores brasileiros, e tornou-se o poeta das tropas de ocupação. Anos depois, no dia seguinte da expulsão das tropas brasileiras, as musas sopraram patrióticos decassílabos ao ouvido de dom Francisco, louros de palavras para cingir as frontes dos heróis da independência; e agora o reptilíneo poeta escreve o hino nacional do país recém-nascido. Nós, os uruguaios, somos obrigados para sempre a escutar seus versos em pé. *(3)*

1832

Santiago do Chile

Indústria nacional

Também no Chile os cavalheiros dançam e se vestem à moda francesa, imitam Byron ao dar o nó na gravata e na mesa obedecem ao cozinheiro francês; à inglesa tomam chá e à francesa bebem licores.

Quando Vicente Pérez Rosales instalou sua fábrica de aguardente, comprou em Paris os melhores alambiques e uma boa quantidade de rótulos com dourados arabescos e finas letras que diziam: *Old Champagne Cognac.* À porta de seu escritório, mandou pintar um grande cartaz:

IMPORTAÇÃO DIRETA

O sabor não seria bem-bem, mas seria quase-quase; e ninguém ficou com chagas no estômago. O negócio caminhava às mil maravilhas e a fábrica não atendia à demanda, mas dom Vicente sofreu um ataque de patriotismo e decidiu que não podia continuar vivendo em estado de traição:

– *Esta boa fama só corresponde ao Chile.*

Atirou ao fogo os rótulos europeus e seu escritório estreou novo cartaz, maior ainda:

FÁBRICA NACIONAL

As garrafas mostram agora um novo vestido: etiquetas impressas aqui, e que dizem: *Coñac chileno.*

Não vende nenhuma. *(256)*

Pregões do mercado em Santiago do Chile

– Cravo e canela, para a moça mais bela!
– Suspiiiiroos!
– Lindos botões, um real a fieira!
– Broiiinhas!
– Correias, correias para selas, maciinhas feito luva!
– Uma esmola, pelo amor de Deus!
– Carne de boi!
– Uma esmolinha para um pobre cego!
– Vassoooouras! Tá acabando!
– Fumo de rolo! Fumo de rolo!
– Medalhas milagrosas, vai uma ou vão dez!
– Olha a pomada negra, olha a pomada negra!
– Facão pra segurança do cidadão!
– Olha que brilho!

– Quem vai levar este laço?
– Olha o pão!
– Um chocalhinho, é o último!
– Melancias do céu!
– Olha o pão amassado só por mão de mulher!
– Melanciiiiiias!
– Olha o pão, olha o pão! Quentiiiinho! *(288)*

1833
Arequipa

AS LHAMAS

– *Felizes criaturas* – diz Flora Tristán.

Flora viaja pelo Peru, pátria de seu pai, e nas serras descobre *o único animal que o homem não conseguiu envilecer.*

As suaves lhamas são mais ágeis que as mulas e sobem mais alto. Resistem aos frios, fadigas e cargas pesadas. Em troca de nada, oferecem ao índio das montanhas transporte, leite, carne e as sedas limpas e brilhantes que cobrem seus corpos. Mas jamais se deixam amarrar nem maltratar, nem aceitam ordens. Quando interrompem seu andar de rainhas, o índio lhes suplica que retomem a caminhada. Se alguém bate nelas, as insulta ou ameaça, as lhamas se atiram no chão: erguido o longo pescoço, viram para o céu os olhos, os mais belos olhos da criação, e suavemente morrem.

– *Felizes criaturas* – diz Flora Tristán. *(337)*

1833
San Vicente

AQUINO

A cabeça de Anastacio Aquino tomba na cesta do verdugo.

Que em guerra descanse. O caudilho dos índios de El Salvador tinha erguido três mil lanças contra os ladrões de terras. Venceu os mosquetões, disparados com fogo do charuto; e despiu São José do altar-mor de uma igreja. Coberto com o manto do pai de Cristo, ditou leis para que os índios nunca mais fossem escravos, nem soldados, nem mortos de fome, nem beberrões. Mas chegaram mais tropas, e teve que buscar refúgio nas montanhas.

Seu lugar-tenente, chamado Cascavel, entregou-o ao inimigo.

– *Já sou tigre sem unhas nem presas* – disse Aquino, vendo-se atado por grilhões e correntes, e confessou ao frei Navarro que na vida inteira só tinha sentido medo da ira ou das lágrimas de sua mulher.

– *Estou pronto para brincar de galinha cega* – disse, quando lhe vendaram os olhos. *(87)*

1834

Paris

Tacuabé

Nas pontas do Queguay, a cavalaria do general Rivera culminou, com boa pontaria, a obra civilizadora. Já não existe nenhum índio vivo no Uruguai.

O governo doa os quatro últimos charruas à Academia de Ciências Naturais de Paris. Despacha-os no porão de um navio, como bagagem, entre embrulhos, baús e malas.

O público francês paga entrada para ver os selvagens, raras amostras de uma raça extinta. Os cientistas anotam gestos, costumes e medidas antropométricas; pelo formato dos crânios, deduzem a escassa inteligência e o caráter violento.

Antes de dois meses, os índios se deixam morrer. Os acadêmicos disputarão os seus cadáveres.

Só sobrevive o guerreiro Tacuabé, que foge com sua filha recém-nascida, e chega sabe-se lá como à cidade de Lyon, e lá desaparece.

Tacuabé era o que fazia música. Fazia música no museu, quando o público ia embora. Esfregava o arco com uma varinha molhada de saliva e arrancava doces vibrações da corda de crina. Os franceses que o espiaram detrás da cortina contam que criava sons muito suaves, apagados, quase inaudíveis, como se estivesse conversando em segredo. *(19)*

1834

Cidade do México

Amar é dar

Uma cabaça cheia de vinagre vigia atrás de cada porta. Em cada altar rogam mil velas. Os médicos receitam sangrias e fumigações de cloreto. Bandeiras coloridas marcam as casas atacadas pela peste. Lúgubres cânticos e alaridos assinalam a passagem dos carros repletos de mortos pelas ruas sem ninguém.

O governador dita um decreto proibindo várias comidas. Segundo o governador, os pimentões recheados e as frutas trouxeram a cólera para o México.

Na rua do Espírito Santo, um carroceiro está cortando uma enorme fruta-de-conde. Estende-se no pescante, para saboreá-la vagarosamente. Alguém que passa deixa o carroceiro com a boca aberta:

– *Bárbaro! Não estás vendo que te suicidas? Não sabes que essa fruta te leva à sepultura?*

O carroceiro vacila. Contempla a polpa leitosa, sem se decidir a morder. Finalmente se levanta, afasta-se uns passos e oferece a fruta à mulher, que está sentada na esquina:

– Para você, minha amada. (266)

1835
Ilhas Galápagos

DARWIN

Negras colinas surgem do mar e da névoa. Sobre as rochas movem-se, ao ritmo do sono, tartarugas grandes como vacas; e entre as ruelas feitas no meio dos rochedos deslizam iguanas, dragões sem asas:

– *A capital do inferno* – comenta o capitão do *Beagle.*

– *Até as árvores se sentem mal* – confirma Charles Darwin, enquanto cai a âncora.

Nessas ilhas, as ilhas Galápagos, Darwin se aproxima da revelação do *mistério dos mistérios;* aqui intui as chaves do incessante processo de transformação da vida na terra. Descobre aqui que os pássaros bicudos especializaram seus bicos, e que tomou a forma de quebra-nozes o bico que quebra sementes grandes e duras e forma de alicate o que busca o néctar dos cactos. A mesma coisa aconteceu, descobre Darwin, com as carcaças e o pescoço das tartarugas, variando se comem no chão ou se preferem frutos altos.

Nas Galápagos está a origem de todas as minhas opiniões, escreverá Darwin. *Vou de assombro em assombro,* escreve agora, em seu diário de viagem.

Quando o *Beagle* partiu há quatro anos, de um porto da Inglaterra, Darwin acreditava ainda, ao pé da letra, em cada palavra das Sagradas Escrituras. Acreditava que Deus tinha feito o mundo, tal como ele agora é, em seis dias, e que tinha terminado seu trabalho, como garante o arcebispo Usher, às nove da manhã do sábado 12 de outubro do ano 4004 antes de Cristo. *(4 e 88)*

1835
Colúmbia

TEXAS

Há quinze anos, uma caravana de carroças atravessou gemendo a planície deserta do Texas, e as vozes lúgubres das corujas e coiotes deram-lhe as más-vindas. O México cedeu terras às trezentas famílias que vieram da Luisiana, com seus escravos e seus arados. Há cinco anos, eram já vinte mil os colonos norte-americanos no Texas, e tinham muitos escravos comprados em Cuba ou em currais onde os cavalheiros da Virgínia e do Kentucky engordavam negrinhos. Os colonos erguem agora bandeira própria, a imagem de um urso, e se negam a pagar impostos ao governo do México e a cumprir a lei mexicana que liquidou com a escravidão em todo o território nacional.

O vice-presidente dos Estados Unidos, John Calhoun, crê que Deus criou os negros para que cortem lenha, colham algodão e carreguem água para os brancos. As fábricas têxteis exigem mais algodão e o algodão exige mais terras e mais negros. *Existem poderosas razões,* disse Calhoun no ano passado, *para que o Texas faça parte dos Estados Unidos.* Então, o presidente Jackson, que sopra fronteiras com pulmões de atleta, já tinha enviado ao Texas seu amigo Sam Houston.

O áspero Houston abre caminho a pancada, vira general do exército e proclama a independência do Texas. O novo Estado, que logo será outra estrela na bandeira dos Estados Unidos, tem mais terra que a França.

E começa a guerra contra o México. *(128 e 207)*

1836
San Jacinto

CRESCE O MUNDO LIVRE

Sam Houston oferece terras a quatro centavos o acre. Os batalhões de voluntários norte-americanos fluem por todos os caminhos e chegam barcos carregados de armas, vindos de Nova York e Nova Orleans.

Já o cometa tinha anunciado calamidade sobre os céus do México. Para ninguém foi novidade, porque o México vive em estado de perpétua calamidade desde que os assassinos de Hidalgo e de Morelos declararam a independência para ficar com ele.

Pouco dura a guerra. O general mexicano Santa Anna chega mandando degolar, e degola e fuzila no Álamo, mas em San Jacinto perde quatrocentos homens em um quarto de hora. Santa Anna entrega o Texas a troco da sua vida e volta para o México acompanhado de seu exército vencido, seu cozinheiro particular, sua espada de sete mil dólares, suas infinitas condecorações e seu vagão cheio de galos de briga.

O general Houston celebra o triunfo consagrando-se presidente do Texas.

A Constituição do Texas assegura ao amo direito perpétuo sobre seus escravos, por se tratar de propriedades legitimamente adquiridas. *Estender a área da liberdade* tinha sido o lema das tropas vitoriosas. *(128)*

1836

El Álamo

Retratos do herói de fronteira

Ao despontar a guerra do Texas, quando a sorte ainda sorria às tropas mexicanas, o coronel David Crockett tombou atravessado pelas baionetas. Caiu no forte de El Álamo, junto ao seu bando de heroicos foragidos, e os urubus terminaram com a sua história.

Os Estados Unidos, que engordam comendo terras de índios e mexicanos, perderam um de seus heróis do oeste. David Crockett tinha uma espingarda chamada Betsy, que matava cinco ursos por bala.

Crockett bem poderia ter sido filho de Daniel Boone, o legendário pioneiro do século anterior, matador muito macho e muito solitário, que odiava a civilização mas ganhava a vida metendo colonos nas terras roubadas de seus amigos índios. E bem poderia ter sido pai de Natty Bumppo, um personagem de romance tão famoso que já parece de carne e osso.

Desde que Fenimore Cooper publicou *O último dos moicanos,* Natty Bumppo, o nobre e rude caçador, incorporou-se à vida cotidiana dos Estados Unidos. A natureza ensinou a ele tudo o que sabe de moral, e sua energia vem das montanhas e dos bosques. É feio, um só dente na boca enorme, mas sem esperar nada em troca protege as belas virgens brancas, que graças a ele atravessam intactas a floresta e o desejo. Natty Bumppo elogia o silêncio com muitas palavras e não mente quando diz que não teme a morte, nem quando admira os índios enquanto os mata cheio de melancolia. *(149 e 218)*

1836
Hartford

O Colt

Samuel Colt, engenheiro, registra em Hartford, Connecticut, a patente da *revolving pistol* que inventou. Trata-se de uma pistola de tambor giratório, de cinco tiros, que mata cinco vezes em vinte segundos.

A primeira encomenda chega do Texas. *(305)*

1837
Cidade da Guatemala

Morazán

Rompe um temporal de batinas. Rafael Carrera é o relâmpago que mete medo e pela Guatemala afora soam os trovões:

– *Viva a religião! Morte aos estrangeiros! Morte a Morazán!*

Não fica um só círio apagado. Tão depressa rezam as freiras que em nove segundos despacham nove novenas. Os coros entoam o salve e amaldiçoam Morazán com o mesmo fervor.

Francisco Morazán, presidente da América Central, é o *estrangeiro herege* que desatou as fúrias místicas. Morazán, nascido em Honduras, não unificou apenas as províncias centro-americanas em uma só nação. Além disso, reduziu à categoria de meros cidadãos os condes e marqueses e criou escolas públicas que ensinam coisas da terra e não falam nada do céu. Segundo suas leis, já não é necessário cruz para o túmulo nem padre para o matrimônio; e nada distingue a criança concebida no leito conjugal da criança feita, sem contrato prévio, sobre a palha do estábulo, e tanto herda uma como a outra. E o mais grave: Morazán separou a Igreja do Estado, decretou a liberdade de crer ou não crer, suprimiu os dízimos e os privilégios dos funcionários do Senhor e pôs suas terras à venda.

Denunciam os frades que Morazán é culpado da peste que está assolando a Guatemala. A cólera está matando e do púlpito chovem as acusações fulminantes: Morazán envenenou as águas, o Anticristo fez um pacto com o Diabo para vender a ele as almas dos mortos.

As aldeias das montanhas se sublevam contra o envenenador. Rafael Carrera, o criador de porcos que lidera a rebelião, tem pouco mais de vinte anos e já carrega três balas no corpo. Anda coberto de escapulários e medalhinhas e um ramo verde atravessa-lhe o chapéu. *(220 e 253)*

1838

Buenos Aires

Rosas

Grande domador de potros e de homens, Juan Manuel de Rosas é o caudilho dos campos rio-platenses. Violeiro e dançador, sabe contar as histórias que mais susto ou riso provocam ao redor das fogueiras; mas foi feito de mármore e até seus filhos o chamam de *patrão*. Manda prender a cozinheira que estragou o frango; e ele mesmo se faz açoitar quando por descuido se esquece de alguma das normas por ele ditadas.

Suas fazendas são as mais prósperas; suas salinas, as mais bem organizadas. Rosas possui o que há de melhor do mar de pasto que se estende entre o porto de Buenos Aires e os acampamentos dos índios.

Rosas governa. Ditou uma lei de alfândegas que protege a produção argentina de ponchos e enxergões, sapatos, carruagens, barcos, vinhos e móveis, e fechou os rios interiores aos comerciantes estrangeiros.

A *Revue des Deux Mondes* exige que a França propicie uma lição de civilização e disciplina aos *degenerados filhos da conquista espanhola*. A esquadra francesa, comandada pelo almirante Leblanc, inicia o bloqueio de Buenos Aires, único porto argentino habilitado para o comércio de ultramar. *(166, 271 e 336)*

1838

Buenos Aires

"O matadouro"

Esteban Echeverría escreve o primeiro conto da literatura rio-platense. Em "O matadouro" a ditadura de Rosas é o ataque de uma turba de assassinos contra um indefeso doutor de Buenos Aires.

Nascido nos subúrbios e crescido no meio das broncas, mas polido em Paris, Echeverría despreza a *gentalha*. Um matadouro do sul da cidade oferece o melhor cenário para que o escritor descreva os cães disputando tripas com as negras comedoras de bofe, e para que conte como brotam os palavrões, às toneladas, da boca do vulgo, da mesma forma que brota o sangue do pescoço dos bichos. O degolador do conto usa *chiripá* de gaúcho, tem o rosto pintado de sangue e afunda o punhal até o cabo na garganta da vaca; e depois encurrala o ilustrado cavalheiro de fraque, que se negou a lhe render homenagens. *(104)*

ALGO MAIS SOBRE O CANIBALISMO NA AMÉRICA

Em sua última descarga de cavalaria, o coronel Juan Ramón Estomba lança seus cavaleiros contra o nada. A guerra contra a Espanha terminou, mas muito mais atroz está sendo a guerra de argentinos contra argentinos; e o coronel Estomba ergue o sabre e uiva: *Atacar!*, e qual tempestade de gritos e golpes de sabre avançam os cavalos contra o horizonte vazio.

Essa pátria desgarrada está louca de fúria. Devoram-se entre si os heróis da independência. Estanislao López recebeu a cabeça de Pancho Ramírez, embrulhada num couro de carneiro, e a colocou numa gaiola de ferro e passou uma noite inteirinha contemplando-a cheio de gozo. Gregorio Lamadrid carregou de correntes e arrastou pelas ruas a mãe de Facundo Quiroga, antes que Facundo caísse numa emboscada com uma bala num olho. Em um curral, sobre merda de vaca, Juan Lavalle fuzilou Manuel Dorrego; e desde então, o fantasma de Dorrego vem perseguindo Lavalle e morde seus calcanhares até que o agarre e o costure a tiros ao corpo nu da sua amante, para que Lavalle tenha a sorte de morrer dentro de mulher. *(55, 103 e 110)*

1838
Tegucigalpa

A AMÉRICA CENTRAL SE QUEBRA EM PEDAÇOS,

enquanto Morazán luta na Guatemala contra a multidão ensandecida pelos monges.

Um atrás do outro, vão-se partindo os débeis fios que tinham costurado as terras dessa pátria. Costa Rica e Nicarágua rompem o pacto federal e também Honduras se declara independente. A cidade de Tegucigalpa celebra, com bombos, fanfarras e discursos, o fracasso do filho seu que daqui se lançou, há dez anos, à grande campanha unificadora. Os rancores provincianos, invejas e cobiças, velhos venenos, podem mais que a paixão de Morazán. A República Federal da Centro-América jaz agora esquartejada em quatro pedaços. Logo serão cinco, e depois seis. Pobres pedaços. Sentem uns pelos outros mais ódio que pena. *(220)*

1839
Copán

Vende-se cidade sagrada por cinquenta dólares

e ela é comprada por John Lloyd Stephens, embaixador dos Estados Unidos na América Central. É a cidade maia de Copán, em Honduras, invadida pela selva às margens de um rio.

Em Copán fizeram-se pedra os deuses, e pedra os homens que os deuses escolheram ou castigaram. Em Copán tinham vivido, há mais de mil anos, os sábios astrônomos que descobriram os segredos da estrela matutina e mediram o ano solar com precisão jamais alcançada.

O tempo mutilou, mas não venceu, os templos de belos frisos e escadarias lavradas. As divindades ainda aparecem nos altares, brincando de esconde-esconde entre a plumagem das máscaras. O jaguar e a serpente ainda abrem suas bocas nas estelas erguidas no meio do capim, e homens e deuses respiram através dessas pedras caladas, jamais mudas. *(133)*

1839
Havana

Fala o tambor, dizem os corpos

O capitão-geral de Cuba decide autorizar os bailes de tambores nas plantações, desde que sejam sempre em dias de festa e sob a vigilância dos capatazes.

Os capatazes se encarregarão de evitar que os tambores transmitam vozes de rebelião. Tambor negro, tambor vivo, não toca sozinho. O tambor conversa com outros tambores, chama o tambor macho, ama o tambor fêmea, e perigosamente conversa com as pessoas e os deuses. Quando são chamados pelo tambor, os deuses acodem e entram nos corpos, e com eles, voam.

Em tempos muito antigos, o escorpião Akeké matou o aborrecimento cravando seu ferrão em um casal humano. Desde então, os negros saem dançando do ventre da mãe, dançando falam do amor ou da dor ou da fúria e dançando atravessam a vida feroz. *(22, 222 e 241)*

1839
Havana

ANÚNCIOS CLASSIFICADOS

PARTE ECONÔMICA

Venda de Animais

Vende-se uma negra nativa, jovem, sadia e sem marcas, muito humilde e fiel, boa cozinheira, com alguma inteligência em lavar e passar, e excelente para tratar crianças, pela quantidade de 500 pesos. Na rua de Daoiz, número 150, explicarão o resto.

Vende-se belo cavalo de fina estampa, de seis palmos e três polegadas de altura...

Alugam-se posses para residências. Negras para o serviço da casa. Negros para peões e para todo trabalho, e dá-se de presente negrinhos para brincar com meninos. De tudo darão detalhes na rua de Daoiz, número 11.

Sanguessugas superiores acabadas de chegar da península, encontram-se à venda na... *(276)*

PARTE ECONOMICA.

Ventas de animales.

Se vende una negra criolla, jóven sana y sin tachas, muy humilde y fiel, buena cocinera, con alguna inteligencia en lavado y plancha, y escelente para manejar niños, en la cantidad de 500 pesos. En la calle de Daoiz, número 150, impondrán de lo demas. 3¦11

Se vende un hermoso caballo de bonita estampa, de seis cuartas tres pulgadas de alzada, de-

• SE ALQUILAN POSESIONES para viviendas. Negras para el servicio de casa. Negros para peones y para todo trabajo, y se dan negritos para jugar con niños. De todo darán razon en la calle de Daoiz número 11. mzo. 21

***SANGUIJUELAS** superiores aca*-
badas de llegar de la península, se hallan de venta en la

1839
Valparaíso

O iluminador

Ladeira acima, no bairro de La Rinconada do porto chileno de Valparaíso, na frente de uma casa qualquer há um cartaz:

LUZES E VIRTUDES AMERICANAS
Isto é, velas de sebo, paciência, sabão,
resignação, cola forte, amor ao trabalho.

Lá dentro, fumaça de cozinha e alvoroço de guris. Aqui vive Simón Rodríguez. O mestre de Bolívar tem em sua casa uma escola e uma fabriquinha. Ele ensina aos meninos a alegria de criar. Fazendo velas e sabão, paga as despesas. *(298)*

1839
Veracruz

"Dai-me por Deus um marido, ainda que velho, manco ou malparido"

O embaixador da Espanha pisa em terra mexicana pela primeira vez. Não encontra em Veracruz outro pássaro além dos urubus à espreita dos mortos. De braços dados com a mulher, sai para passear pelas ruas tristes, para ir averiguando os costumes do país.

Em uma igreja, o embaixador encontra um santo surrado. Com pedradas as solteiras pedem milagre. De esperança disparam pedras as jovens, achando que a melhor pontaria lhes dará o melhor marido; e por vingança as murchas, que já não esperam de Santo Antônio de Pádua marido nem consolo, o crivam vociferando insultos. Bem arrebentado está o pobre Santo Antônio, com a cara desfeita, tocos no lugar dos braços, e o peito cheio de buracos. Deixam flores aos seus pés. *(57)*

1840
Cidade do México

Baile de máscaras

Os costureiros e cabeleireiros franceses da Cidade do México andam correndo sem parar, de casa em casa, de dama em dama. No grande baile em benefício dos pobres, quem será a mais elegante? Que beleza prevalecerá?

Madame Calderón de la Barca, esposa do embaixador da Espanha, prova o vestido nacional mexicano, o traje típico do vale de Puebla. Alegria do espelho que recebe a imagem: blusa branca de rendas e bordados, saia vermelha, fulgor de lantejoulas sobre as anáguas bordadas. Madame Calderón aperta a cintura, dando mil voltas à faixa colorida, e penteia-se com uma risca no meio dos cabelos, unindo as tranças com um anel.

Toda a cidade fica sabendo. Reúne-se o Conselho de Ministros para contornar o perigo. Três ministros – Relações Exteriores, Interior e Guerra – apresentam-se na casa do embaixador e formulam oficial advertência. As senhoras importantes não podem acreditar: desmaios, sais, ventanias de leques: tão digna dama, tão indignamente vestida! E em público! Os amigos aconselham, o corpo diplomático pressiona: cuidado, evitai o escândalo, tais roupas são próprias de mulheres de reputação duvidosa.

Madame Calderón de la Barca renuncia ao traje nacional. Não irá ao baile vestida de mexicana. Exibirá roupas de camponesa italiana do Lazio. Umas das patrocinadoras da festa acudirá vestida de rainha da Escócia. Outras damas serão cortesãs francesas ou camponesas suíças, inglesas ou aragonesas, ou se envolverão em extravagantes véus turcos.

Navegará a música em um mar de pérolas e brilhantes. Será uma dança sem graça: não por culpa dos pés e sim dos sapatos, tão minúsculos e atormentadores. *(57)*

Alta sociedade mexicana: assim começa uma visita

– Como vai a senhora? A senhora vai bem?
– *Às suas ordens. E a senhora?*
– *Sem novidades, às suas ordens.*
– *Como a senhora passou a noite?*
– *Às suas ordens.*
– *Como me alegro! E a senhora, como vai?*

– À sua disposição. E a senhora?
– Muito obrigada. E o senhor?
– Às suas ordens, sem novidades.
– Queira fazer o favor de sentar-se.
– Primeiro a senhora.
– Não, senhora, primeiro a senhora, por favor.
– Bem, vá lá, para lhe obedecer, senhora, mas sem cerimônias; sou inimiga de formalidades e etiquetas. (57)

Pregões ao longo do dia na Cidade do México

– Carvão, senhor!
– Manteeeiga! Manteeeiga a real e meio!
– Carne-seca, da boa!
– Tem seeeebooo?
– Botõõõões!
– Ameixas amarelas!
– Bananas, laranjas, romãs pequeninas?
– Espelhiiiiiinhos!
– Pãozinho de forno, quentiiinhos!
– Quem quer gaiolas de Puebla, gaiolas de cinco varas?
– Bolos de mel! Queijo e mel, requeijão e melado bão!
– Carameeelos! Cocada! Mereeeengues!
– O úúúúltimo bilheeete, o último por meio real!
– Brooooas !
– Quem quer nozes?
– Brooooas de requeijão!
– Patos, minh'alma! Patos quentes!
– Pamoonhas, pamonhiinhas!
– Castanhassaaada? *(57)*

Alta sociedade mexicana: assim se despede o médico

Junto à cama:
– Senhora, estou às suas ordens!
– Muitíssimo obrigada, senhor.
Ao pé da cama:

– Reconheça-me, senhora, como seu mais humilde servidor!
– Bom-dia, senhor.
Fazendo uma pausa junto à mesa:
– Senhora, beijo-lhe os pés!
– Senhor, beijo-lhe a mão!
Perto da porta:
– Senhora, minha pobre casa, e tudo o que existe nela, e eu mesmo, apesar de inútil, tudo o que tenho é seu!
– Muitíssimo obrigada, senhor!
Me dá as costas para abrir a porta, mas vira para mim depois de abri-la.
– Adeus, senhora, sou seu servidor!
– Adeus, senhor!
Sai, finalmente, mas entreabrindo logo a porta e pondo a cabeça para fora:
– Bom-dia, senhora! (57)

1840
Cidade do México

ASSIM É INICIADA UMA FREIRA DE CLAUSURA

Escolheste a boa vereda
e ninguém poderá afastar-te,
eleita.

Aos dezesseis anos, diz adeus ao mundo. Em carruagem passou pelas ruas que nunca mais verá. Parentes e amigos que nunca mais a verão assistem à cerimônia no convento de Santa Teresa.

ninguém, ninguém, nada
poderá afastar-te

Comerá junto às outras esposas de Cristo, em tigela de barro, com uma caveira servindo de centro de mesa. Fará penitência pelos pecados que não cometeu, misteriosos delitos que outros gozam e que ela redimirá atormentando a carne com cinturão de espinhos e coroa de espinhos. Dormirá para sempre sozinha, em leito de mortificação; vestirá tecidos que lixam a pele.

longe das batalhas da grande Babilônia
corrupções tentações perigos
longe

Está coberta de flores e pérolas e diamantes. É despojada de todos os enfeites, é despojada de roupas.

nunca

Ao som do órgão, o bispo exorta e abençoa. O anel pastoral, uma enorme ametista, desenha a cruz sobre a cabeça da moça ajoelhada. Cantam as freiras:

Ancilla Christi sum...

É vestida de negro. As freiras, deitadas, humilham seus rostos contra o chão, negras asas abertas ao redor do círculo de círios.

Fecha-se uma cortina, como tampa de ataúde. *(57)*

1842

San José da Costa Rica

AINDA QUE O TEMPO TE ESQUEÇA, A TERRA NÃO

Na cidade da Guatemala, damas e frades preparam Rafael Carrera, caudilho das montanhas, para exercer longa ditadura. Experimentam nele o tricórnio, a casaca e o espadim; ensinam-lhe a caminhar com botas de verniz, a escrever o próprio nome e a ler as horas no relógio de ouro. Carrera, criador de porcos, continuará exercendo seu ofício por outros meios.

Em San José da Costa Rica, Francisco Morazán se prepara para morrer. Difícil coragem. Para Morazán, namorado da vida, homem de vida tanta, a viagem não é fácil. Passa a noite com os olhos pregados no teto da cela, dizendo adeus. Foi muito o mundo. O general demora para se despedir. Gostaria de ter governado mais e lutado menos. Muitos anos passou guerreando, a facão limpo, pela grande pátria centro-americana, enquanto ela se obstinava em se partir.

Antes do clarim militar, soa o pássaro madrugador. O canto do madrugador vem do alto céu e do fundo da infância, como antes, como sempre, ao final da escuridão. Dessa vez anuncia o último amanhecer.

Morazán enfrenta o pelotão de fuzilamento. Descobre a cabeça e ele mesmo manda preparar armas. Manda apontar, corrige a pontaria, dá a ordem de fogo.

A descarga o devolve à terra. *(220)*

1844
Cidade do México

Os galinhos guerreiros

A Igreja, latifundiária e agiota, é dona da metade do México. A outra metade pertence a um punhado de senhores e aos índios acurralados em suas comunidades. O proprietário da presidência é o general López de Santa Anna, que vela pela paz pública e pela boa saúde de seus galos de briga.

Santa Anna governa com alguns dos galos nos braços. Assim recebe bispos e embaixadores, e para atender um galo ferido abandona as reuniões de gabinete. Funda mais rinhas de galos que hospitais e dita mais regras de briga que decretos de educação. Os galistos integram sua corte privada, junto com os jogadores e as viúvas de coronéis que nunca existiram.

Ele gosta muito de um galo pintado que finge de fêmea e se engraça com o inimigo até que o apunhala quando o põe bobo; mas entre todos prefere o feroz Pedrinho. Pedrinho, ele trouxe de Veracruz, com a terra de lá, para que pudesse se mexer nela sem saudade. O próprio Santa Anna amarra a farpa em Pedrinho, na roda de briga. Cruza apostas com arrieiros e vagabundos, e mastiga penas do rival para lhe dar azar. Quando fica sem moedas, atira condecorações na arena.

– Dou oito a cinco!

– Oito a quatro se quiser!

Um relâmpago atravessa o redemoinho de penas e a esporada de Pedrinho arranca os olhos ou abre a garganta de qualquer campeão. Santa Anna dança num pé só e o matador ergue a crista, bate as asas e canta. *(227 e 309)*

1844
Cidade do México

Santa Anna

franze a cara, perde o olhar no vazio: está pensando em algum galo caído em combate ou em sua própria perna, a que perdeu, venerada prenda de glória militar.

Faz seis anos, durante uma guerrinha contra o rei da França, um tiro de canhão arrancou-lhe a perna. Do leito de agonia, o mutilado presidente ditou a seus secretários um lacônico recado de quinze páginas, de adeus à pátria; mas voltou à vida e ao poder, como era de costume.

Um cortejo enorme acompanhou a perna de Veracruz até a capital. Chegou a perna sob um pálio, escoltada por Santa Anna, que mostrava o chapéu de plumas brancas pela janela da carruagem; e atrás, com gala total, vieram bispos e ministros e embaixadores e um exército de hussardos, dragões e soldados armados de couraça. A perna atravessou mil arcos de flores, de aldeia em aldeia, entre filas de bandeiras, e à sua passagem ia recebendo responsórios e discursos, odes, hinos, salvas de canhão e badaladas de sino. Ao chegar ao cemitério, o presidente pronunciou, diante do panteão, a homenagem final a esse pedaço dele que a morte tinha levado como se fosse um adiantamento.

Desde então dói nele a perna que falta. Hoje dói mais que nunca, dói até não dar mais, porque o povo em rebelião arrebentou o monumento que a guardava e está arrastando a perna pelas ruas da cidade. *(227)*

1845

Vuelta de Obligado

A invasão dos comerciantes

Há três anos, a esquadra britânica humilhou o Celeste Império. Depois do bloqueio de Cantão e de todo o litoral, a invasão inglesa impôs aos chineses o consumo do ópio, em nome da liberdade de comércio e da civilização ocidental.

Depois da China, a Argentina. De pouco ou nada serviram os longos anos de bloqueio do porto de Buenos Aires. Juan Manuel de Rosas, que manda adorar seu retrato e governa rodeado de bufões vestidos de rei, ainda nega a abertura dos rios argentinos. Banqueiros e comerciantes da Inglaterra e da França reclamam há anos que se castigue a insolência.

Muitos argentinos caem na defesa, mas finalmente os barcos de guerra dos dois países mais poderosos do mundo arrebentam com disparos de canhão as correntes estendidas no rio Paraná. *(271 e 336)*

1847

Cidade do México

A conquista

– *O México cintila diante de nossos olhos* – tinha-se deslumbrado o presidente Adams, no despontar do século.

À primeira mordida, o México perdeu o Texas.

Agora os Estados Unidos têm o México inteiro no prato.

O general Santa Anna, sábio em retiradas, foge rumo ao sul, deixando um córrego de espadas e cadáveres nos barrancos. De derrota em derrota, retrocede seu exército de soldados ensanguentados, mal-alimentados, jamais pagos, e junto deles os antigos canhões arrastados por mulas, e depois a caravana de mulheres que carregam em canastras filhos, farrapos e *tortillas.* O exército do general Santa Anna, com mais oficiais que soldados, só é eficaz para matar compatriotas pobres.

No castelo de Chapultepec, os cadetes mexicanos, quase meninos, não se rendem. Resistem ao bombardeio com uma obstinação que não vem da esperança. Sobre seus corpos se derramam as pedras. Entre as pedras, os vencedores fincam a bandeira das barras e das estrelas, que se eleva, no meio da fumaça, sobre o vasto vale.

Os conquistadores entram na capital. A Cidade do México: oito engenheiros, dois mil frades, dois mil e quinhentos advogados, vinte mil mendigos.

O povo, encolhido, grunhe. Dos telhados, chovem pedras. *(7, 127, 128 e 187)*

1848

Vila de Guadalupe Hidalgo

Os conquistadores

Em Washington, o presidente Polk proclama que sua nação já é tão extensa como a Europa inteira. Não há quem pare o avanço desse jovem país devorador. Rumo ao sul e rumo ao oeste, os Estados Unidos crescem matando índios, atropelando vizinhos, ou pagando. Compraram a Luisiana de Napoleão e oferecem à Espanha cem milhões de dólares pela ilha de Cuba.

Mas o direito de conquista é mais glorioso e mais barato. O tratado com o México é assinado na vila de Guadalupe Hidalgo. O México cede aos Estados Unidos, com uma pistola no peito, a metade do seu território. *(128)*

1848

Cidade do México

OS IRLANDESES

Na Praça Maior da Cidade do México, os vencedores castigam. Não só açoitam os mexicanos rebeldes. Também os irlandeses desertores levam na cara a marca do ferro em brasa e depois são pendurados na forca.

O batalhão irlandês Saint Patrick chegou com os invasores, mas lutou junto com os invadidos. Do norte até Molino del Rey, os irlandeses fizeram sua a sorte, a má sorte, dos mexicanos. Muitos caíram defendendo, sem munições, o convento de Churubusco. Os prisioneiros balançam, com as caras queimadas, no patíbulo. *(128)*

1848

Ibiray

UM VELHO DE PONCHO BRANCO EM UMA CASA DE PEDRA VERMELHA

Não gostou nunca das cidades. Sua querência é uma floresta do Paraguai, e sua carruagem, uma carreta cheia de ervas curadoras. Um bastão o ajuda a caminhar, e o negro Ansina, trovador de verso alegre, ajuda-o a trabalhar a terra e a receber sem sombras más a luz de cada dia.

– *José Artigas, às suas ordens.*

Oferece mate e respeito, palavras poucas às visitas que de vez em quando vêm do Uruguai:

– *Quer dizer que meu nome ainda é ouvido por lá.*

Tem mais de oitenta anos, vinte e oito de exílio, e se nega a regressar. Continuam vencidas as ideias nas quais acreditou e as gentes que amou. Bem sabe Artigas quanto pesam o mundo e a memória, e prefere calar. Não há erva que cicatrize as feridas de dentro. *(277)*

JOSÉ ARTIGAS, SEGUNDO DOMINGO FAUSTINO SARMIENTO

Era um salteador, nada mais, nada menos. Trinta anos de prática assassinando ou roubando dão títulos indiscutíveis para o exercício do mando sobre a paisanada de indiadas alvoroçadas por uma revolução política, e entre as quais vem incrustado o nome assustador de Artigas como chefe de bandoleiros... Quem o obedecia? As raças de índios, reduzidos ou selvagens que acaudilha pelo direito do mais selvagem, do mais cruel, do mais inimigo dos brancos. Incivil, pois não frequentou cidades nunca, alheio a toda tradição humana de governo livre; e embora branco, mandando indígenas menos preparados ainda que ele... Considerando os antecedentes e os atos de Artigas, sentimos uma espécie de sublevação da razão, dos instintos do homem de raça branca, ao querer dar-lhe um pensamento político e um sentimento humano. (311)

1848
Buenos Aires

Os amantes (I)

Dramatis personae:

CAMILA O'GORMAN. Nascida em Buenos Aires, em casa de três pátios, há vinte anos. Educada com cheiro de santidade, para ser sucessivamente virgem, esposa e mãe na senda reta que conduz à paz conjugal, aos trabalhos de agulha, aos saraus de piano e ao rosário rezado com véu negro na cabeça. Fugiu com o pároco da igreja do Socorro. A ideia foi dela.

LADISLAO GUTIÉRREZ. Ministro de Deus. Vinte e cinco anos. Sobrinho do governador de Tucumã. Não conseguiu dormir desde que pôs a hóstia na língua dessa mulher ajoelhada à luz dos círios. No fim deixou cair o missal e a batina e soltou um tropel de anjinhos e pombas de campanário.

ADOLFO O'GORMAN. Inicia cada refeição recitando os dez mandamentos, na cabeceira de uma longa mesa de caioba. De casta mulher engendrou um filho sacerdote, um filho policial e uma filha fugitiva. Pai exemplar, é o primeiro a pedir exemplar castigo para *o horrendo escândalo* que envergonha sua família. Em carta a Juan Manuel de Rosas, reclama mão dura *contra o ato mais atroz e nunca ouvido no país.*

FELIPE ELORTONDO Y PALACIO. Secretário da Cúria. Também escreve a Rosas pedindo a captura dos amantes e seu inflexível castigo, para prevenir crimes semelhantes no futuro. Em sua carta, esclarece que foi o bispo quem fez Gutiérrez virar padre.

JUAN MANUEL DE ROSAS. Manda caçar os amantes. De Buenos Aires, galopam os mensageiros. Levam um impresso que descreve os fugitivos. Camila: *branca, de olhos negros de olhar agradável, alta, de corpo delgado, bem proporcionada.* Ladislao: *moreno, delgado, de barba inteira e cabelo crespo.* A justiça será feita, promete Rosas, *para satisfazer à religião e às leis e para impedir a consequente desmoralização, libertinagem e desordem.* Todo o país está à espreita.

Também participam:

A IMPRENSA DE OPOSIÇÃO. De Montevidéu, Valparaíso e La Paz, os inimigos de Rosas invocam a moral pública. No jornal *El Mercurio Chileno* se lê: *Chegou a tal extremo a horrível corrupção dos costumes sob a tirania do "Calígula do Prata", que os ímpios e sacrílegos sacerdotes de Buenos Aires fogem com as meninas da melhor sociedade, sem que o infame sátrapa adote medida alguma contra essas monstruosas imoralidades.*

OS CAVALOS. Levam os amantes para o norte, campos afora, driblando cidades. O de Ladislao é de pelo dourado e pernas compridas. O de Camila, cinzento, gordo e rabudo. Dormem, como seus cavaleiros, à intempérie. Não se cansam.

A BAGAGEM. Dele: um poncho de lã, algumas roupas, um par de navalhas e um par de pistolas, um isqueiro, uma gravata de seda e um tinteiro de cristal. Dela: um xale de seda, alguns vestidos, quatro anáguas, um leque, um par de luvas, um pente e um anelzinho de ouro quebrado. *(166 e 219)*

Os amantes (II)

Eles são dois por engano. A noite corrige.

1848

Santos Lugares

Os amantes (III)

No verão, fogem. Passam o outono no porto de Goya, às margens do Paraná. Lá se chamam com outros nomes. No inverno são descobertos, delatados e agarrados.

São levados para o sul, em carretas separadas. As rodas deixam cicatrizes no caminho.

Em calabouços separados são trancados, na prisão de Santos Lugares.

Se pedirem perdão, serão perdoados. Camila, grávida, não se arrepende. Ladislao tampouco. Prendem ferros a seus pés. Um sacerdote orvalha os grilhões com água benta.

São fuzilados no pátio, com os olhos vendados. *(219)*

1848

Bacalar

Cecílio Chi

Falaram as espigas, avisando fome. As imensas plantações de açúcar estão devorando as plantações de milho das comunidades maias da região mexicana de Iucatã. Compram-se homens, como na África, pagando-os com aguardente. *Os índios ouvem pelas costas,* diz o açoite.

E explode a guerra. Fartos de pôr os mortos em guerras alheias, os maias acodem ao chamado do tambor de tronco oco. Brotam da mata, da noite, do nada, o facão numa mão, a tocha na outra: com as fazendas ardem seus donos e os filhos de seus donos e ardem também os documentos de dívida que fazem escravos os índios e os filhos dos índios.

O torvelinho maia se contorce e arrasa. Cecílio Chi avança com quinze mil índios contra os canhões e assim cai a soberba de Valladolid de Iucatã, que se crê tão fidalga, tão de Castela, e caem Bacalar e muitos povoados e guarnições, um atrás do outro.

Cecílio Chi extermina inimigos invocando o antigo rebelde Jacinto Canek, e o mais antigo profeta Chilam Balam. Anuncia que o sangue inundará a praça de Mérida até os tornozelos das gentes. Oferece aguardente e fogos artificiais aos santos padroeiros de cada aldeia que ocupa: se os santos se negam a mudar de lado, e continuam a serviço dos amos, Cecílio Chi os degola a facão e os atira na fogueira. *(144 e 273)*

1849
Margens do rio Platte

UM CAVALEIRO CHAMADO VARÍOLA

De cada quatro índios pawnees, um morreu este ano de varíola ou cólera. Os kiowas, seus inimigos de sempre, salvaram-se graças ao Velho Tio Saynday.

Andava o velho malandro por estas planícies, de pena em pena. *Meu mundo acabou,* comprovava, enquanto em vão buscava cervos e búfalos e o rio Washita lhe oferecia barro vermelho no lugar de água clara. *Logo meu povo kiowa será cercado como as vacas.* Sumido nessas melancolias perambulava o Velho Tio Saynday, quando viu que lá no leste, em vez do sol, amanhecia a escuridão. Uma grande mancha escura vinha crescendo através da pradaria. Quando ela chegou, descobriu que a mancha era um cavaleiro de negras roupas, alto chapéu negro e negro cavalo. O cavaleiro tinha ferozes cicatrizes na cara.

– Eu me chamo Varíola – se apresentou.

– Nunca ouvi – diz Saynday.

– Venho de longe, do outro lado do mar – explicou o desconhecido. – Trago morte.

Perguntou pelos kiowas. O Velho Tio Saynday soube mudá-lo de rumo. Explicou-lhe que os kiowas não valiam a pena, povo pouquinho e pobretão, e em troca lhe recomendou os índios pawnees, que são muitos, belos e poderosos, indicando-lhe os rios onde vivem. *(198)*

1849
San Francisco

O OURO DA CALIFÓRNIA

De Valparaíso acodem em massa os chilenos. Trazem um par de botas e um punhal, um farol e uma pá.

Porta de ouro se chama agora a entrada da baía de San Francisco. Até ontem, San Francisco era a aldeia mexicana de Yerbas Buenas. Nessas terras, usurpadas do México na guerra da conquista, há pepitas de três quilos de ouro puro.

Não há lugar na baía para tanto barco. Toca fundo a âncora e voam os aventureiros para além dos morros. Ninguém perde tempo em surpresas ou cumprimentos. O jogador afunda no barro suas botinas de verniz:

– *Viva meu dado carregado, viva meu baralho!*

Só com pisar nessa terra, o mambembe vira rei e morre de despeito a bela que o tinha desprezado. Vicente Pérez Rosales, recém-chegado, escuta os pensamentos de seus compatriotas: "Já tenho talento! Porque no Chile, quem é burrico sendo rico?". *Aqui, quem perde tempo perde ouro.* Incessante trovão de martelos, mundo que ferve, estrépitos de parto: do nada brotam as tendas onde se oferecem ferramentas e licores e carne-seca a troco de sacos de couro cheios de ouro em pó. Grasnam os corvos e os homens, bandos de homens de todas as pátrias, e noite e dia gira o torvelinho de jaquetas e jaquetões marinheiros, peles do Oregon e botões de Maule, punhais franceses, chapéus chineses, botas russas e balas fulgurantes no cinturão dos vaqueiros.

Uma chilena agradável de se ver sorri como pode debaixo da sombrinha de rendas, amassada pelo espartilho e pela multidão que a leva em andor sobre o barro pavimentado de garrafas quebradas. Ela é, nesse porto, Rosarita Améstica. Era Rosarito Izquierdo quando nasceu em Quilicura, há um segredo de anos, e depois foi Rosarito Villaseca em Talcahuano, Rosarito Toro em Talca e Rosarito Montalva em Valparaíso.

Do castelo de popa de um barco, o leiloeiro oferece as damas à multidão. Exibe-as e elogia, uma por uma, *vejam senhores que estampa que juventude que formosura que...*

– *Quem dá mais?* – apura o leiloeiro. – *Quem dá mais por esta flor incomparável? (256)*

1849
O Moinho

ELES ESTAVAM AQUI

Chama o homem e flameja o ouro nas areias e rochas. Faíscas de ouro saltam pelos ares; dócil vem o ouro à mão do homem, do fundo dos rios e das quebradas da Califórnia.

O Moinho é um dos muitos acampamentos surgidos às margens do ouro. Um dia, os mineiros de O Moinho percebem certas tenazes linhas de fumaça que se erguem do distante monte de ciprestes. De noite, veem uma fila de fogos caçoando do vento. Alguém reconhece os sinais: o telégrafo dos índios está convocando a guerra contra os intrusos.

Num piscar de olhos, os mineiros formam um destacamento de cento e setenta rifles e atacam de surpresa. Trazem mais de cem prisioneiros e fuzilam quinze só para avisar. *(256)*

Cinzas

Desde que teve o sonho do Coelho Branco, o velho não falava de outra coisa. Custava-lhe falar, e há muito que não podia ficar em pé. Os anos tinham aguado seus olhos e o tinham dobrado sem remédio. Vivia dentro de uma canastra, a cara escondida atrás dos joelhos pontudos em posição de voltar para a barriga da terra. Metido na canastra, viajava nas costas de algum filho ou neto e contava seu sonho a todo mundo: *O Coelho Branco vai nos devorar,* balbuciava. *Vai devorar nossa semente, nossa erva, nossa vida.* Dizia que o Coelho Branco chegaria montado num animal maior que o cervo, um animal com pés redondos e pelos no pescoço.

O velho não chegou a ver a febre do ouro nessas terras da Califórnia. Antes que chegassem, a cavalo, os mineiros, anunciou:

– A velha raiz está pronta para crescer.

Foi queimado em sua canastra, sobre lenhas que ele mesmo tinha escolhido. *(229)*

1849

Baltimore

Poe

Às portas de uma taverna de Baltimore jaz o moribundo de barriga para cima, afogando-se no próprio vômito. Alguma mão piedosa o arrasta para o hospital, na madrugada; e nada mais, nunca mais.

Edgar Allan Poe, filho de artistas esfarrapados e andarilhos, poeta vagabundo, convicto e confesso culpado de desobediência e delírio, tinha sido condenado por invisíveis tribunais e tinha sido triturado por pinças invisíveis.

Ele se perdeu procurando a si mesmo. Não procurando o ouro da Califórnia. *(99 e 260)*

1849

San Francisco

As calças de Lévi

Os fulgores de violências e milagres não cegam Lévi-Strauss, que chega da remota Baviera e num piscar de olhos percebe que aqui o mendigo vira milionário e o milionário mendigo ou cadáver num estalido de baralhos ou gatilhos. E num outro piscar de olhos descobre que as calças viram farrapos nessas minas da Califórnia e decide dar melhor destino aos fortes tecidos que tinha trazido. Não venderá toldos nem barracas. Venderá calças, ásperas calças para homens ásperos no áspero trabalho de escavação nos rios e galerias. Para que não se desmanchem as costuras, ele as reforça com rebites de cobre. Atrás, abaixo da cintura, Lévi estampa seu nome numa etiqueta de couro.

Logo os vaqueiros de todo o oeste farão suas essas calças de brim azul de Nimes, que não se deixam gastar pelos sóis ou pelos anos. *(113)*

1850

San Francisco

O caminho do desenvolvimento

Anda o chileno Pérez Rosales querendo tentar a sorte nas minas da Califórnia. Sabendo que a poucas milhas de San Francisco pagam preços de fábula por comida, consegue uns quantos sacos de carne-seca cheia de traça e umas latas de doce e compra um barco. Já está saindo do cais, quando um agente da alfândega aponta sua cabeça com um fuzil:

– *Alto lá!*

Esse barco não pode navegar em nenhum rio dos Estados Unidos, *porque foi construído no estrangeiro e não tem quilha de madeira norte-americana.*

Os Estados Unidos defendem seu mercado nacional desde os tempos do primeiro presidente. Abastecem de algodão a Inglaterra, mas as tarifas aduaneiras fecham caminho aos tecidos ingleses e a tudo que é produto que possa prejudicar sua própria indústria. Os plantadores dos Estados sulinos querem roupa inglesa, que é muito melhor e mais barata, e lamentam que os teares do norte lhes imponham seus tecidos feios e caros, desde a fralda do recém-nascido até a mortalha do defunto. *(162 e 256)*

1850

Buenos Aires

O CAMINHO DO SUBDESENVOLVIMENTO: O PENSAMENTO DE DOMINGO FAUSTINO SARMIENTO

Não somos industriais nem navegantes e a Europa nos proverá por longos séculos de seus artefatos em troca de nossas matérias-primas. *(310)*

1850

Rio da Prata

BUENOS AIRES E MONTEVIDÉU EM MEADOS DO SÉCULO

De sua poltrona da Academia Francesa até o cais do rio da Prata, navega o poeta Xavier Marmier.

As grandes potências europeias chegaram a um acordo com Rosas. Já foi levantado o bloqueio de Buenos Aires. Marmier pensa estar caminhando pela *rue* Vivienne quando percorre a rua Peru. Nas vitrinas, encontra sedas de Lyon e o *Journal de Modes*, romances de Dumas e Sandeau e poesias de Musset; mas à sombra dos portais da Prefeitura perambulam negros descalços, com uniforme de soldados, e soa no pavimento o trote de um gaúcho.

Alguém explica a Marmier que nenhum gaúcho desgraça ninguém sem antes beijar a lâmina da faca e jurar pela Imaculada; e se o defunto era gente estimada, homem querido, o degolador o monta em seu cavalo e o amarra na sela para que entre cavalgando no cemitério. Mais longe, nas praças suburbanas, Marmier descobre as carroças, navios do pampa, que do interior trazem couros e trigos e na volta levam telas e licores chegados do Havre ou de Liverpool.

O poeta cruza o rio. Há sete anos Montevidéu está sitiada pelas costas, acossada pelo exército gaúcho do general Oribe, mas a cidade sobrevive de cara para o rio-mar, graças aos navios franceses que derramam no porto mercadorias e dinheiros. Um dos jornais montevideanos se chama *Le Patriote Français* e é francesa a maioria da população. No refúgio dos inimigos de Rosas, anota Marmier, *os ricos viraram pobres e todos viraram loucos.* Uma onça de ouro paga um galã para prender uma camélia nos cabelos da noiva e a dona de casa oferece à visita um ramo de madressilvas atado em aro de prata, rubis e esmeraldas. Para as damas de Montevidéu, a guerra entre as vanguardistas e as conservadoras parece mais importante que a guerra contra os camponeses uruguaios, guerra de verdade que mata gente. As vanguardistas usam cabelos curtíssimos e as conservadoras exibem grandes cachos. *(196)*

1850
Paris

Dumas

Alexandre Dumas arregaça as mangas de fina cambraia e, pluma em riste, de uma tirada escreve as épicas páginas de *Montevidéu ou a nova Troia.*

O romancista, homem de fantasia e glutonaria, cotou em cinco mil francos essa profissional proeza da imaginação. Chama de *montanha* o humilde morro de Montevidéu, e converte em epopeia grega a guerra dos comerciantes estrangeiros contra a cavalaria gaúcha. As hostes de Giuseppe Garibaldi, que lutam por Montevidéu, não levam à frente a bandeira de Montevidéu e sim a clássica caveira pirata com as tíbias cruzadas sobre fundo negro; mas no romance que Dumas escreve de encomenda não há senão mártires e titãs na defesa da cidade quase francesa. *(101)*

1850
Montevidéu

Lautréamont aos quatro

No porto de Montevidéu nasceu Isidoro Ducasse. Uma dupla muralha fortificada separa do campo a cidade sitiada. Isidoro cresce atordoado pelos tiros de canhão e vendo passar moribundos dependurados nos cavalos.

Seus sapatos caminham rumo ao mar. Plantado na areia, cara ao vento, ele pergunta ao mar aonde vai a música depois que sai do violino, e aonde vai o sol quando chega a noite, e aonde vão os mortos. Isidoro pergunta ao mar para onde é que se foi a mãe, aquela mulher de quem ele não consegue se recordar, nem deve citar, nem sabe imaginar. Alguém lhe disse que os outros mortos a expulsaram do cemitério. Nada responde o mar, que tanto conversa; e o menino foge barranco acima e chorando abraça com todas as suas forças uma árvore, para que não caia. *(181)*

1850
Chan Santa Cruz

Cruz que fala

Três longos anos de guerra índia em Iucatã. Mais de cento e cinquenta mil mortos, cem mil refugiados. A população se reduziu à metade.

Um dos capitães da rebelião, o mestiço José Maria Barrera, conduz os índios até uma gruta no mais remoto da selva. Ali o manancial oferece água fresca, à sombra de uma altíssima caioba. Da caioba nasceu uma pequena cruz que fala.

Diz a cruz, em língua maia:

– *Chegou o tempo de Iucatã se levantar. Eu a cada hora estou caindo, estão me machadando, estão me dando punhaladas, estão me dando pauladas. Eu ando por lucatán para redimir meus índios amados...*

A cruz tem o tamanho de um dedo. Os índios a vestem. Põem nela *huipil* e saia; a enfeitam com fios coloridos. Ela juntará os dispersos. *(273)*

1851
Latacunga

"Ando errante e despido..."

– *Em vez de pensarmos em medos, em persas, em egípcios, pensemos nos índios. Mais nos vale entender um índio que um Ovídio. Empreenda sua escola com índios, senhor reitor.*

Simón Rodríguez oferece seus conselhos ao colégio da aldeia de Latacunga, no Equador: que uma cátedra de língua quíchua substitua a de latim, e que se ensine física em vez de teologia. Que o colégio levante uma fábrica de louça e outra de vidro. Que se implantem mestria de construção, carpintaria e ferraria.

Pelas costas do Pacífico e montanhas dos Andes, de aldeia em aldeia, peregrina dom Simón. Ele nunca quis ser árvore, quis ser vento. Leva um quarto de século levantando pó pelos caminhos da América. Desde que Sucre o expulsou de Chuquisaca, fundou muitas escolas e fábricas de velas e publicou um par de livros que ninguém leu. Com suas próprias mãos compôs os livros, letra a letra, porque não há tipógrafo que possa com tantas chaves e quadros sinóticos. Esse velho vagabundo, calvo e feio e barrigudo, curtido pelos sóis, leva nas costas um baú cheio de manuscritos condenados pela absoluta falta de dinheiro e de leitores. Roupa, não leva. Não tem mais que a que leva no corpo.

Bolívar o chamava *meu mestre, meu Sócrates.* Dizia-lhe: *o senhor moldou meu coração para o grande e o belo.* As pessoas apertam os dentes para não rir, quando o louco Rodríguez lança suas perorações sobre o trágico destino dessas terras hispano-americanas:

– *Estamos cegos! Cegos!*

Quase ninguém o escuta, ninguém acredita nele. Acham que é judeu, porque vai regando filhos por onde passa e não os batiza com nomes de santos, e os chama Milho, Abóbora, Cenoura e outras heresias. Mudou de sobrenome três vezes e diz que nasceu em Caracas, mas também diz que nasceu em Filadélfia e em Sanlúcar de Barrameda. Correm rumores de que uma de suas escolas, a de Concepción, no Chile, foi arrasada por um terremoto que Deus enviou quando soube que dom Simón ensinava anatomia passeando pelado na frente dos alunos.

Cada dia está mais sozinho dom Simón. O mais audaz, o mais amável dos pensadores da América, cada dia mais sozinho.

Aos oitenta anos, escreve:

– Eu quis fazer da terra um paraíso para todos. Fiz dela um inferno para mim. (298)

As ideias de Simón Rodríguez: "Ou inventamos ou estamos perdidos"

Veja a Europa como inventa, e veja a América como imita!

Uns tomam por prosperidade ver seus portos cheios de barcos... alheios, e suas casas convertidas em armazéns de coisas... alheias. Cada dia chega uma remessa de roupa feita, e até de gorros para os índios. Logo veremos pacotinhos dourados, com as armas da coroa, contendo terra preparada "por um novo método" para os meninos acostumados a comer terra.

As mulheres confessando em francês! Os missionários absolvendo os pecados em castelhano!

A América não deve imitar servilmente, deve ser original.

A sabedoria da Europa e a prosperidade dos Estados Unidos são, na América, dois inimigos da liberdade de pensar. Nada querem as novas repúblicas admitir, que não traga o passe... Os estadistas dessas nações não consultaram para suas instituições nada que não fosse a razão; e esta, a encontraram no seu solo. Imitem a originalidade, já que tratam de imitar tudo!

Onde iremos buscar modelos? Somos independentes, mas não livres; donos do solo, mas não de nós.

Abramos a história: e pelo que ainda não está escrito, leia cada um em sua memória. (285)

1851

La Serena

OS PRECURSORES

A miséria é não saber pensar nem dar à memória mais recordação que a dor, diz Francisco Bilbao, e diz que a exploração do homem pelo homem não deixa ao homem tempo para ser homem. A sociedade se divide entre os que tudo podem e os que tudo fazem. Para que ressuscite o Chile, *gigante sepultado sob o monte,* há que se acabar com um sistema que nega albergue a quem constrói palácios e veste de farrapos quem tece as melhores roupas.

Não cumpriram trinta anos os precursores do socialismo no Chile. Francisco Bilbao e Santiago Arcos, jovens de fraque, instruídos em Paris, traíram sua classe. Em busca de uma *sociedade solidária,* desataram, ao longo deste ano, várias insurreições militares e levantamentos populares em todo o país, contra os emperucados e os frades e as propriedades privadas.

No último dia do ano, despenca o último bastião revolucionário na cidade de La Serena. Muitos *vermelhos* caem diante dos pelotões de fuzilamento. Bilbao, que noutra ocasião escapou disfarçado de mulher, fugiu desta vez pelos telhados e rumou para o exílio de batina e missal. *(39)*

1852

Santiago do Chile

"O QUE SIGNIFICOU A INDEPENDÊNCIA PARA OS POBRES?", SE PERGUNTA, NO CÁRCERE, O CHILENO SANTIAGO ARCOS

Dos ricos é e foi, desde a independência, o governo. Os pobres foram soldados, milicianos nacionais, votaram como o patrão mandou, lavraram a terra, fizeram açudes, trabalharam nas minas, carregaram, cultivaram o país, permaneceram ganhando real e meio, foram açoitados, presos aos troncos... Os pobres gozaram da gloriosa independência assim como os cavalos que em Chacabuco e Maipú avançaram contra as tropas do rei. (306)

O POVO DO CHILE CANTA À GLÓRIA DO PARAÍSO

São Pedro, feito patrão,
mandou buscar cachaça e vinho,
uns rolinhos de toucinho,
batatinhas prum salpicão,
um ponche temperadão,
e uma cesta de tortinhas,
pra que tudas as mocinhas
da Corte celestiá
se pudésse alegrá e
o cansancio num chegá.

Tava ficando tarde
quando disse Sant'Antônio:
"Caralho, pelos demônios,
que esta festa está que arde!"
Jogarei anzol no rio
feito tudo mundo faz,
e com muita suavidade
em Santa Clara um capote,
sem que ninguém note,
vou dando assim divagá". (182)

1852
Mendoza

AS LINHAS DA MÃO

Até os anjinhos dos altares exibem fita vermelha na Argentina. Quem se nega desafia as fúrias do ditador. Como muitos inimigos de Rosas, o doutor Federico Mayer Arnold sofreu desterro e prisão.

Há pouco, esse jovem professor de Buenos Aires publicou um livro em Santiago do Chile. O livro, enfeitado com citações em francês, começava assim: *Vinte e dois anos apenas! Três cidades me expulsaram de seu seio e quatro cárceres no seu me receberam. Eu atirei, porém, livre meu pensamento no rosto do déspota! Lanço, de novo ao mundo, minhas ideias, e sem temor espero o que o Destino me tenha preparado.*

Dois meses depois, ao dobrar uma esquina, o doutor Federico Mayer Arnold cai banhado em sangue. Mas não por ordem do tirano: a sogra de Federico, dona Maria, mulher mal-humorada, pagou os esfaqueadores. Ela mandou liquidar o genro, porque era um ingrato. *(14)*

1855

La Cruz

O tesouro dos jesuítas

Ela sabe. Por isso o corvo a persegue, voa atrás dela cada manhã, a caminho da missa, e fica esperando por ela na porta da igreja.

Faz pouco, fez cem anos. Dirá o segredo quando estiver para morrer. Senão, será castigada pela Divina Providência.

– *Daqui a três dias* – promete.

E aos três dias:

– *O mês que vem.*

E no mês:

– *Amanhã veremos.*

Quando a acossam, põe olhos de galinha e banca a atordoada, ou dispara a rir movendo as perninhas, como se ter tanta idade fosse uma malandragem.

Todo o povoado de La Cruz sabe que ela sabe. Era muito menina quando ajudou os jesuítas a enterrar o tesouro nos bosques de Missiones, mas não se esqueceu.

Uma vez, aproveitando uma ausência, os vizinhos abriram o velho baú onde ela passa os dias sentada. Dentro não havia um saco cheio de onças de ouro. No baú encontraram os umbigos secos de seus onze filhos.

E chega a agonia. Todo o povo ao pé do leito. Ela abre e fecha sua boca de peixe, como querendo dizer.

Morre envolta em ares de santidade. O segredo era tudo o que teve na vida, e vai-se embora sem dá-lo a ninguém. *(147)*

1853
Paita

Os três

Já não se veste de capitã, não dispara pistolas, nem monta a cavalo. Não caminham as pernas e o corpo inteiro transborda em gorduras; mas ocupa sua cadeira de inválida como se fosse um trono e descasca laranjas e goiabas com as mãos mais belas do mundo.

Rodeada de cântaros de barro, Manuela Sáenz reina na penumbra do portal de sua casa. Mais além, se abre, entre morros da cor da morte, a baía de Paita. Desterrada nesse porto peruano, Manuela vive de preparar doces e conservas de frutas. Os navios param para comprar. Gozam de grande fama, nessa costa, seus manjares. Por uma colheradinha, suspiram os mestres das baleeiras.

Ao cair da noite, Manuela se diverte jogando restos aos cães vagabundos, que ela batizou com nomes dos generais que foram desleais a Bolívar. Enquanto Santander, Páez, Córdoba, Lamar e Santa Cruz disputam os ossos, ela acende seu rosto de lua, cobre com o leque a boca sem dentes e começa a rir. Ri com o corpo inteiro e os muitos bordados esvoaçantes.

Do povoado de Amotape vem, às vezes, um velho amigo. O andarilho Simón Rodríguez senta-se em uma cadeira de balanço, junto a Manuela, e os dois fumam e conversam e se calam. As pessoas que Bolívar mais quis, o mestre e a amante, mudam de assunto se o nome do herói escorrega para a conversa.

Quando dom Simón vai-se embora, Manuela pede que lhe passem o cofre de prata. Abre o cofre com a chave escondida no peito e acaricia as muitas cartas que Bolívar tinha escrito *à única mulher,* papéis gastos que ainda dizem: *Quero ver-te e rever-te e tocar-te e sentir-te e saborear-te...* Então pede o espelho e se penteia longa e calmamente, para que ele venha visitá-la em sonhos...
(295, 298 e 343)

1854
Amotape

Conta uma testemunha como Simón Rodríguez se despediu do mundo

Dom Simón, assim que viu entrar o cura de Amotape, ergueu-se no quarto, sentou-se. Fez com que o cura se acomodasse na única cadeira que havia e começou a lhe dizer algo assim como uma dissertação materialista. O cura ficou estupefado, e mal tinha ânimo para pronunciar algumas palavras tentando interrompê-lo... (298)

1855

Nova York

WHITMAN

Na falta de editor, o poeta paga do próprio bolso a edição de *Folhas de erva*.

Waldo Emerson, teólogo da democracia, abençoa o livro, mas a imprensa o ataca, chamando-o de prosaico e obsceno.

Na grandiosa elegia de Walt Whitman, rugem as multidões e as máquinas. O poeta abraça Deus e os pecadores e abraça os índios e os pioneiros que os aniquilam, abraça o escravo e o amo, a vítima e o verdugo. Todo crime se redime no êxtase do novo mundo, a América musculosa e sufocante, sem dívida alguma a pagar ao passado, ventos do progresso que fazem o homem camarada do homem e desencadeiam a virilidade e a beleza. *(358)*

1855

Nova York

MELVILLE

O barbudo navegante é um escritor sem leitores. Faz quatro anos que publicou a história do capitão que persegue a baleia branca pelos mares do universo, arpão de sangue em busca do Mal, e ninguém lhe prestou a menor atenção.

Nesses tempos de euforia, nessas terras norte-americanas em plena expansão, destoa a voz de Herman Melville. Seus livros desconfiam da Civilização, que atribui ao selvagem o papel do Demônio e o obriga a desempenhá-lo – como o capitão Ahab faz com Moby Dick na imensidão do oceano. Seus livros rejeitam a Verdade única e obrigatória que uns homens, acreditando-se eleitos, impõem aos demais. Seus livros duvidam do Vício e da Virtude, sombras do mesmo nada, e ensinam que o sol é a única lâmpada digna de confiança. *(211 e 328)*

1855
Território Washington

"Vocês morrerão sufocados por seus próprios excrementos", adverte Seattle, chefe índio

A terra não é irmã do homem branco, é sua inimiga. Quando a conquistou, segue seu caminho. Mas todas as coisas estão conectadas. O que acontece com a terra, acontece com os filhos da terra...

O ruído da cidade insulta meus ouvidos...

O ar é algo precioso para o homem de pele vermelha. Porque todos partilhamos o mesmo hálito: os animais, as árvores, as pessoas. Ao cabo de vários dias, o moribundo não sente o fedor de seu corpo...

Pouco importa onde passaremos o resto de nossos dias. Não são muitos. Umas poucas horas a mais, uns poucos invernos. Os brancos também passarão. Talvez antes que outras tribos. Continuem vocês contaminando sua cama e uma noite morrerão sufocados por seus próprios excrementos. (229)

O faroeste

E por acaso alguém escuta o velho chefe Seattle? Os índios estão condenados, como os búfalos e os alces. Quem não morre de tiro morre de fome ou de pena. Da reserva onde definha, o velho chefe Seattle fala na solidão sobre explorações e extermínios, e diz sabe-se lá o quê sobre a memória de seu povo circulando pela seiva das árvores.

Zune o Colt. Como o sol, os pioneiros brancos marcham rumo ao oeste. Uma luz de diamante os guia lá das montanhas. A terra prometida rejuvenesce aquele que lhe crava o arado para fecundá-la. Num piscar de olhos brotam ruas e casas na solidão habitada por cactos, índios e serpentes. O clima, dizem, é tão, tão sadio, que para se inaugurar os cemitérios o único remédio é derrubar alguém a tiro.

O capitalismo adolescente, atacante guloso, muda o que toca. Existe o bosque para que o machado o derrube e o deserto para que o atravesse o trem; o rio vale a pena se tem ouro e a montanha se contém carvão ou ferro. Ninguém caminha. Todos correm, urgentes, impelidos, atrás da errante sombra da riqueza e do poder. Existe o espaço para que o derrote o tempo, e o tempo para que o progresso o sacrifique em seus altares. *(218)*

1856
Granada

Walker

O filho de Tennessee fuzila rápido e enterra sem epitáfio. Tem olhos de cinza. Não ri nem bebe. Come por comer. Não foi visto com mulher, desde que morreu sua noiva surda-muda; e Deus é seu único amigo digno de confiança. Faz-se chamar de Predestinado. Veste-se de negro. Detesta ser tocado.

William Walker, cavalheiro do sul, proclama-se presidente da Nicarágua. Os tapetes vermelhos cobrem a Praça Maior de Granada. Brilham as trombetas ao sol. A banda toca marchas militares norte-americanas, enquanto Walker se deita no chão e jura com uma mão sobre a Bíblia. Vinte e um tiros de canhão o saúdam. Pronuncia seu discurso em inglês e depois ergue um copo d'água e brinda o presidente dos Estados Unidos, seu compatriota e estimado colega. O embaixador norte-americano, John Wheeler, compara Walker a Cristóvão Colombo.

Walker chegou à Nicarágua no ano passado, à frente da Falange dos Imortais. *Ordenarei a morte de todo aquele que se oponha à marcha imperial de minhas forças.* Como se fossem punhal em carne entraram os flibusteiros dos cais de San Francisco e Nova Orleans.

O novo presidente da Nicarágua restabelece a escravidão, abolida na América Central há mais de trinta anos, e reimplanta o tráfico negreiro, o regime de servidão e o trabalho forçado. Decreta que o inglês é o idioma oficial da Nicarágua e oferece terras e braços aos norte-americanos brancos que queiram vir. *(154, 253 e 314)*

1856
Granada

Foi

Five or none. A Nicarágua era pouco. William Walker queria conquistar toda a América Central.

Os cinco fiapos da pátria de Morazán, unidos contra o pirata, trituraram sua tropa. Muitos norte-americanos são mortos pela guerra popular; e mata mais a cólera *morbus*, que enruga e acinzenta e fulmina.

O messias da escravidão, derrotado, atravessa o lago da Nicarágua. Bandos de patos e enxames de moscas propagadoras da peste o perseguem.

Antes de voltar aos Estados Unidos, Walker decide castigar a cidade de Granada. Que nada dela fique vivo. Nem sua gente, nem suas casas de telhas de barro, nem suas ruas de laranjeiras na areia.

Erguem-se aos céus as chamas.

Ao pé dos embarcadouros em ruínas, há uma lança cravada. Como bandeira triste, pende da lança uma tira de couro. Em letras gravadas em vermelho, está escrito: *Aqui foi Granada. (154 e 314)*

Walker: "em defesa da escravidão"

Os inimigos da civilização americana – porque tais são os inimigos da escravidão – parecem mais espertos que os amigos.

O sul deve fazer alguma coisa pela memória dos valentes que descansam debaixo da terra da Nicarágua. Em defesa da escravidão aqueles homens abandonaram seus lares, enfrentaram com calma e constância os perigos de um clima tropical e por último deram a vida... Se ainda resta vigor no sul – e quem duvida disso? – para seguir lutando contra os soldados antiescravagistas, que sacuda a modorra que o embarga e se prepare de novo o conflito.

O verdadeiro campo para exercer a escravidão é a América tropical; ali está o natural assento de seu império e ali se pode desenvolver apenas fazendo esforço... (356)

1858

Fontes do rio Gila

As terras sagradas dos apaches

Aqui, no vale onde nasce o rio, entre as altas rochas do Arizona, está a árvore que deu abrigo a Jerônimo há trinta anos. Ele acabava de brotar do ventre da mãe e foi envolto numa manta. Penduraram a manta num galho. O vento acalentava o menino, enquanto uma voz suplicava à árvore:

– *Que viva e cresça para ver te dar frutos muitas vezes.*

Essa árvore está no centro do mundo. Parado à sua sombra, Jerônimo jamais confundirá o norte com o sul nem o mal com o bem.

Ao redor abre-se o vasto país dos apaches. Nessas toscas terras vivem desde que o primeiro deles, o filho da tormenta, vestiu as plumas da águia que tinha vencido os inimigos da luz. Aqui jamais faltaram animais para caçar, nem ervas para curar os enfermos, nem cavernas rochosas onde jazer depois da morte.

Uns estranhos homens chegam a cavalo, carregando longas cordas e muitos bastões. Têm a pele como se fosse dessangrada e falam um idioma jamais ouvido. Cravam na terra sinais coloridos e fazem perguntas a uma medalha branca que lhes responde movendo uma agulha.

Jerônimo não sabe que esses homens vieram medir as terras apaches para vendê-las. *(24 e 91)*

1858

Kaskiyeh

JERÔNIMO

Os apaches tinham ido sem armas ao mercado de Kaskiyeh, terras do sul entre Sonora e Casas Grandes, para trocar por víveres as peles de búfalo e de cervo. Os soldados mexicanos arrasaram o acampamento deles e levaram os cavalos. Entre os mortos estão a mãe e a mulher de Jerônimo, e seus três filhos.

Jerônimo não diz nada enquanto seus companheiros se reúnem e tristemente votam: estão cercados, desarmados, e só podem ir embora.

Sentado junto ao rio, imóvel, vê os seus irem embora atrás dos passos do chefe Mangas Vermelhas. Aqui ficam os mortos. Finalmente, Jerônimo parte também, com a cabeça virada para trás. Segue sua gente *à distância justa para ouvir o suave roçar dos pés dos apaches em retirada.*

Durante a longa viagem para o norte, não abre a boca. Ao chegar à sua terra, queima sua casa de peles e a casa da sua mãe e todas as suas coisas e as coisas de sua mulher e de sua mãe e queima os brinquedos de seus filhos. Depois, de costas para a fogueira, joga a cabeça para trás e canta uma canção de guerra. *(24)*

1858

San Borja

QUE MORRA A MORTE

Seu corpo dolorido estava querendo misturar-se com a terra americana. Aimé Bonpland soube que nela acabaria, para continuar nela, desde aquele distante dia em que desembarcou com Humboldt nas costas do Caribe.

Bonpland morre de sua morte, num rancho de barro e palha, serenamente, sabendo que não morrem as estrelas nem deixarão de nascer as formigas e as gentes, e que novos trevos haverá, e novas laranjas ou sóis nos ramos; e que os potrinhos, recém-erguidos sobre suas pernas compridas, estirarão o pescoço buscando teta. O velho diz adeus ao mundo como um menino se despede do dia na hora de dormir.

Depois um bêbado apunhala o cadáver; mas a sinistra imbecilidade humana é um detalhe que carece de importância.

1860

Chan Santa Cruz

O centro cerimonial dos rebeldes de Iucatã

– *Meu pai não me pôs com os ricos, não me pôs com os generais nem com os que têm dinheiro, nem com os que dizem tê-lo* – tinha anunciado em Iucatã a Mãe das Cruzes, a que brotou da caioba junto do manancial; e quando os soldados viraram a caioba de ponta-cabeça a golpes de machado e queimaram a cruzinha vestida pelos índios, ela já tinha tido filhas. De cruz em cruz sobreviveu a palavra:

– *Com os pobres me pôs meu pai, porque eu sou pobre.*

Ao redor da cruz, das cruzes, cresceu Chan Santa Cruz, o grande santuário dos maias rebeldes na selva de Iucatã.

Os soldados da expedição do coronel Acereto penetram sem resistência. Não encontram nenhum índio e ficam de boca aberta: os maias ergueram uma imensa igreja de maciças paredes e alta abóbada, a Casa de Deus, a Casa do Deus-Tigre, e na torre balançam os sinos arrancados de Bacalar.

Na cidade sagrada, vazia de gente, tudo dá medo. Há pouca água nos cantis, mas o coronel Acereto proíbe beber dos poços. Há seis anos, outros soldados beberam e vomitaram e morreram enquanto os índios perguntavam, da floresta, se a água estava fresca.

Os soldados esperam e desesperam e vão-se passando os dias. Enquanto isso, de cem aldeias e mil milharais acodem os índios. Concentram forças na mata; e quando o coronel Acereto decide retirar-se, varrem-lhe as tropas com um sopro só.

A orquestra, que foi capturada intacta, ensinará música aos meninos e tocará polcas na igreja, onde vive e fala a cruz, rodeada de deuses maias. Ali, na igreja, o povo comunga panquecas de milho e mel e uma vez por ano elege os intérpretes da cruz e os chefes da guerra, que exibem brincos de ouro mas cultivam o milho como qualquer um. *(273 e 274)*

1860
Havana

Poeta em crise

Com treze mortos por quilômetro de estrada construiu-se em Cuba o caminho de ferro que leva açúcar dos campos de Güines até o porto de Havana, mortos africanos, irlandeses, canarianos e chineses de Macau, escravos ou miseráveis que trabalham por jornada, trazidos de longe pelos traficantes – e o auge do açúcar exige mais e mais.

Há dez anos, chegou a Cuba o primeiro carregamento de escravos maias de Iucatã. Cento e quarenta índios, prisioneiros de guerra, foram vendidos a vinte e cinco pesos por cabeça; as crianças, grátis. Depois o presidente mexicano Santa Anna outorgou o monopólio do tráfico ao coronel Manuel María Jiménez e o preço subiu a cento e sessenta pesos por homem, cento e vinte por mulher e oitenta por criança. A guerra maia continuou e com ela os empréstimos cubanos em dinheiro e fuzis: o governo de Iucatã cobra imposto por cada escravo vendido e assim paga com índios a guerra contra os índios.

O poeta espanhol José Zorrilla comprou, no porto de Campeche, uma partida de índios para vender em Cuba. Estava tudo pronto para o embarque quando a febre amarela matou em Havana seu sócio capitalista, Cipriano de las Cagigas, e agora o autor de *Don Juan Tenorio* se consola escrevendo versos em um cafezal. *(222 e 273)*

1861
Havana

Braços de açúcar

Em breve, a cidade de Havana celebrará seus "jogos florais". Os intelectuais do Ateneu propõem um grande tema central: querem que o certame literário se dedique a pedir à Espanha sessenta mil escravos negros. Os poetas apoiariam, assim, o projeto de importação de negros, que já conta com o apoio do *Diário da Marinha* e a bênção legal do fiscal da Audiência.

Faltam braços para o açúcar. São escassos e caros os negros que entram, de contrabando, pelas praias de Mariel, Cojímar e Batabanó. Três donos de engenhos redigiram o projeto porque *Cuba jaz exausta e desolada* e suplicam às autoridades espanholas *que recolham seus lastimosos ais e a nutram de negros,* escravos mansos e leais a quem *Cuba deve sua prosperidade econômica.*

Será fácil, garantem, trazê-los da África: *Eles correrão alegres para os barcos espanhóis, quando os virem chegar.* (222 e 240)

PALAVRAS DE AÇÚCAR

As grades de Havana exibem volutas de ferro, e as colunas, caracóis de gesso; os balcões, bordados de madeira; os vitrais, caudas de pavão real. A linguagem dos doutores e dos frades exibe arabescos. Os poetas perseguem rimas jamais usadas e os prosadores adjetivos pomposos. Os oradores perseguem o ponto, o ponto saltitante e fugitivo: o ponto aparece atrás do advérbio ou do parêntese, e o orador lhe atira palavras e palavras; estica-se o discurso querendo alcançá-lo, mas o ponto foge sempre para mais longe, e assim continua a perseguição até o infinito.

Os livros de contabilidade falam, em compensação, a áspera linguagem da realidade. Nos engenhos de açúcar de toda Cuba, registra-se o nascimento ou a compra de cada escravo negro como o ingresso de um bem móvel, e se calcula para ele um ritmo de depreciação de três por cento ao ano. A doença de um homem equivale a um defeito de uma válvula e o fim de uma vida é como a perda de uma cabeça de gado: *As reses matadas são touros. Perdeu-se uma porca da paineira. Morreu o negro Domingo Mondongo.* (222)

1861

Bull Run

OS CINZAS CONTRA OS AZUIS

Perto da cidade de Washington ocorre a primeira batalha da guerra civil. Numeroso público acorreu, em carruagens ou a cavalo, para presenciar o espetáculo. Nem bem começa a correr o sangue, foge a multidão em debandada, uivando de pânico, desbocando cavalos; e rapidamente as ruas da capital se enchem de mutilados e moribundos.

Dois países opostos tinham partilhado entre si, até agora, o mapa, a bandeira e o nome dos Estados Unidos. Um jornal do sul informou na seção *Notícias do Estrangeiro* que Abraham Lincoln tinha ganho as eleições. Em um mês, os estados sulinos formaram um país à parte e desencadeou-se a guerra.

Lincoln, o novo presidente, encarna os ideais do norte. Em sua campanha anunciou que não se pode continuar sendo metade livre e metade escravo e prometeu granjas no lugar dos latifúndios e mais altas tarifas contra a competição europeia.

Norte e sul: dois espaços, dois tempos. Ao norte, fábricas que já produzem mais que os campos, incessantes inventores criando o telégrafo elétrico e a máquina de costura e a colheitadeira, novas cidades brotando por todas as partes, um milhão de habitantes em Nova York e portos onde já não cabem os barcos repletos de europeus desesperados em busca de pátria nova. Ao sul, a tradição e a nostalgia, os campos de tabaco, as vastas plantações de algodão: quatro milhões de escravos negros produzindo matéria-prima para os teares ingleses de Lancashire e Manchester, cavalheiros batendo-se em duelo pela honra manchada da irmã ou o bom nome da família e damas passeando em caleça pelos campos em flor e desmaiando nas varandas dos palácios na hora do crepúsculo. *(70)*

1862
Fredericksburg

O lápis da guerra

Encostado num muro, as pernas cruzadas no chão, um jovem soldado olha sem ver. A barba, de vários meses, amassa o colarinho aberto do uniforme. Sua mão acaricia a cabeça de um cachorro que dorme sobre seus joelhos.

John Geyser, recruta da Pensilvânia, se desenha e desenha seus companheiros enquanto a guerra mata. Por um instante o lápis os detém no caminho da fossa cavada entre tiros de canhão: os soldados carregam o rifle, limpam o rifle, comem a ração de bolacha e toucinho, ou tristemente olham: tristemente olham sem ver ou talvez vendo mais do que olham. *(69)*

1863
Cidade do México

"A Argélia americana"

é o novo nome do México, segundo a imprensa de Paris. O exército de Napoleão III avança e conquista a capital e as principais cidades.

Em Roma, o papa salta de alegria. O governo de Benito Juárez, desalojado pelos invasores, era culpado de blasfêmia contra Deus e suas propriedades no México. Juárez tinha deixado nua a Igreja, despojando-a de seus sagrados dízimos, de seus latifúndios vastos como o céu e do amoroso abrigo do Estado.

Os conservadores se somam aos conquistadores. Vinte mil soldados mexicanos ajudam os trinta mil soldados da França, que acabam de assaltar a Crimeia, a Argélia e o Senegal. Napoleão III apodera-se do México, invocando o espírito latino, a cultura latina e a raça latina, e exigindo ao mesmo tempo o pagamento de um imenso e fantástico empréstimo.

Da nova colônia tomará conta Maximiliano da Áustria, um dos muitos príncipes sem trabalho na Europa, acompanhado por sua mulher estonteante. *(15)*

1863

Londres

MARX

Napoleão III vai arrebentar a crista no assunto do México, se é que não o enforcam antes – anuncia um profeta sábio e pobretão, que vive de favor em Londres.

Enquanto corrige e pule os rascunhos de uma obra que vai mudar o mundo, Karl Marx não perde um detalhe de tudo que acontece no mundo. Em cartas e artigos chama de *imperial Lazarillo de Tormes* Napoleão, e a invasão do México de *infame empresa.* Denuncia também a Inglaterra e a Espanha, que quiseram repartir com a França o território do México feito presa de guerra, e todas as nações ladras de nações, acostumadas a mandar para o matadouro milhares e milhares de homens para que os usurários e os traficantes ampliem o campo de seus negócios.

Marx já não crê que a expansão imperial dos países mais desenvolvidos seja uma vitória do progresso sobre o atraso. Há quinze anos, porém, não tinha discordado de Engels quando Engels aplaudiu a invasão do México pelos Estados Unidos, acreditando que assim os camponeses mexicanos virariam proletários e cairiam do pedestal os bispos e os senhores feudais. *(129 e 201)*

1865

La Paz

Belzu

Uma maré de índios sublevados devolveu o poder a Belzu. Manuel Isidoro Belzu, *o vô Belzu*, vingador dos pobres, verdugo de doutores, regressa a La Paz em onda de multidões.

Enquanto governou, há uns anos, a capital da Bolívia esteve onde ele estava, na anca de seu cavalo; e os donos do país, que desencadearam contra ele mais de quarenta golpes militares, não conseguiram derrubá-lo. Os comerciantes estrangeiros o odiavam, porque Belzu proibiu-lhes a entrada e amparou os artesãos de Cochabamba frente à invasão de ponchos fabricados na Inglaterra. Tiveram terror dele os rábulas de Chuquisaca, por cujas veias corre tinta ou água; e também conspiraram contra ele os senhores das minas, que jamais puderam lhe ditar um decreto.

Belzu, enxuto e belo, voltou. Entra no palácio a cavalo, com passo suave, como que navegando. *(172)*

De um discurso de Belzu ao povo boliviano

Soou a hora de pedir à aristocracia seus títulos e à propriedade privada seus fundamentos... A propriedade privada é a fonte principal da maior parte dos delitos e crimes na Bolívia, é a causa da luta permanente entre os bolivianos, é o princípio dominante daquele egoísmo eternamente condenado pela moral universal. Não mais propriedade, não mais proprietários, não mais heranças! Abaixo aristocratas! Que a terra seja de todos! Basta de exploração do homem pelo homem! (213)

1865

La Paz

Melgarejo

Mariano Melgarejo, o mais feroz inimigo de Belzu, é um hércules capaz de carregar um cavalo no ombro. Nasceu em Tarata, alta terra de altas ervas, de pai que ama e foge. Nasceu num domingo de Páscoa:

– Deus me escolheu para nascer enquanto Ele ressuscitava.

Antes de aprender a caminhar, soube galopar os cavalos que apareciam no verdor; e antes da teta materna conheceu a *chicha*, essa aguardente que faz rodar ou voar, a melhor *chicha* da Bolívia, leite de Tarata, milho mascado e cuspido pelas velhas de pior saliva. Não sabia nem assinar o nome quando já não havia o que o parasse nas cargas guerreiras inquietantes, corpo a corpo, o casaco em farrapos, erguendo e partindo gente a golpes de punho, lança ou sabre.

Desgraçou a muitos. Matou em dia claro e em noite sem lua, eterno sublevado, compra-brigas, e duas vezes foi condenado à morte. Entre farras e bagunças, conheceu o desterro e o poder. Anteontem à noite dormia no trono, e ontem à noite, nas rugas dos montes. Ontem entrou nessa cidade de La Paz à testa de seu exército, montado num canhão enorme, o poncho vermelho ondulando feito bandeira; e hoje atravessa a praça sombrio e só. *(85)*

1865

La Paz

O golpe de estado mais rápido da história

É a hora de Belzu. Melgarejo, o vencido, vem se render. Melgarejo atravessa a praça, atravessa a gritaria:

– Viva Belzu!

No vasto salão do primeiro andar, Belzu aguarda. Melgarejo entra no palácio. Sem levantar o olhar, a barba negra amassada contra seu peito de touro, sobe as escadarias. A multidão vocifera na praça:

– Viva Belzu! Vô Belzu!

Melgarejo caminha até Belzu. O presidente se levanta, abre os braços:

– Te perdoo.

Através das janelas abertas entra o trovão das vozes:

– Vovô Belzu!

Melgarejo deixa-se abraçar e dispara. Soa o tiro, soa o corpo contra o chão.

O vencedor sai ao balcão. Mostra o cadáver, oferece o cadáver:

– Belzu morreu! Viva quem? (85)

1865

Appomattox

O General Lee submete sua espada de rubis

Os soldados do norte, em pleno avanço esmagador, esperam a ordem para o assalto final. Nisso, uma nuvem de pó se ergue e cresce das linhas inimigas. Do esfomeado e despedaçado exército dos cor de cinza, solta-se um cavaleiro. Traz um trapo branco atado em um pedaço de pau.

Nas últimas batalhas, os soldados do sul levavam seus nomes escritos nas costas, para que fossem reconhecidos entre os mortos. O sul, arrasado, tinha perdido a guerra, e continuava a guerra por obstinado sentido da honra.

Agora, o general vencido, Robert Lee, entrega com mão enluvada sua espada cravejada de rubis. O general vencedor, Uysses Grant, sem sabre nem insígnias, farda desabotoada, fuma ou masca um charuto.

A guerra terminou, terminou a escravidão. Com a escravidão caíram os muros que impediam o pleno desenvolvimento da indústria e a expansão do mercado nacional nos Estados Unidos. Seiscentos mil jovens morreram em batalha. Entre eles, a metade foram negros que vestiram o uniforme azul nos batalhões do norte. *(70)*

1865

Washington

Lincoln

Abe vem do Kentucky. Lá, o pai ergueu o machado e descarregou o martelo e a cabana teve paredes e tetos e leitos de folhagem. Cada dia o machado cortava lenha para o fogo e um dia o machado arrancou do bosque a madeira necessária para que a mãe de Abe fosse enterrada debaixo da neve. Abe era muito criança enquanto o martelo golpeava esses pregos de madeira. A mãe nunca mais faria pão branco aos sábados, nem piscariam nunca mais aqueles olhos sempre perplexos, de modo que o machado trouxe madeira para construir uma balsa e o pai levou os filhos para Indiana, pelo rio.

Vem de Indiana. Lá Abe desenhou com um carvão suas primeiras letras e foi o melhor lenhador do distrito. Em Illinois amou uma mulher chamada Ann e se casou com outra chamada Mary, que falava francês e tinha inaugurado a moda da saia-balão na cidade de Springfield. Mary decidiu que Abe seria presidente dos Estados Unidos. Enquanto ela paria filhos varões, ele escrevia discursos e um que outro poema sobre o que passou, triste ilha, mágica ilha banhada em luz líquida.

Vem do Capitólio, em Washington. Da janela, via o mercado de escravos, uma espécie de estábulo onde ficavam os negros trancados feito cavalos.

Vem da Casa Branca. Chegou à Casa Branca prometendo reforma agrária e proteção à indústria e proclamando que aquele que priva o outro de sua liberdade não é digno de desfrutá-la. Entrou na Casa Branca jurando que governaria de tal maneira que pudesse ter ainda um amigo dentro de si quando já não tivesse amigos. Governou em guerra e em guerra cumpriu todas as suas promessas. Ao amanhecer era visto de chinelos, parado na porta da Casa Branca esperando o jornal.

Vem sem pressa. Abraham Lincoln nunca teve pressa. Caminha como pato, apoiando inteiramente seus pés enormes, e como torre sobressai na multidão que o ovaciona. Entra no teatro e lentamente sobe as escadas rumo ao camarote presidencial. No camarote sobre flores e bandeiras, se recorta na sombra sua cabeça ossuda, pescoço comprido, e na sombra brilham os olhos mais doces e o mais melancólico sorriso da América.

Vem da vitória e do sonho. Hoje é Sexta-Feira Santa e há cinco dias que o general Lee se rendeu. Ontem à noite, Lincoln sonhou com um mar de mistério e um estranho navio que navegava rumo às margens cheias de brumas.

Lincoln vem da sua vida inteira, caminhando sem pressa rumo a esse encontro no camarote de um teatro na cidade de Washington.

E vem para ele a bala que lhe parte a cabeça. *(81 e 188)*

1865

Washington

Homenagem

Quantos negros foram enforcados por roubar uma calça ou por olhar uma mulher branca nos olhos? Como se chamavam os escravos que, há mais de um século, incendiaram Nova York? Quantos brancos seguiram as pegadas de Elijah Lovejoy, cuja gráfica foi lançada duas vezes ao rio, e que morreu assassinado em Illinois, sem que ninguém fosse perseguido nem castigado por isso? A história da abolição da escravatura nos Estados Unidos teve infinitos protagonistas, negros e brancos. Como estes:

– John Russwurm e Samuel Cornish, que fizeram o primeiro jornal dos negros, e Theodore Weld, que fundou o primeiro centro de ensino superior admitindo mulheres e negros.

– Daniel Payne, que conseguiu manter aberta durante seis anos sua escola para negros em Charleston, e Prudence Crandall, mestra *quaker* de Connecticut, que por ter recebido em sua escola uma menina negra perdeu suas alunas brancas e foi insultada, apedrejada e encarcerada; e houve cinzas onde sua escola tinha existido.

– Gabriel Posser, que buscou a liberdade para seus irmãos na Virgínia e encontrou a forca para si próprio, e David Walker, por cuja cabeça pagavam dez mil dólares as autoridades da Geórgia, e que andava pelos caminhos anunciando que matar um homem que está te arrancando a vida é como beber água quando tens sede, e disse isso até que desapareceu ou foi desaparecido.

– Nat Turner, que num eclipse de sol viu escrito o sinal de que os últimos seriam os primeiros e ficou louco de fúria assassina, e John Brown, barba de caçador, olhos em chamas, que assaltou uma loja de armas da Virgínia e, de um depósito de locomotivas, livrou batalha contra os soldados da marinha e depois se negou a ser declarado louco por seu advogado e caminhou dignamente para a forca.

– William Lloyd Garrison, fanático inimigo dos ladrões de homens, que foi passeado pelas ruas de Boston com uma corda no pescoço, e Henry Garnet, que pregou no templo o escravo resignado que peca contra Deus, e Henry Ward Beecher, clérigo de Brooklin, que falou que, em certos casos, um rifle pode ser mais útil que a Bíblia, e por isso as armas enviadas aos escravos do sul passaram a se chamar *bíblias de Beecher.*

– Harriet Beecher Stowe, em cuja cabana de tio Tom muitos brancos foram incorporados à causa, e Frances Harper, poeta, que encontrou as palavras necessárias para amaldiçoar o poder e o dinheiro, e Solomon Northup, escravo da Luisiana que difundiu o testemunho da vida nas plantações de algodão desde que soa o corno antes da alba.

– Frederick Douglass, escravo fugitivo de Maryland, que em Nova York converteu em ata de acusação o pregão do Dia da Independência e proclamou que a liberdade e a igualdade soavam como a paródia oca.

– Harriet Tubman, camponesa analfabeta, que organizou a fuga de mais de trezentos escravos pelo caminho da estrela polar, até o Canadá. *(12 e 210)*

1865

Buenos Aires

A TRÍPLICE INFÂMIA

Enquanto na América do Norte a história ganha uma guerra, na América do Sul se desencadeia outra guerra que a história perderá. Buenos Aires, Rio de Janeiro e Montevidéu, os três portos que há meio século aniquilaram José Artigas, se dispõem a arrasar o Paraguai.

Sob as sucessivas ditaduras de Gaspar Rodríguez de Francia, Carlos Antonio López e seu filho Francisco Solano, caudilhos de absolutíssimo poder, o Paraguai converteu-se em exemplo perigoso. Correm os vizinhos grave risco de contágio: no Paraguai não mandam os latifundiários, nem os comerciantes especulam, nem asfixiam os agiotas. Bloqueado por fora, o país cresceu para dentro, e continua crescendo, sem obedecer ao mercado mundial nem ao capital estrangeiro. Enquanto os demais esperneiam, enforcados nas próprias dívidas, o Paraguai não deve um centavo a ninguém e caminha com suas próprias pernas.

O embaixador britânico em Buenos Aires, Edward Thornton, é o supremo sacerdote da feroz cerimônia de exorcismo. Argentina, Brasil e Uruguai esconjurarão o demônio cravando baionetas no peito dos soberbos. *(47, 60 e 83)*

1865

Buenos Aires

Com baba de aranha teceram a aliança

Como grotesca copa de arbusto, cravada na lança, a cabeça de cabelos longos e fita de Chacho Peñaloza decorava o centro de uma praça. Chacho e seu cavalo tinham sido um só músculo: sem cavalo o agarraram, e à traição o degolaram. *Para aquietar a gentalha* exibiram a cabeça do guerreiro gaúcho das planícies de La Riosa. Domingo Faustino Sarmiento felicitou os verdugos.

Na guerra contra o Paraguai se prolonga outra guerra, que leva meio século: a guerra de Buenos Aires, porto vampiro, contra as províncias. Venancio Flores, uruguaio, colaborou com Mitre e Sarmiento no extermínio de gaúchos rebeldes. Como recompensa obteve a presidência do Uruguai. Naves brasileiras e armas argentinas impuseram Flores no governo. A invasão do Uruguai abriu caminho a partir do bombardeio da cidade desamparada de Paysandú. Durante um mês resistiu Paysandú, até que o chefe da defesa, Leandro Gómez, caiu fuzilado sobre seus escombros fumegantes.

Assim, a aliança de dois virou Tríplice Aliança. Com bênção inglesa e créditos ingleses, os governos da Argentina, Brasil e Uruguai se lançam para redimir o Paraguai. Firmam um tratado. Fazem a guerra, diz o tratado, em nome da paz. O Paraguai terá que pagar os gastos de seu próprio extermínio e os vencedores lhe brindarão com um governo adequado. Em nome do respeito à integridade territorial do Paraguai, o tratado garante ao Brasil um terço de sua superfície e adjudica à Argentina toda Misiones e o vasto Chaco. A guerra se faz também em nome da liberdade. O Brasil, que tem dois milhões de escravos, promete a liberdade ao Paraguai, que não tem nenhum. *(47, 244 e 291)*

1865
San José

Urquiza

Beija a mão de uma mulher, dizem, e ela fica grávida. Coleciona filhos e terras. Filhos, tem cento e cinquenta, sem contar os duvidosos, e léguas de campo, sabe-se lá quantas serão. Adora os espelhos, as condecorações brasileiras, as porcelanas francesas e o tilintar dos patacões.

Justo José de Urquiza, velho caudilho dos rios argentinos, o homem que há anos derrotou Juan Manuel de Rosas, tem suas dúvidas sobre a guerra do Paraguai. Resolve-as vendendo trinta mil cavalos de suas fazendas ao exército brasileiro, a preço excelente, e contratando o fornecimento de charque aos exércitos aliados. Resolvidas suas dúvidas, manda fuzilar quem se nega a matar paraguaios. *(271 e 291)*

1866
Curupaytí

Mitre

Boiam nas águas, à deriva, pedaços de madeira que foram naus. A armada paraguaia morreu, mas a frota aliada não pode continuar invadindo rio acima. É detida pelos canhões de Curupaytí e Humaitá, e entre ambas as fortalezas por uma fileira de garrafões, talvez minas, estendidos de costa a costa.

Sob o comando de Bartolomeu Mitre, presidente argentino e generalíssimo da Tríplice Aliança, os soldados avançam de baioneta calada contra as muralhas de Curupaytí. O clarim desata ondas sucessivas de soldados para o assalto. Poucos chegam ao fosso e nenhum à paliçada. Os paraguaios praticam tiro ao alvo contra um inimigo que persiste em se mostrar em campo aberto, em pleno dia. Ao trovão dos canhões, retumbar de tambores, prossegue o pipocar da fuzilaria. A fortaleza paraguaia cospe línguas de fogo; e quando se desvanece a fumaça, lenta neblina, milhares de mortos, caçados feito coelhos, aparecem virados nos pântanos. A prudente distância, luneta na mão, casaca negra e redingote, Bartolomeu Mitre contempla os resultados de seu gênio militar.

Mentindo com admirável sinceridade, ele tinha prometido às tropas invasoras que em três meses chegariam a Assunção. *(61 e 272)*

1866
Curupaytí

O PINCEL DA GUERRA

Cándido López, soldado de Mitre, pintará esse desastre de Curupaytí e as anteriores batalhas que batalhou, e também a vida cotidiana da guerra nos acampamentos. Pintará com a mão esquerda, porque em Curupaytí uma granada fez voar sua mão direita.

Pintará sem imitar ninguém e ninguém o imitará. Durante a semana venderá sapatos numa loja de Buenos Aires e, aos domingos, fará quadros que dirão: A *guerra foi assim.* A tonta mão esquerda se fará sábia, por amor à memória, mas nenhum artista lhe prestará a menor atenção, nem o levará a sério nenhum crítico, nem haverá ninguém interessado em comprar recordações do soldado maneta.

– Eu sou um cronista do pincel.

O solitário Cándido López pintará multidões. Não haverá em suas obras primeiros planos de sabres fulgurantes e cavalos briosos, nem heróis em agonia pronunciando o discurso póstumo com uma mão sobre o peito sangrento, nem alegorias da Glória com as tetas ao vento. Através de seus olhos de menino, desfilarão inumeráveis soldadinhos de chumbo e cavalos de carrossel jogando em ordenada formação o pavoroso jogo da guerra. *(100)*

1867
Campos de Catamarca

FELIPE VARELA

Sublevam-se os cavaleiros montoneros em cinco províncias argentinas. A tesoura de tosar, atada à lança, desafia o canhão dos regimentos de linha, buscando o corpo a corpo; e na poeira dos entreveros vocifera-se: *Viva o Paraguai!*

Dos Andes até as planícies, Felipe Varela vem atiçando os camponeses contra o porto de Buenos Aires, usurpador da Argentina e negador da América. O caudilho de Catamarca denuncia a bancarrota da nação, empenhada em empréstimos milionários para aniquilar outra nação irmã. Seus montoneros levam na testa uma divisa, *a união americana,* e uma velha fúria no coração: *Ser da província é ser um mendigo sem pátria.* Gaúcho magro, face ossuda e barba, nascido e crescido num lombo de cavalo, Varela é a rouca voz da pobreza empurrada para a morte. Amarrados com cordas acodem aos estuários paraguaios os *voluntários* das províncias, e são presos em currais, e metem bala neles quando se rebelam ou desertam. *(239)*

1867

Planícies de La Rioja

A tortura

O coronel Pablo Irrazábal toma declaração dos peões rebeldes de La Rioja. Toma declaração, ou seja: leva-os ao tronco, ou faz com que caminhem com os pés em carne viva, ou os degola pouco a pouco com faca sem fio.

O porto de Buenos Aires emprega diversos instrumentos de persuasão contra as províncias revoltadas. Um dos mais eficazes é o chamado *cepo colombiano.* Arma-se o cepo dobrando o preso e amarrando-o em arco, usando tiras úmidas de couro entre dois fuzis, de tal maneira que, quando os couros ficam secos, a espinha dorsal range e se arrebenta em pedaços. *(214)*

1867

La Paz

Sobre a diplomacia, ciência das relações internacionais

Montado em Holofernes, seu cavalo de guerra e festa, o presidente Melgarejo chega à catedral de La Paz. Sentado debaixo de um pálio, em poltrona de veludo, assiste a uma missa solene. Exibe uniforme de general do exército do Chile e em seu peito reluz o grande cordão da Ordem Imperial do Brasil.

Ao cabo de tantos andares e matares, Melgarejo aprendeu a não confiar nem em sua própria camisa. Dizem que às vezes arranca-a e criva-a de balas:

– *O que manda manda, e o dedo no gatilho.*

Há dois seres no mundo, e só dois, que o general de ferro não olha de soslaio: seu cavalo Holofernes e a bela Juana Sánchez. O embaixador do Chile ergue a taça e brinda com Holofernes e à saúde de Holofernes, quando o negro cavalo aparece à mesa presidencial para beber cerveja entre ministros, bispos e generais. O embaixador do Brasil cobre o corpo de Juana Sánchez com colares, diademas e braceletes que a amante de Melgarejo jamais tinha visto ou sonhado.

Cravado o peito de condecorações brasileiras, Melgarejo cede ao Brasil sessenta e cinco mil quilômetros quadrados de selva boliviana, na Amazônia. Transformado em general do exército chileno, Melgarejo entrega ao Chile a metade do deserto litorâneo de Atacama, riquíssimo em salitre. Capitais chilenos e britânicos estão explorando ali o fertilizante mais cobiçado pelas cansadas terras da Europa. Com a amputação do deserto de Atacama, a Bolívia começa a perder sua saída para o mar. *(85, 107 e 172)*

Inscrições em uma rocha do Deserto de Atacama

Antônia, por ti morro.
Sabes quem.

O JUIZ DE CHAÑARCILLO ESTÁ ROUBANDO.
Paga minhas três onças, Ramón.
O I n t e n d e n t e é u m b u r r o.
Dom T.P. diz que não é mulato. *(256)*

1867
Bogotá

Publica-se um romance chamado "Maria"

As damas se balançam nas redes, madeixas ondulando atrás dos pescoços de marfim, suavemente impulsionadas em seu vaivém por cavalheiros que se vestem como defuntos e têm cara de frango fervido. Uma caravana de negros, com cestas na cabeça, passa longe e em silêncio, como que pedindo desculpas por existir e incomodar. No jardim da plantação, aroma de café, fragrância de gardênias, Jorge Isaacs molha sua pena em lágrimas.

A Colômbia inteira soluça. Efraim não chegou a tempo. Enquanto ele sulcava o mar, sua prima Maria, vítima de doença hereditária e incurável, exalava o último suspiro e ascendia virgem ao Céu. Diante do sepulcro, Efraim amassa contra o peito sua herança de amor. Maria deixou-lhe um lenço, por ela bordado e por ela molhado, umas pétalas de açucena tão iguais a ela e tão murchas como ela, um anelzinho escorregado da mão rígida que tinha sido elegante rosa de Castela, e uma mecha de seu cabelo no relicário que seus lábios de lírio lograram beijar enquanto os gelava a morte. *(167 e 208)*

1867
Querétaro

Maximiliano

O exército de Juárez e as mil guerrilhas do povo mexicano expulsam os franceses. Maximiliano, o imperador, desmorona no barro gritando *viva o México.*

No fim, Napoleão III tinha tirado o exército de Maximiliano, o papa o odiava e os conservadores o chamavam de *Impiorador.* Napoleão tinha ordenado que ele administrasse a nova colônia francesa, mas Maximiliano não obedecia. O papa esperava a devolução de seus bens terrenos, e os conservadores acreditavam que ia exorcizar o México do demônio liberal, mas Maximiliano, em plena guerra contra Juárez, ditava leis iguais às de Juárez.

Uma carruagem negra chega a Querétaro debaixo da chuva. O presidente Juárez, o vencedor dos intrusos, chega perto do ataúde aberto e sem flores, onde jaz o príncipe de lânguidos olhos azuis que gostava de passear pela alameda com trajes adornados dos peões mexicanos, com chapelões e lantejoulas. *(94 e 143)*

1867
Paris

Ser ou copiar, este é o problema

À Exposição Universal de Paris chegam os quadros a óleo que o Equador envia. Todos os quadros são cópias exatas das obras mais famosas da pintura europeia. O catálogo exalta os artistas equatorianos, que, *se não têm grande valor em originalidade, têm ao menos o mérito de reproduzir, com fidelidade notável, as obras-primas da escola italiana, espanhola, francesa e flamenga.*

Enquanto isso, outra arte floresce nos mercados índios e nos subúrbios populares do Equador. É a desprezada tarefa de mãos capazes de transformar em formosura o barro e a madeira e a palha, a pena do pássaro e a concha do mar ou o miolo do pão. Essa arte se chama, como pedindo desculpas, artesanato. Não a fazem os acadêmicos, mas as pobres gentes que comem corações de pulga ou tripas de mosquito. *(37)*

CANTAR DO POBRE NO EQUADOR

– Está com fome?
– Sim.
– Come cãibra.
Mata um mosquito,
chupa o sangue disso
e guarda os miúdos
pra fazer chouriço. (65)

1869
Cidade do México

JUÁREZ

Em pedra de Oaxaca foi talhada a cara deste índio mexicano que venceu o papa de Roma e o terceiro Napoleão. Sem sorrisos nem palavras, sempre de fraque e colarinho alto, sempre de negro, Benito Juárez é uma rocha rodeada por um coro de doutores que giram a seu redor discursando e declamando e recitando, letrados instruídos dotados de bicos de ouro e douradas plumas.

O México tinha mais sacerdotes que professores e a Igreja era dona da metade de tudo, quando Juárez chegou ao poder e os liberais receitaram seus unguentos civilizadores ao país doente de ignorância e atraso. A terapia da modernização exige paz e ordem. É preciso acabar com as guerras que matam mais gente que a malária ou a pneumonia, mas a peste da guerra acossa Juárez, um acossamento sem quartel. Primeiro foi a guerra contra os frades e os conservadores e depois a guerra contra os invasores franceses; e desde então, a guerra contra os caudilhos militares, heróis que se negam a se aposentar, e contra os índios que se negam a perder a terra de suas comunidades.

Os liberais mexicanos professam fé cega no sufrágio universal e na liberdade de expressão, embora o sufrágio seja privilégio de poucos e sejam poucos os que se expressam. Creem na salvação pela educação, embora as escassas escolas estejam todas nas cidades, porque os liberais se entendem melhor, afinal de contas, com as musas que com os índios. Enquanto crescem os latifúndios, eles sonham com empreendedores granjeiros fecundando os agrestes, e sonham com trilhos milagrosos, fumaças de locomotivas, fumaças de chaminés, ideias e gentes e capitais que trarão o progresso lá da Europa.

O próprio Juárez, filho de índios zapotecas, está convencido de que, se o México copiar as leis norte-americanas, crescerá como os Estados Unidos, e se consumir produtos ingleses se transformará numa nação industrial como a Inglaterra. Importando ideias francesas, crê o vencedor da França, o México será uma nação ilustrada. *(142, 143 e 316)*

1869

San Cristóbal de Las Casas

Não estão mudos nem a terra nem o tempo

Vibra a terra de tanto que conversam lá embaixo os mortos. A fossa parece praça em dia de mercado. Celebram novidades os maias tombados nas velhas rebeliões de Chiapas. Aqui se lutou com lança e machado desde o distante dia em que o primeiro usurpador, filho de mulher e cão, lançou-se sobre as terras das comunidades. Falam entre si os mortos, dizendo alegrias, e através do sonho felicitam os vivos e lhes dizem verdades que o ouvido ignora.

Novamente rebelaram-se os índios daqui. Os índios, escravos por dívidas, arrasam fazendas e queimam cárceres e defendem as últimas terras que têm em comunidade e que em comunidade trabalham, apesar do governo de Juárez.

Os deuses da montanha celebram também. Eles são os que desviam o vendaval quando o vendaval traz doença ou cobiça. *(155 e 274)*

1869
Cidade do México

Juárez e os índios

Por ser revoltoso, por ser bandido, por ser raivoso socialista, foi fuzilado, há um ano, Julio López. No comando dos índios da região de Chalco, Julio López tinha jurado guerra aos ricos e tinha-se rebelado reclamando as terras usurpadas.

Nos índios prisioneiros em Chalco puseram uniformes de soldados e os obrigaram a lutar contra os índios rebelados em Iucatã. Os *pacificados* de cada guerra se fazem *pacificadores* na seguinte, rebeldes vencidos e forçados a matar rebeldes, e assim o governo do presidente Juárez vai enviando tropas contra os maias de Iucatã e os maias de Chiapas, os coras de Nayarit e os tarascos de Michoacán, e os yaquis de Sonora e os apaches do norte.

Para recuperar as terras de suas comunidades, os índios derrubam as cercas que dividem as fazendas: caem os primeiros mortos e o ar vira pura fumaça de pólvora. A Constituição de Juárez quer converter os índios em pequenos proprietários e trabalhadores livres. As leis de Juárez proíbem o cepo e os grilhões, a escravidão por dívidas e os salários de fome. A realidade, enquanto isso, arranca dos índios as terras que ainda possuíam em comum e os faz escravos de latifúndios ou mendigos de cidades.

Benito Juárez nasceu na serra, entre as rochas parecidas com ele, nas margens do lago de Guelatao. Aprendeu a chamar as coisas do mundo em uma das cem línguas índias do México. Depois, ao amparo de um homem piedoso, fez-se doutor. *(142 e 274)*

1869
Londres

Lafargue

Quando Paul Lafargue lançou-se à conquista de Laura Marx, o fundador do socialismo científico estava acabando de corrigir o primeiro tomo de *O Capital.* Karl Marx não gostou nem um pouco das ardentes investidas do cubano, e exigiu-lhe *maneiras inglesas mais tranquilas* para fazer a corte à sua filha de olhos verdes. Também lhe exigiu garantias econômicas. Expulso da Alemanha, França e Bélgica, Marx tinha passado tempos muito duros em Londres, mordido pelas dívidas, às vezes sem um pêni para comprar o jornal, e as misérias do exílio tinham matado três de seus filhos.

Mas não pôde espantar Lafargue. Sempre soube que não o poderia. Lafargue era muito jovem quando Marx e ele começaram a brigar e a gostar um do outro. E do mestiço cubano nasce agora o primeiro neto de Marx, bisneto de uma mulata do Haiti e de uma índia da Jamaica. *(177 e 279)*

1869

Acosta Ñú

Cai o Paraguai, esmagado debaixo das patas dos cavalos,

e, tombado, luta. Com sinos de igrejas são feitos os últimos canhões, que disparam pedras e areia, enquanto avançam rumo ao norte os exércitos da Tríplice Aliança. Os feridos arrancam as vendas, porque mais vale morrer sangrando que servir ao exército inimigo ou marchar para cafezais brasileiros com a marca de ferro da escravidão.

Nem os túmulos se salvam do saque em Assunção. Em Piribebuy, os invasores arrasam as trincheiras, defendidas por mulheres, mutilados e velhos, e põem fogo no hospital com os feridos dentro. Em Acosta Ñú, resistem à ofensiva batalhões de meninos disfarçados com barbas de lã ou capim.

E continua a carnificina. Quem não morre de bala morre de peste. E cada morto dói. Cada morto parece o último, mas é o primeiro. *(61 e 254)*

1870

Cerro Corá

Solano López

Essa é uma caravana de mortos que respiram. Os últimos soldados do Paraguai peregrinam atrás dos passos do marechal Francisco Solano López. Não se veem botas nem arreios, porque foram comidos, mas tampouco chagas ou farrapos: são de barro e osso os soldados que perambulam pelos bosques, máscaras de barro, couraças de barro, carne de olaria que o sol cozinhou com o barro dos pântanos e o pó vermelho dos desertos.

O marechal López não se rende. Alucinado, a espada para cima, encabeça essa última marcha rumo a parte alguma. Descobre conspirações, ou delira com elas, e por delito de traição ou de fraqueza manda matar seu irmão e todos os seus cunhados e também o bispo e um ministro e um general... Na falta de pólvora, as execuções são cumpridas à lança. Muitos caem por sentença de López, e muitos mais por exaustão, e no caminho ficam. A terra recupera o que é seu e os ossos dão o rastro ao perseguidor.

As imensas hostes inimigas fecham o cerco em Cerro Corá. Derrubam López nas margens do rio Aquidabán e o ferem com lança e o matam com a espada. E com um tiro o arrematam, porque ainda ruge. *(291)*

1870

Cerro Corá

Elisa Lynch

Rodeada pelos vencedores, Elisa cava com as unhas uma sepultura para Solano López.

Já não soam os clarins, nem sibilam as balas, nem explodem as granadas. As moscas picam a cara do marechal e atacam seu corpo aberto, mas Elisa não vê nada além da névoa vermelha. Enquanto abre a terra com as mãos, ela insulta esse maldito dia; e se demora o sol no horizonte porque o dia não se atreve a se retirar antes que ela termine de amaldiçoá-lo.

Essa irlandesa de cabelos dourados, que lutou no comando de colunas de mulheres armadas de enxadas e paus, foi a mais implacável conselheira de López. Ontem à noite, ao cabo de dezesseis anos e quatro filhos, ele disse a ela pela primeira vez que a amava. *(25)*

O Guarani

Do Paraguai aniquilado, sobrevive a língua.

Misteriosos poderes tem o guarani, língua de índios, língua de conquistados que os conquistadores fizeram sua. Apesar de proibições e desprezos, o guarani é a língua nacional dessa pátria em escombros e língua nacional seguirá sendo, embora a lei não o queira. Aqui o mosquito continuará se chamando *unha do Diabo* e *cavalinho do Diabo*, a libélula. Continuarão sendo *fogos da lua*, as estrelas, e o crepúsculo, *a boca da noite.*

Em guarani pronunciaram os soldados suas senhas e contrassenhas e seus discursos, enquanto durou a guerra, e em guarani cantaram. Em guarani calam, agora, os mortos. *(152)*

1870
Buenos Aires

Sarmiento

O presidente argentino, Domingo Faustino Sarmiento, recebe a ordem do dia sobre a vitória no Paraguai. Ordena à banda de música que toque serenatas e escreve: *É providencial que um tirano tenha feito morrer todo esse povo guarani. Era preciso purgar a terra de toda essa excrescência humana.*

Sarmiento, fundador da Sociedade Protetora de Animais, prega o racismo sem meias palavras e o pratica sem que lhe trema a mão. Admira os norte-americanos, *isentos de toda mistura de raças inferiores,* mas do México para o sul não vê mais que barbárie, sujeira, superstição, caos e loucura. Essas trevas o assustam e fascinam: lança-se ao ataque com um sabre numa mão e o candeeiro na outra. Como governador e presidente, multiplica os cemitérios e as escolas e fomenta as nobres virtudes do degolar, do poupar e do ler. Como escritor, publica prosas de muito talento a favor do extermínio de gaúchos, índios e negros e sua substituição por brancos lavradores do norte da Europa, e em defesa do uso do fraque e do corte de cabelo à inglesa. *(310 e 311)*

1870
Rio de Janeiro

Mil candelabros multiplicam luzes nos espelhos

e os sapatos de seda desenham círculos de valsas sobre o lustroso assoalho do palácio do barão de Itamaraty. O casal imperial atravessa as nuvens de convidados, de salão em salão, incessantes beija-mãos e tilintar de cristais, e à sua passagem os sons marciais e os estrondosos vivas interrompem o baile. Parecem pinguins os cavalheiros, e mariposas as damas, apertadas pelos merinaques, abrindo leques de bordado; e mais de uma exibe corpetes europeus, importados por mademoiselle Arthémise, que acompanham perfeitamente o movimento ondulatório da respiração. Com champanhe francês e música da moda, o Brasil celebra o arrasamento do Paraguai.

As carruagens que vêm para a festa cruzam com as caravanas de negros carregados de pestilentas panelas e barris. Nuvens de moscas perseguem a procissão até as praias do Rio de Janeiro. A cada anoitecer, os escravos jogam a merda dos amos nas águas da bela baía. *(204)*

1870
Rio de Janeiro

Mauá

Enquanto festejam a derrota do Paraguai, os países vencedores disputam o mapa do vencido a dentadas.

No Rio de Janeiro, alguém assiste com cenho franzido às borbulhantes celebrações e encolhe os ombros quando ouve falar das novas fronteiras. Irineu Evangelista de Souza, barão de Mauá por graça do imperador Pedro II, não quis nunca essa guerra. Desde o princípio pressentiu que seria longa e sangrenta e que também perderia quem a ganhasse. Louros para o império do Brasil? A paz iluminada pela glória? O império prosperando como se a guerra nunca tivesse havido? O barão de Mauá, sócio brasileiro dos Rotschild de Londres, sabe agora que os exterminadores devem aos bancos britânicos o dobro do que deviam. Dono de grandes plantações, Mauá sabe que os cafezais perderam nos campos de batalha muitos milhares de escravos negros. Acostumado a financiar os orçamentos e a emitir a moeda dos países vencedores, Mauá também sabe que se empapelaram de vales que não valem nada. E talvez saiba, quem sabe, que esta guerra recém-terminada é o começo de sua ruína pessoal, que os credores terminarão arrancando-lhe até os óculos de ouro e que em seus últimos anos voltará a ser aquele menino tão sozinho que um navegante tinha abandonado no cais do Rio. *(109)*

1870
Vassouras

Os barões do café

O vale do Paraíba do Sul produz a maior parte do café que o mundo consome e também produz a maior quantidade de viscondes, barões e marqueses por metro quadrado.

Do trono do Brasil, o imperador Pedro II recompensa agora com novos títulos de nobreza os escravagistas do café, que com tanto dinheiro contribuíram para a guerra contra o Paraguai.

Não há plantação com menos de cem escravos. Noite ainda, ao toque do sino de ferro os escravos se lavam no tanque, dão graças em voz alta a Nosso Senhor Jesus Cristo e marcham ao trabalho morro acima, empurrados pelo chicote de cinco correias.

Os filhos dos senhores vêm ao mundo pela mão de parteiras negras, e amas negras lhes dão de mamar. Criadas negras lhes ensinam canções, lendas e comidas. Com meninos negros aprendem a brincar e com moças negras descobrem o amor. Mas desde cedo sabem quem é proprietário e quem é propriedade. O casamento com a prima ou a sobrinha robustecerá a unidade da família e perpetuará a nobreza da linhagem. *(327)*

1870

São Paulo

Nabuco

Do negro escravo comem todos. Não só os barões do café e os senhores do açúcar: qualquer brasileiro livre, por mais pobre que seja, tem pelo menos um escravo trabalhando para ele.

Joaquim Nabuco denuncia, em discursos ardentes, a profunda infecção. Nascido de latifundiários e políticos profissionais, Nabuco proclama que o Brasil não entrará no mundo moderno enquanto a terra e a política pertencerem a um punhado de famílias e enquanto descansar o país inteiro sobre as costas dos escravos.

O poeta José Bonifácio encabeça o grupo de abolicionistas da Universidade de São Paulo. Além de Nabuco, trabalham com ele outros intelectuais de brilhante palavra, como Castro Alves, Rui Barbosa e Luís Gama, que foi vendido na Bahia pelo próprio pai e conseguiu escapar da escravidão para denunciá-la. *(74)*

1870

Buenos Aires

O bairro norte

Um cavaleiro de blusa verde sopra a corneta que anuncia o perigo. Estrépito de cascos, confusão de campainhas, correrias de transeuntes: o novo bonde vem correndo sobre trilhos em louca velocidade de dez quilômetros por hora. Um jornal de Buenos Aires promete reservar uma coluna, cada dia, para as vítimas.

Um ou outro mortinho faz o bonde, para não decepcionar, mas em pouco tempo já ninguém fala de seus furores homicidas. A febre amarela invadiu Buenos Aires e está assassinando trezentos por dia.

Dessa peste, nasce o cemitério de La Chacarita, porque não há onde enterrar tanto pobre, e nasce também o Bairro Norte, porque os ricos fogem de seu bastião tradicional. As dez quadras ao sul da praça de Maio decidiram o destino da Argentina inteira, desde sempre, e desde sempre prosperaram à sua custa. Ali viveram, até agora, os cavalheiros que fazem política e negócios no Café de Paris e as damas que fazem compras na Loja de Londres. Agora os espanta e expulsa a febre amarela, que morde com gana a zona baixa, rodeada de depósitos de lixo e pântanos, berço de mosquitos, caldo de pragas; e os casarões que o êxodo esvazia se transformam em cortiços. Onde até hoje vivia uma família, duzentas pessoas se apinharão do jeito que der.

Muito cresceu esta cidade derramada sobre as margens do rio. Há um par de séculos, Buenos Aires era uma aldeia triste e perdida. Hoje é habitada por cento e oitenta mil pessoas, e a metade são estrangeiros: pedreiros, lavadeiras, sapateiros, peões, cozinheiras, guardas-noturnos, carpinteiros e outros que chegam trazidos do Mediterrâneo pelos ventos alísios. *(312)*

1870

Paris

Lautréamont aos vinte e quatro

Era de falar atropelado e se cansava por qualquer coisa. Passava as noites diante do piano, fazendo acordes e palavras, e ao amanhecer davam pena seus olhos de febre.

Isidoro Ducasse, o imaginário conde de Lautréamont, morreu. O menino nascido e crescido na guerra de Montevidéu, aquele menino que fazia perguntas ao rio-mar, morreu num hotel de Paris. O editor não se atrevera a mandar seus *Cantos* para as livrarias.

Lautréamont tinha escrito hinos ao piolho e ao pederasta. Tinha cantado o farol vermelho dos prostíbulos e os insetos que preferem sangue ao vinho. Tinha desafiado o deus bêbado que nos criou e tinha proclamado que mais vale nascer do ventre de uma fêmea de tubarão. Tinha-se precipitado no abismo, pelanca humana capaz de beleza e loucura, e ao longo de sua queda tinha descoberto imagens ferozes e palavras assombrosas. Cada página que escreveu grita quando a rasgam. *(181)*

1871

Lima

Juana Sánchez

O devastador Melgarejo caiu. Fugiu da Bolívia, perseguido a pedradas pelos índios, e vive mal em seu exílio num quartinho nos subúrbios de Lima. Do poder, não lhe sobra mais que o poncho cor de sangue. Seu cavalo, Holofernes, foi morto pelos índios, que cortaram suas orelhas.

Passa as noites uivando na frente da casa dos Sánchez. O lúgubre vozeirão de Melgarejo faz tremer Lima. Juana não abre a porta.

Juana tinha dezoito anos quando chegou ao palácio. Melgarejo trancou-se com ela três dias e três noites. Os guardas da escolta escutaram gritos, golpes, suspiros, gemidos, nenhuma palavra. Ao quarto dia, Melgarejo emergiu:

– *Gosto dela tanto quanto do meu exército!*

A mesa dos banquetes converteu-se em altar. Ao centro, entre círios, Juana reinava nua. Ministros, bispos e generais rendiam homenagem à bela e caíam de joelho quando Melgarejo alçava uma taça de conhaque em chamas e cantava versos de devoção. Ela, de pé, de mármore, sem outra roupa que seus cabelos, desviava o olhar.

E calava. Juana calava. Quando Melgarejo saía em campanha militar, deixava-a trancada num convento de La Paz. Voltava ao palácio com ela nos braços e ela calava, mulher virgem cada noite, cada noite nascida para ele. Nada disse Juana quando Melgarejo arrancou dos índios as terras das comunidades e deu de presente oitenta propriedades e uma província inteira para a família dela.

Também agora cala Juana. Trancada com pedra e cal a porta de sua mansão em Lima, ela não se mostra nem responde aos desesperados rugidos de Melgarejo. Nem sequer lhe diz:

– *Nunca me tiveste. Eu não estava ali.*

Chora e berra Melgarejo, seus punhos como trovões contra a porta. Nesse umbral, gritando o nome dessa mulher, morre com dois tiros. *(85)*

1873

Acampamento de Tempú

Os mambises

Os negros, reluzentes de tochas e outras luzes, ondulam e giram e saltam, e conversam com os deuses uivando de dor e de prazer. Ao correspondente do

New York Herald, essas turbulências são tão incompreensíveis como as estações, que em Cuba ocorrem todas ao mesmo tempo dentro do infinito verão: o jornalista pisca forte quando descobre que a mesma árvore oferece, ao mesmo tempo, o galho que floresce estalando em pleno verdor e o galho que agoniza, amarelento.

Essa é a terra do *mambí*, na selva do oriente de Cuba. *Mambí* significa, lá no Congo, *bandido, revoltoso*, mas *mambí* é nessa ilha o escravo que lutando vira pessoa.

Antes de somar-se ao exército patriota, os mambises tinham sido cimarrões na serra. O correspondente do *Herald* calcula que a guerra colonial levou, em cinco anos, oitenta mil vidas espanholas. Muitos soldados caíram por doença ou bala; e muitos mais pelo facão *mambí*. A guerra transformou os engenhos de açúcar em fortalezas armadas contra os ataques dos negros de fora e as fugas dos negros de dentro.

Nesse acampamento de mambises maltrapilhos, quase nus, tudo se divide. O jornalista bebe água com melado, na falta de café, e ao cabo de uns dias jura ódio eterno à batata-doce e à cutia – um animalzinho que dá de comer a quem o agarra no buraco de uma árvore ou num rochedo. Essa guerra poderia durar eternamente, escreve o jornalista: aqui os bejucos dão água quando não há rio por perto e as árvores dão frutas, redes, sandálias e boa sombra para se sentar e contar piadas e aventuras enquanto se curam os feridos. *(237)*

1875

Cidade do México

Martí

Mal lhe despontavam os bigodes quando fundou em Havana dois jornais efêmeros, *O Diabo Manquinho* e *A Pátria Livre;* e por querer a independência de Cuba, colônia de Espanha, foi condenado à prisão e trabalhos forçados. Antes, ainda muito menino, quis traduzir Shakespeare, e tinha incendiado palavras, e tinha jurado vingança na frente de um escravo negro pendurado na forca. Tinha adivinhado, nos primeiros versos, que morreria em Cuba e por ela.

Da prisão, foi empurrado para o desterro. Não tinham sido apagadas ainda as marcas dos grilhões em seus tornozelos. Ninguém mais patriota cubano que esse filho de um sargento espanhol das colônias. Ninguém mais menino que este exilado perguntador, que tanto e tanto se assombra e se indigna com o mundo.

José Martí tem vinte e dois anos quando assiste, no México, à primeira manifestação conjunta de estudantes e trabalhadores. Os fabricantes de chapéus se declararam em greve. Contam com a solidariedade da Sociedade Fraternidade e Constância de Barbeiros, a Sociedade Fraternal de Encadernadores, os tipógrafos, os alfaiates e os intelectuais *operários da Ideia.* Ao mesmo tempo, se desencadeia a primeira greve universitária, contra a expulsão de três estudantes de medicina.

Martí organiza recitais em benefício dos fabricantes de chapéus e em seus artigos descreve os estudantes, que marcham junto com os operários pelas ruas da Cidade do México, todos de braços dados, todos vestidos de domingo: *Esta juventude entusiasta,* escreve, *tem razão. Mas mesmo que não tivesse razão, nós a amaríamos. (129, 200 e 354)*

1875

Fort Sill

Os últimos búfalos do sul

Estavam as planícies do sul atapetadas de búfalos, que se multiplicavam como os capins altos, quando o homem branco chegou do Kansas. Agora o vento fede a coisa podre. Os búfalos esfolados jazem nas planícies. Milhões de peles viajaram rumo ao leste da Europa. O extermínio do búfalo não dá somente dinheiro; além disso, explica o general Sheridan, *é a única maneira de conseguir uma paz duradoura e abrir caminho ao avanço da civilização.*

Os índios kiowas e comanches já não encontram búfalos no território da reserva de Fort Sill. Em vão invocam a boa caça com danças ao deus sol. As rações do governo federal, rações de dar dó, não bastam para comer.

Os índios fogem para o distante *canyon* de Palo Puro, o último lugar com búfalos nas planícies do sul. Lá encontram comida e todo o resto: convertem as peles em casas, mantas e vestidos, os chifres e os ossos em colheres, facas e pontas de flecha, os nervos e os tendões em cordas e redes e as bexigas em cântaros de água.

Logo chegam os soldados, entre nuvens de pó e pólvora. Queimam choças e alimentos, matam mil cavalos e arrebanham os índios de volta ao seu cárcere.

Uns poucos kiowas conseguem escapar. Perambulam pelas planícies até que a fome os rende. Entregam-se em Fort Sill. Ali os soldados os metem num curral e a cada dia atiram para eles pedaços de carne crua. *(51 e 229)*

O mais além, o mais dentro

Reúnem-se em assembleia os búfalos do último rebanho do sul. Não se alonga a discussão. Tudo está dito e a noite continua. Os búfalos sabem que já não são capazes de proteger os índios.

Quando se ergue a madrugada lá no rio, uma mulher kiowa vê passar o último rebanho através da neblina. O chefe marcha a passo lento, seguido pelas fêmeas e as crias e os poucos machos que ainda estão vivos. Ao chegar aos pés do monte Scott, ficam esperando, imóveis, com as cabeças baixas. Então o monte abre a boca e os búfalos entram. Lá dentro o mundo é verde e fresco.

Os búfalos passaram. O monte se fecha. *(198)*

1876

Little Big Horn

Touro Sentado

Quando fala, nenhuma palavra se cansa nem cai.

Não mais mentiras, diz. Há oito anos, o governo dos Estados Unidos garantiu aos sioux, por solene tratado, que para sempre seriam donos das Montanhas Negras, seu centro do mundo, o lugar onde os guerreiros falam com os deuses. Há dois anos, descobriu-se ouro nessas terras. No ano passado, o governo ordenou aos sioux que abandonassem os campos de caça onde os mineiros buscavam ouro nas rochas e mananciais.

Falei bastante. Não mais mentiras. Touro Sentado, chefe de chefes, concentrou milhares e milhares de guerreiros das planícies, sioux, cheyennes, arapahos. Bailou três dias e três noites. Cravou os olhos no sol. Sabe.

Desperta antes da alvorada. Seus pés nus se molham no orvalho e recebem o latejar da terra.

Ao amanhecer, ergue o olhar mais além das colinas. Lá vem o general Custer. Lá vem o Sétimo de Cavalaria. *(51 e 206)*

1876

Little Big Horn

Alce Negro

Aos nove anos, escutou vozes. Soube que todos os seres com pernas, asas ou raízes somos filhos do mesmo pai sol e da mesma mãe terra, em cujos peitos mamamos. As vozes lhe anunciaram que ele faria florescer o bastão sagrado, a árvore da vida cravada no centro da terra dos sioux, e que montado em nuvem de tormenta mataria a seca. Também lhe anunciaram guerras e penas.

Aos dez anos, encontrou, pela primeira vez, um homem branco. Pensou que se tratava de um doente.

Aos treze, Alce Negro está se banhando no rio Little Big Horn quando os gritos avisam que os soldados estão vindo. Trepa numa colina e de lá vê uma imensa nuvem de pó cheia de estampidos e gritos, e da nuvem fogem muitos cavalos com as selas vazias. *(51 e 230)*

1876

Little Big Horn

Custer

Vasilha Negra, o chefe cheyenne, tinha lhe advertido quando fumaram juntos o cachimbo da paz. Custer morreria se traísse suas promessas, e nenhum índio sujaria as mãos escalpelando seu crânio. Depois, Custer incendiou esse acampamento e o chefe Vasilha Negra foi morto a tiros entre as chamas.

Agora o general George Armstrong Custer é um a mais entre os mortos do Sétimo de Cavalaria, que os índios destroçaram nas margens do rio Little Big Horn. Custer tinha mandado rapar, ontem à noite, a cabeleira dourada. Seu crânio rapado aparece intacto e ainda tem essa cara meio estúpida dos homens que nunca foram derrotados. *(51, 91 e 198)*

1876

War Bonnet Creek

Buffalo Bill

Pouco depois da derrota de Little Big Horn, uns soldados se lançaram sobre os índios cheyennes acampados nas margens de um riacho e no tiroteio cai o chefe Mão Amarela.

Buffalo Bill é o primeiro a chegar. De um corte arranca o couro cabeludo do chefe cheyenne e num galope voa até os cenários de distantes cidades. A história do oeste vai-se convertendo em espetáculo à medida que acontece.

Não terminou a batalha e já o esfolador está vendendo sua épica façanha nos teatros da Filadélfia, Baltimore, Washington e Nova York. Para memória e vingança do general Custer, Buffalo Bill ergue os braços para as plateias repletas: numa mão aparece a faca, e na outra, que amassa um pelame tingido de sangue, cai uma cascata de plumas coloridas. O herói veste uma roupa mexicana de muitos enfeites, com um par de revólveres no cinturão e uma Winchester de quinze tiros pendurada no ombro. Logo a cena ilustrará as capas dos livrinhos de *cowboys* que circulam por todo o país.

Buffalo Bill, o mais célebre dos vaqueiros, não arreou uma vaca na vida. O símbolo vivo da conquista do oeste, imortal super-homem, fez sua fama exterminando índios e búfalos e falando sem parar sobre sua própria coragem e pontaria. Foi batizado como Buffalo Bill quando trabalhava para a estrada de ferro da Kansas Pacific: ele diz que em um ano e meio disparou 4.280 tiros e matou 4.280 búfalos, embora as mulheres o impedissem de trabalhar a todo vapor. *(157)*

1876

Cidade do México

Ir embora

O general Santa Anna tinha sido onze vezes presidente do México. Comprovava a lealdade de seus generais vendendo pedaços do país e cobrando impostos de cachorros, cavalos e janelas; mas amiúde teve que fugir do palácio, disfarçado de pobre. Embora fosse um especialista em perder guerras, fez levantar muitas estátuas a si mesmo, a galope em bronze, a espada para cima, e por decreto converteu seu aniversário em festa nacional.

Quando voltou do exílio, já tinham morrido todos os seus amigos e todos os seus inimigos. Afundado numa poltrona, sempre com um galo nos braços, Santa Anna esfregava antigas medalhas ou coçava a perna de pau. Estava cego, mas acreditava ver carruagens de príncipes e presidentes detendo-se à sua porta. Estava surdo, mas acreditava ouvir ladainhas de multidões acorrendo para lhe suplicar audiência e clemência ou emprego.

– *Que esperem!* – uivava Santa Anna. – *Que se calem!*

De sua casa na rua Vergara, hipotecada, sempre vazia, ele é tirado agora, para ser levado ao cemitério. Um galo anda na frente do ataúde, encarando gente e puxando briga. *(227 e 266)*

1877

Cidade da Guatemala

O civilizador

Justo Rufino Barrios, presidente da Guatemala, fecha as pálpebras e escuta ruídos de trens de ferro e máquinas a vapor violando o silêncio dos conventos.

Não há quem pare os colorantes sintéticos nos mercados do mundo e não há quem compre o grão, o anil ou a cochinilla que a Guatemala vende. É a hora do café. Os mercados exigem café e o café exige braços e terras, trens e portos. *Para modernizar o país,* Barrios expulsa os frades parasitas, toma da Igreja suas terras imensas e as dá de presente a seus amigos mais íntimos. Também expropria as terras das comunidades indígenas. Decreta a abolição da propriedade coletiva, e impõe o recrutamento obrigatório. *Para integrar o índio à nação, o* governo liberal o transforma em servo das novas plantações de café. Volta o sistema colonial do trabalho forçado.

Os soldados percorrem as fazendas repartindo índios. *(59)*

1879

Cidade do México

Os socialistas e os índios

Dá pena dizer, mas é preciso. O coronel Alberto Santa Fé denuncia da prisão de Tlatelolco: os índios eram mais felizes sob o domínio espanhol. *Hoje dizem pomposamente que são livres e não passam de escravos.*

Segundo o socialista Santa Fé, que desencadeou a insurreição dos índios do vale de Texmelucan, os males do México vêm da miséria do povo, que por sua vez vem do acúmulo de terras em poucas mãos e da falta de indústria nacional, *porque tudo nos chega do estrangeiro podendo nós mesmos fazê-lo.* E se pergunta: *Devemos preferir perder a independência e ser uma colônia norte-americana, mudar a organização social que nos arruinou?*

Do jornal *O Socialista,* Juan de Mata Rivera também proclama que melhor estavam os índios na colônia, e exige que lhes devolvam suas terras: não há lei que outorgue direito aos ladrões sobre os frutos da violência e da infâmia.

Ao mesmo tempo, os camponeses de Sierra Gorda difundem seu *plano socialista.* Acusam o latifúndio despojador, raiz de toda desgraça, e os governos que puseram os índios a serviço dos latifundiários. Propõem que se declarem *povoados* as fazendas, restituindo a propriedade comunitária de terras de lavradio, águas, montes e pastos. *(129 e 274)*

1879

Ilha de Choele-Choel

A tiros de Remington

os soldados argentinos conquistam vinte mil léguas de terras de índios.

O mercado de Londres exige a multiplicação das vacas; e explode a fronteira. Para que os latifúndios dos pampas cresçam rumo ao sul e rumo ao oeste, os fuzis de repetição esvaziam *os espaços vazios.* Limpando de selvagens a Patagônia, incendiando acampamentos, fazendo pontaria sobre índios e avestruzes, o general Julio Argentino Roca culmina a brilhante carreira militar que tinha iniciado nas guerras contra gaúchos e paraguaios.

Na ilha de Choele-Choel, no rio Negro, quatro mil soldados empoeirados assistem à missa. Oferece-se a vitória a Deus. A campanha do deserto acabou.

Os sobreviventes, índios, índias, restos da fronteira, são repartidos em fazendas, fortes, cavalariças, cozinhas e camas. Mais de dez mil, calcula o tenente-coronel Federico Barbará. Graças ao altruísmo das damas argentinas, diz Barbará, as crianças selvagens trocam o chiripá por calças e adquirem cara de gente. *(353)*

1879

Buenos Aires

Martín Fierro e o crepúsculo do gaúcho

José Hernández publica em Buenos Aires a última parte de *Martín Fierro,* canto de agonia do gaúcho que fez a pátria e sem pátria ficou. Há algum tempo circula pelos campos rio-platinos a outra metade do esplêndido poema e seus versos são tão essenciais como a carne e a erva-mate e o tabaco.

Tristeando versos em roda de fogueiras, os servos do latifúndio e os milicos de fortalezas evocam os andares daquele irmão arisco, homem sem rei e sem lei, e assim recuperam a memória de sua liberdade perdida. *(158)*

1879
Port-au-Prince

Maceo

O desterrado Antonio Maceo chega ao alto de Belle Air, a caminho de São Domingos, quando cinco pistoleiros se lançam contra ele. É noite de lua inteira, mas Maceo escapa do tiroteio e se enfia a galope no terreno cheio de ervas daninhas. O cônsul espanhol no Haiti tinha prometido aos verdugos vinte mil pesos em ouro. Maceo é o mais popular e perigoso dos guerreiros da independência de Cuba.

Na guerra perdeu o pai e quatorze irmãos; e à guerra voltará. No trovão da cavalaria, quando o chiado dos facões arremete contra as bocas dos canhões, Maceo cavalga na frente. Em combate ganhou todas as suas promoções e não é do agrado de alguns chefes brancos que um quase negro seja major-general.

Maceo luta por uma revolução de verdade. *Não se trata de substituir os espanhóis,* diz. A independência não é o último objetivo, e sim o primeiro. A partir dela, Cuba terá que mudar, e enquanto o povo não mandar a colônia não será pátria. Os grandes latifundiários *criollos* desconfiam, com toda razão, desse homem que diz não ser absolutamente sagrado o direito da propriedade. *(262)*

1879
Ilhas Chinchas

O guano

De pura merda eram feitas as colinas que se erguiam nas ilhas. Durante milênios, milhões de aves tinham concluído sua digestão nas costas do sul do Peru.

Os incas sabiam que esse guano era capaz de ressuscitar qualquer terra, por mais morta que parecesse; mas a Europa só conheceu os mágicos poderes do fertilizante peruano quando Humboldt levou as primeiras amostras.

O Peru, que tinha ganho prestígio mundial pela prata e pelo ouro, pôde perpetuar sua glória graças à boa vontade dos pássaros. Rumo à Europa navegavam os navios, carregados do guano malcheiroso, e voltavam trazendo estátuas de puro mármore de Carrara para decorar a alameda de Lima. Vinham os porões repletos de roupas inglesas, que arruinaram os teares da serra sulina, e vinhos de Bordeaux que liquidaram os vinhedos nacionais de Moquegua. Casas inteiras chegaram a El Callao, vindas de Londres. De Paris, importaram-se hotéis completos, de luxo, com cozinheiro e tudo.

Ao cabo de quarenta anos, as ilhas estão arrasadas. O Peru vendeu doze milhões de toneladas de guano, gastou o dobro, e agora deve uma vela a cada santo. *(43, 44 e 289)*

1879

Desertos de Atacama e Tarapacá

O salitre

A guerra não explode por causa do guano, que agora é pouco. É o salitre quem lança o exército chileno à conquista dos desertos, contra as forças aliadas do Peru e da Bolívia.

Dos estéreis desertos de Atacama e Tarapacá sai o verdor dos vales da Europa. Nessas solidões não há mais que lagartixas escondendo-se debaixo das pedreiras e filas de mulas levando para os portos do Pacífico os carregamentos de salitre, granulada neve que devolverá o entusiasmo às cansadas terras europeias. Nada faz sombra nesse mundo sem nada, que é como são as fulgurantes montanhas de salitre secando-se ao sol no desamparo e os operários miseráveis, guerreiros do deserto que usam como couraça um arruinado saco de farinha, picaretas como lanças e pás como espadas.

O salitre ou nitrato tornou-se imprescindível para os negócios da vida e da morte. Não é só o mais cobiçado dos fertilizantes. Além disso, misturado com carvão e enxofre, vira pólvora. É necessário na agricultura e na próspera indústria da guerra. *(35 e 268)*

1880

Lima

Os chineses

O Chile invade e arrasa. Com uniformes ingleses e armas inglesas, o exército chileno derruba os povoados de Chorrillos, Barranco e Miraflores, praias de Lima, sem deixar pedra sobre pedra.

Os oficiais peruanos mandam os índios ao matadouro e fogem gritando: *Viva a pátria!*

Há muitos chineses, chineses do Peru, lutando do lado chileno. São chineses que fugiram dos latifúndios, que entram em Lima cantando gratidões ao general invasor, Patricio Lynch, o Príncipe Vermelho, o Salvador.

Esses chineses tinham sido embarcados, há poucos anos, pelos traficantes ingleses, portugueses e franceses nos portos de Macau e Cantão. De cada três, dois chegaram vivos ao Peru. No porto de Callao, foram postos à venda: os jornais de Lima os ofereciam *acabadinhos de chegar*. Muitos foram marcados com ferro em brasa. A estrada de ferro, o algodão, o açúcar, o guano e o café necessitavam de braços escravos. Nas ilhas guaneras, os guardas não tiravam os olhos deles, porque ao menor descuido os chineses se matavam atirando-se ao mar.

A queda de Lima desencadeia o caos em todo o Peru. No vale de Cañete, os negros se insurgem. No fim do carnaval, numa quarta-feira de cinzas, explode o ódio de séculos. Ritual de humilhações: os negros, até há pouco escravos e como escravos tratados ainda, vingam os antigos rancores, matando chineses, também escravos, a pauladas, a facadas. *(45 e 329)*

1880

Londres

REIVINDICAÇÃO DA PREGUIÇA

Expulso pela polícia francesa e castigado pelo inverno inglês, que faz mijar estalactites, Paul Lafargue escreve em Londres um novo arrazoado contra o *sistema criminoso que faz do homem um miserável servo da máquina.*

A moral capitalista é uma lamentável paródia da moral divina, escreve o genro cubano de Marx. Como os frades, o capitalismo ensina aos operários que eles nasceram neste vale de lágrimas para trabalhar e sofrer; induz a que entreguem suas mulheres e suas crianças às fábricas, que as trituram doze horas por dia. Lafargue se nega a acompanhar *os cantos nauseabundos em honra ao deus Progresso, filho maior do Trabalho,* e reivindica o direito à preguiça e ao pleno gozo das paixões humanas. A preguiça é um presente dos deuses. Até Cristo a pregou no sermão das montanhas. Um dia, anuncia Lafargue, vão terminar os tormentos da fome e do trabalho forçado, mais numerosos que os gafanhotos da Bíblia, e então a terra estremecerá de alegria. *(177)*

1881

Lincoln City

BILLY THE KID

– *Vou te dar um conselho, doc.*

Até um minuto atrás, Billy the Kid esperava a forca numa cela. Agora aponta para o xerife do alto da escada.

– *Começo a ficar cansado, doc.*

O xerife atira para ele as chaves das algemas e quando Billy se agacha explode um relâmpago de revólveres. O xerife despenca com uma bala no olho e a estrela de prata desfeita em pó.

Billy tem vinte e um anos e vinte e uma marcas na culatra do Colt, sem contar os apaches e os mexicanos que matou sem registrar.

– *Se eu fosse você, não faria isso, forasteiro.*

Começou sua carreira aos doze, quando um vagabundo insultou sua mãe e ele fugiu galopando, brandindo um punhal que gotejava sangue. *(131 e 292)*

1882

Saint Joseph

JESSE JAMES

Jesse e seus rapazes, os *James boys,* tinham combatido junto ao exército escravagista do sul e depois foram os anjos vingadores da terra vencida. Por puro senso de honra depenaram sete bancos, sete trens postais e três diligências. Cuspindo de lado, ar indiferente, sem se dar ao trabalho de sacar a arma, Jesse mandou dezesseis próximos para outro mundo.

Um sábado à noite, em Saint Joseph, Missouri, seu melhor amigo mete-lhe um tiro nas costas.

– Você, pequena, seque essas lágrimas e sirva um trago para todos. E vamos ver se tiram esse lixo do caminho. Vou contar o que fui. Sabem o que fui? Mais teimoso que todos os burros do Arizona. (292)

1882

Pradarias de Oklahoma

O crepúsculo do cowboy

Há meio século, o legendário cavalo selvagem de Oklahoma maravilhou Washington Irving e inspirou-lhe a pena. Aquele indomável príncipe das planícies, flecha branca de crina, é hoje besta de carga ou mansa cavalgadura.

Também o *cowboy*, campeão da conquista do oeste, anjo da Justiça ou bandoleiro vingador, vira soldado ou peão obediente a horários. O arame farpado avança em um ritmo de mil quilômetros por dia e os trens frigoríficos atravessam as grandes planícies dos Estados Unidos. As baladas e os livrinhos evocam os bons tempos das caravanas de carretas, os queixosos eixos de madeira engraxados com toucinho, os uivos dos coiotes e dos índios, e Buffalo Bill está demonstrando que a nostalgia pode-se transformar em indústria muito lucrativa. Mas o *cowboy* é uma máquina a mais entre as máquinas que descaroçam o algodão, debulham o trigo, empilham o arroz ou batem o feno. *(224 e 292)*

1882

Nova York

Também o senhor pode triunfar na vida

O caminho da felicidade já não conduz somente às planícies do oeste. Agora é também o tempo das grandes cidades. O apito do trem, flauta mágica, desperta os jovens que dormem a sesta no povoado e os convida a que se incorporem aos novos paraísos de cimento e aço. Cada órfão andrajoso, prometem os cantos de sereia, se transformará em próspero empresário se trabalhar com fervor e viver com virtude nos escritórios ou nas fábricas dos edifícios gigantescos.

Um escritor, Horatio Alger, vende essas ilusões em milhões de exemplares. Alger é mais famoso que Shakespeare e suas novelas circulam mais que a Bíblia. Seus leitores e seus personagens, mansos assalariados, não deixaram de correr desde que desceram dos trens ou dos transatlânticos. Na verdade, a pista está reservada a um punhado de atletas dos negócios, mas a sociedade norte-americana consome em massa a fantasia da livre competição e até os mancos sonham ganhar corridas. *(282)*

1882

Nova York

A criação segundo John D. Rockefeller

No princípio fiz a luz com lampião de querosene. E as sombras, que caçoavam das velas de sebo ou de esperma, recuaram. E amanheceu e entardeceu o primeiro dia.

E no segundo dia Deus me pôs à prova e permitiu que o demônio me tentasse oferecendo-me amigos e amantes e outros desperdícios.

E disse: "Deixai que o petróleo venha a mim". E fundei a Standard Oil. E vi que estava certo e amanheceu e entardeceu o terceiro dia.

E no quarto dia segui o exemplo de Deus. Como Ele, ameacei e amaldiçoei quem me negasse obediência; e como Ele, apliquei a extorsão e o castigo. Como Deus esmagou seus competidores, assim pulverizei sem piedade meus rivais de Pittsburgh e da Filadélfia. E aos arrependidos prometi perdão e paz eterna.

E pus fim à desordem do universo. E onde havia caos implantei a ordem. E, em escala jamais conhecida, calculei custos, impus preços e conquistei mercados. E distribuí a força de milhões de braços para que nunca mais se perdesse tempo, nem energia, nem matéria. E desterrei a casualidade e a sorte da história dos homens. E no espaço por mim criado não reservei nenhum lugar para os débeis e os ineficazes. E amanheceu e entardeceu o quinto dia.

E para dar nome à minha obra inaugurei a palavra *trust*. E vi que estava certo. E comprovei que o mundo girava ao redor de meus olhos vigilantes, enquanto amanhecia e entardecia o sexto dia.

E no sétimo dia fiz caridade. Somei o dinheiro que Deus me havia dado por ter continuado Sua obra perfeita e doei aos pobres vinte e cinco centavos. Então, descansei. *(231 e 282)*

1883

Bismarck City

Os últimos búfalos do norte

O búfalo já é uma curiosidade em Montana e os índios *black-feet* roem ossos velhos e cascas de árvores.

Touro Sentado encabeça a última caçada dos sioux nas planícies do norte. Depois de muito andar, encontram uns poucos animais. Por cada um que matam, os sioux pedem perdão ao Grande Búfalo invisível, segundo quer a tradição, e lhe prometem que não desperdiçarão nenhum pelo do morto.

Pouco depois, a Estrada de Ferro do Pacífico Norte celebra o apogeu de sua via que chega de costa a costa. Essa é a quarta linha que atravessa o território norte-americano. As locomotivas de carvão, com freios pneumáticos e carros Pullman, avançam na frente dos colonos rumo às planícies que foram dos índios. Por todas as partes brotam cidades novas. Cresce e se articula o gigantesco mercado nacional.

As autoridades da Estrada de Ferro do Pacífico Norte convidam o chefe Touro Sentado para pronunciar um discurso na grande festa de inauguração. Touro Sentado chega da reserva onde os sioux sobrevivem por caridade. Sobe ao palco coberto de flores e bandeiras e se dirige ao presidente dos Estados Unidos, aos ministros e personalidades presentes e ao público em geral:

– *Odeio os brancos* – diz. – *Vocês são ladrões e mentirosos...*

O intérprete, um jovem oficial, traduz:

– Meu coração vermelho e doce vos dá as boas-vindas...

Touro Sentado interrompe o clamoroso aplauso do público:

– *Vocês nos arrancaram a terra e fizeram de nós uns párias...*

O público ovaciona, de pé, o emplumado guerreiro; e o intérprete transpira, gélido. *(224)*

1884

Santiago do Chile

O MAGO DAS FINANÇAS COME CARNE DE SOLDADOS

Nossos direitos nascem da vitória, a lei suprema das nações, diz o governo vencedor.

A guerra do Pacífico, guerra do salitre, terminou. Por mar e por terra o Chile pulverizou seus inimigos. Foram incorporados ao mapa chileno os imensos desertos de Atacama e Tarapacá. O Peru perde o salitre e as esgotadas ilhas de guano. A Bolívia perde a saída para o mar e fica encurralada no coração da América do Sul.

Em Santiago do Chile celebram a vitória. Em Londres, a cobram. Sem disparar um tiro nem gastar um pêni, John Thomas North converteu-se no rei do salitre. Com dinheiro emprestado pelos bancos chilenos, North comprou por bagatela os bônus que o Estado peruano tinha entregue aos antigos proprietários das jazidas. North comprou-os assim que explodiu a guerra; e antes que a guerra terminasse, o Estado chileno teve a gentileza de reconhecer os bônus como legítimos títulos de propriedade. *(268 e 269)*

1884
Huancayo

A PÁTRIA PAGA

Três anos e duzentas léguas de luta incessante percorreu o marechal Andrés Avelino Cáceres, com seus guerrilheiros índios, contra os invasores chilenos nas serras do Peru.

Os índios das comunidades chamam de *Vovô o* seu marechal, homem de costeletas marciais; e muitos morreram por segui-lo, lançando "vivas" a uma pátria que os despreza. Também em Lima os índios foram carne de canhão e o cronista social Ricardo Palma botou a culpa da derrota *nessa raça abjeta e degradada.*

Em compensação, o marechal Cáceres afirmava até há pouco que o Peru tinha sido vencido por seus próprios comerciantes e burocratas. Até há pouco, também rejeitava o tratado de paz que amputa um bom pedaço do Peru. Agora, Cáceres mudou de ideia. Quer ser presidente. Tem que merecer. É preciso desmobilizar os índios armados, que lutaram contra os chilenos, mas também invadiram fazendas e estão ameaçando a sagrada ordem latifundiária.

O marechal convoca Tomás Laimes, chefe da guerrilha de Colca. Chega Laimes a Huancayo com mil e quinhentos índios. Vem para dizer:

– *Ordene, meu Avôzinho.*

Mas nem bem Laimes chega, e sua tropa é desarmada. Mal atravessa o umbral do quartel, cai com uma coronhada. E depois o fuzilam, vendado e sentado. *(194)*

1885
Lima

"O MAL VEM DO ALTO", DIZ MANUEL GONZÁLEZ PRADA

O Peru geme sob o jugo de alguns seres privilegiados... Esses homens nos reduziriam à lâmina entre os cilindros de um trapiche, nos destilariam no tanque de um alambique, nos carbonizariam em um forno de derreter metais, se de nosso resíduo pudessem extrair um só miligrama de ouro... Eles, como terra maldita, recebem a semente e bebem a água, sem jamais produzir fruto...

Na guerra com o Chile, provaram a sua covardia, não tendo coragem nem para defender a tomada do guano e do salitre... Fomos ultrajados, pisoteados e ensanguentados como não o foi nação alguma; mas a guerra com o Chile nada nos ensinou nem de nenhum vício nos curou. (145)

1885

Cidade do México

"TUDO É DE TODOS",

diz Teodoro Flores, índio mixteco, herói de três guerras.

– *Repitam!*

E os filhos repetem: *Tudo é de todos.*

Teodoro Flores defendeu o México contra os norte-americanos, os conservadores e os franceses. O presidente Juárez deu-lhe como prêmio três fazendas de boa terra. Ele não aceitou.

– *A terra, a água, os bosques, as casas, os bois, as colheitas. De todos. Repitam!*

E os filhos repetem.

Aberto ao céu, o terraço no alto da casa está quase livre do cheiro de merda e fritura, e quase em silêncio. Aqui se pode tomar a fresca e conversar, enquanto no quintal lá embaixo os homens disputam uma fêmea a facadas, alguém clama pela Virgem aos gritos e os cães uivam trazendo morte.

– *Conte-nos da serra* – pede-lhe o filho mais novo.

E o pai conta como se vive em Teotitlán do Caminho. Lá trabalham os que pedem e reparte-se com cada um o que cada um necessita. É proibido tomar-se mais do que se necessita. Isso é delito grave. Na serra castigam-se os crimes com silêncio, desprezo ou expulsão. Foi o presidente Juárez quem trouxe o sistema do cárcere, que lá ninguém conhecia. Juárez levou juízes e títulos de propriedade e mandou dividir a terra comum:

– *Mas nós não demos importância aos papéis que nos deu.*

Teodoro Flores tinha quinze anos quando aprendeu a língua castelhana. Agora quer que seus filhos se façam advogados, para defender os índios das artimanhas dos doutores. Por isso os trouxe para a capital, para essa pocilga barulhenta, para viver mal, amontoados entre malfeitores e mendigos.

– *O que Deus criou e o que o homem cria. Tudo é de todos. Repitam!*

Noite após noite, as crianças o escutam até serem derrubadas pelo sono.

– Nascemos todos iguais, peladinhos. Somos todos irmãos. Repitam!

(287)

1885

Colón

Prestán

A cidade de Colón nasceu há trinta anos, porque o trem que atravessa o Panamá de mar a mar necessitava de uma estação terminal. A cidade nasceu sobre os pântanos do mar do Caribe, e ofereceu febres e mosquitos, hoteizinhos e botecos e bordéis aos aventureiros que afluíram em busca do ouro da Califórnia, e miseráveis barracas aos operários chineses que estenderam a estrada de ferro e morreram de febre ou de tristeza.

Esse ano, Colón ardeu. O fogo devorou as galerias de madeira, as casas e os mercados, e Pedro Prestán levou a culpa. Prestán, mestre e doutor, quase negro, sempre exibindo chapéu de feltro e colarinho, sempre impecável nas ruas de barro, tinha estado à frente de uma insurreição popular. Mil *marines* se lançaram sobre terra panamenha, dizendo proteger a estrada de ferro e outros bens de propriedade norte-americana. Prestán, que defendeu os humilhados com alma e vida e chapéu, balança na forca.

O crime amaldiçoa Colón. Como expiação, a cidade será incendiada cada vinte anos, de agora em diante e para sempre. *(102,151 e 324)*

1886

Chivilcoy

O circo

Ao amanhecer, a carroça do circo emerge da névoa, entre as frondosas árvores de Chivilcoy.

De tarde, ondulam as bandeirolas coloridas sobre a tenda.

Há um desfile triunfal pela cidade. A *Companhia Equestre Ginástica, Acrobática e de Dramas Criollos,* dos irmãos Podestá, traz uma malabarista japonesa e um cão que fala, pombas domesticadas, um menino prodígio e quatro palhaços. O programa garante que o arlequim Pepino, o 88 e a equipe de voadores *despertaram a admiração dos públicos de Londres, Paris, Viena, Filadélfia e Roma.*

Mas o prato forte que o circo oferece é *Juan Moreira,* primeiro drama *criollo* da história argentina, pantomima com duelos de versos e punhais, que conta as desgraças de um gaúcho acossado pelo milico, o juiz, o prefeito e o bodegueiro. *(34)*

1886

Atlanta

A coca-cola

John Pemberton, boticário, ganhou certo prestígio por suas poções de amor e suas loções contra a calvície.

Agora inventa um remédio que alivia a dor de cabeça e cessa os enjoos. Seu novo produto é feito à base de folhas de coca, trazidas dos Andes, e nozes de cola, sementes estimulantes que vêm da África. Água, açúcar, caramelo e alguns segredos completam a fórmula.

Logo Pemberton venderá seu invento por dois mil e trezentos dólares. Está convencido de que é um bom remédio; e se arrebentaria de tanto rir, não de orgulho, se algum adivinho lhe dissesse que acaba de criar o símbolo do século que vem. *(184)*

1887

Chicago

Cada primeiro de maio, serão ressuscitados

A forca espera por eles. Eram cinco, mas Lingg adiantou a sua morte fazendo explodir entre os dentes uma cápsula de dinamite. Fischer veste-se sem pressa, cantarolando "A Marselhesa". Parsons, o agitador que empregava a palavra como açoite ou faca, aperta as mãos de seus companheiros antes que os guardas as amarrem nas costas. Engel, famoso pela pontaria, pede vinho do Porto e faz todos rirem com uma piada. Spies, que tanto escreveu *pintando a anarquia como a entrada na vida,* se prepara, em silêncio, para entrar na morte.

Os espectadores, em plateia de teatro, cravam os olhos no cadafalso. *Um sinal, um ruído, o alçapão cede... Já, em dança horrível, morreram rodopiando no ar.*

José Martí escreve a crônica da execução dos anarquistas em Chicago. A classe operária do mundo os ressuscitará em cada primeiro de maio. Isso ainda não se sabe, mas Martí sempre escreve como quem ouve, onde menos se espera, o pranto de um recém-nascido. *(199)*

1889
Londres

North

Há vinte anos saltou ao cais de Valparaíso, olhos de pedra azul, crespas costeletas de fogo: trazia dez libras esterlinas nos bolsos e um embrulho de roupa nas costas. Em seu primeiro emprego conheceu e padeceu o salitre, nas caldeiras de uma pequena jazida em Tarapacá, e depois foi comerciante no porto de Iquique. Durante a guerra do Pacífico, enquanto chilenos, peruanos e bolivianos se estripavam a golpes de baioneta, John Thomas North praticou malabarismos que fizeram dele o dono dos campos de batalha.

Agora, North, rei do salitre, fabrica cerveja na França e cimento na Bélgica, tem bondes no Egito e serrarias na África negra e explora ouro na Austrália e diamantes no Brasil. Na Inglaterra, esse Midas de berço plebeu e dedos velozes comprou o grau de coronel do exército de Sua Majestade, dirige a loja maçônica do condado de Kent e é membro proeminente do Partido Conservador; duques, lordes e ministros se sentam à sua mesa. Vive num palácio cujas grandes portas de ferro foram arrancadas da catedral de Lima, segundo dizem, pelos soldados chilenos.

Nas vésperas de uma viagem ao Chile, North ofereceu um baile de despedida no hotel Metrópole. Acodem mil ingleses. Os salões do Metrópole brilham como sóis, e brilham os manjares e os licores. Imensos escudos de crisântemos exibem, ao centro, a letra N. Uma ovação saúda o todo-poderoso, que desce as escadarias disfarçado de Henrique VIII. No braço, leva sua mulher, vestida de duquesa; e atrás, vem a filha, de princesa persa, e o filho com roupa de cardeal Richelieu.

O correspondente de guerra do *Times* integra o amplo séquito que acompanhará North na viagem até seu reino do Chile. Turbulentas jornadas se avizinham. Lá, nos desertos conquistados a bala, North é dono do salitre e do carvão e da água e dos bancos e dos jornais e do trem de ferro; mas na cidade de Santiago há um presidente que tem o mau gosto de rejeitar presentes. Chama-se José Manuel Balmaceda. North viaja para derrubá-lo. *(269 e 270)*

1889

Montevidéu

O futebol

Está fazendo setenta anos, em Londres, a rainha Vitória. No rio da Prata, o fato é celebrado aos pontapés.

As seleções de Buenos Aires e Montevidéu disputam a bola, no campinho de La Blanqueada, ante o desdenhoso olhar da rainha. No centro do palco, entre as bandeiras, ergue-se o retrato da dona dos mares e boa parte das terras do mundo.

Buenos Aires ganha por 3 a 0. Não há mortos que lamentar, embora ainda não tenha sido inventado o pênalti e arrisca a vida quem se aproxima do gol inimigo. Para fazer um gol de pertinho, é preciso investir contra uma avalanche de pernas que descem feito machados; e cada partida é uma batalha que exige ossos de aço.

O futebol é jogo de ingleses. É praticado pelos funcionários da estrada de ferro, da companhia de gás e do Banco de Londres, e pelos marinheiros de passagem; mas já uns *criollos,* infiltrados entre os artilheiros de loiros bigodões, estão demonstrando que a malícia pode ser uma arma eficaz para fuzilar goleiros. *(221)*

1890

Rio da Prata

Os companheiros

Mais de cinquenta mil trabalhadores chegam cada ano ao rio da Prata, europeus que o desespero lança a essas costas: bandeiras italianas saúdam a passagem de Edmundo de Amicis pelas colônias piemontesas do litoral argentino e, nas reuniões operárias de Buenos Aires ou Montevidéu, ouvem-se discursos em espanhol, italiano, francês ou alemão.

Oito de cada dez trabalhadores ou artesãos são estrangeiros e entre eles há socialistas e anarquistas italianos, franceses da Comuna, espanhóis da primeira república e revolucionários da Alemanha e da Europa central.

Nascem greves nas margens do rio. Em Montevidéu, os condutores de bondes trabalham dezoito horas por dia e quinze os trabalhadores dos moinhos e fábricas de macarrão. Não há domingos; e um membro do governo de

Buenos Aires tornou pública a sua descoberta de que a preguiça é a mãe de todos os vícios.

Em Buenos Aires celebra-se o primeiro de maio da América Latina. O orador de fundo, José Winiger, saúda em alemão os mártires de Chicago e anuncia que está próxima a hora do socialismo no mundo, enquanto homens de toga, pena, espada ou batina clamam pela expulsão dos estrangeiros inimigos da ordem. O inspirado escritor Miguel Cané redige um projeto de lei para expulsar da Argentina os agitadores vindos de longe. *(140 e 290)*

1890

Buenos Aires

Os cortiços

Pobres e ricos pagam a mesma entrada no teatro Colón, quando chega o carnaval, mas transpondo a porta os braços ocupam o seu lugar e os cérebros o seu, e ninguém comete o sacrilégio de se enganar de lugar. Na pista dançam os de baixo e nos salões divertem-se os de cima.

Buenos Aires é como o seu teatro. As pessoas importantes dormem em palácios franceses de dois ou três andares, no bairro Norte, e sozinhas dormem as solteironas que preferem morrer virgens a misturar o sangue com algum estrangeiro remediado. Os que mandam enfeitam sua ascendência ou a fabricam, graças a rios de pérolas e iniciais lavradas em baixela de prata, e ostentam porcelanas da Saxônia, de Sèvres ou de Limoges, cristais de Waterford, tapeçarias de Lyon e toalhas de Bruxelas. Da vida pacata da Grande Aldeia passaram ao exibicionismo frenético da Paris da América.

Ao sul, se apertam os pobres da terra. Nos abandonados casarões coloniais de três quintais, ou em cortiços especialmente construídos, dormem, divididos em turnos, os trabalhadores vindos de Nápoles, de Vigo ou da Bessarábia. Jamais esfriam as camas, escassas no nenhum espaço invadido pelos braseiros e bacias e caixotes que fazem as vezes de berços. Não faltam as brigas nas longas filas da porta da única latrina, e o silêncio é um luxo impossível. Mas às vezes, nas noites de festa, o acordeão ou o bandolim ou a gaita trazem perdidas vozes a essas mulheres lavadeiras e costureiras, servas de patrões e de maridos, e aliviam a solidão desses homens que de sol a sol curtem couros, empacotam carne, serram madeira, varrem ruas, carregam embrulhos, erguem e pintam paredes, fazem cigarros, moem trigo e assam pão, enquanto seus filhos lustram botinas e anunciam o crime do dia. *(236 e 312)*

O solitário

Um fogo a menos, dizem lá, nas aldeias da Galiza, quando alguém emigra.

Mas lá ele era excesso de população e aqui gostaria de não sobrar. Trabalha e aguenta e cala como uma mula, homem de poucas palavras, e em cidade alheia ocupa menos espaço que um cão.

Aqui zombam dele e o tratam com desdém, porque ele não sabe nem assinar o próprio nome e o trabalho braçal é coisa de gente inferior. Em compensação, aqui veneram quem muita soberba exibe e aplaudem o malandro capaz de depenar o mais valente com um certeiro golpe de astúcia e sorte.

Pouco pode dormir o solitário, o imigrante; mas nem bem cola as pestanas é amado pelas fadas ou bruxas em montanhas verdejantes e penhascos de névoa. Às vezes tem pesadelos. Então se afoga no rio. Não num rio qualquer, mas em certo rio de lá. Quem o atravessa, diz a fama, perde a memória.

Tangando

O tango, filho tristonho da alegre milonga, nasceu nos quintais suburbanos e nos pátios dos cortiços.

Nas duas margens do Prata, é música de má fama. É dançada em chão de terra, por operários e malandros, homens de martelo ou punhal, macho com macho se a mulher não é capaz de seguir o passo muito atrevido e quebrado ou se lhe parece coisa de putas o abraço tão corpo a corpo: o casal desliza, balança, espreguiça e floreia em cortes e filigranas.

O tango vem das toadas gaúchas do interior e vem do mar, dos cantares marinheiros. Vem dos escravos da África e dos ciganos da Andaluzia. Da Espanha trouxe o violão, da Alemanha o bandoneón e da Itália o bandolim. O cocheiro do bonde puxado a cavalo deu-lhe corneta de chifre, e o operário imigrante, sua harmônica, companheira de solidões. Com passo demorado, o tango atravessou quartéis e tabernas, picadeiros de circos ambulantes e quintais de prostíbulos da periferia. Agora os realejos passeiam o tango pelas ruas das margens de Buenos Aires e de Montevidéu, rumo ao centro, e os barcos o levam para enlouquecer Paris. *(257, 293 e 350)*

1890

Hartford

Mark Twain

As mãos do novelista jogam Hank Morgan, funcionário da fábrica de armas Colt, na remota corte do rei Artur. O telefone, a bicicleta e a dinamite viajam ao tempo do mago Merlin e sir Galahad, no vale de Camelot; lá Hank Morgan edita e vende um jornal ao módico preço de dois centavos, funda uma academia militar de West Point e revela que o mundo não é um prato apoiado sobre duas colunas. Embora venha de uma sociedade que já conhece os monopólios, Hank leva aos castelos feudais a boa nova da livre competição, o livre comércio e o sufrágio livre. Em vão tenta substituir os duelos a cavalo pelo *baseball*, a monarquia hereditária pela democracia e o código de honra pelo cálculo de custos; e no final torra trinta mil ginetes ingleses de armaduras e lanças, enfrentando-os com fios elétricos já testados contra os índios dos Estados Unidos. A aventura culmina com morte total e Hank cai asfixiado pela pestilência que emana de suas vítimas.

Mark Twain termina de escrever *Um ianque na corte do rei Artur* em sua casa de Hartford. "É o meu canto de cisne", anuncia. Ele viveu sempre aos saltos, perseguindo um fugitivo milhão de dólares. Foi jornalista e explorador, agente de publicidade, mineiro de ouro, piloto de barco, especulador, inventor de pequenas máquinas, diretor de uma companhia de seguros e empresário azarado; mas, entre bancarrota e bancarrota, deu um jeito para inventar ou recordar Tom Sawyer e Huck Finn, e achou a maneira de nos convidar a todos para a balsa, junto com esse par de garotos, pelas águas do Mississípi. E o fez pela simples alegria de ir, não pela pressa de chegar. *(149 e 341)*

1890

Wounded Knee

Vento de neve

O Criador não fez os índios: os cantou, os dançou.

Através dos cantos e das danças, o Criador está anunciando agora que essa terra velha e moribunda logo será arrasada pelo verdejante torvelinho da terra nova. O profeta Wovoka trouxe sua palavra do outro mundo: na terra nova ressuscitarão os búfalos e renascerão os índios mortos e uma feroz inundação afogará os brancos. Nem um único usurpador sobreviverá.

As danças e os cantos do profeta Wovoka vêm do oeste, atravessam as Montanhas Rochosas e se propagam pelas planícies. Os sioux, que foram os mais numerosos e poderosos dessas regiões, celebram a anunciação do paraíso, o fim da fome e do exílio: dançam e cantam da madrugada até o fundo de cada noite.

Quatro dias depois do Natal, os trovões da fuzilaria interrompem as cerimônias no acampamento sioux de Wounded Knee. Os soldados disparam como se fosse contra búfalos: acertam mulheres, crianças, os poucos homens. A ventania açoita os mortos e os congela sobre a neve. *(51, 91 e 230)*

Canto profético dos sioux

É de trovão a nação que sou, eu disse.
É de trovão a nação que sou, eu disse.
Viverás.
Viverás.
Viverás.
Viverás. (38)

1891
Santiago do Chile

Balmaceda

José Manuel Balmaceda quis impulsionar a indústria nacional, *viver e vestir-nos com o que é nosso,* pressentindo que a era do salitre passaria, deixando ao Chile somente remorsos. Quis aplicar estímulos e proteções semelhantes às que tinham praticado, em sua infância industrial, os Estados Unidos, a Inglaterra, a França e a Alemanha. Aumentou os salários dos trabalhadores e semeou escolas públicas pelo país. Deu ao longo corpo do Chile uma coluna vertebral de estradas e caminhos. Em seus anos de presidência, o sagrado capital britânico correu grave risco de profanação: Balmaceda quis nacionalizar as ferrovias e quis acabar com a usura dos bancos e a voracidade das empresas salitreiras.

Muito quis Balmaceda, e bastante conseguiu; porém, mais pôde o enorme orçamento que John Thomas North destina a comprar consciências e distorcer justiças. A imprensa despejou seus trovões contra o *César ébrio de poder, déspota inimigo da liberdade e hostil às empresas estrangeiras*, e não menos forte soou o clamor dos bispos e parlamentares. A sublevação militar explodiu como um eco e então correu sangue do povo.

The South American Journal anuncia o triunfo do golpe de estado: *O Chile voltará aos bons tempos de antes.* O banqueiro Eduardo Matte também celebra: *Os donos do Chile somos nós, os donos do capital e do solo. O resto é massa influenciável e vendável.*

Balmaceda se mata com um tiro. *(270)*

1891

Washington

A outra América

José Martí leva dez anos vivendo nos Estados Unidos. É muito o que admira nesse país múltiplo e vigoroso, onde nada que é novo dá medo; mas também denuncia, em seus artigos, as ambições imperiais da jovem nação, a elevação da cobiça à categoria de direito divino e o atroz racismo que extermina índios, humilha negros e despreza latinos.

Ao sul do rio Bravo, diz Martí, há *outra* América, a *nossa América, terra que balbucia*, que não reconhece seu rosto completo no espelho europeu nem no norte-americano. É a pátria hispano-americana, diz, que Cuba reclama para se somar a ela, enquanto o norte a reclama para devorá-la. Os interesses de uma e outra América não coincidem. *Convém à Hispano-América* – pergunta Martí – *a união política e econômica com os Estados Unidos? E* responde: *Dois condores ou dois cordeiros se unem sem tanto perigo como um condor e um cordeiro.* No ano passado celebrou-se em Washington a primeira conferência pan-americana e, agora, Martí assiste, como delegado do Uruguai, à continuação do diálogo. *Quem diz união econômica, diz união política. O povo que compra, manda. O povo que vende, serve... O povo que quer morrer, vende a um povo só, e o que quer se salvar, a mais de um... O povo que quiser ser livre, distribua seus negócios entre países igualmente fortes. Se há de preferir algum, que prefira o que menos o necessite, o que o desdenhe menos...*

Martí consagrou sua vida a essa *outra* América: quer ressuscitar tudo que lhe mataram da conquista em diante, e quer revelá-la e rebelá-la, porque sua escondida e traída identidade não será revelada enquanto não se liberar.

– *Que falta poderá atirar-me na cara a minha grande mãe América?*

Filho de europeus, mas filho da América, cubano patriota da grande pátria, Martí sente que corre em suas veias o sangue dos feridos povos que nasceram de sementes de palmeira ou de milho e que chamavam a Via-Láctea de *caminho das almas* e a lua de *sol da noite* ou *sol adormecido.* Por isso escreve, respondendo a Sarmiento, namorado do alheio: *Não há batalha entre a civilização e a barbárie, e sim entre a falsa erudição e a natureza.* (112 e 354)

1891
Nova York

O pensamento começa a ser nosso, acha José Martí

...Conhecer é resolver. Conhecer o país e governá-lo conforme o conhecimento é o único modo de livrá-lo de tiranias. A universidade europeia há de ceder à universidade americana. A história da América, dos incas aqui, tem que ser ensinada perfeitamente, mesmo que não se conte a dos arcontes da Grécia. Nossa Grécia é preferível à Grécia que não é nossa. É-nos mais necessária. Os políticos nacionais haverão de substituir os políticos exóticos. Enxerte-se em nossas repúblicas o mundo; mas o tronco há de ser o de nossas repúblicas. E cale-se o pedante vencido; que não há pátria na qual o homem possa ter mais orgulho que em nossas dolorosas repúblicas americanas...

Éramos uma fantasia, com calças da Inglaterra, colete parisiense, jaqueta da América do Norte e botas da Espanha... Éramos dragonas e togas, em países que vinham ao mundo com sandália nos pés e a cinta na cabeça... Nem o livro europeu, nem o livro ianque, davam a chave do enigma hispano-americano...

Os povos se põem de pé e se cumprimentam. "Como somos?", se perguntam; e uns e outros vão-se dizendo como são. Quando aparece em Cojímar um problema, não vão buscar a solução em Dantzig. As levitas ainda são da França, mas o pensamento começa a ser da América... (199)

1891
Guanajuato

Cantarranas, 34. Fotografia instantânea

O artilheiro, encapuzado, se agacha e faz pontaria. A vítima, um elegante cavalheiro de Guanajuato, não sorri nem pestaneja nem respira. Não tem escapatória: às suas costas caiu o pano, frondosa paisagem de gesso pintado, e a escadaria de papelão conduz ao vazio. Cercado de flores de papel, rodeado de colunas e balaustradas de papel, o grave prócer apoia a mão no encosto de uma poltrona e com dignidade enfrenta a boca de canhão da câmara de fole.

Guanajuato inteira se deixa fuzilar no estúdio da rua Cantarranas, 34. Romualdo García fotografa os senhores de muito pergaminho e suas mulheres e seus filhos, meninos que parecem anões afundados em grandes coletes com relógio de bolso e meninas austeras como avozinhas esmagadas por chapelões cheios de sedas e fitas. Fotografa os gordos frades e os militares de gala, os de primeira comunhão e os recém-casados; e também os pobres, que vêm de longe e dão o que não têm, contanto que posem muito penteados, muito passados, exibindo as melhores prendas, diante da câmera do artista mexicano premiado em Paris.

O mago Romualdo García converte pessoas em estátuas e vende eternidade aos mortais. *(58)*

1891

Purísima del Rincón

Vidas

Não aprendeu com ninguém; é por gostar que pinta. Hermenegildo Bustos recebe em espécie ou a quatro reais o retrato. O povo de Purísima del Rincón não tem fotógrafo, mas tem pintor.

Há quarenta anos, Hermenegildo retratou Leocadia López, a beleza do povoado, e o retrato ficou igualzinho a ela. Desde então, no povoado de Purísima houve enterros e casamentos com êxito, muitas serenatas e um ou outro esfaqueado nas cantinas, certa moça fugiu com o palhaço de um circo ambulante, tremeu a terra mais de uma vez e mais de uma vez mandaram da Cidade do México novo chefe político; enquanto se passavam os lentos dias e ocorriam os sóis e os aguaceirinhos, Hermenegildo Bustos ia pintando os vivos que via e os mortos dos quais se recordava.

Ele é também hortelão, fazedor de sorvete e homem de dez instrumentos. Semeia milho e feijões, em terra própria ou por encomenda, e se ocupa em tirar vermes das plantações. Faz sorvetes com a geada que recolhe das folhas do ágave; e quando afrouxa o frio faz conservas de laranja. Além disso borda bandeiras pátrias, conserta tetos que deixam a chuva passar, dirige os toques de tambor na Semana Santa, decora biombos, camas e ataúdes e com mão muito delicada pinta dona Pomposa López em ação de graças diante da Santíssima Virgem, que a arrancou do leito da morte, e dona Refúgio Segovia em retrato que destaca seus encantos, sem esquecer nem um fio dos cachos sobre a testa e copiando no pescoço o broche dourado que diz *Refugito*.

Pinta e se pinta: recém-barbeado, cabelos curtos, maçãs salientes e sobrancelhas franzidas, traje militar. E ao dorso de sua imagem escreve: *Hermenegildo Bustos, índio deste povoado de Purísima del Ricón, nasci em 13 de abril de 1832 e me retratei para ver se conseguia em 19 de junho de 1891. (333)*

1892
Paris

O escândalo do canal

Um tribunal francês decretou a falência da Companhia do Canal do Panamá. Suspendem-se as obras e estoura o escândalo. Subitamente se evaporam as economias de milhares de camponeses e pequenos burgueses da França. A empresa que ia abrir um corte entre os oceanos – aquela passagem que os conquistadores sonharam e buscaram – cometeu uma fraude fenomenal. Divulgam-se as cifras milionárias torradas para subornar políticos e emudecer jornalistas. De Londres, Friedrich Engels escreve: *No Panamá poderia fazer-se em pedaços toda a porcaria burguesa. Fez-se o milagre de transformar o canal num abismo insondável...*

Ninguém menciona os operários panamenhos, chineses e indianos que a febre amarela e a malária exterminaram ao ritmo de setecentos mortos por cada quilômetro de canal aberto entre as montanhas. *(102, 201 e 324)*

1892
San José de Costa Rica

Profecia de um jovem poeta da Nicarágua chamado Rubén Darío

O século que vem verá a maior das revoluções que ensanguentaram a terra. O peixe grande come o pequeno? Vá lá; mas logo teremos a revanche. A pobreza reina, e o trabalhador leva nos ombros a montanha de uma maldição. Nada vale, a não ser o ouro miserável. As pessoas deserdadas são o rebanho eterno para o eterno matadouro...

Não haverá força que possa conter a torrente da fatal vingança. Será preciso cantar uma nova Marselhesa que, como as trombetas de Jericó, destrua a moradia dos infames... O céu verá com temerosa alegria, entre o estrondo da catástrofe redentora, o castigo dos altivos malfeitores, a vingança suprema e terrível da miséria embriagada. (308)

1893

Canudos

Antônio Conselheiro

Faz muito tempo que os profetas percorrem as terras candentes do Nordeste brasileiro. Anunciam que o rei Sebastião regressará da ilha das Brumas e castigará os ricos e transformará os brancos em negros e em jovens os velhos. Quando acabar o século, anunciam, o deserto será mar e o mar, deserto; e o fogo arrasará as cidades do litoral, frenéticas adoradoras do dinheiro e do pecado. Sobre as cinzas do Recife, da Bahia, do Rio e de São Paulo se erguerá uma nova Jerusalém e nela Cristo reinará mil anos. Aproxima-se a hora dos pobres, anunciam os profetas: faltam sete anos para que o céu desça à terra. Então já não existirá doença nem morte; e no novo reino terrestre e celeste toda a injustiça será reparada.

O beato Antônio Conselheiro vaga de vila em vila, fantasma esquálido e empoeirado, seguido por um coro de ladainhas. A pele é uma gasta armadura de couro; a barba, um emaranhado de sarças; a túnica, uma mortalha em farrapos. Não come nem dorme. Divide entre os infelizes as esmolas que recebe. Às mulheres, fala de costas. Nega obediência ao ímpio governo da república e na praça da aldeia de Bom Conselho atira ao fogo os editais de impostos.

Perseguido pela polícia, foge para o sertão. Com duzentos peregrinos, funda a comunidade de Canudos junto ao leito de um rio fugaz. Aqui flutua e fulgura o calor da terra. O calor não deixa que a chuva toque o solo. Brotam dos morros escalvados as primeiras casinhas de barro e palha. No meio dessa tosca terra, terra prometida, primeiro degrau rumo aos céus, Antônio Conselheiro ergue em triunfo a imagem de Cristo e anuncia o apocalipse: *Serão aniquilados os ricos, os incrédulos e as assanhadas. Serão tingidas de sangue as águas. Não haverá mais que um pastor e um só rebanho. Muitos chapéus e poucas cabeças...* (80 e 252)

1895
Cayo Hueso

Viaja a liberdade dentro de um charuto

Dorme nunca, come pouco. José Martí reúne pessoas e dinheiro, escreve artigos e cartas, faz discursos, poemas e conferências; discute, organiza, compra armas. Mais de vinte anos de exílio não puderam apagá-lo.

Desde sempre soube que Cuba não poderia existir sem revolução. Há três anos fundou, na costa da Flórida, o Partido Revolucionário Cubano. Nasceu o partido nas fábricas de charuto de Tampa e Cayo Hueso, ao amparo dos trabalhadores cubanos desterrados que escutaram Martí em pessoa e no papel impresso.

As fabriquetas de charuto parecem universidades operárias. É tradição que alguém leia livros ou artigos enquanto os outros trabalham em silêncio, e assim os operários tabaqueiros recebem cada dia ideias e notícias e cada dia viajam pelo mundo e pela história e as assombrosas regiões da imaginação. Pela boca do *leitor*, a palavra humana dispara e penetra nas mulheres que limpam as folhas do fumo e nos homens que as torcem e armam os charutos sobre a coxa ou a mesa.

De acordo com os generais Máximo Gómez e Antonio Maceo, Martí lança a ordem de rebelião. A ordem viaja dessas fabriquetas da Flórida e chega a Cuba escondida dentro de um charuto. *(165, 200 e 242)*

1895
Playitas

O desembarque

Dentro de quarenta anos, Marcos del Rosario se recordará:

– Não agradei ao general Gómez à primeira vista. Ele me dizia: "O que é que o senhor vai buscar em Cuba? Perdeu alguma coisa por lá?".

Marcos aplaudirá sacudindo a terra das mãos:

– O general Gómez era um velhinho tremendo, forte, forte, e muito ágil, e falava muito alto e às vezes ficava fulo e queria engolir a gente...

Atravessará o pomar buscando sombra:

– Finalmente achamos um barco que nos botou perto da costa de Cuba.

Mostrará as argolas de ferro de sua rede:

– Estas são daquele tal bote.

Esticado na rede, acenderá um charuto:

– *O barco nos deixou no mar e era um dia de marejada terrível...*

Dois dominicanos e quatro cubanos no bote. O temporal brinca com eles. Eles juraram que Cuba será livre.

– *Uma noite escura, não se enxergava nada...*

Aparece uma lua vermelha, luta com as nuvens. O bote luta com o mar faminto.

– *O velhinho estava na proa. Ele segurava o timão e Martí a bússola do bote. Um jato d'água arrancou o timão do general... Lutávamos com o mar que queria engolir a gente e não nos queria deixar chegar à terra de Cuba...*

Por arte de magia o bote não se transforma em pedaços contra os rochedos. O bote voa e afunda e ressurge: vira de repente, abrem-se as ondas e uma prainha aparece, uma minúscula ferradura de areia:

– E o general Gómez saltou na praia e quando viu a terra firme, beijou a terra e cantou que nem galo. (259 e 286)

1895

Arroyo Hondo

Serra adentro

Sem tristeza: radiante, comemorando, Marcos del Rosario falará de Martí:

– *Quando o vi, achei que era fraco demais. E depois vi que era um homenzinho vivo, que dava um pulo aqui e caía ali...*

Martí o ensina a escrever. Martí segura a mão de Marcos, que desenha a letra A.

– *Ele tinha-se criado nos colégios e era homem sublime.*

Marcos cuida de Martí. Faz para ele bons colchões de folhas secas, traz-lhe água de coco. Os seis homens que desembarcaram em Playitas viram cem, viram mil... Marcha Martí, mochila nas costas, rifle no ombro, subindo serra e esvaziando aldeias.

– *Quando estávamos subindo os montes, carregadinhos até não mais poder, às vezes ele caía. E eu ia levantá-lo e de raspão ele me dizia: "Não, obrigado, não.". Tinha um anel feito dos grilhões que os espanhóis puseram nele quando ainda era menino. (286)*

1895

Acampamento de Dos Ríos

O testamento de Martí

No acampamento, em mangas de camisa, Martí escreve uma carta ao mexicano Manuel Mercado, seu amigo da alma. Conta que todos os dias sua vida corre perigo, e que bem vale a pena dá-la pelo seu país e *por meu dever de impedir a tempo, com a independência de Cuba, que se estendam pelas Antilhas os Estados Unidos e caiam, com essa força a mais, sobre nossas terras da América. Tudo que fiz até hoje, e farei, é para isso. Em silêncio teve que ser...* Derramando sangue, escreve Martí, os cubanos estão impedindo *a anexação dos povos da nossa América ao Norte revolto e brutal que os despreza... Vivi no monstro e conheço suas entranhas – e minha funda é a de David.* E mais adiante: *Isto é morte ou vida, e não cabe erro.*

Depois, muda de tom. Tem outras coisas para contar: *E agora, lhe falarei de mim.* Mas a noite o para, ou talvez o pudor, nem bem começa a oferecer ao amigo as profundezas da alma. *Há afetos de tão delicada honestidade...* escreve, e isto é a última coisa que escreve.

No dia seguinte, ao meio-dia, uma bala o derruba do cavalo. *(199)*

1895

Niquinohomo

Vai-se chamar Sandino

Na porta dessa casa de adobe juntam-se as pessoas, atraídas pela choradeira.

Feito aranha virada move braços e pernas o recém-nascido. Não vêm de longe os reis magos para lhe dar as boas-vindas, mas deixam-lhe presentes um lavrador, um carpinteiro e uma vendedora que passa rumo ao mercado.

A parteira oferece água de açucena para a mãe e para o menino, um bocadinho de mel, que é seu primeiro sabor do mundo.

Depois, a parteira enterra a placenta, que parece tanto com raiz, num canto do quintal. Enterra em bom lugar, onde o sol bate forte, para que se faça terra aqui em Niquinohomo.

Dentro de alguns anos, também terra se fará, terra rebelada de toda a Nicarágua, o menino que acaba de sair dessa placenta. *(8 e 317)*

1896
Port-au-Prince

Disfarces

De acordo com a Constituição do Haiti, a república dos negros livres fala francês e professa a religião cristã. Envergonham-se os doutores porque, apesar de leis e castigos, o *créole* continua sendo a língua de quase todos os haitianos e quase todos continuam acreditando nos deuses do vodu, que vagam soltos por bosques e corpos.

O governo exige um juramento público dos camponeses:

– Juro destruir todos os fetiches e objetos de superstição, se os tiver comigo ou em minha casa ou em minha terra. Juro não me rebaixar nunca a nenhuma prática supersticiosa... (68)

1896
Boca de Dos Ríos

Réquiem

– *Foi aqui?*

Passou um ano e Máximo Gómez vai contando a Calixto García. Os velhos guerreiros da independência de Cuba abrem caminho desde o rio Contramaestre. Atrás, vêm seus exércitos. O general Gómez conta que naquele meio-dia Martí tinha comido com vontade e depois tinha recitado uns versos, como era seu costume, e que então ouviram uns tiros seguidos de descargas cerradas. Todos correram procurando os cavalos.

– *Foi aqui?*

Chegam a um matagal, na entrada do caminho para Palo Picado.

– *Aqui* – aponta alguém.

Os homens que trazem facões limpam o pequeno espaço de terra.

– *Nunca o ouvi queixar-se nem o vi dobrar-se* – diz Gómez.

Resmungão, zangado, acrescenta:

– *Eu ordenei a ele... aconselhei a ele que ficasse.*

Um espaço de terra do tamanho de seu corpo.

O general Máximo Gómez deixa cair uma pedra. O general Calixto García atira outra pedra. E vão passando os oficiais e os soldados e se sucedem os ásperos estalos das pedras ao cair, pedras acrescentando-se a pedras, enquanto cresce o altíssimo túmulo de Martí e só se ouvem esses estalos no imenso silêncio de Cuba. *(105)*

1896
Papeete

FLORA TRISTÁN

A tela, nua, imensa, se oferece e desafia. Paul Gauguin pinta, persegue, deita cores como quem se despede do mundo; e a mão, desesperada, escreve: *De onde viemos, o que somos, aonde vamos?*

Faz mais de meio século que a avó de Gauguin perguntou a mesma coisa, em um de seus livros, e morreu averiguando. A família peruana de Flora Tristán não a mencionava nunca, como se desse azar ou fosse louca ou fantasma. Quando Paul perguntava pela avó, nos distantes anos da infância em Lima, lhe respondiam:

– Vai dormir, que é tarde.

Flora Tristán tinha queimado sua vida fugaz pregando a revolução, a revolução proletária e a revolução da mulher escravizada pelo pai, o patrão e o marido. A doença e a polícia acabaram com ela. Morreu na França. Os trabalhadores de Bordéus pagaram o caixão dela, e o levaram para o cemitério em procissão. *(21)*

1896
Bogotá

JOSÉ ASUNCIÓN SILVA

Ama sua irmã Elvira, aroma de açucena, incenso de benjoim, furtivos beijos da mais pálida sílfide de Bogotá, e dedicados a ela escreve seus melhores versos. Noite após noite vai visitá-la no cemitério. Ao pé de sua tumba sente-se melhor que nos cenáculos literários.

José Asunción Silva tinha nascido vestido de negro, com uma flor na lapela. Assim viveu trinta anos, golpe após golpe, o lânguido fundador do modernismo na Colômbia. A bancarrota do pai, mercador de sedas e perfumes, tirou-lhe o pão da boca; e num naufrágio foram a pique suas obras completas.

Até altas horas discute, pela última vez, a cadência de um verso alexandrino. Da porta, lampião na mão, despede-se dos amigos. Depois, fuma seu último cigarro turco e pela última vez se entristece na frente do espelho. Nenhuma carta chega de Paris para salvá-lo. Atormentado pelos credores e pelos maldosos que o chamam de Casta Susana, o poeta desabotoa a camisa e prega o revólver na cruz de tinta que um médico amigo tinha desenhado sobre seu coração. *(319)*

1896

Manaus

A árvore que chora leite

Os índios a chamam de *caucho*. Dão-lhe um talho e brota leite. Em folhas de bananeira dobradas como se fossem tigelas, o leite é recolhido e endurecido ao calor do sol ou da fumaça, enquanto a mão humana vai-lhe dando forma. Desde tempos muito antigos os índios fazem, com esse leite silvestre, tochas de fogo durador, vasilhas que não se quebram, tetos que zombam da chuva e bolas que pulam e voam.

Faz mais de um século que o rei de Portugal recebeu seringas sem êmbolo e roupas impermeáveis do Brasil; e antes o sábio francês La Condamine tinha estudado as virtudes da incrível goma que não fazia caso da lei da gravidade.

Milhares e milhares de sapatos viajaram da selva amazônica ao porto de Boston, até que há meio século Charles Goodyear e Thomas Hancock descobriram um método para que a borracha não quebrasse nem amolecesse. Então os Estados Unidos passaram a produzir cinco milhões de sapatos por ano, sapatos invulneráveis ao frio, à umidade e à neve, e grandes fábricas surgiram na Inglaterra, Alemanha e França.

E não só sapatos. A borracha multiplica produtos e cria necessidades. A vida moderna gira vertiginosamente em torno da árvore imensa que chora leite quando é ferida. Há oito anos, em Belfast, o filho de John Dunlop ganhou uma corrida de triciclos com pneumáticos que seu pai tinha inventado no lugar das rodas maciças; e no ano passado Michelin criou pneumáticos desmontáveis para os automóveis que correram entre Paris e Bordéus.

A Amazônia, selva descomunal que parecia reservada aos macacos, índios e loucos, é agora reserva de caça da United States Rubber Company, a Amazon Rubber Company e outras distantes empresas que mamam de seu leite. *(334)*

1896
Manaus

DOURADA IDADE DA BORRACHA

Sobem as cortinas, parcimoniosas, enquanto soam os primeiros acordes da ópera *La Gioconda*, de Ponchielli. É noite de muita pompa e gala e mosquitos na cidade de Manaus. Os artistas líricos italianos estão inaugurando o Teatro Amazonas, imensa nave de mármore trazida da Europa, como eles, até o coração da selva.

Manaus e Belém do Pará são as capitais da borracha no Brasil. Iquitos, na floresta peruana. As três cidades amazônicas pavimentam suas ruas com paralelepípedos europeus e alegram suas noites com moças horizontais vindas de Paris, Budapeste, Bagdá ou da selva daqui. Batutas de ouro dirigem as orquestras e os lingotes servem de peso de papéis; um ovo de galinha custa os olhos da cara. As pessoas importantíssimas bebem bebidas importadíssimas, se restabelecem nas águas termais de Vichy e enviam seus filhos para estudar em Lisboa ou Genebra, em barcos da Booth Line que percorrem as barrosas águas do rio Amazonas.

Quem trabalha nas florestas da borracha? No Brasil, os flagelados das secas do Nordeste. Daqueles desertos vêm os camponeses até esses pântanos, onde é preciso virar peixe. Em cárcere verde trancam-nos por contrato; e cedo chega a morte para salvá-los da escravidão e da espantosa solidão. No Peru, os braços são índios. Muitas tribos caem aniquiladas nessa era da borracha, que parece tão eterna. *(299, 325 e 334)*

1897
Canudos

EUCLIDES DA CUNHA

Durante o dia a terra fumega, flameja, se dilata. Quando cai a noite, machado de gelo, a terra tirita e se contrai: o amanhecer a encontra partida aos pedaços.

Escombros de terremotos, anota Euclides da Cunha em seu caderno. *Paisagem que parece feita para sair correndo*, anota. Percorre as rugas da terra e as curvas do rio, retorcido caminho de barro seco que os índios chamavam de *Mel Vermelho*, e em vão busca sombra entre os arbustos raquíticos. Aqui o ar faz virar pedra tudo o que toca. Um soldado descansa, de barriga para cima, com os braços abertos. Uma crosta negra mancha sua testa. Há três meses o mataram, lutando corpo a corpo, e agora é sua própria estátua.

De longe, da aldeia sagrada de Canudos, soam tiros. O monótono tiroteio leva dias, meses, alterado às vezes pelos disparos de canhão e rajadas de metralhadoras, e Euclides gostaria de entender de onde vem a força desses camponeses místicos que resistem, impávidos, ao assédio de trinta batalhões. Muitos milhares de camponeses estão-se deixando matar por devoção ao messias Antônio Conselheiro. O cronista dessa guerra santa se pergunta como podem confundir o céu com esses páramos e Jesus Cristo com esse alucinado que se salvou do manicômio por falta de vaga.

Vacilando entre o asco e a admiração, Euclides da Cunha descreve o que vê, de assombro em assombro, para os leitores de um jornal de São Paulo. Socialista à europeia, mestiço que despreza os mestiços, brasileiro envergonhado do Brasil, Euclides é um dos mais brilhantes intelectuais da república que ostenta, em sua bandeira recém-nascida, o lema *Ordem e Progresso.* Enquanto ocorre a matança, ele tenta entrar no mistério do sertão do Nordeste, terra de fanáticos onde se herdam rancores e devoções, cura-se com orações o mal triste das vacas esquálidas e se celebra com violão a morte das crianças. *(80)*

1897

Canudos

Em cada morto há mais balas que ossos,

mas os últimos defensores de Canudos cantam atrás de uma enorme cruz de madeira, esperando ainda a chegada dos arcanjos.

O comandante da primeira coluna faz fotografar o arrepiante cadáver de Antônio Conselheiro, *para que se tenha certeza da sua morte.* Ele também necessita dessa certeza. Com o rabo do olho, o comandante, de uma poltrona, espia esse punhado de farrapos e ossinhos.

Desaventurados camponeses de todas as idades e cores tinham levantado uma muralha de corpos ao redor desse chaguento matusalém, inimigo da república e das cidades pecadoras. Cinco expedições militares foram necessárias: cinco mil soldados cercando Canudos, vinte canhões bombardeando dos morros, incrível guerra do trabuco laranjeiro contra a metralhadora Nordenfeldt.

As trincheiras foram reduzidas a sepulturas de pó e ainda não se rende a comunidade de Canudos, a utopia sem propriedade e sem lei onde os miseráveis dividiam a terra avara, o pouco pão, e a fé no céu imenso.

Luta-se casa a casa, palmo a palmo.
Caem os quatro últimos. Três homens, um menino. *(80)*

1897
Rio de Janeiro

MACHADO DE ASSIS

Os escritores brasileiros, divididos em seitas que se odeiam entre si, celebram comunhões e consagrações na Colombo e outras confeitarias e livrarias. Ali se despedem, entre perfumes de santidade, os colegas que viajam para colocar flores no túmulo de Maupassant em Paris; e nesses templos nasce, ao som de cristais, abençoada por sagrados licores, a Academia Brasileira de Letras. O primeiro presidente se chama Machado de Assis.

Ele é o grande romancista latino-americano desse século. Seus livros tiram as máscaras, com amor e humor, da alta sociedade de desocupados que ele, filho de pai mulato, conquistou e conhece como ninguém. Machado de Assis arranca a decoração de papel, falsas molduras de falsas janelas com paisagens da Europa, e pisca o olho para o leitor enquanto despe a parede de barro. *(62 e 190)*

1898
Costas de Cuba

ESTA FRUTA ESTÁ PARA CAIR

Os cento e quarenta e cinco quilos do general William Shafter desembarcam nas costas orientais de Cuba. Vêm dos frios do norte, onde o general andou matando índios, e aqui se derretem dentro do sufocante uniforme de lã. Shafter manda seu corpo escada acima, para o lombo de um cavalo, e de lá olha o horizonte com uma luneta.

Ele veio para mandar. Como diz um de seus oficiais, o general Young, *os cubanos rebeldes são um montão de degenerados, não mais capazes de se autogovernar que os selvagens da África.* Quando o exército espanhol já se derruba diante do assédio implacável dos patriotas, os Estados Unidos decidem encarregar-se da liberdade de Cuba. Se entram, não haverá quem os tire – tinham advertido Martí e Maceo. Entram.

A Espanha tinha-se negado a vender essa ilha por um preço razoável e a intervenção norte-americana encontrou seu pretexto na oportuna explosão do encouraçado *Maine*, afundado em frente a Havana com seus muitos canhões e tripulantes.

O exército invasor invoca a proteção dos cidadãos norte-americanos e a salvação de seus interesses ameaçados pela arrasadora guerra e o descalabro econômico. Mas conversando em particular, os oficiais explicam que impedirão que uma república negra emerja frente às costas da Flórida. *(114)*

1898

Washington

Dez mil linchamentos

Em nome dos negros dos Estados Unidos, Ida Wells denuncia ao presidente McKinley que ocorreram dez mil linchamentos nos últimos vinte anos. Se o governo não protege os cidadãos norte-americanos dentro de suas fronteiras, pergunta Ida Wells, com que direito invoca essa proteção para invadir outros países? Será que os negros não são cidadãos? Ou a Constituição só lhes garante o direito de morrer queimados?

Multidões de energúmenos, excitadas pela imprensa e pelo púlpito, arrancam os negros dos cárceres, os amarram às árvores e os queimam vivos. Depois os verdugos festejam nos bares e anunciam suas façanhas pelas ruas.

A caça aos negros usa como álibi o ultraje de mulheres brancas, num país onde a violação de uma negra por um branco é considerada normal; mas na grande maioria dos casos os negros queimados não são culpados de outro delito além da má reputação, a suspeita de roubo ou a insolência.

O presidente McKinley promete se ocupar do caso. *(12)*

1898

Morro de San Juan

Teddy Roosevelt

Brandindo o chapéu, Teddy Roosevelt galopa à frente de seus *rudes ginetes*; e quando desce da colina de San Juan traz na mão, amassada, uma bandeira da Espanha. Ele levará toda a glória dessa batalha que abre caminho para

Santiago de Cuba. Sobre os cubanos, que também lutaram, nenhum jornalista falará.

Teddy crê na grandeza do destino imperial e na força de seus punhos. Aprendeu a lutar boxe em Nova York, para salvar-se das surras e humilhações que sofria quando menino por ser magrela, asmático e muito míope; adulto, troca golpes com os campeões, caça leões, laça touros, escreve livros e ruge discursos. Em páginas e tribunas exalta as virtudes das raças fortes, nascidas para dominar, raças guerreiras como a dele, e proclama que, em nove de cada dez casos, não há melhor índio que o índio morto (e o décimo, diz, deve ser olhado bem de perto). Voluntário de todas as guerras, adora as supremas qualidades do soldado que na euforia da batalha sente um lobo no coração, e despreza os generais sentimentaloides que se angustiam pela perda de um par de milhares de homens.

Para liquidar num minuto a guerra de Cuba, Teddy propôs que uma esquadra norte-americana arrase Cádiz e Barcelona a tiros de canhão, mas a Espanha, extenuada por tanta guerra contra os cubanos, se rende em menos de quatro meses. Da colina de San Juan, o vitorioso Teddy Roosevelt galopa furioso rumo ao governo de Nova York e à presidência dos Estados Unidos. Esse fanático devoto de um Deus que prefere a pólvora ao incenso faz uma pausa e escreve: *Nenhum triunfo pacífico é tão grandioso como o supremo triunfo da guerra.*

Dentro de alguns anos, receberá o Prêmio Nobel da Paz. *(114 e 161)*

1898

Costas de Porto Rico

Esta fruta está caindo

Ramón Emeterio Betances, longa barba branca, olhos de melancolia, agoniza em Paris, no exílio.

– *Não quero a colônia* – diz. – *Nem com a Espanha, nem com os Estados Unidos.*

Enquanto o patriarca da independência de Porto Rico se aproxima da morte, os soldados do general Miles entram cantando pelas costas de Guánica. Com o fuzil cruzado nas costas e a escova de dentes atravessada no chapéu, marcham os soldados frente ao olhar impassível dos camponeses da cana e do café.

E Eugenio María de Hostos, que também quis uma pátria, contempla as colinas de Porto Rico da coberta de um barco e sente tristeza e vergonha por vê-las passar de dono em dono. *(141 e 192)*

1898

Washington

O presidente McKinley explica que os Estados Unidos devem ficar com as Ilhas Filipinas por ordem direta de Deus

Eu andava pela Casa Branca, noite após noite, até a meia-noite; e não sinto vergonha ao reconhecer que mais de uma noite caí de joelhos e supliquei luz e guia a Deus todo-poderoso. E uma noite, tarde, recebi Sua orientação – não sei como, mas recebi: primeiro, que não devemos devolver as Filipinas à Espanha, o que seria covarde e desonroso; segundo, que não devemos entregá-las à França nem à Alemanha, nossos rivais comerciais no Oriente, o que seria indigno e mau negócio; terceiro, que não devemos deixá-las aos filipinos, que não estão preparados para se autogovernar e logo sofreriam pior desordem e anarquia que no tempo da Espanha; e quarto, que não temos outra alternativa a não ser recolher todos os filipinos e educá-los e elevá-los e civilizá-los e cristianizá-los, pela graça de Deus fazer tudo que pudermos por eles, como próximos por quem Cristo também morreu. E então voltei para a cama e dormi profundamente. (168)

1899

Nova York

Mark Twain propõe mudar a bandeira

Eu levanto minha lâmpada junto à porta de ouro. A Estátua da Liberdade dá as boas-vindas aos incontáveis peregrinos, europeus que fluem em busca da Terra Prometida, enquanto se anuncia que o centro do mundo demorou milênios para se deslocar do Eufrates até o Tâmisa, e agora se encontra no rio Hudson.

Em plena euforia imperial, os Estados Unidos celebram a conquista das ilhas do Havaí, Samoa e as Filipinas, Cuba, Porto Rico e uma ilhota que se chama, eloquentemente, dos Ladrões. O oceano Pacífico e o mar das Antilhas viraram lagos norte-americanos, e está nascendo a United Fruit Company; mas o escritor Mark Twain, velho estraga-festas, propõe que se mude a bandeira nacional: que sejam negras, diz, as listas brancas, e que umas caveiras com tíbias cruzadas substituam as estrelas.

O chefe dos sindicatos operários, Samuel Gompers, exige que se reconheça a independência de Cuba e denuncia os que atiram a liberdade aos cães na hora de escolher entre a liberdade e o lucro. Para os grandes jornais, em compensação, os cubanos que querem a independência são uns ingratos. Cuba é terra ocupada. A bandeira dos Estados Unidos, sem listas negras ou caveiras, ondula no lugar da bandeira da Espanha. As forças invasoras se duplicaram em um ano. Nas escolas ensina-se inglês; e os novos livros de história falam de Washington e Jefferson e não mencionam Maceo nem Martí. Já não existe escravidão; mas nos cafés de Havana aparecem letreiros que advertem: *Só para brancos.* O mercado é aberto, sem condições, aos capitais desejosos de açúcar e tabaco. *(114 e 224)*

1899

Roma

Calamity Jane

Dizem que dorme com seus revólveres pendurados na cabeceira da cama e que ainda supera os homens no pôquer, no copo e no palavrão. Derrubou muitos, dizem, com um gancho na mandíbula, desde os tempos em que dizem que lutou ao lado do general Custer em Wyoming e, matando índios, protegeu os mineiros nas Montanhas Negras dos sioux. Dizem que dizem que cavalgou um touro na rua principal de Rapid City e que assaltou trens e que em Fort Laramie namorou o belo xerife Wild Bill Hickock, e que ele lhe deu uma filha e um cavalo, Satã, que se ajoelhava para ajudá-la a desmontar. Sempre vestiu calças compridas, dizem, e amiúde as desvestiu, e não houve nos *saloons* mulher mais generosa nem mais descarada no amor e na mentira.

Dizem. Talvez nunca tenha estado. Talvez não esteja, esta noite, na arena do Show do Oeste Selvagem, e o velho Buffalo Bill nos esteja enganando com outro de seus truques. Se não fosse pelos aplausos do público, nem a própria Calamity Jane estaria segura de que é ela essa mulher de quarenta e quatro anos, grandalhona e sem graça, que joga para cima um chapéu Stetson e o transforma em peneira. *(169)*

1899

Roma

O império nascente exibe os músculos

Em cerimônia de muita pompa, Buffalo Bill recebe um relógio de ouro, coroado de diamantes, das mãos do rei da Itália.

O Show do Oeste Selvagem percorre a Europa. A conquista do oeste terminou e a conquista do mundo começou. Buffalo Bill tem às suas ordens um exército multinacional de quinhentos homens. Não só os vaqueiros trabalham no seu circo: também autênticos lanceiros do príncipe de Gales, caçadores da guarda republicana francesa, couraceiros do imperador da Alemanha, cossacos russos, ginetes árabes, charros mexicanos e gaúchos do rio da Prata. Soldados do Quinto de Cavalaria representam seu papel de vencedores, e os índios vencidos, arrancados das reservas, fazem as vezes de comparsas, repetindo suas derrotas sobre a arena do palco. Um rebanho de búfalos, raras peças de museu, acrescenta realismo aos uniformes azuis e aos capacetes de plumas. Os *rudes ginetes* de Teddy Roosevelt dramatizam para o público sua recente conquista de Cuba, e pelotões de cubanos, havaianos e filipinos rendem uma humilhada homenagem à bandeira vitoriosa.

O programa do espetáculo explica a conquista do oeste com palavras de Darwin: *É a inevitável lei da sobrevivência do mais capaz.* Em termos épicos, Buffalo Bill exalta as virtudes cívicas e militares de sua nação, que digere meio México e várias ilhas e entra agora no século vinte pisando no mundo em compasso de grande potência. *(157)*

1899

Saint Louis

Longe

Das bocas brota fogo e das cartolas, coelhos; do chifre encantado nascem cavalinhos de cristal. Um carro esmaga uma mulher deitada, que se levanta de um salto; outra, dança com uma espada cravada no ventre. Um urso enorme obedece complicadas ordens ditadas em inglês.

Convidam Jerônimo a entrar numa casinha de quatro janelas. De repente a casinha se move e sobe pelos ares. Espantado, Jerônimo aparece: lá embaixo as pessoas têm tamanho de formigas. Os guardas riem. Dão-lhe uns vidros de olhar, como aqueles que ele arrancava dos oficiais caídos na batalha. Através dos vidros, aproxima-se o distante. Jerônimo aponta para o sol e a violenta luz machuca seus olhos. Os guardas riem; e como riem, ele ri também.

Jerônimo, prisioneiro de guerra dos Estados Unidos, é uma das atrações da feira de Saint Louis. As multidões acodem para contemplar a fera domesticada. O chefe dos apaches de Arizona vende arcos e flechas, e por uns centavos posa para fotos ou desenha como pode as letras do seu nome. *(24)*

1899
Rio de Janeiro

A arte de curar matando

Mãos feiticeiras brincam com o preço do café e o Brasil não tem como pagar ao London and River Plate Bank nem a outros credores muito impacientes.

É a hora do sacrifício, anuncia o ministro da Fazenda, Joaquim Murtinho. O ministro acredita nas *leis naturais* da economia, que por seleção natural condenam os débeis, ou seja, os pobres, ou seja, quase todos. Que o Estado arranque o negócio do café das mãos dos especuladores? Isso seria, se indigna Murtinho, uma violação das *leis naturais* e um perigoso passo rumo ao socialismo, espantosa peste que os trabalhadores europeus estão trazendo para o Brasil: o socialismo, diz, nega a liberdade e transforma o homem em formiga.

A indústria nacional, crê Murtinho, não é *natural*. Por pequena que seja, a indústria nacional está subtraindo mão de obra das grandes plantações e está encarecendo o preço dos braços. Murtinho, anjo da guarda da ordem latifundiária, se ocupará bem para que não paguem pela crise os donos de homens e terras que atravessaram, intactos, a abolição da escravatura e a proclamação da República. Para cumprir com os bancos ingleses e equilibrar as finanças, o ministro queima num forno todas as notas que lhe caem nas mãos, suprime tudo que é serviço público que controla e desencadeia uma chuva de impostos sobre os pobres.

Economista por vocação e médico de profissão, Murtinho realiza também interessantes experiências no campo da fisiologia. Em seu laboratório extrai massa encefálica de ratos e coelhos e decapita rãs para estudar as convulsões do corpo, que continua se movendo como se tivesse cabeça. *(75)*

1900
Huanuni

Patiño

O ginete vem da desolação e pela desolação cavalga, atravessando ventos de gelo, a tranco lento sobre a nudez do planeta. Uma mula carregada de pedras segue o ginete.

O ginete passou muito tempo perfurando rochas e abrindo covas a tiros de dinamite. Ele nunca viu o mar, nem conheceu a cidade de La Paz, mas suspeita que o mundo está vivendo em plena era industrial e que a indústria come minerais até agora desprezados. Não se meteu montanha adentro buscando prata, como tantos. Buscando estanho, como ninguém, entrou até o fundo da montanha, até a alma, e o encontrou.

Simón Patiño, o ginete batido pelo frio, o mineiro castigado pela solidão e pelas dívidas, chega à aldeia de Huanuni. Nas alforjas de uma mula traz pedaços do veio de estanho mais rico do mundo. Essas pedras farão dele o rei da Bolívia. *(132)*

1900

Cidade do México

Posada

Ilustra quadras e notícias. Suas folhas são vendidas nos mercados e nas portas das igrejas e onde quer que um cantador relate as profecias de Nostradamus, os alucinantes detalhes do descarrilamento do trem de Temamatla, a última aparição da Virgem de Guadalupe ou a tragédia da mulher que deu à luz quatro lagartos num bairro dessa cidade.

Por obra da mão mágica de José Guadalupe Posada, os *corridos* não deixarão nunca de correr nem os *sucedidos* de suceder. Em suas imagens continuarão para sempre afiados os punhais dos brigões e as línguas das comadres, continuará o Diabo dançando e flamejando, a Morte rindo, o *pulque* molhando os bigodes, *o desgraçado Eleutério Mirafuentes esmagando com enorme pedregulho o crânio do ancião autor de seus dias.* Uma gravura de Posada festejou esse ano a aparição do primeiro bonde elétrico nas ruas do México. Outra gravura conta, agora, que o bonde bateu num cortejo fúnebre diante do cemitério e que ocorreu tremendo esparramo de esqueletos. Por um centavo, as cópias são vendidas, impressas em papel de embrulho, com versos, para quem saiba ler e chorar.

Sua oficina é uma mistura de rolos e recipientes e zinco e tacos de madeira, tudo amontoado ao redor da prensa e debaixo de uma chuva de papéis recém-impressos e pendurados para secar. Posada trabalha da manhã à noite, gravando maravilhas: *desenhinhos*, diz. De vez em quando sai à porta para fumar um charuto de descanso, não sem antes cobrir a cabeça com uma boina e a vasta barriga com um colete de veludo escuro.

Pela porta da oficina de Posada passam todos os dias os professores da vizinha Academia de Belas-Artes. Não se aproximam nem cumprimentam, nunca. *(263 e 357)*

1900
Cidade do México

Porfirio Díaz

Cresceu à sombra de Juárez. *O homem que mata chorando,* dizia Juárez.

– *Chorando, chorando, me fuzila num descuido.*

Porfirio Díaz passa um quarto de século mandando no México. Os biógrafos oficiais registram para a posteridade seus bocejos e seus provérbios. Não tomam nota quando ele diz:

– O melhor índio está a quatro metros abaixo da terra.

– Mata-os quentinhos.

– *Não me alvorocem a cavalhada.*

A *cavalhada* são os legisladores, que votam pela aprovação cabeceando de sono, e que chamam dom Porfirio de *o Único, o Indispensável, o Insubstituível.* O povo o chama de *dom Perfídio* e zomba de seus cortesãos:

– *Que horas são?*

– *Quantas o senhor quiser, senhor presidente.*

Mostra o dedo mindinho e diz: *Sinto dor em Tlaxcala.* Aponta o coração e diz: *Sinto dor em Oaxaca.* Com a mão no fígado, diz: *Michoacán está doendo.* Num minuto tem três governadores tremendo à sua frente.

Aplica-se a lei de fuga contra rebeldes e curiosos. Em plena era de *paz porfiriana,* o México progride. Os recados que antes iam de mula, cavalo ou pombo, voam agora através de setenta mil quilômetros de telégrafos. Por onde passavam as diligências, há quinze mil quilômetros de vias férreas. A nação paga suas dívidas pontualmente e fornece minerais e alimentos ao mercado mundial. Em cada latifúndio ergue-se uma fortaleza: das guaritas os guardas vigiam os índios, que não podem nem mudar de amo. Não existem escolas de economia, mas dom Porfírio governa rodeado de cientistas especializados em comprar terras no lugar exato onde passará a próxima ferrovia. Os capitais chegam dos Estados Unidos e as ideias e modas são compradas, de segunda mão, na França. A capital gosta de chamar a si própria de *Paris das Américas,* embora nas ruas ainda se vejam mais calções brancos do que calças; e a minoria levita reside em palacetes estilo Segundo Império. Os poetas batizaram de *hora verde* o entardecer, não pela luz da folhagem, mas em memória do absinto que Musset bebia. *(33 e 142)*

1900
Cidade do México

Os Flores Magón

Navega o povo em rios de *pulque*, enquanto repicam os sinos e ressoam os foguetes e cintilam os punhais entre os fogos de artifício. A multidão invade a Alameda e outras ruas proibidas, zona sagrada das damas de espartilho e dos senhores de jaqueta, com a Virgem em andor. De seu alto barco de luzes, as asas da Virgem amparam e guiam.

Hoje é dia de Nossa Senhora dos Anjos, que no México dura uma semana de quermesses, e à margem da violenta alegria do povo, como que desejando merecê-la, nasce um novo jornal. Chama-se *Regeneración*. Herda os fervores e as dívidas de *El Demócrata*, fechado pela ditadura. Jesús, Ricardo e Enrique Flores Magón o escrevem, editam e vendem.

Os irmãos Flores Magón crescem sempre castigados. Desde que o pai morreu eles vêm alternando o cárcere com os estudos de Direito, os trabalhinhos de ocasião, o jornalismo brigão e as manifestações de rua, de pedradas contra tiros.

– *Tudo é de todos* – tinha-lhes dito o pai, o índio Teodoro Flores, aquela cara ossuda erguida entre as estrelas, e mil vezes lhes tinha dito: *Repitam! (287)*

1900
Mérida de Iucatã

O henequém

Um em cada três maias de Iucatã é escravo, refém do henequém, e escravos serão os seus filhos, que herdarão suas dívidas. As terras são vendidas com índios e tudo, mas as grandes plantações de henequém empregam métodos científicos e maquinaria moderna, recebem ordens por telégrafo e são financiadas pelos bancos de Nova York. As máquinas de raspar, movidas a vapor, desprendem as fibras; e os trens da International Harvester as deslizam até o porto chamado Progresso. Enquanto isso, os guardas trancam os índios em barracos, quando cai a noite, e ao amanhecer os arreiam, a cavalo, até as fileiras de plantas de erguidas farpas pontudas.

Com fio de sisal, fio de henequém, amarra-se tudo que existe na terra, e usa cordas de henequém tudo que é barco existente no mar. *Henequeando*, prospera Iucatã, uma das regiões mais ricas do México: em Mérida, a capital, douradas grades impedem que as mulas e os índios pisem nos jardins mal copiados de Versalhes. A carruagem do bispo é quase idêntica à que usa o papa em Roma, e de Paris chegam arquitetos que imitam castelos franceses da Idade Média, embora os heróis de agora não caminhem atrás de princesas prisioneiras e sim de índios livres.

O general Ignacio Bravo, olhos de punhal, bigode branco, boca muda, chegou a Mérida para exterminar os maias, que ainda fazem soar os tambores de guerra. Os canhões de São Benito saúdam o redentor do henequém. Na Praça de Armas, sob floridos lauréis, os amos de Iucatã oferecem ao general Bravo a espada de prata que aguarda o conquistador de Chan Santa Cruz, a cidade sagrada dos rebeldes na selva.

E depois cai, lenta pálpebra, a noite. *(273)*

Do corrido mexicano do Vinte e Oito Batalhão

Eu já vou-me embora, já vou-me embora,
vou-me embora e com prazer
porque os índios maias
estão morrendo de tanto temer.

Eu já vou-me embora, já vou-me embora,
ao outro lado do mar,
que já não tem os índios
nem caminho pra agarrar.

Eu já vou-me embora, já vou-me embora,
fica com Deus, triguenha,
porque já estão os índios maias
servindo de lenha.

Eu já vou-me embora, já vou-me embora,
pelo tempo do inverno,
porque já os índios maias
estão olhando o inferno. (212)

1900
Tabi

A serpente de ferro

Na frente rodam os canhões, virando barricadas e esmagando moribundos. Atrás dos canhões os soldados, índios quase todos, incendeiam os campos de milho das comunidades e disparam o Mauser de repetição contra velhas armas que se carregam pela boca. Atrás dos soldados, os peões, quase todos índios, estendem caminhos para a estrada de ferro e erguem postes para o telégrafo e a forca.

A estrada de ferro, serpente sem escamas, tem a cauda em Mérida e o longo corpo cresce até Chan Santa Cruz. A cabeça chega a Santa Maria e salta para Hobompich e de Hobompich a Tabi, dupla língua de ferro, veloz, voraz: rompendo selva, cortando terra, acossa, avança e morde; em sua marcha fulgurante vai engolindo índios livres e cagando escravos.

O santuário de Santa Cruz está condenado. Tinha nascido há meio século, parido por aquela cruzinha de caioba que apareceu na escuridão e disse:

– Meu pai me enviou para que fale com vocês, que são terra. (273)

O profeta

Foi aqui, há mais de quatro séculos.

Deitado na esteira, de boca para cima, o sacerdote-jaguar de Iucatã escutou a mensagem dos deuses. Eles falaram com o sacerdote através do telhado, montados de pernas abertas sobre sua casa, num idioma que ninguém mais entendia.

Chilam Balam, o que era boca dos deuses, recordou o que ainda não tinha ocorrido e anunciou o que será:

– Se levantarão o pau e a pedra para a luta... Os cães morderão seus amos... Os de trono emprestado haverão de vomitar o que engoliram. Muito doce, muito saboroso foi o que engoliram, mas vomitarão tudo. Os usurpadores irão para os confins da água... Já não haverá devoradores de homens... Ao terminar a cobiça, vai se desamarrar a cara, vão se desamarrar as mãos, vão se desamarrar os pés do mundo. (23)

(Fim do segundo volume de *Memória do fogo*)

Fontes

1. Abreu y Gómez, Ermilo. *Canek. Historia y leyenda de un héroe maya.* México, Oasis, 1982.
2. Acevedo, Edberto Oscar. *El ciclo histórico de la revolución de mayo.* Sevilha, Escuela de Estudios Hispano-americanos, 1957.
3. Acuña de Figueroa, Francisco. *Nuevo mosaico poético,* prólogo de Gustavo Gallinal. Montevidéu, Claudio García, 1944.
4. Adoum, Jorge Enrique. Las Galápagos: el origen de *El origen...,* e art. de Asimov, Pyke *et alii.* In: *Darwin, El Correo de la Unesco,* Paris, maio de 1982.
5. Aguirre, Nataniel. *Juan de la Rosa.* La Paz, Gisbert, 1973.
6. Ajofrín, Francisco de. *Diario de viaje.* Madri, Real Academia de la Historia, 1958.
7. Alcáraz, Ramón, *et alii. Apuntes para la historia de la guerra entre México y los Estados Unidos,* México, Siglo XXI, 1970.
8. Alemán Bolaños, Gustavo. *Sandino, el libertador.* México/Guatemala, Ed. del Caribe, 1951.
9. Anderson Imbert, Enrique. *Historia de la literatura hispano-americana.* México, FCE, 1974.
10. Anson, George. *Voyage autour du monde.* Amsterdam/Leipzig, Arkstée et Merkus, 1751.
11. Antonil, André João. *Cultura e opulência do Brasil por suas drogas e minas,* comentado por A. Mansuy. Paris, Université, 1968.
12. Aptheker, Herbert, org. A *documentary history of the negro people in the United States.* Nova York, Citadel, 1969.
13. Arciniegas, Germán. *Los comuneros.* México, Guarania, 1951.
14. Arnold, Mayer. *Del Plata a los Andes. Viaje por las provincias en la época de Rosas.* Buenos Aires, Huarpes, 1944.
15. Arriaga, Antonio. *La patria recobrada.* México, FCE, 1967.
16. Arzáns de Orsúa y Vela, Bartolomé. *Historia de la Villa Imperial de Potosí.* (Ed. de Lewis Hanke e Gunnar Mendoza), Providence, Brown University, 1965.
17. Astuto, Philip Louis. *Eugenio Espejo, reformador ecuatoriano de la Ilustración.* México, FCE, 1969.
18. Atl, Dr. *Las artes populares en México.* México, Instituto Nal. Indigenista, 1980.
19. Aubry, Octave. V*ie privée de Napoléon.* Paris, Tallandier, 1977.
20. Ayestarán, Lauro. *La música en el Uruguay.* Montevidéu, Sodre, 1953.
21. Baelen, Jean. Flora Tristán: *Feminismo y socialismo en el siglo XIX.* Madri, Taurus, 1974.
22. Barnet, Miguel. *Akeké y la jutía.* Havana, Unión, 1978.
23. Barrera Vásquez, Alfredo, & Rendón, Silvia, trad. e introd. *El libro de los libros de Chilam Balam.* México, FCE, 1978.
24. Barret, S. M., org. *Gerónimo, historia de su vida* (Notas de Manuel Sacristán). Barcelona, Grijalbo. 1975.
25. Barrett, William E. *La amazona.* Barcelona, Grijalbo, 1982.
26. Basadre, Jorge. *La multitud, la ciudad y el campo en la historia del Perú.* Lima, Treintaitrés y Mosca Azul, 1980.
27. Bastide, Roger. *Les religions africaines au Brésil.* Paris, Presses Universitaires, 1960.
28. _______. *Les Amériques noires.* Paris, Payot, 1967.
29. Bazin, Germain. *Aleijadinho et la sculpture baroque au Brésil.* Paris. Du Temps, 1963.
30. Beck, Hanno. *Alexander von Humboldt.* México, FCE, 1971.
31. Benítez, Fernando. *Los indios de México.* t. 2. México, Era, 1968.

32. _______. *Los indios de México*. t. 4. México, Era, 1972.
33. _______. *El porfirismo. Lázaro Cárdenas y la revolución mexicana*. México, FCE, 1977.
34. Benítez, Rubén A. *Una histórica función de circo*. Buenos Aires Universidad, 1956.
35. Bermúdez, Oscar. *Historia del salitre, desde sus orígenes hasta la guerra del Pacifco*. Santiago de Chile, Universidad, 1963.
36. Bermúdez Bermúdez, Arturo. *Materiales para la historia de Santa Marta*. Bogotá, Banco Central Hipotecario, 1981.
37. Beyhaut, Gustavo. *America centrale e meridionale. Dall'indipendenza alla crisi attuale*. Roma, Feltrinelli, 1968.
38. Bierhorst, John. *In the trail of the wind. American indian poems and ritual orations*. Nova York, Farrar, Straus and Giroux, 1973.
39. Bilbao, Fancisco. *La revolución en Chile y los mensajes del proscripto*. Lima, Imprenta del Comercio, 1853.
40. Bolívar, Simón. *Documentos* (Selección de Manuel Galich). Havana, Casa de las Américas, 1975.
41. Boorstin, Daniel J. *The lost world of Thomas Jefferson*. Chicago, University of Chicago, 1981.
42. Bonilla, Heraclio *et alii*. *La independencia del Perú*. Lima, Instituto de Estudios Peruanos, 1981.
43. _______. *Nueva historia general del Perú*. Lima, Mosca Azul, 1980.
44. Bonilla, Heraclio. *Guano y burguesía en el Perú*. Lima, Instituto de Estudios Peruanos, 1974.
45. _______. *Un siglo a la deriva. Ensayos sobre el Perú, Bolivia y la guerra*. Lima, Instituto de Estudios Peruanos, 1980.
46. Botting, Douglas. *Humboldt and the Cosmos*. Londres, Sphere.
47. Box, Pelham Horton. *Los orígines de la guerra de la Triple Alianza*. Buenos Aires/Assunção, Nizza, 1958.
48. Boxer, C. R. *The golden age of Brazil* (1695/1750). Berkeley, University of California, 1969.
49. Brading. D. A. *Mineros y comerciantes en el México borbónico* (*1763/1810*). México, FCE, 1975.
50. Brooke, Frances. *The history of Emily Montague*. Toronto, McClelland and Stewart, 1961.
51. Brown, Dee. *Bury my heart at Wounded Knee. An indian history of the american West*. Nova York, Holt, Rinehart and Winston, 1971.
52. Brunet, Michel. *Les canadiens après la conquête (1759/1775)*. Montréal, Fides, 1980.
53. Busaniche, José Luis. *Bolívar visto por sus contemporáneos*. México, FCE, 1981.
54. _______. *San Martín vivo*. Buenos Aires, Emecé, 1950.
55. _______. *Historia argentina*. Buenos Aires, Solar/Hachette, 1973.
56. Cabrera, Lydia. *El monte*. Havana, CR, 1954.
57. Calderón de la Barca, Frances Erskine de. *La vida en México durante una residencia de dos anos en ese país*. México, Porrúa, 1959.
58. Canales, Claudia. Romualdo García. *Un fotógrafo, una ciudad, una época*. Guanajuato, Governo do Estado, 1980.
59. Cardoza y Aragón, Luis. *Guatemala: las líneas de su mano*. México, FCE, 1965.
60. Cardozo, Efraím. *Breve historia del Paraguay*. Buenos Aires, Eudeba, 1965.
61. _______. Hace cien anos. *Crónicas de la guerra de 1864/1870*. Assunção, Emasa, 1967/1976.
62. Carlos, Lasinha Luís. *A Colombo na vida do Rio*. Rio de Janeiro, s. ed., 1970.
63. Carpentier, Alejo. *El reino de este mundo*. Barcelona, Seix Barral, 1975.
64. Carrera Damas. Germán. *Bolívar*. Montevidéu, Marcha, 1974.
65. Carvalho-Neto, Paulo de. *El folklore de las luchas sociales*. México, Siglo XXI, 1973.

66. _______. *Contribución al estudio de los negros paraguayos de Acampamento Loma, in América Latina*, Rio de Janeiro, Centro Latino-americano de Pesquisas em Ciências Sociais, jan./jun. 1962.
67. Casarrubias, Vicente. *Rebeliones indígenas en la Nueva Espana*. México, Secretaria de Educação Pública, 1945.
68. Casimir, Jean. *La cultura oprimida*. México, Nueva lmagem, 1980.
69. Catton, Bruee. *Reflections on the Civil War*. Nova York, Berkele, 1982.
70. _______. *Short history of the Civil War*. Nova York, Dell, 1976.
71. Césaire, Aimé. *Toussaint Louverture*. Havana, Instituto del Libro 1967.
72. Clastres, Hélène. *La terre sans mal. Le prophétisme tupi-guarani*. Paris, Seuil, 1975.
73. Clavijero, Francisco Javier. *Historia antigua de México*. México Editora México, 1958.
74. Conrad, Robert. *Os últimos anos da escravatura no Brasil*. Rio de Janeiro, Civilização Brasileira, 1975.
75. Corrêa Filho, Virgilio. *Joaquim Murtinho*. Rio de Janeiro, Imprensa Nacional, 1951.
76. Cortesão, Jaime. *Do Tratado de Madri à conquista dos Sete Povos*. Rio de Janeiro, Biblioteca Nacional, 1969.
77. Coughtry, Jay. *The notorious triangle. Rhode Island and the african slave trade, 1700/1807*. Filadélfia, Temple, 1981.
78. Craton, Michael. *Testing the chains. Resistance to slavery in the British West Indies*. Ithaca, Cornell University, 1982.
79. Crowther, J. G. *Benjamin Franklin y J. Willard Gibbs*. Buenos Aires, Espasa-Calpe, 1946.
80. Cunha, Euclides da. *Os sertões*. São Paulo, Alves, 1936.
81. Current, Richard N. *The Lincoln nobody knows*. Nova York, Hill and Wang, 1981.
82. Cháves, Julio César. *El Supremo Dictador*. Buenos Aires, Difusam, 1942.
83. _______. *El presidente López. Vida y gobierno de don Carlos*. Buenos Aires, Ayacucho, 1955.
84. _______. *Castelli, el adalid de Mayo*. Buenos Aires, Ayacucho, 1944.
85. Daireaux, Max. *Melgarejo*. Buenos Aires, Andina, 1966.
86. Dallas, Robert Charles. *Historia de los cimarrones*. Havana, Casa de las Américas, 1980.
87. Dalton, Roque. *Las historias proibidas del Pulgarcito*. México, Siglo XXI, 1974.
88. Darwin, Charles. *Mi viaje alrededor del mundo*. Valência, Sampere, s/f.
89. Davidson, Basil. *Black mother: Africa and the atlantic slave trade*. Londres, Pelican, 1980.
90. Debien, Gabriel. *Le marronage aux Antilles Françaises au XVIIIe. siècle, in Caribbean Studies*. v. 6, n. 3. Río Piedras, Institute of Caribbean Studies, out. 1966.
91. Debo, Angie. *A history of the indians of the United States*. Oklahoma, University of Oklahoma, 1979.
92. Defoe, Daniel. *Aventuras de Robinson Crusoé*. México, Porrúa 1975.
93. Descola, Jean. *La vida cotidiana en el Perú en tiempos de los espanoles (1710/1820)*. Buenos Aires, Hachette, 1962.
94. Díaz, Lilia. El liberalismo militante. *In Historia general de México*. México, El Colegio de México, 1977.
95. Doucet, Louis. *Quand les français cherchaient fortune aux Caraïbes*. Paris, Fayard, 1981.
96. Douville, Raymond, & Casanova, Jacques-Donat. *La vie quotidienne en Nouvelle-France. Le Canada, de Champlain a Montcalm*. Paris, Hachette, 1964.
97. _______. *Des indiens du Canada a l'époque de la colonisation française*. Paris, Hachette, 1967.
98. Duchet, Michèle. *Antropología e historia en el Siglo de las Luces*. México, Siglo XXI, 1975.
99. Dugran, J. H. *Edgar A. Poe*. Buenos Aires, Lautaro, 1944.
100. Dujovne, Marta, con Augusto Roa Bastos *et alii*. *Cándido López*. Parma, Ricci, 1976.

101. Dumas, Alejandro. *Montevideo o una nueva Troya.* Montevidéu. Claudio García, 1941.
102. Duval Jr., Miles P. *De Cádiz a Catay.* Panamá, Editorial Universitaria, 1973.
103. Echagüe, J. P. *Tradiciones, leyendas y cuentos argentinos.* Buenos Aires, Espasa-Calpe, 1960.
104. Echeverria, Esteban. *La cautiva/EI matadero.* Prólogo de Juan Carlos Pellegrini. Buenos Aires, Huemul, 1964.
105. Escalante Beatón, Aníbal. *Calixto García. Su campaña en el 95.* Havana, Ciencias Sociales, 1978.
106. Eyzaguirre, Jaime. *Historia de Chile.* Santiago de Chile, Zig-Zag, 1977.
107. _______ .*Chile y Bolivia. Esquema de un proceso diplomático.* Santiago de Chile, Zig-Zag, 1963.
108. Fals Borda, Orlando. *Historia doble de la costa.* Bogotá, Carlos Valencia, 1980/1981.
109. Faria, Alberto de. *Irineu Evangelista de Souza, barão e visconde de Mauá, 1813/1889.* São Paulo, Nacional, 1946.
110. Felce, Emma, & Benarós, Léon, selección. *Los caudillos del año 20,* Buenos Aires, Nova, 1944.
111. Fernández de Lizardi, José Joaquín. *El Periquillo Sarniento.* Buenos Aires, Maucci s.d.
112. Fernández Retamar, Roberto. *Introducción a José Martí.* Havana, Casa de las Américas, 1978.
113. Fohlen, Claude. *La vie quotidienne au Far West.* Paris, Hachette, 1974.
114. Foner, Philip S. *La guerra hispano-cubano-norteamericana y el surgimiento del imperialismo yanqui.* Havana, Ciencias Sociales, 1978.
115. Escalante Beatón, Aníbal. *Calixto García. Su campana en el 95.* Havana Academia de Ciências, 1966.
116. Frank, Waldo. *Nacimiento de um mundo. Bolívar dentro del marco de sus propios pueblos.* Havana, Instituto del Libro, 1967.
117. Freitas, Décio. *O socialismo missioneiro.* Porto Alegre, Movimento, 1982.
118. Freitas, Newton. *El Aleijadinho.* Buenos Aires, Nova, 1944.
119. Freyre, Gilberto. *Sobrados e mucambos.* Rio de Janeiro, José Olympio, 1951.
120. Friedemann, Nina S. de & Cross, Richard. *Ma Ngomber Guerreros y ganaderos en Palenque.* Bogotá, Carlos Valencia, 1979.
121. Friedemann, Nina S. de & Arocha, Jaime. *Herederos del jaguar y la anaconda.* Bogotá, Carlos Valencia, 1982.
122. Frieiro, Eduardo. *Feijão, água e couve.* Belo Horizonte, Itatiaia, 1982.
123. Frota, Lélia Coelho. *Ataíde.* Rio de Janeiro, Nova Fronteira, 1982.
124. Furst, Peter T. & Nahmad, Salomón. *Mitos y arte buicholes.* México, Sep/Setentas, 1972.
125. Fusco Sansone, Nicolás. *Vida y obras de Bartolomé Hidalgo.* Buenos Aires, s. ed. 1952.
126. Gantier, Joaquín. *Doña Juana Azurduy de Padilla.* La Paz, Icthus, 1973.
127. García Cantú, Gastón. *Utopías mexicanas.* México, FCE, 1978.
128. _______ . *Las invasiones norte-americanas em México.* México, Era, 1974.
129. _______ . *El socialismo en México, siglo XIX.* México, Era, 1974.
130. Garraty, John A., & Gay, Peter. *Columbia history of the world.* Nova York, Harper and Row, 1972.
131. Garrett, Pat. *La verdadera historia de Billy the Kid.* México, Premiá, 1981.
132. Geddes, Charles F. *Patiño, the tin king.* Londres, Hale, 1972.
133. Gendrop, Paul. La escultura clásica maya. In *Artes de México,* n. 167, México.
134. Gerbi, Antonello. *La disputa del Nuevo Mundo.* México, FCE, 1960.
135. Gibson, Charles. *Los aztecas bajo el dominio espanol (1519/1810).* México, Siglo XXI, 1977.
136. Girod, François. *La vie quotidienne de la société créole (SaintDomingue au 18e. siècle).* Paris, Hachette, 1972.

137. Gisbert, Teresa. *Iconografa y mitos indígenas en el arte.* La Paz, Gisbert, 1980.
138. Gisbert, Teresa & Mesa, José de. *Historia de la pintura cuzqueña.* Lima, Banco Wiese, 1982.
139. Gisler, Antoine. *L'esclavage aux Antilles françaises (XVIIe/XIXe. siècle).* Paris, Karthala, 1981.
140. Godio, Julio. *Historia del movimiento obrero latino americano.* México, Nueva Imagen, 1980.
141. González, José Luis. *La llegada.* San Juan, Mortiz/Huracán, 1980.
142. González, Luis. El liberalismo triunfante. In *Historia general de México.* México, El Colegio de México, 1977.
143. González, Luis *et alii. La economía mexicana en la época de Juárez.* México, Secretaría de Industria y Comercio, 1972.
144. González Navarro, Moisés. *Raza y tierra. La guerra de castas y el henequén.* México, El Colegio de México, 1979.
145. González Prada, Manuel. *Horas de lucha.* Lima, Universo, 1972.
146. González Sánchez, Isabel. Sistemas de trabajo, salarios y situación de los trabajadores agrícolas (1750/1810). In *La clase obrera en la historia de México. 1. De la colonia al imperio.* México, Siglo XXI, 1980.
147. Granada. Daniel. *Supersticiones del río de la Plata.* Buenos Aires, Kraft, 1947.
148. Gredilla, A. Federico. *Biografía de José Celestino Mutis y sus observaciones sobre las vigilias y sueños de algunas plantas.* Bogotá, Plaza y Janés, 1982.
149. Green, Martins. *Dreams of adventure, deeds of Empire.* Nova York, Basic Books, 1979.
150. Grigulévich, José. *Francisco de Miranda y la lucha por la liberación de la América Latina.* Havana, Casa de las Américas, 1978.
151. Griswold, C. D. *El istmo de Panamá y lo que vi en él.* Panamá, Ed. Universitaria, 1974.
152. Guasch, Antonio. *Diccionario castellano-guaraní y guarani-castellano,* Sevilha, Loyola, 1961.
153. Guerrero Guerrero, Raúl. *El pulque.* México, Instituto Nal. de Antropología e Historia, 1980.
154. Guier, Enrique. *William Walker.* São José da Costa Rica. s. ed., 1971.
155. Guiteras Holmes, Cali. *Los peligros del alma. Vision del mundo de un tzotzil.* México, FCE, 1965.
156. Guy, Christian. *Almanach historique de la gastronomie française.* Paris, Hachette, 1981.
157. Hassarick, Peter H., *et alii. Buffalo Bill and the Wild West.* Nova York, The Brooklyn Museum, 1981.
158. Hernández, José. *Martín Fierro.* Buenos Aires, Eudeba, 1963.
159. Hernández Matos, Román. *Micaela Bastidas, la precursora.* Lima, Atlas, 1981.
160. Herrera Luque, Francisco. *Boves, el Urogallo.* Caracas, Fuentes, 1973.
161. Hofstadter, Richard. *The american political tradition.* Nova York, Knopf, 1948.
162. Huberman, Leo. *We, the people. The drama of America.* Nova York, Monthly Review Press, 1970.
163. Humboldt, Alejandro de. *Ensayo político sobre el reino de la Nueva España,* México, Porrúa, 1973.
164. Ibáñez Fonseca, Rodrigo, *et alli. Literatura de Colombia aborigen.* Bogotá, Instituto Colombiano de Cultura, 1978.
165. Ibarra, Jorge. *José Martí, dirigente político e ideólogo revolucionário.* Havana, Ciencias Sociales, 1980.
166. Irazusta, Julio. *Ensayo sobre Rosas.* Buenos Aires, Tor, 1935.
167. Isaacs, Jorge. *María.* Introd. de Germán Arciniegas. Barcelona, Círculo de Lectores, 1975.
168. Jacobs, Paul, Landau, Saul & Pell, Eve. *To serve the Devil. A documentary analysis of*

America's racial history and why it has been kept hidden. Nova York, Random, 1971.

169. Jane, Calamity. *Cartas a la hija (1877/1902).* Barcelona, Anagrama, 1982.
170. Juan, Jorge, & Ulloa, Antonio de. *Noticias secretas de América.* Caracas, Ayacucho, 1979.
171. Kaufmann, William W. *British policy and the independence of Latin America (1804/1828).* Yale, Archon, 1967.
172. Klein, Herbert S. *Bolivia. The evolution of a multiethnic society* Nova York/Oxford, Oxford University Press, 1982.
173. Kom, Anton de. *Nosotros, esclavos de Surinam.* Havana, Casa de las Américas, 1981.
174. Konetzke, Richard. *Colección de documentos para la historia de la formación social de Hispanoamérica.* Madri, Consejo Superior de Investigaciones Científicas, 1962.
175. Kossok, Manfred. *El virreynato del río de la Plata. Su estructura económico-social.* Buenos Aires, Futuro, 1959.
176. Lacourasière, J., Provencher, J. & Vaugeois, D. *Canada/Quebec. Synthése historique.* Montreal, Renouveau Pédagogique, 1978.
177. Lafargue, Pablo. *Textos escogidos.* Sel. e introd. de Salvador Morales. Havana, Ciencias Sociales, 1976.
178. Lafaye, Jacques. *Quetzalcóatl y Guadalupe. La formación de la conciencia nacional en México.* México, FCE, 1977.
179. Lanuza, José Luis. *Coplas y cantares argentinos.* Buenos Aires, Emécé, 1952.
180. Lara, Oruno. *La Guadeloupe dans l'histoire.* Paris, L'Harmattan, 1979.
181. Lautréamont, Conde de. *Oeuvres complètes,* prólogo de Maurice Saillet. Paris, Librairie Générale Française, 1963; *Obras completas,* prólogo de Aldo Pellegrini. Buenos Aires, Argonauta, 1964.
182. Laval, Ramón. *Oraciones, ensalmos y conjuros del pueblo chileno.* Santiago de Chile, 1910.
183. Lewin, Boleslao. *La rebelión de Túpac Amaru y los orígenes de la emancipación americana.* Buenos Aires, Hachette, 1957.
184. Liedtke, Klaus. Coca-Cola über alles. In *El País.* Madri, 30 jul. 1978.
185. Liévano Aguirre, Indalecio. *Los grandes conflictos sociales y económicos de nuestra historia.* Bogotá, Tercer Mundo, 1964.
186. Lima, Heitor Ferreira. Os primeiros empréstimos externos. In *Ensaios de Opinião,* n. 1/2, Rio de Janeiro, 1975.
187. López Cámara, Francisco. *La estructura económica y social de México en la época de la Reforma.* México, Siglo XXI, 1967.
188. Ludwig, Emil. *Lincoln.* Barcelona, Juventud, 1969.
189. Lugon, Clovis. *A república "comunista" cristã dos guaranis (1610/1768).* Rio de Janeiro, Paz e Terra, 1977.
190. Machado de Assis. *Obras completas.* Rio de Janeiro, Jackson, 1961.
191. Madariaga, Salvador de. *El auge y el ocaso del imperio español en América.* Madri, Espasa-Calpe, 1979.
192. Maldonado Denis, Manuel. *Puerto Rico: una interpretación histórico-social.* México, Siglo XXI, 1978.
193. Mannix, Daniel P., & Cowley, M. *Historia de la trata de negros.* Madri, Alianza, 1970.
194. Manrique, Nelson. *Las guerrillas indígenas en la guerra con Chile.* Lima, CIC, 1981.
195. María, Isidoro de. *Montevideo antiguo. Tradiciones y recuerdos.* Montevidéu, Ministerio de Educación y Cultura, 1976.
196. Marmier, Xavier. *Buenos Aires y Montevideo en 1850.* Buenos Aires, El Ateneo, 1948.
197. Marmolejo, Lucio. *Efemérides guanajuatenses.* Guanajuato, Universidad, 1973.
198. Marriott, Alice, & Rachlin, Carol K. *American indian mythology.* Nova York, Mentor, 1972.

199. Martí, José. *Letras feras*. Sel. e pról. de Roberto Fernández Retamar. Havana, Letras Cubanas, 1981.
200. Martínez Estrada, Ezequiel. *Marti: el héroe y su acción revolucionaria*. México, Siglo XXI, 1972.
201. Marx, Karl, & Angels, Friedrich. *Materiales para la historia de América Latina*. Sel. e coment. de Pedro Scarón. México, Pasado y Presente, 1979.
202. Masur, Gerhard. *Simón Bolívar*. México, Grijalbo, 1960.
203. Matute, Álvaro. *México en el siglo XIX. Fuentes e interpretaciones, históricas* (antologia). México, UNAM, 1973.
204. Mauro, Frédéric. *La vie quotidienne au Brésil au temps de Pedro Segundo (1831/1889)*. Paris, Hachette, 1980.
205. Maxwell, Kenneth. *A devassa da devassa. A Inconfidência Mineira, Brasil-Portugal, 1750/1808*. Rio de Janeiro, Paz e Terra, 1978.
206. McLuhan, T. C., comp. *Touch the earth. A selfportrait of indian existence*. Nova York, Simon and Schuster, 1971.
207. Medina Castro, Manuel. *Estados Unidos y América Latina, siglo XIX*. Havana, Casa de las Américas, 1968.
208. Mejía Duque, Jaime. *Isaacs y Maria*. Bogotá, La Carreta, 1979.
209. Mello e Souza, Laura de. *Desclassificados do ouro; a pobreza mineira no século XVIII*. Rio de Janeiro, Graal, 1982.
210. Meltzer, Milton, comp. *In their own words. A history of the american negro (1619/1865)*. Nova York, Crowell, 1964.
211. Melville, Herman. *Moby Dick*. Trad. de José Maria Valverde. Barcelona, Bruguera, 1982.
212. Mendoza, Vicente T., *El corrido mexicano*. México, FCE, 1976.
213. Mercader, Martha. *Juanamanuela, mucha mujer*. Buenos Aires, Sudamericana, 1982.
214. Mercado Luna, Ricardo. *Los coroneles de Mitre*. Buenos Aires, Plus Ultra, 1974.
215. Mesa, José de & Gisbert, Teresa. *Holguín y la pintura virreinal en Bolivia*. La Paz, Juventud, 1977.
216. Mir, Pedro. *El gran incendio*. Santo Domingo, Taller, 1974.
217. Miranda, José. *Humboldt y México*. México, UNAM 1962.
218. Mitchell, Lee Clark. *Witnesses to a vanishing América. The nineteenth century response*. Princeton, Princeton University, 1981.
219. Molina, Enrique. *Una sombra donde sueña Camila O'Gonzaga*. Barcelona, Seix-Barral, 1982.
220. Montes, Arturo Humberto. *Morazán y la federación centro americana*. México, Libro Mex, 1958.
221. Morales, Franklin. Los albores del fútbol uruguayo. In *Cien años de fútbol*. Montevideo, Editores Reunidos, nov., n.1. 1969
222. Moreno Fraginals, Manuel. *El ingenio*. Havana, Ciencias Sociales, 1978.
223. Morin, Claude. *Michoacán en la Nueva Espana del siglo XVIII. Crecimiento y desigualdad en una economia colonial*. México, FCE, 1979.
224. Morison, Samuel Eliot; Commager, Henry Steele & Leuchtenburg, W. E. *Breve historia de los Estados Unidos*. México, FCE, 1980.
225. Mörner, Magnus. *La mezcla de razas en la historia de América Latina*. Buenos Aires, Paidós, 1969.
226. Mousnier, Roland, & Labrousse, Ernest. *Historia general de las civilizaciones. El Siglo XVIII*. Barcelona, Destino, 1967.
227. Muñoz, Rafael F. Santa Anna. *El que todo lo ganó y todo lo perdió*. Madri, Espasa-Calpe, 1936.

228. Museo Nacional de Culturas Populares. *El maíz, fundamento de la cultura popular mexicana.* México, SEP, 1982; *Nuestro maíz. Treinta monografias populares.* México, SEP, 1982.
229. Nabokov, Peter. *Native american testimony. An anthology of indian and white relations: First encounter to dispossession.* Nova York, Harper and Row, 1978.
230. Neihardt, John G. *Black Elk speaks.* Nova York, Washington Square, 1972.
231. Nevins, Allan. *John D. Rockefeller: the heroic age of american business.* Nova York, 1940.
232. Nimuendajú, Curt. *Los mitos de creación y de destrucción del mundo.* Lima, Centro Amazónico de Antropología, 1978.
233. Nino, Bernardino de. *Etnografia chiriguana.* La Paz, Argote, 1912.
234. Núnez, Jorge. *El mito de la independencia.* Quito, Universidad, 1976.
235. Ocampo López, Javier *et alii. Manual de historia de Colombia.* Bogotá, Instituto Colombiano de Cultura, 1982.
236. Oddone, Juan Antonio. *La formación del Uruguay moderno. La inmigración y el desarrollo económico-social.* Buenos Aires, Eudeba, 1966.
237. O'Kelly, James J. *La tierra del mambí.* Havana, Instituto del Libro, 1968.
238. O'Leary, Daniel Florencio. *Memorias.* Madri, América, 1919.
239. Ortega Peña, Rodolfo, & Duhalde, Eduardo. *Felipe Varela contra el Imperio británico.* Buenos Aires, Peña Lillo, 1966.
240. Ortiz, Fernando. *Los negros esclavos.* Havana, Ciencias Sociales, 1975.
241. _______. *Los bailes y el teatro de los negros en el folklore de Cuba.* Havana, Letras Cubanas, 1981.
242. _______. *Contrapunteo cubano del tabaco y el azúcar.* Havana, Consejo Nacional de Cultura, 1963.
243. Paine, Thomas. *Complete writings.* Nova York, Citadel, 1945.
244. Palacio, Ernesto. *Historia de la Argentina (1515/1943).* Buenos Aires, Peña Lillo, 1975.
245. Palma, Ricardo. *Tradiciones peruanas.* Lima, Peisa, 1969.
246. Palma de Feuillet, Milagros. *El cóndor: dimensión mítica del ave sagrada.* Bogotá, Caja Agraria, 1982.
247. Paredes M. Rigoberto. *Mitos, supersticiones y supervivencias populares de Bolivia.* La Paz, Burgos, 1973.
248. Paredes-Candia, Antonio. *Leyendas de Bolivia.* La Paz/Cochabamba, Amigos del Libro, 1975.
249. Pareja Diezcanseco, Alfredo. *Historia del Ecuador.* Quito, Casa de la Cultura Ecuatoriana, 1958.
250. Parienté, Henriette, & Ternant, Geneviève de. *La fabuleuse histoire de la cuisine française.* Paris, Odil, 1981.
251. Pereda Valdés, Ildefonso. *El negro en el Uruguay. Pasado y presente.* Montevidéu, Instituto Histórico y Geográfico, 1965.
252. Pereira de Queiroz, María Isaura. *Historia y etnologia de los movimientos mesiánicos.* México, Siglo XXI, 1978.
253. Pereyra, Carlos. *Historia de América española.* Madri, Calleja, 1924.
254. _______. *Solano Lopez y su drama.* Buenos Aires, Patria Grande, 1962.
255. Pérez Acosta, Juan F. *Francia y Bonpland.* Buenos Aires, Peuser 1942.
256. Pérez Rosales, Vicente. *Recuerdos del pasado.* Havana, Casa de las Américas, 1972.
257. Petit de Murat, Ulyses. *Presencia viva del tango.* Buenos Aires, Reader's Digest, 1968.
258. Pichardo, Hortensia. *Documentos para la historia de Cuba.* Havana, Ciencias Sociales, 1973.
259. Plath, Oreste. *Geografia del mito y la leyenda chilenos.* Santiago de Chile, Nascimento, 1973.

260. Poe, Edgar Allan. *Selected prose and poetry*, prólogo de W. H. Auden. Nova York, Rinehart, 1950.

261. Ponce de León, Salvador. *Guanajuato en el arte, en la historia y en la leyenda.* Guanajuato, Universidad, 1973.

262. Portuondo, José A., sele. e pról. *El pensamiento vivo de Maceo.* Havana, Ciencias Sociales, 1971.

263. Posada, José Guadalupe. *La vida mexicana.* México, Fondo Editorial de la Plástica Mexicana, 1963.

264. Price, Richard, comp. *Sociedades cimarronas.* México, Siglo XXI, 1981.

265. Price-Mars, Jean. *Así habló el Tío.* Havana, Casa de las Américas, 1968.

266. Prieto, Guillermo. *Memorias de mis tiempos.* México, Patria, 1964.

267. Puiggrós, Rodolfo. *La época de Mariano Moreno.* Buenos Aires, Partenón, 1949.

268. Querejazu Calvo, Roberto. *Guano, salitre, sangre. Historia de la guerra del Pacífico.* La Paz/Cochabamba, Amigos del Libro, 1979.

269. Ramírez Necochea, Hernán. *Historia del imperialismo en Chile.* Havana, Revolucionaria, 1966.

270. _______. *Balmaceda y la contrarrevolución de 1891.* Santiago de Chile, Universitaria, 1958.

271. Ramos, Jorge Abelardo. *Revolución y contrarrevolución en la Argentina.* Buenos Aires, Plus Ultra, 1965.

272. Ramos, Juan P. *Historia de la instrucción primaria en la Argentina.* Buenos Aires, Peuser, 1910.

273. Reed, Nelson. *La Guerra de Castas de Yucatán.* México, Era, 1971.

274. Reina, Leticia. *Las rebeliones campesinas en México (1819/1906).* México, Siglo XXI, 1980.

275. Renault, Delso. *O Rio antigo nos anúncios de jornais.* Rio de Janeiro, José Olympio, 1969.

276. Revista *Signos.* Santa Clara, Cuba, jul./dez. 1979.

277. Reyes Abadie, W.; Bruschera, Oscar H. & Melogno, Tabaré. *El ciclo artiguista.* Montevidéu, Universidad, 1968.

278. Reyes Abadie, W. & Romero A. Vázquez. *Crónica general del Uruguay.* Montevidéu, Banda Oriental, 1979/1981.

279. Riazanov, David. *Karl Marx and Friedrich Engels. An introduction to their lives and work.* Nova York, Monthly Review, 1973.

280. Rippy, J. Fred. *La rivalidad entre Estados Unidos y Gran Bretaña por América Latina (1808/1830).* Buenos Aires, Eudeba, 1967.

281. Roa Bastos, Augusto. *Yo el Supremo.* Buenos Aires, Siglo XXI, 1974.

282. Robertson, James Oliver. *American myth, american reality.* Nova York, Hill and Wang, 1980.

283. Robertson, J. P. & G. P. *Cartas de Sud-América.* Pról. de José Luis Busaniche. Buenos Aires, Emecé, 1950.

284. Rodrigues, Nina. *Os africanos no Brasil.* São Paulo, Nacional, 1977.

285. Rodríguez, Simón. *Sociedades americanas.* Ed. facsimilar. Pról. de Germán Carrera Damas & J. A. Cora. Caracas, Catalá/Centauro, 1975.

286. Rodríguez Demorizi, Emilio. *Martí en Santo Domingo.* Havana, Ucar García, 1953.

287. Roeder, Ralph. *Hacia el México moderno: Porfirio Díaz.* México, FCE, 1973.

288. Rojas-Mix, Miguel. *La Plaza Mayor. El urbanismo, instrumento de dominio colonial.* Barcelona, Muchnik, 1978.

289. Romero, Emilio. *Historia económica del Perú.* Lima, Universo, 1949.

290. Romero, José Luis. *Las ideas políticas en Argentina.* México/Buenos Aires, FCE, 1956.

291. Rosa, José María. *La guerra del Paraguay y las montoneras argentinas.* Buenos Aires, Huemul, 1965.

292 Rosenberg, Bruce A. *The code of the West.* Bloomington, Indiana University, 1982.

293. Rossi, Vicente. *Cosas de negros.* Buenos Aires, Hachette, 1958.

294. Rubín de la Barbolla, Daniel F. *Arte popular mexicano.* México, FCE, 1974.
295. Rumazo González, Alfonso. *Manuela Sáenz. La libertadora del Libertador.* Caracas/Madri, Mediterráneo, 1979.
296. _______. *Sucre.* Caracas, Presidencia de la Republica, 1980.
297. _______. *Ideario de Simón Rodríguez.* Caracas, Centauro, 1980.
298. _______. *Simón Rodríguez.* Caracas, Centauro, 1976.
299. Rumrrill, Roger & Zutter, Pierre de. *Amazonia y capitalismo. Los condenados de la selva.* Lima, Horizonte, 1976.
300. Sabogal, José. *El desván de la imaginería peruana.* Lima, Mejía Baca y Villanueva, 1956.
301. Salazar, Sonia, recomp. Testimonio sobre el origen de la leyenda del Señor de Ccoyllorithi. In: *Sur,* Cusco, n. 52, jul. 1982.
302. Salazar Bondy, Sebastián. *Lima la horrible.* Havana, Casa de las Américas, 1967.
303. Salomon, Noel. Introducción a José Joaquín Fernández de Lizardi. In: *Casa del Tiempo,* México, v. II, n.16, dez. 1981.
304. Sánchez, Luis Alberto. *La Perricholi.* Lima, Nuevo Mundo, 1964.
305. Sanford, John. *A more goodly country. A personal history of Americ.* Nova York, Horizon Press, 1975.
306. Sanhueza, Gabriel. *Santiago Arcos, comunista, millionario y calavera.* Santiago do Chile, Pacífico, 1956.
307. Santos, Joaquim Felício dos. *Memórias do Distrito Diamantino.* Belo Horizonte, Itatiaia. 1976.
308. Santos Rivera, José, recomp. *Rubén Darío y su tiempo.* Manágua, Nueva Nicarágua, 1981.
309. Sarabia Viejo, María Justina. *El juego de gallos en Nueva España.* Sevilha. Escuela de Estudios Hispano-Americanos, 1972.
310. Sarmiento, Domingo Faustino. *Vida de Juan Facundo Quiroga.* Barcelona, Bruguera, 1970.
311. _______. *Conflicto y armonías de las rezas en América.* Buenos Aires, La Cultura Argentina, 1915.
312. Scobie, James R. *Buenos Aires del centro a los barrios (1870/1910).* Buenos Aires, Hachette, 1977.
313. Scott, Anne Firor. Self-portraits. In: *Women's America,* de Linda Kerber & Jane Mathews. Nova York, Oxford University, 1982.
314. Scroggs, William O. *Filibusteros y financieros. La historia de William Walker y sus asociados.* Manágua, Banco de América, 1974.
315. Schinca, Milton. *Boulevard Sarandí. 250 años de Montevideo; anécdotas, gentes, sucesos.* Montevidéu, Banda Oriental, 1976.
316. Scholes, Walter V. *Politica mexicana durante el régimen de Juárez (1855/1872).* México, FCE, 1972.
317. Selser, Gregorio. *Sandino, general de hombres libres.* Buenos Aires, Triángulo, 1959.
318. Servando, fray (Servando Teresa de Mier). *Memorias,* pról. de Alfonso Reyes. Madri, América, s. d.
319. Silva, José Asunción. *Prosas y versos,* pról. de Carlos García Prada. Madri, Eisa, 1960.
320. Silva Santisteban, Fernando. *Los obrajes en el Virreinato del Perú.* Lima, Museo Nacional de Historia, 1964.
321. Simpson, Lesley Byrd. *Muchos Méxicos.* México, FCE, 1977.
322. Solano, Francisco de. *Los mayas del siglo XVIII.* Madri, Cultura Hispánica, 1974.
323. Soler, Ricaurte. Formas ideológicas de la nación panameña. In: *Tareas.* Panamá, out./nov. 1963.
324. Sosa, Juan B. & Arce, Enrique J. *Compendio de historia de Panamá.* Panamá, Editorial Universitaria, 1977.

325. Souza, Márcio. *Gálvez, Imperador do Acre.* Rio de Janeiro, Civilização Brasileira, 1981.
326. Sozina, S. A. *En el horizonte está El Dorado.* Havana, Casa de las Américas, 1982.
327. Stein, Stanley J. *Grandeza e decadência do café no vale do Paraíba.* São Paulo, Brasiliense, 1961.
328. Stern, Milton R. *The fine hammered steel of Herman Melville.* Urbana, University of Illinois, 1968.
329. Stewart, Watt. *La servidumbre china en el Perú.* Lima, Mosca Azul, 1976.
330. Syme, Ronald. *Fur trader of the north.* Nova York, Morrow, 1973.
331. Taylor, William B. *Drinking, homicide and rebellion in colonial mexican villages.* Stanford, Stanford University, 1979.
332. Teja Zabre, Alfonso. *Marelos.* Buenos Aires, Espasa-Calpe, 1946.
333. Tibol, Raquel. *Hermenegildo Bustos, pintor de pueblo.* Guanajuato. Gobierno del Estado, 1981.
334. Tocantins, Leandro. *Formação histórica do Acre.* Rio de Janeiro, Civilização Brasileira, 1979.
335. Touron, Lucía Sala de; Torre, Nelson de la & Rodríguez, Julio C. *Artigas y su revolución agraria (1811/1820).* México, Siglo XXI, 1978.
336. Trías, Vivian. *Juan Manuel de Rosas.* Montevidéu, Banda Oriental 1970.
337. Tristán, Flora. *Les pérégrinations d'une paria.* Paris, Maspero, 1979.
338. Tulard, Jean, recomp. *L'Amérique espagnole en 1800 vue par un savant allemand: Humboldt.* Paris, Calmann-Lévy, 1965.
339. Tuñón de Lara, Manuel. *La España del siglo XIX.* Barcelona, Laia, 1973.
340. Turner III, Frederick W. *The portable north-american indian reader.* Londres, Penguin, 1977.
341. Twain, Mark. *Un yanqui en la corte del rey Arturo.* Barcelona, Bruguera, 1981.
342. Un inglés. *Cinco años en Buenos Aires (1820/1825).* Buenos Aires, Solar/Hachette, 1962.
343. Uslar Pietri, Arturo. *La isla de Robinsón.* Barcelona, Seix Barral, 1981.
344. Valcárcel, Carlos Daniel. *La rebelión de Túpac Amaru.* México, FCE, 1973.
345. ________. Recomp. e coment. *Colección documental de la independencia del Perú.* t. II, v. 2. Lima, Cómisión Nacional del Sesquicentenario, 1971.
346. Vallo-Arizpe, Artemio de. *Fray Servando.* Buenos Aires, Espasa-Calpe, 1951.
347. Vargas, José Santos. *Diario de un comandante de la independencia americana (1814/1825).* México, Siglo XXI, 1982.
348. Vargas Martínez, Ubaldo. *Morelos, siervo de la nación.* México, Porrúa, 1966.
349. Velasco, Cuauhtémoc. Los trabajadores mineros en la Nueva España (1750/1810). In: *La clase obrera en la historia de México. 1. De la colonia al imperio.* México, Siglo XXI, 1980.
350. Vidart, Daniel. *Et tango y su mundo.* Montevidéu, Tauro, 1967.
351. Vieira, Antonio. *Obras várias.* Lisboa, Sá da Costa, 1951/1953.
352. Villarroel, Hipólito. *Enfermedades políticas que padece la capital de esta Nueva España.* México, Porrúa, 1979.
353. Viñas, David. *Indios, ejército y frontera.* México, Siglo XXI, 1983.
354. Vitier, Cintio. *Temas martianos.* Havana, Centro de Estudios Martianos, 1969 e 1982.
355. Von Hagen, Víctor W. *Culturas preincaicas.* Madri, Guadarrama, 1976.
356. Walker, William. *La guerra de Nicaragua.* São José da Costa Rica, Educa, 1975.
357. Westheim, Paul *et alii. José Guadalupe Posada.* México, Instituto Nacional de Bellas Artes, 1963.
358. Whitman, Walt. *Hojas de hierba.* Trad. de Jorge Luis Borges. Barcelona, Lumen, 1972.
359. Williams García, Roberto. *Mitos tepehuas. México, Sep/Setentas, 1972.*
360. Wissler, Clark. *Indians of the United States.* Nova York, Doubleday, 1967.
361. Ziegler, Jean. *Les vivants et la mort.* Paris, Seuil, 1975. Trad. castelhana: *Los vivos y la muerte.* México, Siglo XXI, 1976.

III

O SÉCULO DO VENTO

Este livro

é o volume final da trilogia *Memória do fogo*. Não se trata de uma antologia, e sim de uma criação literária, que se apoia em bases documentadas, mas se move com inteira liberdade. O autor ignora o gênero ao qual pertence esta obra: narrativa, ensaio, poesia épica, crônica, depoimento... Talvez pertença a todos e a nenhum. O autor conta o que ocorreu, a história da América e sobretudo da América Latina; e gostaria de fazê-lo de tal maneira, que o leitor sinta que o acontecido torna a acontecer enquanto o autor conta.

No alto dos capítulos, indicam-se o ano e o lugar de cada acontecimento, exceto em certos textos que não se situam em determinado momento ou lugar. Ao pé, os números indicam as principais obras que o autor consultou na procura de informação e marcos de referência. A ausência de números revela que nesse caso o autor não consultou nenhuma fonte escrita, ou que obteve sua matéria-prima da informação geral de jornais e revistas, ou da boca de protagonistas ou testemunhas. A lista das fontes consultadas pelo autor está no final do livro.

As transcrições literais estão em itálico.

Gratidões

À Helena Villagra, que tanto ajudou em cada uma das etapas do trabalho. Sem ela, *Memória do fogo* não teria sido possível;

aos amigos cuja colaboração foi agradecida nos volumes anteriores, e que também agora colaboraram proporcionando fontes, pistas, sugestões;

a Alfredo Ahuerma, Susan Bergholz, Leonardo Cáceres, Rafael Cartay, Alfredo Cedeño, Alessandra Riccio, Enrique Fierro, César Galeano, Horácio García, Sergius Gonzaga, Berta e Fernando Navarro, Eric Nepomuceno, David Sánchez-Juliao, Andrés Soliz Rada e Julio Valle-Castillo, que facilitaram o acesso à bibliografia necessária;

a Jorge Enrique Adoum, Pepe Barrientos, Álvaro Barros-Lémez, Jean-Paul Borel, Rogelio García Lupo, Mauricio Gatti, Juan Gelman, Santiago Kovadloff, Ole Ostergaard, Rami Rodríguez, Miguel Rojas-Mix, Nicole Rouan, Pilar Royo, José María Valverde e Daniel Vidart, que leram os rascunhos com paciência chinesa.

Este livro
é dedicado à Mariana, a Pulguinha.

Agarrando-nos ao vento com as unhas
JUAN RULFO

1900

San José de Gracia

O MUNDO CONTINUA

Teve gente que gastou as economias de várias gerações numa única farra sem fim. Muitos insultaram quem não podiam e beijaram quem não deviam, mas ninguém quis acabar sem a confissão. O padre da aldeia deu preferência às grávidas e às recém-paridas. O abnegado sacerdote passou três dias e três noites pregado no confessionário, até que desmaiou por indigestão de pecados.

Quando chegou a meia-noite do último dia do século, todos os habitantes da aldeia de San José de Gracia se prepararam para morrer direito. Muita ira Deus havia acumulado desde a fundação do mundo, e ninguém duvidou que era chegado o momento do estouro final. Sem respirar, olhos fechados, dentes apertados, as pessoas escutaram as doze badaladas da igreja, uma depois da outra, muito convencidas de que não haveria depois.

Mas houve. Faz tempo que o século vinte se pôs a caminhar e continua como se não tivesse acontecido nada. Os habitantes de San José de Gracia continuam nas mesmas casas, vivendo ou sobrevivendo entre as mesmas montanhas do centro do México, para desilusão das beatas, que esperavam o Paraíso, e para alívio dos pecadores, que acham que afinal de contas até que esta aldeola não é tão ruim assim, se a gente for comparar. *(200)*

1900

Orange, Nova Jersey

EDISON

Graças a seus inventos, o século que nasce recebe luz e música.

A vida cotidiana leva a marca de Thomas Alva Edison. Sua lâmpada elétrica ilumina as noites e seu fonógrafo guarda e difunde as vozes do mundo, que nunca mais se perderão. Fala-se por telefone graças ao microfone que Edison acrescentou ao aparelho de Graham Bell e vê-se cinema pelo projetor com o qual ele completou a invenção dos irmãos Lumière.

No escritório de patentes as pessoas põem a mão na cabeça cada vez que ele aparece. Edison não deixa passar um minuto sem criar alguma coisa. É assim desde que ele era um garoto vendedor de jornais nos trens e um belo dia decidiu que bem podia fazê-los, além de vendê-los – e pôs mãos à obra. *(99 e 148)*

1900
Montevidéu

Rodó

O Mestre, estátua que fala, lança seu sermão às juventudes da América. José Enrique Rodó reivindica o etéreo Ariel, espírito puro, contra o selvagem Calibã, o bruto que quer comer. O século que nasce é o tempo dos quaisquer. O povo quer democracia e sindicatos; e Rodó adverte que a multidão bárbara pode pisotear os topos do reino do espírito, onde têm sua morada os seres superiores. O intelectual escolhido pelos deuses, o grande homem imortal, bate-se na defesa da propriedade privada da cultura.

Rodó também ataca a civilização norte-americana, fundada na vulgaridade e no utilitarismo. Opõe a esta civilização a tradição aristocrática espanhola, que despreza o sentido prático, o trabalho manual, a técnica e outras mediocridades. *(273, 360 e 386)*

1901
Nova York

Esta é a América, e ao sul o nada

Andrew Carnegie vende, por 250 milhões de dólares, o monopólio do aço. Quem compra é o banqueiro John Pierpont Morgan, dono da General Electric, que funda assim a United States Steel Corporation. Febre de consumo, vertigem do dinheiro caindo em cascata do alto dos arranha-céus: os Estados Unidos pertencem aos monopólios, e os monopólios, a um punhado de homens, mas multidões de operários acodem da Europa, ano após ano, chamados pelas sirenas das fábricas, e dormindo na coberta sonham que ficarão milionários assim que saltarem sobre o cais de Nova York. Na idade industrial, o Eldorado está nos Estados Unidos; e os Estados Unidos são a América.

Ao sul, a outra América não atina nem como balbuciar o próprio nome. Um relatório recém-publicado revela que *todos* os países desta sub-América têm tratados comerciais com os Estados Unidos, Inglaterra, França e Alemanha, mas *nenhum* tem tratados com seus vizinhos. A América Latina é um arquipélago de pátrias bobas, organizadas para o desvínculo e treinadas para desamar-se. *(113 e 289)*

1901
Em toda a América Latina

AS PROCISSÕES SAÚDAM O SÉCULO QUE NASCE

Nas aldeias e cidades ao sul do rio Bravo, anda aos tropeços Jesus Cristo, animal moribundo reluzente de sangue, e atrás dele ergue tochas e cânticos a multidão, chagada, esfarrapada: povo atormentado por mil males que nenhum médico ou mãe de santo seria capaz de curar, mas merecedor de venturas que nenhum profeta ou vende-sorte seria capaz de anunciar.

1901
Amiens

VERNE

Faz vinte anos que Alberto Santos Dumont leu Júlio Verne. Lendo Júlio Verne tinha fugido de sua casa e do Brasil e do mundo, tinha viajado pelos céus, de nuvem em nuvem, e tinha decidido viver no ar.

Agora, Santos Dumont derrota o vento e a lei da gravidade. O aeronauta brasileiro inventa um globo dirigível, dono de seu rumo, que não anda à deriva e que não se perderá em alto-mar, nem na estepe russa, nem no polo Norte. Provido de motor, hélice e timão, Santos Dumont se eleva no ar, dá uma volta completa na torre Eiffel e a contravento aterrissa no lugar escolhido, frente à multidão que o aclama.

Em seguida viaja até Amiens, para apertar a mão do homem que o ensinou a voar.

Enquanto oscila em sua cadeira de balanço, Júlio Verne alisa a grande barba branca. Gosta deste garoto mal disfarçado de senhor, que o chama de *meu Capitão* e que olha para ele sem piscar os olhos. *(144 e 424)*

1902
Quezaltenango

O GOVERNO DECIDE QUE A REALIDADE NÃO EXISTE

Tambores e clarins clamam a todo vapor, na praça principal de Quezaltenango, convocando os cidadãos; mas ninguém pode escutar nada além do pavoroso estrondo do vulcão Santa Maria em plena erupção.

O pregoeiro lê aos gritos o decreto do governo superior. Mais de cem povoados desta comarca da Guatemala estão sendo arrasados pelo alude de lava e lodo e pela incessante chuva de cinzas, enquanto o pregoeiro, cobrindo--se do jeito que pode, cumpre seu dever. O vulcão Santa Maria faz tremer a terra debaixo de seus pés e o bombardeia com pedradas na cabeça. Em pleno meio-dia é noite total, e na cerração nada mais se vê que o vômito de fogo do vulcão. O pregoeiro grita desesperadamente, lendo o decreto a duras penas, entre as sacudidelas da luz da lanterna.

O decreto, assinado pelo presidente Manuel Estrada Cabrera, informa à população que o vulcão Santa Maria está em calma, e que em calma permanecem todos os demais vulcões da Guatemala, que o cataclismo ocorre longe daqui, em alguma parte do México, e que, sendo normal a situação, nada impede que hoje se celebre a festa da deusa Minerva, que acontecerá na capital, apesar dos maléficos rumores dos inimigos da ordem. *(28)*

1902

Cidade da Guatemala

Estrada Cabrera

Na cidade de Quezaltenango, Manuel Estrada Cabrera tinha exercido, durante muitos anos, *o augusto sacerdócio da Lei no majestoso templo da Justiça sobre a rocha implacável da Verdade.* Quando acabou de depenar a província, o doutor veio para a capital, onde chegou ao apogeu feliz de sua carreira política assaltando, revólver em punho, a presidência da Guatemala.

Desde então, restabeleceu em todo o país o uso do cepo, do açoite e da forca. Assim, os índios recolhem grátis o café nas plantações e os pedreiros levantam grátis prisões e quartéis.

Dia sim, outro também, em solene cerimônia, o presidente Estrada Cabrera coloca a primeira pedra de uma nova escola que jamais será construída. Ele se outorgou o título de Educador dos Povos e Protetor da Juventude Estudiosa, e em sua própria homenagem celebra a cada ano a colossal festa da deusa Minerva. No Partenon daqui, que reproduz o Partenon helênico em tamanho natural, tangem suas liras os poetas: anunciam que a Cidade da Guatemala, Atenas do Novo Mundo, tem um Péricles. *(28)*

1902

Saint Pierre

SÓ O CONDENADO SE SALVA

Também na ilha Martinica explode um vulcão. Acontece um ruído como o do mundo partindo-se em dois, e a montanha Pelée cospe uma imensa nuvem vermelha, que cobre o céu e cai, incandescente, sobre a terra. Num piscar de olhos, fica aniquilada a cidade de Saint Pierre. Desaparecem seus trinta e quatro mil habitantes – menos um.

O que sobrevive é Ludger Sylbaris, o único preso da cidade. As paredes do cárcere tinham sido feitas à prova de fugas. *(188)*

1903

Cidade do Panamá

O CANAL DO PANAMÁ

A passagem entre os mares tinha sido uma obsessão dos conquistadores espanhóis. Com furor a buscaram; e a encontraram demasiado ao sul, lá pela remota e gelada Terra do Fogo. E quando alguém teve a ideia de abrir a cintura estreita da América Central, o rei Felipe II mandou parar: proibiu a escavação do canal, sob pena de morte, *porque o homem não deve separar o que Deus uniu.*

Três séculos depois, uma empresa francesa, a Companhia Universal do Canal Interoceânico, começou os trabalhos no Panamá. A empresa avançou trinta e três quilômetros e faliu estrepitosamente.

Desde então, os Estados Unidos decidiram concluir o canal e ficar com ele. Há um inconveniente: a Colômbia não está de acordo e o Panamá é uma província da Colômbia. Em Washington, o senador Hanna aconselha a esperar, *devido à natureza dos animais com os quais estamos tratando*, mas o presidente Teddy Roosevelt não acredita na paciência. Roosevelt manda uns quantos *marines* e faz a independência do Panamá. E assim se transforma em país esta província, por obra e graça dos Estados Unidos e seus navios de guerra. *(240 e 423)*

1903

Cidade do Panamá

Nesta guerra morrem um chinês e um burro,

vítimas dos disparos de uma canhoneira colombiana, mas não há outras desgraças a lamentar. Manuel Amador, novo presidente do Panamá, desfila entre bandeiras dos Estados Unidos, sentado numa poltrona que a multidão leva em andor. Amador vai gritando vivas a seu colega Roosevelt.

Duas semanas depois, em Washington, no Salão Azul da Casa Branca, é assinado o tratado que entrega aos Estados Unidos, à perpetuidade, o canal que ainda está pela metade e mais de mil e quatrocentos quilômetros quadrados de território panamenho. Representando a república recém-nascida, atua na ocasião Philippe Bunau-Varilla, mago dos negócios, acrobata da política, cidadão francês. *(240 e 423)*

1903

La Paz

Huilka

Os liberais bolivianos ganharam a guerra contra os conservadores. Ou melhor, ganhou para eles o exército índio de Pablo Zárate Huilka. Foram feitas pela indiada as façanhas que os bigodudos militares se atribuem.

O coronel José Manuel Pando, chefe liberal, tinha prometido aos soldados de Huilka a emancipação de toda servidão e a recuperação da terra. De batalha em batalha, Huilka ia implantando o poder índio: à sua passagem pelos povoados, devolvia às comunidades as terras usurpadas e degolava quem vestisse calças.

Derrotados os conservadores, o coronel Pando se faz general e presidente. Então declara, com todas as letras:

– *Os índios são seres inferiores. Sua eliminação não é um delito.*

E procede. Fuzila muitos. Huilka, seu imprescindível aliado da véspera, ele mata várias vezes, por bala, corte e corda. Mas nas noites de chuva Huilka espera o presidente Pando na saída do palácio do governo e crava-lhe os olhos, sem dizer palavra, até Pando desviar o olhar. *(110 e 475)*

1904

Rio de Janeiro

A VACINA

Matando ratazanas e mosquitos, venceu a peste bubônica e a febre amarela. Agora Oswaldo Cruz declara guerra à varíola.

Os brasileiros morrem, por causa da varíola, aos milhares. Cada vez morrem mais, enquanto os médicos sangram os moribundos e os curandeiros espantam a peste com fumaça de bosta de vaca. Oswaldo Cruz, responsável pela higiene pública, implanta a vacina obrigatória.

O senador Rui Barbosa, orador de peito inchado e douta lábia, pronuncia discursos que atacam a vacina com jurídicas armas floridas de adjetivos. Em nome da liberdade, Rui Barbosa defende o direito de cada indivíduo se contaminar se quiser. Torrenciais aplausos e ovações o interrompem de frase em frase.

Os políticos se opõem à vacina. E os médicos. E os jornalistas: não há jornal que não publique coléricos editoriais e impiedosas caricaturas que têm por vítima Oswaldo Cruz. Ele não pode pôr a cara na rua sem sofrer insultos e pedradas.

O país inteiro cerra fileiras contra a vacina. Por toda parte ouvem-se condenações à vacina. Contra a vacina se alçam em armas os alunos da Escola Militar, que por pouco não derrubam o presidente. *(158, 272, 378 e 425)*

1905

Montevidéu

O AUTOMÓVEL,

animal rugidor, lança seu primeiro bote mortal em Montevidéu. Um desarmado caminhante cai esmagado ao cruzar uma esquina do centro.

Poucos automóveis chegaram a estas ruas, mas as velhinhas se persignam e a multidão foge buscando refúgio nos saguões.

Até há pouco, por esta cidade sem motores andava ainda trotando o homem que pensava ser um bonde. Nas ladeiras descarregava seu açoite invisível e nas descidas puxava as rédeas que ninguém via. Nas esquinas soprava uma corneta de ar, como eram de ar os cavalos e os passageiros que subiam nas paradas, e também as passagens que ele vendia e as moedas que recebia. Quando o homem-bonde deixou de passar, e nunca mais passou, a cidade de Montevidéu descobriu que esse maluco fazia falta. *(413)*

1905

Montevidéu

OS POETAS DECADENTES

Roberto de las Carreras sobe na varanda. Amassados contra o peito, leva um ramo de rosas e um soneto incandescente. Mas no lugar da bela odalisca, espera-o um senhor mal-humorado, que dispara cinco tiros. Dois acertam no alvo. Roberto cerra as pálpebras e murmura:

– *Esta noite jantarei com os deuses.*

Não janta com os deuses e sim com os enfermeiros, no hospital. E poucos dias depois, este belo Satã, que jurou corromper todas as montevideanas casadas e por casar, torna a passear sua extravagante estampa pela rua Sarandí. Muito vaidoso exibe seu colete vermelho, condecorado com dois buracos. E na capa de seu novo livro, *Diadema fúnebre*, estampa uma mancha de sangue.

Outro filho de Byron e Afrodite é Julio Herrera y Reissig, que chama de Torre dos Panoramas o infecto sótão onde escreve e recita. Julio e Roberto se afastaram, por causa do roubo de uma metáfora. Mas os dois continuam na mesma guerra contra a pudica tribo de Tontovidéu, que em matéria de afrodisíacos não chegou além da gema de ovo com vinho de missa, e em matéria de belas letras, melhor nem falar. *(284 e 389)*

1905

Ilopango

MIGUEL NA PRIMEIRA SEMANA

A senhorita Santos Mármol, prenhe na marra, nega-se a dar o nome do autor de sua desonra. A mãe, dona Tomasa, dá duro nela, a pauladas. Dona Tomasa, viúva de homem pobre, mas branco, suspeita o pior.

Quando o menino nasce, a repudiada senhorita Santos o pega nos braços:

– *Este é teu neto, mamãe.*

Dona Tomasa dá um grito de espanto ao ver o recém-nascido, aranha azul, índio bicudo, tão feioso que dá mais cólera que pena, e bate, plam, a porta em seu nariz.

Diante de tal batida de porta, a senhorita Santos se esparrama pelo chão. Debaixo de sua desmaiada mãe, o recém-nascido parece morto. Mas, quando os vizinhos a tiram de cima, o esmagadinho solta um tremendo berro.

E assim ocorre o segundo nascimento de Miguel Mármol, quase ao princípio da sua idade. *(126)*

1906

Paris

Santos Dumont

Cinco anos depois de ter criado o globo dirigível, o brasileiro Santos Dumont inventa o avião.

Santos Dumont passou estes cinco anos metido nos hangares, armando e desarmando enormes bichos de ferro e bambu que a toda hora, e a todo vapor, nasciam e desnasciam; à noite, dormiam adornados com asas de gaivota e barbatanas de peixe, e amanheciam transformados em libélulas ou patos selvagens. Nestes bichos, Santos Dumont quis ir embora da terra e foi por ela retido: chocou-se e explodiu; sofreu incêndios, tombos e naufrágios; sobreviveu de teimoso. E assim lutou e lutou, até que finalmente conseguiu que um dos bichos fosse avião ou tapete mágico, navegando pelos altos céus.

Todo mundo quer conhecer o herói da imensa façanha, o rei do ar, o senhor dos ventos, que mede um metro e meio, fala sussurrando e não pesa mais do que uma mosca. *(144 e 424)*

1907

Sagua la Grande

Lam

No primeiro ardor desta manhã calorenta, o menino desperta e vê. O mundo está de pernas para o alto e girando; e na vertigem do mundo, um desesperado morcego voa em círculos perseguindo sua própria sombra. Foge pela parede a negra sombra, e o morcego, querendo caçá-la, não consegue nada a não ser açoitá-la com a asa.

O menino se levanta num pulo, cobrindo a cabeça com as mãos, e se choca de supetão contra um grande espelho. No espelho, vê ninguém ou vê outro. E ao se virar vê, no armário aberto, as roupas decapitadas de seu pai chinês e de seu avô negro.

Em algum lugar da manhã, um papel branco o espera. Mas este menino cubano, este pânico que se chama Wilfredo Lam, ainda não pode desenhar a perdida sombra que gira loucamente no mundo alucinante, porque ainda não descobriu sua deslumbrante maneira de exorcizar o medo. *(319)*

1907

Iquique

Bandeiras de vários países

encabeçam a marcha dos trabalhadores do salitre, através do cascalhoso deserto do norte do Chile. Milhares de trabalhadores em greve e milhares de mulheres e crianças caminham rumo ao porto de Iquique, gritando palavras de ordem e canções.

Quando os trabalhadores ocupam Iquique, o ministro do Interior dá a ordem de matar. Os trabalhadores, em contínua assembleia, decidem aguentar firmes e sem arremessar nenhuma pedra.

José Briggs, chefe da greve, é filho de um norte-americano, mas se nega a pedir proteção ao cônsul dos Estados Unidos. O cônsul do Peru tenta levar com ele os trabalhadores peruanos. Os trabalhadores peruanos não abandonam seus companheiros chilenos. O cônsul da Bolívia quer salvar os trabalhadores bolivianos. Os trabalhadores bolivianos dizem:

– *Com os chilenos vivemos, com os chilenos morremos.*

As metralhadoras e os fuzis do general Roberto Silva Renard varrem os grevistas desarmados e abandonam o toldo.

O ministro Rafael Sotomayor justifica a carnificina em nome das coisas mais sagradas, que são, em ordem de importância: *a propriedade, a ordem pública e a vida. (64 e 326)*

1907

Rio Batalha

Nimuendajú

Curt Unkel não nasceu índio; mas virou, ou descobriu que era. Faz anos veio da Alemanha ao Brasil e no Brasil, no mais profundo do Brasil, reconheceu os seus. Desde então acompanha os índios guaranis que, através da selva, peregrinam buscando o paraíso. Com eles compartilha a comida e compartilha a alegria de compartilhar a comida.

Altos se elevam os cânticos. Noite adentro cumpre-se uma cerimônia sagrada. Os índios estão perfurando o lábio inferior de Curt Unkel, que passa a se chamar Nimuendajú, ou seja: *O que cria sua casa. (316, 374 e 411)*

1908

Assunção

Barrett

Pode ser que ele tenha vivido no Paraguai antes, séculos ou milênios antes, quem sabe quando, e tinha esquecido. O certo é que há quatro anos, quando por acaso ou curiosidade Rafael Barrett desembarcou neste país, sentiu que tinha chegado a um lugar que o estava esperando, porque este infeliz lugar era seu lugar no mundo.

Desde então discursa para o povo nas esquinas, trepado num caixote, e nos jornais e folhetos publica furiosas revelações e denúncias. Barrett se mete nesta realidade, delira com ela e nela se queima.

O governo o expulsa. As baionetas empurram para a fronteira o jovem anarquista, deportado por ser *agitador estrangeiro.*

O mais paraguaio dos paraguaios, a raiz mais plantada nesta terra, a saliva mais saliva desta boca, nasceu nas Astúrias, de mãe espanhola e pai inglês, e educou-se em Paris. *(37)*

1908

Alto Paraná

As plantações de mate

Um dos pecados que Barrett cometeu, imperdoável violação de tabu, foi a denúncia da escravidão nas plantações de erva-mate.

Quando, há quarenta anos, acabou a guerra de extermínio contra o Paraguai, os países vencedores legalizaram, em nome da civilização e da liberdade, a escravidão dos sobreviventes e dos filhos dos sobreviventes. Desde então os latifundiários argentinos e brasileiros contam por cabeças, como se fossem vacas, seus peões paraguaios. *(37)*

1908

San Andrés de Sotavento

O GOVERNO DECIDE QUE OS ÍNDIOS NÃO EXISTEM

O governador, general Miguel Marino Torralvo, expede o certificado exigido pelas empresas petroleiras que operam nas costas da Colômbia. *Os índios não existem*, certifica o governador, na presença do escrivão e com testemunhas. Já faz três anos que a lei número 1905/55, aprovada em Bogotá pelo Congresso Nacional, estabeleceu que os índios não existiam em San Andrés de Sotavento e outras comunidades índias onde haviam brotado súbitos jorros de petróleo. Agora o governador não faz mais do que confirmar a lei. Se os índios existissem, seriam ilegais. Por isso foram mandados ao cemitério ou ao desterro. *(160)*

1908

San Andrés de Sotavento

RETRATO DE UM SENHOR DE VIDAS E FAZENDAS

O general Miguel Marino Torralvo, verdugo de índios e mulheres, glutão de terras, governa a cavalo estas comarcas das costas colombianas. Com o cabo do chicote golpeia caras e portas e indica destinos. Quem por ele passa, beija-lhe a mão. A cavalo vai pelos caminhos, em seu terno branco impecável, sempre seguido por um pajem montado num burro. O pajem leva o *brandy*, a água fervida, o estojo de barbear e o caderno onde o general anota os nomes das donzelas que come.

Suas propriedades vão crescendo ao seu passar. Começou com uma fazenda de gado e já tem seis. Partidário do progresso sem esquecer a tradição, usa o arame farpado para pôr limite às terras e o cepo para pôr limite às pessoas. *(160)*

1908

Guanape

RETRATO DE OUTRO SENHOR DE VIDAS E FAZENDAS

Ordena:

– *Digam-lhe para ir carregando sua mortalha na anca do cavalo.*

Castiga com cinco tiros, por faltar à obrigação, o servo que demora para pagar a fânega de milho que deve, ou o que começa a criar caso na hora de ceder uma filha ou uma terra:

– *Pouco a pouco* – ordena. – *E que só o último tiro seja mortal.*

Nem a própria família se salva das iras de Deogracias Itriago, o mandachuva do vale venezuelano de Guanape. Uma noite, um parente montou seu melhor cavalo, para chegar vistoso num baile: na manhã seguinte, dom Deogracias mandou atá-lo de barriga para baixo em quatro estacas, e com o ralador de mandioca esfolou seus pés e suas sentadeiras, para tirar-lhe a vontade de dançar e se exibir em cavalo alheio.

Quando finalmente o matam, num descuido, uns peões por ele condenados, durante nove noites a família reza a novena de defuntos, e nove noites de baile corrido celebra o povo de Guanape. Ninguém se cansa de se alegrar e nenhum músico pede um tostão para tocar tão seguido. *(410)*

1908

Mérida de Iucatã

Cai a cortina

Já se afasta o trem, já vai-se embora o presidente do México.

Porfirio Díaz examinou as plantações de henequém em Iucatã e está levando a mais grata impressão:

– *Belo espetáculo* – disse, enquanto jantava com o bispo e com os donos de milhões de hectares e milhares de índios que produzem fibras baratas para a International Harvester Company –. *Aqui respira-se uma atmosfera de felicidade geral.*

A fumaça da locomotiva já se perde no ar. E então caem, tombadas por um tapa, as casas de cartolina pintada, com suas janelas formosas; grinaldas e bandeirinhas viram lixo, lixo varrido, lixo queimado, e o vento arranca num sopro os arcos de flores que cobriam os caminhos. Concluída a fugaz visita, os mercadores de Mérida recuperam as máquinas de costura, os móveis norte-americanos e as roupas novinhas em folha que os escravos tinham usado enquanto durou a função.

Os escravos são índios maias, daqueles que até há pouco viviam livres no reino da pequena cruz que falou, e também índios yaquis das planícies do Norte, comprados a quatrocentos pesos por cabeça. Dormem amontoados em fortalezas de pedra e trabalham ao ritmo do açoite molhado. Quando algum se põe arisco, é sepultado até as orelhas, e depois tocam os cavalos por cima dele. *(40, 44, 245 e 451)*

1908
Ciudad Juárez

PROCURA-SE

Há um par de anos, os *rangers* norte-americanos atravessaram a fronteira do México, a pedido de Porfirio Díaz, para esmagar a greve dos mineiros de cobre em Sonora. Com presos e fuzilados acabou, depois, a greve têxtil em Veracruz. Este ano explodiram greves em Coahuila, Chihuahua e Iucatã.

A greve, que perturba a ordem, é um crime. Quem a comete comete crime. Os irmãos Flores Magón, agitadores da classe operária, são os criminosos de máxima periculosidade. Seus rostos são exibidos na parede da estação do trem, em Ciudad Juárez e em todas as estações dos dois lados da fronteira. Por cada um dos irmãos, a agência de detetives Furlong oferece quarenta mil dólares de recompensa.

Os Flores Magón há alguns anos satirizam o eterno Porfirio Díaz. Em seus jornais e panfletos, ensinaram o povo a perder o respeito por ele. Depois de perder o respeito, o povo começa a perder o medo. *(40, 44 e 245)*

1908
Caracas

CASTRO

Cumprimenta estendendo o dedo indicador, porque ninguém é digno dos outros quatro. Cipriano Castro reina na Venezuela, e como coroa usa um gorro de borla. Anunciam sua passagem estridente trombetaria, o trovão dos aplausos e o ranger de costas que se inclinam. É seguido por uma caravana de espadachins e bobos da corte. Castro é baixinho, corajoso, bailarino e mulherengo, como Bolívar, e faz cara de Bolívar quando posa para a imortalidade; mas Bolívar perdeu algumas batalhas e Castro, o sempre invicto, nunca.

Tem os calabouços cheios de gente. Não confia em ninguém, exceto em Juan Vicente Gómez, seu braço direito na guerra e no governo, que chama Castro de o Maior Homem dos Tempos Modernos. Mais que de qualquer outro, Castro desconfia dos médicos locais, que curam a lepra e a loucura com caldo de urubu fervido, e portanto decide pôr seus males em mãos de altos sábios na Alemanha.

No porto de La Guaira, embarca rumo à Europa. Mal o navio se afasta do cais, Gómez se apodera do poder. *(193 e 344)*

1908
Caracas

BONECAS

Cada varão venezuelano é o Cipriano Castro das mulheres que o tocam.

Uma senhorita exemplar serve ao pai e aos irmãos como servirá ao marido, e não faz nem diz nada sem pedir licença. Se tem dinheiro ou berço, acode à missa das sete e passa o dia aprendendo a dar ordens aos serviçais negros, cozinheiras, serventes, babás, amas de leite, lavadeiras, e fazendo trabalhos de agulha ou bilro. Às vezes recebe amigas, e até se atreve a recomendar algum livro ousado, sussurrando:

– Se você soubesse como me fez chorar.

Duas vezes por semana, à tardinha, passa algumas horas escutando o noivo, sem olhá-lo e sem permitir que chegue perto, ambos sentados no sofá, frente ao olhar atento da tia. Todas as noites, antes de se deitar, reza as ave-marias do rosário e aplica na pele uma infusão de pétalas de jasmim amassadas em água de chuva à luz da lua cheia.

Se o noivo a abandona, ela se transforma subitamente em tia e fica portanto condenada a vestir santos, defuntos e recém-nascidos, a vigiar noivos, a cuidar de doentes, a dar o catecismo e a suspirar pelas noites, na solidão da cama, contemplando o retrato de quem a desdenhou. *(117)*

1909
Paris

TEORIA DA IMPOTÊNCIA NACIONAL

O boliviano Alcides Arguedas, que está em Paris graças a uma bolsa de estudos dada por Simón Patiño, publica um novo livro, chamado *Povo enfermo*. O rei do estanho dá de comer a Arguedas, para que ele diga que o povo da Bolívia não está doente: *é* doente.

Faz algum tempo, outro pensador boliviano, Gabriel Renê Moreno, descobriu que o cérebro indígena e o cérebro mestiço são *celularmente incapazes* e que pesam entre cinco, sete e dez onças a menos que o cérebro da raça branca. Agora Arguedas sentencia que os mestiços herdam as piores taras de suas estirpes e que por isso o povo boliviano não quer se banhar nem se ilustrar, não sabe ler mas sabe se embebedar, tem duas caras e é egoísta, folgazão e triste. As mil e uma misérias do povo boliviano se originam, pois, em sua própria natureza. Nada têm a ver com a voracidade de seus senhores. Eis aqui um povo condenado pela biologia e reduzido à zoologia. Bestial fatalidade do boi: incapaz de fazer sua história, só pode cumprir seu destino. E esse destino, esse irremediável fracasso, não está escrito nos astros, mas no sangue. *(29 e 473)*

1909

Nova York

Charlotte

O que aconteceria se uma mulher despertasse uma manhã transformada em homem? E se a família não fosse o campo de treinamento onde o menino aprende a mandar e a menina a obedecer? E se houvesse creches? E se o marido participasse da limpeza e da cozinha? E se a inocência se fizesse dignidade? E se a razão e a emoção andassem de braços dados? E se os pregadores e os jornais dissessem a verdade? E se ninguém fosse propriedade de ninguém?

Charlotte Gilman delira. A imprensa norte-americana a ataca, chamando-a *de mãe desnaturada*; e mais ferozmente a atacam os fantasmas que moram em sua alma e a mordem por dentro. São eles, os temíveis inimigos que Charlotte contém, quem às vezes consegue derrubá-la. Mas ela cai e se levanta, e cai e novamente se levanta, e torna a se lançar pelo caminho. Esta tenaz caminhadora viaja sem descanso pelos Estados Unidos, e por escrito e por falado vai anunciando um mundo ao contrário. *(195 e 196)*

1909

Manágua

As relações interamericanas e seus métodos mais habituais

Philander Knox foi advogado e é acionista da empresa The Rosario and Light Mines. Além disso, é Secretário de Estado do governo dos Estados Unidos. O presidente da Nicarágua, José Santos Zelaya, não trata com o devido respeito a empresa The Rosario and Light Mines. Zelaya pretende que a empresa pague os impostos que jamais pagou. O presidente tampouco trata com o devido respeito a Igreja. A Santa Mãe anda injuriada desde que Zelaya expropriou-lhe terras, suprimiu-lhe os dízimos e as primícias e profanou-lhe o sacramento do matrimônio com uma lei de divórcio. De maneira que a Igreja aplaude quando os Estados Unidos rompem relações com a Nicarágua e o Secretário de Estado Philander Knox manda uns *marines* que derrubam o presidente Zelaya e põem no seu lugar o contador da empresa The Rosario and Light Mines. *(10 e 56)*

1910
Selva do Amazonas

Os come-gente

Num piscar de olhos despenca o preço da borracha, que cai à terça parte, e de maneira ruim acaba o sonho de prosperidade das cidades amazônicas. O mercado mundial desperta com uma súbita bofetada nas belas adormecidas, estendidas na selva à sombra da árvore-da-borracha: Belém do Pará, Manaus, Iquitos... De um dia para outro, a chamada Terra do Amanhã se transforma em Terra do Nunca, ou no máximo do Ontem, abandonada pelos mercadores que lhe espremeram até a última gota. As grandes fortunas da borracha fogem da selva do Amazonas para as novas plantações asiáticas, que produzem melhor e mais barato.

Este foi um negócio canibalesco. *Come-gente*, os índios diziam dos caçadores de escravos, que andavam pelos rios em busca de mão de obra. De aldeias atopetadas não deixaram mais do que as sobras. Os come-gente mandavam os índios, amarrados, às empresas de borracha. Despachavam-nos nos porões dos barcos, junto às demais mercadorias, com sua correspondente fatura por comissão de venda e gastos de frete. *(92, 119 e 462)*

1910
Rio de Janeiro

O Almirante Negro

A bordo, toque de silêncio. Um oficial lê a condenação. Soam, furiosos, os tambores, enquanto se açoita um marinheiro por qualquer indisciplina. De joelhos, atado à balaustrada da coberta, o condenado recebe seu castigo à vista de toda a tripulação. As últimas chibatadas, duzentas e quarenta e oito, duzentas e quarenta e nove, duzentas e cinquenta, golpeiam o corpo em carne viva, banhado em sangue, desmaiado ou morto.

E explode o motim. Nas águas da baía da Guanabara, rebela-se a marujada. Três oficiais caem, passados à faca. Os navios de guerra exibem pavilhão vermelho. Um marinheiro raso é o novo chefe da esquadra. João Cândido, o Almirante Negro, alça-se ao vento, na torre de comando da nau capitânia, e os párias em rebelião apresentam-lhe armas.

Ao amanhecer, dois tiros de canhão despertam o Rio de Janeiro. O Almirante Negro adverte: tem a cidade à sua mercê e, se não for proibido o açoite, que é costume na Armada Brasileira, arrasará o Rio de Janeiro sem deixar pedra sobre pedra. Também exige uma anistia. Apontam as bocas dos canhões dos encouraçados para os edifícios mais importantes:

– Queremos resposta, já e já.

A cidade, em pânico, obedece. O governo declara abolidos os castigos corporais na Marinha e decreta o perdão dos sublevados. João Cândido tira o lenço vermelho do pescoço e baixa a espada. O almirante torna a ser marinheiro. *(303)*

1910

Rio de Janeiro

Retrato do advogado mais caro do Brasil

Há seis anos, opôs-se à vacina contra a varíola, em nome da Liberdade. A epiderme do indivíduo é tão inviolável quanto sua consciência, dizia Rui Barbosa: O Estado não tem o direito de violar o pensamento nem o corpo, nem mesmo em nome da higiene pública. Agora, condena *com toda a severidade a violência e a barbárie* da rebelião dos marinheiros. O iluminado jurista e preclaro legislador se opõe ao açoite mas repudia os métodos dos açoitados. Os marinheiros, diz, não apresentaram sua justa petição como é devido, civilizadamente, *pelos meios constitucionais, utilizando os canais competentes dentro do marco das normas jurídicas em vigor.*

Rui Barbosa crê na lei, e fundamenta sua fé com eruditas citações de romanos imperiais e liberais ingleses. Na realidade, em compensação, ele não crê. O doutor só mostra certo realismo quando, no fim do mês, recebe seu salário de advogado da empresa estrangeira Light and Power, que no Brasil manda mais que Deus. *(272 e 303)*

1910
Rio de Janeiro

A REALIDADE E A LEI RARAMENTE SE ENCONTRAM,

neste país de escravos legalmente livres, e quando se encontram não se cumprimentam. Ainda está fresca a tinta das leis que puseram fim à revolta dos marinheiros, quando traiçoeiramente os oficiais voltam a açoitar e a assassinar rebeldes recém-anistiados. Muitos marinheiros morrem fuzilados em alto-mar. Muitos mais, sepultados vivos nas catacumbas da Ilha das Cobras, chamada Ilha do Desespero, onde lhes atiram água com cal quando se queixam de sede.

O Almirante Negro vai parar num manicômio. *(303)*

1910
Colônia Maurício

TOLSTOI

Desterrado por ser pobre e judeu, Isaac Zimerman veio parar na Argentina. A primeira vez que viu um chimarrão achou que era um tinteiro, e a caneta lhe queimou a mão. Neste pampa levantou seu rancho, não longe dos ranchos de outros peregrinos também vindos dos vales do rio Dniester; e aqui teve filhos e colheitas.

Isaac e sua mulher têm muito pouco, quase nada, e o pouco que têm é tido com graça. Uns caixotes de verdura servem de mesa, mas a toalha parece sempre engomada, sempre muito branca, e sobre a toalha as flores dão cor, e as maçãs, aroma.

Uma noite, os filhos encontram Isaac sentado frente a esta mesa, com a cabeça nas mãos, derrubado. À luz da vela descobrem sua cara molhada. E ele conta. Diz a eles que por acaso, por puro acaso, acaba de ficar sabendo que lá longe, lá na outra ponta do mundo, morreu Leão Tolstoi. E explica para eles quem era esse velho amigo dos camponeses, que tão grandiosamente soube retratar seu tempo e anunciar outro. *(155)*

1910
Havana

O cinema

Escadinha no ombro, anda o faroleiro. Com sua longa pértiga acende as mechas, para que as pessoas possam caminhar sem tropeçar pelas ruas de Havana.

De bicicleta anda o mensageiro. Leva rolos de filmes debaixo do braço, de um cinema para outro, para que as pessoas possam caminhar sem tropeços por outros mundos e outros tempos, e flutuar no alto céu, junto a uma moça sentada numa estrela.

Esta cidade tem duas salas consagradas à maior maravilha da vida moderna. As duas exibem os mesmos filmes. Quando o mensageiro demora com os rolos, o pianista distrai a plateia com valsas e *danzones*, ou o lanterninha recita seletos fragmentos de Dom Juan *Tenorio.* Mas o público rói as unhas esperando que na escuridão resplandeça a mulher fatal com suas olheiras de dormitório, ou galopem cavaleiros de cota de malha, com passo de epilepsia, rumo ao castelo envolto em bruma.

O cinema rouba público do circo. A multidão já não faz fila para ver o bigodudo domador de leões, ou a Bela Geraldine enlatada de lantejoulas, refulgindo de pé sobre o cavalo francês de ancas enormes. Também os marioneteiros abandonam Havana e vão perambular por praias e aldeias, e fogem os ciganos que leem a sorte, o urso melancólico que dança ao som de um pandeiro, o bode que dá voltas sobre o tamborete e os esquálidos saltimbancos vestidos de xadrez. Todos eles vão embora de Havana porque as pessoas já não lhes atiram moedas por admiração, e sim por compaixão.

Não há quem possa contra o cinema. O cinema é mais milagroso que a água de Lourdes. Com canela do Ceilão se cura o frio no ventre; com salsinha, o reumatismo; e com o cinema, todo o resto. *(292)*

1910
Cidade do México

O Centenário e o amor

Por cumprirem-se cem anos da independência do México, todos os bordéis da capital exibem o retrato do Presidente Porfirio Díaz.

Na cidade do México, duas em cada dez mulheres jovens exercem a prostituição. Paz e Ordem, Ordem e Progresso: a lei regulamenta este ofício tão numeroso. A lei de bordéis, promulgada por Dom Porfirio, proíbe praticar o comércio carnal sem a devida dissimulação ou nas proximidades de escolas e igrejas. Também proíbe a mistura de classes sociais – *nos bordéis só haverá mulheres da classe à qual pertençam os clientes* –, ao mesmo tempo que impõe controles sanitários e impostos e obriga as marafonas *a impedir que suas pupilas saiam à rua reunidas em grupos que chamem a atenção.* Não sendo em grupos, podem sair: condenadas a mal viver entre a cama, o hospital e o cárcere, as putas têm ao menos o direito de um ou outro passeiozinho pela cidade. Neste sentido, são mais afortunadas que os índios. Por ordem do presidente, que é índio mixtec quase puro, os índios não podem caminhar pelas avenidas principais nem se sentar nas praças públicas. *(300)*

1910
Cidade do México

O Centenário e a comida

Inaugura-se o Centenário com um banquete de alta cozinha francesa nos salões do Palácio Nacional. Trezentos e cinquenta garçons servem os pratos preparados por quarenta cozinheiros e sessenta ajudantes que atuam sob as ordens do exímio Sylvain Daumont.

Os mexicanos elegantes comem em francês. Preferem a *crêpe* à panqueca de milho, parente pobre aqui nascida, e *os oeufs cocotte* aos ovos *rancheros.* O molho *bechamel* acaba sendo para eles muito mais digno que o *guacamole,* por ser o *guacamole* uma deliciosa mas demasiado indígena mistura de abacate com tomate e pimenta. Postos a escolher entre a pimenta estrangeira e a pimenta mexicana, os sinhozinhos renegam a nacional, embora depois deslizem, às escondidas, até a cozinha de casa, para comê-la em segredo, moída ou inteira, acompanhante ou acompanhada, recheada ou solitária, despida ou sem pelar. *(318)*

1910
Cidade do México

O Centenário e a arte

O México não celebra sua festa pátria com uma exposição de artes plásticas nacionais, e sim com uma grande exposição de arte espanhola, trazida de

Madri. Para que os artistas espanhóis brilhem como merecem, Dom Porfirio construiu para eles um pavilhão especial em pleno centro.

No México, até as pedras do edifício dos Correios vieram da Europa, como tudo o que aqui se considera digno de ser olhado. Da Itália, França, Espanha ou Inglaterra chegam os materiais de construção e também os arquitetos, e quando o dinheiro não é suficiente para importar arquitetos, os arquitetos nativos se encarregam de levantar casas igualzinhas às de Roma, Paris, Madri ou Londres. Enquanto isso, os pintores mexicanos pintam Virgens em êxtase, rechonchudos cupidos e senhoras de alta sociedade à maneira europeia de meio século atrás, e os escultores dão títulos em francês – *Malgré tout, Désespoir, Après l'orgie* – para seus monumentais mármores e bronzes.

À margem da arte oficial e longe dos figurões, o gravador José Guadalupe Posadas é o genial desnudador de seu país e de seu tempo. Nenhum crítico o leva a sério. Não tem nenhum aluno, embora haja um par de jovens artistas mexicanos que o seguem desde que eram meninos. José Clemente Orozco e Diego Rivera vão ao pequeno estúdio de Posadas e olham como ele trabalha, devotamente, como na missa, enquanto vão caindo ao chão as aparas de metal conforme vai passando o buril sobre as pranchas. *(44 e 47)*

1910

Cidade do México

O CENTENÁRIO E O DITADOR

No apogeu das celebrações do Centenário, Dom Porfirio inaugura um manicômio. Pouco depois, coloca a primeira pedra de um novo cárcere.

Condecorado até a barriga, sua emplumada cabeça reina lá no alto de uma nuvem de chapéus de copa e cascos imperiais. Seus cortesãos, reumáticos anciãos de casaca e polainas e flor na lapela, bailam ao ritmo de *Viva a minha desgraça*, a valsa da moda. Uma orquestra de cento e cinquenta músicos toca debaixo de trinta mil estrelas elétricas no grande salão do Palácio Nacional.

Um mês inteiro duram os festejos. Dom Porfirio, oito vezes reeleito por ele mesmo, aproveita um destes históricos bailes para anunciar que vem vindo seu nono período presidencial. Ao mesmo tempo, confirma a concessão do cobre, do petróleo e da terra a Morgan, Guggenheim, Rockefeller e Hearst por noventa e nove anos. O ditador, imóvel, surdo, está há mais de trinta anos administrando o mais vasto território tropical dos Estados Unidos.

Numa dessas noites, em plena farra patriótica, o cometa Halley irrompe no céu. Espalha-se o pânico. A imprensa anuncia que o cometa cravará a cauda no México e que virá o incêndio geral. *(40, 44 e 391)*

1911

Anenecuilco

Zapata

Nasceu cavaleiro, arrieiro e domador. Cavalga deslizando, navegando a cavalo as planícies, cuidadoso para não importunar o profundo sono da terra. Emiliano Zapata é homem de silêncios. Ele diz calando.

Os camponeses de Anenecuilco, sua aldeia, casinhas de pau a pique e teto de palha, salpicadas na colina, fizeram de Zapata o chefe e entregaram a ele os papéis dos tempos dos vice-reis, para que ele saiba guardá-los e defendê-los. Esse punhado de documentos prova que esta comunidade, aqui enraizada desde sempre, não é intrusa em sua terra.

A comunidade de Anenecuilco está estrangulada, como todas as demais comunidades da região mexicana de Morelos. Cada vez existem menos ilhas de milho no oceano de açúcar. Da aldeia de Tequesquitengo, condenada a morrer porque seus índios livres se negavam a transformar-se em peões de quadrilha, nada sobra além da cruz da torre da igreja. As imensas plantações avançam engolindo terras, águas e bosques. Não deixam espaço nem para enterrar os mortos:

– *Se querem plantar, plantem em vasos.*

Matadores e rábulas se ocupam do despojo, enquanto os devoradores de comunidades escutam concertos em seus jardins e criam cavalos de polo e cães de exposição.

Zapata, caudilho dos avassalados do lugar, enterra os títulos debaixo do soalho da igreja de Anenecuilco e se lança à luta. Sua tropa de índios, bem plantada, bem montada, mal armada, cresce ao andar. *(468)*

1911

Cidade do México

Madero

Enquanto Zapata desencadeia a insurreição no sul, todo o norte do México se levanta ao redor de Francisco Madero. Após trinta anos de trono contínuo, Porfirio Díaz se desmorona em um par de meses.

Madero, o novo presidente, é virtuoso filho da Constituição Liberal. Ele quer salvar o México pela via da reforma jurídica. Zapata exige a reforma agrária. Frente ao clamor dos camponeses, os novos deputados prometem estudar sua miséria. *(44 e 194)*

1911

Campos de Chihuahua

Pancho Villa

De todos os chefes nortistas que levaram Madero à presidência do México, Pancho Villa é o mais querido e o mais querente.

Gosta de se casar e se casa com frequência. Com uma pistola na nuca, não há padre que se negue nem moça que resista. Também gosta de dançar o *tapatío* ao som da marimba e de se meter em tiroteio. Como chuva no chapéu, rebotam nele as balas.

Tinha-se feito ao deserto muito cedo:

– *Para mim a guerra começou quando nasci.*

Era quase menino quando vingou a irmã. Das muitas mortes que deve, a primeira foi de patrão; e teve que virar bandido.

Tinha nascido com o nome de Doroteo Arango. Pancho Villa era outro, um companheiro de quadrilha, um amigo, o mais querido: quando os guardas rurais mataram Pancho Villa, Doroteo Arango recolheu seu nome e ficou com ele. Passou a chamar-se Pancho Villa, contra a morte e o esquecimento, para que seu amigo continuasse existindo. *(206)*

1911

Machu Picchu

O último santuário dos incas

não tinha morrido, mas estava adormecido. O rio Urubamba, espumoso, rugidor, soprava havia séculos seu poderoso hálito sobre as pedras sagradas, e esses vapores as tinham coberto com um manto de espessa selva que guardava seu sono. Assim, continuava secreto o baluarte final dos incas, a última morada dos reis índios do Peru.

Entre montanhas de neve que não aparecem nos mapas, um arqueólogo norte-americano, Hiram Bingham, encontra Machu Picchu. Um garoto daqui levou-o pela mão ao longo dos despenhadeiros até o alto trono disfarçado pelas nuvens e pela vegetação. Bingham descobre as brancas pedras vivas debaixo do verdor e as revela, despertas, ao mundo. *(53 e 453)*

1912

Quito

Alfaro

Uma mulher alta, toda vestida de negro, amaldiçoa o presidente Alfaro enquanto crava o punhal em seu cadáver. Depois levanta na ponta de um pau, bandeira ondulante, o ensanguentado farrapo de sua camisa.

Atrás da mulher de negro, marcham os vingadores da Santa Mãe Igreja. Com cordas vão arrastando, pelos pés, o morto despido. Das janelas chovem flores. Gritam vivas à religião as velhas come-santos, engole-hóstias, espalha-intrigas. Alagam-se de sangue as ruas empedradas, que os cães e as chuvas nunca poderão lavar até o fim. A carniçaria culmina em fogo. Acende-se uma grande fogueira e nela atiram o que sobra do velho Alfaro. Depois pisam suas cinzas os assassinos e ladrões pagos pelos filhos dos senhores.

Eloy Alfaro tinha ousado desapropriar as terras da Igreja, dona de muito Equador, e com suas rendas tinha criado escolas e hospitais. Amigo de Deus, não do Papa, tinha implantado o divórcio e tinha liberado os índios presos por dívidas. Ninguém era tão odiado pelos de batina e tão temido pelos de casaca.

Cai a noite. Fede a carne queimada o ar de Quito. A banda militar toca valsas e marchas no coreto da Praça Grande, como em todos os domingos. *(12, 24, 265 e 332)*

Quadras tristes do cancioneiro equatoriano

Que ninguém chegue perto de mim.
Fiquem de lado.
tenho um mal contagiante,
sou infeliz.

Sozinho sou, sozinho nasci,
sozinho me pariu minha mãe,

e sozinho me mantenho
feito a pluma no ar.

Para que quer o cego
casa pintada,
ou varandas para a rua,
se não vê nada? (294)

1912
Cantão Santa Ana

Crônica de costumes de Manabí

Eloy Alfaro tinha nascido na costa do Equador, na província de Manabí. Nesta terra quente, comarca de insolências e violências, ninguém tinha dado a menor atenção à lei de divórcio que Alfaro levou adiante contra o vento e as marés: aqui é mais fácil ficar viúvo que se enrolar em burocracias. Na cama onde dois adormecem, às vezes só um desperta. Os *manabitas* ganharam fama de pelos nas ventas, nenhum dinheiro e muito coração.

Martín Vera era um esquisito em Manabí. Sua faca tinha enferrujado, de tanto ficar quieta na bainha. Quando o porco dos vizinhos se meteu em sua terrinha, e comeu o aipim, Martín foi falar com eles, com os Rosado, e amavelmente pediu-lhes que trancassem o animal. Na segunda escapada, Martín se ofereceu para consertar, grátis, as despencadas paredes do chiqueiro. Mas na terceira correria, quando o porco fuçava na plantação, Martín disparou-lhe um tiro de espingarda. Caiu o pernicioso redondo do jeito que era. Os Rosado o arrastaram para sua terra, para dar-lhe porcina sepultura.

Os Vera e os Rosado deixaram de se cumprimentar. Uns dias depois, ia o carrasco do porco pelo despenhadeiro de El Calvo, agarrado na crina de sua mula, quando um tiro o deixou pendurado no estribo. A mula trouxe Martín Vera arrastado, mas nenhuma rezadora pôde ajudá-lo a morrer bem.

Fugiram os Rosado. Quando os filhos de Martín lhes deram caça num convento vazio, perto de Colimas, armaram um bom incêndio à sua volta. Os Rosado, trinta no total, tiveram que escolher a morte. Uns acabaram pelo fogo, feito torresmo, e outros pelas balas, feito peneira.

Ocorreu há um ano. E a selva devorou as plantações das duas famílias, terras de ninguém. *(226)*

1912

Pajeú de Flores

AS GUERRAS DE FAMÍLIA

Nos desertos do nordeste do Brasil, os que mandam herdam a terra e o ódio: terra triste, terra morta de sede, e ódio que as parentadas perpetuam de geração em geração, de vingança em vingança, para sempre e até o fim. No Ceará há guerra eterna da família Cunha contra a família Pataca, e os Montes e os Feitosas praticam o mútuo extermínio. Na Paraíba, os Dantas e os Nóbrega se matam entre si. Em Pernambuco, na comarca do rio Pajeú, cada Pereira recém-nascido recebe de seus parentes e padrinhos a ordem de caçar um Carvalho; e cada Carvalho que nasce vem ao mundo para liquidar o Pereira que lhe corresponda.

Do lado dos Pereira, contra os Carvalho, Virgulino da Silva Ferreira, chamado Lampião, dispara seus primeiros tiros. Quase menino ainda, se faz cangaceiro. A vida não vale muito por estas paragens, onde só existe como hospital o cemitério. Se Lampião fosse filho de ricos, não mataria por conta de outros: mandaria matar. *(343)*

1912

Daiquirí

VIDA COTIDIANA NO MAR CARIBE: UMA INVASÃO

A emenda Platt, obra do Senador Platt, de Connecticut, é a chave que os Estados Unidos usam para entrar em Cuba na hora que quiserem. A emenda, que forma parte da Constituição cubana, autoriza os Estados Unidos a invadir e a ficar; e atribui o poder de decidir qual é o presidente adequado para Cuba.

O presidente adequado para Cuba, Mario García Menocal, que também preside a Cuban American Sugar Company, aplica a emenda Platt convocando os *marines* para que desalvorocem o alvoroço: há muitos negros sublevados, e nenhum deles tem grande admiração pela propriedade privada. Portanto, dois barcos de guerra acodem e os *marines* desembarcam na praia de Daiquirí e correm para proteger as minas de ferro e cobre das empresas Spanish American y Cuba Cooper, ameaçadas pela ira negra, e os moinhos de açúcar ao longo dos trilhos da Guantánamo and Western Railroad. *(208 e 241)*

1912

Niquinohomo

Vida cotidiana na América Central: outra invasão

A Nicarágua paga aos Estados Unidos uma colossal indenização por danos morais. Esses danos foram causados pelo presidente deposto Zelaya, que ofendeu gravemente as empresas norte-americanas quando pretendeu cobrar-lhes impostos.

Como a Nicarágua carece de fundos, os banqueiros dos Estados Unidos emprestam o dinheiro para pagar as indenizações. E como além de carecer de fundos, a Nicarágua carece de garantia, o Secretário de Estado dos Estados Unidos, Philander Knox, envia novamente os *marines*, que se apoderam das alfândegas, dos bancos nacionais e da estrada de ferro.

Benjamin Zeledón encabeça a resistência. Tem cara de jovem e olhos de assombro o chefe dos patriotas. Os invasores não conseguem derrubá-lo por suborno, porque Zeledón cospe no dinheiro, mas o derrubam por traição.

Augusto César Sandino, um peão qualquer de um povoado qualquer, vê passar o cadáver de Zeledón arrastado pelo pó, amarrado pelos pés e pelas mãos no cavalo de um invasor bêbado. *(10 e 56)*

1912

Cidade do México

Huerta

tem cara de morto maligno. Os óculos negros, fulgurantes, são a única coisa viva em sua cara.

Veterano guarda-costas de Porfirio Díaz, Victoriano Huerta converte-se subitamente à Democracia no dia em que a ditadura cai. Agora é o braço direito do presidente Madero, e se lança à caça de revolucionários. Ao norte agarra Pancho Villa e ao sul, Gildardo Magaña, lugar-tenente de Zapata. E já os dá por fuzilados, o pelotão já com o dedo no gatilho, quando o perdão do presidente interrompe a cerimônia:

– *A morte veio me buscar* – suspira Villa – *mas se enganou de hora.*

Os dois ressuscitados vão parar na mesma cela na prisão de Tlatelolco. Passam dias e os meses conversando. Magaña fala de Zapata e seu plano de reforma agrária e do presidente Madero, que banca o surdo porque quer ficar bem com os camponeses e com os latifundiários, *montado em dois cavalos ao mesmo tempo.*

Um pequeno quadro-negro e um par de livros chegam à cela. Pancho Villa sabe ler pessoas, mas não sabe ler letras. Magaña ensina; e juntos vão entrando, palavra por palavra, estocada após estocada, nos castelos de *Os três mosqueteiros.* Depois realizam a viagem por *Dom Quixote*, os loucos caminhos da velha Espanha; e Pancho Villa, o feroz guerreiro do deserto, acaricia as páginas com mão de amante. Magaña lhe conta:

– Este livro... Sabe? Foi escrito por um preso. Um que nem a gente. (194 e 206)

1913

Cidade do México

Uma corda de dezoito centavos

O presidente Madero aplica um imposto, um impostinho, às jamais tocadas empresas petroleiras. O embaixador norte-americano, Henry Lane Wilson, ameaça com a invasão e anuncia que vários barcos de guerra avançam sobre os portos do México, enquanto o general Huerta se subleva e avança a canhonaços contra o Palácio Nacional.

O destino de Madero é discutido no salão de fumar da embaixada dos Estados Unidos. Resolvem aplicar-lhe a lei de fuga. Colocam-no num automóvel e pouco depois mandam-no descer e crivam-no de tiros, na rua.

O general Huerta, novo presidente, assiste a um banquete no Jockey Club. Ali anuncia que tem um bom remédio, uma corda de dezoito centavos, para acabar com Emiliano Zapata, e Pancho Villa e o resto dos inimigos da ordem. *(194 e 246)*

1913

Jonacatepec

O sul do México cresce no castigo

Os oficiais de Huerta, veteranos no ofício de massacrar índios rebeldes, se propõem a limpar as comarcas do Sul incendiando aldeias e caçando camponeses. Matam ou prendem todos que encontram, porque no Sul, todos são de Zapata.

O exército de Zapata anda esfomeado e enfermo, de crista caída, mas o chefe dos sem-terra sabe o que quer, e sua gente crê no que faz; e nem as queimadas nem as *levas*, arrastão de jovens para o exército, podem contra isso. Enquanto os jornais da capital informam que *foram destruídas completamente as hordas zapatistas*, Zapata manda pelos ares, surpreende e aniquila guarnições, ocupa povoados, assalta cidades e perambula por todo lado, por montes e barrancos, lutando e amando sem parar.

Zapata dorme onde quer e com quem quer, mas entre todas prefere duas que são uma. *(468)*

Zapata e elas

Éramos gêmeas. As duas éramos Luces, por causa do dia em que nos batizaram, e as duas, Gregórias, por causa do dia em que nascemos. Chamavam ela de Luz e eu de Gregória, e ali estávamos as duas senhoritas em casa quando o zapatismo chegou. E então o chefe Zapata começou a convencer minha irmã a ir com ele:

– Olha, venha.

E um 15 de setembro passou por lá e levou ela.

Depois, nisto de andar andando, morreu minha irmã, em Huautla, de um mal que dizem, como dizem?, São Vito, mal de São Vito. Três dias e três noites andou por lá o chefe Zapata sem comer nem beber nada.

Estávamos acabando de acender as velas por minha irmã e ai, ai, ai, ele vem e me leva à força. Disse que eu lhe pertencia porque éramos uma, minha irmã e eu... *(244)*

1913

Campos de Chihuahua

O norte do México celebra guerra e festa

Os galos cantam na hora que querem. Ficou esta terra louca e ardente; e todo mundo cai fora.

– Vamos embora, mulher, vamos para a guerra.

– E por que eu?

– Está querendo que eu morra de fome na guerra? Quem é que vai me fazer *tortillas*?

Bandos de urubus perseguem por planícies e montanhas os peões armados. Se a vida não vale nada, quanto vale a morte? Feito dados se põem os homens a rodar, que veio o alvoroço, e rodando no tiroteio encontram vingança ou esquecimento, terrinha de alimento ou de abrigo.

Ê vem Pancho Villa! – celebram os peões.

Ê vem Pancho Villa! – se persignam os maiorais.

– Onde, onde está? – pergunta o general Huerta, Huerta o usurpador.

– No sul, norte, leste e, oeste; e também em nenhuma parte – confirma o comandante da guarnição de Chihuahua.

Frente ao inimigo, Pancho Villa é sempre o primeiro a avançar galopando até se meter nas fumegantes bocas dos canhões. Em plena batalha, dá risadas de cavalo. Como peixe fora d'água seu coração arfa.

– *O general não é ruim.* É emocionadinho – explicam seus oficiais.

E por ser emocionadinho, e por pura alegria, às vezes despenca com um tiro o mensageiro que chega a galope trazendo boas novas da frente de guerra. *(206 e 260)*

1913

Culiacán

As balas

Existem balas com imaginação, que se divertem afligindo a carne, descobre Martín Luis Guzmán. Ele conhecia as balas sérias, que servem ao furor humano, mas não sabia das balas que brincam com a dor humana.

Por ter má pontaria e boa vontade, o jovem escritor Guzmán se transforma em diretor de um dos hospitais de Pancho Villa. Os feridos se amontoam na sujeira, sem outro remédio além de apertar os dentes, se é que têm dentes.

Percorrendo salas repletas, Guzmán comprova a inacreditável trajetória das balas fantasiantes, capazes de esvaziar um olho deixando vivo o corpo, ou de meter um pedaço de orelha na nuca e um pedaço de nuca no pé, e assiste ao sinistro gozo das balas que, tendo recebido ordem de matar um soldado, o condenam a nunca mais dormir, ou nunca mais sentar-se, ou nunca mais comer com a boca. *(216)*

1913
Campos de Chihuahua

Numa dessas manhãs me assassinei,

em algum poeirento caminho do México, e o fato produziu em mim profunda impressão.

Não foi este o primeiro crime que cometi. Desde que há setenta e um anos nasci em Ohio e recebi o nome de Ambrose Bierce até meu recente deceso, estripei meus pais e diversos familiares, amigos e colegas. Estes comovedores episódios salpicaram de sangue meus dias ou meus contos, que dá na mesma: a diferença entre a vida que vivi e a vida que escrevi é assunto dos farsantes que no mundo executam a lei humana, a crítica literária e a vontade de Deus.

Para pôr fim aos meus dias, me somei às tropas de Pancho Villa e escolhi uma das muitas balas perdidas que nestes tempos passam zumbando sobre a terra mexicana. Este método me resultou mais prático que a forca, mais barato que o veneno, mais cômodo que disparar com meu próprio dedo e mais digno que esperar que a doença ou a velhice se encarregassem da tarefa.

1914
Montevidéu

Batlle

Escreve artigos caluniando os santos e pronuncia discursos atacando o negócio da venda de terrenos no Além. Quando assumiu a presidência do Uruguai, não teve outro remédio a não ser jurar por Deus e pelos Santos Evangelhos, mas em seguida esclareceu que não acreditava em nada disso.

José Batlle y Ordóñez governa desafiando os poderosos do céu e da Terra. A Igreja prometeu-lhe um bom lugar no inferno: atiçarão o fogo as empresas por ele nacionalizadas ou por ele obrigadas a respeitar os sindicatos operários e a jornada de trabalho de oito horas; e o diabo será o macho vingador das ofensas que ele infligiu ao setor masculino.

– *Está legalizando a libertinagem* – dizem seus inimigos, quando Batlle aprova a lei que permite às mulheres se divorciarem por sua própria vontade.

– *Está dissolvendo a família* – dizem, quando estende o direito de herança aos filhos naturais.

– *O cérebro da mulher é inferior* – dizem, quando cria a universidade feminina e quando anuncia que em breve as mulheres votarão, para que a democracia uruguaia não caminhe com uma perna só e para que não sejam as mulheres eternas menores de idade que do pai passam às mãos do marido. *(35 e 271)*

1914
San Ignacio

QUIROGA

Da selva do rio Paraná, onde vive em voluntário desterro, Horácio Quiroga aplaude as reformas de Batlle e essa convicção ardente em coisas belas.

Mas Quiroga está definitivamente longe do Uruguai. Deixou o país há alguns anos, para fugir da sombra da morte. Uma maldição tapa seu céu desde que matou seu melhor amigo querendo defendê-lo; ou talvez desde antes, talvez desde sempre.

Na selva, a um passo das ruínas das missões dos jesuítas, Quiroga vive rodeado de bichos e palmeiras. Escreve contos sem desvios, da mesma forma que abre caminhos com o facão no monte, e trabalha a palavra com o mesmo áspero amor com que trabalha a terra, a madeira e o ferro.

O que Quiroga busca não poderia encontrar nunca fora daqui. Aqui sim, ainda que seja muito de vez em quando. Nesta casa que suas mãos ergueram sobre o rio, Quiroga tem, às vezes, a felicidade de escutar vozes mais poderosas que o chamado da morte – raras e fugazes certezas de vida, que enquanto duram são indubitáveis como o sol. *(20, 357, 358 e 390)*

1914
Montevidéu

DELMIRA

A este quarto ela foi chamada pelo homem que tinha sido seu marido; e querendo tê-la, querendo ficar com ela, ele amou-a e matou-a e se matou.

Os jornais uruguaios publicam a foto do corpo que jaz tombado junto à cama, Delmira abatida por dois tiros de revólver, nua como seus poemas, as meias caídas, toda despida de vermelho:

– Vamos mais longe na noite, vamos..

Delmira Agustini escrevia em transe. Tinha cantado as febres do amor sem disfarces pacatos, e tinha sido condenada pelos que castigam nas mulheres o que nos homens aplaudem, porque a castidade é dever feminino e o desejo, como a razão, um privilégio masculino. No Uruguai, as leis caminham na frente das pessoas, que ainda separam a alma do corpo como se fossem a Bela e a Fera. De maneira que perante o cadáver de Delmira se derramam lágrimas e frases a propósito de tão sensível perda para as letras nacionais, mas no fundo os chorosos suspiram com alívio – a morta morta está, e é melhor assim.

Mas, morta está? Não serão sombra de sua voz e eco de seu corpo todos os amantes que ardem nas noites do mundo? Não lhe abrirão um lugarzinho nas noites do mundo para que cante sua boca desatada e dancem seus pés resplandecentes? *(49 e 426)*

1914

Ciudad Jiménez

O cronista de povos em fúria

De susto em susto, de maravilha em maravilha, John Reed anda pelos caminhos do norte do México. Vai em busca de Pancho Villa e o encontra, em outros, em todos, em cada passo.

Reed, cronista da revolução, dorme onde a noite o surpreenda. Nunca ninguém rouba nada, nem ninguém o deixa pagar nada que não seja música ou baile; e nunca falta quem lhe ofereça um pedaço de *tortilla* ou lhe ofereça um lugar sobre o cavalo.

– *De onde o senhor vem?*

– *De Nova York.*

– *Não conheço Nova York. Mas aposto que lá não se veem vacas tão boas como as que passam pelas ruas de Ciudad Jiménez.*

Uma mulher leva um cântaro na cabeça. Outra, de cócoras, amamenta uma criança. Outra, ajoelhada, mói milho. Enrolados em mantas desbotadas, os homens bebem e fumam em roda.

– *Ouça, Juanito. Por que a tua gente não gosta de nós, mexicanos? Por que chamam a gente de sebosos?*

Todo mundo tem algo a perguntar a este louro magricela, de óculos, com cara de quem nasceu por engano:

– *Ouça, Juanito. Como é que se diz mula em inglês?*

– *Em inglês, mula é: cabeçuda, testuda, filha da mãe. (368)*

1914
Salt Lake City

O CANTOR DE POVOS EM FÚRIA

É condenado por cantar baladas vermelhas que se burlam de Deus, sacodem o operário e amaldiçoam o dinheiro. A sentença não diz que Joe Hill é um trovador proletário, e para cúmulo, estrangeiro, que atenta contra a boa ordem dos negócios. A sentença fala de assalto e crime. Não há provas, as testemunhas mudam de versão a cada declaração e os advogados atuam como se fossem promotores, mas estes detalhes carecem de importância para os juízes e para todos os que tomam as decisões em Salt Lake City. Joe Hill será amarrado numa cadeira para que o pelotão de fuzilamento faça pontaria.

Joe Hill veio da Suécia. Nos Estados Unidos andou pelas estradas. Nas cidades limpou escarradeiras e levantou paredes, nos campos ceifou trigo e colheu fruta, escavou cobre nas minas, carregou fardos nos portos, dormiu debaixo de pontes e em celeiros e cantou a toda hora e em todas as partes, e nunca deixou de cantar. Cantando se despede de seus camaradas, agora que vai para Marte perturbar a paz social. *(167)*

1914
Torreón

EM CIMA DOS TRILHOS VÃO AO TIROTEIO

No vagão vermelho, que exibe seu nome em grandes letras douradas, o general Pancho Villa recebe John Reed. Recebe-o de cuecas, oferece café e o estuda um tempinho. Quando decide que este gringo merece a verdade, começa a falar:

– *Os políticos de chocolate querem triunfar sem sujar as mãos. Estes perfumados.*

Em seguida leva-o para visitar um hospital de campanha, um trem com sala de cirurgia e médicos para curar próprios e alheios; e mostra os vagões que levam às frentes de guerra o milho o açúcar, o café e o tabaco. Também mostra a plataforma onde os traidores são fuzilados.

As estradas de ferro tinham sido obra de Porfirio Díaz, chave de paz e ordem, chave-mestra do progresso de um país sem rios nem caminhos; não tinham nascido para transportar povo armado, e sim matérias-primas baratas, operários dóceis e verdugos de rebeliões. Mas o general Villa faz a guerra de trem. Em Camargo lançou uma locomotiva a toda velocidade e arrebentou um trem repleto de soldados. Em Ciudad Júarez, os homens de Villa entraram encolhidos em inocentes vagões de carvão, e a ocuparam depois de uns poucos tiros disparados mais por júbilo que por necessidade. De trem vão as tropas *villistas* para as frentes de guerra. A locomotiva resfolega subindo a duras penas pelas esfoladas lombadas do Norte, e atrás do penacho de fumaça negra vêm rangendo com muito balanço os vagões cheios de soldados e cavalos. Os tetos do trem estão cobertos de fuzis e chapelões e fogões. Lá em cima, entre os soldados que cantam e disparam para o alto, as crianças berram e as mulheres cozinham: as mulheres, as soldadeiras, exibindo vestidos de noiva e sapatos de seda do último saque. *(246 e 368)*

1914

Campos de Morelos

É TEMPO DE ANDAR E LUTAR

e os ecos dos trovões e dos tiros têm o som de desmoronamento de montanhas. O exército de Zapata, *abaixo fazendas, viva povos*, abre caminho rumo à Cidade do México.

Junto ao chefe Zapata, matuta e limpa seu fuzil o general Genovevo de la O, cara de sol com bigodões, enquanto Otilio Montaño, anarquista, discute um manifesto com o socialista Antonio Díaz Soto y Gama.

Entre os oficiais e assessores de Zapata, só existe uma mulher. A coronela Rosa Bobadilla, que conquistou sua patente em batalha, chefia uma tropa de homens de cavalaria e proibiu-os de beber uma única gota de tequila. Eles a obedecem, misteriosamente, embora continuem convencidos de que as mulheres servem para adornar o mundo ou fazer filhos e cozinhar milho, pimenta, feijão e o que Deus ajude e permita, e ponto final. *(296 e 468)*

1914

Cidade do México

HUERTA FOGE

no mesmo navio que tinha levado Porfirio Díaz embora do México.

Os farrapos ganham a guerra contra as rendas. A maré camponesa se abate sobre a capital pelo norte e pelo sul. Zapata, *O Atila de Morelos*, e Pancho

Villa, o *orangotango*, o que come carne crua e rói ossos, avançam vingando ofensas. Na véspera do Natal, os jornais da Cidade do México ostentam uma tarja negra na primeira página. O luto anuncia a chegada dos foragidos, os bárbaros violadores de senhoritas e fechaduras.

Anos turbulentos. Já não se sabe quem é quem. A cidade treme de pânico e suspira de nostalgia. Até ontem, no eixo do mundo estavam os amos, em seus casarões de trinta lacaios e pianos e candelabros e banheiros de mármore de Carrara; e em volta os servos, o pobrerio dos bairros, aturdido pela bebida, afundado no lixo, condenado ao salário ou à gorjeta que mal e mal dá para comprar, muito de vez em quando, um tiquinho de leite aguado, café de feijão ou carne de burro. *(194 e 246)*

1915

Cidade do México

O QUASE-PODER

Uma batidinha da aldrava, entre querendo e não querendo, e uma porta se entreabre: alguém descobre a cabeça e com o descomunal chapelão apertado entre as mãos pede, pelo amor de Deus, água ou *tortilla.* Os homens de Zapata, índios de calças brancas e cartucheiras cruzadas no peito, perambulam pelas ruas da cidade que os despreza e teme. Em nenhuma casa são convidados a entrar. A três por dois tropeçam nas ruas com os homens de Villa, também estrangeiros, perdidos, cegos.

Suave chiado de sandálias, chás-chês, chás-chês, nos degraus de mármore; pés que se assustam com o prazer do tapete; rostos olhando-se com estranheza no espelho dos soalhos encerados; os homens de Zapata e Villa entram no Palácio Nacional; e o percorrem como que pedindo desculpas, de salão em salão. Pancho Villa se senta na dourada poltrona que foi trono de Porfirio Díaz, *para ver o que se sente*, e ao seu lado Zapata, roupa cheia de bordados, com cara de estar sem estar, responde com murmúrios às perguntas dos jornalistas.

Os generais camponeses triunfaram, mas não sabem o que fazer com a vitória:

– *Este rancho está muito grande para nós.*

O poder é assunto de doutores, ameaçador mistério que só os ilustrados podem decifrar, os entendidos em alta política, os que dormem em *travesseiros maciozinhos.*

Quando cai a noite, Zapata vai para um hotelzinho, a um passo da estrada de ferro que leva à sua terra, e Villa ao seu trem militar. Ao cabo de alguns dias, se despedem da Cidade do México.

Os peões das fazendas, os índios das comunidades, os párias do campo descobriram o centro do poder e durante um tempinho o ocuparam, como de visita, nas pontas dos pés, ansiosos por terminar o quanto antes esta excursão à lua. Alheios à glória do triunfo, regressam, finalmente, para as terras onde sabem andar sem se perder.

O herdeiro de Huerta, o general Venustiano Carranza, cujas estropiadas tropas estão se recuperando com a ajuda dos Estados Unidos, não poderia imaginar melhor notícia. *(47, 194, 246 e 260)*

1915

Tlaltizapán

A reforma agrária

Num antigo moinho do povoado de Tlaltizapán, Zapata instala seu quartel-general. Entrincheirado em sua região, longe dos senhores de costeleta e das damas emplumadas, longe da grande cidade vistosa e cheia de armadilhas, o caudilho de Morelos liquida os latifúndios. Nacionaliza os engenhos açucareiros e as destilarias, sem pagar um centavo, e devolve às comunidades as terras roubadas ao longo dos séculos. Renascem os povos livres, consciência e memória das tradições índias, e com eles renasce a democracia local. Aqui não decidem os burocratas nem os generais: decide a comunidade discutindo em assembleia. Fica proibido vender ou alugar terra. Fica proibida a avareza.

À sombra dos louros, na praça do povoado, não se fala apenas de galos, cavalos e chuvas. O exército de Zapata, liga de comunidades armadas, vela a terra recobrada e lubrifica as armas e recarrega velhos cartuchos de máuser e trinta-trinta.

Estão chegando a Morelos jovens técnicos, com seus tripés e outros raros instrumentos, para ajudar na reforma agrária. Os camponeses recebem com chuvas de flores os engenheirinhos vindos de Cuernavaca; mas os cães ladram aos cavaleiros mensageiros que galopam do Norte trazendo a atroz notícia de que o exército de Pancho Villa está sendo aniquilado. *(468)*

1915

El Paso

Azuela

No Texas, no desterro, um médico do exército de Pancho Villa conta a revolução mexicana como uma fúria inútil. Segundo o romance *Os de baixo*, de Mariano Azuela, esta é uma história de cegos bêbados, que atiram sem saber por que nem contra quem e dão porradas animalescas buscando coisas para roubar ou fêmeas para fornicar, num país que fede à pólvora e à fritura de botequim. *(33)*

1916

Tlaltizapán

Carranza

Alguns cavaleiros de Villa ainda sacodem esporas pelas serras, mas já não são um exército. Foram derrotados em quatro longas batalhas. De trincheiras protegidas por arame farpado, as metralhadoras varreram a fogosa cavalaria de Villa, que virou pó, em suicidas cargas repetidas com cega obstinação.

Venustiano Carranza, presidente apesar de Villa e de Zapata, ganha força na Cidade do México e se lança à guerra do Sul:

– *Isto de repartir terras é descabelado* – diz. Um decreto anuncia que as terras distribuídas por Zapata serão devolvidas a seus antigos amos; outro decreto promete fuzilar todos os que sejam ou pareçam ser zapatistas.

Fuzilando e queimando, rifles e tochas, os do governo avançam sobre os campos florescidos de Morelos. Matam quinhentos em Tlaltizapán, e muitos mais por todo lado. Os prisioneiros são vendidos em Iucatã, mão de obra escrava para as plantações de henequém, como nos tempos de Porfirio Díaz; e as colheitas e os rebanhos, butim de guerra, são vendidas nos mercados da capital.

Nas montanhas, o digno Zapata resiste. Quando estão por chegar as chuvas, a revolução é suspensa para a plantação; mas em seguida, teimosa, incrível, continua. *(246, 260 e 468)*

1916

Buenos Aires

Isadora

Descalça, despida, envolvida apenas pela bandeira argentina, Isadora Duncan dança o hino nacional.

Comete esta ousadia uma noite, num café de estudantes de Buenos Aires, e na manhã seguinte todo mundo sabe: o empresário rompe o contrato, as boas famílias devolvem suas entradas ao Teatro Colón e a imprensa exige a expulsão imediata desta pecadora norte-americana que veio à Argentina para macular os símbolos pátrios.

Isadora não entende nada. Nenhum francês protestou quando ela dançou a Marselhesa com um xale vermelho como traje completo. Se é possível dançar uma emoção, se é possível dançar uma ideia, por que não se pode dançar um hino?

A liberdade ofende. Mulher de olhos brilhantes, Isadora é inimiga declarada da escola, do matrimônio, da dança clássica e de tudo aquilo que engaiole o vento. Ela dança porque dançando goza, e dança o que quer, quando quer e como quer, e as orquestras se calam frente à música que nasce de seu corpo. *(145)*

1916

Nova Orleães

O jazz

Vem dos escravos a mais livre das músicas. O *jazz* que voa sem pedir licença, tem como avôs os negros que trabalhavam cantando nas plantações de seus amos, no sul dos Estados Unidos, e como pais os músicos dos bordéis negros de Nova Orleães. As bandas dos bordéis tocam a noite inteira sem parar, em palcos que as põem a salvo dos golpes e punhaladas quando o caldo entorna. De suas improvisações nasce a louca música nova.

Com o que economizou distribuindo jornais, leite e carvão, um garoto baixinho e tímido acaba de comprar corneta própria por dez dólares. Ele sopra e a música se espreguiça longamente, longamente, saudando o dia. Louis Armstrong é neto de escravos, como o *jazz*, e foi criado, como o jazz, nos puteiros. *(105)*

1916
Columbus

A América Latina invade os Estados Unidos

Chove para cima. A galinha come a raposa e a lebre atira no caçador. Pela primeira e única vez na história, soldados mexicanos invadem os Estados Unidos.

Com a destrambolhada tropa que lhe resta, quinhentos homens dos muitos milhares que tinha, Pancho Villa atravessa a fronteira gritando *Viva o México* e assalta a tiros a cidade de Columbus. *(206 e 260)*

1916
León

Dario

Na Nicarágua, terra ocupada, terra humilhada, Rubén Dario morre.

É morto pelo médico, por uma certeira agulhada no fígado. O embalsamador, o barbeiro, o maquiador e o alfaiate atormentam seus restos.

Infligem a Dario suntuosos funerais. Cheira a incenso e à mirra o caloroso ar de fevereiro na cidade de León. As mais distintas senhoritas, envoltas em lírios e plumas de garça, são as Canéforas e as Virgens de Minerva que vão regando flores no caminho da capela ardente.

Rodeado de círios e de admiradores, o cadáver de Dario mostra durante o dia túnica grega e coroa de lauréis, e, de noite, traje negro a rigor, casaca e luvas no mesmo tom. Por uma semana inteira, dia após noite, noite após dia, é açoitado com versos de mau gosto, em recitais sem fim, e o golpeiam discursos que o proclamam Cisne Imortal, Messias da Lira Espanhola e Sansão da Metáfora.

Rugem os canhões – o governo contribui para o martírio desfechando honras de Ministro de Guerra ao poeta que predicava a paz. Erguem cruzes os bispos, tilintam as campainhas: no momento culminante da flagelação, o poeta que acreditava no divórcio e no ensino laico desce à cova transformado em Príncipe da Igreja. *(129, 229 e 454)*

1917
Campos de Chihuahua e Durango

A agulha no palheiro

Uma expedição de castigo, dez mil soldados e muita artilharia, entra no México para cobrar de Pancho Villa o insolente ataque à cidade norte-americana de Columbus.

– *Em jaula de ferro vamos carregar esse assassino*! – proclama o general John Pershing, e o troar de seus canhões produz o eco.

Através das imensas securas do Norte, o general Pershing encontra várias tumbas – *Aqui jaz Pancho Villa* – sem nenhum Villa dentro. Encontra serpentes, lagartixas, pedras mudas e camponeses, que murmuram pistas falsas quando apanham, são ameaçados ou recebem ofertas de recompensa de todo o ouro do mundo.

Ao cabo de alguns meses, quase um ano, Pershing volta aos Estados Unidos. Leva suas hostes, longa caravana de soldados fartos de respirar pó e receber pedradas e mentiras em cada aldeola do cascalhoso deserto. Dois jovens tenentes marcham à cabeça da procissão de humilhados. Os dois tiveram no México seu batismo de fogo. Dwight Eisenhower, recém-saído de West Point, está iniciando mal o caminho para a glória militar. George Patton cospe ao *ir embora deste país ignorante e meio selvagem*.

Do alto de um morro, Pancho Villa contempla e comenta:

– *Vieram como águias e estão indo como galinhas molhadas. (206 e 260)*

1918
Córdoba

A douta Córdoba e seus embolorados doutores

A Universidade argentina de Córdoba já não nega o diploma a quem não possa comprovar sua branca estirpe, como ocorria até alguns anos, mas ainda em Filosofia do Direito estuda-se o tema *Deveres para com os servos* e os estudantes de Medicina se formam sem nunca ter visto um doente.

Os professores, veneráveis espectros, copiam a Europa com vários séculos de atraso, perdido mundo de cavalheiros e beatas, sinistra beleza do passado colonial, e com orlas e com borlas recompensam os méritos do papagaio e as virtudes do macaco.

Os estudantes cordobeses, fartos, explodem. Declaram-se em greve contra os carcereiros do espírito e chamam os estudantes e os operários de toda a América Latina para lutar juntos por uma cultura própria. Poderosos ecos lhes respondem, do México até o Chile. *(164)*

1918
Córdoba

"As dores que sobram são as liberdades que faltam", proclama o manifesto dos estudantes

Resolvemos chamar todas as coisas pelo nome que têm. Córdoba se redime. A partir de hoje contamos para o país uma vergonha a menos e uma liberdade a mais. As dores que ficam são as liberdades que faltam. Acreditamos não nos enganarmos, as ressonâncias do coração nos advertem: estamos pisando sobre a revolução, estamos vivendo uma hora americana...

As universidades foram até aqui o refúgio secular dos medíocres, a renda dos ignorantes, a hospitalização segura dos inválidos e – o que é ainda pior – o lugar onde todas as formas de tiranizar e de insensibilizar acharam a cátedra que as ditasse. As universidades chegaram a ser assim fiel reflexo dessas sociedades decadentes que se empenham em oferecer o triste espetáculo de uma imobilidade senil. Por isso é que a ciência, frente a estas casas mudas e trancadas, passa silenciosa ou entra mutilada e grotesca ao serviço burocrático... *(164)*

1918
Ilopango

Miguel aos treze

Chegou ao quartel de Ilopango empurrado pela fome, que tinha escondido seus olhos lá no fundo de sua cara.

No quartel, a troco de comida, Miguel começou fazendo mandados e engraxando botas de tenentes. Rapidamente aprendeu a partir cocos com um só golpe de facão, como se fossem pescoços, e a disparar a carabina sem desperdiçar cartuchos. Assim virou soldado.

Ao cabo de um ano de vida no quartel, o pobre rapazinho não aguenta mais. Depois de tanto suportar oficiais bêbados que batiam nele à toa, Miguel escapa. E esta noite, a noite da sua fuga, estala o terremoto em Ilopango. Miguel o escuta de longe.

Um dia sim e outro também treme a terra em El Salvador, país de gente quente, e entre tremor e tremor, algum terremoto de verdade, um senhor terremoto como este, invade e arrebenta. Esta noite o terremoto desmorona o quartel, já sem Miguel, até a última pedra; e todos os oficiais e todos os soldados morrem esmagados pelo desmoronamento.

E assim ocorre o terceiro nascimento de Miguel Mármol, aos treze anos de idade. *(126)*

1918

Montanhas de Moreios

TERRA ARRASADA, TERRA VIVA

Os porcos, as vacas, as galinhas são zapatistas? E os jarros, as panelas e as caçarolas? As tropas do governo exterminaram a metade da população de Morelos, nestes anos de obstinada guerra camponesa, e levaram tudo. Só pedras e troncos carbonizados são vistos nos campos; algum resto de casa, alguma mulher puxando um arado. Dos homens, quem não está morto ou desterrado, anda fora da lei.

Mas a guerra continua. A guerra continuará enquanto continuar o milho brotando em rincões secretos das montanhas e enquanto continuarem cintilando os olhos do chefe Zapata. *(468)*

1918

Cidade do México

A BURGUESIA NASCE MENTINDO

– *Lutamos pela terra* – diz Zapata – *e não por ilusões que não dão o que comer... Com eleições ou sem eleições, o povo anda ruminando amarguras.*

Enquanto arranca a terra dos camponeses de Morelos e arrasa suas aldeias, o presidente Carranza fala de reforma agrária. Enquanto aplica o terror de Estado contra os pobres, outorga o direito de votar nos ricos e brinda os analfabetos com a liberdade de imprensa.

A nova burguesia mexicana, filha voraz da guerra e do saqueio, entoa hinos de louvor à Revolução enquanto a engole com faca e garfo em mesa de toalha bordada. *(468)*

1919
Cuautla

ESTE HOMEM ENSINOU-LHES QUE A VIDA NÃO É APENAS MEDO DE SOFRER E ESPERA DE MORRER

Teria de ser à traição. Mentindo amizade, um oficial do governo o leva para a armadilha. Mil soldados estão esperando por ele, mil fuzis o derrubam do cavalo.

Depois é trazido para Cuautla. Mostram-no de barriga para cima.

Os camponeses acodem de todas as comarcas. O silencioso desfile dura vários dias. Ao chegar frente ao corpo, param, tiram o chapéu, olham cuidadosamente e negam com a cabeça. Ninguém acredita – falta uma verruga, sobra uma cicatriz, esta roupa não é dele, pode ser de qualquer um esta cara inchada de tanta bala.

Os camponeses cochicham sem pressa, colhendo palavras como milho:

– Dizem que foi embora com um compadre para a Arábia.
– Que nada, que o chefe Zapata não foge.
– Foi visto pelas montanhas de Quilamula.
– Eu sei que dorme numa cova do Morro Preto.
– Ontem à noite, o cavalo estava bebendo no rio.

Os camponeses de Morelos não acreditam, nem acreditarão nunca, que Emiliano Zapata possa ter cometido a infâmia de morrer e deixá-los sozinhos. *(468)*

CANÇÃO DA MORTE DE ZAPATA

Estrelinha que de noite
acende naqueles picos,
onde está o chefe Zapata
que era açoite dos ricos?

Amor-perfeito dos campos
das várzeas de Morelos,
se perguntam por Zapata
diz que se foi para os céus.

Riachinho revoltoso,
o que te disse aquela flor?
– Diz que o chefe não morreu,
que Zapata volta como for. (293)

1919
Hollywood

CHAPLIN

No princípio foram os trapos.

Das sobras dos estúdios Keystone, Charles Chaplin escolheu as peças mais inúteis, por serem grandes demais, pequenas demais ou feias demais, e uniu, como quem junta lixo, uma calça de gordo, um paletó de anão, um chapéu de copa alta e uns sapatões arruinados. Quando teve tudo isso, acrescentou um bigode de mentira e uma bengala. E então, esse montinho de desprezados farrapos ergueu-se e cumprimentou seu autor com uma ridícula reverência e começou a caminhar com passo de pato. Pouco depois, trombou com uma árvore e pediu desculpas tirando o chapéu.

E assim foi lançado na vida Carlitos o Vagabundo, pária e poeta. *(121 e 383)*

1919
Hollywood

BUSTER KEATON

O homem que nunca ri faz rir.

Como Chaplin, Buster Keaton é um mago de Hollywood. Ele também criou um herói do desamparo. O personagem de Keaton, chapéu de palha, cara de pedra, corpo de gato, não parece nada com Carlitos, mas está metido na mesma guerra desopilante contra a polícia, os brigões e as máquinas. Sempre impassível, gelado por fora, ardente por dentro, muito dignamente caminha pela parede, pelo ar ou pelo fundo do mar.

Keaton não é tão popular quanto Chaplin. Seus filmes divertem, mas têm mistério demais, melancolia demais. *(128 e 382)*

1919
Memphis

MILHARES DE PESSOAS ASSISTEM AO ESPETÁCULO

Veem-se numerosas mulheres com crianças nos braços. A saudável distração alcança seu momento culminante quando a gasolina batiza Ell Persons, atado a um poste, e as chamas arrancam-lhe os primeiros uivos.

Não muito depois, o público se retira em ordem, queixando-se de que essas coisas duram pouco. Alguns revolvem as cinzas buscando algum osso de lembrança.

Ell Persons é um dos setenta e sete negros que foram assados vivos ou enforcados pela multidão branca, este ano, nos estados norte-americanos do Sul, por terem cometido assassinato ou violação, ou seja: por olhar para uma mulher branca com possível brilho de lascívia, por dizer-lhe *sim* em lugar de *sim, senhora*, ou por não tirar o chapéu ao dirigir-lhe a palavra.

De todos estes linchados, alguns vestiam uniforme militar dos Estados Unidos da América e tinham perseguido Pancho Villa pelos desertos do norte do México, ou estavam chegando da guerra mundial. *(51, 113 e 242)*

1921
Rio de Janeiro

PÓ DE ARROZ

O presidente Epitácio Pessoa faz uma recomendação aos dirigentes do futebol brasileiro. Por razões de prestígio pátrio, sugere que não enviem nenhum jogador de pele escura ao próximo Campeonato Sul-Americano.

Entretanto, o Brasil foi campeão do último Sul-Americano graças ao mulato Artur Friedenreich, que meteu o gol da vitória; e suas chuteiras, sujas de barro, são exibidas desde então na vitrina de uma joalheria. Friedenreich, nascido de alemão e negra, é o melhor jogador brasileiro. É sempre o último a entrar em campo. Leva pelo menos meia hora passando a ferro a cabeleira no vestiário; e depois, durante o jogo, não tem um fiozinho que saia do lugar, nem quando ele cabeceia a bola.

O futebol, diversão elegante para depois da missa, é coisa de brancos.

– *Pó de arroz*! *Pó de arroz*! – grita a torcida contra Carlos Alberto, outro jogador mulato, o único mulato do Fluminense, que com pó de arroz branqueia a cara. *(279)*

1921
Rio de Janeiro

PIXINGUINHA

Anunciam que o conjunto *Os batutas* atuará em Paris e espalha-se a indignação na imprensa brasileira. O que vão pensar do Brasil os europeus? Acharão que este país é uma colônia africana? No repertório dos *Batutas* não há árias de ópera nem valsas, e sim maxixes, lundus, corta-jacas, batuques, cateretês, modinhas e recém-nascidos sambas. Esta é uma orquestra de negros que tocam coisas de negros: os artigos exortam o governo a que evite tamanho desprestígio. Imediatamente o Ministério de Relações Exteriores esclarece que *Os batutas* não vão em missão oficial nem oficiosa.

Pixinguinha, um dos negros do conjunto, é o melhor músico do Brasil. Ele sabe disso, e o assunto não lhe interessa. Está muito ocupado buscando em sua flauta, com endiabrada alegria, os sons roubados dos pássaros. *(75)*

1921
Rio de Janeiro

O ESCRITOR BRASILEIRO DA MODA

inaugura a piscina de um clube. O discurso de Coelho Neto exaltando as virtudes da piscina arranca lágrimas e aplausos. Coelho Neto convoca os poderes do Mar, do Céu e da Terra *para esta solenidade que é de tanta magnitude que não a podemos avaliar senão rastreando, através das Sombras do Tempo, a sua projeção no Futuro.*

– *Sobremesa para os ricos* – denuncia Lima Barreto. Ele não é escritor da moda e sim escritor maldito, por ser mulato e por ser rebelde, e amaldiçoando agoniza em algum hospital mambembe.

Lima Barreto caçoa dos escritores que papagueiam as pomposas letras da cultura ornamental. Eles cantam as glórias de um Brasil feliz, sem negros, nem operários, nem pobres, mas com sábios economistas inventores de uma fórmula, muito original, que consiste em aplicar mais impostos ao povo, e com duzentos e sessenta e dois generais que têm a função de desenhar novos uniformes para o desfile do ano que vem. *(36)*

1922
Toronto

ESTE INDULTO

salva milhões de pessoas condenadas à morte prematura. Não é um indulto de rei, nem mesmo de presidente. Foi outorgado por um médico canadense que até a semana passada andava procurando emprego com sete centavos no bolso.

A partir de um palpite que lhe roubou o sono, e depois de muito erro e desânimo, Fred Banting descobre que a insulina, segregada pelo pâncreas, reduz o açúcar no sangue; e assim deixa sem efeito as muitas penas de morte que a diabetes tinha decretado. *(54)*

1922
Leavenworth

POR CONTINUAR ACREDITANDO QUE TUDO É DE TODOS

Ricardo, o mais talentoso e perigoso dos irmãos Flores Magón, esteve ausente da revolução que tanto ajudou a desatar. Enquanto o destino do México era decidido nos campos de batalha, ele partia pedras, com grilhões nos pés, num cárcere norte-americano.

Um tribunal dos Estados Unidos tinha condenado-o a vinte anos de trabalhos forçados por ter assinado um manifesto anarquista contra a propriedade privada. Várias vezes lhe ofereceram o perdão, se ele pedisse. Nunca pediu.

– *Quando eu morrer, talvez meus amigos escrevam em meu túmulo. "Aqui jaz um sonhador", e meus inimigos: "Aqui jaz um louco". Mas não haverá quem se atreva a escrever esta inscrição. "Aqui jaz um covarde e traidor de suas ideias."*

Em sua cela, longe de sua terra, é estrangulado. Parada cardíaca, diz o laudo médico. *(44 e 391)*

1922
Campos da Patagônia

O TIRO NO OPERÁRIO

Há três anos, os jovens aristocratas da Liga Patriótica Argentina saíram para caçar pelos bairros de Buenos Aires. O safari foi um êxito. Os bons meninos mataram operários e judeus em quantidade, durante uma semana inteira, e nenhum foi parar na cadeia por caçar sem licença.

Agora é o exército quem pratica tiro ao alvo com os trabalhadores, nas terras geladas do Sul. Os cavaleiros do Décimo de Cavalaria, comandados pelo tenente-coronel Héctor Benigno Varela, percorrem os latifúndios da Patagônia fuzilando peões em greve. Acompanham-nos fervorosos voluntários da Liga Patriótica Argentina. Ninguém é executado sem julgamento. Cada julgamento demora menos do que se leva para fumar um cigarro. Fazendeiros e oficiais fazem as vezes dos juízes. Aos montões enterram os condenados, em fossas comuns cavadas pelos próprios.

O presidente Hipólito Yrigoyen não gosta nem um pouco desta maneira de acabar com os anarquistas e os vermelhos em geral, mas não move um dedo contra os assassinos. *(38 e 365)*

1923

Rio Guayas

Cruzes flutuam no rio,

centenas de cruzes coroadas de flores da montanha, florida esquadra de minúsculos navios navegando ao vaivém das ondas e da memória: cada cruz recorda um trabalhador assassinado. O povo deitou n'água estas cruzes flutuantes, para que descansem no sagrado os trabalhadores que jazem no fundo do rio.

Foi há um ano, no porto de Guayaquil. Fazia horas que Guayaquil estava em mãos proletárias. Nem os do governo podiam circular sem salvo-conduto dos sindicatos. Os trabalhadores, fartos de comer fome, tinham declarado a primeira greve geral da história do Equador. As mulheres, lavadeiras, cigarreiras, cozinheiras, vendedores ambulantes, tinham formado o comitê Rosa Luxemburgo; e eram as mais ousadas.

– *Hoje a chusma se levantou rindo. Amanhã, se recolherá chorando* – anunciou Carlos Arroyo, presidente da Câmara de Deputados. E o presidente da República, José Luis Tamayo, ordenou ao general Enrique Barriga:

– *Custe o que custar.*

Os grevistas tinham-se concentrado, em imensa manifestação, quando avançaram marcando o passo, pelas ruas vizinhas, as botas militares. Aos primeiros tiros, muitos operários quiseram fugir, como de formigueiro pisado, e foram os primeiros a cair.

Sabe-se lá quantos atiraram ao fundo do rio Guayas, com os ventres abertos a baionetas. *(192, 332 e 472)*

1923
Acapulco

A FUNÇÃO DAS FORÇAS DA ORDEM NO PROCESSO DEMOCRÁTICO

Quando terminou o filme do Tom Mix, houve discurso. Em pé, na frente da tela do único cinema de Acapulco, Juan Escudero surpreendeu o público com um discurso contra os mercadores sanguessugas. Quando os fardados se atiraram em cima dele, já tinha nascido o Partido Operário de Acapulco, batizado por ovação.

Em pouco tempo, o Partido Operário cresceu, ganhou as eleições e fincou sua bandeira rubro-negra no palácio municipal. Juan Escudero, alta figura, de costeletas, bigodes engomados, é o novo prefeito, o prefeito socialista: num abrir e fechar de olhos transforma o palácio em sede de cooperativas e sindicato, empreende a campanha de alfabetização e desafia o poder dos donos de tudo: as três empresas que possuem a água, o ar, o solo e a sujeira deste imundo porto mexicano, abandonado por Deus e pelo governo federal. Então os donos de tudo organizam novas eleições, para que o povo corrija seu erro, mas o Partido Operário de Acapulco torna a ganhar. De tal forma que não há mais remédio a não ser convocar o exército, que imediatamente age para normalizar a situação. O vitorioso Juan Escudero recebe dois tiros, um no braço e outro na testa, tiro de misericórdia bem de pertinho, enquanto os soldados botam fogo no palácio municipal. *(441)*

1923
Acapulco

ESCUDERO

ressuscita e continua ganhando eleições. Em cadeira de rodas, mutilado, quase mudo, faz sua campanha triunfal de deputado ditando discursos a um garoto que decifra seus murmúrios e os repete à viva voz nos palanques.

Os donos de Acapulco decidem pagar trinta mil pesos à patrulha militar, para que desta vez dispare como se deve. Nos livros maiores de contabilidade das empresas se registra a saída dos fundos, mas não o destino. E finalmente Juan Escudero cai fuziladíssimo, morto por morte total, para que ninguém duvide. *(441)*

1923
Azángaro

URVIOLA

A família o queria doutor e em lugar de doutor fez-se índio, como se não fosse suficiente maldição sua corcunda de duas pontas e sua estatura de anão. Ezequiel Urviola abandonou sua carreira de Direito em Puno e jurou seguir as pegadas de Túpac Amaru. Desde aquela época fala quichua, calça sandálias, masca coca e sopra a flauta *quena*. Dia e noite vai e vem sublevando gente pelas serras do Peru, onde os índios têm proprietário, como as mulas e as árvores.

Os policiais sonham em agarrar Urviola desprevenido e os latifundiários juraram sua morte, mas o maldito girino transforma-se em águia sobre a cordilheira. *(370)*

1923
El Callao

MARIÁTEGUI

Depois de viver alguns anos na Europa, José Carlos Mariátegui regressa ao Peru, de navio. Quando foi embora era um boêmio da noite limenha, cronista de turfe, poeta místico que sentia muito e entendia pouco. Lá na Europa descobriu a América: Mariátegui encontrou o marxismo e encontrou Mariátegui, e assim soube ver, à distância, de longe, o Peru que de perto não via.

Mariátegui acha que o marxismo integra o progresso humano tão indiscutivelmente como a vacina contra a varíola ou a teoria da relatividade, mas para peruanizar o Peru é preciso começar por peruanizar o marxismo, que não é catecismo nem cópia a carbono, e sim a chave para entrar no país profundo. E as chaves do país profundo estão nas comunidades indígenas, despojadas pelo latifúndio estéril mas invictas em suas socialistas tradições de trabalho e vida. *(32, 277 e 355)*

1923

Buenos Aires

Retrato de um caçador de operários

Contempla com olhar lascivo os catálogos de armas de fogo, como se fossem coleções de fotos pornográficas. O uniforme do exército argentino, para ele, é a pele humana mais bela. Gosta de esfolar vivas as raposas que caem em suas armadilhas e fazer pontaria sobre operários em fuga, e ainda mais se forem vermelhos, e muito mais se forem vermelhos estrangeiros.

Jorge Ernesto Pérez Millán Témperley alistou-se como voluntário nas tropas do tenente-coronel Varela e no ano passado foi para a Patagônia para liquidar alegremente tudo que é peão grevista que se pusesse em sua linha de fogo. E depois, quando o anarquista alemão Kurt Wilckens, justiceiro dos pobres, atirou a bomba que mandou o tenente-coronel Varela pelos ares, este caçador de operários jurou em voz alta que vingaria seu superior.

E vinga. Em nome da Liga Patriótica Argentina, Jorge Ernesto Pérez Millas Tempericy dispara um tiro de Máuser no peito de Wilckens, que está dormindo na cela. Em seguida, arma na mão, o gesto marcial do dever cumprido, se faz fotografar para a posteridade. *(38)*

1923

Tampico

Traven

Um barco fantasma, velho navio destinado ao naufrágio, chega às costas do México. Entre seus marinheiros, vagabundos sem nome nem nação, vem um sobrevivente da revolução aniquilada na Alemanha.

Este camarada de Rosa Luxemburgo, fugitivo da fome e da polícia, escreve em Tampico seu primeiro romance. Assina Bruno Traven. Com esse nome se fará famoso, mas ninguém jamais conhecerá seu rosto, nem sua voz, nem sua pista. Traven decide ser um mistério, para que a burocracia não o rotule e para melhor caçoar de um mundo onde o contrato de matrimônio e o testamento importam mais que o amor e a morte. *(398)*

1923
Campos de Durango

PANCHO VILLA LÊ AS MIL E UMA NOITES,

soletrando em voz alta e à luz de candeeiro, porque esse é o livro que lhe dá melhores sonhos; e depois acorda cedinho para pastorear gado com seus velhos companheiros de luta.

Villa continua sendo o homem mais popular nos campos do norte do México, embora os do governo não gostem dele nem um pouquinho. Hoje faz três anos que Villa transformou em cooperativa a fazenda de Canutillo, que já tem hospital e escola, e um mundo de gente veio celebrar.

Villa está escutando suas canções favoritas quando dom Fernando, peregrino de Granada, conta que John Reed morreu em Moscou.

Pancho Villa manda parar a festa. Até as moscas detêm seu voo.

– Quer dizer que Juanito morreu? Meu irmão Juanito?

– Justo ele mesmo.

Villa fica acreditando e não acreditando.

– Eu o vi – se desculpa dom Fernando. – Está enterrado com os heróis da revolução lá deles.

O pessoal nem respira. Ninguém incomoda o silêncio. Dom Fernando murmura:

– Foi de tifo, não de tiro.

E Villa balança a cabeça:

– Quer dizer que Juanito morreu.

E repete:

– Quer dizer que Juanito morreu.

E se cala. E olhando longe, diz:

– Eu nunca tinha ouvido a palavra *socialismo*. Ele me explicou.

Em seguida se ergue e, abrindo os braços, desafia os mudos violeiros:

– E a música? O que aconteceu com a música? Manda ver. *(206)*

1923
Cidade do México

O POVO PÔS UM MILHÃO DE MORTOS NA REVOLUÇÃO MEXICANA,

em dez anos de guerra, para que finalmente os chefes militares se apoderem das melhores terras e dos melhores negócios. Os oficiais da revolução partilham o poder e a glória com os doutores esfoladores de índios e os políticos de aluguel, brilhantes oradores de banquete, que chamam Obregón de Lenin mexicano.

No caminho da reconciliação nacional, toda divergência é superada através de contratos de obras públicas, concessões de terras ou favores de bolsos escancarados. Álvaro Obregón, o presidente, define seu estilo de governo com uma frase que fará escola no México:

– *Não há general que resista a um disparo de cinquenta mil pesos. (246 e 260)*

1923
Parral

NUNCA PUDERAM AMANSAR SEU ORGULHO

Com o general Villa, Obregón se engana.

Para Pancho Villa só existe um remédio: tiro de fuzil.

Chega a Parral de automóvel, de manhãzinha. Ao vê-lo, alguém esfrega a cara com um lenço vermelho. Doze homens recebem o sinal e apertam os gatilhos.

Parral era sua cidade preferida, *gosto tanto, tanto de Parral*, e no dia em que as mulheres e as crianças de Parral espantaram a pedradas os invasores gringos, o coração de Pancho Villa saltou, seus cavalos de dentro galoparam, e então lançou um tremendo grito de alegria:

– *Gosto de Parral até para morrer! (206 e 260)*

1924
Mérida de Iucatã

ALGO MAIS SOBRE A FUNÇÃO DAS FORÇAS DA ORDEM NO PROCESSO DEMOCRÁTICO

Felipe Carrillo Puerto, também invulnerável ao canhão com o qual Obregón dispara pesos, enfrenta o pelotão de fuzilamento numa úmida madrugada de janeiro.

– *Quer um confessor?*

– *Não sou católico.*

– E um escrivão?

– Não tenho o que deixar.

Tinha sido coronel do exército de Zapata, em Morelos, antes de fundar o Partido Socialista Operário em Iucatã. Em terras iucatecas, Carrillo Puerto dizia seus discursos em língua maia. Em língua maia explicava que Marx era irmão de Jacinto Canek e de Cecílio Chi, e que o socialismo, herdeiro da tradição comunitária, dava dimensão futura ao glorioso passado dos índios.

Ele encabeçava, até ontem, o governo socialista de Iucatã. Infinitas fraudes e prepotência não tinham conseguido evitar que os socialistas ganhassem, de longe, as eleições; e depois não houve maneira de evitar que cumprissem as promessas. Os sacrilégios contra o sagrado latifúndio, a ordem escravagista e o monopólio imperial desataram a cólera dos amos do henequém e da International Harvester Company. Por seu lado, o arcebispo sofria violentas convulsões de ira frente ao ensino laico, o amor livre e os batismos vermelhos, assim chamados porque as crianças recebiam seu nome sobre um colchão de flores vermelhas, e com seu nome recebiam os desejos de uma longa militância socialista. Portanto, foi preciso chamar o exército para que acabasse tamanho escândalo.

O fuzilamento de Felipe Carrillo Puerto repete a história de Juan Escudero em Acapulco. O governo dos humilhados em Iucatã durou um par de anos. Os humilhados tinham o governo e as armas da razão. Os humilhadores não tinham o governo, mas tinham a razão das armas. E, como tudo no México, a sorte do destino é decidida pelo destino da morte. *(330)*

1924

Cidade do México

A NACIONALIZAÇÃO DOS MUROS

A arte de cavalete convida ao isolamento. A arte mural, porém, se oferece à multidão que anda. O povo é analfabeto, sim, mas não é cego: Rivera, Orozco e Siqueiros se lançam ao assalto das paredes do México. Pintam o que nunca fora pintado: sobre o cal úmido nasce uma arte verdadeiramente nacional, filha da revolução mexicana e destes tempos de partos e funerais.

O muralismo mexicano avança contra a arte anã, castrada, covarde, de um país treinado para se negar. Subitamente as naturezas mortas e as defuntas paisagens se fazem realidades loucamente vivas e os pobres da terra se transformam em sujeitos de arte e de história em vez de objetos de uso, desprezo ou compaixão.

Chovem insultos contra os muralistas. Elogios, nem um. Mas eles continuam, impávidos, trepados nos andaimes, sua tarefa. Rivera trabalha dezesseis horas diárias sem parar, olhos e papo de sapo, dentes de peixe. Carrega uma pistola na cintura:

– *É para orientar a crítica* – diz. *(80 e 387)*

1924

Cidade do México

Diego Rivera

pinta Felipe Carrillo Puerto, redentor de Iucatã, com uma bala cravada no meio do peito mas alçado frente ao mundo, ressuscitado ou sem perceber a própria morte, e pinta Emiliano Zapata sublevando o povo, e pinta o povo: todos os povos do México, reunidos na epopeia do trabalho, da guerra e da festa, sobre mil e seiscentos metros quadrados de paredes da Secretaria de Educação. Enquanto vai cobrindo de cores o mundo, Diego se diverte mentindo. A quem queira escutá-lo conta mentiras tão colossais como sua pança, sua paixão de criar e sua voracidade de mulherófago insaciável.

Faz apenas três anos que voltou da Europa. Lá em Paris, Diego foi pintor de vanguarda e se fartou dos ismos; e quando já estava se apagando, pintando só de cansaço, chegou ao México e recebeu as luzes de sua terra até incendiar os olhos. *(82)*

1924

Cidade do México

Orozco

Diego Rivera arredonda, José Clemente Orozco afia. Rivera pinta sensualidades, corpos de carne de milho, frutas voluptuosas; Orozco pinta desesperos, corpos ossudos e esfolados, cactos mutilados que sangram. O que em Rivera é alegria, em Orozco é tragédia. Em Rivera existe ternura e radiante serenidade; em Orozco, severidade e crispação. A revolução mexicana de Orozco tem grandeza, como na de Rivera; mas onde Rivera fala de esperança, Orozco parece nos dizer que seja quem for que roube o sagrado fogo dos deuses, não o dará aos homens. *(83 e 323)*

1924
Cidade do México

Siqueiros

Orozco é intratável, escondido, turbulento para dentro. Espetacular, ampuloso, turbulento para fora é David Alfaro Siqueiros. Orozco pratica a pintura como cerimônia da solidão. Siqueiros pinta por militância da solidariedade. *Não há outra rota além da nossa,* diz Siqueiros. À cultura europeia, que considera mambembe, opõe sua própria energia musculosa. Orozco duvida, desconfia do que faz. Siqueiros ataca, certo de que sua patriótica arrogância não é remédio ruim para um país doente de complexo de inferioridade. *(27)*

"O povo é o herói da pintura mural mexicana", diz Diego Rivera

A verdadeira novidade da pintura mexicana, no sentido que iniciamos com Orozco e Siqueiros, foi fazer do povo o herói da pintura mural. Até então os heróis da pintura mural tinham sido os deuses, ou anjos, os arcanjos, os santos, os heróis da guerra, os reis e imperadores e prelados, os grandes chefes militares e políticos, aparecendo o povo como o coro ao redor dos personagens estrelares da tragédia... *(79)*

1924
Regla

Lenin

O prefeito do povoado cubano de Regla convoca a multidão. Da vizinha cidade de Havana chegou a notícia da morte de Lenin na União Soviética, e o prefeito emite um decreto de luto. Diz o decreto que *o citado Lenin conquistou merecida simpatia entre os elementos proletários e intelectuais deste município. Por tal motivo, às cinco da tarde do próximo domingo seus habitantes farão dois minutos de silêncio e meditação, durante os quais pessoas e veículos permanecerão em estado de quietude absoluta.*

Às cinco, em ponto, da tarde de domingo, o prefeito do povoado de Regla sobe o morro do forte. Mais de mil pessoas o acompanham, apesar da chuva furiosa. E debaixo da chuva passam os dois minutos de silêncio e meditação. Depois, o prefeito planta uma oliveira no alto da colina, em homenagem ao homem que tão para sempre plantou a bandeira vermelha lá no centro da neve. *(215)*

1926
San Albino

SANDINO

Homem curto e magro, fino feito fio, iria pelos ares numa ventania se não estivesse tão plantado em terras da Nicarágua.

Nesta terra, sua terra, Augusto César Sandino ergue-se e fala. Falando, conta o que sua terra lhe disse. Quando Sandino se deita para dormir sobre sua terra, ela lhe segreda profundas penas e doçuras.

Sandino se ergue e conta as confidências de sua terra invadida e humilhada e pergunta *quantos de vocês a amam tanto como eu.*

Vinte e nove mineiros de San Albino dão um passo à frente.

Estes são os primeiros soldados do exército de libertação da Nicarágua. Operários analfabetos, trabalham quinze horas por dia arrancando ouro para uma empresa norte-americana e dormem amontoados num galpão. Com dinamite mandam a mina pelos ares; e vão-se embora atrás de Sandino para a montanha.

Sandino anda num burrinho branco. *(118 e 361)*

1926
Puerto Cabezas

AS MULHERES MAIS DIGNAS DO MUNDO

são as putas de Puerto Cabezas. Elas conhecem, graças às confidências da cama, o lugar exato onde os marines norte-americanos afundaram quarenta rifles e sete mil cartuchos. Graças a elas, que arriscando a vida desafiam as tropas estrangeiras de ocupação, Sandino e seus homens resgatam das águas, à luz das tochas, suas primeiras armas e suas primeiras munições. *(361)*

1926

Juazeiro do Norte

O padre Cícero

Juazeiro parecia um casario de nada, quatro ranchos cuspidos na imensidão, quando um bom dia Deus apontou seu dedo para este lixinho e decidiu que ela seria a Cidade Santa. Desde então, aos milhares acodem os aflitos. Até aqui conduzem todos os caminhos do martírio e do milagre. Esquálidos peregrinos vindos do Brasil inteiro, longas filas de farrapos e aleijões, transformaram Juazeiro na cidade mais rica do sertão nordestino. Nesta nova Jerusalém restauradora da fé, memória dos esquecidos, bússola dos perdidos, o modesto arroio Salgadinho se chama agora rio Jordão. Rodeado de beatas que erguem sangrentos crucifixos de bronze, o padre Cícero anuncia que Jesus Cristo está chegando.

O padre Cícero Romão Batista é o dono das terras e das almas. Este salvador dos náufragos do deserto, amansador de loucos e criminosos, outorga filhos à mulher estéril, chuva à terra seca, luz ao cego e, ao pobre, algumas migalhas do pão que come. *(133)*

1926

Juazeiro do Norte

Um milagre divino transforma um bandido em capitão

Atiram tiros, cantam canções os guerreiros de Lampião. Sinos e rojões fazem a recepção na cidade de Juazeiro. Os cangaceiros exibem arsenal completo e frondoso medalheiro sobre as armaduras de couro.

Ao pé da estátua do padre Cícero, o padre Cícero abençoa o chefe do bando. Já se sabe que o bandido Lampião jamais assalta uma casa que tenha qualquer imagem do padre Cícero, nem jamais mata alguém que seja devoto de santo tão milagreiro.

Em nome do governo do Brasil, o padre Cícero concede a Lampião a patente de capitão do exército, três tiras azuis em cada ombro, e troca suas velhas carabinas Winchester por impecáveis fuzis Máuser. O capitão Lampião promete derrotar os rebeldes do tenente Luís Carlos Prestes, que percorrem o Brasil predicando democracia e outras ideias demoníacas; mas nem bem abandona esta cidade, esquece a Coluna Prestes e retorna às suas tarefas de sempre. *(120, 133 e 263)*

1926
Nova York

VALENTINO

Ontem à noite, numa cantina italiana, Rodolfo Valentino caiu fulminado por um banquete de massas.

Milhões de mulheres ficaram viúvas nos cinco continentes. Elas adoravam o fino felino latino nas telas-altares dos cinemas-templos de todos os povoados e cidades. Com ele cavalgavam rumo ao oásis, empurradas pelo vento do deserto, e com ele entravam em trágicas arenas de touros e em misteriosos palácios, e dançavam sobre soalhos de espelhos e se despiam nos aposentos do príncipe hindu ou do filho do *sheik*: eram atravessadas pelos olhares dele, lânguida lâmina, e, amassadas por seus braços, mergulhavam em profundos leitos de seda.

Ele nem percebia. Valentino, o deus de Hollywood que fumava beijando e olhava matando, o que todo dia recebia mil cartas de amor, era na verdade um homem que dormia sozinho e sonhava com mamãe. *(443)*

1927
Chicago

LOUIE

Ela vivia na Perdido Street, em Nova Orleães, no fundo mais fundo das funduras da vida, onde quem morria era velado com um prato no peito, para que os vizinhos jogassem moedas para pagar o enterro. Mas ela morre agora e o filho Louie tem a alegria de dar-lhe de presente um funeral belo, o funeral de luxo que teria sonhado no fim de um sonho onde Deus a transformava em branca e milionária.

Louis Armstrong tinha crescido comendo sobras e música, até que conseguiu fugir de Nova Orleães para Chicago, trazendo como bagagem uma trombeta e como companhia um sanduíche de peixe. Passaram-se poucos anos e ele está bem gordo, porque come como vingança, e se voltasse ao Sul talvez pudesse entrar em alguns dos lugares proibidos para negros ou impossíveis para pobres, e até poderia caminhar por quase todas as ruas sem ser expulso. Ele é o rei do *jazz*, e isso ninguém discute: sua trombeta segreda, ralha, geme, uiva feito animal ferido e ri gargalhadas plenas, celebrando, eufórica, imensamente poderosa, o disparate de viver. *(105)*

1927
Nova York

BESSIE

Esta mulher canta suas feridas com a voz da glória e ninguém pode ficar surdo ou distraído. Pulmões da noite profunda: Bessie Smith, imensamente gorda, imensamente negra, amaldiçoa os ladrões da Criação. Seus blues são os hinos religiosos das pobres negras bêbadas dos subúrbios: anunciam que serão destronados os brancos e os machos e os ricos que humilham o mundo. *(165)*

1927
Rapallo

POUND

Faz vinte anos que Ezra Pound foi-se embora da América. Filho dos poetas, pai dos poetas, Pound está buscando debaixo dos sóis da Itália novas imagens, que sejam dignas de acompanhar os bizontes de Altamira, e desconhecidas palavras capazes de conversar com deuses mais antigos que os peixes.

No caminho, erra de inimigo. *(261, 349 e 437)*

1927
Charlestown

"BONITO DIA",

diz o governador do estado de Massachusetts.

À meia-noite desta segunda-feira de agosto, dois operários italianos se sentarão na cadeira elétrica da Casa da Morte da prisão de Charlestown. Nicola Sacco, sapateiro, e Bartolomeo Vanzetti, vendedor de peixe, serão executados por crimes que não cometeram.

As vidas de Sacco e Vanzetti estão nas mãos de um mercador que ganhou quarenta milhões de dólares vendendo automóveis Packard. Alvan Tufts Fuller, governador de Massachusetts, é um homem pequeno sentado atrás de uma grande escrivaninha de madeira esculpida. Ele se nega a ceder frente ao clamor de protesto que soa dos quatro pontos cardeais do planeta. Honestamente acredita na correção do processo e na validez das provas; e além disso acredita que merecem a morte todos os malditos anarquistas e imundos estrangeiros que vêm arruinar este país. *(162 e 445)*

1927

Araraquara

MÁRIO DE ANDRADE

é um desafiador da servil, adocicada e grandiloquente cultura oficial, um criador de palavras que morrem de inveja da música e que são, ainda assim, capazes de ver e dizer coisas ao Brasil, e também capazes de mastigá-lo, por ser o Brasil um saboroso amendoim torradinho.

De férias, só pelo prazer de se divertir, Mário de Andrade transcreve fatos e feitos de Macunaíma, herói sem nenhum caráter, tal e qual os ouviu do dourado bico de um papagaio. Segundo o papagaio, Macunaíma, negro feio, nasceu no fundo da selva. Até os seis anos não pronunciou nenhuma palavra, por preguiça, dedicado que estava a decapitar formigas, cuspir na cara de seus irmãos e meter a mão nas graças de suas cunhadas. As desopilantes aventuras de Macunaíma atravessam todos os tempos e todos os espaços do Brasil, numa grande caçoada que não deixa santo vestido nem marionete com cabeça.

Macunaíma é mais real que seu autor. Como todo brasileiro de carne e osso, Mário de Andrade é um delírio da imaginação. *(23)*

1927

Paris

VILLA-LOBOS

Atrás do enorme charuto vem uma nuvem de fumaça. Envolto pela nuvem, alegre e apaixonado, Heitor Villa-Lobos assovia uma canção vagabunda.

No Brasil, os críticos do contra dizem que ele compõe música para ser executada por epiléticos ou escutada por paranoicos, mas na França é recebido com ovações. A imprensa de Paris aplaude com força suas audazes harmonias e seu vigoroso sentido nacional. Vários artigos sobre a vida do maestro são publicados. Um jornal conta que certa vez Villa-Lobos foi amarrado a uma grelha e quase assado por índios antropófagos, quando andava pela selva amazônica, com uma vitrola debaixo do braço, difundindo Bach.

Numa das festas que Paris lhe oferece entre um concerto e outro, uma senhora pergunta a ele se comeu gente crua, e se gostou. *(280)*

1927

Planícies de Jalisco

ATRÁS DE UMA IMENSA CRUZ DE MADEIRA,

vêm em tropel os ginetes. Os cristeros se rebelam em Jalisco e em outros estados do México, em busca de martírio e glória. Gritam vivas a um Cristo Rei que na cabeça leva coroa de joias e não de espinhos, e vivas ao Papa, que não se resigna a perder os poucos privilégios clericais que ficavam em pé no México.

Os camponeses pobres acabam de ter a experiência de morrer por uma revolução que lhes prometeu a terra. Condenados a viver morrendo, agora passam a morrer por uma Igreja que lhes promete o céu. *(297)*

1927

San Gabriel de Jalisco

UM MENINO OLHA

A mãe tapou-lhe os olhos para que não visse o avô pendurado pelos pés. E depois as mãos da mãe não o deixaram ver o pai furado pelas balas dos bandoleiros, nem os tios balançando, ao sopro do ar, lá no alto dos postes do telégrafo.

Agora a mãe também morreu ou se cansou de defender seus olhos. Sentado na cerca de pedra que serpenteia pelas colinas, Juan Rulfo contempla a olho nu sua terra áspera. Vê os cavaleiros, federais ou *cristeros*, que dá no mesmo, emergindo da fumaça e atrás deles, lá longe, um incêndio. Vê a fileira dos enforcados, pura roupa em farrapos esvaziada pelos abutres, e vê uma procissão de mulheres vestidas de negro.

Juan Rulfo é um menino de nove anos rodeado de fantasmas parecidos com ele.

Aqui não há nada vivente. Não há outras vozes além dos uivos dos coiotes, nem outro ar além do negro vento que sobe em redemoinhos. Nas planícies de Jalisco, os vivos são mortos que disfarçam. *(48 e 400)*

1927
El Chipote

A GUERRA DOS TIGRES E DOS PÁSSAROS

Há quinze anos, os marines desembarcaram na Nicarágua para uma temporadinha, para proteger as vidas e as propriedades dos cidadãos dos Estados Unidos, e se esqueceram de ir embora. Contra eles se levantam, agora, estas montanhas do Norte. Por aqui são escassas as aldeias; mas quem não se faz soldado de Sandino, se converte em seu espião ou mensageiro. Desde que mandaram pelos ares a mina de San Albino e desde a primeira batalha, acontecida na comarca de Muy Muy, a tropa libertadora vem crescendo.

O exército de Honduras está, inteiro, na fronteira, para impedir que cheguem armas a Sandino através do rio, mas os guerrilheiros arrancam fuzis dos inimigos caídos e balas das árvores onde se incrustam. Facões para decapitar não faltam; e fazem um bom esparramo as granadas de latas de sardinhas cheias de vidros, pregos, porcas e dinamite.

Os aviões norte-americanos bombardeiam a esmo, arrasando casarios, e os *marines* vagam pela selva, entre abismos e altos picos, assados pelo sol, afogados pela chuva, asfixiados pelo pó, queimando e matando tudo o que encontram ao seu passo. Até os saguis atiram coisas neles.

Oferecem a Sandino o perdão e dez dólares por cada um dos dias desde que se rebelou. O capitão Hatfield intima a rendição. Da fortaleza de El Chipote, misterioso topo envolvido em brumas, chega a resposta: *Eu não me vendo nem me rendo.* E a saudação: *Seu obediente servidor, que deseja colocá-lo num formoso ataúde com lindos ramos de flores.* E a assinatura de Sandino.

Os soldados patriotas mordem como tigres e voam como pássaros. Onde menos se espera dão o bote, salto de tigre na cara do enorme inimigo, e antes que ele atine em reagir já estão atacando pelas costas ou pelos lados, e num bater de asas desaparecem. *(118 e 361)*

1928
San Rafael del Norte

PEQUENO EXÉRCITO LOUCO

Quatro aviões *Corsair* bombardeiam a fortaleza de Sandino na montanha El Chipote, cercada e acossada pelos canhões dos *marines.* Durante vários dias e noites a região inteira troa e treme, até que os invasores calam baionetas e se lançam ao ataque contra as trincheiras de pedras eriçadas de fuzis. A heroica ação culmina sem mortos nem feridos, porque os atacantes encontram soldados de palha e fuzis de pau.

Rapidamente os jornais norte-americanos informam sobre esta batalha de El Chipote. Não dizem que os *marines* abateram uma legião de bonecos de largos chapéus e lenços rubro-negros. Em compensação, garantem que o próprio Sandino figura entre as vítimas.

No distante povoado de San Rafael del Norte, Sandino escuta sua gente cantar à luz das fogueiras. Lá recebe a notícia de sua própria morte:

– Deus e nossas montanhas estão conosco. E afinal das contas, a morte é só um momentinho de dor e nada mais.

Nos últimos meses, trinta e seis barcos de guerra e seis mil novos *marines*, força fresca de reforço, chegaram à Nicarágua. De setenta e cinco batalhas e batalhazinhas, perderam quase todas. A presa escapou-lhes, várias vezes, ninguém sabe como, entre os dedos.

Pequeno exército louco, chama a poeta chilena Gabriela Mistral as hostes de Sandino, estes esfarrapados guerreiros mestres da coragem e da diabrura. *(118, 361 e 419)*

"Tudo era fraternável"

Juan Pablo Ramirez: *Fizemos bonecos com arbustos e os deixamos lá. Deixamos plantados ganchos de pau com chapéus. E gostamos... Levaram sete dias disparando, mandando bombas para lá, e eu me mijava de rir.*

Alfonso Alexander: *Os invasores representavam o elefante e nós a serpente. Eles eram a imobilidade nós, a mobilidade.*

Pedro Antonio Aráuz: *Os ianques morriam tristemente, os ingratos. É que não conheciam o que era o sistema das montanhas do nosso país.*

Sinforoso González Zeledón: *Os camponeses grudavam a gente, eles trabalhavam com a gente, sentiam pela gente.*

Cosme Castro Andino: *Nós éramos sem salário. Quando chegávamos num lugar e nos davam comida, a gente repartia. Tudo era fraternável. (236)*

1928
Washington

NOTICIÁRIO

Em emocionante cerimônia, dez oficiais da marinha recebem em Washington a Cruz do Mérito, *por serviços distinguidos e heroísmo extraordinário* na guerra contra Sandino.

The Washington Herald e outros jornais denunciam em página inteira os crimes do *bando de foragidos*, degoladores de *marines*, e publicam documentos recém-chegados do México. Os documentos, que exibem uma impressionante quantidade de erros de ortografia, comprovariam que o presidente mexicano Calles está enviando a Sandino armas e propaganda bolchevique através dos diplomatas soviéticos. Fontes oficiosas do Departamento de Estado explicam que o presidente Calles começou a mostrar evidências de sua ideologia comunista quando elevou os impostos das empresas petrolíferas norte-americanas que operam no México, e confirmou-a plenamente quando seu governo estabeleceu relações diplomáticas com a União Soviética.

O governo dos Estados Unidos adverte que *não permitirá que soldados russos e mexicanos implantem o soviete na Nicarágua.* Segundo os porta-vozes oficiais do Departamento de Estado, *o México está exportando o bolchevismo.* Depois da Nicarágua, o canal do Panamá seria o objetivo da expansão soviética na América Central.

O senador Shortdridge afirma que os cidadãos dos Estados Unidos *merecem tanta proteção quanto os da antiga Roma* e o senador Bingham, declara: *Estamos obrigados a aceitar nossa função de policiais internacionais.* O senador Bingham, o famoso arqueólogo que há dezesseis anos descobriu as ruínas de Machu Picchu no Peru, não ocultou jamais sua admiração pelas obras dos índios mortos.

Da oposição, o senador Borah nega a seu país o direito de atuar como censor na América Central e o senador Wheeler sugere ao governo que mande os *marines* a Chicago, e não à Nicarágua, se verdadeiramente quer perseguir bandidos. Por sua vez, o jornal *The Nation* opina que o presidente dos Estados Unidos chama Sandino de *bandido* com o mesmo critério com que o rei Jorge III da Inglaterra podia ter chamado George Washington de *ladrão.* *(39 e 419)*

1928
Manágua

RETÁBULO DO PODER COLONIAL

As crianças norte-americanas estudam geografia em mapas onde a Nicarágua é uma mancha colorida sobre a qual se lê: *Protetorado dos Estados Unidos da América.*

Quando os Estados Unidos decidiram que a Nicarágua não podia se governar sozinha, havia quarenta escolas públicas na região da Costa Atlântica. Agora existem seis. A potência tutelar não abriu nem uma única estrada, não colocou um trilho, nem fundou nenhuma universidade. Enquanto isso, a Nicarágua deve agora muito mais do que devia. O país ocupado paga os gastos de sua própria ocupação; e os ocupantes continuam ocupando sob o pretexto de garantir a cobrança dos gastos que eles provocam.

As alfândegas da Nicarágua estão em poder dos banqueiros credores norte-americanos. Os banqueiros designaram o norte-americano Clifford D. Ham, interventor de alfândegas e cobrador geral. Clifford D. Ham é, além disso, correspondente da agência United Press. O vice-interventor de alfândegas e vice-cobrador geral, o norte-americano Irving Lindbergh, é correspondente da agência de notícias Associated Press. Assim, Ham e Lindberg não apenas usurpam os impostos da Nicarágua: usurpam também a informação. São eles os que informam à opinião pública internacional sobre as malvadezas de Sandino, *bandoleiro criminoso e agente bolchevique.*

Um coronel norte-americano dirige o exército da Nicarágua, National Guard ou Guardia Nacional, e um capitão norte-americano encabeça a polícia nicaraguense.

O general norte-americano Frank McCoy preside a Junta Nacional de Eleições. Quatrocentos e trinta e dois *marines* presidem as mesas de votação, guardadas por dozes aviões dos Estados Unidos. Os nicaraguenses votam, os norte-americanos escolhem. Nem bem foi escolhido, o novo presidente anuncia que os *marines* continuarão na Nicarágua. Esta inesquecível festa cívica foi organizada pelo general Logan Feland, comandante das forças de ocupação.

O general Feland, muito músculo, muita sobrancelha, cruza as pernas em cima da escrivaninha. A propósito de Sandino, boceja e diz:

– *Esse passarinho vai cair um dia. (39 e 419)*

1928
Cidade do México

OBREGÓN

Na fazenda de Náinari, no vale mexicano do Yaqui, ladravam os cachorros.

– *Calem os cães*! – ordenou o general Álvaro Obregón.

E os cães latiram mais.

– *Deem de comer aos cães*! – ordenou o general.

E os cães continuaram alvoroçados.

– Deem-lhes carne fresca!

E tampouco a carne fresca calou os cães. Apanharam, mas o clamor da matilha continuou.

– *Eu sei o que querem* – disse então, resignado, Obregón.

Isto ocorreu no dia 17 de maio. E no dia 9 de julho, em Culiacán, estava Obregón bebendo um refresco de tamarindo à sombra dos portais, quando soaram os sinos da Catedral e Chuy Andrade, poeta, bêbado, lhe disse:

– *Mocho, dobram por ti.*

E no dia seguinte, em Escuinapa, depois de uma festança de *tamales* de camarão, estava Obregón subindo no trem quando Elisa Beaven, boa amiga, apertou-lhe o braço e pediu, com sua voz áspera:

– *Não vá. Vão te matar.*

Mas Obregón entrou no trem e veio para a capital. Obregón tinha sabido abrir caminho, a tiros e golpes de chapéu, nos tempos em que as balas zuniam feito vespas, e tinha sido matador de matadores e vencedor de vencedores, e tinha conquistado poder e glória e dinheiro sem perder nada, além da mão que Pancho Villa mandou pelos ares, de maneira que não ia andar dando voltas agora que sabia que estavam acabando os dias da vida. Continuou indiferente, mas triste. Tinha perdido, enfim, sua única inocência – a felicidade de ignorar sua própria morte.

Hoje, 17 de julho de 1928, dois meses depois que os cães ladraram em Náinari, um fanático de Cristo Rei mata o reeleito presidente Álvaro Obregón num restaurante da Cidade do México. *(4)*

1928
Villahermosa

O comepadres

Mal Obregón morre, abatido pelas balas de um catolicíssimo, o governador do estado de Tabasco, Manuel Garrido, decreta vingança: manda demolir a catedral até a última pedra e com o bronze dos sinos ergue uma estátua do falecido.

Garrido acredita que a religião católica mete os trabalhadores na jaula do medo, aterrorizando-os com a ameaça do fogo eterno: para que a liberdade entre em Tabasco, diz Garrido, a religião deve sair. E a retira na porrada: decapita santos, arrasa igrejas, arranca as cruzes do cemitério, obriga os padres a casar e aplica novos nomes a todos os lugares com nomes de santos. A capital do estado, San Juan Bautista, passa a se chamar Villahermosa. E em solene cerimônia dispõe que um touro semental se chame Bispo e um asno responda ao nome de Papa. *(283)*

1928
Ao sul de Santa Marta

Bananização

Eram apenas perdidas aldeias da costa da Colômbia, uma ruela de pó entre o rio e o cemitério, um bocejo entre duas cochiladas, quando o trem amarelo da United Fruit Company chegou do mar. Tossindo fumaça, o trem atravessou os pântanos e abriu caminho na selva, e ao emergir na fulgurante claridade anunciou, apitando, que a idade da banana tinha nascido.

Então toda a comarca despertou transformada em imensa plantação. Ciénaga, Aracataca e Fundación tiveram telégrafo e correio e novas ruas com bilhares e bordéis; e os camponeses acudiam aos milhares, esqueciam a mula na paliçada e viravam operários.

Durante anos esses operários foram obedientes e baratos, ceifaram ervas e ramos por menos de um dólar por dia e aceitaram viver em imundos barracões e morrer de malária ou tuberculose. Depois, formaram sindicato. *(186 e 464)*

1928

Aracataca

MALDIÇÃO

Calor, torpor e rancor. As bananas apodrecem nas touceiras. Os bois dormem frente às carretas vazias. Os trens, mortos nos ramais, não recebem nem um cacho. Sete barcos esperam, ancorados no cais de Santa Maria: em seus porões sem fruta, os ventiladores deixaram de girar.

Existem quatrocentos grevistas presos, mas a greve continua, igual.

Em Aracataca, a United Fruit oferece um banquete em homenagem ao chefe civil e militar da região. Na sobremesa, o general Carlos Cortés Vargas amaldiçoa os operários, *malfeitores armados*, e seus *agitadores bolcheviques*, e anuncia que amanhã marchará rumo a Ciénaga, à cabeça das forças da ordem, para proceder. *(93 e 464)*

1928

Ciénaga

MATANÇA

Nas margens de Ciénaga, uma maré de mar e de bandeiras. Os grevistas vieram de todas as distâncias, homens de facão na cintura, mulheres carregadas de panelas e crianças, e aqui, rodeados de fogueiras, esperam. Prometeram-lhes que esta noite a empresa assinará o acordo que porá fim à greve.

No lugar do gerente da United Fruit, chega o general Cortês Vargas. No lugar do acordo, lê para eles um ultimato.

A multidão não se move. Três vezes soa, em advertência, um clarim militar.

E então, de repente, arrebenta o mundo, súbito trovão de trovões, e metralhadores e rifles se esvaziam.

A praça fica atapetada de mortos. Os soldados a varrem e lavam durante toda a noite, enquanto barcos atiram mortos mar adentro; e ao amanhecer, não acontece nada.

– *Em Macondo não aconteceu nada, nem está acontecendo, nem acontecerá nunca. (93 e 464)*

1928
Aracataca

García Márquez

Desata-se a perseguição aos grevistas feridos e escondidos. São caçados feito coelhos, com tiros a esmo do trem em marcha; e nas estações pescam o que a rede agarra. Os soldados acordam o padre e arrancam-lhe a chave do cemitério. De cuecas, tremendo, o padre escuta a fuzilaria.

Não longe do cemitério, um bebê berra no berço.

Passarão os anos e este bebê revelará ao mundo os segredos desta comarca que foi atacada pela peste do esquecimento e perdeu o nome das coisas. Ele descobrirá os pergaminhos que contam que os trabalhadores foram fuzilados na praça e que aqui a Mamãe Grande é dona de vidas e de fazendas, das águas que choveram e das que choverão, e que entre uma chuva e outra Remédios a Bela vai para o céu, e cruza no ar com um anjo velhinho e desplumado que vem caindo rumo ao galinheiro. *(187 e 464)*

1928
Bogotá

Noticiário

A imprensa informa sobre os recentes acontecimentos na zona bananeira. Segundo fontes oficiais, os abusos dos grevistas deixaram um saldo de quarenta plantações incendiadas, trinta e cinco mil metros de fio telegráfico destruídos e oito trabalhadores mortos quando tentavam agredir o exército.

O presidente da República acusa os grevistas de traição e felonia. *Eles atravessaram com seu punhal envenenado o coração amante da Pátria*, declara. Por decreto, o presidente designa para diretor da Polícia Nacional o general Cortés Vargas e anuncia promoções e recompensas para os outros oficiais participantes dos acontecimentos notórios.

Em espetacular discurso, o jovem legislador liberal Jorge Eliécer Gaitán contradiz a versão oficial e denuncia que o exército colombiano cometeu uma carnificina cumprindo ordens de uma empresa estrangeira. A United Fruit Company, que segundo Gaitán dirigiu a matança de trabalhadores, reduziu as diárias depois que a greve foi esmagada. A United Fruit paga diárias com cupões e não com dinheiro. O legislador realçou que a empresa explora terras presenteadas pelo Estado colombiano e está isenta de impostos. *(174 e 464)*

1929
Cidade do México

MELLA

O ditador de Cuba, Geraldo Machado, manda matá-lo. Julio Antonio Mella não é mais que um estudante desterrado no México, que ocupa seus fervores em andar por maus caminhos e publicar artigos, para poucos leitores, contra o racismo e o colonialismo disfarçado; mas o ditador não se engana ao considerá-lo o mais perigoso de seus inimigos. Machado o tem na mira desde quando os relampejantes discursos de Mella estremeciam o estudantado em Havana. Mella inflamava-se denunciando a ditadura e ironizando a decrepitude da universidade cubana, que é uma fábrica de profissionais com mentalidade de convento espanhol da colônia.

Uma noite, Mella caminha de braços dados com sua companheira, Tina Modotti, quando os assassinos o liquidam a tiros.

Tina grita, mas não chora frente ao corpo caído.

Tina chora depois, quando chega em casa, ao amanhecer, e vê os sapatos de Mella, vazios, como que esperando por ele debaixo da cama.

Até poucas horas antes, esta mulher era tão feliz que sentia inveja dela mesma. *(290)*

1929
Cidade do México

TINA MODOTTI

O governo de Cuba não tem nada a ver, afirmam os jornais mexicanos de direita. Mella foi vítima de um crime passional, *digam o que digam a judiada do bolchevismo moscovita.* A imprensa revela que Tina Modotti, *mulher de duvidosa decência,* reagiu com frieza frente ao trágico episódio e posteriormente, em suas declarações à polícia, incorreu em contradições suspeitas.

Tina, fotógrafa italiana, soube penetrar o México, muito a fundo, nos poucos anos que está aqui. Suas fotografias oferecem um espelho de grandeza às coisas simples de cada dia e a simples gente que aqui trabalha com as mãos.

Mas ela tem a culpa da liberdade. Vivia sozinha quando descobriu Mella, misturado na multidão que se manifestava por Sacco e Vanzetti e por Sandino, e se uniu a ele sem matrimônio. Antes tinha sido atriz de Hollywood e modelo e amante de artistas; e não há homem que ao vê-la não fique nervoso. Trata-se, portanto, de uma perdida – e para piorar, estrangeira e comunista. A polícia distribui fotos que mostram nua sua imperdoável beleza, enquanto começam as gestões para expulsá-la do México. (112)

1929

Cidade do México

Frida

Tina Modotti não está sozinha frente aos inquisidores. Está acompanhada, de cada braço, por seus camaradas Diego Rivera e Frida Kahlo: o imenso buda pintor e sua pequena Frida, pintora também, a melhor amiga de Tina, que parece uma misteriosa princesa do Oriente, mas diz mais palavrões e bebe mais tequila que um *mariachi* de Jalisco.

Frida ri às gargalhadas e pinta esplêndidas telas desde o dia em que foi condenada à dor incessante.

A primeira dor ocorreu lá longe, na infância, quando seus pais a disfarçaram de anjo e ela quis voar com asas de palha; mas a dor de nunca acabar chegou num acidente de rua, quando um ferro de bonde cravou-se de um lado a outro em seu corpo, como uma lança, e triturou seus ossos. Desde então ela é uma dor que sobrevive. Foi operada, em vão, muitas vezes; e na cama de hospital começou a pintar seus autorretratos, que são desesperadas homenagens à vida que lhe sobra. *(224 e 444)*

1929

Capela

Lampião

A mais célebre quadrilha do nordeste do Brasil assalta o povoado de Capela. O chefe Lampião, que jamais sorri, estabelece um preço razoável de resgate. Faz desconto, porque estamos em época de seca. Enquanto os notáveis do lugar reúnem o dinheiro, ele passeia pelas ruas. Toda a população vai atrás. Seus crimes arrepiantes conquistaram para ele a admiração geral.

Lampião, o rei caolho, senhor do sertão, brilha ao sol. Brilham seus óculos de aros de ouro, que lhe dão um ar de professor distraído, e brilha seu punhal longo feito espada. Em cada dedo brilha um anel de brilhante e, na testa, as libras esterlinas costuradas numa faixa.

Lampião se mete no cinema, onde passam um filme de Janet Gaynor. De noite, janta no hotel. O telegrafista do povoado, sentado ao seu lado, prova primeiro cada prato. Depois Lampião toma uns goles, enquanto lê *A vida de Jesus*, de Ellen G. White. Acaba a jornada no bordel. Escolhe a mais gorda, uma tal de Enedina. Com ela passa a noite inteira. Ao amanhecer, Enedina já é famosa. Durante anos os homens farão fila à sua porta. *(120 e 348)*

1929

Atlantic City

O TRUSTE DO CRIME

O crime organizado dos Estados Unidos celebra seu primeiro congresso nacional, nos salões do hotel President. Assistem ao evento qualificados representantes dos bandos de *gangsters* que operam nas principais cidades.

Ramos de oliveira, bandeira branca: o congresso resolve que os bandos rivais não continuarão se matando entre si e decreta a anistia geral. Para garantir a paz, os executivos da indústria do crime seguem o bom exemplo da indústria do petróleo. Como acabam de fazer a Standard Oil e a Shell, também os *gangsters* poderosos dividem o mercado, fixam preços e entram em acordo para eliminar a competição dos pequenos e médios.

Nestes últimos anos, os empresários do crime diversificaram suas atividades e modernizaram seus métodos de organização do trabalho. Agora não praticam somente a extorsão, o assassinato, o proxenetismo e o contrabando, mas também possuem grandes destilarias, hotéis, cassinos, bancos e supermercados. Utilizam os últimos modelos de metralhadoras e máquinas de contabilidade. Engenheiros, economistas e especialistas em publicidade dirigem suas equipes técnicas, que evitam o desperdício de recursos e garantem o aumento contínuo das taxas de lucro.

Al Capone preside o diretório da sociedade anônima mais lucrativa de todas as que atuam no ramo. Ele ganha cem milhões de dólares por ano. *(335)*

1929

Chicago

AL CAPONE

Dez mil estudantes gritam o nome de Al Capone, no campo de esportes da Northwestern University. O popular Capone cumprimenta a multidão com as duas mãos. Doze guarda-costas o escoltam. Na saída, o espera um Cadillac blindado. Capone exibe uma rosa na lapela e um diamante na gravata, mas debaixo leva um colete de aço e seu coração bate contra uma pistola 45.

Ele é um ídolo. Ninguem dá tanto lucro às funerárias, às floriculturas e às costureiras que fazem cerzidos invisíveis na roupa esburacada a tiros; e paga generosos salários aos policiais, juízes, legisladores e prefeitos que trabalham para ele. Exemplar pai de família, Capone detesta a saia curta e a maquilagem, e acredita que o lugar da mulher é na cozinha. Patriota fervoroso, sobre sua escrivaninha ostenta retratos de George Washington e Abraham Lincoln. Profissional de grande prestígio, não há quem ofereça melhor serviço para romper greves, espancar operários e enviar rebeldes ao outro mundo. Ele está sempre alerta contra a ameaça vermelha. *(335)*

Al Capone convoca a defesa contra o perigo comunista

O bolchevismo está batendo em nossa porta. Não devemos deixá-lo entrar. Temos de permanecer unidos para defender-nos dele com plena decisão. A América deve permanecer incólume e incorrupta. Devemos proteger os trabalhadores da imprensa vermelha e da perfídia vermelha, e cuidar que suas mentes se mantenham sadias... *(153)*

1929

Nova York

A euforia

Milhões de leitores leem *O homem que ninguém conhece*, o livro de Bruce Barton que localiza o céu em Wall Street. Segundo o autor, Jesus de Nazaré fundou o moderno mundo dos negócios. Jesus foi um empresário conquistador de mercados, dotado de um genial sentido de publicidade e bem secundado por doze vendedores feitos à sua imagem e semelhança.

Com fé religiosa o capitalismo acredita em sua própria eternidade. Que cidadão norte-americano não se sente um eleito? A Bolsa é um cassino onde todos jogam e ninguém perde. Deus os fez prósperos. O empresário Henry Ford gostaria de não dormir nunca, para ganhar mais dinheiro. *(2 e 304)*

DO MANIFESTO CAPITALISTA DE HENRY FORD, FABRICANTE DE AUTOMÓVEIS

O bolchevismo fracassou porque era, ao mesmo tempo, antinatural e imoral. Nosso sistema se mantém em pé...

Não pode haver nada mais absurdo, nem cabe imaginar pior serviço à humanidade em geral, que a insistência em que todos os homens são iguais..

O dinheiro aparece naturalmente como resultado do serviço. E é absolutamente necessário ter dinheiro. Mas nós não queremos nos esquecer de que o fim do dinheiro não é o ócio e sim a oportunidade de realizar mais serviços. Em minha mente não cabe nada mais aborrecido que uma vida de ócio. Nenhum de nós tem nenhum direito ao ócio. Na civilização não existe lugar para o folgazão...

Em nossa primeira publicidade, mostramos a utilidade do automóvel. Dissemos: "Frequentemente escutamos mencionar o velho provérbio – tempo é dinheiro – mas são poucos os homens de negócios e profissionais que agem como se realmente acreditassem nessa verdade..." *(168)*

1929
Nova York

A CRISE

A especulação cresce mais que a produção e a produção mais que o consumo, e tudo cresce num ritmo vertiginoso até que explode, súbita, a crise. A queda da Bolsa de Nova York reduz a cinzas, em um único dia, o lucro de anos. De repente as mais valiosas ações se transformam em papeizinhos que não servem nem para embrulhar peixe.

Despencam as cotizações, despencam os preços e salários, e despencam do telhado vários homens de negócio. Fábricas e bancos são fechados; e os fazendeiros se arruínam. Os operários sem trabalho esquentam as mãos em frente das fogueiras de lixo e mascam chicletes para consolar as bocas. As mais altas empresas se desmoronam; cai até Al Capone, sem remédio. *(2 e 304)*

1930

La Paz

Uma emocionante aventura do Príncipe de Gales entre os selvagens

A Bolsa de Nova York arrasta vários governos para o abismo. Os preços internacionais despencam e com eles vão para o chão, um depois do outro, diversos presidentes civis da América Latina, plumas que se soltam das asas da águia; e novas ditaduras nascem, para esfomear a fome.

Na Bolívia, a ruína do preço do estanho derruba o presidente Hernando Siles e coloca, em seu lugar, um general assalariado de Patiño, rei das minas. Uma turba acompanha o motim militar. Os foragidos assaltam o palácio de governo, com o saqueio autorizado. Em pleno alvoroço, levam os móveis, os tapetes, quadros e tudo o que veem. Tudo: também levam os banheiros completos, com latrinas, banheiras e tubulação.

Por estes dias, o príncipe de Gales visita a Bolívia. O povo espera um príncipe como Deus manda, desses que cavalgam um cavalo branco, espada na cinta e dourada cabeleira ao vento, e provoca decepção geral a chegada deste senhor de chapéu de copa e bengala, que desce do trem com cara de cansado.

De noite, o novo presidente oferece a ele um banquete no arruinado palácio de governo. Na sobremesa, quando estão a ponto de começar os discursos, Sua Alteza cochicha dramáticas palavras ao ouvido do intérprete, que as transmite ao ajudante, que as transmite ao presidente. O presidente empalidece. Uma perna do príncipe está batendo nervosamente no chão. Seus desejos são ordens; mas no palácio não há onde, nem como. Sem vacilar, o presidente designa uma comitiva, encabeçada pelo ministro de Relações Exteriores e pelo comandante-chefe das Forças Armadas.

A vistosa comitiva, coroada de galões e plumas, acompanha o príncipe, a passo digno mas apressado, quase que aos pulinhos, através da Praça de Armas. Ao chegar na esquina, entram todos no hotel Paris. O ministro de Relações Exteriores abre a porta que diz *Cavalheiros*, para que entre o herdeiro da coroa imperial britânica. *(34)*

1930

Buenos Aires

YRIGOYEN

Ao despenhadeiro da crise mundial chega também o presidente argentino Hipólito Yrigoyen. É condenado à queda pelos preços da carne e do trigo.

Calado e sozinho, Yrigoyen assiste ao fim de seu poder. Desde outro tempo, desde outro mundo: este velho obstinado se nega até hoje a usar o telefone e jamais entrou num cinema, desconfia dos automóveis e não acredita nos aviões. Conquistou o povo sem discursos, conversando, convencendo um por um, pouco a pouco. Agora o amaldiçoam os mesmos que ontem desenganchavam os cavalos de sua carruagem, para levá-la no braço. A multidão arroja à rua os móveis de sua casa.

O golpe militar que derruba Yrigoyen foi cozido, ao calor da súbita crise, nos salões do Jockey Clube e do Círculo de Armas. O enfermo patriarca, rangendo de reumatismo, selou seu destino quando se negou a entregar o petróleo argentino à Standard Oil e à Shell; e para cúmulo quis enfrentar a catástrofe dos preços negociando com a União Soviética.

– *Soou outra vez, para o bem do mundo, a hora da espada,* – havia proclamado o poeta Leopoldo Lugones, anunciando a era militar na Argentina.

Em pleno golpe, o jovem capitão Juan Domingo Perón vê que sai correndo do palácio do governo, correndo à toda, um entusiasta que grita:

– *Viva a Pátria! Viva a Revolução!*

O entusiasta leva uma bandeira argentina enrolada debaixo do braço. Dentro da bandeira, a máquina de escrever que acaba de roubar. *(178, 341 e 365)*

1930

Paris

ORTIZ ECHAGÜE, JORNALISTA, COMENTA A QUEDA DO PREÇO DA CARNE

Cada vez que volto de Buenos Aires, os argentinos de Paris me perguntam:

– Como vão as vacas?

É preciso vir a Paris para perceber a importância da vaca argentina.

Ontem à noite, no El Garrón – um cabaré de Montmartre onde a juventude argentina faz a dura aprendizagem da vida –, uns vizinhos de mesa me perguntaram, com familiaridade, de madrugada:

– Diga, chê, e por lá, como estão as vacas?

– Pelo chão – respondi.

– E não se levantam?

– Acho difícil.

– O senhor não tem vacas?

Apalpei os bolsos maquinalmente e respondi que não.

– Não sabe, amigo, a sorte que tem.

Nesse ponto, três bandoneones desandaram a chorar sua nostalgia e cortaram nosso diálogo.

– Como vão as vacas? – me perguntaram mâitres-d'hôtel *e músicos, floristas e garçons, pálidos bailarinos, porteiros cheios de galões, diligentes* chasseurs *e, principalmente, mulheres pintadas, essas pobres mulheres de olheiras e anêmicas... (325)*

1930

Avellaneda

A vaca, a espada e a cruz

formam a santíssima trindade do poder na Argentina. Os assassinos do Partido Conservador custodiam o altar.

Em pleno centro de Buenos Aires, os pistoleiros de luvas brancas usam leis e decretos, em vez de metralhadoras, para realizar seus assaltos. Especialistas em dupla contabilidade e dupla moral, não depenam com gazuas, pois para alguma coisa são doutores: eles conhecem com perfeição as combinações secretas para abrir todas as caixas de segurança do país. Mas do outro lado do Riachuelo, em Avellaneda, o Partido Conservador pratica política e negócios na ponta de pistolas.

Dom Alberto Barceló, senador da nação, faz e desfaz de seu trono de Avellaneda. Os párias chegam em procissão para receber de dom Alberto algum dinheirinho, um conselho de pai e um abraço confiado. O irmão, Enrique, o Maneta, se ocupa dos bordéis. Dom Alberto tem ao seu cargo a jogatina e a paz social. Fuma com piteira; e espia o mundo através das pálpebras inchadas. Seus rapazes rompem greves, incendeiam bibliotecas, empastelam gráficas e enviam para o outro mundo sindicalistas e judeus e todo aquele que se esqueça de pagar e obedecer, nesta hora de crise tão propícia à desordem. Depois o bondoso dom Alberto dá cem pesos de presente para os órfãos. *(166 e 176)*

1930
Castex

O ÚLTIMO GAÚCHO SUBLEVADO

pelos quatro cantos da pampa argentina se chama Bairoletto e é filho de chacareiros vindos da Itália. O foragido se desgraçou muito jovem, quando meteu um tiro na testa de um policial que o humilhara, e agora não tem mais remédio além de dormir na intempérie. No deserto batido pelo vento se deixa ver e desaparece, relâmpago ou luz ruim, montando um cavalo negro que salta brincando as cercas de sete fios farpados. Os pobres o protegem, e ele trata de vingá-los castigando os poderosos que são seus verdugos e devoram suas terras. No fim de cada assalto, Bairoletto grava a tiros um B nas pás dos moinhos e lança panfletos anarquistas que anunciam a revolução. *(123)*

1930
São Domingos

O FURACÃO

golpeia rugindo, arrebenta os barcos contra os ancoradouros, despedaça pontes, arranca as árvores pela raiz e as atira pelos ares; pelos ares voam os tetos de lata, como machados loucos, decapitando gente. Esta ilha está sendo arrasada pelos ventos, fuzilada pelos raios, afogada pelas águas da chuva e do mar. O furacão avança vingando-se ou executando uma maldição descomunal, e parece que a República Dominicana foi condenada a pagar, ela sozinha, todas as contas que o planeta inteiro deve.

Depois, quando o furacão vai embora, começa a queimada. Há muitos cadáveres e ruínas para queimar antes que as pestes liquidem o pouco que ficou vivo e em pé. Durante uma semana uma imensa nuvem de fumaça negra flutua suspensa sobre a cidade de São Domingos.

Assim passam os primeiros dias do governo do general Rafael Leónidas Trujillo, que chegou ao poder na véspera do ciclone, trazido pela não menos catastrófica queda do preço internacional do açúcar. *(60 e 101)*

1930
Ilopango

Miguel aos vinte e cinco

A crise também joga no chão o preço do café. Os grãos apodrecem nos galhos; um cheiro adocicado, de café podre, pesa no ar. Em toda a América Central, os fazendeiros põem os peões na rua. Os poucos que têm trabalho recebem a mesma ração que os porcos.

Em plena crise nasce o Partido Comunista de El Salvador. Miguel é um dos fundadores. Mestre artesão no ofício da sapataria, Miguel trabalha dia sim, dia não. A polícia anda pisando seus calcanhares. Ele agita o ambiente, recruta gente, se esconde e foge.

Certa manhã Miguel se aproxima, disfarçado, de sua casa. Vê que não está vigiada. Escuta seu filho chorar e entra. O menino está sozinho, chorando forte. Miguel começa a trocar suas fraldas quando ergue o olhar e pela janela descobre que os guardas estão rodeando a casa.

– Perdão – diz ao cagadinho, e o deixa no meio da troca. Dá um salto de gato e consegue deslizar por um buraco entre as telhas velhas, enquanto soam os primeiros tiros.

E assim acontece o quarto nascimento de Miguel Mármol, aos vinte e cinco anos de idade. *(126 e 404)*

1930
Nova Iorque

Vida cotidiana da crise

Com maus modos, às bofetadas, a crise desperta os norte-americanos. A catástrofe da Bolsa de Valores de Nova York rompeu o Grande Sonho, que prometia encher todos os bolsos de dinheiro, todos os céus de aviões, todas as terras de automóveis e arranha-céus.

Não há quem venda otimismo no mercado. A moda se entristece. Caras compridas, roupas compridas, cabelos compridos: acabaram-se os enlouquecidos anos vinte e com eles acabaram as pernas à vista e o cabelo curto das mulheres.

Verticalmente desce o consumo de tudo. Só aumentam as vendas de cigarros, horóscopos e lâmpadas de vinte e cinco velas, que dão luz mortiça mas gastam pouco. Hollywood prepara filmes sobre gigantescos monstros desatados, King Kong, Frankenstein, inexplicáveis como a economia, irrefreáveis como a crise, que semeiam o terror nas ruas das cidades. *(15 e 331)*

1930
Achuapa

A BANDEIRA RUBRO-NEGRA ONDULA NAS COLINAS

Nicarágua, país condenado a produzir sobremesas baratas, bananas e café e açúcar, continua arruinando a digestão de seus clientes.

O chefe sandinista Miguel Ángel Ortez festeja o fim do ano aniquilando uma patrulha de *marines* nos lamacentos barrancos de Achuapa. No mesmo dia, outra patrulha cai na senda de um despenhadeiro nas vizinhanças de Ocotal.

Em vão os invasores tentam vencer pela fome, incendiando ranchos e plantações. Muitas famílias vão para a montanha, errantes e sem amparo; deixam às suas costas altas fumaceiras e animais mortos à baioneta.

Os camponeses acreditam que Sandino sabe como atrair o arco-íris. O arco-íris vem até ele e se encolhe muito, muito, para que ele possa recolhê-lo entre os dedos. *(118 e 361)*

1931
Bocay

O QUE ESPERA A ESPERANÇA

Iluminado por aromáticas hastes de madeira, Sandino escreve cartas e ordens. Também escreve relatórios, para que sejam lidos em voz alta nos acampamentos, sobre a situação militar e política na Nicarágua (*Feito busca-pé, o inimigo sairá dentro em pouco...*), manifestos que condenam os traidores (*Não encontrão lugar onde viver, a não ser debaixo de sete palmos de terra...*) e profecias que anunciam que em breve soarão, em todas as partes, os clarins de guerra contra os opressores, e que cedo ou tarde o Juízo Final destruirá a injustiça para que o mundo seja, finalmente, o que quis ser quando ainda não era. *(237)*

Sandino escreve a um de seus oficiais: "Nem vamos poder andar, de tantas flores"

Se lhe der sono, fome ou um pouco de medo, peça a Deus que o conforte... Deus nos dará este outro triunfo, que será o definitivo porque estou certo de que depois desta luta, não voltarão para buscar o troco, e vocês ficarão cobertos de glórias! Quando entrarmos em Manágua, nem vamos poder andar, de tantas flores... *(361)*

1931
Bocay

Santos López

Quem entra no exército libertador ganha o direito de ser chamado de *irmão.* Dinheiro, não ganha. Nenhum dinheiro, nunca. Por sua conta terá de ganhar o fuzil, na luta, e talvez um uniforme de algum falecido *marine*, encurtadas as calças com muitas dobras.

Santos López está com Sandino desde o primeiro dia. Há oito anos trabalhava como peão nas fazendas. Tinha doze anos quando houve o levante na mina de San Albino. Na tropa patriota foi aguaceiro, mensageiro e espião entre inimigos bêbados ou distraídos, e junto a outros cupinchas de sua idade se especializou em armar emboscadas e confusão com latas e reco-recos, que, embora poucos, pareciam muitos.

Santos López faz dezessete anos no dia em que Sandino faz dele um coronel. *(236, 267 e 361)*

1931
Bocay

Tranquilino

No raquítico arsenal de Sandino, não há melhor arma que uma metralhadora Browning último modelo, resgatada de um dos aviões norte-americanos derrubados a tiros de fuzil.

Nas mãos de Tranquilino Jarquín, essa Browning dispara e canta.

Tranquilino é cozinheiro, além de artilheiro cantador. Mostra um dente no sorriso e uma orquídea no chapéu; e enquanto revira a grande caçarola fumegante, escassa de carne mas não de aroma, derrama no papo um trago de rum.

O exército de Sandino está proibido de beber, mas Tranquilino pode. Muito trabalho lhe custou conseguir o privilégio, até que convenceu o general. Sem uns traguinhos não funciona este artista da concha e do gatilho. Quando o submetem a uma dieta de água, saem-lhe tristes os pratos, e tortos e mudos os tiros. *(236 e 393)*

1931

Bocay

Cabrerita

Tranquilino faz cantar a metralhadora e Pedro Cabrera, o clarim. Em rajadas canta tangos, marchas e *corridos* a Browning de Tranquilino; e o clarim de Cabrerita geme requebros de amor e proclama valentias.

Cabrerita se faz estátua e fecha os olhos para beijar seu clarim celestial. Antes da alvorada desperta os soldados; e de noite os adormece, soprando baixinho e demorando as notas.

Musiqueiro e poeta, apaixonado e bailador, Cabrerita é assistente de Sandino desde que a guerra começou. A natureza lhe deu um metro e meio de altura e sete mulheres. *(393)*

1931

Hanwell

O ganhador

Carlitos, o Vagabundo, visita a escola Hanwell. Caminha numa perna, como se estivesse patinando; torce uma orelha e da outra sai um jato d'água. Centenas de crianças, órfãs ou abandonadas, caem na gargalhada.

Há trinta e cinco anos, Charles Chaplin era um desses meninos. Agora reconhece a cadeira onde se sentava e o canto do lúgubre ginásio onde foi castigado com vara de marmelo. Quando fugia para Londres, naqueles tempos, fumegavam nas vitrinas as costeletas de porco e as douradas batatas empapadas em molho de carne: o nariz de Chaplin recorda até hoje aquele aroma que atravessava os vidros para humilhá-lo. E em sua memória ficaram gravados os preços de outros manjares impossíveis: uma xícara de chá, meio *penny*; uma porção de arenque, um *penny*, um bolo, dois *pennies*.

Há vinte anos, foi-se embora da Inglaterra num navio de gado e agora voltou transformado no homem mais famoso do mundo. Feito uma sombra é perseguido por uma nuvem de jornalistas e onde quer que vá encontra multidões ansiosas por vê-lo e tocá-lo. Pode fazer o que quiser. Em plena euforia do cine sonoro, seus filmes mudos têm um êxito arrasador. E pode gastar o que quiser – embora não queira nunca. Nos filmes, Carlitos, o Vagabundo, pobre folha ao vento, ignora o dinheiro; mas na vida real, Charles Chaplin, que transpira milhões, cuida dos centavos e é incapaz de olhar um quadro sem calcular seu preço. Jamais acontecerá com ele o que acontece com Buster Keaton, homem de bolso aberto, e que deixa voar tudo o que ganha. *(121 e 383)*

1932

Hollywood

O perdedor

Buster Keaton chega aos estúdios da Metro com horas de atraso, arrastando a ressaca da bebedeira da noite anterior, olhos de febre, língua de cobre, músculos de trapo, e ninguém sabe como faz para executar as piruetas de palhaço que o roteiro ordena, nem como se arranja para recitar as piadas idiotas que o mandam recitar.

Os filmes sonoros de Keaton estão obtendo o êxito de bilheteria que o público havia negado às suas obras-primas do cinema mudo. Mas desde que assinou contrato com a Metro, ficou proibido de improvisar. Tampouco pode repetir filmagens em busca do evasivo instante em que a poesia encontra o riso, prisioneiro, e o desata. Keaton, gênio da liberdade e do silêncio, está agora obrigado a seguir ao pé da letra os roteiros charlatães escritos por outros. Assim os custos se reduzem à metade, embora o talento se reduza a nada, conforme mandam as normas de produção das fábricas de filmes da época do cinema falado, alta indústria, grande negócio: ficaram para trás, e atrás para sempre, os tempos em que Hollywood era uma aventura louca.

Cada dia Keaton se entende melhor com os cães e com as vacas. Cada noite abre uma garrafa de *bourbon* e suplica à sua própria memória que beba e se cale. *(128 e 382)*

1932
Cidade do México

EISENSTEIN

Enquanto no México o acusam de *bolchevique, homossexual e libertino*, em Hollywood é tratado por *cão vermelho e amigo de assassinos.*

Sergéi Eisenstein veio ao México para filmar uma epopeia indígena. No meio do caminho, a epopeia é estripada. A censura mexicana lhe permite algumas cenas, porque é verdade que a verdade é coisa boa, mas não tanto, e os produtores norte-americanos usurpam o material filmado e o esquartejam e o cirzem a seu bel-prazer.

O filme de Eisenstein, Que Viva México, já não é nada além de um montão de grandiosos retalhos, imagens sem articulação ou juntadas sem coerência e à traição: deslumbrantes letras soltas de uma palavra jamais dita sobre este país, este delírio surgido do lugar onde o fundo do mar se toca com o centro da terra: pirâmides que são como vulcões a ponto de explodir, cipós entrelaçados como corpos ávidos, pedras que respiram... *(151 e 305)*

1932
Caminhos de Santa Fé

O MARIONETEIRO

não sabia que era marioneteiro, até que uma tarde, estando com um amigo num terraço alto de Buenos Aires, viu passar pela rua um carro de feno. Sobre o feno havia um garoto deitado de barriga para cima, as mãos na nuca, as pernas cruzadas, fumando. O amigo e ele o viram e sentiram, os dois, uma insuportável necessidade de ir embora. O amigo foi, voando, agarrado na melena de uma mulher, deste terraço de Buenos Aires até as misteriosas terras geladas do sul; e o marioneteiro descobriu que era marioneteiro, ofício dos livres, e se lançou ao caminho numa carreta puxada por dois cavalos.

Longas cicatrizes vão deixando as rodas de madeira da carreta, de povoado em povoado, pela margem do rio Paraná. O marioneteiro, mago alegrador, se chama Javier Villafañe. Javier viaja acompanhado de seus filhos, que têm carne de papel e cola. O mais filho de seus filhos é Maese Trotamundos, narigão tristão, de capa negra e gravata voadora: enquanto dura a função prolonga a mão de Javier e depois dorme e sonha a seus pés, dentro de uma caixa de sapatos.

1932
Izalco

O uso do direito de voto e suas penosas consequências

O general Maximiliano Hernández Martínez, presidente por golpe de Estado, convoca o povo de El Salvador a eleger deputados e prefeitos. Apesar de mil armadilhas, o minúsculo Partido Comunista ganha as eleições. O general se indigna e diz que assim não vale. Fica suspenso para sempre o escrutínio dos votos.

Os comunistas, roubados, se rebelam. O povo explode no mesmo dia em que explode o vulcão Izalco. Enquanto a lava fervente corre pelas ladeiras e as nuvens de cinza cobrem o céu, os camponeses vermelhos, facão na mão, assaltam os quartéis em Izalco, Nahuizalco, Tacuba, Juayúa e outros povoados. Durante três dias os primeiros sovietes da América ocupam o poder.

Durante três dias. E três meses dura a matança. Farabundo Martí e outros dirigentes comunistas caem na frente dos pelotões de fuzilamento. Os soldados matam a golpes o chefe índio José Feliciano Ama, cabeça da rebelião em Izalco; depois enforcam o cadáver de Ama na praça principal e obrigam as crianças das escolas a presenciar o espetáculo. Trinta mil camponeses, condenados por denúncia de patrão, simples suspeita ou cochicho de velha, cavam suas próprias tumbas com as mãos. Morrem crianças também, porque os comunistas, como as cobras, é preciso matá-los desde pequenos. Onde quer que raspem as unhas de um cão ou os cascos de um porco, aparecem restos de gente. Um dos fuzilados é o sapateiro Miguel Mármol. *(9, 21 e 404)*

1932
Soyapango

Miguel aos vinte e seis

São levados em caminhão, amarrados. Miguel reconhece os lugares de sua infância:

– *Que sorte* – pensa – *Vou morrer perto de onde enterraram meu umbigo.*

São levados a porradas. Vão fuzilando de dois em dois. Os faróis do caminhão e a lua dão luz de sobra.

Depois de umas quantas descargas, chega a vez de Miguel e de um vendedor de santinhos, condenado por ser russo. O russo e Miguel apertam as mãos, amarradas nas costas, e enfrentam o pelotão. Miguel sente coceira no corpo inteiro, necessita coçar-se desesperadamente, e está pensando nisso enquanto escuta gritar: *Preparar! Apontar! Fogo*!

Quando Miguel acorda, há um montão de corpos gotejando sangue em cima dele. Sente sua cabeça latejando e manando sangue, e os tiros dóem no corpo, na alma e na roupa. Escuta o ferrolho de um fuzil. Um tiro de misericórdia. Outro. Outro. Com os olhos nublados de sangue, Miguel espera a bala final, mas em vez de bala chegam golpes de facão.

Aos pontapés os soldados arrojam os corpos na vala e jogam terra em cima. Quando o caminhão vai embora, Miguel, todo baleado e cortado, começa a se mover. Leva séculos para se soltar de tanto morto e de tanta terra. Finalmente consegue caminhar, num passo ferozmente lento, mais caindo que andando, e pouco a pouco vai-se afastando. Leva o chapéu de um camarada que se chamava Serafim.

E assim ocorre o quinto nascimento de Miguel Mármol, aos vinte e seis anos de idade. *(126)*

1932

Manágua

Sandino vem triunfando

em arrasador avanço que chega até as ribeiras do lago de Manágua, e as tropas de ocupação se retiram em debandada. Enquanto isso, duas fotografias são divulgadas por jornais do mundo inteiro. Uma mostra o tenente Persington, da Marinha de Guerra dos Estados Unidos, alçando como troféu a cabeça de um camponês nicaraguense. Na outra, sorri o estado-maior inteiro da National Guard of Nicaragua, oficiais que mostram altas botas e chapéus de safári. No centro está sentado o diretor do corpo, coronel Calvin B. Mathews. Atrás, aparece a selva. Aos pés do grupo, deitado no chão, há um cão. A selva e o cão: isso é tudo que tem de nicaraguense na foto. *(118 e 361)*

1932

San Salvador

Miguel aos vinte e sete

Dos que salvaram Miguel, não sobrou nenhum vivo. Os soldados crivaram de balas os camaradas que o recolheram numa vala, os que o passaram pelo rio numa cadeira, os que o esconderam numa gruta e os que conseguiram trazê-lo até esta casa, a casa de sua irmã, em San Salvador. Tiveram de abanar a irmã, quando viu o espectro de Miguel costurado a tiros e golpes de facão. Ela estava rezando novenas por seu descanso eterno.

O ofício fúnebre continua. Miguel se recompõe como pode, escondido atrás do altar erguido em sua memória, sem outro remédio além da água de broto de *chichipince* que a irmã lhe aplica, com santa paciência, sobre as feridas pustulentas. Miguel se estende do outro lado da cortina, ardente de febre; e assim passa o dia de seu aniversário escutando os louvores que lhe dedicam os desconsolados parentes e vizinhos, que choram por ele e rezam sem parar.

Uma noite, uma patrulha militar se detém na porta:

– Por quem rezam?

– Pela alma de meu falecido irmão.

Os soldados entram, chegam perto do altar, franzem o nariz.

A irmã de Miguel amassa o rosário. As velas tremem na frente da imagem de Nosso Senhor Jesus Cristo. Miguel sente súbita vontade de tossir. Mas os soldados se persignam:

– Que em paz descanse – dizem, e continuam seu caminho.

E assim ocorre o sexto nascimento de Miguel Mármol, aos vinte e sete anos de idade. *(126)*

1933
Manágua

A PRIMEIRA DERROTA MILITAR DOS ESTADOS UNIDOS NA AMÉRICA LATINA

No primeiro dia do ano os *marines* abandonam a Nicarágua, com todos os seus barcos e aviões. O mirrado general dos patriotas, o homenzinho que parece um T com seu chapéu de abas largas, humilhou um império.

A imprensa norte-americana lamenta os muitos mortos em tantos anos de ocupação, mas destaca o valor do treinamento realizado pelos aviadores. Graças à guerra contra Sandino, os Estados Unidos puderam ensaiar pela primeira vez o bombardeio, em rasante, de aviões Fokker e Curtiss, especialmente desenhados para combater na Nicarágua.

Quando vai embora, o coronel Mathews deixa em seu lugar um oficial nativo simpático e fiel. Anastácio *Tacho* Somoza é o novo diretor da National Guard, que passa a se chamar Guardia Nacional.

Nem bem chega a Manágua, o triunfante Sandino declara:

– *Já somos livres. Não dispararei mais nenhum tiro.*

O presidente da Nicarágua, Juan Bautista Sacasa, o abraça. O general Somoza também. *(118 e 361)*

1933

Campo Jordán

A Guerra do Chaco

Bolívia e Paraguai estão em guerra. Os dois povos mais pobres da América do Sul, os que não têm mar, os mais vencidos e despojados, se aniquilam mutuamente por um pedaço de mapa. Escondidas entre as dobras de ambas as bandeiras, a Standard Oil Company e a Royal Dutch Shell disputam o possível petróleo do Chaco.

Metidos na guerra, paraguaios e bolivianos estão obrigados a se odiar em nome de uma terra que não amam, que ninguém ama: o Chaco é um deserto cinzento, habitado por espinhos e serpentes, sem um pássaro cantor nem uma pegada de gente. Tudo tem sede neste mundo de espanto. As mariposas se apinham, desesperadas, sobre as poucas gotas de água. Os bolivianos vêm da geladeira ao forno: foram arrancados dos picos dos Andes e arrojados nestes matagais calcinados. Aqui morrem de bala, mas morrem mais de sede.

Nuvens de moscas e mosquitos perseguem os soldados, que agacham a cabeça e avançam trotando através do emaranhado, em marchas forçadas, contra as linhas inimigas. De um lado e do outro, o povo descalço é boi de piranha que paga os erros dos oficiais. Os escravos do patrão feudal e do padre rural morrem de uniforme, ao serviço da imperial avareza.

Fala um dos soldados bolivianos que marcha rumo à morte. Não diz nada sobre a glória, nada sobre a pátria. Diz, resfolegando:

– *Maldita a hora em que nasci homem. (354 e 402)*

Céspedes

Contará Augusto Céspedes, do lado boliviano, a patética epopeia. Um pelotão de soldados começa a cavar um poço, com pá e picareta, procurando água. O pouco que choveu já se evaporou e não há nada de água por onde quer que se olhe ou se ande. Aos doze metros, os perseguidores de água encontram barro líquido. Mas depois, aos trinta metros, aos quarenta e cinco, a roldana sobe baldes de areia cada vez mais seca. Os soldados continuam cavando, dia após dia, amarrados ao poço, poço adentro, boca de areia cada vez mais funda, cada vez mais muda; e quando os paraguaios, também acossados pela sede, se lançam ao assalto, os bolivianos morrem defendendo o poço, como se tivesse água. *(106)*

Roa Bastos

Contará Augusto Roa Bastos, do lado paraguaio, a patética epopeia. Também ele falará dos poços convertidos em tumbas, e da multidão de mortos, e dos vivos que só se distinguem dos mortos porque se movem, mas se movem como bêbados que esqueceram o caminho de casa. Ele acompanhará os soldados perdidos, que não têm nem uma gota de água para perder em lágrimas. *(380)*

1934
Manágua

Filme de terror: roteiro para dois atores e alguns extras

Somoza sai da casa de Arthur Bliss Lane, embaixador dos Estados Unidos.

Sandino chega à casa de Sacasa, presidente da Nicarágua.

Enquanto Somoza se senta para trabalhar com seus oficiais, Sandino se senta para jantar com o presidente.

Somoza conta a seus oficiais que o embaixador acaba de lhe dar apoio incondicional para matar Sandino.

Sandino conta ao presidente os problemas da cooperativa de Wiwilí, onde ele e seus soldados trabalham na terra há mais de um ano.

Somoza explica aos seus oficiais que Sandino é um comunista inimigo da ordem, que tem escondidas muito mais armas que as que entregou.

Sandino explica ao presidente que Somoza não o deixa trabalhar em paz.

Somoza discute com seus oficiais se Sandino deve morrer de veneno, tiro, incêndio de avião ou emboscada nas montanhas.

Sandino discute com o presidente sobre o crescente poder da Guarda Nacional, dirigida por Somoza, e lhe adverte que logo Somoza o derrubará com um sopro para sentar-se na poltrona presidencial.

Somoza termina de resolver alguns detalhes práticos e se despede de seus oficiais.

Sandino termina de beber seu café e se despede do presidente.

Somoza se encaminha ao recital de uma poetisa e Sandino se encaminha para a morte.

Enquanto Somoza escuta os sonetos de Zoila Rosa Cárdenas, jovem valor das letras peruanas que distingue o país com sua visita, Sandino cai crivado de balas num lugar chamado A Caveira, no Caminho Solitário. *(339 e 405)*

1934

Manágua

O GOVERNO DECIDE QUE O CRIME NÃO EXISTE

Essa noite, o coronel Santos Lópes escapa da armadilha de Manágua. Com uma perna sangrando, sétimo tiro em seus anos de guerra, sobe nos telhados, se pendura, salta muros, se agacha e finalmente começa uma espantosa caminhada pelas vias do trem, rumo ao norte.

No dia seguinte, enquanto Santos Lópes anda arrastando sua perna ferida pela margem do lago, há matança solta nas montanhas. Somoza manda arrasar a cooperativa de Wiwilí. A Guarda Nacional ataca de surpresa e extermina os camponeses que tinham sido soldados de Sandino e agora estavam plantando fumo e banana e já tinham construido a metade de um hospital. Salvam-se as mulas, mas não as crianças.

Pouco depois, celebram-se banquetes em homenagem a Somoza na embaixada dos Estados Unidos, em Manágua, e nos clubes de alta sociedade de León e Granada.

O governo dita a ordem de esquecimento. Uma anistia apaga todos os delitos cometidos desde a véspera do assassinato de Sandino. *(267 e 405)*

1934

San Salvador

MIGUEL AOS VINTE E NOVE

Sempre perseguido pela polícia salvadorenha, Miguel encontra refúgio na casa da amante do cônsul da Espanha.

Certa noite, desaba uma tempestade. Da janela, Miguel vê que o rio cresce e que lá longe, na curva, a correnteza está a ponto de atacar o rancho de barro e taquara onde vivem sua mulher e seus filhos. Desafiando a ventania e as patrulhas noturnas, Miguel abandona seu sólido esconderijo e sai disparado em busca dos seus.

Passam a noite abraçados, apoiados contra as frágeis paredes escutando o rugir do vento e do rio. Na madrugada, quando finalmente o ar e a água se calam, o ranchinho está um pouco torto e molhado, mas em pé. Miguel se despede da família e regressa ao seu refúgio.

Mas não o encontra. Daquela casa de bem-plantados pilares, não sobrou nem um tijolo de lembrança. A fúria do rio socavou o barranco, arrancou os alicerces e mandou a casa aos diabos, junto com a amante do cônsul e sua mucama, que morreram afogadas.

E assim ocorre o sétimo nascimento de Miguel Mármol, aos vinte e nove anos de idade. *(126)*

1935

Caminho de Villamontes a Boyuibe

DEPOIS DE NOVENTA MIL MORTOS,

acaba a guerra do Chaco. A guerra durou três anos desde que paraguaios e bolivianos trocaram as primeiras balas num casario chamado Masamaclay – que na língua dos índios significa lugar onde lutaram dois irmãos.

Ao meio-dia chega à frente a notícia. Os canhões se calam. Incorporam-se os soldados, pouco a pouco, e vão emergindo das trincheiras. Os esfarrapados fantasmas, cegos de sol, caminham aos tropeços por campos de ninguém até que ficam frente a frente o regimento Santa Cruz, da Bolívia, e o regimento Toledo, do Paraguai: os restos, os fiapos. As ordens recém-recebidas proíbem falar com quem era inimigo até há pouco. Só está permitida a vênia militar; e assim se cumprimentam. Mas alguém lança o primeiro grito e já não há quem pare a algaravia. Os soldados rompem a formação, atiram os bonés e as armas para o alto e correm atropelando-se, os paraguaios para os bolivianos, os bolivianos para os paraguaios, bem abertos os braços, gritando, cantando, chorando, e abraçando-se rodam pela areia quente. *(354 e 402)*

1935
Maracay

Gómez

O ditador da Venezuela, Juan Vicente Gómez, morre e continua mandando. Ficou no poder vinte e sete anos, sem que ninguém o tirasse ou matasse, e agora não há quem se atreva a chiar. Quando o ataúde do terrível velhinho fica indiscutivelmente sepultado debaixo de montanhas de terra, finalmente os presos derrubam as portas dos cárceres e solta-se o povo em gritarias e saqueios.

Gómez morre solteirão. Engendrou filhos de montão, amando como quem mija, mas jamais passou a noite inteira nos braços de uma mulher. A luz da alvorada encontrou-o sempre sozinho, em sua cama de ferro, sob a imagem da Virgem Maria e junto aos baús cheios de dinheiro.

Não gastou nem uma moeda. Pagava tudo com petróleo. Distribuiu petróleo aos borbotões, à Standard Oil, à Gulf, à Texas, à Shell, e com poços de petróleo pagou as contas do médico que lhe aplicava sondas na bexiga, os sonetos dos poetas que escreviam à sua glória e as tarefas secretas dos verdugos que cuidavam da ordem para ele. *(114, 333 e 366)*

1935
Buenos Aires

Borges

Horroriza-se com tudo que reúna pessoas, como o futebol ou a política, e tudo o que multiplique pessoas, como o espelho ou o ato do amor. Não reconhece outra realidade além da que existe no passado, no passado de seus antepassados, e nos livros escritos por quem soube mencioná-la. O resto é fumaça.

Com fineza e afiado engenho, Jorge Luis Borges conta a *História universal da infâmia*. Quanto à infâmia nacional, a que o rodeia, ele nem percebe. *(25 e 59)*

1935

Buenos Aires

ESTES ANOS INFAMES

Em Londres, o governo argentino assina um tratado comercial que vende o país a troco de moedinhas. Nas opulentas fazendas ao norte de Buenos Aires, a vacunocracia dança a valsa debaixo das pérgulas; mas se o país vale moedinhas, quanto valem seus filhos mais pobres? Os braços operários estão a preço de bugiganga, e é fácil encontrar mocinhas que tiram a roupa por um café com leite. Brotam novas fábricas, e com elas os bairros de lata, acossados pela polícia e pela tuberculose, onde a erva-mate de ontem é posta para secar ao sol e engana a fome hoje. A polícia argentina inventa o choque elétrico para convencer os que duvidam e endireitar os que se torcem.

Na noite de Buenos Aires, o gigolô busca a moça e a moça o bacana, o apostador busca a barbada do dia e o poeta algum otário para engrupir, e o desocupado busca emprego no primeiro jornal da madrugada. Vão e vêm pelas ruas o boêmio, o pinguço, o jogador e os demais morcegos, todos sós em sua solitária solidão, enquanto o último tango de Discepolín canta que o mundo foi e será uma porcaria. *(176, 365 e 412)*

1935

Buenos Aires

DISCEPOLÍN

É um osso com nariz, tão magro que toma injeções no sobretudo, o sombrio poeta de Buenos Aires nos anos infames.

Enrique Santos Discépolo criou seus primeiros tangos, *pensamentos tristes que podem ser dançados*, quando andava trabalhando de cômico ambulante pelo interior. Nos camarins molambentos fez-se amigo das pulgas, enormes, de tamanho quase humano, e para elas cantarolava tangos que falavam de gente sem grana e sem fé. *(379)*

1935
Buenos Aires

Evita

Parece outra magrinha a mais, pálida desbotada, nem feia nem linda, que usa roupa de segunda mão e repete sem chiar as rotinas da pobreza. Como todas, vive presa às novelas de rádio, aos domingos vai ao cinema e sonha ser Norma Shearer e todas as tardinhas, na estação do povoado, olha passar o trem que vai para Buenos Aires. Mas Eva Duarte está farta. Fez quinze anos e está farta: sobe no trem e se manda.

Esta garotinha não tem nada. Não tem pai nem dinheiro; não é dona de coisa alguma. Desde que nasceu no povoado de Los Toldos, filha de mãe solteira, foi condenada à humilhação, e agora é uma joana-ninguém entre os milhares de joões-ninguém que os trens despejam todos os dias em Buenos Aires, multidão de provincianos de cabelo grosso e pele morena, trabalhadores e domésticas que entram na boca da cidade e são por ela devorados: durante a semana Buenos Aires os mastiga e aos domingos os cospe aos pedaços.

Aos pés da grande babilônia, altas montanhas de cimento, Evita se paralisa. O pânico não a deixa fazer outra coisa a não ser amassar as mãos, vermelhas de frio, e chorar. Depois engole as lágrimas, aperta os dentes, agarra forte a mala de papelão e se afunda na cidade. *(311 e 417)*

1935
Buenos Aires

Alfonsina

Na mulher que pensa, os ovários secam. Nasce a mulher para produzir leite e lágrimas, não ideias; e não para viver a vida e sim para espiá-la por trás da persiana. Mil vezes explicaram isso a ela e Alfonsina Storni não acreditou nunca. Seus versos mais difundidos protestam contra o macho enjaulador.

Quando há anos chegou a Buenos Aires vinda do interior, Alfonsina trazia uns velhos sapatos de saltos tortos e no ventre um filho sem pai legal. Nesta cidade trabalhou no que apareceu; e roubava formulários do telégrafo para escrever suas tristezas. Enquanto polia as palavras, verso a verso, noite a noite, cruzava os dedos e beijava as cartas do baralho que anunciavam viagens, heranças e amores.

O tempo passou, quase um quarto de século; e nada lhe foi dado pela sorte. Mas lutando com mão firme Alfonsina foi capaz de abrir caminho no mundo masculino. Sua cara de camundongo travesso nunca falta nas fotos que reúnem os escritores argentinos mais ilustres.

Este ano, no verão, soube que tinha câncer. Desde então escreve poemas que falam do abraço do mar e da casa que a espera lá no fundo, na avenida das madrepérolas. *(310)*

1935

Medellín

Gardel

Cada vez que canta, canta como nunca. Tem voz colorida. Faz brilhar as notas escuras e as letras opacas. É o Mago, o Mudo, Carlos Gardel.

Invicta sobrevive sua estampa vencedora, a sombra do chapéu sobre os olhos, o sorriso perpétuo e perfeito, jovem para sempre. A origem de Gardel era um mistério; sua vida, um enigma. A tragédia tinha que salvá-lo de toda explicação e decadência. Seus adoradores não teriam perdoado a sua velhice. No aeroporto de Medellín, Gardel explode ao levantar voo.

1936

Buenos Aires

Patoruzú

Faz dez anos que a história em quadrinhos de Patoruzú, obra de Dante Quinterno, é publicada nos jornais de Buenos Aires. Agora aparece uma revista mensal inteiramente dedicada ao personagem: Patoruzú é um senhor latifundiário, dono de meia Patagônia, que vive em hotéis de cinco estrelas em Buenos Aires, gastando milhões, e crê com fervor na propriedade privada e na civilização de consumo. Dante Quinterno diz que Patoruzú é o típico índio argentino. *(446 e 456)*

1936
Rio de Janeiro

Olga e ele

À cabeça de seu exército rebelde, Luís Carlos Prestes tinha atravessado a pé o imenso Brasil de ponta a ponta, ida e volta dos campos do sul até os desertos do nordeste, através da selva amazônica. Em três anos de marcha, a Coluna Prestes tinha lutado contra a ditadura dos senhores do café e do açúcar sem sofrer jamais uma derrota. Portanto, Olga Benário o imaginava gigantesco e devastador. Tremenda surpresa levou quando conheceu o grande capitão. Prestes era um homenzinho frágil, que ficava vermelho quando Olga o olhava nos olhos. Ela, afogueada nas lutas revolucionárias na Alemanha, militante sem fronteiras, veio ao Brasil. E ele, que nunca tinha conhecido mulher, foi por ela amado e fundado.

Os dois caem presos ao mesmo tempo. São levados a cárceres diferentes.

Da Alemanha, Hitler reclama Olga por ser judia e comunista, sangue vil, vis ideias, e o presidente brasileiro, Getúlio Vargas, a entrega. Quando os soldados chegam para buscá-la na cadeia, os presos se amotinam. Olga acaba com a revolta, para evitar uma matança inútil, e se deixa levar. Com a cara na grade de sua cela, o escritor Graciliano Ramos a vê passar, algemada, pançuda de gravidez.

No cais, a espera um navio que ostenta a cruz suástica. O capitão tem ordens de não parar até Hamburgo. Lá, Olga será trancada num campo de concentração, asfixiada numa câmara de gás, carbonizada num forno. *(263, 302 e 364)*

1936
Madri

A guerra da Espanha

A sublevação contra a república espanhola foi incubada nos quartéis, nas sacristias e nos palácios. Generais, frades, lacaios do rei e senhores feudais de forca e facão são seus tenebrosos protagonistas. O poeta chileno Pablo Neruda os amaldiçoa invocando as balas que encontrarão um dia um lugar em seus corações. Em Granada caiu Federico García Lorca, seu mais irmão. Os fascistas fuzilaram o poeta da Andaluzia, relâmpago perpetuamente livre, por ser ou parecer homossexual e comunista.

Neruda anda sobre o solo espanhol empapado de sangue. Vendo o que vê, se transforma. O distraído da política pede à poesia que se faça útil *como metal ou farinha*, e que se disponha a manchar a testa de carvão e lutar corpo a corpo. *(313 e 314)*

1936

San Salvador

Martínez

À cabeça do levante, Francisco Franco se proclama Generalíssimo e Chefe de Estado espanhol. O primeiro reconhecimento diplomático chega à cidade de Burgos vindo do distante mar do Caribe. O general Maximiliano Hernández Martínez, ditador de El Salvador, é o primeiro a felicitar a recém-nascida ditadura de seu colega Franco.

Martínez, o avô bonachão que assassinou trinta mil salvadorenhos, acha que matar formigas é mais criminoso que matar gente, porque as formigas não se reencarnam. Todo domingo o Mestre Martínez fala ao país, pela rádio, sobre a situação política internacional, os parasitas intestinais, a reencarnação das almas e o perigo comunista. Habitualmente cura as doenças de seus ministros e funcionários com aguinhas coloridas que guarda em garrafões no pátio do palácio presidencial, mas quando estourou a epidemia de varíola soube espantar a peste envolvendo em celofane vermelho os lampiões das ruas.

Para descobrir as conspirações, balança um relógio-pêndulo sobre a sopa fumegante. Frente a dificuldades graves, recorre ao presidente Roosevelt: por telepatia, comunica-se diretamente com a Casa Branca. *(250)*

1936

San Salvador

Miguel aos trinta e um

Depois do desmoronamento de seu esconderijo no barranco, Miguel tinha sido preso. Passou quase dois anos algemado numa cela solitária.

Recém-saído do cárcere, perambula pelos caminhos, pária esfarrapado, sem nada. Não tem partido, porque seus camaradas do Partido Comunista suspeitam que o ditador Martínez deixou-o livre a troco de traição. Não tem trabalho, porque o ditador Martínez impede que o empreguem. Não tem mulher, que abandonou-o levando os filhos, nem tem casa, nem comida, nem sapatos, nem ao menos nome tem: está provado que Miguel Mármol não existe desde que foi executado em 1932.

Decide acabar de uma vez. Já basta de tristear a sorte negra. Com um facão abrirá as veias. E está erguendo o facão, quando pelo caminho aparece um menino no lombo de um burro. O menino o cumprimenta, agitando um enorme chapéu de palha, e pede o facão para abrir um coco. Depois oferece a metade do coco aberto, água de beber, polpa de comer, e Miguel bebe e come como se este menino desconhecido o tivesse convidado para uma esplêndida festa, e se levanta e caminhando abandona a morte.

E assim ocorre o oitavo nascimento de Miguel Mármol, aos trinta e um anos de idade. *(126)*

1936

Cidade da Guatemala

Ubico

O primeirão foi Martínez, por poucas horas, mas Ubico é o segundo em reconhecer Franco. Dez dias antes de Hitler e Mussolini,

Ubico outorga selo de legitimidade ao alçamento contra a democracia espanhola.

O general Jorge Ubico, chefe de Estado da Guatemaia, governa rodeado de efígies de Napoleão Bonaparte. Diz que parecem irmãos gêmeos. Mas Ubico cavalga motocicletas e a guerra que leva adiante não tem como objetivo a conquista da Europa. A sua é a guerra contra os maus pensamentos.

Contra maus pensamentos, disciplina militar. Ubico militariza os empregados do correio, os músicos da orquestra sinfônica e as crianças das escolas. Como a barriga cheia é a mãe de maus pensamentos, manda reduzir à metade os salários nas plantações da United Fruit. Castiga o ócio, pai dos maus pensamentos, obrigando os culpados a trabalhar de graça nas terras de sua propriedade. Para arrancar os maus pensamentos dos revolucionários, inventa uma coroa de aço que lhes amassa a cabeça nos porões da polícia.

Ubico impôs aos índios uma contribuição forçada de cinco centavos mensais para levantar um grande monumento a Ubico. Frente ao escultor, mão no peito, posa. *(250)*

1936
Cidade Trujillo

No ano 6 da Era de Trujillo

corrigem o nome da capital da República Dominicana. Santo Domingo, assim batizada por seus fundadores, passa a se chamar Ciudad Trujillo. Também o porto se chama agora Trujillo, e Trujillo se chamam muitos povoados, praças, mercados e avenidas. De Ciudad Trujillo, o generalíssimo Rafael Leônidas Trujillo faz chegar ao generalíssimo Francisco Franco sua mais fervorosa adesão.

Trujillo, incansável açoite de comunistas e hereges, nasceu, como Anastácio Somoza, da ocupação militar norte-americana. Sua natural modéstia não o impede de aceitar que seu nome figure nas placas de todos os automóveis e sua efígie em todos os selos de correio. Não se opôs a que se outorgue a seu filho Ramfis, de três anos de idade, a patente de coronel, por tratar-se de um ato de estrita justiça. Seu sentido da responsabilidade o obriga a designar pessoalmente ministros e porteiros, bispos e rainhas de beleza. Para estimular o espírito de empresa, Trujillo outorga a Trujillo o monopólio do sal, do tabaco, do azeite, do cimento, da farinha e dos fósforos.

Em defesa da saúde pública, Trujillo fecha os estabelecimentos comerciais que não vendem carne dos matadouros Trujillo ou leite de suas fazendas; e por razões de segurança pública torna obrigatórias as apólices que Trujillo vende. Apertando com mão firme o timão do progresso, Trujillo exonera de impostos as empresas de Trujillo e proporciona irrigação e caminhos às suas terras e clientes às suas fábricas. Por ordem de Trujillo, dono da fábrica de sapatos, vai preso quem ousar pisar descalço as ruas de qualquer aldeia ou cidade.

Tem voz de assovio, o todo-poderoso, mas não discute nunca. No jantar ergue a taça e brinda com o governador ou o deputado que depois do café irá parar no cemitério. Quando uma terra lhe interessa, não a compra: ocupa-a. Quando uma mulher lhe agrada, não a seduz: aponta-a. *(89, 101 e 177)*

Procedimento contra a chuva

Quando chuvas torrenciais estão afogando as plantações da República Dominicana, são requeridos os serviços de um bom rezador, capaz de caminhar debaixo da chuva sem se molhar, para que eleve urgentes preces a Deus e à Santa Bárbara Bendita. Os gêmeos costumam ser eficazes amarradores de água e espantadores de trovão.

Na comarca dominicana de Salcedo usam outra técnica. Buscam duas pedras grandes, com forma de ovo, duas pedras dessas que o rio pule: amarram-nas bem amarradas a uma corda, uma em cada extremo, e penduram-nas num galho de árvore. Apertando forte os ovos de pedra, e dando um puxão seco, rogam por Deus. Então o Altíssimo dá um grito e vai-se com suas nuvens negras para outro lado. *(251)*

Procedimento contra a desobediência

Mulher de missa diária e contínua oração e penitência, a mãe de Maria de la O esfolava os joelhos suplicando a Deus que por milagre fizesse sua filha obediente e boa, e rogava perdão pelas insolências da descarada.

Numa noite de Sexta-Feira Santa, Maria de la O foi até o rio. A mãe tentou, em vão detê-la:

– Pensa que estão matando Nosso Senhor Jesus Cristo...

A ira de Deus deixa grudados para sempre os que fazem amor na Sexta-Feira Santa. Maria de la O não ia ao encontro de nenhum amante, mas cometeu pecado: nadou nua no rio e a água lhe fazia cócegas no corpo, nos rincões proibidos do corpo, e ela se estremecia de prazer.

Depois quis sair do rio e não pôde. Quis separar as pernas e não pôde. Estava toda coberta de escamas e tinha uma barbatana no lugar dos pés.

E nas águas dos rios dominicanos continua Maria de la O, que nunca foi perdoada. *(251)*

1937
Dajabón

Procedimento contra a ameaça negra

Os condenados são negros do Haiti, que trabalham na República Dominicana. Um dia e meio dura esta operação militar de exorcismo, planejada pelo general Trujillo até o último detalhe. Na região dominicana do açúcar, os soldados encerram os boias-frias haitianos nos currais, rebanhos de homens, mulheres e crianças, e os liquidam ali mesmo a golpes de facão; amarram seus pés e mãos e à ponta de baioneta atiram-nos ao mar.

Trujillo, que passa pó na cara várias vezes por dia, quer que a República Dominicana seja branca. *(101, 177 e 286)*

1937

Washington

Noticiário

Duas semanas depois, o governo do Haiti expressa frente ao governo da República Dominicana sua *preocupação pelos recentes incidentes fronteiriços.* O governo da República Dominicana promete realizar uma investigação completa.

Em nome do imperativo da segurança continental, o governo dos Estados Unidos propõe ao presidente Trujillo que pague uma indenização para evitar possíveis fricções na zona. Ao final de uma prolongada negociação, Trujillo reconhece a morte de dezoito mil haitianos em território dominicano. Segundo o mandatário, a cifra de vinte e cinco mil vítimas, manejada por algumas fontes, reflete o propósito de manipular desonestamente os acontecimentos. Trujillo concorda em pagar ao governo do Haiti, como indenização, vinte e nove dólares por cada morto oficialmente reconhecido, o que dá um total de 522 mil dólares.

A Casa Branca se congratula porque *chegou-se a um acordo dentro do marco dos tratados e procedimentos interamericanos estabelecidos.* O Secretário de Estado, Cordell Hull, declara em Washington que o *presidente Trujillo é um dos maiores homens da América Central e da maior parte da América do Sul.*

Uma vez paga, em dinheiro, a indenização, os presidentes da República Dominicana e do Haiti se abraçam na fronteira. *(101)*

1937

Rio de Janeiro

Procedimento contra a ameaça comunista

O presidente do Brasil, Getúlio Vargas, não tem outro remédio a não ser implantar a ditadura. Os jornais e as rádios divulgam a toque de caixa o tenebroso Plano Cohen, que obriga Vargas a suprimir o Parlamento e as eleições. A pátria não sucumbirá sem se defender do avanço das hordas de Moscou. O

Plano Cohen, que o governo descobriu em algum porão, revela em detalhes a tática e a estratégia da conspiração comunista contra o Brasil.

O plano se chama Cohen por um erro da datilógrafa, que escutou mal o ditado. O fabricante do plano, o capitão do exército Olympio Mourão Filho, tinha batizado-o de Plano Kun no manuscrito original, porque o tinha inventado baseando-se nos documentos da fugaz revolução húngara encabeçada por Bela Kun.

O nome é o de menos. O capitão Mourão Filho recebe a merecida promoção a major. *(43)*

1937

Vale de Cariri

O DELITO DE COMUNIDADE

São bombardeados e metralhados pelos aviões. A tiros de canhão são atacados por terra. Degolam-nos, queimam-nos vivos, crucificam-nos. Quarenta anos depois do extermínio da comunidade de Canudos, o exército brasileiro arrasa a comunidade de Caldeirão, ilha de verdor no Nordeste, pelo mesmo delito de negação da propriedade privada.

Em Caldeirão nada era de ninguém: nem os teares, nem os fornos de tijolos, nem o mar dos milharais em torno das casas, nem a vasta neve dos algodoais que havia ao longe. Donos eram todos e nenhum, e não havia despidos nem famintos. Os indigentes tinham-se feito comuneiros ao chamado da Santa Cruz do Deserto, que o beato José Lourenço, peregrino do deserto, tinha carregado até aqui. A Virgem Maria tinha escolhido o lugar para onde a cruz devia vir e tinha escolhido o ombro do beato para trazê-la. Onde o beato cravou a cruz, brotou água incessante.

Mas este beato esquálido era o próspero sultão de um harém de onze mil virgens, segundo acusam os jornais de distantes cidades; como se fosse pouco, era também um agente de Moscou que escondia um arsenal em seus celeiros.

Da comunidade de Caldeirão, nada deixaram, nem ninguém. O potro Trancelim, que só o Beato montava, foge a galope pelos montes pedregosos. Procura em vão algum arbusto que lhe ofereça sombra, debaixo deste sol dos infernos. *(3)*

1937
Rio de Janeiro

Monteiro Lobato

A censura proíbe o *escândalo do petróleo*, de Monteiro Lobato. O livro ofende ao truste petroleiro internacional e aos técnicos, alugados ou comprados, que mentem que o Brasil não tem petróleo.

O autor se arruinou tentando criar uma empresa petroleira nacional. Antes, tinha fracassado no ramo editorial, quando teve a louca ideia de vender livros não apenas em livrarias, mas também em farmácias, bazares e bancas de jornais.

Monteiro Lobato não nasceu para editar livros, e sim para escrevê-los. Seu negócio é contar histórias às crianças, saber com elas, voar nelas. No Sítio do Pica-Pau Amarelo, um porco de poucas luzes é Marquês de Rabicó e uma espiga de milho se faz ilustrado visconde, que consegue ler a Bíblia em latim e dirigir-se em inglês aos frangos legorne. O marquês pôs o olho na Emília, a boneca de trapo, que fala e fala sem parar, porque começou tarde na vida e tem muita conversa depositada. *(252)*

1937
Madri

Hemingway

As reportagens de Ernest Hemingway contam a guerra que está acontecendo a um passo de seu hotel, na capital assediada pelos soldados de Franco e os aviões de Hitler.

Por que acudiu Hemingway à solidão da Espanha? Ele não é exatamente um militante, dos muitos que vieram de todas as partes do mundo para as solidárias filas das brigadas. Mas Hemingway escreve revelando a desesperada procura da dignidade entre os homens; e a dignidade é a única coisa que não está raciocinada nestas trincheiras da república espanhola. *(210 e 312)*

1937
Cidade do México

O BOLERO

A Secretaria da Educação Pública do México proíbe os boleros de Augustín Lara nas escolas, porque suas *letras obscenas, imorais e degeneradas* poderiam corromper as crianças.

Lara exalta a Perdida, em cujas olheiras se veem palmeiras bêbadas de sol, e suplica amor à Pervertida, em cujas pupilas aparece o tédio como um abanar de pavões reais, e sonha no suntuoso leito da Cortesã de cútis de seda e em sublime arrebato atira rosas aos pés da pecadora e cobre de incenso e joias a Rameira Vil, a troco de mel de sua boca. *(299)*

1937
Cidade do México

CANTINFLAS

O povo vai para rir. Nas tendas suburbanas da Cidade do México, pobres teatrinhos de monta e desmonta, todas as luzes da ribalta iluminam Cantinflas.

– *Há momentos na vida que são verdadeiramente momentâneos* – sentencia Cantinflas, bigode ralo, calças caídas, disparateando discursos a todo vapor. Seu desbocado palavrório sem sentido imita a retórica dos intelectualoides e politiqueiros, doutores de muito falar dizendo nada, que em infinitas frases perseguem o ponto sem encontrá-lo jamais. Nestas terras, a economia sofre a inflação monetária e a política e a cultura estão doentes de inflação palavrária. *(205)*

1937
Cidade do México

CÁRDENAS

O México não lava as mãos frente à guerra da Espanha. Lázaro Cárdenas, raro presidente amigo do silêncio proclama sua solidariedade, mas sobretudo a pratica: envia armas à frente republicana, através do mar, e recebe as crianças órfãs que os barcos trazem aos montões.

Cárdenas governa escutando. É andarilho e escutador: de povoado em povoado caminha, conhecendo queixas e necessidades com infinita paciência, e nunca promete mais do que faz. Até Cárdenas, a arte de governar no México consistia em mover a língua; mas ele diz *sim* ou *não* e todo mundo acredita. No verão do ano passado anunciou a reforma agrária e desde então não parou de entregar terras às comunidades indígenas.

Os que transformaram a revolução em negócio odeiam-no cordialmente. Dizem que Cárdenas cala porque se esqueceu da língua castelhana, de tanto andar entre os índios, e que qualquer dia destes vai aparecer vestindo tanga e plumagens. *(45, 78 e 201)*

1938

Anenecuilco

Nicolás, filho de Zapata

Antes que ninguém, mais que ninguém, os camponeses de Anenecuilco lutaram pela terra; e depois de muito sangue continua mais ou menos na mesma a comunidade onde Emiliano Zapata nasceu e se rebelou.

No centro da luta dos camponeses há um punhado de papéis, mordidos pelas traças e pelos séculos. Esses documentos provam, com cunho do vice-rei, que esta comunidade é dona de sua comarca. Emiliano Zapata os havia deixado nas mãos de um de seus soldados, Pancho Franco:

– *Se perder isso, compadre, vai secar pendurado num galho.*

Várias vezes Pancho Franco salvou por um triz os papéis e a vida. Várias vezes teve de buscar refúgio nas montanhas, frente aos avanços dos militares e dos politiqueiros.

O melhor amigo da comunidade é o presidente Lázaro Cárdenas, que veio a Anenecuilco, escutou os camponeses e reconheceu e ampliou seus direitos. O pior inimigo da comunidade é o voraz deputado Nicolás Zapata, o filho maior de Emiliano, que apoderou-se das melhores terras e quer ficar também com as piores. *(468)*

1938
Cidade do México

A NACIONALIZAÇÃO DO PETRÓLEO

Ao norte de Tampico, o petróleo mexicano pertence à Standard Oil. Ao sul, à Shell. O México paga caro seu próprio petróleo, que a Europa e os Estados Unidos compram barato. As empresas estão há trinta anos saqueando o subsolo e roubando impostos e salários quando um belo dia Cárdenas decide que o México é o dono do petróleo mexicano.

A partir desse dia, ninguém consegue pregar os olhos. O desafio desperta o país. Imensas multidões se lançam às ruas em manifestação incessante, levando nos ombros caixões da Standard e da Shell, e com música de marimbas e sinos os operários ocupam os poços e as refinarias. Mas as empresas levam embora todos os técnicos, amos do mistério, e não há quem saiba dirigir os indecifráveis tabuleiros de comando. A bandeira nacional ondula sobre torres silenciosas. Param as brocas, esvaziam-se as tubulações, apagam-se as chaminés. É a guerra: a guerra contra as duas empresas mais poderosas do planeta e sobretudo a guerra contra a tradição latino-americana da impotência, o colonial hábito do *não sei, não posso. (45, 201, 234 e 321)*

1938
Cidade do México

EMANCIPAÇÃO

A Standard Oil exige a imediata invasão do México. Cárdenas avisa que incendiará os poços se um único soldado aparecer na fronteira. O presidente Roosevelt assovia e olha de lado, mas a coroa inglesa faz suas as fúrias da Shell e anuncia que não comprará nenhuma gota de petróleo mexicano. A França diz que também não. Outros países se somam ao bloqueio. O México não encontra quem lhe venda uma peça de reposição; os barcos desaparecem de seus portos.

Mas Cárdenas não perde o prumo. Busca clientes na áreas proibidas, a Rússia vermelha, a Alemanha nazista, a Itália fascista, enquanto instalações abandonadas vão ressuscitando pouco a pouco: os trabalhadores mexicanos remendam, improvisam, inventam, se ajeitam do jeito que podem, na base do puro entusiasmo, e assim a magia da criação vai tornando possível a dignidade. *(45, 201, 234 e 321)*

1938
Coyoacán

Trotski

Todas as manhãs, se surpreende de acordar vivo. Embora a casa tenha guardas nas guaritas e esteja rodeada de arames eletrificados, Leon Trotski sabe que é uma fortaleza inútil. O criador do exército vermelho agradece ao México, que lhe deu refúgio, mas agradece mais à sorte:

– *Vês, Natasha* – comenta todas as manhãs com sua mulher. – *Ontem à noite não nos mataram, e você ainda se queixa.*

Desde que Lenin morreu, Stalin liquidou, um a um, os homens que tinham encabeçado a revolução russa. Para salvá-la, diz Stalin. Para apoderar-se dela, diz Trotski, homem marcado para morrer.

Atrevido, Trotski continua acreditando no socialismo, por mais sujo que esteja de barro humano. Afinal das contas, quem poderia negar que o cristianismo é muito mais que a Inquisição? *(132)*

1938
Sertão do Nordeste brasileiro

Os cangaceiros

atuam sempre modestamente e nunca sem motivo: não roubam aldeias de mais de duas igrejas e matam somente por encomenda ou por vingança jurada frente a punhal beijado. Atuam nas terras queimadas do deserto, longe do mar e do hálito salgado de seus dragões. A torto e a direito, atravessam as solidões do nordeste do Brasil, a cavalo e a pé, com seus chapéus de meia-lua jorrando enfeites. Raras vezes param. Não criam seus filhos nem enterram seus pais. Pactuando, com o céu e com o inferno, fecharam seus corpos aos tiros e às punhaladas, para morrer de morte morrida e não de morte matada, mas cedo ou tarde acabam mal suas vidas que já não valem nada, mil vezes cantadas nas cantigas de cordel dos cantadores cegos: Deus dirá, Deus dará, légua vem, légua vai, epopeia dos bandidos errantes que de briga em briga andam sem dar tempo para que o suor seque. *(136, 348, 352 e 353)*

1938
Angico

OS CAÇADORES DE CANGACEIROS

Para despistar, os cangaceiros imitam ruídos e pegadas de bichos e usam falsas solas com o calcanhar no bico. Mas quem sabe, sabe; e um bom rastreador reconhece os rumos do passo humano através dessa moribunda vegetação: pelo que vê, galhinho quebrado ou pedra fora do lugar, e pelo olfato. Os cangaceiros são loucos por perfume. Derramam no corpo litros de perfumes, e essa fraqueza os delata.

Perseguindo pegadas e aromas, os rastreadores chegam ao esconderijo do chefe Lampião; e atrás deles, a tropa. Os soldados se aproximam tanto, que escutam Lampião discutindo com sua mulher. Maria Bonita o amaldiçoa, enquanto fuma um cigarro atrás do outro, sentada numa pedra na entrada da gruta, e ele responde tristezas lá do fundo. Os soldados armam as metralhadoras e esperam a ordem de disparar.

Cai uma garoinha de leve. *(52, 348, 352 e 353)*

1939
São Salvador da Bahia

AS MULHERES DOS DEUSES

Ruth Landes, antropóloga norte-americana, vem ao Brasil. Quer conhecer a vida dos negros num país sem racismo. No Rio de Janeiro, é recebida pelo ministro Osvaldo Aranha. O ministro explica a ela que o governo se propõe a limpar a raça brasileira, suja de sangue negro, porque o sangue negro tem a culpa do atraso nacional.

Do Rio, Ruth viaja para a Bahia. Os negros são ampla maioria nesta cidade, onde outrora tiveram seu trono os vice-reis opulentos de açúcar e de escravos, e negro é tudo o que aqui vale a pena, da religião até a comida, passando pela música. E mesmo assim, na Bahia todo mundo acha, e os negros também, que a pele clara é prova de boa qualidade. Todo mundo, não: Ruth descobre o orgulho da negritude nas mulheres dos templos africanos.

Nesses templos são quase sempre mulheres, sacerdotisas negras, que recebem em seus corpos os deuses vindos da África. Resplandecentes e redondas como balas de canhão, oferecem aos deuses seus corpos amplos, que parecem casas onde dá prazer chegar e ficar. Nela entram os deuses, e nelas dançam. Das mãos das sacerdotisas possuídas o povo recebe ânimo e consolo; e de suas bocas escuta as vozes do destino.

As sacerdotisas negras da Bahia aceitam amantes, não maridos. O casamento dá prestígio, mas tira a liberdade e a alegria. Nenhuma se interessa em formalizar o casamento frente ao padre ou ao juiz: nenhuma quer ser esposada esposa, senhora fulano. Cabeça erguida, lânguido balançar: as sacerdotisas se movem como rainhas da Criação. Elas condenam seus homens ao incomparável tormento de sentir ciúmes dos deuses. *(253)*

EXU

O terremoto de tambores perturba o sono do Rio de Janeiro. Dos matagais, à luz das fogueiras, Exu despreza os ricos e contra eles lança seus malefícios mortais. Pérfido vingador dos sem-nada, ele ilumina a noite e escurece o dia. Se joga uma pedra na floresta, a floresta sangra.

O deus dos pobres é também diabo. Tem duas cabeças: uma de Jesus de Nazaré, a outra de Satanás dos Infernos. Na Bahia é tido por malandro mensageiro de outro mundo, deuzinho de segunda, mas nas favelas do Rio é o poderoso dono da meia-noite. Exu, capaz de carícia e de crime, pode salvar e pode matar.

Ele vem do fundo da terra. Entra, violento, arrebentador, pelas solas dos pés descalços. Emprestam a ele corpo e voz os homens e mulheres que vivem com os ratos, entre quatro tapumes dependurados nos morros, e que em Exu se redimem e se divertem até rolar de rir. *(255)*

MARIA PADILHA

Ela é Exu e também uma de suas mulheres, espelho e amante: Maria Padilha, a mais puta das diabas com quem Exu gosta de se revirar nas fogueiras.

Não é difícil reconhecê-la quando entra em algum corpo. Maria Padilha geme, uiva, insulta e ri com muitos maus modos, e no fim do transe exige bebidas caras e cigarros importados. É preciso dar a ela tratamento de grande senhora e rogar-lhe muito para que se digne a exercer sua reconhecida influência junto aos deuses e diabos que mandam mais.

Maria Padilha não entra em qualquer corpo. Ela escolhe, para manifestar-se neste mundo, as mulheres que nos subúrbios do Rio ganham a vida entregando-se a troco de tostões. Assim, as desprezadas se tornam dignas de devoção: a carne de aluguel sobe ao centro do altar. Brilha mais que todos os sóis o lixo da noite.

1939

Rio de Janeiro

O SAMBA

O Brasil é brasileiro e Deus também, proclama Ary Barroso na mui patriótica e irriquieta música que está se impondo no carnaval do Rio de Janeiro.

Mas os sambas mais saborosos que o carnaval oferece não exaltam as virtudes do paraíso tropical. Suas letras malandramente elogiam a vida boêmia e os delitos dos livres, amaldiçoam a miséria e a polícia e desprezam o trabalho. O trabalho é coisa de otários, porque está na cara que um pedreiro não poderá entrar nunca no edifício que suas mãos levantam.

O samba, ritmo negro, filho dos cânticos que convocam os deuses negros nas favelas, domina os carnavais. Nos lares respeitáveis ainda o olham de viés. Merece desconfiança por ser negro, por ser pobre e por ter nascido nos refúgios dos perseguidos da polícia. Mas o samba alegra as pernas e acaricia a alma, e não há maneira de ignorá-lo quando toca. Ao ritmo do samba, o Universo respira até a próxima quarta-feira de cinzas, enquanto durar a festa que transforma todo proletário em rei, todo paralítico em atleta e todo chato em simpático. *(74 e 285)*

1939

Rio de Janeiro

O MALANDRO

mais temível do Rio se chama Madame Satã.

Quando tinha sete anos, a mãe trocou-o por um cavalo. A partir daí andou de mão, em mão, de dono em dono, até que veio parar num bordel onde aprendeu o ofício de cozinheiro e as delícias da cama. Aí virou meliante profissional, protetor das putas, dos putos e de todos os boêmios desamparados. A polícia deu-lhe surras que seriam suficientes para mandá-lo várias vezes ao cemitério, mas este negro fortudo nunca vai além do hospital e da cadeia.

Madame Satã é ele de segunda a sexta, um diabo de chapéu panamá que, na base de porradas e navalhadas, domina as noites do bairro da Lapa, enquanto passeia assoviando e marcando o ritmo do samba numa caixa de fósforos; e nos fins de semana é ela, a diaba que acaba de ganhar o concurso de fantasias de carnaval com uma bichérrima capa de morcega dourada, que leva um anel em cada dedo e que move as cadeiras como sua amiga Carmem Miranda. *(146)*

1939
Rio de Janeiro

Cartola

No morro de Mangueira, Cartola é a alma do samba e de todo o resto. Volta e meia é visto passar feito uma rajada, com as calças na mão ondulando que nem bandeira, corrido por algum marido intolerante.

Entre farras e disparadas, brotam dentro dele melodias e queixas de amor que ele cantarola e em seguida esquece.

Cartola vende seus sambas ao primeiro que aparecer e pelo pouco que conseguir. Sempre se assombra de que exista alguém capaz de pagar por uma coisa dessas. *(428)*

1939
Abadia de Montserrat

Vallejo

Ferida mortalmente, a república espanhola dá seus últimos passos. Resta-lhe pouco ar. O exército de Franco avança aniquilando.

Na abadia de Montserrat, à maneira de despedida, os milicianos publicam os versos que dois latino-americanos escreveram em homenagem à Espanha e sua tragédia.

Os poemas do chileno Neruda e do peruano Vallejo são impressos em papel feito de farrapos de uniformes, bandeiras inimigas e bandagens.

César Vallejo morreu pouco antes da queda da Espanha, dolorida e sozinha como ele. Morreu em Paris, *um dia do qual já tenho lembrança,* e pela Espanha foram seus últimos poemas, escritos na agonia, entre quatro lúgubres paredes. Vallejo cantou a gesta do povo espanhol em armas e todo seu descomedimento, amado sol, amada sombra; e Espanha foi a última palavra que disse, em sua agonia, este poeta americano, o mais americano dos poetas. *(457)*

1939
Washington

ROOSEVELT

Quando Franklin Delano Roosevelt chegou à presidência, havia nos Estados Unidos quinze milhões de trabalhadores sem trabalho, que olhavam com cara de meninos perdidos. Muitos levantavam o polegar nas estradas e peregrinavam de cidade em cidade, descalços ou com cartolinas sobre as solas furadas, transformando em hotéis os mictórios públicos e as estações de trem.

Para salvar sua nação, a primeira coisa que Roosevelt fez foi engaiolar o dinheiro: fechou todos os bancos até que o panorama ficasse mais claro. E desde então governou a economia sem se deixar governar por ela, e consolidou a democracia ameaçada pela crise.

Com os ditadores latino-americanos, porém, se dá muito bem. Roosevelt os protege, como protege os automóveis Ford, as geladeiras Kelvinator e todos os outros produtos industriais dos Estados Unidos. *(276 e 304)*

1939
Washington

NO ANO 9 DA ERA DE TRUJILLO

uma salva de vinte e um tiros de canhão lhe dá as boas-vindas na academia militar de West Point. Trujillo se areja com um leque de marfim e cumprimenta abanando a plumagem de avestruz do seu chapéu.

Acompanha-o uma rechonchuda delegação de bispos, generais e cortesãs, um médico e um bruxo especialista em mau-olhado. Também o acompanha o brigadeiro Ramfis Trujillo, de nove anos de idade, que arrasta uma espada mais comprida que ele.

O general George Marshall oferece a Trujillo um banquete a bordo do *Mayflower* e o presidente Roosevelt o recebe na Casa Branca. Legisladores, governadores e jornalistas cobrem de louvores o estadista exemplar. Trujillo, que paga seus mortos à vista, também à vista compra elogios, colocando os gastos no item *Alpiste para passarinhos* do orçamento do Poder Executivo da República Dominicana. *(60 e 177)*

1939

Washington

Somoza

Antes que os *marines* o fizessem general e mandachuva da Nicarágua, Tacho Somoza se dedicava a falsificar moedas de ouro e trapacear no pôquer e no amor.

Desde que tem o poder total, o assassino de Sandino transformou o orçamento nacional em sua conta pessoal e fez-se dono das melhores terras do país. Liquidou seus inimigos mornos disparando-lhes empréstimos do Banco Nacional. Os inimigos quentes se acabaram em acidente ou emboscada.

A visita de Somoza aos Estados Unidos não é menos triunfal que a de Trujillo. O presidente Roosevelt vai, com vários ministros, dar-lhe as boas--vindas na Union Station. Uma banda militar interpreta os hinos, e soam os tiros de canhão e os discursos. Somoza anuncia que a avenida principal de Manágua, que atravessa a cidade da lagoa ao lago, passa a se chamar avenida Roosevelt. *(102)*

1939

Nova York

Super-Homem

Na revista *Action Comics* são publicadas as aventuras do Super-Homem.

Este Hércules de nosso tempo protege a propriedade privada no Universo. De um lugar chamado Metrópolis, viaja a outras épocas e galáxias, voando mais rápido que a luz e rompendo as barreiras do tempo. Onde quer que esteja, neste mundo ou em outros, o Super-Homem restabelece a ordem com mais eficácia e rapidez que todos os *marines* juntos. Com uma olhadela derrete o aço, com um pontapé poda todas as árvores da selva, com um murro perfura várias montanhas ao mesmo tempo.

Em sua outra personalidade, o Super-Homem é o tímido Clark Kent, tão pobre diabo como qualquer um dos seus leitores. *(147)*

1941
Nova York

Retrato de um fabricante de opinião

Os cinemas se negam a exibir *Cidadão Kane*. Só alguns cineminhas pulguentos se atrevem a semelhante desafio. Em *Cidadão Kane*, Orson Welles conta a história de um homem enfermo de febre de poder, e esse homem parece demais com William Randolph Hearst.

Hearst possui dezoito jornais, nove revistas, sete castelos e numerosas pessoas. Ele sabe como excitar a opinião pública. Em sua longa vida provocou guerras e bancarrotas, fez e desfez fortunas, criou ídolos, demoliu reputações. São invenções suas as campanhas escandalosas e as colunas de mexericos, boas para bater, como ele gosta, abaixo da linha da cintura.

O mais poderoso fabricante de opinião dos Estados Unidos acha que a raça branca é a única raça verdadeiramente humana. Crê na necessária vitória do mais forte e crê que os comunistas têm a culpa de que os jovens bebam álcool. Também está convencido de que os japoneses são traidores natos.

Os jornais de Hearst estão há mais de meio século alertando contra o Perigo Amarelo, quando o Japão bombardeia a base norte-americana de Pearl Harbor. Os Estados Unidos entram na segunda guerra mundial. *(130 e 441)*

1942
Washington

A Cruz Vermelha não aceita sangue de negros

Os soldados dos Estados Unidos saem rumo às frentes de guerra. Muitos são negros, obedecendo a oficiais brancos.

Os que sobreviverem, voltarão para casa. Os negros entrarão pela porta dos fundos, e nos estados do Sul terão lugar separado para viver, trabalhar e morrer, e até serão enterrados depois de mortos em tumbas separadas. Os encapuzados da Ku Klux Klan evitarão que os negros se metam no mundo dos brancos, e principalmente nos dormitórios das brancas.

A guerra aceita negros. Milhares e milhares de negros norte-americanos. A Cruz Vermelha, não. A Cruz Vermelha dos Estados Unidos proíbe o sangue negro nos bancos de plasma. Assim evita que a mistura dos sangues se faça por injeção. *(51)*

1942

Nova York

DREW

Charles Drew é um inventor de vida. Suas investigações tornam possível a conservação do sangue. Graças a ele existem os bancos de plasma, que estão ressuscitando milhares de moribundos nos tempos de batalha da Europa.

Drew dirige o banco de plasma da Cruz Vermelha nos Estados Unidos. Quando a Cruz Vermelha resolve rejeitar o sangue de negros, ele renuncia ao seu cargo. Drew é negro. *(218 e 262)*

1942

Oxford, Mississíppi

FAULKNER

Sentado numa cadeira de balanço, na frente do portal de colunas de uma mansão que está desmoronando, William Faulkner fuma seu cachimbo e escuta as confidências dos fantasmas.

Os amos das plantações contam a Faulkner suas glórias e seus pânicos. Nada lhes produz tanto horror como a mistura de raças. Uma gota de sangue negro, embora seja uma gota só, é um destino que amaldiçoa a vida e obriga a passar a morte entre os fogos negros do inferno. As dinastias do Sul dos Estados Unidos, nascidas do crime e ao crime condenadas, vigiam o branco fulgor de seu próprio crepúsculo, injuriado por qualquer negrura ou sombra de negrura. Os cavalheiros gostariam de acreditar que a pureza da linhagem não perecerá, embora pereça sua memória e se desvaneçam os últimos ecos das trombetas da carga final dos ginetes vencidos por Lincoln. *(163 e 247)*

1942
Hollywood

BRECHT

Hollywood fabrica filmes para transformar em doce senhora a espantosa vigília da humanidade em transe de aniquilação. Bertolt Brecht, desterrado da Alemanha de Hitler, está empregado nesta indústria de soporíferos. O fundador de um teatro que quer abrir bem abertos os olhos das pessoas ganha a vida nos estúdios da United Artists. Ele é outro dos muitos escritores que trabalharam para Hollywood em horário de escritório, competindo para escrever a maior quantidade de bobagens por jornada de trabalho.

Num desses dias, Brecht compra um pequeno Deus da Sorte, por quarenta centavos, numa loja chinesa. Coloca-o em seu escritório, bem à vista. Disseram a Brecht que o Deus da Sorte lambe os beiços cada vez que o obrigam a tomar veneno. *(66)*

1942
Hollywood

OS BONS VIZINHOS DO SUL

acompanham os Estados Unidos na guerra mundial. É o tempo dos preços democráticos: os países latino-americanos oferecem matérias-primas baratas, baratos alimentos e um ou outro soldado.

O cinema exalta a causa comum. Nos filmes é raro faltar um número *southamericano*, cantado e dançado em espanhol ou português. O Pato Donald estreia um amigo brasileiro, o papagaio Zé Carioca. Nas ilhas do Pacífico ou campos da Europa, galãs de Hollywood liquidam japoneses e alemães aos montões: cada galã tem ao lado um latino simpático, indolente, mais para o bobo, que admira o louro irmão do Norte e lhe serve de eco e sombra, fiel escudeiro, alegre musiqueiro, mensageiro e cozinheiro. *(467)*

1942
Pampa de Maria Barzola

Método latino-americano para reduzir os custos de produção

A Bolívia é um dos países que pagam a guerra. Desde sempre condenada à ração de fome, a Bolívia contribui à causa aliada vendendo seu estanho a um preço dez vezes mais baixo que o preço habitual.

Os trabalhadores das minas financiam esta pechincha: seus salários, de quase nada passam a nada. E, quando um decreto do governo obriga os trabalhadores ao trabalho forçado a ponta de fuzil, surge a greve. Outro decreto proíbe a greve e a greve continua acontecendo. Então o presidente, Enrique Peñaranda, ordena ao exército que atue de maneira *severa e enérgica.* Patiño, rei das minas, *manda proceder sem vacilações.* Seus vice-reis, Aramayo e Hochschild, aprovam. As metralhadoras cospem fogo durante horas e deixam a planície árida regada de gente.

A Patiño Mines paga alguns ataúdes, mas economiza a indenização. Morte por metralhadora não é acidente de trabalho. *(97 e 474)*

1943
Sans-Souci

Carpentier

Alejo Carpentier descobre, alucinado, o reino de Henri Christophe. O escritor cubano percorre as altivas ruínas do delírio daquele escravo cozinheiro, que chegou a ser monarca do Haiti e se matou disparando a bala de ouro que levava sempre pendurada no pescoço. Carpentier escuta os hinos cerimoniais e os tambores mágicos da invocação, enquanto visita o palácio que o rei Christophe copiou de Versalhes, e percorre sua invulnerável fortaleza, imensa construção que resistiu aos raios e terremotos por ter suas pedras ligadas com sangue de touros sacrificados aos deuses.

No Haiti, Carpentier aprende que não há magia mais prodigiosa e deleitosa que a viagem que conduz, realidade adentro, corpo adentro, às profundidades da América. Na Europa, os magos se transformaram em burocratas e a maravilha, cansada, se reduziu a um truque de prestidigitação. Na América, em compensação, surrealismo é natural como a chuva ou a loucura. *(85)*

1943

Port-au-Prince

Mãos que não mentem

Dewitt Peters funda um grande estúdio aberto e ali subitamente explode a arte haitiana. Todos pintam tudo: telas, cartolinas, latas, madeiras, muros e o que vier. Todos pintam em rebuliço e com fulgor, com as sete almas do arco-íris. Todos: o sapateiro remendão e o pescador, a lavadeira do rio e a vivandeira do mercado. No país mais pobre da América, espremido pela Europa, invadido pelos Estados Unidos, arrasado por guerras e ditaduras, o povo se põe a gritar cores e não há quem o faça calar. *(122, 142 e 385)*

1943

Mont Rouis

Um grãozinho de sal

Num botequim, rodeado de crianças barrigudas e cães esqueléticos, Hector Hyppolite pinta deuses com um pincel de penas de galinha. São João Batista aparece de tarde e o ajuda.

Hyppolite pinta os deuses que pintam pela sua mão. Estes deuses pintores e pintados, os deuses haitianos, habitam ao mesmo tempo a terra, o céu e o inferno: são capazes do bem e do mal, oferecem aos seus filhos vingança e consolo.

Nem todos vieram da África. Alguns nasceram aqui, como o Barão Samedi, deus de andar solene, negro de negro chapéu de copa e bengala negra, que é dono dos venenos e das tumbas. Do Barão Samedi depende que os venenos matem e que os mortos descansem em paz. Faz de muitos mortos zumbis, e os condena a trabalhar como escravos.

Os zumbis, mortos que caminham ou vivos que perderam a alma, têm um ar de estupidez irremediável. Mas a três por dois escapam e recuperam a vida perdida, a alma roubada: um único grãozinho de sal. E como vai faltar sal na moradia dos escravos que derrotaram Napoleão e fundaram a liberdade na América? *(142, 233 e 295)*

1944

Nova York

APRENDENDO A VER

É meio-dia e James Baldwin está caminhando com um amigo nas ruas do sul da ilha de Manhattan. O sinal fechado os detém numa esquina.

– *Olha* – diz o amigo, apontando o chão.

Baldwin olha. Não vê nada.

– *Olha, olha.*

Nada. Ali não há nada para ser olhado, nada para ser visto. Uma poça d'água contra o meio-fio e nada mais.

Mas o amigo insiste:

– *Viu? Está vendo?*

E então Baldwin crava o olhar e vê. Vê uma mancha de óleo estremecendo na poça d'água. Depois, na mancha de óleo vê o arco-íris. E lá dentro, poça adentro, a rua passa, e as pessoas passam pela rua, os náufragos e os loucos e os magos, e o mundo inteiro passa, assombroso mundo cheio de mundos que no mundo brilham: e Baldwin vê, pela primeira vez na vida, vê. *(152)*

1945

Fronteira entre a Guatemala e El Salvador

MIGUEL AOS QUARENTA

Dorme em cavernas e cemitérios. Condenado ao soluço contínuo pela fome, anda disputando migalhas com os corvos e os pombos. A irmã, que o encontra de vez em quando, diz a ele:

– *Deus te deu muitas habilidades, mas te impôs o castigo de ser comunista.*

Desde que Miguel recuperou a confiança de seu partido, não deixou de correr e padecer. E agora o partido resolveu que o mais sacrificado de seus militantes vá de El Salvador para o exílio na Guatemala.

Miguel consegue passar a fronteira, depois de mil peripécias e perigos. Já é noite fechada. Estende-se para dormir, exausto, debaixo de uma árvore. Ao amanhecer, é acordado por uma enorme vaca amarela, que lambe seus pés. Miguel diz à vaca:

– *Bom dia.*

E a vaca se assusta, foge à toda e, mugindo, se mete no mato. Do mato emergem, em seguida, cinco touros vingadores. Miguel não pode escapar nem para trás nem para cima. Às suas costas há um abismo e a árvore é das de tronco liso. Em turbilhão avançam os touros, mas antes do ataque final param e olhando fixo para ele bufam, jorram fumaça e fogo, dão chifradas no ar e raspam o chão arrancando erva e pó.

Miguel sua frio e treme. Gago de pânico, balbucia explicações. Os touros olham para ele, homenzinho metade fome metade medo, e se olham entre si. Ele encomenda sua alma a Marx e a São Francisco de Assis. E finalmente os touros viram as costas e se afastam, cabisbaixos, a passo lento.

E assim acontece o nono nascimento de Miguel Mármol, aos quarenta anos de idade. *(126)*

1945

Hiroshima e Nagasaki

UM SOL DE FOGO,

violenta luz jamais vista no mundo, eleva-se lentamente, rompe o céu e se desmorona. Três dias depois, outro sol de sóis explode sobre o Japão. Lá embaixo ficam as cinzas de duas cidades, um deserto de ferrugem, muitos milhares de mortos e mais milhares de condenados a morrer aos pedaços ao longo dos anos que virão.

A guerra estava quase acabada, Hitler e Mussolini liquidados, quando o presidente Harry Truman ordenou lançar as bombas atômicas sobre a população civil de Hiroshima e Nagasaki. Nos Estados Unidos, um clamor nacional exigia a imediata aniquilação do Perigo Amarelo. Já era hora de acabar de uma vez por todas com as fumaças imperiais deste arrogante país asiático jamais colonizado por ninguém. Nem mortos eles prestam, esses macaquinhos traidores, dizia a imprensa.

Agora não há mais dúvida. Há um grande vencedor entre os vencedores. Os Estados Unidos emergem da guerra mundial intactos e mais poderosos que nunca. Atuam como se o planeta inteiro fosse o seu troféu. *(140 e 276)*

1945

Princeton

EINSTEIN

Albert Einstein sente como se sua própria mão tivesse apertado o botão. Ele não fez a bomba atômica, mas a bomba atômica não teria sido possível sem suas descobertas. Agora, Einstein gostaria de ter sido outro, ter dedicado a vida ao inofensivo ofício de consertar canos ou levantar paredes em vez de andar averiguando segredos da vida, que outros usam para aniquilá-la.

Quando era criança, um professor disse a ele:

– *Você nunca será nada.*

Comendo mosca, com cara de quem vive no mundo da lua, ele se perguntava como seria a luz vista por alguém que pudesse cavalgar um raio. Quando se fez homem, encontrou a resposta, que acabou sendo a teoria da relatividade. Recebeu um prêmio Nobel e mereceu vários outros, pelas respostas que desde então encontrou para outras perguntas, nascidas do misterioso vínculo entre as sonatas de Mozart e o teorema de Pitágoras, ou nascidas dos desafiantes arabescos que desenha, no ar, a fumaça de seu longuíssimo cachimbo.

Einstein achava que a ciência era um modo de revelar a beleza do universo. O mais célebre dos sábios tem os mais tristes olhos da história humana. *(150 e 228)*

1945

Buenos Aires

Perón

O general MacArthur cuida dos japoneses e Spruille Braden cuida dos argentinos. Para conduzir os argentinos pelo bom caminho da Democracia, o embaixador norte-americano Braden reúne todos os partidos, do Conservador ao Comunista, numa frente única contra Juan Domingo Perón. Segundo o Departamento de Estado, o coronel Perón, ministro de Trabalho do governo, é o chefe de uma quadrilha nazista. A revista *Look* afirma que se trata de um pervertido que, nas gavetas de seu escritório, guarda fotos de índias nuas da Patagônia junto às imagens de Hitler e Mussolini.

Perón percorre voando o caminho da presidência. Leva pelo braço Evita, atriz de radionovela, de olhos febris e encantadora voz; e quando ele se cansa, duvida ou se assusta, é ela quem o leva. Perón reúne mais gente que todos os partidos juntos. Quando o acusam de agitador, responde que com muita honra. Os topetudos, os de colarinho branco, gritam o nome do embaixador Braden nas esquinas do centro de Buenos Aires, agitando chapéus e lenços, mas nos bairros operários as multidões descamisadas gritam o nome de Perón. O povo trabalhador, desterrado em sua própria terra, mudo de tanto calar, encontra pátria e voz neste estranho ministro que se põe sempre ao seu lado.

O prestígio popular de Perón cresce e cresce na medida em que ele espana esquecidas leis sociais ou cria leis novas. É dele o estatuto que obriga a respeitar os direitos de quem se pela trabalhando em fazendas e plantações. O estatuto não fica no papel, e assim o peão do campo, quase coisa, se torna operário rural com sindicato e tudo. *(311 e 327)*

1945

Campos de Tucumán

O FAMILIAR

está uma fera com estas novidades que vieram perturbar seus domínios. Os sindicatos operários provocam mais raiva e susto que a cruz.

Nas plantações de cana-de-açúcar do Norte argentino, o Familiar se ocupa da obediência dos peões. Quando um peão fica respondão ou arisco, o Familiar o devora numa mordida só. Faz ruído de correntes e fede a enxofre, mas não se sabe se é o Diabo em pessoa ou um simples funcionário. Só as suas vítimas o viram, e nenhuma pôde contar o que viu. Dizem que dizem que pelas noites o Familiar ronda os galpões onde os peões dormem, feito enorme serpente, e que embosca agachado nos caminhos, na forma de um cão de olhos em chamas, todo negro, muito dentudo e unhudo. *(103 e 328)*

O VELÓRIO DO ANJINHO

Nas províncias do Norte argentino não se chora a morte das crianças pequenas. Uma boca a menos na Terra, no céu um anjo a mais: a morte é bebida e dançada, desde o primeiro cantar do galo, com longos goles de *aloje* e *chicha* e ao som do bumbo e da guitarra. Enquanto os dançarinos giram e sapateiam, vão passando a criança de braço em braço. Quando a criança tiver sido bem ninada e festejada, desandam todos a cantar para que comece seu voo ao Paraíso. Lá vai o viajantezinho, vestido com suas melhores galas, enquanto cresce a canção. E dizem adeus a ele acendendo foguetes, com muito cuidado para não lhe queimar as asas. *(104)*

1945

Campos de Tucumán

Yupanqui

Tem cara de índio que olha para a montanha que olha para ele, mas vem das planícies do Sul, do Pampa sem eco, que nada esconde, o gaúcho cantor dos mistérios do Norte argentino. Vem a cavalo, parando em cada lugar, em cada pessoa, de déu em déu, no caminho. Para continuar o caminho canta, cantando o que andou, Atahualpa Yupanqui. E para continuar a história: porque a história do pobre se canta ou se perde, e disso ele sabe, pois é com a esquerda que toca a guitarra e da esquerda olha o mundo. *(202, 270 e 472)*

1946

La Paz

A rosca

Lá no alto, são três. Lá embaixo, na base da montanha, são três milhões. A montanha é de estanho e se chama Bolívia.

Os três lá do alto formam a Rosca mineira. Simón Patiño está no centro. Num lado está Carlos Aramayo; no outro, Maurício Hochschild. Patiño era um mineiro pobretão, até que há meio século uma fada tocou-o com a varinha mágica e transformou-o num dos homens mais ricos do mundo. Agora usa colete com corrente de ouro e em sua mesa se sentam reis e presidentes. Aramayo vem da aristocracia local. Hochschild vem do avião que o trouxe. Qualquer um dos três tem mais dinheiro que o Estado.

Tudo o que o estanho rende fica fora. Para evitar impostos, a sede de Patiño está nos Estados Unidos, a de Aramayo na Suíça e a de Hochschild no Chile. Patiño paga para a Bolívia 50 dólares por ano de imposto de renda, Aramayo, 22 e Hochschild, nada. De cada duas crianças que nascem nas minas da Rosca, uma fica sem viver.

Cada membro da Rosca tem um jornal e vários ministros e legisladores. É tradição que o chanceler receba um salário mensal da Patiño Mines. Mas agora o presidente, Gualberto Villarroel, quer obrigar a Rosca a pagar impostos e salários que não sejam simbólicos, e portanto desencadeia-se uma desaforada conspiração. *(97)*

1946
La Paz

VILLARROEL

O presidente Villarroel não se defende. Abandona-se ao destino, como se do destino se tratasse.

Contra ele avançam bandoleiros mercenários, seguidos de um estranho e numeroso cortejo onde se misturam beatas e estudantes. Erguendo tochas, bandeiras negras e lençóis ensanguentados, os amotinados invadem o palácio do governo, atiram Villarroel do balcão para a rua e o penduram, nu, em um poste.

Além de desafiar a Rosca, Villarroel quis dar os mesmos direitos ao branco e ao índio, à esposa e à amante, ao filho legal e ao filho natural.

O mundo inteiro saúda o crime. Os donos da democracia anunciam que liquidaram este tirano ao serviço de Hitler, que com imperdoável insolência pretendia elevar o derrubado preço internacional do estanho. E na Bolívia, país que não para de trabalhar pela sua própria desgraça, celebra-se a queda do que é e a restauração do que era. Vivem dias felizes a Liga da Moral, a Associação de Mães de Sacerdotes, as Viúvas de Guerra, a embaixada dos Estados Unidos, toda a direita, quase toda a esquerda, esquerda à esquerda da lua, e a Rosca. *(97)*

1946
Hollywood

CARMEM MIRANDA

Toda brilhosa de lantejoulas e colares, coroada por uma torre de bananas, Carmem Miranda ondula sobre um fundo de paisagem tropical de cartolina.

Nascida em Portugal, filha de um fígaro pobretão que atravessou o mar, Carmem é hoje em dia o principal produto de exportação do Brasil. O café vem depois.

Esta baixinha safada tem pouca voz, e a pouca voz que tem desafina, mas ela canta com as cadeiras e as mãos e com o piscar dos olhos, e com isso tem de sobra. É a mais bem paga de Hollywood; possui dez casas e oito poços de petróleo.

Mas a empresa Fox se nega a renovar seu contrato. O senador Joseph MacCarty denunciou-a como obscena, porque durante uma filmagem, em plena dança, um fotógrafo delatou intoleráveis nudezas debaixo de sua saia voadora. E a imprensa revelou que já em sua mais tenra infância Carmem tinha recitado para o rei Alberto da Bélgica, acompanhando os versos com descarados gestos e olhares que provocaram escândalo nas freiras e uma prolongada insônia no monarca. *(401)*

1948

Bogotá

Véspera

Na plácida Bogotá, moradia de frades e juristas, o general Marshall se reúne com chanceleres dos países latino-americanos.

O que nos traz em seus alforjes o Rei Mago do Ocidente, que rega com dólares os solos europeus devastados pela guerra? O general Marshall resiste, impassível, com os audifones grudados na cabeça, à discursaria que aumenta. Sem mover as pálpebras, aguenta as longuíssimas profissões de fé democrática de muitos delegados latino-americanos ansiosos por vender-se a preço de galinha morta, enquanto John McCloy, gerente do Banco Mundial, adverte:

– *Lamento, senhores, mas não trouxe meu talão de cheques na maleta.*

Além dos salões da Nona Conferência Pan-americana, também chovem discursos de ponta a ponta no país anfitrião. Os doutores liberais anunciam que trarão a paz para a Colômbia, *como a deusa Palas Atenas que fez brotar a oliveira nas colinas ateneias, e os doutores conservadores prometem arrancar do sol forças inéditas e acender com o escuro fogo que é entranha do globo a tímida lâmpada votiva do tenebrário que se acende na véspera da traição na noite das trevas.*

Enquanto chanceleres e doutores clamam, proclamam e declamam, a realidade existe. Nos campos colombianos, a guerra entre conservadores e liberais é disputada a tiros; os políticos contribuem com as palavras e os camponeses, com os mortos. E a violência já está chegando a Bogotá, golpeia as portas da capital e ameaça sua rotina de sempre, sempre os mesmos pecados, sempre as mesmas metáforas: na tourada do último domingo, a multidão desesperada se lançou na arena e arrebentou um pobre touro que se negava a lutar. *(7)*

1948
Bogotá

Gaitán

O país político, diz Jorge Eliécer Gaitán, *não tem nada a ver com o país nacional.* Gaitán é o chefe do Partido Liberal, mas é também sua ovelha negra. É adorado pelos pobres de todas as bandeiras. *Que diferença existe entre a fome liberal e a fome conservadora? O paludismo não é conservador nem liberal!*

A voz de Gaitán desata o povo que, através da sua boca, grita. Este homem deixa o medo para trás. De todas as partes acodem para escutá-lo, para escutarem-se, os andrajosos, puxando remos através da selva e empurrando espora nos cavalos pelos caminhos. Dizem que quando Gaitán fala rasga-se a neblina em Bogotá; e que até no alto céu São Pedro põe a orelha em alerta e não permite que a chuva caia sobre as gigantescas concentrações reunidas à luz dos archotes.

O altivo caudilho, enxuto rosto de estátua, denuncia sem papas na língua a oligarquia e o ventríloquo imperialista que a tem sentada nos joelhos, oligarquia sem vida própria nem palavra própria, e anuncia a reforma agrária e outras verdades que porão fim a tão longa mentira.

Se não o matarem, Gaitán será presidente da Colômbia. Comprá-lo não se pode. A que tentação poderia sucumbir este homem que despreza o prazer, que dorme sozinho, come pouco e bebe nada e que não aceita anestesia nem para arrancar um dente? *(7)*

1948
Bogotá

O Bogotaço

Às duas da tarde deste nove de abril, Gaitán tinha um encontro. Ia receber um estudante, um dos estudantes latino-americanos que estão reunidos em Bogotá à margem e contra a cerimônia pan-americana do general Marshall.

À uma e meia, o estudante sai do hotel, disposto a dar uma tranquila caminhada até o escritório de Gaitán. Mas mal começa a andar escuta ruídos de terremoto e uma avalancha humana avança em cima dele.

O pobrerio, brotado dos subúrbios e despencado dos morros, avança feito tromba d'água por todos os lugares, furacão de dor e de ira que vem varrendo a cidade, rompendo vitrinas, virando bondes, incendiando edifícios:

– *Mataram ele! Mataram ele!*

Tinha sido na rua, três tiros. O relógio de Gaitán parou à uma e cinco.

O estudante, um cubano corpulento chamado Fidel Castro, enfia na cabeça um boné e deixa-se levar pelo vento do povo. *(7)*

1948

Bogotá

As chamas

Invadem o centro de Bogotá as sandálias índias e as alpargatas operárias, mãos curtidas de terra ou de cal, mãos manchadas de óleo de máquinas ou de graxa de sapatos, e ao torvelinho unem-se carregadores, estudantes e garçons, as lavadeiras do rio e as vivandeiras do mercado, as de sete amores e os de sete ofícios, os busca-vidas, os busca-mortes, os busca-sortes; do torvelinho solta-se uma mulher vestindo quatro casacos de pele, um em cima do outro, desajeitada e feliz como ursa apaixonada; feito coelho foge um homem com vários colares de pérolas no pescoço; e feito tartaruga caminha outro com uma geladeira nas costas.

Nas esquinas, garotos esfarrapados dirigem o trânsito, os presos arrebentam as barras dos cárceres, alguém corta a machadadas as mangueiras dos bombeiros. Bogotá é uma imensa fogueira e o céu, uma abóboda vermelha; dos balcões dos ministérios incendiados chovem máquinas de escrever e chovem tiros dos campanários das igrejas em chamas. Os guardas se escondem ou cruzam os braços frente à fúria.

Do palácio presidencial, vê-se chegar o mar de gente. As metralhadoras rechaçaram dois ataques, mas a multidão conseguiu jogar contra as portas do palácio o estripado infeliz que tinha matado Gaitán.

Dona Bertha, a primeira-dama, põe um revólver no cinto e telefona ao seu confessor:

– *Padre, tenha a bondade de levar meu filho para a embaixada americana.*

Em outro telefone, o presidente, Mariano Ospina Pérez, manda proteger a casa do general Marshall e dá ordens contra a multidão rebelde. Depois, senta-se e espera. O rugido cresce nas ruas.

Três tanques encabeçam o ataque contra o palácio presidencial. Os tanques estão carregados de gente, gente agitando bandeiras e gritando o nome de Gaitán, e atrás avança a multidão levando facões, machados e porretes. Assim que chegam ao palácio, os tanques se detêm. Giram lentamente as torres, apontam para trás e começam a matar montões de povo. *(7)*

1948

Bogotá

CINZAS

Alguém perambula procurando um sapato. Uma mulher uiva com um menino morto nos braços. A cidade está fumegante. Caminha-se com cuidado, para não pisar cadáveres. Um manequim esquartejado balança nos fios do bonde. Da escadaria de um mosteiro que virou carvão, um Cristo nu e coberto de cinzas olha para o céu com os braços em cruz. Ao pé dessa escadaria, um mendigo bebe e oferece: a mitra do arcebispo tapa sua cabeça até os olhos e uma cortina de veludo lilás envolve seu corpo, mas o mendigo se defende do frio bebendo conhaque francês num cálice de ouro, e numa taça de prata oferece aos caminhantes. Bebendo e oferecendo, cai para trás, derrubado por uma bala do exército.

Soam os últimos tiros. A cidade, arrasada pelo fogo, recupera a ordem. No fim de três dias de vingança e de loucura, o povo desarmado volta para a humilhação de sempre, a trabalhar e tristear.

O general Marshall não tem dúvida. O Bogotaço foi obra de Moscou. O governo da Colômbia suspende relações com a União Soviética. *(7)*

1948

Valle de Upar

O VALLENATO

– *Eu quero dar um grito e não me deixam...*

O governo da Colômbia proíbe o *Grito vagabundo.* Arriscam-se ao calabouço ou a balas os que cantarem. No rio Magdalena, cantam do mesmo jeito.

O povo da costa colombiana se defende musicando. *Grito vagabundo* é um ritmo *vallenato*, um dos cantos de vacaria que dão notícia dos sucedidos da região e, de passagem, alegram-lhe o ar.

Com acordeão ao peito cavalgam ou navegam os trovadores de *vallenatos.* Com o acordeão na coxa recebem o primeiro gole de todas as farras e lançam seu desafio, seja a quem for, num duelo de quadrinhas improvisadas. Como punhais no ar se cruzam os versos dos *vallenatos*, que o acordeão leva e traz, e vários dias e noites duram estas guerras alegres nos mercados e nas brigas de galo. O mais temível rival dos improvisadores é Lúcifer, grande musiqueiro, que no inferno se aborrece e a três por dois vem para a América, disfarçado, procurando festa. *(359)*

1948
Wroclaw

Picasso

Este pintor contém os melhores pintores que existiram neste mundo. Todos, desde os muito antigos até os de agorinha, convivem, aos encontrões, dentro dele. Não é tarefa fácil levar por dentro gente tão intratável, que passa o tempo inteiro brigando, de maneira que ao pintor não sobra nem um minuto livre para escutar discursos, e muito menos para pronunciá-los.

Mas desta vez, primeira e única vez em toda sua vida, Pablo Picasso pronuncia um discurso. Ocorre o insólito acontecimento na cidade polonesa de Wroclaw, durante o congresso mundial de intelectuais pela paz:

– *Eu tenho um amigo que deveria estar aqui...*

Picasso presta homenagem *ao maior poeta da língua espanhola e um dos maiores do mundo, que tomou sempre o partido dos homens desgraçados: Pablo Neruda, perseguido pela polícia no Chile, encurralado como um cão... (442)*

1948
Em algum lugar do Chile

Neruda

No jornal El Imparcial aparece, ocupando todo o alto da página: Procura-se Neruda por todo o país. E logo abaixo: Será premiado o pessoal de Investigações que dê com o paradeiro do prófugo.

De esconderijo em esconderijo, o poeta anda pela noite do Chile. Neruda é um dos muitos que estão sofrendo perseguição por serem de esquerda, por serem dignos ou por serem, e não se queixa desta sorte que escolheu. Ele não lamenta a solidariedade que pratica: desfruta e celebra esta paixão briguenta, embora lhe traga problemas, como desfruta e celebra os sinos, os vinhos, a sopa de um peixe chamado *congrio* e as pipas voadoras, bem abertas. *(313 e 442)*

1948
São José da Costa Rica

FIGUERES

Após seis semanas de guerra e dois mil mortos, a classe média rural chega ao poder na Costa Rica.

À cabeça do novo governo, José Figueres põe fora da lei o Partido Comunista e em voz alta *promete apoio incondicional à luta do mundo livre contra o imperialismo russo.* Mas em voz baixa promete também continuar e aprofundar as reformas sociais que os comunistas impulsionaram nestes últimos anos. Com o apoio do presidente Rafael Calderón, amigo dos comunistas, multiplicaram-se na Costa Rica sindicatos e cooperativas, os pequenos proprietários ganharam espaço do latifúndio e difundiram-se a saúde e a educação.

O anticomunista Figueres não toca as terras da United Fruit Company, senhora muito poderosa, mas nacionaliza os bancos e dissolve o exército, para que o dinheiro não especule e as armas não conspirem. A Costa Rica quer se pôr a salvo das ferozes turbulências da América Central. *(42, 243, 414 e 438)*

1949
Washington

A REVOLUÇÃO CHINESA

Entre ontem e amanhã, um abismo: a revolução chinesa se lança no ar e salta. Chegam notícias de Pequim que provocam cólera e espanto em Washington. Depois da longa marcha da humildade armada, os Comunistas de Mao triunfaram. O general Chang Kai-chek foge. Os Estados Unidos instalam para ele novo trono na ilha de Formosa.

Os parques da China estavam proibidos para os pobres e os cães, e os mendigos morriam de frio nas madrugadas, como nos antigos tempos dos mandarins; mas não era em Pequim que se ditavam as ordens. Não eram os chineses que designavam seus ministros e generais, redigiam suas leis e decretos e fixavam suas tarifas e salários. A China só não estava no mar do Caribe por um erro da geografia. *(156 e 291)*

1949
Havana

O RADIOTEATRO

– *Não me mate* – pede o ator ao autor.

Onélio Jorge Cardoso tinha previsto defuntar o Capitão Gancho no próximo capítulo; mas, se o personagem morrer de golpe de espada no navio de piratas, o ator morre de fome na rua. O autor, bom amigo do ator, promete-lhe vida infinita.

Onélio inventa boas aventuras, dessas que cortam a respiração. Suas radionovelas não têm, porém, muito sucesso. Ele é pão-duro na melosidade e não sabe torcer corações sensíveis como quem enxágua roupa até a última gota. José Sánchez Arcilla, em compensação, toca as fibras mais íntimas. Em sua novela *O colar de lágrimas*, os personagens se debatem contra o veredito do perverso destino em 965 capítulos que banham a audiência em duchas de pranto.

Mas o grande êxito da radionovela de todos os tempos é *O direito de nascer*, de Félix B. Caignet. Nunca nada igual tinha sido ouvido, em Cuba ou em qualquer outro lugar. De noite, na hora marcada, só se escuta isso, numa missa unânime. Nos cinemas, interrompem as sessões; as ruas se esvaziam; os amantes suspendem seus amores; os galos, suas brigas; e as moscas, seus voos.

Há setenta e quatro capítulos, Cuba inteira espera a fala do doutor Rafael del Junco. Este personagem de *O direito de nascer* é o dono do segredo. Está completamente paralítico e, como se isso fosse pouco, ficou mudo no episódico capítulo 197. Já estamos no 271 e o doutor Rafael só emite ruídos de garganta raspada. Quando conseguirá revelar a verdade à boa mulher que uma vez pecou sucumbindo ao chamado de uma louca paixão? Quando terá voz para dizer-lhe que Albertinho Limonta, seu médico, é na verdade aquele fruto de amor ilícito que ela abandonou, logo depois de ele ter nascido, nas mãos de uma negra de alma branca? Quando, quando?

O público, que morre de suspense, ignora que o doutor Rafael se cala em greve. Este silêncio cruel continuará até que o ator que encarna o doutor Rafael del Junco obtenha o aumento de salário que vem exigindo há dois meses e meio. *(266)*

1950
Rio de Janeiro

Obdúlio

A coisa está feia, mas Obdúlio estufa o peito, pisa forte e mete a perna. O capitão do time uruguaio, negro mandão e fornido, não se encolhe. Obdúlio cresce quando a imensa multidão ruge mais, multidão inimiga, nas arquibancadas.

Surpresa e luto no estádio do Maracanã: o Brasil, goleador, demolidor, favorito de ponta a ponta, perde a última partida no último minuto. O Uruguai, jogando com alma e vida, ganha o campeonato mundial de futebol.

Ao anoitecer, Obdúlio Varela foge do hotel, assediado por jornalistas, torcedores e curiosos. Obdúlio prefere celebrar na solidão. E vai beber por aí, em qualquer botequim; mas em todas as partes encontra brasileiros chorando.

– *Culpa daquele Obdúlio* – dizem, banhados em lágrimas, os que há algumas horas vociferavam no estádio. – *O Obdúlio ganhou o jogo.*

E Obdúlio sente um estupor pela raiva que teve deles, agora que os vê um a um. A vitória começa a pesar em suas costas. Ele arruinou a festa dessa gente boa, e sente vontade de pedir perdão por ter cometido a tremenda maldade de ganhar. Por isso, continua caminhando pelas ruas do Rio de Janeiro, de bar em bar. E assim amanhece, bebendo, abraçado aos vencidos. *(131 e 191)*

1950
Hollywood,

Rita

conquistou Hollywood mudando de nome, de peso, de idade, de voz, de lábios e de sobrancelhas. Sua cabeleira passou do negro opaco ao vermelho afogueado. Para ampliar a testa, lhe arrancaram pelo por pelo através de dolorosas descargas elétricas. Em seus olhos, puseram pestanas como pétalas.

Rita Hayworth se disfarçou de deusa, e talvez o tenha sido, ao longo dos anos quarenta. Já os cinquenta exigem deusa nova. *(249)*

1950
Hollywood

MARILYN

Como Rita, esta moça foi corrigida. Tinha pálpebras gordas e papada, nariz de ponta redonda e dentes demasiados: Hollywood cortou a gordura, suprimiu cartilagens, limou seus dentes e transformou seus cabelos castanhos e bobos numa maré de ouro fulgurante. Depois os técnicos a batizaram como Marilyn Monroe e lhe inventaram uma patética história de infância para que ela contasse aos jornalistas.

A nova Vênus fabricada em Hollywood já não precisa se meter em cama alheia para conseguir contratos para papéis de segunda em filmes de terceira. Já não vive de salsichas e café, nem passa frio no inverno. Agora é uma estrela, ou seja: uma pessoinha disfarçada que gostaria de recordar, mas não consegue, certo momento em que simplesmente quis ser salva da solidão. *(214 e 274)*

1951
Cidade do México

BUÑUEL

Chuva de pedras sobre Luís Buñuel. Vários jornais e sindicatos pedem que o México expulse este espanhol ingrato que com infâmia está pagando os favores recebidos. O filme que provoca a indignação nacional, Los olvidados (Os esquecidos), retrata os subúrbios da Cidade do México. Neste alucinante submundo, adolescentes que vivem de léu em léu, comendo o que encontram e comendo-se entre si, sobrevoam os depósitos de lixo. Devoram-se a bicadas, pedaço a pedaço, estes garotos ou filhotes de urubu, e assim vão cumprindo o obscuro destino que sua cidade escolheu para eles.

Um trovão misterioso, uma misteriosa força, soa nos filmes de Buñuel. É um longo e profundo repique de tambores, os tambores da infância em Calanda fazendo tremer o solo debaixo dos pés, embora a trilha sonora não registre ruído algum e ainda que o mundo simule silêncio e perdão. *(70 e 71)*

1952
Monte San Fernando

DOENTE DE FEBRE DE MORTE

está a Colômbia desde que Gaitán caiu assassinado numa rua de Bogotá. Na cordilheira e nos campos, nas planícies geladas e nos vales ardentes, os camponeses se matam entre si, pobres contra pobres, todos contra todos; no redemoinho de escarmentos e vinganças, destacam-se Sangue Negro, Bote, Tarzán, Malasuerte, La Cucaracha e outros artistas esquartejadores, mas as forças de ordem cometem crimes mais ferozes. O batalhão Tolina matou mil e quinhentos, sem contar violadas ou mutilados, em seu recente passeio de Pantanillo ao morro de San Fernando. Para não deixar nem a semente, os soldados atiram as crianças para cima e as espetam na baioneta ou no facão.

– *Não me venham com histórias* – mandam os que mandam –, *venham com orelhas.*

Os camponeses que conseguem fugir e buscam amparo no monte deixam choças transformadas em cinzas, fumegando às suas costas. Antes de ir para lá, em dolorida cerimônia matam o cachorro, porque ele faz ruído. *(217, 227 e 408)*

1952
La Paz

O ILLIMANI

Mesmo que você não olhe para ele, ele olha para você. Onde quer que você se meta, ele vigia. Não há canto que escape dele. A capital da Bolívia pertence a ele, embora o ignorem os quatro senhores que até ontem à noite se achavam donos destas casas e desta gente.

O Illimani, erguido rei, se limpa da névoa. Aos seus pés, amanhece a cidade. Vão-se apagando as fogueiras, ouvem-se as últimas rajadas de metralhadoras. Os cascos amarelos dos mineiros se impõem aos quepes militares. Desmorona-se o exército que nunca tinha ganho contra os de fora nem perdido contra os de dentro. O povo dança em qualquer esquina. Ao lindo vento da dança, flamejam lenços e ondulam tranças e saias.

No azul profundo do céu, fulgura a coroa de três picos: das alturas de neve do Illimane, os deuses contemplam a alegria de seus filhos em armas, depois do longo combate palmo a palmo pelas ruelas. *(17, 172 e 473)*

1952
La Paz

Tambor do povo

que bate e rebate e pica e repica, vingança do índio que dorme feito cão no saguão e cumprimenta o amo de joelhos; o exército dos de baixo lutou com bombas caseiras e cartuchos de dinamite, até que finalmente caiu em suas mãos o arsenal dos militares.

Víctor Paz Estenssoro promete que a partir de hoje a Bolívia será de todos os bolivianos. Nas minas, os mineiros põem a bandeira nacional a meio pau, e assim ela ficará até que o novo presidente cumpra sua promessa de nacionalizar o estanho. Em Londres, o jogo está cantado: o preço do estanho cai trinta por cento, como que por magia.

Na fazenda de Pairumani, os índios assam na churrasqueira os touros de exposição que Patiño tinha importado da Holanda.

As quadras de tênis de Aramayo, atapetadas com pó de tijolo trazido da Inglaterra, se transformam em currais de mulas. *(17, 172 e 473)*

Uma mulher das minas bolivianas explica como se faz uma bomba caseira

Tu procura uma latinha de leite. E bota a dinamite bem no meio, uma cápsula. Daí, ferro miúdo, pedrinhas, terrinha. E vidro tu põe também, e uns preguinhos. Daí, tapa direitinho. Desse jeito, tá vendo? E nisso acende e... Shhhh!, atira. Se você tiver estilingue, atira mais longe. Meu marido sabe jogar daqui a seis esquinas. Então, põe uma mechinha compridinha. *(268)*

1952
Cochabamba

Grito de deboche e queixa

Nos campos de toda a Bolívia vivem-se tempos de mudança, vasta insurgência contra o latifúndio e contra o medo, e no vale de Cochabamba também as mulheres lançam, cantando e dançando, seu desafio.

Nas cerimônias de homenagem ao Cristo de Santa Vera Cruz, as camponesas *quichuas* de todo o vale acendem velas, bebem *chicha* e cantam e dançam, ao som de acordeões e *charangos*, ao redor do crucificado.

As moças casamenteiras começam pedindo a Cristo um marido que não as faça chorar, uma mula carregada de milho, uma ovelha branca e uma ovelha negra, uma máquina de costura ou tantos anéis quantos os dedos que têm as mãos. E depois cantam, com voz estridente, sempre em língua índia, seu altivo protesto: ao Cristo, ao pai, ao noivo, ao marido; prometem amá-lo e bem servi-lo na mesa e na cama, mas não querem apanhar que nem mula de carga. Cantando, disparam balas de deboche, que têm por alvo o macho nu, bastante estragado pelos anos e pelos bichos, que na cruz dorme ou faz que dorme. *(5)*

Quadrinhas descaradas que as índias de Cochabamba cantam a Jesus Cristo

Santa Vera Cruz, Malandro.
"Filha minha", estás dizendo.
Como pudeste engendrar-me
se teu pinto não estou vendo?

"Preguiçosa, preguiçosa", estás dizendo,
Santa Vera Cruz, Paizinho.
Só que mais preguiçoso és tu
Que estás em pé adormecendo.

Malandrinho de rabo enrolado,
olhinho espiando mulheres.
Cara de rato, Velhinho,
de nariz esburacado.

Tu não me queres solteira.
Me condenas aos filhos,
a vesti-los enquanto vivam
e enterrá-los quando esfriam
Me vais dar um marido
para que me chute e açoite?
Por que a flor que se abre
murcha marcha para o olvido? (5)

1952

Buenos Aires

O povo argentino despido dela

Viva o câncer!, escreveu certa mão inimiga num muro de Buenos Aires. Odiavam-na, odeiam-na, os bem-nutridos: por ser pobre, por ser mulher, por ser insolente. Ela os desafiava falando e os ofendia vivendo. Nascida para empregada, ou no máximo para atriz de melodramas baratos, Evita tinha saído de seu lugar.

Amavam-na, amam-na, os mal-amados; por sua boca eles falavam e amaldiçoavam. Além do mais, Evita era a fada loura que abraçava o leproso e o esfarrapado e dava paz ao desesperado, o incessante manancial que prodigiava empregos e colchões, sapatos e máquinas de costura, dentaduras postiças, enxovais de noiva. Os míseros recebiam estas caridades vindas ali do lado, e não lá do alto, embora Evita exibisse joias alucinantes e em pleno verão ostentasse casacos de visom. Não é que lhe perdoassem o luxo: o celebravam. O povo não se sentia humilhado, e sim vingado por seus atavios de rainha.

Frente ao corpo de Evita, rodeado de cravos brancos, o povo desfila chorando. Dia após dia, noite após noite, a fileira de archotes: uma caravana de duas semanas de comprimento.

Suspiram, aliviados, os agiotas, os mercadores, os senhores da terra. Morta Evita, o presidente Perón é uma faca sem corte. *(311 e 417)*

1952

Em alto-mar

Carlitos expulso pela polícia

Charles Chaplin viaja para Londres. No segundo dia de viagem, chega ao navio a notícia de que não poderá regressar aos Estados Unidos. O governo aplica a ele a lei contra estrangeiros suspeitos de serem comunistas, depravados ou loucos.

Nos Estados Unidos, Chaplin tinha sido interrogado, tempos atrás, por agentes do FBI, o Escritório Federal de Investigações, e do Serviço de Imigração e Naturalização:

– *O senhor tem origem judia?*

– *O senhor é comunista?*

– *Cometeu adultério alguma vez?*

O senador Richard Nixon e a fofoqueira Hedda Hopper afirmam: *Chaplin é uma ameaça para as instituições.* Na entrada dos cinemas que passam seus filmes, os piquetes da Legião da Decência e da Legião Americana erguem cartazes que exigem: Chaplin para a Rússia.

O FBI está há quase trinta anos buscando provas de que Chaplin é na realidade um judeu chamado Israel Thonstein, que trabalha como espião para Moscou. O FBI começou a suspeitar em 1923, quando o jornal *Pravda* publicou um artigo que dizia: *Chaplin é um ator de cujo talento não se pode duvidar.* *(121 e 383)*

1952

Londres

UM FANTASMA DIGNO

chamado Buster Keaton regressou às telas, através de Charles Chaplin, depois de longos anos de esquecimento. Estreia em Londres Luzes da Ribalta, e ali aparece Keaton partilhando com Chaplin um disparatado dueto musical que dura poucos minutos e rouba o filme.

Esta é a primeira vez que Keaton e Chaplin trabalham juntos. Aparecem grisalhos e cheios de rugas, mas com a mesma graça dos anos moços, quando nos tempos do cinema mudo faziam um silêncio mais dizedor que todas as palavras.

Chaplin e Keaton continuam sendo os melhores, os incomparáveis. Eles conhecem o segredo. Eles sabem que não há assunto mais sério que o riso, arte de muito mas muito trabalho, e que dar de rir aos demais é o mais belo que se pode fazer enquanto continue o mundo girando no Universo. *(382 e 383)*

1953

Washington

NOTICIÁRIO

Os Estados Unidos detonam a primeira bomba H em Eniwetock.

O presidente Eisenhower nomeia Charles Wilson ministro de Defesa. Wilson, executivo da empresa General Motors, tinha declarado recentemente: *O que é bom para a General Motors é bom para a América.*

Depois de um longo processo, Ethel e Julius Rosenberg são executados na cadeira elétrica. Acusados de espionagem a serviço dos russos, negam qualquer culpa até o final.

A cidade norte-americana de Moscou exorta sua homônima a mudar de nome. As autoridades desta pequena cidade do estado de Idaho reivindicam o direito de se chamar Moscou com exclusividade e solicitam que a capital soviética seja rebatizada para evitar *associações embaraçosas.*

A metade dos cidadãos dos Estados Unidos apoia decididamente a campanha do senador MacCarthy contra a infiltração comunista na democracia, conforme revelam as pesquisas de opinião pública.

Um dos suspeitos que MacCarthy se propunha a interrogar proximamente, o engenheiro Raymond Kaplan, se suicida atirando-se debaixo de um caminhão.

O cientista Albert Einstein exorta os intelectuais a se negarem a depor no Comitê de Atividades Antiamericanas e a *preparar-se para o cárcere ou à ruína econômica.* Não agindo assim, acha Einstein, *os intelectuais não mereceriam nada melhor que a escravidão que se pretende impor a eles. (41)*

1953

Washington

A caçada

O incorrigível Albert Einstein é o principal companheiro de viagem do comunismo, segundo a lista do senador MacCarthy. Para integrar a lista, basta ter amigos negros ou se opor ao envio de tropas norte-americanas à Coreia; mas o caso de Einstein é muito mais pesado, e para MacCarthy sobram provas de que este judeu ingrato tem o sangue vermelho e o coração do lado esquerdo.

A sala de audiências, onde ardem os fogos da Inquisição, se transforma num circo. O nome de Einstein não é o único famoso que soa ali. Há tempos, Hollywood está na mira do Comitê de Atividades Antiamericanas. O Comitê exige nomes; e os nomes de Hollywood provocam escândalo. Quem cala perde o emprego ou arruína a carreira, ou vai preso, como Lillian Hellman e Paul Robeson, ou expulso do país, como Cedric Belfrage. Ronald Reagan, galã secundário, marca os vermelhos e os cor-de-rosa que não merecem ser salvos das fúrias de Armagedón. Outro galã, Robert Taylor, se arrepende publicamente de ter trabalhado num filme onde os russos sorriam. O dramaturgo Clifford Odets pede perdão por suas ideias e delata seus velhos camaradas. O ator José Ferrer e o diretor Elia Kazán apontam colegas com o dedo. Para que fique claro que ele não tem nada a ver com os comunistas, Kazán dirige um filme sobre o caudilho mexicano Emiliano Zapata, onde Zapata não é aquele silencioso camponês que fez a reforma agrária, e sim um charlatão que dispara tiros e discursos numa incessante diarreia. *(41, 219 e 467)*

1953
Washington

Retrato de um caçador de bruxas

Sua matéria-prima é o medo coletivo. Arregaça as mangas e põe mãos à obra. Destro oleiro deste barro, Joseph MacCarthy converte o medo em pânico e o pânico, em histeria.

Aos gritos, exorta a delatar. Ele não encerrará sua estrepitosa boca enquanto sua pátria continuar infectada pela peste marxista. Toda dúvida tem o som de covardia. Primeiro acusa e depois investiga. Ele vende certezas aos vacilantes e atropela disposto a dar uma joelhada na virilha, ou um murro demolidor, em qualquer um que desconfie do direito à propriedade ou se oponha à guerra e aos negócios. *(395)*

1953
Seattle

Robeson

Proíbem-no de viajar ao Canadá ou a qualquer país. Quando os operários canadenses o convidam, Paul Robeson canta para eles pelo telefone, de Seattle, e pelo telefone jura que se manterá firme enquanto houver fôlego em seu corpo.

Robeson, neto de escravos, acredita que a África seja uma fonte de orgulho e não um zoológico comprado por Tarzan. Negro de ideias vermelhas, amigo dos amarelos que na Coreia resistem à invasão branca, ele canta em nome de seu povo insultado e de todos os povos insultados que cantando erguem a cara e secam as lágrimas; e canta com voz de céu que troveja e de terra que treme. *(381)*

1953

Santiago de Cuba

Fidel

Na alvorada do dia 26 de julho, um punhado de rapazes se lança ao assalto ao quartel Moncada. Armados de dignidade, de cubanidade e de umas poucas espingardas de caçar passarinho, batem-se contra a ditadura de Fulgêncio Batista e contra meio século de colônia dissimulada em república.

Alguns, poucos, morrem na batalha. Mais de setenta são arrematados pelo exército depois de uma semana de tormentos. Os torturadores arrancam os olhos de Abel Santamaría e de outros prisioneiros.

O chefe da rebelião, prisioneiro, pronuncia a argumentação de defesa. Fidel Castro tem cara de homem que se dá até o fim, dá tudo, sem pedir o troco. Os juízes o escutam, atônitos, sem perder nenhuma palavra, mas sua palavra não é para os que foram beijados pelos deuses: ele fala para os que foram mijados pelos diabos, e por eles, em nome deles, explica o que fez.

Fidel reivindica o antigo direito de rebelião contra o despotismo:

– *Primeiro se afundará esta ilha no mar antes que consintamos em ser escravos de quem quer que seja.*

Majestoso, balança como uma árvore resistindo à ventania. Acusa Batista e seus oficiais, que mudaram o uniforme por um avental de açougueiro. E expõe o programa da revolução. Em Cuba poderia haver comida e trabalho para todos, e de sobra:

– *Não, isso não é inconcebível... (90, 392 e 422)*

1953

Santiago de Cuba

O acusado se transforma em acusador e anuncia: "A história me absolverá"

...Inconcebível é que haja homens que durmam com fome enquanto exista uma polegada de terra sem semear, inconcebível é que existam crianças que morram sem assistência médica; inconcebível é que trinta por cento de nossos camponeses não saibam assinar o próprio nome e que noventa e nove por cento não saibam a história de Cuba; inconcebível é que a maioria das famílias de nossos campos esteja vivendo em piores condições que os índios que Colombo encontrou ao descobrir a terra mais bela que os olhos humanos tinham visto...

De tanta miséria só é possível livrar-se com a morte; e nisso, sim, os ajuda o Estado: a morrer. Noventa por cento das crianças do campo estão devoradas pelos parasitas que se infiltram corpo adentro vindos da terra, pelas unhas dos pés descalços...

Mais da metade das melhores terras de produção cultivadas estão em mãos estrangeiras. No Oriente, que é a província mais extensa, as terras da United Fruit Company e da West Indian unem a costa norte com a costa sul...

Cuba continua sendo uma produtora de matéria-prima. Exporta-se açúcar para importar caramelos, exporta-se couro para importar sapatos, exporta-se ferro para importar arados... *(90)*

1953

Boston

A United Fruit

Trono de bananas, coroa de bananas, uma banana empunhada à guisa de cetro: Sam Zemurray, senhor de terras e mares do reino da banana, não achava que seus vassalos da Guatemala pudessem provocar-lhe dores de cabeça:

– *Os índios são demasiado ignorantes para o marxismo* – costumava dizer, e era aplaudido pelos burocratas da corte em seu palácio real de Boston, Massachusetts.

A Guatemala forma parte dos vastos domínios da United Fruit Company há meio século, por obra e graça de sucessivos decretos de Manuel Estrada Cabrera, que governou rodeado de adulões e espiões, lagos de baba, bosques de orelhas, e de Jorge Ubico, que achava que era Napoleão mas não era não. A United Fruit tem na Guatemala as terras que quiser, imensos campos baldios, e é dona da estrada de ferro, do telefone, do telégrafo, dos portos, dos barcos e de muitos militares, políticos e jornalistas.

As infelicidades de Sam Zemurray começaram quando o presidente Juan José Arévalo obrigou a empresa a respeitar o sindicato e o direito de greve. Mas agora é pior: o novo presidente, Jacobo Arbenz, põe em marcha a reforma agrária, arranca da United Fruit as terras não cultivadas, começa a reparti-las entre cem mil famílias e atua como se na Guatemala mandassem os sem-terra, os sem-pão, os sem. *(50 e 288)*

1953

Cidade da Guatemala

Arbenz

O presidente Truman botou a boca no mundo quando os trabalhadores começaram a ser pessoas nas plantações de banana da Guatemala. E agora o presidente Eisenhower cospe relâmpagos frente à expropriação da United Fruit.

O governo dos Estados Unidos considera um atropelo o fato de que o governo da Guatemala leve a sério os livros de contabilidade da United Fruit. Arbenz pretende pagar, como indenização, o valor que a própria empresa tinha atribuído às suas terras para fraudar impostos. John Foster Dulles, secretário de Estado, exige vinte e cinco vezes mais.

Jacobo Arbenz, acusado de conspiração comunista, não se inspira em Lenin e sim em Abraham Lincoln. Sua reforma agrária, que se propõe a modernizar o capitalismo na Guatemala, é mais moderada que as leis rurais norte-americanas de quase um século atrás. *(81 e 416)*

1953

San Salvador

Procura-se ditador

O general guatemalteco Miguel Ydígoras Fuentes, distinto matador de índios, vive no exílio desde a queda do ditador Ubico. Walter Turnbull vem a San Salvador para propor-lhe um negócio. Turnbull, representante da United Fruit e da CIA, propõe que ele passe a cuidar da Guatemala. Receberá emprestado o dinheiro que for necessário para tomar o poder, se assumir o compromisso de destruir os sindicatos, restituir à United Fruit suas terras e privilégios e devolver até o último centavo deste empréstimo num prazo razoável. Ydígoras pede tempo para pensar, embora adiante, de saída, que as condições lhe parecem abusivas.

Num piscar de olhos espalha-se a notícia. Uns tantos guatemaltecos exilados, militares e civis, voam a Washington para oferecer seus serviços, e outros correm para bater nas portas das embaixadas dos Estados Unidos. José Luís Arenas, suposto amigo do vice-presidente Nixon, garante que derrubará Arbenz por duzentos mil dólares. O general Federico Ponce diz que dispõe de um exército de dez mil homens prontos para assaltar o Palácio Nacional:

anuncia um preço módico, embora prefira não falar em cifras por enquanto... Pede apenas um pequeno adiantamento...

Um câncer de garganta suprime o candidato preferido da United Fruit, Juan Córdova Cerna. Em seu leito de agonia, o doutor Córdova ronca o nome de seu recomendado, o coronel Carlos Castillo Armas, formado em Fort Leavenworth, Kansas, homem barato, obediente e burro. *(416 e 471)*

1954

Washington

A Máquina de Decidir, peça por peça

DWIGHT EISENHOWER – Presidente dos Estados Unidos. Derrubou o governo de Mohammed Mossadegh, no Irã, porque tinha nacionalizado o petróleo. Mandou derrubar também o governo de Jacobo Arbenz, na Guatemala.

SAM ZEMURRAY – Principal acionista da United Fruit. Todas as suas inquietações se transformam automaticamente em declarações do governo dos Estados Unidos e em rifles, morteiros, metralhadoras e aviões da CIA.

JOHN FOSTER DULLES – Secretário de Estado dos Estados Unidos. Foi advogado da United Fruit.

ALLEN DULLES – Diretor da CIA. Irmão de John Foster Dulles. Como o irmão, prestou serviços jurídicos à United Fruit. Juntos organizam a Operação Guatemala.

JOHN MOORS CABOT – Secretário de Estado para Assuntos Interamericanos. Irmão de Thomas Cabot, que foi presidente da United Fruit.

BEDELL SMITH – Subsecretário de Estado. Serve como elemento de ligação na Operação Guatemala. Futuro membro da diretoria da United Fruit.

HENRY CABOT LODGE – Senador. Representante dos Estados Unidos na ONU. Acionista da United Fruit. Em várias ocasiões recebeu dinheiro desta empresa, a troco de discursos no Senado.

ANNE WHITMAN – Secretária pessoal do presidente Eisenhower. Casada com o chefe de relações públicas da United Fruit.

SPRUILLE BRADEN – Foi embaixador dos Estados Unidos em vários países latino-americanos. Recebe salário da United Fruit desde 1948.
Exorta Eisenhower, com grande eco na imprensa, a *suprimir pela força o comunismo na Guatemala.*

ROBERT HILL – Embaixador dos Estados Unidos na Costa Rica. Colabora com a Operação Guatemala. Futuro membro da diretoria da United Fruit.

JOHN PEURIFOY – Embaixador dos Estados Unidos na Guatemala. Chamado de *O Carniceiro da Grécia*, graças à sua anterior gestão diplomática em Atenas. Não fala nenhuma palavra em espanhol. Formou-se politicamente no Senado, em Washington, onde trabalhou como ascensorista. *(416, 420 e 465)*

1954

Boston

A Máquina de Mentir, peça por peça

O MOTOR – Transforma o verdugo em vítima e a vítima em verdugo. Quem prepara a invasão da Guatemala por Honduras atribui à Guatemala a intenção de invadir Honduras e toda a América Central. *Estão à vista os tentáculos do Kremlin*, denuncia John Moors Cabot na Casa Branca. O embaixador Peurifoy adverte na Guatemala: *Não podemos permitir que se estabeleça uma república soviética do Texas até o Canal do Panamá.* A chave do escândalo é um carregamento de armas embarcado na Tchecoslováquia. Os Estados Unidos proibiram a venda de armas à Guatemala.

ENGRENAGEM I – Bombardeia a opinião pública mundial com notícias e artigos, declarações, panfletos, fotografias, filmes e histórias em quadrinhos sobre as atrocidades comunistas na Guatemala. Este material pedagógico, que jamais confessa a sua origem, é originado nos escritórios da United Fruit em Boston ou nos escritórios do governo em Washington.

ENGRENAGEM II – O arcebispo da Guatemala, Mariano Rossell Arellano, exorta a população a sublevar-se *contra o comunismo inimigo de Deus e da pátria.* Trinta aviões da CIA regam sua pastoral pelo país inteiro. O arcebispo faz chegar à capital a imagem do popular Cristo de Esquipulas, que será nomeado capitão geral da Cruzada Libertadora.

ENGRENAGEM III – Na Conferência Pan-americana, John Foster Dulles dá um murro na mesa e arranca a bênção da OEA à projetada invasão. Nas Nações Unidas, Henry Cabot Lodge bloqueia os pedidos de ajuda de Jacobo Arbenz. A diplomacia norte-americana se mobiliza no mundo. Obtém a cumplicidade da Inglaterra e da França, a troco de um compromisso de silêncio dos Estados Unidos sobre delicados assuntos do Canal de Suez, Chipre e Indochina.

ENGRENAGEM IV – Os ditadores da Nicarágua, Honduras, Venezuela e República Dominicana não apenas oferecem campos de treinamento, emissoras de rádios e aeroportos à Operação Guatemala. Também contribuem para a campanha de propaganda. Somoza reúne a imprensa internacional em Manágua e mostra algumas pistolas que têm a marca da foice e do martelo. Diz que vieram de um submarino russo, e que foram interceptadas a caminho da Guatemala. *(416, 420 e 447)*

1954

Cidade da Guatemala

A RECONQUISTA DA GUATEMALA

A Guatemala não tem aviões nem bateria antiaérea, e portanto os pilotos norte-americanos, em aviões norte-americanos, bombardeiam o país comodamente.

Uma poderosa emissora da CIA, instalada no teto da embaixada dos Estados Unidos, difunde confusão e pânico em todo o país: a Máquina de Mentir informa ao mundo que essa é a rádio rebelde, *La Voz de la Liberación*, transmitindo das selvas da Guatemala a marcha triunfal do coronel Castillo Armas. Enquanto isso, acampado com toda sua tropa numa plantação da United Fruit em Honduras, Castillo Armas espera ordens da Máquina de Decidir.

O governo de Arbenz, assiste, paralisado, seu próprio desmoronamento. Os bombardeios aéreos chegam à capital e destroem os depósitos de combustível. O governo se limita a enterrar os mortos. O exército mercenário, *Deus, Pátria, Liberdade*, atravessa a fronteira. Não encontra resistência. Por dinheiro ou por medo, os chefes militares rendem suas tropas sem disparar um único tiro. Um médico argentino de vinte e poucos anos, Ernesto Guevara, tenta, em vão, organizar a defesa popular da capital: não sabe como nem tem com quê. Improvisadas milícias perambulam, desarmadas, pelas ruas. Quando Arbenz manda, finalmente, abrir os arsenais, os oficiais se negam a obedecer. Num destes dias sombrios e sem grandeza, Guevara sofre um ataque de asma e de indignação; e numa meia-noite, depois de duas semanas de bombardeios, o presidente Arbenz desce lentamente as escadarias do Palácio Nacional, atravessa a rua e pede asilo na embaixada do México. *(81, 416, 420 e 44)*

1954

Mazatenango

MIGUEL AOS QUARENTA E NOVE

Ao canto das aves, antes da primeira luz, afiam os facões. E a galope chegam a Mazatenango, à procura de Miguel. Os verdugos vão fazendo cruzes na longa lista dos marcados para morrer, enquanto o exército de Castillo Armas se apodera da Guatemala. Miguel figura em quinto lugar entre os mais perigosos, condenado por ser comunista e estrangeiro arruaceiro. Desde que chegou fugido de El Salvador, não parou um só instante sua tarefa de agitar operários.

Põem os cachorros em cima dele. Querem levá-lo pendurado num cavalo e exibi-lo pelos caminhos com a garganta aberta por um golpe de facão. Mas Miguel é bicho muito vivido e sabido e se perde no matagal.

E assim ocorre o décimo nascimento de Miguel Mármol, aos quarenta e nove anos de idade. *(222)*

1954

Cidade da Guatemala

Noticiário

O arcebispo da Guatemala declara: *Admiro o sincero e ardente patriotismo do presidente Castillo Armas.* Em ambiente de grande alvoroço, Castillo Armas recebe as bênçãos do núncio papal, monsenhor Genaro Verrolino.

O presidente Eisenhower felicita na Casa Branca os responsáveis pela CIA. Diz a eles: *Grato por terem eliminado uma cabeça de praia soviética em nosso hemisfério.*

O chefe da CIA, Allen Dulles, encarrega um jornalista da revista *Time* de redigir uma nova Constituição para a Guatemala.

A revista *Time* publica um poema da esposa do embaixador dos Estados Unidos na Guatemala. Diz o poema que o senhor e a senhora Peurifoy estão *optimistic* porque a Guatemala deixou de ser *comunistic.*

Na primeira reunião com o embaixador depois do triunfo, o presidente Castillo Armas expressa sua preocupação pela insuficiência dos cárceres locais, que não dispõem das celas necessárias para trancar os comunistas. Segundo as listas enviadas de Washington pelo Departamento de Estado, os comunistas guatemaltecos são 72 mil.

Celebra-se festa na embaixada. Quatrocentos guatemaltecos convidados cantam o hino dos Estados Unidos da América. *(416 e 420)*

1954
Rio de Janeiro

Getúlio

Quer apagar a memória de sua própria ditadura, velho tempo policial e sinistro, e nestes últimos anos governa o Brasil como ninguém nunca tinha governado.

Coloca-se do lado dos salários, não dos lucros. Imediatamente os empresários se declaram em guerra.

Para que o Brasil não seja um coador, tampa a hemorragia de riquezas. Imediatamente os capitais estrangeiros se lançam à sabotagem.

Recupera o petróleo e a energia, que são a soberania nacional, tanto ou mais que o hino e a bandeira. Imediatamente os monopólios, ofendidos, respondem com uma ofensiva feroz.

Defende o preço do café sem atirar na fogueira, como era costume, a metade da colheita. Imediatamente os Estados Unidos reduzem suas compras pela metade.

No Brasil, jornalistas e políticos de todas as cores e comarcas somam suas vozes ao coro do escândalo.

Getúlio Vargas governou em pé. Quando o obrigam a se curvar, escolhe a dignidade da morte. Ergue o revólver, aponta o próprio coração e dispara.
(427, 429 e 432)

1955
Medellín

Nostalgias

E já se vão vinte anos que Gardel se incendiou. A cidade colombiana de Medellín, onde a tragédia aconteceu, transformou-se num centro de peregrinação e culto.

Os devotos de Gardel se reconhecem pelo chapéu inclinado, as calças riscadas e o andar balançado. Penteiam-se com brilhantina, olham de viés e sorriem torto. Floreiam-se em giras e firulas, como num baile perpétuo, quando vão dar a mão, acender um cigarro ou passar giz no taco de bilhar. Varam a noite encostados em algum poste suburbano, assoviando ou cantarolando tangos que explicam que as mulheres são todas umas putas, exceto mamãe, santa velhinha que Deus a tenha em sua glória.

Alguns devotos, locais ou vindos de Buenos Aires, vendem relíquias do ídolo. Tem um que vende dentes. Explicando que estava passando por ali, por acaso, quando o avião explodiu, vendeu mais de mil e trezentos dentes legítimos de Gardel, na base de doze dólares por peça. Já faz alguns anos que colocou no mercado o primeiro dente. Foi comprado por um turista de Nova York, membro do Gardel Fan's Club. Ao ver o *souvenir*, o cliente não pôde impedir que lhe escapasse uma lágrima. *(184)*

1955

Assunção

MELANCOLIAS

Quando aprova a imperdoável lei do divórcio, a Igreja anota na lista a cruz que faltava. Os militares conspiram sem disfarce, na descarada luz do dia, até derrubá-lo. A notícia é celebrada nos salões e chorada nas cozinhas: Perón caiu.

Sem opor resistência, Perón abandona a Argentina. Vai para o Paraguai, para o exílio.

Em Assunção, vive dias tristes. Sente-se vencido, velho e solitário. Diz que seu gesto de renúncia evitou um milhão de mortos, mas também diz que o povo não soube defender o que ele havia dado e que por essa ingratidão merece as desgraças que virão; que o povo pensa com a pança, não com a cabeça ou com o coração.

Numa manhã, Perón está confidenciando amarguras em casa de seu anfitrião, Ricardo Gayol, quando fecha os olhos e diz:

– *Meu sorriso os deixava loucos. Meu sorriso...*

Ergue então os braços e sorri como se estivesse na sacada, frente à praça repleta de gente que o ovaciona.

– *Quer meu sorriso*?

O anfitrião olha, estupefato.

– *Toma, te dou* – diz Perón. Põe os dedos na boca e deposita, na palma da mão de Gayol, uma dentadura postiça. *(327)*

1955
Cidade da Guatemala

UM ANO DEPOIS DA RECONQUISTA DA GUATEMALA,

Richard Nixon visita esta terra ocupada. O sindicato dos trabalhadores da United Fruit e outros quinhentos e trinta e dois sindicatos foram proibidos pelo novo governo. Agora o Código Penal condena à morte os autores de greves. Os partidos políticos estão fora da lei. Os livros de Dostoievski e de outros soviéticos são jogados nas fogueiras.

O reino da banana foi salvo da reforma agrária. O vice-presidente dos Estados Unidos felicita o presidente Castillo Armas. Pela primeira vez na história, diz Nixon, um governo comunista foi substituído por um governo livre. *(416 e 420)*

1956
Buenos Aires

O GOVERNO DECIDE QUE O PERONISMO NÃO EXISTE

Enquanto fuzila trabalhadores em depósitos de lixo, a ditadura militar argentina decreta a inexistência de Perón, de Evita e do peronismo. Fica proibido mencionar seus nomes e suas datas. Suas imagens são delito. Manda-se demolir a residência presidencial, até a última pedra, como se a peste contagiasse.

Mas o que fazer com o cadáver embalsamado de Evita? Ela é o símbolo mais perigoso da soberba da ralé, o estandarte da plebe sublevada que durante dez anos passeou pelo poder como quem caminha no quintal de casa. Os generais jogam o corpo dentro de uma caixa, com a etiqueta *Equipamento de Rádio*, e o mandam ao desterro. Aonde, é segredo. Dizem que à Europa, ou a uma ilha no meio do mar. Evita se converte em uma morta errante, que viaja em segredo por distantes cemitérios, expulsa do país pelos generais que não sabem, ou não querem saber, que ela jaz em sua gente. *(311 e 327)*

1956
León

O filho de Somoza

Santa Marta, Santa Marta tiene tren, musiqueiam os musiqueiros, bailam os bailadores, *Santa Marta tiene tren pero no tiene tranvia*; e em plena festa Rigoberto López Pérez, poeta, dono de nada, derruba com quatro tiros o dono de tudo.

Um avião norte-americano leva o moribundo Anastasio Somoza para um hospital norte-americano, na zona norte-americana do Canal do Panamá, e em leito norte-americano ele morre. Depois o enterram na Nicarágua, com as honras de Príncipe da Igreja.

Somoza estava havia vinte anos no poder. A cada seis anos levantava por um dia o estado de sítio e celebrava eleições que o confirmavam no trono. Luís, o filho mais velho, o herdeiro, é agora o homem mais rico e poderoso da América Central. O presidente Eisenhower o felicita, de Washington. Luís Somoza se inclina frente à estátua de seu pai, herói de bronze que galopa, imóvel, em pleno centro de Manágua. À sombra das patas do cavalo, pede conselho ao fundador da dinastia, guia do bom governo, multiplicador de cárceres e negócios; e depois cobre de flores sua tumba monumental.

Burlando a vigilância da guarda de honra, a mão de alguém, mão de todos, rabiscou apressada este epitáfio sobre o mármore da tumba: *Aqui jaz Somoza, um pouco mais podre que em vida. (10, 102 e 460)*

1956
São Domingos

No ano 26 da era de Trujillo,

sua imagem é vendida nos mercados, entre os santinhos da Virgem Maria, São Jorge e outros milagrosos:

– *Santos, santos baratos*!

Nada do que é dominicano é alheio a Trujillo. Tudo pertence a ele: a primeira noite das virgens e a última vontade dos moribundos, as pessoas e as vacas, a frota de aviões e a cadeia de prostíbulos, os engenhos de açúcar e os moinhos de trigo, a fábrica de cerveja e a fábrica engarrafadora de poções da virilidade.

Há vinte e seis anos, Trujillo exerce a vice-presidência de Deus na República Dominicana. A cada quatro anos, a fórmula que foi abençoada em democráticas eleições: *Deus e Trujillo*, proclamada nos cartazes em todos os muros e em todas as portas.

Em sua obra *Meditações morais*, que lhe valeu o título de Primeira-Dama das Letras Antilhanas, dona Maria de Trujillo comparou seu marido com El Cid e com Napoleão Bonaparte. A rechonchuda dona Maria, que durante a semana pratica a usura e aos domingos a mística, foi por sua vez comparada à Santa Tereza de Jesus pela crítica local.

Com espada de El Cid ou chapéu de Napoleão, Trujillo posa para as estátuas. As estátuas o multiplicam em bronze ou mármore, com o queixo que não tem e sem a papada que tem. Milhares de estátuas: do alto dos pedestais, Trujillo cavalga e vigia até o último canto de cada cidade ou povoado. Neste país não há nem uma mosca que cague sem a sua licença. *(63 e 101)*

1956

Havana

NOTICIÁRIO

O exército cubano desbaratou uma expedição armada vinda do México. O exército armou um cerco ao redor dos invasores e os metralhou e bombardeou por terra e ar, num lugar chamado Alegria de Pio, na província de Oriente. Entre os numerosos mortos figuram Fidel Castro, cabeça da quadrilha, e o agitador comunista argentino Ernesto Guevara.

Após haver desfrutado uma longa temporada na cidade de Nova York, regressaram a Havana o doutor Ernesto Sarrá e sua gentilíssima e elegante esposa, Loló, figuras do mais alto nível nos círculos sociais desta capital.

Também de Nova York, chegou Bing Crosby. Sem tirar a capa nem o chapéu de castor, o popular cantor declarou no aeroporto: *Vim a Cuba para jogar golfe.*

Uma jovem de Havana quase ganhou o prêmio máximo no concurso “Escola de TV”, mas retirou-se ao responder à penúltima pergunta. A última, que ficou sem resposta, era: *Como se chama o rio que atravessa Paris?*

Extraordinário programa será disputado amanhã no hipódromo de Marianao. *(98)*

1956

Ao pé da Serra Maestra

Os doze loucos

Passam uma semana sem dormir, vomitando, apertados como sardinha em lata, enquanto o vento norte se diverte brincando com o barquinho *Granma*. Depois de muito sobe e baixa nas águas do golfo do México, desembarcam no lugar errado. Começam a andar e são varridos pela metralha ou queimados vivos pelas bombas incendiárias.

Quase todos caem na matança. Os sobreviventes caminham orientando-se pelo céu, mas as estrelas os confundem. Os pântanos engolem suas mochilas e suas armas. Nada têm para comer a não ser cana-de-açúcar, e vão largando pelo caminho o bagaço que delata. Perdem as latas de leite condensado, porque as carregavam com os furinhos para baixo. Num descuido misturam água do mar na pouca água doce que sobrava. Perdem-se, buscam-se. No fim, um grupinho descobre outro grupinho nos rochedos, por engano, e assim se juntam os doze salvados da aniquilação.

Estes homens ou sombras têm no total sete fuzis, pouca munição molhada e muitas chagas e feridas. Não pararam de dar foras desde que começou a invasão. Mas esta noite o céu está branco de estrelas e respira-se um ar mais fresco e limpo que nunca, e então Fidel diz, plantado na frente das montanhas da serra Maestra:

– *Ganhamos a guerra. Batista se fodeu!* *(98 e 209)*

1957

Benidorm

As cartas marcadas

Acordo conjugal entre conservadores e liberais. Numa praia do mar Mediterrâneo, os políticos colombianos firmam o acordo que põe fim a dez anos de extermínio mútuo. Os dois grandes partidos se concedem mútua anistia. A partir de agora, se revezarão na presidência e repartirão os empregos. A Colômbia poderá votar, mas não eleger. Liberais e conservadores se substituirão no poder, para garantirem juntos o direito à propriedade privada e à herança sobre o país que suas famílias compraram ou receberam de presente.

Este pacto dos ricaços é uma notícia ruim para os pobres. *(8, 217 e 408)*

1957
Majagual

O SANTO OVO DA COLÔMBIA

Queimando aldeias e matando índios, arrasando bosques e cravando cercas de arame farpado, os senhores da terra foram empurrando os camponeses contra as ribeiras dos rios, na região da costa colombiana. Muitos camponeses se negaram a servir de peões escravos nas fazendas e se fizeram pescadores e artistas do jeitinho e da viração. De tanto comer tartaruga, aprenderam com ela: a tartaruga não solta o que agarra com a boca e sabe sepultar-se nas praias enquanto dura o tempo seco e os gaviões ameaçam. Com isso e com a ajuda de Deus, vai-se vivendo.

Sobram poucos padres nestas comarcas quentes. Aqui na costa, ninguém leva a missa a sério. Do casamento e do trabalho foge quem não é paralítico, e para melhor desfrutar os sete pecados capitais as pessoas dormem infinitas sestas nas redes. Aqui Deus é um cupincha amado e não um chefe de polícia resmungão e condenador.

Morto está o chato Cristo da aldeia de Jegua, boneco quebrado que não sua, nem sangra, nem faz milagres, nem tem quem limpe a merda dos morcegos desde que o padre fugiu levando a prataria inteira. Mas em compensação está bem vivo, suando e sangrando e milagreando, Nosso Senhor Negrinho, o Cristo moreno da aldeia de São Benito Abad, que dá consolo a quem souber acariciá-lo com vontade. E vivos estão, e saltitando, os santos farristas que a três por dois aparecem na costa colombiana e vão ficando.

Numa noite de tormenta, os pescadores descobriram o rosto de Deus, fulgurante à luz dos relâmpagos, numa pedra com forma de ovo. Desde então celebram os milagres do Santo Ovo dançando *cumbias* e bebendo à sua saúde.

O pároco da aldeia de Majagual anuncia que subirá pelo rio, à cabeça de um batalhão de cruzados, jogará essa pedra sacrílega no fundo das águas e tocará fogo na capelinha de palha.

Na capelinha, onde se oferecem missas bem musiqueiras, os pescadores montam guarda ao redor do Santo Ovo. De machado na mão, dia e noite. *(159)*

1957
Sucre

São Lúcio

Enquanto o padre de Majagual declara guerra ao Santo Ovo, o padre de Sucre expulsa do templo Santa Lúcia, porque santa com pênis nunca se viu.

A princípio pareceu um gânglio, um carocinho no pescoço, e depois foi descendo, descendo, e crescendo, crescendo, debaixo da sagrada túnica cada dia mais curta. Todo mundo bancava o distraído, até que um menino gritou a terrível evidência:

– *Santa Lúcia tem piroca*!

Condenado ao exílio, São Lúcio encontra refúgio num rancho, não longe de onde se ergue o templo do Santo Ovo. Com o tempo os pescadores elevam para ele um altar, porque São Lúcio é festeiro e de confiança, partilha as farras de seus fiéis, ouve seus segredos e se alegra quando é verão e os peixes vêm subindo.

Ele, que soube ser ela, não aparece no santoral do almanaque Bristol. Tampouco o Santo Ovo foi canonizado pelo papa de Roma. Nem a Santa Taboa, desprendida da caixa de sabão onde uma lavadeira encontrou a Virgem Maria, nem São Rim, humilde rim de vaca onde um magarefe viu a coroa de espinhos de Cristo. Nem São Domingo Vidal. *(159)*

1957
Margens do rio Sinú

São Domingo Vidal

Era anão e paralítico. O povo o nomeou santo, São Domingo Vidal, porque sua palavra sentipensante adivinhava em que lugar desta costa colombiana tinha ido parar o cavalo perdido e que galo ganharia a próxima briga, e porque não cobrava nada para ensinar os pobres a ler e a defender-se dos gafanhotos e dos latifundiários devoradores.

Filho de Lúcifer, chamou-o a Igreja. Um padre arrancou-o de seu túmulo, dentro da capela da aldeia de Chimá, e a golpes de machado e martelo arrebentou-lhe os ossos. Seus restos arrebentados foram parar num canto da praça, e outro padre quis jogá-los no lixo. O primeiro padre morreu retorcendo-se, com as mãos convertidas em garras, e o outro acabou sem ar, revolvendo-se em sua própria merda.

Como o Santo Ovo, ou São Lúcio, ou tantos outros colegas vizinhos, São Domingo Vidal continuou alegremente vivo no fervor de todos os que aqui se amam, e no desordeiro redemoinho das pessoas do dia a dia, que partilham a feroz luta pela terra e a festa de seus frutos.

São Domingo Vidal ampara o antigo costume das casas do rio Sinú, cujos moradores se visitam e se homenageiam com comidas. Os habitantes de uma aldeia levam em andor, até a praça de outra aldeia, as longas mesas carregadas de flores e de delícias do rio e de suas margens – ovos de iguana, postas de bagre, *sancocho* de dourado, arroz de coco, queijos, doces; e, enquanto a aldeia presenteada come, os presenteadores cantam e dançam ao seu redor. *(160)*

1957

Pino del Agua

Cruzinha

Batista oferece trezentos pesos e uma vaca parida a quem trouxer Fidel Castro vivo ou morto.

Pelas quebradas da serra Maestra, os guerrilheiros andam e crescem. Rapidamente aprendem as regras da guerra no campo. Aprendem a desconfiar e a caminhar de noite, a jamais dormir duas vezes no mesmo lugar e, principalmente, a se entender com as pessoas do lugar.

Quando os doze destrambelhados sobreviventes chegaram a esta serra, não conheciam nenhum camponês; e do rio Yara sabiam apenas através da canção que o menciona. Poucos meses depois, há uns quantos camponeses nas filas rebeldes, desses homens que no tempo da safra cortam cana durante um tempinho e depois são atirados à fome em terra alheia; e os guerrilheiros conhecem e reconhecem estas comarcas como se nelas tivessem nascido. Sabem os nomes dos lugares; quando não, batizam-nos à sua maneira. O arroio da Morte foi chamado assim porque nele desertou um guerrilheiro que, aos gritos, tinha jurado lutar até a morte.

Outros morrem lutando sem ter jurado nada.

Enquanto fumava seu cachimbo nos descansos, José de la Cruz, o Cruzinha, trovador da serra, tinha composto em décimas caipiras toda a história da revolução cubana. Na falta de papel, guardava as décimas na memória. Foram levadas pela bala que acaba de matá-lo no rochedo de Pino del Agua, durante a emboscada aos caminhões do exército. *(209)*

1957

El Uvero

ALMEIDA

Juan Almeida diz que tem dentro uma alegria que o tempo inteiro faz cosquinhas e o obriga a rir e a saltar, alegria muito atrevida se a gente recordar que Almeida nasceu pobre e negro nesta ilha de praias privadas fechadas aos pobres, por serem pobres, e aos negros, porque tingem a água, e que para maior maldição decidiu fazer-se pedreiro e poeta, e que, se ainda assim fossem poucas as complicações, apostou a vida neste jogo de dados da revolução cubana e foi conquistador do Moncada, e foi condenado à prisão e ao desterro e foi navegante do *Granma* antes de ser o guerrilheiro que está sendo e que acaba de levar dois tiros, não mortais mas fodidos, um na perna esquerda e outro no ombro, durante o combate de três horas contra o quartel de Uvero, na beira do mar. *(209)*

1957

Santiago de Cuba

RETRATO DE UM EMBAIXADOR IMPERIAL

Earl Smith, embaixador dos Estados Unidos, recebe as chaves da cidade de Santiago de Cuba. Enquanto transcorre a cerimônia e se derramam, caudalosos, os discursos, um clamor vem crescendo no outro lado das cortinas. O embaixador aparece discretamente na janela e consegue ver uma quantidade de mulheres vestidas de negro, que avançam cantando o hino nacional e gritando *liberdade.* Os policiais as derrubam a cacetadas.

No dia seguinte, o embaixador visita a base militar norte-americana de Guantânamo. Depois percorre as minas de ferro e níquel da Freeport Sulphur Company, que graças aos seus empenhos acabam de ser exoneradas de impostos.

O embaixador torna público seu desgosto pelas cacetadas da polícia, embora reconheça que o governo tem o direito de se defender da agressão comunista. Os assessores explicaram ao embaixador que Fidel é anormal desde a infância, depois de um tombo de motocicleta.

O embaixador, que foi campeão de boxe em seus tempos de estudante, considera que é preciso manter a qualquer preço o general Batista. Batista jamais negará proteção a nenhuma coisa ou pessoa que seja dos Estados Unidos. Com Batista no poder, os turistas podem escolher pela fotografia, no avião, uma linda mulata para o fim de semana. Havana é uma cidade norte-americana, cheia de máquinas caça-níqueis de Nevada e mafiosos de Chicago, com muitos telefones para pedir que alguém mande um jantar quentinho no próximo voo que vem de Miami. *(431)*

1957

El Hombrito

O Che

No vale de Hombrito, os rebeldes mandam. Aqui instalaram um forno para assar pão, uma gráfica, que consiste num velho mimeógrafo, e um consultório médico que funciona numa choupana de uma peça só. O médico é Ernesto Guevara, chamado de *Che*, que de argentino tem, além do apelido, certos costumes como o chimarrão e a ironia. Peregrino da América, incorporou-se às forças de Fidel no México. Tinha ido parar lá depois da queda da Guatemala e ganhava a vida como fotógrafo, a um peso por foto, e vendendo santinhos da Virgem de Guadalupe.

No consultório de Hombrito, o *Che* atende uma caravana de crianças barrigudas, quase anãs, e moças velhas, gastas em poucos anos de muito parir e pouco comer, e homens que são como pelancas secas e vazias, porque a miséria vai transformando cada um em sua própria múmia.

No ano passado, quando a metralha arrasou os guerrilheiros nem bem eles tinham chegado, o *Che* teve que escolher entre uma caixa de balas e uma caixa de remédios. Não podia carregar as duas, e preferiu a caixa de balas. Agora acaricia seu velho fuzil Thompson, que é o único instrumento de cirurgia no qual realmente acredita. *(209)*

A Velha Chana, camponesa da serra Maestra, se lembrará dele assim:

Coitadinho do Che. *Eu sempre o via com aquela carga de asma e dizia: "Ai, virgem". Com a asma ele ficava tranquilinho, respirando baixo. Tem gente que com a asma fica histérica, tosse e abre os olhos e abre a boca. Mas o* Che *tratava de amansar a asma. Se jogava num canto para que a asma acalmasse.*

Ele não gostava da pena. Se a gente dizia: "Coitadinho", ele dava uma olhada na gente, olhadinha rápida que não queria dizer nada e queria dizer muito.

Eu preparava alguma coisinha quente para ele, que passasse no peito para aliviar. Ele, muito bajulador, me dizia: "Ah, a minha namorada". Mas de canalha que era. *(338)*

1958

Estocolmo

Pelé

Resplandece o futebol brasileiro, que dança e faz dançar. No Campeonato Mundial da Suécia, se consagram Pelé e Garrincha, para desmentir quem diz que os negros não servem para jogar em clima frio.

Pelé, magricela, quase menino, incha o peito, para impressionar, e ergue o queixo. Ele joga futebol como Deus jogaria, se Deus decidisse se dedicar seriamente ao assunto. Pelé marca encontro com a bola onde for e quando for e como for, e ela nunca falha. Para os altos ares ela é enviada: descreve uma ampla curva e volta para o pé dele, obediente, agradecida, ou talvez atada por um elástico invisível. Pelé a levanta, encolhe o peito, deixa-a rodar suavemente pelo corpo: sem que toque o chão vai mudando-a de perna enquanto se lança, corre-corre a caminho do gol. Não há quem consiga agarrá-lo, a laço ou no braço, até que ele deixe a bola pregada, branca, fulgurante, no fundo das redes.

Dentro e fora do campo, se cuida. Jamais perde um minuto de seu tempo, nem deixa cair jamais uma moeda do bolso. Até pouco tempo, engraxava sapatos no cais do porto. Pelé nasceu para subir; e sabe disso. *(279)*

1958

Estocolmo

Garrincha

Garrincha dribla derrubando rivais. Meia-volta, volta e meia. Faz que vai, e vem. Faz que vem, e vai. Os rivais se esborracham no chão, um atrás do outro, de bunda na grama, pernas para cima, como se Garrincha espalhasse cascas de banana. Quando enganou todos, incluindo o goleiro, senta em cima da bola, na linha do gol.

Então, recua e começa tudo de novo. Os torcedores se divertem com suas diabruras, mas os dirigentes arrancam os cabelos: Garrincha joga para rir, não para ganhar, alegre pássaro de pernas tortas, e esquece o resultado. Ele ainda acredita que o futebol é uma festa, e não um emprego ou um negócio. Gosta de jogar a troco de nada ou de algumas cervejas, na praia ou nos campos de pelada.

Tem muitos filhos, próprios ou adotivos. Bebe e come como se fosse a última vez. Mão aberta, tudo dá, tudo perde. Garrincha nasceu para cair; e não sabe disso. *(22)*

1958

Serra Maestra

A REVOLUÇÃO É UMA CENTOPEIA QUE NINGUÉM PARA

Em plena guerra, debaixo de tiro, Fidel faz a reforma agrária na serra Maestra. Os camponeses recebem sua primeira terra e ao mesmo tempo seu primeiro médico, seu primeiro professor e até seu primeiro juiz, que dizem que é menos perigoso que um punhal para resolver uma questão.

Mais de dez mil soldados do exército de Batista vêm sofrendo uma derrota atrás da outra. O exército rebelde é infinitamente menor e ainda está mal armado, mas carrega povo embaixo, em cima, dentro, adiante e atrás.

O futuro é agora. Fidel lança a ofensiva final, a invasão de ponta a ponta. Em duas colunas, uma comandada pelo *Che Guevara*, a outra por Camilo Cienfuegos, cento e sessenta guerrilheiros saem das montanhas para a conquista da planície. *(98 e 209)*

1958

Yaguajay

CAMILO

Atravessando como que por magia bombardeios e emboscadas, as colunas invasoras chegam ao centro da linha. Cuba fica cortada em dois quando Camilo Cienfuegos se faz dono do quartel de Yaguajay, depois de onze dias de combate, e Che Guevara entra na cidade de Santa Clara. A fulminante ofensiva arranca de Batista a metade do país.

Camilo Cienfuegos é corajoso e comilão. Luta tão de perto que quando mata pesca no ar, sem que toque o solo, o fuzil do inimigo. Várias vezes esteve a ponto de morrer de bala e uma vez quase morreu de cabrito, por engolir um cabrito inteiro depois de muito tempo de andar comendo um dia não e outro tampouco.

Camilo tem barba e melena de profeta bíblico, mas não é homem de cenho franzido e sim de riso aberto, de orelha a orelha. A gesta épica que mais o orgulha é aquela ocasião em que enganou um aviãozinho militar, na serra, derramando no corpo um garrafão de iodo e deitando-se, quietinho, com os braços abertos em cruz. *(210 e 179)*

1959

Havana

Cuba amanhece sem Batista

no primeiro dia do ano. Enquanto o ditador aterrissa em São Domingos e pede refúgio a seu colega Trujillo, em Havana os verdugos fogem, salve-se quem puder, em disparada.

Earl Smith, embaixador norte-americano, comprova, horrorizado, que as ruas foram invadidas pela ralé e por alguns guerrilheiros sujos, cabeludos, descalços, iguaizinhos à quadrilha de Dillinger, que dançam *guaguancó* marcando a tiros o ritmo. *(98 e 431)*

A rumba

O *guaguancó* é um tipo de rumba e todo cubano que se respeite é rumbeiro nato: rumbeiro na paz, na guerra e no intervalo. Até para brigar o cubano arma uma rumba e entra no baile dos tiros tal como atropela a multidão atrás dos tambores que a chamam:

– *Eu gozo. E se me derrubam, azar. Mas gozo.*

Em qualquer rua ou terreno baldio, a música solta-se, e não há quem a pare. A rumba soa em tambores e caixotes, e se não há tambores nem caixotes soa nos corpos, soa no ar; e até as orelhas dançam. *(86, 198 e 324)*

1959
Havana

RETRATO DE UM CASANOVA DO CARIBE

Também Porfírio Rubirosa, embaixador dominicano, assiste com pavor ao arrepiante espetáculo. No café da manhã não toma outra coisa a não ser café puro. As novidades acabaram com sua fome. Enquanto um exército de empregadas prega caixões e fecha baús e malas, Rubirosa acende nervosamente um cigarro e põe a girar no toca-discos sua canção preferida, que se chama *Sabor a mí.*

Em sua cama, diz a fama, jamais o sol se põe. O homem de Trujillo em Cuba é um célebre conquistador de princesas, herdeiras e estrelas de cinema. Rubirosa cobre-as de gracejos e toca para elas o ukelele antes de dar-lhes amor ou surra.

Há quem diga que sua tremenda energia vem da infância, quando lhe davam de beber leite de teta de sereia. Os patriotas garantem que o segredo está no *gruda-pau,* planta silvestre dominicana, um elixir da virilidade que Trujillo elabora e exporta para os Estados Unidos.

Rubirosa começou sua carreira quando Trujillo o fez genro. Continuou-a como embaixador em Paris, vendendo vistos aos judeus perseguidos por Hitler. Aperfeiçoou-a casando-se com as multimilionárias Doris Duke e Bárbara Hutton. É o cheiro do dinheiro o que excita o Casanova do Trópico, como os tubarões se excitam com o cheiro de sangue. *(100)*

1959
Havana

"SÓ GANHAMOS O DIREITO DE COMEÇAR",

diz Fidel, que chega no alto de um tanque, vindo da serra Maestra. Frente à multidão que fervilha, explica que é apenas o princípio tudo isso que parece o final. Enquanto fala, as pombas descansam em seus ombros.

A metade da terra está sem cultivar. As estatísticas dizem que o ano passado foi o mais próspero da história de Cuba; mas os camponeses, que não sabem ler estatísticas nem sabem ler nada não perceberam.

A partir de agora, outro galo cantará: para que cante, a reforma agrária e a alfabetização, como na serra, são as tarefas mais urgentes. E antes, a liquidação deste exército de açougueiros. Os mais ferozes vão para o *paredón.*

O torturador chamado Quebraossos desmaia cada vez que o pelotão aponta para ele. É preciso amarrá-lo num poste. *(91)*

1960
Brasília

UMA CIDADE OU DELÍRIO NO MEIO DO NADA

O Brasil estreia nova capital. Nasce Brasília, súbita, no centro de uma grande cruz traçada sobre o pó vermelho do deserto, distante do litoral; longe de tudo, lá no fim do mundo ou em seu princípio.

Foi construída num ritmo alucinante. Durante três anos este foi um formigueiro onde os operários e os técnicos trabalharam ombro a ombro noite e dia, dividindo a tarefa, o prato e o teto. Mas quando Brasília fica pronta, termina a fugaz ilusão da fraternidade. Fecham-se de repente as portas: a cidade não serve aos serventes. Brasília deixa de fora quem a ergueu com suas mãos. Eles viverão amontoados nas favelas que brotam, com a graça de Deus, lá fora.

Esta é uma cidade do governo, a casa do poder, sem povo nas praças nem calçadas para caminhar. Brasília está na lua: branca, luminosa, flutua lá longe, lá em cima, acima do Brasil e a salvo de suas imundícies e de suas loucuras.

Não tinha sido sonhada assim por Oscar Niemeyer, o arquiteto de seus palácios. Quando se celebra a grande festa de inauguração, Niemeyer não aparece no palco. *(69 e 315)*

1960
Rio de Janeiro

NIEMEYER

odeia o ângulo reto e o capitalismo. Contra o capitalismo, não há muito o que pode fazer; mas contra o ângulo reto, opressor do espaço, triunfa sua arquitetura livre e sensual e leve como as nuvens.

Niemeyer concebe a moradia humana na forma de corpo de mulher, costa sinuosa ou fruta do trópico. Também na forma de montanha, se a montanha se recorta em curvas contra o céu, como é o caso das montanhas do Rio de Janeiro, desenhadas por Deus naquele dia em que Deus achou que era Niemeyer. *(315)*

1960
Rio de Janeiro

Guimarães Rosa

Também ousada e ondulante é a linguagem de Guimarães Rosa, que constrói casas de palavras.

Cria obras quentes de paixão este senhor formal, cumpridor de horários, incapaz de atravessar a rua com sinal vermelho. Sopra feroz a tragédia nos contos e romances deste sorridente diplomata de carreira. Escrevendo, viola todas as normas este burguês conservador que sonha em entrar na Academia.

1960
Artemisa

Milhares e milhares de facões

se agitam no ar, se afiam roçando-se uns nos outros, esfregando-se, chocando-se, aço e fio, e esse tchá-tchá dos facões é a guerreira música de fundo para a canção ou discurso que Fidel está pronunciando no palanque. No oriente da ilha, frente aos trabalhadores do açúcar, Fidel explica por que seu governo expropriou a empresa petroleira Texaco.

A cada golpe recebido, Cuba responde sem cair ou calar. O Departamento de Estado não aceita a reforma agrária: Cuba entrega aos camponeses os latifúndios norte-americanos. Eisenhower envia aviões para incendiar canaviais e ameaça não comprar açúcar cubano: Cuba rompe o monopólio comercial trocando açúcar por petróleo com a União Soviética. As empresas petroleiras norte-americanas se negam a refinar petróleo soviético: Cuba as nacionaliza.

Cada discurso é um curso. Durante horas e horas Fidel raciocina, pergunta, aprende e ensina, defende e acusa, enquanto Cuba abre caminho, ainda às apalpadelas; e cada passo procura espaço. *(91)*

1961
São Domingos

No ano 31 da Era Trujillo

O peso de papel é uma luva de beisebol de porcelana, entre dourados cupidos e dançarinas. Rodeado de bustos de Trujillo e fotos de Trujillo,

Trujillo passa em revista as últimas listas de conspiradores, enviadas por seus espiões. Com mão desdenhosa risca alguns nomes, homens e mulheres que não amanhecerão, enquanto os torturadores arrancam novos nomes dos presos que uivam na fortaleza de Ozama.

As listas inspiram em Trujillo tristes reflexões. À cabeça dos conspiradores figuram o embaixador dos Estados Unidos e o arcebispo primaz das Índias, que até ontem mesmo partilhavam de seu governo. O Império e a Igreja renegam agora o filho tão fiel, que tornou-se inapresentável aos olhos do mundo, e cospem em sua mão pródiga. Dói muito tamanha ingratidão no autor do desenvolvimento capitalista da República Dominicana. E ainda assim, de todas as condecorações dependuradas em seu peito e na sua barriga e nas paredes, Trujillo continua preferindo a Grã-Cruz da Ordem de São Gregório Magno, outorgada pelo Vaticano, e a medalhinha que há muitos anos recompensou seus serviços à Infantaria da Marinha dos Estados Unidos.

Até a morte será Sentinela do Ocidente, apesar de todos os pesares, o homem que foi oficialmente chamado de Benfeitor da Pátria, Salvador da Pátria, Pai da Pátria, Restaurador da Independência Financeira, Campeão da Paz Mundial, Protetor da Cultura, Primeiro Anticomunista das Américas, Líder Egrégio, llustríssimo e Generalíssimo. *(60, 63 e 101)*

1961

São Domingos

O FALECIDÍSSIMO

deixa como herança um país inteiro, além de nove mil e seiscentas gravatas, dois mil ternos, trezentos e cinquenta uniformes e seiscentos pares de sapatos em seus armários de São Domingos, e quinhentos e trinta milhões de dólares em suas contas particulares na Suíça.

Rafael Leônidas Trujillo caiu numa emboscada, crivado em seu automóvel. Seu filho, Ramfis, voa de Paris para cuidar da herança, do enterro e da vingança.

Ramfis Trujillo, colega e amigo de Porfírio Rubirosa, adquiriu certa notoriedade desde sua recente missão cultural em Hollywood. Ali, obsequiou automóveis Mercedes-Benz e casacos de vison e chinchila a Kim Novak e Zsa Zsa Gabor, em nome do faminto mas generoso povo dominicano. *(60, 63 e 101)*

1961

Baía dos Porcos

CONTRA O VENTO,

contra a morte, sempre de ida, nunca de volta, a revolução cubana continua escandalosamente viva bem ali, a oito minutos de voo de Miami.

Para acabar com a insolência, a CIA lança uma invasão a partir dos Estados Unidos, da Guatemala e da Nicarágua. No cais, Somoza II se despede dos expedicionários. O Exército Cubano de Libertação, que a CIA fabricou e pôs em funcionamento, está formado por militares e policiais da ditadura de Batista e pelos desalojados herdeiros das plantações de açúcar, dos bancos, dos jornais, dos garitos, dos bordéis e dos partidos políticos.

– *Tragam-me alguns pelos da barba de Castro*! – encomenda Somoza.

Aviões dos Estados Unidos entram no céu de Cuba. Estão camuflados. Levam pintada a estrela da Força Aérea Cubana. Os aviões metralham, voando baixo, o povo que os saúda, e descarregam bombas sobre as cidades. Atrás do bombardeio, que prepara o terreno, os invasores desembarcam nos pântanos da baía dos Porcos. Enquanto isso, o presidente Kennedy joga golfe na Virgínia.

Kennedy deu a ordem, mas tinha sido Eisenhower quem tinha posto em ação o plano de invasão. Eisenhower tinha aprovado a invasão de Cuba na mesma escrivaninha onde antes tinha aprovado a invasão da Guatemala. O chefe da CIA, Alien Dulles, garantiu-lhe que acabaria com Fidel Castro como tinha acabado com Arbenz. Seria coisa de algumas semanas, dia a mais, dia a menos, e a mesma equipe da CIA cuidaria do assunto: os mesmos homens, as mesmas bases. O desembarque dos libertadores desencadearia a insurreição popular na ilha submetida à tirania vermelha. Os espiões norte-americanos sabiam que o povo de Cuba, farto de entrar em filas, não esperava outra coisa além do sinal de rebelião. *(415 e 469)*

1961

Praia Girón

A SEGUNDA DERROTA MILITAR DOS ESTADOS UNIDOS NA AMÉRICA LATINA

Em três dias Cuba acaba com os invasores. Entre os mortos, há quatro pilotos norte-americanos. Os sete navios, escoltados pela Marinha de Guerra dos Estados Unidos, fogem ou afundam na baía dos Porcos.

O presidente Kennedy assume a responsabilidade total por este fiasco da CIA.

A CIA acreditou, como sempre, nos relatórios de seus espertos espiões locais, que recebem para dizer o que agrada ser ouvido; e, como sempre, confundiu a geografia com um mapa militar alheio às pessoas e à história. Os pântanos que a CIA escolheu para o desembarque tinham sido o lugar mais miserável de Cuba inteira, um reino de crocodilos e mosquitos, até que a Revolução chegou. Então, o entusiasmo humano transformou estes lodaçais, fundando neles escolas, hospitais e estradas. As pessoas daqui foram as primeiras a expor o peito às balas, contra os invasores que vinham salvá-las. *(88, 435 e 469)*

1961
Havana

RETRATO DO PASSADO

Os invasores, parasitas e verdugos, jovens milionários, veteranos de mil crimes respondem às perguntas dos jornalistas. Ninguém assume a responsabilidade de praia Girón nem de nada; todos eram cozinheiros da expedição.

Ramón Calvino, célebre torturador dos tempos de Batista, sofre amnésia total frente às mulheres por ele golpeadas, chutadas e violadas, que o reconhecem e desafiam. O padre Ismael de Lugo, capelão da brigada de assalto, busca amparo sob o manto da Virgem. Ele tinha lutado ao lado de Franco na guerra espanhola, por conselho da Virgem, e agora invadiu Cuba para que a Virgem não sofra mais, contemplando tanto comunismo. O padre Lugo invoca uma Virgem empresária, dona de algum banco ou plantação nacionalizada, que pensa e sente como outros mil e duzentos prisioneiros; o direito é o direito de propriedade e de herança; a liberdade, liberdade de empresa. A sociedade modelo, uma sociedade anônima. A democracia exemplar, uma assembleia de acionistas.

Todos os invasores foram educados na ética da impunidade. Ninguém reconhece ter matado ninguém. E afinal de contas, tampouco a miséria assume seus crimes. Alguns jornalistas lhes perguntam sobre as injustiças sociais, mas eles lavam as mãos, o sistema lava as mãos: as crianças que em Cuba e na América Latina inteira morrem pouco depois de nascer, morrem de gastroenterite, e não de capitalismo. *(397)*

1961
Washington

Quem invadiu Cuba? Um diálogo no Senado dos Estados Unidos

Senador Capehart – *Quantos aviões tínhamos?*

Allen Dulles (diretor da CIA) – *Quantos tinham os cubanos?*

Senador Sparkman – *Não, os americanos. Quantos?*

Dulles – *Bem, trata-se de cubanos.*

Sparkman – *Os rebeldes.*

Dulles – *Nós não os chamamos de rebeldes.*

Capehart – *Quero dizer: as forças revolucionárias.*

Sparkman – *Quando ele perguntou quantos aviões tínhamos, se referia a isso, às forças anticastristas.*

Richard M. Bissel (subdiretor da CIA) – *Começamos, senhor, com dezesseis B-26... (108)*

1961
Havana

Maria de la Cruz

Pouco depois da invasão, o povo reúne-se na praça. Fidel anuncia que os prisioneiros serão trocados por remédios para crianças. Depois entrega diplomas a quarenta mil camponeses alfabetizados. Uma velha insiste em subir na tribuna, e tanto insiste que enfim sobe. Em vão move as mãos no ar, buscando o altíssimo microfone, até que Fidel o abaixa:

– *Eu queria conhecê-lo, Fidel. Queria dizer-lhe...*

– *Cuidado, vou ficar vermelho...*

Mas a velha, mil rugas, meia dúzia de ossinhos, criva-o de elogios e gratidões. Ela aprendeu a ler e a escrever aos cento e seis anos de idade. Chama-se Maria de la Cruz, por ter nascido no mesmo dia da invenção da Santa Cruz, com o sobrenome Semanat, porque Semanat se chamava a plantação de cana onde ela nasceu escrava, filha de escravos, neta de escravos. Naquele tempo os amos mandavam ao cepo os negros que queriam letras, explica Maria de la Cruz, porque os negros eram máquinas que funcionavam ao toque do sino e ao ritmo dos açoites, e por isso ela tinha demorado tanto em aprender.

Maria de la Cruz apodera-se da tribuna. Depois de falar, canta. Depois de cantar, dança. Faz mais de um século que desandou a dançar Maria de la Cruz. Dançando saiu do ventre da mãe e dançando atravessou a dor e o horror até chegar aqui, que era onde devia chegar, portanto agora não há quem a detenha. *(298)*

1961
Punta del Este

A LATRINOCRACIA

Depois do fracasso do desembarque dos soldados em Cuba, os Estados Unidos anunciam um grande desembarque de dólares na América Latina.

Para isolar os barbudos, o presidente Kennedy oferece aos latino-americanos cachoeiras de doações, empréstimos, investimentos:

– *Cuba é a galinha dos ovos de ouro* – comprova o *Che Guevara*, na Conferência Pan-americana de Punta del Este.

O *Che* denuncia este projeto de suborno: diz que é um deboche. Para que nada mude, é desencadeada a retórica da mudança. Chegam a meio milhão as páginas dos relatórios oficiais da conferência, e não há uma única que não fale de revolução, reforma agrária e desenvolvimento. Enquanto os Estados Unidos derrubam os preços dos produtos da América Latina, prometem latrinas para os pobres, os índios, os negros: nada de maquinaria, nada de equipamento: latrinas:

– *Para os senhores técnicos* – acusa o Che –, *planificar é planificar a latrina. Se os levássemos a sério, Cuba poderia ser um paraíso da latrina! (213)*

1961
Escuinapa

O LOROTEIRO

Uma vez ensilhou e montou um tigre, achando que era um burro, e em outra ocasião amarrou as calças com uma serpente viva e viu que não era cinto porque não tinha fivela. Todos acreditam nele quando explica que nenhum avião aterrissa se alguém não jogar grãos de milho na pista, ou quando conta a terrível matança que o trem fez no dia em que enlouqueceu e em lugar de avançar para a frente desandou a correr de lado.

– *Num minto nunquinha* – mente o Güilo Mentiras.

O Güilo, pescador de camarões nos estuários de Escuinapa, é um contador de caso. Pertence à esplêndida estirpe latino-americana dos loroteiros, magos do papo de balcão ou de fogueira, sempre por falado, jamais por escrito.

Aos setenta anos, seus olhos dançam. Ri da morte, que uma noite veio buscá-lo:

– *Toc, toc, toc* – bateu a morte.

– *Entra* – chamou o Güilo, galante, deitado na cama. – *Estava te esperando.*

Mas, quando quis abaixar as calcinhas dela, a morte fugiu apavorada. *(309)*

1961
São Salvador da Bahia

AMADO

E enquanto o Güilo Mentiras espanta a morte no México, no Brasil o romancista Jorge Amado inventa um capitão que espanta a solidão. O capitão, conta Jorge Amado, desafia furacões e fogos-fátuos e atravessa maremotos e negros abismos enquanto oferece aos vizinhos bebidas preparadas seguindo as receitas de um velho lobo do mar de Hong Kong.

Quando o capitão naufraga na costa do Peru, os vizinhos naufragam. Os vizinhos, tímidos funcionários, aposentados doentes de tédio e reumatismo, sentem o coração encolher quando veem chegando uma montanha de gelo que avança contra o navio, a bombordo, no brumoso mar do Norte, ou quando o monção sopra furiosamente no mar de Bengala. Todos estremecem de prazer cada vez que o capitão recorda a bailarina árabe que mordia uvas suculentas enquanto dançava nas areias de Alexandria, sem outra roupa além de uma flor branca na virilha.

O capitão nunca saiu do Brasil. Jamais pisou um barco, nem mesmo um bote, porque enjoa no mar, mas se senta na sala da sua casa e sua casa navega e chega mais longe que Marco Polo ou Colombo ou os astronautas. *(19)*

1962
Cosalá

UM MAIS UMA DÁ UM

Amarrados na mesma estaca, muito carregados de lenha seca, se olham. Ele, querendo; ela, dengosa. Enquanto o burro e a burra se olham e reolham, as beatas atravessam a praça, atarefadas na oração, rumo à igreja. Por ser hoje Sexta-Feira Santa, as beatas andam missando e lutando por Nosso Senhor Jesus Cristo, todas de negro, xales negros, meias negras, luvas negras. Tremendo espanto levam as beatas quando o burro e a burra arrebentam amarras e derramando alegrias começam a se gozar em plena praça, de cara para a igreja e de costas para a prefeitura.

Pelo México afora ecoam os gritos. O prefeito de Cosalá, José Antonio Ochoa, sai ao balcão, dá um grito e tapa os olhos. Em seguida manda que sejam passados pelas armas os revoltosos burricos enganchados de amor. Que sem se soltar caem, fuzilados. *(308 e 329)*

1962

Vila de Jesus Maria

Um mais uma dá todos

Em outro povoado da serra, não distante do povoado onde fuzilam os burros, os índios coras se mascaram e pintam seus corpos nus. Como em todas as Sextas-feiras Santas, as coisas recebem novos nomes enquanto a festa é desencadeada, paixão de Cristo ou caçada mágica ao Veado ou assassinato do deus Sol, crime que funda a vida humana na terra:

– *Que morra, que mate, que engendre.*

Aos pés da cruz os bailarinos amantes se oferecem, se abraçam, se entram, enquanto os bailarinos palhaços os imitam dando cambalhotas. Amando brincam todos, carícias, cócegas, palhaçadas, e todos brincam comendo, porque as frutas viram projéteis e os ovos bombas, e a golpes de broas e jorros de mel acaba em guerra o grande banquete. Como loucos se divertem os índios coras, dançando, amando, comendo, em homenagem a Jesus Cristo moribundo e à margem de sua agonia. Ele, na cruz, sorri, agradecido. *(46)*

1963

Bayamo

O ciclone Flora

surra Cuba com alma e vida durante mais de uma semana. O ciclone mais prolongado da história nacional ataca e foge e regressa como se tivesse esquecido de quebrar alguma coisa: tudo gira, torvelinho furioso, ao redor desta gigantesca serpente de vento que se torce e ataca onde menos se espera.

Não adianta nada pregar portas e janelas. O ciclone arranca tudo pela raiz e brinca com as casas e as árvores atirando-as pelos ares. Esvazia-se o céu, para susto das aves, e o mar inunda todo o oriente da ilha. Da base de Bayamo, as brigadas saem em lanchas e em helicópteros. Os voluntários vão e vêm resgatando gentes e bichos, vacinando tudo que encontram vivo e enterrando ou queimando os muitos mortos. *(18)*

1963

Havana

TODO MUNDO É FAZ-TUDO

Nesta ilha devastada pelo ciclone e bloqueada e acossada pelos Estados Unidos, é uma façanha o dia a dia. As vitrinas exibem cartazes de solidariedade com o Vietnam no lugar de sapatos e camisas, e qualquer comprinha exige horas de fila; os escassos automóveis andam com buchas de chifre de boi nas rodas e nas escolas de arte se rala a grafite dos lápis para improvisar tinta. Nas fábricas há teias de aranha sobre algumas máquinas novas, porque certa peça de reposição não acabou de percorrer seus dez mil quilômetros de caminho. De distantes portos do Báltico vêm o petróleo e todo o resto, e uma carta enviada de Cuba à Venezuela dá a volta ao mundo inteiro antes de chegar ao seu vizinho destino.

E não faltam apenas coisas. Muita gente que sabia de tudo foi-se embora para Miami atrás das pegadas dos que tinham de tudo.

E agora?

– *Agora, é preciso inventar.*

Aos dezoito anos, Ricardo Gutiérrez desfilou em Havana com o fuzil levantado, no meio da maré de fuzis e facões e chapéus de palha que celebrou o fim da ditadura de Batista. No dia seguinte, teve de assumir a responsabilidade de várias empresas abandonadas por seus donos. Coube a ele, entre outras, uma fábrica de peças íntimas femininas. Em seguida começaram os problemas de matéria-prima. Não havia espuma de látex para o enchimento dos sutiãs. Os operários discutiam o assunto numa assembleia e decidiram esvaziar almofadas. Foi um desastre. O enchimento das almofadas não podia ser lavado porque não secava nunca.

Ricardo tinha vinte anos quando meteram-lhe dois pesos no bolso e o mandaram administrar um engenho de açúcar. Nunca em sua vida tinha visto um engenho, nem de longe; lá descobriu que o melado tem uma cor escura. O administrador anterior, fiel servidor com meio século de experiência, tinha se perdido no horizonte levando debaixo do braço o quadro a óleo com o retrato do patrão, Julio Lobo, senhor daqueles canaviais que a revolução tinha expropriado.

Agora o ministro de Relações Exteriores manda chamá-lo. Raúl Roa senta-se no chão, na frente de um grande mapa da Espanha aberto sobre o tapete, e começa a desenhar cruzinhas. Assim Ricardo fica sabendo, aos vinte e dois anos, que virou cônsul.

– *Mas eu só escrevo à máquina com dois dedos* – balbucia, defendendo-se.

– *Eu escrevo com um e sou ministro* – sentencia Roa.

1963

Havana

Retrato do burocrata

Tempo negro que engendra o tempo vermelho que fará possível o tempo verde: a solidariedade vai ocupando o lugar da cobiça e do medo. Por ser capaz de inventar, capaz de criação e de loucura, a revolução cubana avança. Mas tem inimigos de sobra. Entre seus inimigos mais temíveis está o burocrata, devastador como o ciclone, asfixiante como o imperialismo: não há revolução que não o leve dentro.

O burocrata é o homem de madeira, nascido por engano dos deuses, que o fizeram sem sangue, sem alento nem desalento, e sem nenhuma palavra a dizer. Tem eco, mas não tem voz. Sabe transmitir ordens, não ideias. Considera qualquer dúvida uma heresia; qualquer contradição, uma traição. Confunde a unidade com a unanimidade e acredita que o povo, eterno menor de idade, deve ser conduzido na base do puxão de orelha.

É bastante improvável que o burocrata arrisque a vida. É absolutamente impossível que arrisque o emprego.

1963

Havana

Bola de Neve

– *Isto é o ioruba-marxismo-leninismo* – diz Bola de Neve, cantor de Guanabara, filho do cozinheiro Domingo e de Mãe Inês, e diz isso como murmurando, com sua enorme pouca voz, rouquinha, carnuda. *Ioruba-marxismo-leninismo* é o nome que Bola de Neve dá ao furor e ao júbilo deste povo que dança a Internacional balançando as cadeiras, revolução cubana nascida do feroz abraço da Europa e da África nas areias da América. Neste espaço se cruzam os deuses que os homens fazem com os homens feitos pelos deuses, uns descendo à terra, outros lançados à conquista do céu, e celebrando-o canta Bola de Neve, de maneira bem malandra.

1963
Rio Coco

NOS OMBROS LEVA O ABRAÇO DE SANDINO,

que o tempo não apagou. Trinta anos depois, o coronel Santos López volta à guerra, na selva do norte, para que a Nicarágua seja.

Há um par de anos nasceu a Frente Sandinista. Foi nascida, por Santos López e Carlos Fonseca Amador e Tomás Borge, além de outros rapazes que não conheceram Sandino mas querem continuá-lo. A tarefa custará sangue, e eles sabem disso:

– *Tanta imundície não pode ser lavada com água, por mais benta que seja* – diz Carlos Fonseca.

Perdidos, sem armas, ensopados pela chuva eterna, sem comer mas comidos, fodidos, perambulam pela selva os guerrilheiros. Não há pior momento que o pôr do sol. O dia é dia e a noite, noite, mas o entardecer é a hora de agonia e espantosa solidão; e os sandinistas não são nada ainda, ou quase nada. *(58 e 267)*

1963
San Salvador

MIGUEL AOS CINQUENTA E OITO

Anda Miguel como de costume, pulando de galho em galho, cometendo sindicatos camponeses e outras diabruras, quando a polícia o agarra em algum povoado e o traz, amarrado pelos pés e pelas mãos, à cidade de San Salvador.

Aqui recebe longa sova. Oito dias apanha, dependurado; oito noites apanha, no chão. Muito rangem seus ossos e grita sua carne, mas ele não solta nem um pio enquanto exigem que revele segredos. Em compensação, quando o torturador xinga sua gente querida, o velho respondão se levanta de seus restos sangrantes, o velho galinho de briga ergue a crista e cacareja, Miguel ordena ao capitão que feche sua boca porca. E então o capitão afunda no seu pescoço a pistola e Miguel o desafia: é só apertar o gatilho. E ficam cara a cara os dois, ferozes, arfantes, como soprando brasas: o soldado com o dedo no gatilho, a pistola cravada no pescoço de Miguel e os olhos cravados em seus olhos, Miguel sem pestanejar, comprovando a passagem dos segundos e dos séculos e escutando o ressoar do coração que subiu-lhe à cabeça. E já se dá Miguel por morto de morte total, quando de repente uma sombra aparece no fulgor de fúria dos olhos do capitão, um cansaço ou sabe-se lá o quê o invade e toma seus olhos por assalto, e de repente o capitão pisca, surpreendido por estar onde está, e lentamente deixa cair a arma e o olhar.

E assim acontece o décimo primeiro nascimento de Miguel Mármol, aos cinquenta e oito anos de idade. *(222)*

1963
Dallas

O governo diz que a verdade não existe

Um meio-dia, numa rua de Dallas, o presidente dos Estados Unidos cai assassinado. Nem bem morre, e se difunde a versão oficial. A versão oficial, que será definitiva, afirma que Lee Harvey Oswald assassinou Kennedy.

A arma não coincide com a bala, nem a bala com os furos. O culpado não coincide com a culpa: Oswald é homem de péssima pontaria e de físico medíocre, mas segundo a versão oficial atuou como um campeão olímpico de tiro ao alvo e de corrida. Disparou um velho rifle num ritmo impossível e sua bala mágica deu acrobáticas voltas para atravessar Kennedy e o governador do Texas, Connally, ficando milagrosamente intacta.

Oswald nega, aos gritos. Mas ninguém sabe, ninguém saberá nunca, o que ele declara. E dois dias depois ele desmorona em frente das câmaras de televisão: o mundo inteiro assiste ao espetáculo. Quem lhe cala a boca é Jack Ruby, um meliante consagrado ao tráfico de mulheres e de drogas. Ruby diz que vingou Kennedy por patriotismo e de pena da pobre viúva. *(232)*

1963

São Domingos

Crônica de costumes da América Latina

Saindo das areias de Sosúa, nadava mar adentro. Na frente, de barco, ia a banda de música, espantando os tubarões.

Agora o general Toni Imbert está barrigudo e vadio e é difícil que se atire às águas; mas costuma voltar à praia de sua infância. Gosta de sentar-se no calçadão, fazer pontaria, fuzilar tubarões. Em Sosúa, os tubarões disputam com os pobres as sobras do matadouro. O general Imbert sente simpatia pelos pobres. Sentado no calçadão, joga para eles notas de dez dólares.

O general Imbert é muito parecido a seu amigo do peito, o general Wessin y Wessin. Mesmo quando estão resfriados, os dois são capazes de reconhecer de longe o cheiro de um comunista; e os dois ganharam numerosas medalhas por levantar cedo e matar gente amarrada. Quando dizem o presidente, os dois se referem sempre ao *presidente* dos Estados Unidos.

Os generais Imbert e Wessin y Wessin, filhos dominicanos da Escola das Américas, no Panamá, engordaram, os dois, ao amparo de Trujillo. Depois, os dois o traíram. Após a morte de Trujillo houve eleições e o povo votou em massa em Juan Bosch. Eles não podiam permanecer de braços cruzados. Bosch negou-se a comprar aviões de guerra, anunciou a reforma agrária e a lei do divórcio, e aumentou os salários dos operários. Sete meses durou o subversivão. Os generais Imbert e Wessin y Wessin e outros generais da nação recuperaram o poder, favo rico de mel, com um quartelaço fácil na madrugada.

Os Estados Unidos não demoram a reconhecer o novo governo. *(61 e 281)*

1964

Panamá

Vinte e três rapazes caem crivados de balas

quando tentam hastear a bandeira do Panamá em solo do Panamá.

– *Só foram usadas balas de caçar patos* – desculpa-se o comandante das tropas norte-americanas de ocupação.

Outra bandeira ondula ao longo do talho que corta o Panamá de mar a mar. Outra lei impera, outra polícia vigia, outro idioma é falado. Os panamenhos não podem entrar sem licença na zona do canal, nem para apanhar a fruta caída de uma mangueira, e assim os que trabalham ali recebem salários, de segunda, como os negros e as mulheres.

O canal, colônia norte-americana, é um negócio e uma base militar. Com o pedágio que os barcos pagam, financiam-se os cursos da Escola das Américas. Nos quartéis da zona do canal, os oficiais do Pentágono ensinam cirurgia anticomunista aos militares latino-americanos que logo exercerão, em seus países, presidências, ministérios, comandos ou embaixadas.

– *São os líderes do futuro* – explica Robert McNamara, ministro de Defesa dos Estados Unidos.

Vigilantes frente ao câncer que ameaça, estes militares cortarão as mãos de quem ousar cometer a reforma agrária ou a nacionalização, e arrancarão a língua dos respondões e perguntões. *(248)*

1964

Rio de Janeiro

"Há nuvens sombrias",

diz Lincoln Gordon:

– *Nuvens sombrias se fecham sobre nossos interesses econômicos no Brasil...*

O Presidente João Goulart acaba de anunciar a reforma agrária, a nacionalização das refinarias de petróleo e o fim da evasão de capitais; e o embaixador dos Estados Unidos, indignado, o ataca em voz alta. Da embaixada, chuvas de dinheiro caem sobre os envenenadores da opinião pública e os militares que preparam o golpe. Difunde-se por todos os meios um manifesto que pede aos gritos um golpe de Estado. Até o Lions Club assina o manifesto.

Dez anos depois do suicídio de Vargas, soam, multiplicados, os mesmos clamores. Políticos e jornalistas chamam o fardado messias capaz de pôr um fim neste caos. A televisão exibe filmes que mostram muros de Berlim cortando em dois as cidades brasileiras. Jornais e rádios exaltam as virtudes do capital privado, que transforma os desertos em oásis, e os méritos das forças armadas, que evitam que os comunistas roubem até a água. A Marcha da Família com Deus pela Liberdade pede piedade ao Céu, nas avenidas das cidades principais.

O embaixador Lincoln Gordon denuncia a conspiração comunista: o fazendeiro Goulart está traindo a sua classe na hora de escolher entre devoradores e devorados, entre os opinadores e os opinados, entre a liberdade do dinheiro e a liberdade das pessoas. *(115 e 141)*

1964
Juiz de Fora

A RECONQUISTA DO BRASIL

Há quase trinta anos, o capitão Olympio Mourão Filho fabricou uma conspiração comunista, o Plano Cohen, por ordem do presidente Vargas. Agora o general Mourão Filho compra a conspiração fabricada pelo embaixador Gordon. O general confessa que em matéria política ele é uma vaca fardada, mas de conspirações comunistas sim, ele entende.

No quartel de Juiz de Fora, ergue a espada:

– *Arrancarei o Brasil do abismo*! – proclama.

Mourão Filho acorda antes do amanhecer. Faz a barba enquanto lê em voz alta o salmo de Davi que anuncia que todo verdor perecerá. Depois toma o café da manhã e cumprimenta sua mulher, por ser a esposa de um herói; e à cabeça de suas tropas empreende a marcha para o Rio de Janeiro.

Os outros generais vão-se somando, um após outro. Enquanto isso, avançam rumo ao Brasil, dos Estados Unidos, um porta-aviões, numerosos aviões, vários navios de guerra e quatro petroleiros: é a Operação Brother Sam, para ajudar o levante.

João Goulart, perplexo, deixa acontecer. Seu colega Lyndon Johnson envia de Washington o mais cálido reconhecimento aos autores do golpe, embora Goulart ainda ocupe a presidência, e o Departamento de Estado anuncia generosos empréstimos para o novo governo. No sul, Leonel Brizola tenta, sem eco, a resistência. Finalmente, Goulart vai para o exílio.

Alguma mão escreve, num muro do Rio de Janeiro:

– *Basta de intermediários! Lincoln Gordon para presidente!*

Mas os triunfantes militares escolhem o marechal Castelo Branco, um solene homem de armas que não tem senso de humor nem pescoço. *(115, 141 e 307)*

1964
La Paz

SEM PENA NEM GLÓRIA,

como o presidente do Brasil, também o presidente da Bolívia, Victor Paz Estenssoro, sobe no avião que o leva para o exílio.

O aviador René Barrientos, ditador falastrão, domina a Bolívia. Agora o embaixador dos Estados Unidos participa das reuniões de gabinete, sentado entre os ministros, e o gerente da Gulf Oil redige os decretos de economia.

Paz Estenssoro tinha ficado sozinho na solidão. Com ele caiu, após doze anos de poder, a revolução nacionalista. Pouco a pouco a revolução tinha dado a volta até ficar de costas para os operários, para melhor amamentar os novos ricos e os burocratas que a espremeram até deixá-la seca; e agora bastou um empurrãozinho para derrubá-la.

Enquanto isso os trabalhadores, divididos, lutam entre si. Atuam como se todos fossem laimes e jucumanis. *(16, 17, 26 e 473)*

1964

Ao norte de Potosí

Com fúria total

lutam os índios laimes contra os índios jucumanis. Os mais pobres da pobre Bolívia, párias entre os párias, se dedicam a matar-se entre eles, na gelada estepe ao norte de Potosí. Quinhentos caíram, dos dois lados, nos últimos dez anos, e são incontáveis os ranchos incendiados. As batalhas duram semanas, sem trégua nem perdão. Despedaçam-se os índios para vingar ofensas ou disputar pedacinhos de terra estéril, nestas altas solidões para onde foram expulsos em tempos antigos.

Laimes e jucumanis comem batata e cevada, que é o que a estepe, a duras penas, oferece a eles. Dormem jogados sobre couros de ovelha, acompanhados pelos piolhos que agradecem o calor dos corpos.

Para as cerimônias do mútuo extermínio, cobrem as cabeças com carapuças de couro cru, que têm a exata forma do capacete do conquistador. *(180)*

Os chapéus

de agora chegaram à Bolívia vindos da Europa, trazidos pelos conquistadores e os mercadores; mas se tornaram bem desta terra e desta gente. Nasceram feito marca de gado, obrigatórios disfarces vindos da Espanha para que cada senhor reconhecesse os índios de sua propriedade. Com o passar do tempo, as comunidades foram pondo neles suas próprias marcas de orgulho, seus sinais de alegria: estrelas e luas de prata, plumas coloridas, contas de vidro, flores de papel, coroas de milho... Depois os ingleses inundaram a Bolívia com chapéus de feltro e chapéus de copa, cartola negra das índias de Potosí, cartola branca das índias de Cochabamba; e por engano, chegou o chapéu borsalino, da Itália, e ficou vivendo nas cabeças das índias de La Paz.

Poderá andar descalço o índio boliviano, homem ou mulher, menino ou menina; mas sem chapéu, não. O chapéu prolonga a cabeça que protege; e quando a alma cai, o chapéu a recolhe no chão. *(161)*

1965

San Juan de Porto Rico

Bosch

As pessoas se lançam às ruas de São Domingos, armadas com qualquer coisa, com o que vier, e avançam contra os tanques. *Fora, usurpadores*, dizem todos. Que Juan Bosch, o presidente legal, volte.

Os Estados Unidos mantêm Bosch preso em Porto Rico e o impedem de voltar ao país em chamas. Homem de fibra, puro tendão, todo tensão, Bosch morde os punhos, sozinho na raiva, e seus olhos azuis perfuram as paredes.

Um jornalista pergunta a ele, por telefone, se é inimigo dos Estados Unidos. Não; ele é inimigo do imperialismo dos Estados Unidos:

– *Ninguém que tenha lido Mark Twain* – diz, comprova Bosch – *pode ser inimigo dos Estados Unidos. (62 e 269)*

1965

São Domingos

Caamaño

Para o alvoroço vão estudantes e soldados e mulheres com bobes na cabeça. Barricadas de tonéis e caminhões virados impedem o avanço dos tanques. Voam pedras e garrafas. Das asas dos aviões, que descem à toda, chove metralha sobre a ponte do rio Ozama e as ruas repletas de multidão. Sobe a maré popular, e subindo faz a divisão entre os militares que tinham servido a Trujillo: de um lado deixa os que estão atirando no povo, dirigidos por Imbert e Wessin y Wessin, e do outro lado os dirigidos por Francisco Caamaño, que abrem os arsenais e distribuem fuzis.

O coronel Caamaño, que de manhã desencadeou a rebelião pelo regresso do presidente Bosch, tinha pensado que seria uma questão de minutos. Ao meio-dia compreendeu que a coisa ia durar, e soube que teria de enfrentar seus companheiros de armas. Viu que o sangue corria e pressentiu, espantado, uma tragédia nacional. Ao anoitecer, pediu asilo na embaixada de El Salvador.

Estendido num sofá da embaixada, Caamaño quer dormir. Toma sedativos, as pílulas de costume e outras mais; mas não tem jeito. A insônia, o ranger de dentes e a fome de unhas que são dos tempos de Trujillo o tomam outra vez, como quando ele era oficial do exército da ditadura e cumpria ou via cumprirem tarefas sombrias, às vezes atrozes. Mas essa noite está pior do que nunca. No lusco-fusco do sono, mal consegue pregar os olhos, sonha. Quando sonha, é sincero: desperta tremendo, chorando, enraivecido pela vergonha de seu pavor.

Acaba a noite e acaba o exílio, que durou uma noite só. O coronel Caamaño molha o rosto e sai da embaixada. Caminha olhando para o chão. Atravessa a fumaça dos incêndios, fumaça espessa, que faz sombra, e se mete no ar alegre do dia e volta ao seu posto à frente da rebelião. *(223)*

1965

São Domingos

A invasão

Nem pelo ar, nem pela terra, nem pelo mar. Nem os aviões do general Wessin y Wessin, nem os tanques do general Imbert são capazes de sufocar a revolta da cidade que arde. Tampouco os barcos: disparam seus canhões contra o Palácio de Governo, ocupado por Caamaño, mas matam donas de casa.

A Embaixada dos Estados Unidos, que chama os rebeldes de *escória comunista e quadrilha de meliantes*, informa que não existe modo de parar o alvoroço e pede ajuda urgente a Washington. Desembarcam, então, os *marines*.

No dia seguinte morre o primeiro invasor. É um garoto das montanhas do norte de Nova York. Cai atingido por uma bala disparada de algum telhado, numa ruazinha desta cidade, da qual nunca na vida tinha ouvido falar. A primeira vítima dominicana é um menino de cinco anos. Morre de granada, numa varanda. Os invasores o confundem com um franco atirador.

O presidente Lyndon Johnson adverte que não vai tolerar outra Cuba no Caribe. E mais soldados desembarcam. E mais. Vinte mil, trinta e cinco mil, quarenta e dois mil. Enquanto os soldados norte-americanos estripam dominicanos, os voluntários norte-americanos os remendam nos hospitais.

Johnson incentiva seus aliados a acompanhar esta Cruzada do Ocidente. A ditadura militar do Brasil, a ditadura militar do Paraguai, a ditadura militar de Honduras e a ditadura militar da Nicarágua enviam tropas à República Dominicana para salvar a Democracia ameaçada pelo povo.

Encurralado entre o rio e o mar, no bairro velho de Santo Domingo, o povo resiste.

José Mora Otero, secretário-geral da OEA, se reúne, sozinho, com o coronel Caamaño. Oferece seis milhões de dólares para ele abandonar o país. É mandado à merda. *(62, 269 e 421)*

1965

São Domingos

132 NOITES

durou esta guerra de paus e facas e carabinas contra morteiros e metralhadoras. A cidade cheira à pólvora e a lixo e a morto.

Incapazes de arrancar a rendição, os invasores, os todo-poderosos, não têm outro remédio a não ser aceitar um acordo. Os zés-ninguém, os desprezados, não se deixaram atropelar. Não aceitaram traição ou consolo. Lutaram de noite, cada noite, toda a noite, ferozes batalhas casa a casa, corpo a corpo, metro a metro, até que do fundo do mar o sol erguesse suas ondulantes bandeiras, e então se escondiam até a noite seguinte. E ao final de tanta noite de horror e glória, as tropas invasoras não conseguem instalar no poder o general Imbert, nem o general Wessin y Wessin, nem nenhum outro general. *(269 e 421)*

1965

Havana

O MULTIPLICADOR DE REVOLUÇÕES,

o espartano guerrilheiro, vai para outras terras. Fidel revela a carta de despedida do Che Guevara: *Já nada legal me ata a Cuba,* diz o *Che, só os laços que não podem ser rompidos.*

O *Che* também escreve a seus pais e a seus filhos. Aos filhos, pede que sejam capazes de sentir da maneira mais profunda qualquer injustiça cometida contra qualquer um em qualquer parte do mundo.

Aqui em Uba, com asma e tudo, o *Che* foi sempre o primeiro a chegar e o último a ir embora, na guerra e na paz, sem afrouxar nem um pouquinho.

Por ele se apaixonaram as mulheres, os homens, as crianças, os cães e as plantas. *(213)*

O Che Guevara diz adeus a seus pais

Outra vez sinto sob os calcanhares as costelas de Rocinante; volto ao caminho, com minha adaga no braço.

Muitos me dirão aventureiro, e sou; só que de um tipo diferente e dos que arriscam a pele para demonstrar suas verdades. Pode ser que esta seja a definitiva. Não procuro isso, mas está dentro do cálculo lógico das probabilidades. Se for assim, vai um último abraço.

Amei-os muito, só que não soube expressar meu carinho; sou extremamente rígido em minhas ações e acho que às vezes não me entenderam. Não era fácil me entender, aliás, acreditem. Somente hoje.

Agora, uma vontade que poli com gozo de artista, sustentará umas pernas flácidas e uns pulmões cansados. Farei isto. Lembrem-se de vez em quando deste pequeno condottieri do século XX... *(213)*

1966
Patiocemento

"Sabemos que a fome é mortal",

dizia o padre Camilo Torres. E se sabemos disso, dizia, tem sentido perder tempo discutindo se a alma é imortal?

Camilo acreditava no cristianismo como prática do amor ao próximo e queria que esse amor fosse eficaz. Tinha a obsessão do amor eficaz. Essa obsessão o levantou em armas e por ela caiu, num desconhecido rincão da Colômbia, lutando nas guerrilhas. *(448)*

1967
Llallagua

FESTA DE SÃO JOÃO

Os mineiros bolivianos são filhos da Virgem e sobrinhos do Diabo, mas ninguém os salva de morrer antes da hora. Metidos nas tripas da terra, aniquila-os a implacável chuva de pó do socavão: num minuto, em poucos anos, os pulmões ficam de pedra e fecham os caminhos do ar. E antes que os pulmões se esqueçam de respirar, o nariz esquece os cheiros e a língua os sabores, as pernas pesam como chumbo e a boca não diz mais que rancores e vinganças.

Ao sair do socavão, os mineiros buscam a festa. Enquanto dure a breve vida e queiram as pernas mover-se, é preciso comer guiso apimentado e beber bebida forte, e cantar e dançar à luz das fogueiras que esquentam a planície deserta.

Nesta noite de São João, enquanto acontece a melhor das festas, o exército se esconde nas montanhas. Quase nada se sabe aqui dos guerrilheiros do distante rio Ñancahuazú, embora digam que dizem que lutam por uma revolução bela e jamais vista, como o mar; mas o general Barrientos acredita que cada mineiro é ninho de um obstinado terrorista.

Antes do amanhecer, no fim da festa de São João, um furacão de balas arrasa o povoado de Llallagua. *(16, 17 e 458)*

1967
Catavi

O DIA SEGUINTE

Parece fulgor de ossos a luz do novo dia. Depois o sol se esconde atrás das nuvens, enquanto os párias da terra contam seus mortos e os levam em carretas. Os mineiros marcham por uma ruela de barro de Llallagua. A procissão atravessa o rio, leito de suja saliva entre pedras de cinza, e pelo vasto pampa chega ao campo-santo de Catavi.

Não tem sol o céu, imenso teto de estanho, nem tem a terra fogueiras que a aqueçam. Jamais esteve esta estepe tão gelada e tão solitária.

Há que cavar muitos poços. Corpos de todos os tamanhos jazem em fila, estendidos, esperando.

Do alto do muro do cemitério, uma mulher grita. *(458)*

1967

Catavi

DOMITILA

grita contra os assassinos, do alto do muro.

Ela mora em dois cômodos sem latrina nem água, com seu marido mineiro e sete filhos. O oitavo filho anda querendo sair da barriga. Cada dia Domitila cozinha, lava, varre, tece, costura, ensina o que sabe e cura o que pode, e além disso prepara cem empanadas e percorre as ruas buscando quem compre.

Por insultar o exército boliviano, levam-na presa.

Um militar cospe em sua cara. *(458)*

O INTERROGATÓRIO DE DOMITILA

Cuspiu na minha cara. Depois me deu um chute. Eu não aguentei e dei um sopapo nele. Ele tornou a me dar um murro. Arranhei a cara dele. E ele me batendo, me batendo... Botou o joelho aqui em cima do meu ventre. Apertou meu pescoço e estava por me enforcar. Parecia que queria arrebentar meu ventre. Mais e mais me apertava... Então, com minhas duas mãos, com toda minha força baixei minhas mãos nele. E não me lembro como, mas tinha agarrado seu punho e tinha mordido, mordido... Tive um asco terrível ao sentir na minha boca o seu sangue... Então, com toda minha raiva, tchá, *em toda a sua cara cuspi seu sangue. Uma gritaria terrível começou. Me pegara aos chutes, gritava... Chamou os soldados e fez com que uns quatro me agarrassem...*

Quando despertei como de um sonho, estava engolindo um pedaço de meu dente. Senti ele aqui na garganta. Então notei que o fulano tinha me quebrado uns seis dentes. O sangue estava jorrando e nem os olhos nem o nariz eu podia abrir...

E como se a fatalidade do destino fizesse, começou o trabalho de parto. Comecei a sentir dores, dores e dores, e logo já me vencia a criatura por nascer. Já não pude aguentar. E fui me agachar numa esquina. Me apoiei e cobri minha cara, porque não podia fazer nem um pouquinho de força. A minha cara doía como se fosse arrebentar. E num desses momentos, me venceu. Notei que a cabeça do bebê já estava saindo... e ali mesmo desvaneci.

Não sei depois de quanto tempo:

– Onde estou? Onde estou?

Estava toda molhada. Tanto o sangue quanto o líquido que a gente põe para fora durante o parto tinham me molhado toda. Então fiz um esforço e acontece que encontrei o cordão do bebê. E através do cordão, esticando o cordão, encontrei meu bebezinho, totalmente frio, gelado, ali em cima do chão. (458)

1967
Catavi

PEDRA HABITADA

Depois do vendaval de balas, um vendaval de vento varre o povoado mineiro de Llallagua e arranca seus tetos. Na vizinha paróquia de Catavi, a ventania derruba e quebra a Virgem. A pedra do pedestal, por sua vez, fica intacta. O padre acode a recolher do chão os pedaços da Imaculada.

– *Veja, padre* – dizem os operários, e lhe mostram como a pedra livrou-se, numa sacudida, da Virgem intrusa.

Dentro dessa pedra, os deuses vencidos dormem, sonham, respiram, atendem os pedidores e pagadores de promessas e anunciam aos trabalhadores das minas que o grande dia chegará:

– *O dia nosso, pois, o que esperamos.*

O padre tinha condenado a pedra milagreira desde o dia em que foi encontrada e celebrada pelos trabalhadores. O padre a tinha trancado numa gaiola de cimento, para que os trabalhadores não a tirassem em procissão, e tinha instalado a Virgem em cima dela. O pedreiro que por ordem do padre encarcerou a pedra a golpes de picareta e martelo, tirita de febre e fica vesgo sem parar desde aquele dia aziago. *(268)*

1967
Às margens do rio Ñancahuazú

DEZESSETE HOMENS CAMINHAM PARA O ANIQUILAMENTO

O cardeal Maurer chega à Bolívia, vindo de Roma. Traz as bênçãos do Papa e a notícia de que Deus apoia decididamente o general Barrientos contra as guerrilhas.

Enquanto isso, acossados pela fome, oprimidos pela geografia, os guerrilheiros dão voltas pelos matagais do rio Ñancahuazú. Poucos camponeses existem nestas imensas solidões; e nem um, nem um único, incorporou-se à pequena tropa do *Che* Guevara. Suas forças vão diminuindo de emboscada em emboscada. O *Che* não fraqueja, não se deixa fraquejar, embora sinta que seu próprio corpo é uma pedra entre as pedras, pesada pedra que ele arrasta avançando à frente de todos; e tampouco se deixa tentar pela ideia de salvar o grupo abandonando os feridos. Por ordem do *Che*, caminham todos ao ritmo dos que menos podem: juntos serão todos salvos ou perdidos.

Perdidos. Mil e oitocentos soldados, dirigidos pelos *rangers* norte-americanos, pisam sua sombra. O cerco se estreita mais e mais. Finalmente delatam a sua localização exata um par de camponeses dedos-duros e os radares eletrônicos da National Security Agency, dos Estados Unidos. *(212 e 455)*

1967

Quebrada do Yuro

A queda do Che

A rajada de metralhadora estraçalha suas pernas. Sentado, continua lutando, até que seu fuzil voa pelos ares.

Os soldados disputam a porradas o relógio, o cantil, o cinturão, o cachimbo. Vários oficiais o interrogam, um após outro. O *Che* cala e jorra sangue. O contra-almirante Ugarteche, ousado lobo da terra, chefe da Marinha de um país sem mar, o insulta e ameaça. O *Che* cospe em sua cara.

De La Paz, chega a ordem de liquidar o prisioneiro. Uma rajada o atravessa. O *Che* morre à bala, morre à traição, pouco antes de fazer quarenta anos, a mesma idade na qual morreram, também à bala, também à traição, Zapata e Sandino.

No povoado de Higueras, o general Barrientos exibe seu troféu aos jornalistas. O *Che* jaz sobre um tanque de lavar roupa. Depois das balas, é atingido pelos flashes. Esta última cara tem olhos que acusam e um sorriso melancólico. *(212 e 455)*

1967

Higueras

Os sinos dobram por ele

Morreu em 1967, na Bolívia, porque se enganou de hora e de lugar, de ritmo e de maneira? Ou morreu nunca, em nenhum lugar, porque não se enganou no que de verdade vale para todas as horas e lugares e ritmos e maneiras?

Acreditava que é preciso defender-se das armadilhas da cobiça, sem baixar jamais a guarda. Quando era presidente do Banco Nacional de Cuba, assinava *Che* nas notas, para debochar do dinheiro. Por amor às pessoas desprezava as coisas. Doente está o mundo, acreditava ele, onde ter e ser significavam a mesma coisa. Nunca guardou nada para si, nem pediu nada nunca.

Viver é se dar, acreditava; e se deu.

1967

La Paz

Retrato de um supermacho

Nos ombros de Nenê, seu gigante guarda-costas, o general René Barrientos atravessa a cidade de La Paz. Do alto de Nenê, vai cumprimentando os que o aplaudem. Entra no palácio de governo. Sentado em sua escrivaninha, com Nenê atrás, assina decretos que vendem a preço de banana o céu, o solo e o subsolo da Bolívia.

Há dez anos, Barrientos estava passando uma temporada num manicômio de Washington, D. C., quando lhe veio à cabeça a ideia de ser presidente da Bolívia. Fez carreira pela via do atletismo. Disfarçado de aviador norte-americano, assaltou o poder; e o exerce metralhando operários e arrasando bibliotecas e salários.

O matador do *Che* é galo cacareador, homem de cem picas, cem mulheres e mil filhos. Nenhum boliviano voou tanto, discursou tanto nem roubou tanto.

Em Miami, os exilados cubanos o elegem Homem do Ano. *(16, 17, 337 e 474)*

1967

Estoril

Crônica social

Presos ao cabelo da dona da casa, relampagueiam alguns dos maiores diamantes do mundo. A neta ostenta, na cruz do colar, uma das maiores esmeraldas do mundo. Os Patiño, herdeiros de uma das maiores fortunas do mundo, oferecem uma das maiores festas do mundo.

Para dar alegria a mil pessoas durante oito noites e oito dias, os Patiño compram *todas* as flores elegantes e bebidas finas que existem em Portugal. Com muita antecipação distribuíram os convites, e assim os costureiros e os cronistas sociais tiveram tempo de trabalhar como se deve. Várias vezes por dia as damas mudam seus modelos, todos exclusivos, e quando em algum dos salões se cruzam dois vestidos iguais, alguém murmura que fritará em óleo quente Yves Saint-Laurent. As orquestras vêm fretadas de Nova York. Os convidados chegam em iates ou aviões privados.

A nobreza europeia comparece em peso. O falecido Simón Patiño, boliviano antropófago, devorador de mineiros, tinha comprado bodas de boa qualidade. Tinha casado suas filhas com um conde e um marquês, e seu filho homem com uma prima de rei. *(34)*

1967
Houston

Ali

Deram para ele o nome de Cassius Clay: deu-se a si mesmo o nome de Muhammad Ali.

Fizeram dele um cristão: fez-se de si muçulmano.

Foi obrigado a se defender: bate como ninguém, feroz e veloz, tanque leve, demolidora pluma, indestrutível dono da coroa mundial.

Disseram a ele que um bom lutador de boxe deixa a raiva no ringue: ele diz que o verdadeiro ringue é outro, onde um negro triunfante luta pelos negros vencidos, pelos que comem restos nas cozinhas.

Aconselharam-no a ser discreto: desde então, grita.

Interceptaram seu telefone: desde então, grita também por telefone.

Vestiram nele uma farda para mandá-lo à guerra do Vietnam: tira a farda e grita que não vai, porque não tem nada contra os vietnamitas, que nada de mau fizeram a ele nem a nenhum outro negro norte-americano.

Tiraram dele o título mundial, proibiram-no de lutar, foi condenado à prisão e multado: gritando agradece estes elogios à sua dignidade humana. *(14 e 149)*

1968
Memphis

Retrato de um perigoso

O pastor Martin Luther King predica contra a guerra do Vietnam. Denuncia que lá os negros morrem mais, o dobro que os brancos, servindo de boi de piranha a uma aventura colonial comparável aos crimes nazistas. O envenenamento da água e da terra e a aniquilação das pessoas e das colheitas formam parte de um plano de extermínio. Do milhão de vietnamitas mortos, revela o predicador, as crianças são maioria. Os Estados Unidos, diz, sofrem uma infecção na alma; e qualquer autópsia revelaria que essa infecção se chama Vietnam.

Há seis anos, o FBI classificou este homem na seção *A* do índice Reservado, entre as pessoas perigosas que é preciso vigiar e prender em casos de emergência. Desde então a polícia morde seus calcanhares, espiona-o dia e noite, ameaça-o, provoca-o.

Martin Luther King se desmorona na varanda de um hotel de Memphis. Uma bala em pleno rosto acaba com tanto incômodo. *(254)*

1968
San José da Califórnia

Os chicanos

O juiz Gerald Chargin dita sentença contra um rapaz acusado de incesto, e de passagem aconselha que se suicide e diz que *vocês chicanos são piores que os animais, povo podre, miserável, piolhento...*

Do México vêm os chicanos, através do rio da fronteira, para colher a baixo preço o algodão, as laranjas, os tomates, as batatas. Quase todos ficam vivendo no sul dos Estados Unidos, que há pouco mais de um século era o norte do México. Nestas terras, já não suas, os usam e os desprezam.

De cada dez norte-americanos mortos no Vietnam, seis são negros ou chicanos. Aos chicanos, dizem:

– Vocês, tão machos e fortes, vão em primeiro lugar para a frente. (182, 282, 369 e 403)

1968
San Juan de Porto Rico

Albizu

Também os porto-riquenhos são bons para morrer no Vietnam, em nome dos que usurparam sua pátria.

A ilha de Porto Rico, colônia norte-americana, consome o que não produz e produz o que não consome. Em suas terras, abandonadas, nem ao menos se cultiva o arroz e o feijão do prato nacional. A metrópole ensina a colônia a respirar ar condicionado, comer comida enlatada, mover-se em automóveis fanfarronamente grandes, a endividar-se até o pescoço e a apagar a alma olhando a televisão.

Pedro Albizu Campos morreu há algum tempo. Tinha passado preso quase vinte anos, em cadeias dos Estados Unidos, por sua tarefa de agitador incessante. Para recuperar a pátria, acreditava, há de amá-la com alma e vida, como se fosse mulher; para devolver-lhe o fôlego, é preciso resgatá-la a tiros.

Ele usava gravata negra pela pátria perdida. Estava cada vez mais sozinho. *(87, 116, 199 e 275)*

1968
Cidade do México

Os estudantes

invadem as ruas. Manifestações assim, no México, jamais foram vistas, tão imensas e alegres, todos de braços dados, cantando e rindo. Os estudantes gritam contra o presidente Díaz Ordaz e seus ministros, múmias com bandagens e tudo, e contra os demais usurpadores daquela revolução de Zapata e Pancho Villa.

Em Tlatelolco, praça que já foi matadouro de índios e conquistadores, acontece a cilada. O exército bloqueia todas as saídas com tanques e metralhadoras. No curral, prontos para o sacrifício, os estudantes se apertam. Fecha a armadilha um muro contínuo de fuzis com baioneta calada.

Os focos luminosos, um verde, outro vermelho, dão o sinal.

Horas depois, uma mulher busca o filho. Os sapatos deixam pegadas de sangue no chão. *(299 e 347)*

"HAVIA MUITO, MUITO SANGUE," RELATA A MÃE DE UM ESTUDANTE,

a tal ponto que eu sentia nas mãos o visgo do sangue. Também havia sangue nas paredes. Creio que os muros de Tlatelolco têm os poros cheios de sangue; Tlatelolco inteiro respira sangue... Os cadáveres estavam estendidos no chão de concreto esperando que os levassem. Contei muitos da janela, cerca de sessenta e oito. Iam sendo amontoados debaixo da chuva. Eu recordava que Carlitos, meu filho, vestia um blusão de veludo verde e em cada cadáver achava que reconhecia esse blusão... *(347)*

1968

Cidade do México

REVUELTAS

Tem um longo meio século de vida, mas a cada dia comete o delito de ser jovem. Está sempre no centro do alvoroço, disparando discursos e manifestos. José Revueltas denuncia os donos do poder no México, que por irremediável ódio a tudo o que palpita, cresce e muda, acabam de assassinar trezentos estudantes em Tlatelolco:

– *Os senhores do governo estão mortos. Por isso matam.*

No México, o poder assimila ou aniquila, fulmina com um abraço ou com um tiro: os respondões que não se deixam meter no orçamento público, são metidos na cadeia ou no túmulo. O incorrigível Revueltas vive preso. É raro que ele não durma em cela e, quando não é lá, passa as noites estendido em algum banco de praça ou num gabinete da universidade. A polícia o odeia por ser revolucionário e os dogmáticos, por ser livre; os beatos de esquerda não lhe perdoam sua tendência aos botequins. Há algum tempo, seus camaradas puseram nele um anjo da guarda, para que salvasse Revueltas de toda tentação, mas o anjo terminou empenhando as asas para pagar as farras que faziam juntos. *(373)*

1968

Às margens do rio Yaqui

A REVOLUÇÃO MEXICANA JÁ NÃO É

Os índios yaquis, guerreiros de muitos séculos, chamam Lázaro Cárdenas. Marcam encontro com ele numa planície luminosa do norte do México, perto do rio de suas tradições.

Em pé e à sombra da frondosa árvore de pão, os chefes das oito tribos yaquis dão as boas-vindas a Cárdenas. Nas cabeças exibem as plumagens reservadas às grandes ocasiões.

– *Você lembra, vovô?*

Passaram-se trinta anos e esta é uma grande ocasião. Fala o principal:

– *Vovô Lázaro, você se lembra? Você nos devolveu as terras. Você nos deu hospitais e escolas.*

No final de cada frase, os chefes batem no chão com seus bastões de comando e ressoa na planície o eco seco.

– *Você se lembra? Queremos que você saiba. Os ricos nos tomaram as terras. Os hospitais viraram quartéis. As escolas são botequins.*

Cárdenas escuta e se cala. *(45)*

1968

Cidade do México

RULFO

No silêncio, lateja outro México. Juan Rulfo, narrador de desventuras dos vivos e dos mortos, guarda silêncio. Há quinze anos disse o que tinha para dizer, num romance curto e nuns poucos contos, e desde então, está calado. Ou seja: fez amor de profundíssima maneira, e depois adormeceu.

1969

Lima

ARGUEDAS

arrebenta o crânio com um tiro. Sua história é a história do Peru; e doente de Peru, se mata.

Filho de brancos, José Maria Arguedas tinha sido criado pelos índios. Falou *quechua* durante toda a sua infância. Aos dezessete anos foi arrancado da serra e atirado na costa; saiu de povoados de comuneiros para entrar nas cidades proprietárias. Aprendeu a língua dos vencedores e nela falou e escreveu. Nunca escreveu *sobre* os vencidos, mas *desde* os vencidos. Soube dizê-los; mas sua façanha foi sua maldição. Sentia que tudo dele era traição ou fracasso, desgarramento inútil. Não podia ser índio, não queria ser branco, não suportava ser ao mesmo tempo o desprezo e o desprezado.

Caminhou solitário caminhante à beira desse abismo, entre os dois mundos inimigos que dividiam sua alma. Muitas avalanches de angústia caíram em cima dele, piores que qualquer alude de lodo e pedras; até que foi derrubado. *(30 e 256)*

1969

Mar da Tranquilidade

O descobrimento da Terra

A nave espacial chega de Houston, Texas, e pousa na Lua suas longas patas de aranha. Os astronautas Armstrong e Aldrin veem a Terra como ninguém a tinha visto até agora, e a Terra não é a generosa teta que nos dá de mamar leite e veneno e sim uma bela pedra gelada que roda na solidão do universo. Parece sem filhos a Terra, habitada por ninguém, ou talvez indiferente, como se não sentisse nem mesmo cócegas pelas paixões humanas que formigam no chão.

Os astronautas nos transmitem pela televisão e pelo rádio as palavras previamente programadas sobre o grande passo que a humanidade está dando enquanto cravam o estandarte dos Estados Unidos no pedregoso Mar da Tranquilidade.

1969

Bogotá

Os gamines

Têm a rua como casa. São gatos no pulo e no bote, pardais no voo, galos valentes na briga. Vagueiam em bando, em esquadrilhas; dormem feito cachos, grudados pelo gelo da madrugada. Comem o que roubam ou as sobras que mendigam ou o lixo que encontram; apagam a fome e o medo aspirando gasolina ou cola. Têm dentes cinzentos e caras queimadas pelo frio.

Arturo Dueñas, da turma da rua Vinte e Dois, vai abandonar o bando. Está farto de dar a bunda e levar surras por ser o menor, o percevejo, o manteiga derretida; e decide que é melhor se mandar sozinho.

Uma noite dessas, noite como qualquer outra noite, Arturo desliza debaixo de uma mesa de restaurante, agarra uma coxa de galinha e erguendo-a como estandarte foge pelas ruelas. Quando encontra um canto escuro, senta-se e janta. Um cãozinho olha para ele e lambe os beiços. Várias vezes Arturo o expulsa e o cachorrinho volta. Se olham: são iguaizinhos os dois, filhos de ninguém, surrados, puro osso e sujeira. Arturo se resigna e oferece.

Desde então andar juntos, caminhalegres, dividindo as sortes e os azares. Arturo, que nunca falou com ninguém, conta suas coisas. O cachorrinho dorme acocorado a seus pés.

Em uma maldita tarde a polícia agarra Arturo roubando pão, arrasta-o para a Quinta Delegacia e ali lhe dão tremenda sova. Tempos depois Arturo volta à rua, todo maltratado. O cachorrinho não aparece. Arturo corre e percorre, busca e rebusca, e nada. Muito pergunta, e nada. Muito chama, e nada. Ninguém no mundo está tão sozinho como este menino de sete anos que está sozinho nas ruas da cidade de Bogotá, rouco de tanto gritar. *(68 e 342)*

1969

Em qualquer cidade

ALGUÉM

Numa esquina, frente ao sinal fechado, alguém engole fogo, alguém lava para-brisas, alguém vende toalhinhas de papel, chicletes, bandeirinhas e bonecas que fazem pipi. Alguém escuta o horóscopo pelo rádio, agradecido aos astros por se preocuparem com ele. Caminhando entre os altos edifícios, alguém gostaria de comprar silêncio ou ar, mas não tem dinheiro suficiente. No imundo subúrbio, entre os enxames de moscas de cima e os exércitos de ratos de baixo, alguém aluga uma mulher por três minutos: num quartinho de bordel é violador o violado, melhor que se fizesse aquilo com uma mula no rio. Alguém fala sozinho frente ao telefone, depois de pendurar o fone. Alguém fala sozinho na frente do aparelho de televisão. Alguém fala sozinho na frente do caça-níqueis. Alguém rega um vaso de flores de plástico. Alguém sobe num ônibus vazio, de madrugada, e o ônibus continua vazio.

1969

Rio de Janeiro

A EXPULSÃO DAS FAVELAS

Negam-se a ir embora. Foram os mais pobres do campo e são agora os mais pobres da cidade, sempre os últimos da fila, gente de braços baratos e pernas bailarinas; e pelo menos aqui moram perto dos lugares onde ganham o pão. Ficaram teimosos os moradores da Praia do Pinto e das outras favelas que cobrem as montanhas do Rio de Janeiro. Mas os chefes militares puseram os olhos nestes terrenos tão vendáveis e revendáveis e especuláveis, de modo que se resolve o assunto com oportunos incêndios. Os bombeiros não chegam nunca. O amanhecer é a hora das lágrimas e das cinzas. Depois que o fogo arrasa as casas feitas de lixo, como se fossem lixo varrem as pessoas e em caminhões de lixo as despejam lá longe. *(340)*

1969

Baixo Grande

UM CASTELO DE LIXO

O velho Gabriel dos Santos faz o que seus sonhos mandam que ele faça. Ele sonha no Brasil os mesmos sonhos loucos que Antonio Gaudi sonhava há um século na Catalunha, na distante Barcelona, embora o velho Gabriel nunca tenha ouvido falar de Gaudi nem tenha visto nenhuma de suas obras.

Mal desperta, o velho Gabriel começa a modelar com suas mãos as maravilhas que em sonhos vê, antes que elas escapem. Assim levantou a Casa da Flor. Nela mora, sobre a ladeira de uma colina batida pelo vento marinheiro. De sonho em sonho vai crescendo, ao longo dos anos, a moradia do velho Gabriel, este castelo ou bicho esquisito de alegres cores e sinuosas formas, todo feito de lixo.

O velho Gabriel, operário das salinas, nunca foi à escola, nunca viu televisão, nunca teve dinheiro. Não conhece normas nem modelos. Ele comete disparates, no seu jeito livre, sem maneira, com as sobras que joga fora a vizinha cidade de Cabo Frio: para-lamas, faróis, lascas de janela, garrafas, pratos quebrados, ferros velhos, pernas de cadeiras, rodas... *(171)*

1969
Quebrada de Arque

A última cambalhota do aviador Barrientos

O cardeal Maurer diz que o presidente Barrientos é como São Paulo, porque percorre os campos da Bolívia distribuindo verdades, mas Barrientos também distribui dinheiro e bolas de futebol. Por todo lado vai e vem, regando notas, de helicóptero. A Gulf Oil deu o helicóptero de presente para Barrientos, a troco dos dois bilhões de dólares em gás e um bilhão de dólares em petróleo que ele deu de presente à Gulf Oil.

Neste helicóptero, Barrientos passeou pelos céus da Bolívia o corpo de Che Guevara, amarrado no trem de aterrissagem. Neste helicóptero Barrientos chega à quebrada de Arque, numa de suas turnês incessantes, e como de costume atira dinheiro sobre os camponeses; mas ao ir embora tropeça num arame, se estatela contra as rochas e se queima vivo. Depois de ter incendiado tantos quadros e livros, o fogoso Barrientos morre feito torresmo neste helicóptero repleto até o teto de notas que ardem com ele. *(16, 17 e 474)*

1969
San Salvador e Tegucigalpa

Dois turbulentos jogos

de futebol são disputados entre Honduras e El Salvador. As ambulâncias levam mortos e feridos das arquibancadas enquanto os torcedores continuam nas ruas as brigas do estádio.

Imediatamente os dois países rompem relações. Em Tegucigalpa, os para-brisas dos carros exibem decalques que aconselham: *Hondurenho, apanhe um lenho e mate um salvadorenho.* Em San Salvador, os jornais exortam o exército a invadir Honduras *para dar uma lição nestes bárbaros.* Honduras expulsa os camponeses salvadorenhos, embora muitos deles nem saibam que são estrangeiros e jamais tenham visto um documento de identidade. O governo de Honduras chama Reforma Agrária a remoção dos salvadorenhos, obrigados a emigrar com a roupa do corpo, e o incêndio de seus ranchos. O governo de El Salvador considera espiões todos os hondurenhos que vivem ali.

A guerra não demora a começar. O exército de El Salvador entra em Honduras e avança metralhando as aldeias fronteiriças. *(84, 125 e 396)*

1969

San Salvador e Tegucigalpa

A CHAMADA GUERRA DO FUTEBOL

tem como inimigos dois pedaços da América Central, fiapos da que foi, há um século e meio, pátria única.

Honduras, pequeno país agrário, é dominado pelos latifundiários.

El Salvador, pequeno país agrário, é dominado pelos latifundiários.

O povo camponês de Honduras não tem terra nem trabalho.

O povo camponês de EI Salvador não tem terra nem trabalho.

Em Honduras existe uma ditadura militar nascida de um golpe de Estado.

Em El Salvador existe uma ditadura militar nascida de um golpe de Estado.

O general que governa Honduras foi formado na Escola das Américas, no Panamá.

O general que governa El Salvador foi formado na Escola das Américas, no Panamá.

Dos Estados Unidos vieram as armas e os assessores do ditador de Honduras.

Dos Estados Unidos vieram as armas e os assessores do ditador de El Salvador.

O ditador de Honduras acusa o ditador de El Salvador de ser um comunista a serviço de Fidel Castro.

O ditador de El Salvador acusa o ditador de Honduras de ser um comunista a serviço de Fidel Castro.

A guerra dura uma semana. Enquanto dura a guerra, o povo de Honduras acredita que o inimigo é o povo de El Salvador e o povo de El Salvador acredita que o inimigo é o povo de Honduras. Os dois povos deixam quatro mil mortos nos campos de batalha. *(84 e 125)*

1969

Port-au-Prince

UMA LEI CONDENA À MORTE QUEM DISSER OU ESCREVER PALAVRAS SUBVERSIVAS NO HAITI

Artigo 1º – São declarados crimes contra a segurança do Estado todas as atividades comunistas sob a forma que for: toda profissão de fé comunista, verbal ou escrita, pública ou privada, toda propagação de doutrinas comunistas ou anarquistas através de conferências, discursos, conversas, leituras, reuniões públicas ou privadas, através de folhetos, cartazes, jornais, revistas, livros e imagens; toda correspondência oral ou escrita com associações locais ou estrangeiras ou com pessoas dedicadas à difusão de ideias comunistas ou anarquistas; e também o fato de receber, recolher ou proporcionar fundos destinados direta ou indiretamente à propagação de ditas ideias. Artigo 2º – Serão condenados à morte os autores e os cúmplices destes crimes. Seus bens móveis e imóveis serão confiscados e vendidos em benefício do Estado.

Dr. François Duvalier
Presidente Vitalício da República do Haiti *(351)*

1970
Montevidéu

Retrato de um professor de torturadores

Os guerrilheiros tupamaros liquidam Dan Anthony Mitrione, um dos instrutores norte-americanos da polícia do Uruguai.

O falecido dava seus cursos para oficiais num porão à prova de som. Para as lições práticas utilizava mendigos e prostitutas caçados na rua. Assim mostrava a seus alunos o efeito dos diversos níveis de voltagem nas zonas mais sensíveis do corpo humano, e ensinava a eles como aplicar de maneira eficaz vomitivos e outras substâncias químicas. Nos últimos meses, três homens e uma mulher morreram durante estas aulas de Técnica de Interrogatório.

Mitrione detestava a desordem e a sujeira. Uma câmara de torturas devia ter a assepsia de uma sala de cirurgias. E detestava a linguagem incorreta:

– *Bolas não, delegado. Testículos.*

Também detestava o gasto inútil, o movimento não necessário, o dano que pode ser evitado:

– *É uma arte, mais que uma técnica* – dizia: – *a dor exata, no lugar exato, na medida exata. (225)*

1970
Manágua

Rugama

O altivo poeta, o baixinho de batina que comungava em pé, dispara até o último tiro e cai lutando contra um batalhão inteiro da ditadura de Somoza.

Leonel Rugama tinha vinte anos.

Dos amigos, preferia os que jogavam xadrez.

Dos que jogavam, preferia os que perdiam por culpa da moça que passa.

Das que passam, a que fica.

Das que ficam, a que ainda não chegou.

Dos heróis, preferia os que não dizem que morrem pela pátria.

Das pátrias, a nascida de sua morte. *(399)*

1970
Santiago do Chile

Paisagem depois das eleições

Num ato de imperdoável má-conduta, o povo chileno elege Salvador Allende presidente. Outro presidente, o presidente da ITT, International Telephone and Telegraph Corporation, oferece um milhão de dólares a quem acabar com tanta desgraça. E o presidente dos Estados Unidos dedica ao assunto dez milhões: Richard Nixon encarrega a CIA de impedir que Allende se sente na poltrona presidencial, ou que o derrube no caso de ele sentar.

O general René Schneider, chefe do exército, se nega ao golpe de Estado e cai fulminado em uma emboscada:

– *Essas balas eram para mim* – diz Allende.

Ficam suspensos os empréstimos do Banco Mundial e de todos os bancos oficiais e privados, exceto os empréstimos para gastos militares. O preço internacional do cobre despenca.

De Washington, o chanceler Henry Kissinger explica:

– *Não vejo por que deveríamos ficar de braços cruzados, contemplando como um país se faz comunista devido à irresponsabilidade de seu povo. (138, 181 e 278)*

1971

Santiago do Chile

O PATO DONALD

e seus sobrinhos difundem as virtudes da civilização de consumo entre os selvagens, em algum subdesenvolvido país com paisagens de cartão postal. Os sobrinhos de Donald oferecem bolhas de sabão aos estúpidos nativos, a troco de pedras de ouro puro, enquanto o tio Donald combate contra os foragidos revolucionários que alteram a ordem.

Do Chile, as historinhas de Walt Disney são difundidas pela América do Sul e entram na alma de milhões de crianças. O pato Donald não se pronuncia contra Allende e seus amigos subversivos, mas nem faz falta. O mundo de Disney é o simpático zoológico do capitalismo: patos, camundongos, cachorros, lobos e porquinhos cuidam dos negócios, compram, vendem, obedecem à publicidade, recebem créditos, pagam prestações, cobram dividendos, sonham com heranças e competem entre si para ter mais e ganhar mais. *(139 e 287)*

1971

Santiago do Chile

"DISPAREM EM FIDEL",

ordenou a CIA a dois de seus agentes. Só servem para ocultar pistolas automáticas essas câmaras de televisão, que fazem como se filmassem, muito atarefadas, a visita de Fidel Castro a Santiago do Chile. Os agentes focalizam Fidel, o têm no centro da mira – mas nenhum dispara.

Faz já muito tempo – anos – que os especialistas da Divisão de Serviços Técnicos da CIA vêm imaginando atentados contra Fidel. Gastaram fortunas. Experimentaram com pílulas de cianureto no leite com chocolate e com certas infalíveis pilulazinhas que se dissolvem na cerveja ou no rum, e fulminam sem que a autópsia as delate. Também tentaram com bazucas e fuzis de mira telescópica e com uma bomba de plástico, de trinta quilos, que um agente devia pôr na sarjeta, debaixo do palanque. E usaram charutos envenenados. Prepararam para Fidel um charuto especial, que mata assim que toca nos lábios. Como não funcionou, tentaram com outro charuto, que provoca enjoo e afina a voz. Já que não conseguiram matá-lo, tentaram matar pelo menos seu prestígio: tentaram borrifar o microfone com um pó que, em pleno discurso, provoca uma irresistível tendência ao disparate e até prepararam uma poção depiladora, para que a barba caísse e ele ficasse pelado na frente da multidão. *(109, 137 e 350)*

1972
Manágua

NICARÁGUA S/A

O turista chega ao país num avião ou num barco de Somoza e se hospeda num dos hotéis que Somoza tem na capital. O turista está cansado, e deita-se para dormir numa cama e num colchão fabricados por Somoza. Ao despertar, toma um café Presto, propriedade de Somoza, com leite das vacas de Somoza e açúcar vindo de uma de suas fazendas e refinado num de seus engenhos. Acende um fósforo da empresa Momotombo, de Somoza, e experimenta um cigarro da Tabacalera Nicaraguense, que Somoza possui em sociedade com a British-American Tobacco Company.

O turista sai à rua, troca dinheiro num banco de Somoza e na esquina compra o jornal somozista *Novedades*. Ler *Novedades* é uma impossível proeza, portanto atira o jornal no lixo que amanhã, ao amanhecer, será recolhido por um caminhão Mercedes importado por Somoza.

O turista sobe num ônibus da empresa Condor, de Somoza, que o levará até a boca do vulcão Masaya. Indo rumo ao penacho de fogo vai vendo, pela janela, os bairros de lata e charcos onde mal vive a baratíssima mão de obra usada por Somoza.

O turista regressa ao anoitecer. Bebe rum destilado por Somoza, com gelo da sua companhia Polar, e depois come carne de uma de suas vitelas, passada à faca num de seus matadouros, com arroz de um de seus arrozais e salada que tempera com azeite Corona, que é de Somoza e da United Brands.

Meia hora depois da meia-noite, explode o terremoto. Talvez o turista seja um dos doze mil mortos. Se não for parar numa vala comum, descansará em paz dentro de um ataúde da empresa funerária de Somoza, envolvido num sudário da tecelagem El Porvenir, que também é de Somoza. *(10 e 102)*

1972
Manágua

O OUTRO FILHO DE SOMOZA

O relógio da catedral fica cravado, para sempre, na hora em que o terremoto desperta a cidade. O terremoto sacode Manágua e a destroça.

Frente à catástrofe, Tachito Somoza prova suas virtudes de estadista e empresário. Decreta que os pedreiros trabalharão sessenta horas semanais sem ganhar um centavo a mais e declara:

– *Esta é a revolução das oportunidades.*

Tachito, filho de Tacho Somoza, deslocou seu irmão Luís do trono da Nicarágua. Graduado em West Point, tem melhores unhas. À cabeça de uma voraz esquadrilha de primos de segundo grau e tios de terceiro, se lança sobre as ruínas: ele não fabricou o terremoto, mas cobra por ele.

A tragédia de meio milhão de pessoas sem casa é um esplêndido presente de Natal. Somoza trafica desaforadamente com escombros e terrenos; e como se fosse pouco vende nos Estados Unidos o sangue doado às vítimas pela Cruz Vermelha Internacional. Depois aprofunda este filão, descoberto graças às circunstâncias aziagas. Demonstrando mais iniciativa e espírito de empresa que o conde Drácula, Tachito Somoza funda uma sociedade anônima para comprar sangue barato na Nicarágua e vendê-lo caro no mercado norte-americano. *(10 e 102)*

O pensamento vivo de Tachito Somoza

Não ostento meu dinheiro como símbolo de poder, mas como símbolo de fonte de trabalho para os nicaraguenses. *(434)*

1972
Santiago do Chile

O Chile querendo nascer

Um milhão de pessoas desfila pelas ruas de Santiago, apoiando Salvador Allende e contra as múmias burguesas que fingem que estão vivas e fingem que são chilenas.

Povo em fogo, povo quebrando o costume de sofrer: em busca de si, o Chile recupera o cobre, o ferro, o salitre, os bancos, o comércio exterior e os monopólios industriais. Também é anunciada a próxima nacionalização dos telefones da ITT, pagando por eles o pouco que a ITT diz que valem em suas declarações de impostos. *(278 e 449)*

1972
Santiago do Chile

Retrato de uma empresa multinacional

A ITT inventou uma máquina de raios infravermelhos para detectar guerrilheiros no escuro, mas não necessita dela para descobri-los no governo do Chile. Muito dinheiro a empresa está gastando contra o presidente Allende. A experiência recente ensina que vale a pena: os generais que agora mandam no Brasil devolveram à ITT, várias vezes multiplicados, os dólares investidos para derrubar o Presidente Goulart.

A ITT ganha muito mais que o Chile. Quatrocentos mil operários e funcionários trabalham para a empresa em setenta países. Em sua mesa da diretoria sentam-se homens que antes foram diretores da CIA e do Banco Mundial. A ITT se ocupa de vários negócios em todos os continentes: produz equipamentos eletrônicos e armas sofisticadas, organiza sistemas nacionais e internacionais de comunicação, participa dos voos espaciais, empresta dinheiro, contrata seguros, explora bosques, oferece ao turismo automóveis e hotéis e fabrica telefones e ditadores. *(138 e 407)*

1973
Santiago do Chile

A armadilha

Pela mala diplomática chegam as notas verdes que financiam greves e sabotagens e cataratas de mentiras. Os empresários paralisam o Chile, e lhe negam alimentos. Não há outro mercado além do mercado negro. As pessoas fazem longas filas em busca de um maço de cigarros ou de um quilo de açúcar; conseguir carne ou azeite requer um milagre da Virgem Maria Santíssima. A Democracia Cristã e o jornal *El Mercúrio* dizem pestes do governo e exigem aos gritos um golpe redentor, pois já é hora de acabar com essa tirania vermelha; outros jornais, revistas, rádios e canais de televisão fazem eco. O governo custa a se mover: juízes e parlamentares põem-lhe paus nas rodas, enquanto conspiram nos quartéis os chefes militares que Allende acredita leais.

Nestes tempos difíceis, os trabalhadores estão descobrindo os segredos da economia. Estão aprendendo que não é impossível produzir sem patrões, nem abastecer-se sem mercadores. Mas a multidão trabalhadora marcha sem armas, vazias as mãos, por este caminho de sua liberdade.

Do horizonte vêm uns quantos barcos de guerra dos Estados Unidos, e se exibem frente às costas chilenas. E o golpe militar, tão anunciado, ocorre. *(181, 278 e 449)*

1973

Santiago do Chile

Allende

Gosta da boa vida. Várias vezes disse que não tem madeira de apóstolo nem condições para mártir. Mas também disse que vale a pena morrer por tudo aquilo sem o qual não vale a pena viver.

Os generais alçados exigem sua renúncia. Oferecem a ele um avião para que abandone o Chile. Advertem que o palácio presidencial será bombardeado por terra e por ar.

Junto a um punhado de homens, Salvador Allende escuta as notícias. Os militares se apoderaram do país inteiro. Allende põe um capacete e prepara seu fuzil. Soa o estrondo das primeiras bombas. O presidente fala pelo rádio, pela última vez:

– *Eu não vou renunciar... (449 e 466)*

1973

Santiago do Chile

"Irão se abrir as grandes alamedas", anuncia Salvador Allende em sua mensagem final

Eu não vou renunciar. Posto num transe histórico, pagarei com minha vida a lealdade do povo. E a todos digo que tenho certeza de que a semente que entregamos à consciência digna de milhares e milhares de chilenos não poderá ser ceifada definitivamente. Têm a força. Poderão avassalar-nos, mas não se detêm os processos sociais com o crime nem com a força. A história é nossa e é feita pelos povos.

Trabalhadores da minha pátria: tenho fé no Chile e em seu destino. Outros homens superarão este momento cinzento e amargo onde a traição pretende se impor. Sigam vocês sabendo que, muito mais cedo que tarde, de novo irão se abrir as grandes alamedas por onde passe o homem livre para construir uma sociedade melhor. Viva o Chile, viva o povo, viva os trabalhadores! Estas são minhas últimas palavras. Tenho a certeza de que meu sacrifício não será em vão.

1973

Santiago do Chile

A Reconquista do Chile

Uma grande nuvem se eleva do palácio em chamas. O presidente Allende morre em seu posto. Os militares matam milhares pelo Chile afora. O Registro Civil não anota os falecimentos, porque não cabem nos livros, mas o general Tomás Opazo Santander afirma que as vítimas somadas não chegam a mais do que 0,01% da população, o que não é um alto custo social, e o diretor da CIA, William Colby, explica em Washington que graças aos fuzilamentos o Chile está evitando uma guerra civil. A senhora Pinochet afirma que o pranto das mães redimirá o país.

Ocupa o poder, todo o poder, uma Junta Militar de quatro membros, formados na Escola das Américas, no Panamá. Lidera-os o general Augusto Pinochet, professor de Geopolítica. Soa música marcial sobre um fundo de explosões e rajadas de tiros: as rádios emitem decretos e proclamas que prometem mais sangue, enquanto o preço do cobre se triplica subitamente no mercado mundial.

O poeta Pablo Neruda, moribundo, pede notícias do terror. De quando em quando consegue dormir, e, dormindo, delira. A vigília e o sono são um único pesadelo. Desde que escutou pelo rádio as palavras de Salvador Allende, seu digno adeus, o poeta entrou em agonia. *(278, 442, e 449)*

1973

Santiago do Chile

A casa de Allende

Antes do palácio presidencial, bombardearam a casa de Allende.

Atrás das bombas, os militares entraram aniquilando o que sobrava: a golpes de baioneta avançaram contra os quadros de Matta, Guayasamín e Portocarrero, e a golpes de machado arrebentaram os móveis.

Passou uma semana. A casa é um lixo. Braços e pernas de lata, das armaduras que enfeitavam a escadaria, jazem espalhados. No dormitório, um soldado ronca dormindo a sesta, rodeado de garrafas vazias.

Na sala ouvem-se queixas e soluços. Ali ainda está de pé, todo destrambelhado mas de pé, um grande sofá amarelo. No sofá, a cadela de Allende está parindo. Os cachorrinhos, ainda cegos, buscam seu calor e seu leite. Ela os lambe. *(345)*

1973

Santiago do Chile

A casa de Neruda

No meio da devastação, em sua casa também despedaçada a golpes de machado, jaz Neruda, morto de câncer, morto de pena. Sua morte não era suficiente, por ser Neruda homem de muito sobreviver, e os militares assassinaram suas coisas: transformaram em lascas de madeira sua cama feliz e sua mesa feliz, estriparam seu colchão e queimaram seus livros, arrebentaram os lustres e suas garrafas coloridas, suas cerâmicas, seus quadros, seus caracóis. Arrancaram os ponteiros e o pêndulo do seu relógio de parede; e no retrato de sua mulher, cravaram uma baioneta num olho.

De sua casa arrasada, inundada de água e barro, o poeta parte para o cemitério. Parte escoltado por um cortejo de amigos íntimos, encabeçados por Matilde Urrutia. (Ele tinha dito a ela: *Foi tão belo viver quando você vivia.*)

Quarteirão após quarteirão, o cortejo cresce. De todas as esquinas somam-se pessoas, que se põem a caminhar apesar dos caminhões militares cheios de metralhadoras como pontas de um espinheiro, e de guardas e soldados que vão e vêm, em motocicletas e carros blindados, metendo ruído, metendo medo. Atrás de uma janela, uma mão saúda. No alto de um terraço, ondula um lenço. Hoje faz doze dias do golpe, doze dias de calar e morrer, e pela primeira vez ouve-se a Internacional no Chile, a Internacional sussurrada, gemida, soluçada mais que cantada, até que o cortejo se faz procissão e a procissão se faz manifestação, e o povo, que caminha contra o medo, desanda a cantar pelas ruas de Santiago a viva voz, com voz inteira, para acompanhar como se deve Neruda, o poeta, seu poeta, em sua viagem final. *(314 e 442)*

1973
Miami

O SANTO DO CONSUMISMO CONTRA O DRAGÃO DO COMUNISMO

O banho de sangue do Chile provoca raiva e asco no mundo inteiro. Mas em Miami, não: uma jubilosa manifestação de cubanos exilados celebra o assassinato de Allende e de todos os outros.

Miami se transformou na cidade cubana mais populosa depois de Havana. A rua Oito é a Cuba que foi. Em Miami já se apagaram as ilusões de derrubar Fidel, mas circulando pela rua Oito qualquer um regressa aos bons tempos perdidos.

Ali mandam banqueiros e mafiosos, quem pensa é louco ou perigoso comunista e os negros não saíram de seu devido lugar. Até o silêncio é estridente. Fabricam-se almas de plástico e automóveis de carne e osso. Nos supermercados, as coisas compram as pessoas. *(207)*

1973
Recife

ELOGIO DA HUMILHAÇÃO

Na capital do Nordeste brasileiro, Gilberto Freyre assiste à inauguração de um restaurante que se chama, como seu famoso livro, *Casa-grande e senzala.* Aqui celebra o escritor os quarenta anos da primeira edição da obra.

Estão disfarçados de escravos os garçons que servem as mesas. Decoram o ambiente uns quantos açoites, cepos, pelourinhos, correntes e argolas de ferro dependuradas nas paredes. Os convidados sentem que voltaram os bons tempos em que o negro servia o branco sem chiar, como o filho servia o pai, a mulher o marido, o civil o militar e a colônia a metrópole.

A ditadura do Brasil está fazendo o possível para que seja assim. Gilberto Freyre a aplaude. *(170 e 306)*

1974
Brasília

Dez anos depois da reconquista do Brasil

A economia vai bem, muito bem. As pessoas, mal, muito mal. Dizem as estatísticas oficiais que a ditadura militar converteu o Brasil numa potência econômica, com alto índice de crescimento do produto interno bruto. Também dizem as estatísticas que a quantidade de brasileiros desnutridos passou de vinte e sete milhões a setenta e dois milhões, dos quais treze milhões estão tão vencidos pela fome que já não podem nem sair correndo. *(371, 377 e 378)*

1974
Rio de Janeiro

Chico

Esta ditadura machuca as pessoas e ofende a música. Chico Buarque, feito de música e de gente, canta contra o poder.

De cada três canções, a censura proíbe ou mutila duas. Dia sim e no outro também, a polícia política o submete a longos interrogatórios. Na entrada, revistam suas roupas. Na saída, Chico revista seus interiores, para ver se a polícia não lhe meteu um censor na alma ou não apreendeu sua alegria num momento de distração.

1974
Cidade da Guatemala

Vinte anos depois da reconquista da Guatemala

Em povoados e cidades veem-se portas marcadas por cruzes de piche e nas margens dos caminhos há cabeças cravadas no alto de estacas. Para dar exemplo e advertência, transforma-se o crime em espetáculo público. As vítimas são despojadas de nome e de história: são arrojadas na boca de um vulcão ou no fundo do mar ou enterradas em valas comuns com a inscrição *NN*, que significa *Nom Nato*, que significa *Não Nascido*. Na maioria das vezes, o terrorismo de Estado atua sem uniforme. Chama-se, então, *La Mano, La Sombra, El Rayo, Ejército Secreto Anticomunista, Ordem de la Muerte, Escuadrón de la Muerte.*

O general Kjell Laugerud, recém-chegado à presidência por fraude nas eleições, se compromete a continuar aplicando na Guatemala as técnicas que o Pentágono tinha ensaiado no Vietnam. A Guatemala é o primeiro laboratório latino-americano da guerra suja. *(450)*

1974

Selvas da Guatemala

O QUETZAL

sempre foi a alegria do ar na Guatemala. A mais resplandecente das aves continua servindo de símbolo a este país, embora apareça pouco ou nada nas altas selvas onde antes abundava. O quetzal está se extinguindo e, enquanto isso, multiplicam-se os urubus. O urubu, que tem bom nariz para farejar a morte de longe, completa a tarefa do exército: persegue os verdugos de aldeia em aldeia, voando em círculos ansiosos.

O urubu, vergonha do céu, substituirá o quetzal nas notas, no hino, na bandeira?

1974

Ixcán

UMA AULA DE EDUCAÇÃO POLÍTICA NA GUATEMALA

Cheios de vermes e incertezas, os guerrilheiros atravessam a selva. Estas sombras famélicas estão há muitos dias caminhando no escuro, sob um teto de árvores fechadas ao sol. Como relógio, usam as vozes da espessura: anunciando o amanhecer canta o atalhacaminhos, lá do rio; no entardecer estala o escândalo dos louros e das araras; quando cai a noite, chiam os *pizotes* e tossem os micos-leões. Desta vez, pela primeira vez em meses, os guerrilheiros escutam cantar um galo. Uma aldeia se aproxima.

Nesta aldeia e nesta serra manda um latifundiário chamado o Tigre de Ixcán. Como todos os donos da terra, a lei o exime de responsabilidade criminal. Em suas fazendas existem forca, açoite e cepos. Quando a mão de obra local não é suficiente, o exército manda para ele índios de helicópteros, para desmontar a selva ou colher o café de graça.

Poucos viram o Tigre de Ixcán. Todos o temem. Muitos ele matou, muitos mandou matar.

Os guerrilheiros reúnem os índios e mostram: o Tigre, morto, parece um disfarce abandonado. *(336)*

1974
Yoro

Chuva

No Chile viu muita morte. Seus queridos companheiros caíram fuzilados ou arrebentados a golpes de culatra ou pontapés. Juan Bustos, um dos assessores do presidente Allende, escapou por um fio.

Exilado em Honduras, Juan arrasta seus dias de maneira ruim. Dos que no Chile morreram, quantos morreram no seu lugar? De quem usurpa o ar que está respirando? Está assim há meses, de pena em pena, envergonhado por sobreviver, quando uma tarde as pernas o trazem a um povoado chamado Yoro, no centro e no fundo de Honduras.

Chega a Yoro porque sim, porque não, e em Yoro passa a noite debaixo de um teto qualquer. Muito de manhãzinha se levanta e se põe a andar pelas ruas de terra, sem vontade, pisando tristezas, olhando sem ver.

E de repente, a chuva o golpeia. É uma chuva violenta e Juan protege a cabeça. Mas imediatamente percebe que não é de água ou de granizo esta chuva prodigiosa. Loucas luzes de prata rebotam na terra e saltam pelos ares:

– *Chovem peixes*! – grita Juan, abanando os peixes vivos que despencam das nuvens e saltam e cintilam ao seu redor para que Juan nunca mais se atreva a maldizer o milagre de estar vivo e para que nunca mais se esqueça de que teve a sorte de nascer na América.

– *É sim* – diz-lhe um vizinho, tranquilamente. – *Aqui, em Yoro, chovem peixes.*

1975
San Salvador

Miguel aos setenta

Cada dia da vida é o irrepetível acorde de uma música que debocha da morte. O perigoso Miguel passou dos limites e os donos de El Salvador decidem comprar um assassino para que a vida vá cantar noutro lugar.

O assassino tem um punhal escondido debaixo da camisa. Miguel está sentado, falando aos estudantes na universidade. Está dizendo a eles que os jovens têm que ocupar o lugar dos vovôs, e que é preciso que atuem, que se arrisquem, que façam coisas sem cacarejar como as galinhas cada vez que põem um ovo. O assassino abre caminho lentamente entre o público e vai indo até ficar nas costas de Miguel. Mas no instante em que ergue a lâmina, uma mulher dá um tremendo grito e Miguel se atira no chão e evita a punhalada.

E assim acontece o décimo segundo nascimento de Miguel Mármol, aos setenta anos de idade. *(222)*

1975
San Salvador

ROQUE

Roque Dalton, aluno de Miguel Mármol nas artes da ressurreição, salvou-se duas vezes de morrer fuzilado. Uma vez se salvou porque o governo caiu e outra vez se salvou porque o que caiu foi o muro, graças a um terremoto. Também se salvou dos torturadores, que o deixaram arrebentado mas vivo, e dos policiais que o perseguiram à bala. E se salvou dos torcedores de futebol que o perseguiram a pedradas, e das fúrias de uma porca recém-parida e de numerosos maridos sedentos de vingança.

Poeta profundo e irreverente, Roque preferia se levar na piada do que se levar a sério, e assim salvou-se da grandiloquência e da solenidade e de outras doenças que gravemente atingem a poesia política latino-americana.

Não se salva de seus companheiros. São seus próprios companheiros que o condenam, pelo delito da divergência. Tinha de vir do lado esta bala, a única bala capaz de encontrá-lo. *(127)*

1975
Rio Amazonas

PAISAGEM TROPICAL

Pelas águas do Amazonas o barco avança lentamente, numa viagem de nunca acabar entre Belém e Manaus. Quase nunca aparece uma choupana, na selva mascarada pelo emaranhado de cipós, e de vez em quando alguma criança nua saúda os navegantes com a mão. Na coberta repleta, alguém lê a

Bíblia em voz alta, sonoros louvores a Deus, mas tem gente que prefere rir e cantar enquanto garrafas e cigarros passam de boca em boca. Uma cobra domesticada se enrosca nas cordas, roçando as peles de suas falecidas colegas que secam ao ar. O dono da cobra, sentado no chão, desafia os demais passageiros a um duelo de baralho.

Um jornalista suíço viaja neste barco. Está há horas observando um velho pobretão e ossudo, que passa o tempo inteiro abraçado a uma caixa de papelão, que não solta nem para dormir. Picado pela curiosidade, o suíço oferece cigarros, biscoitos e conversa, mas o velho é um homem sem vício, de pouco comer e nenhuma prosa.

Na metade do caminho, na metade da selva, o velho desembarca. O suíço o ajuda a descer a grande caixa de papelão e então, entreabrindo a tampa, espia: dentro da caixa, embrulhada em papel celofane, há uma palmeira de plástico. *(264)*

1975

Rio Amazonas

Este é o rio pai de mil rios,

o rio mais caudaloso do mundo, e a selva brotada de seu hálito é o último pulmão do planeta. À Amazônia acudiram aventureiros e cobiçosos desde os antigos tempos em que os primeiros europeus que por aqui andaram descobriram índios com os pés ao contrário, que em vez de caminhar descaminhavam sobre estas terras prometedoras de prodigiosa fortuna.

Desde então, na Amazônia qualquer negócio se abre com uma matança de índios. Num escritório com ar-condicionado, em São Paulo, Nova York ou onde for, um executivo de uma empresa assina um cheque e dá a ordem de extermínio. A tarefa começa limpando a selva de índios e outras feras.

Dão aos índios de presente açúcar ou sal misturados com venenos para rato, ou bombardeiam-nos do ar, ou sangram-nos pendurados pelos pés, sem se dar ao trabalho de esfolá-los porque ninguém compraria a pele.

Completam a tarefa os desfolhantes da Dow Chemical, que arrasaram os bosques do Vietnam e agora arrasam os do Brasil. As tartarugas, cegas, perambulam por onde houve árvores. *(55, 65, 67 e 375)*

1975

Ribeirão Bonito

UM DIA DE JUSTIÇA

Grandes como países são as terras das empresas pecuárias lançadas na conquista da Amazônia. Os generais brasileiros perdoam-lhes os impostos, abrem estradas para elas e lhes dão créditos e autorização para matar.

As empresas usam os camponeses esfarrapados que os rios e a miséria trazem do Nordeste: camponeses matam índios, e são mortos; usurpam a terra dos índios, e são usurpados. São desalojados pelas vacas cuja carne jamais provarão.

Quando a estrada chega ao povoado de Ribeirão Bonito, os policiais começam a expulsão. Os camponeses que se negam são convencidos na cadeia, moídos a pau ou com agulhas cravadas debaixo das unhas. O padre João Bosco Burnier chega à aldeia, entra na cadeia, pergunta pelos torturados. Um policial responde a ele estourando seus miolos.

No dia seguinte, as mulheres encabeçam a fúria. Carminha, Naide, Margarida, erguem uma cruz imensa. Atrás delas, seiscentos camponeses empunham machados, picaretas, pás, o que for. O povoado inteiro avança cantando em coro, grandiosa voz de vozes; e onde estava a cadeia fica um lixinho. *(65 e 375)*

1975

Huayanay

OUTRO DIA DE JUSTIÇA

A comunidade de Huayanay, nos Andes do Peru, estava há alguns anos sofrendo horrores por causa de Matias Escobar. Muito mal tinha feito o malandro, ladrão de cabras e de mulheres, incendiador e assassino, quando a comunidade agarrou-o, julgou-o, sentenciou-o e executou-o. Morreu Matias de duzentos e trinta golpes, na Praça de Armas da aldeia: cada membro da comunidade deu seu golpe, e depois houve duzentas e trinta e duas impressões digitais assinando a confissão.

Ninguém deu a menor atenção ao decreto do general Velasco Alvarado, que dava ao quechua categoria de idioma oficial. O quechua não é ensinado nas escolas nem aceito nos tribunais. Em incompreensível língua castelhana, um juiz interroga vários índios de Huayanay, presos em Lima. Pergunta a eles quem matou Matias Escobar, como se não soubesse. *(203)*

1975
Cuzco

Condori mede o tempo nos pães

Trabalha feito mula de carga. Ao cantar do primeiro galo já lhe atiram nas costas a primeira carga, no mercado ou na estação, e até a noite anda pelas ruas de Cuzco carregando o que vier, a troco das moedas que queiram jogar para ele. Esmagado debaixo do peso dos pacotes ou dos anos, roupa em farrapos, homem em farrapos, Gregorio Condori trabalha e recorda enquanto as costas e a memória aguentarem sua fodida carga.

Desde que teve ossos duros, foi pastor e peregrino, lavrador e soldado. Em Urcos esteve preso nove meses, por aceitar o convite para tomar uma sopinha feita com carne de vaca roubada. Em Sicuani viu um trem pela primeira vez, cobra negra que jorrava fogo pela cabeça, e anos depois caiu de joelhos quando um avião atravessou o céu feito condor anunciando aos gritos roucos o fim do mundo.

Condori recorda em pães a história do Peru:

– *Quando cinco grandes pães de puro trigo custavam um real, e três pães meio real, Odría tomou a presidência de Bustamante.*

E veio outro que arrebatou o poder de Odría, e outro que tomou de outro, e outro, e finalmente Velasco expulsou Belaúnde. E agora, quem expulsará Velasco? Condori ouvia dizer que Velasco está a favor dos pobres. *(111)*

1975
Lima

Velasco

Um galo desafina. Os pássaros famintos bicam grãos secos. Revoam aves negras sobre ninhos alheios. Não foi expulso, mas vai-se embora: doente, mutilado, desanimado, o general Juan Velasco Alvarado abandona a presidência do Peru.

O Peru que ele deixa é menos injusto que o que havia encontrado. Ele se bateu contra os monopólios imperiais e os senhores feudais, e quis que os índios deixassem de ser desterrados na sua própria terra.

Os índios, aguentadores como a palha brava, continuam esperando que chegue seu dia. Por decreto de Velasco, a língua *quechua* tem agora os mesmos direitos que a língua espanhola, e é tão oficial como ela; mas nenhum funcionário reconhece esse decreto, nem ele é aplicado por nenhum juiz, nenhum policial, nenhum professor. A Academia de Língua Quechua recebe um subsídio do Estado. Esse subsídio equivale a seis dólares e setenta e cinco centavos *por ano.*

1975

Lima

OS RETRATOS DE HUAMANGA

Em Lima se indignam os artistas de cavalete, os acadêmicos e também os da vanguarda. Foi dado o Prêmio Nacional de Arte a Joaquim López Antay, retabulista de Huamanga, e isso é um escândalo. O artesanato não é ruim, dizem os artistas peruanos, sempre que não saia de seu lugar.

Os retábulos de Huamanga, que começaram sendo altares portáteis, foram mudando de personagens com o passar do tempo. Os santos e os apóstolos cederam seu lugar à ovelha que dá de mamar ao cordeiro, e ao condor que vigia o mundo, ao lavrador e ao pastor, ao patrão castigador, ao chapeleiro em seu ateliê e ao cantador que acaricia, triste, seu cavaquinho.

López Antay, o intruso nos seletos céus da Arte, aprendeu de sua avó índia o ofício dos retábulos. Ela ensinou-o a modelar santos, há mais de meio século; e agora o olha fazer, sentada, tranquila, lá da morte. *(31 e 258)*

AS MOLAS DE SAN BLAS

As índias cunas fazem as *molas*, nas ilhas de San Blas, no Panamá, para exibi-las pregadas nas costas ou no peito. Com fio e agulha, talento e paciência, vão combinando retalhos de panos. Coloridos em desenhos que jamais se repetem. As vezes imitam a realidade; às vezes a inventam. E às vezes acontece que elas querendo copiar, só copiar, algum pássaro que viram, se põem a recortar e costurar, ponto após ponto, e terminam descobrindo algo mais colorido e cantor e voadeiro que qualquer um dos pássaros do céu.

OS AMATES DO RIO BALSAS

Antes das chuvas, no tempo da lua nova, arranca-se a casca da árvore de *amate*. A árvore, despida, morre. Sobre sua pele os índios mexicanos do rio Balsas pintam flores e delírios, radiantes aves do monte e monstros prestes a atacar, e pintam os trabalhos e os dias das comunidades que em devota procissão saúdam a Virgem e em secreta cerimônia chamam a chuva.

Antes da conquista europeia, outros índios tinham pintado, em cascas de amate, os códigos que contavam a vida das gentes e das estrelas. Quando os conquistadores impuseram seu papel e suas imagens, os *amates* desapareceram. Durante mais de quatro séculos, ninguém pintou nada nestes proibidos papéis da terra mexicana. Há pouco, em meados do nosso século, os *amates* voltaram:

– *Todo o povo é pintor. Todo, todos.*

A vida remota respira nos *amates*, que vêm de longe, de muito longe; mas não chegam cansados. *(57)*

AS BORDADEIRAS DE SANTIAGO

As crianças, que dormem três na mesma cama, estendem seus braços na direção de uma vaca voadora. Papai Noel traz um saco de pão, e não de brinquedos. Aos pés de uma árvore, mendiga uma mulher. Debaixo do sol vermelho, um esqueleto conduz um caminhão de lixo. Pelos caminhos sem fim, andam homens sem rosto. Um olho imenso vigia. No centro do silêncio e do medo, fumega um caldeirão popular.

O Chile é este mundo de trapos coloridos sobre um fundo de sacos de farinhas. Com sobras de lã e velhos farrapos bordam as bordadeiras, mulheres dos subúrbios miseráveis de Santiago. Bordam *arpilleras*, que são vendidas nas igrejas. Que exista quem as compre é coisa inacreditável. Elas se assombram:

– *Nós bordamos nossos problemas, e nossos problemas são feios.*

Primeiro foram as mulheres dos presos. Depois, muitas outras se puseram a bordar. Por dinheiro, que ajuda a remediar; mas não só pelo dinheiro. Bordando *arpilleras* as mulheres se juntam, interrompem a solidão e a tristeza e por umas horas quebram a rotina da obediência ao marido, ao pai, ao filho macho e ao general Pinochet.

Os diabinhos de Ocumicho

Como as *arpilleras* chilenas, nascem de mão de mulher os diabinhos de barro da aldeia mexicana de Ocumicho. Os diabinhos fazem amor, a dois ou em bando, e assim vão à escola, pilotam motos e aviões, entram de penetras na arca de Noé, se escondem entre os raios do sol amante da lua e se metem, disfarçando-se de recém-nascidos, nos presépios de Natal. Insinuam-se os diabinhos debaixo da mesa da Última Ceia, enquanto Jesus Cristo, cravado na cruz, come peixes do lago de Pátzcuaro junto a seus apóstolos índios. Comendo, Jesus Cristo ri de uma orelha a outra, como se tivesse descoberto que este mundo pode ser redimido pelo prazer mais que pela dor. Em casas sombrias, sem janelas, as alfaieiras de Ocumicho modelam estas figuras luminosas. Fazem uma arte livre as mulheres atadas a filhos incessantes, prisioneiras de maridos que se embebedam e as golpeiam. Condenadas à submissão, destinadas à tristeza, elas acreditam cada dia numa nova rebelião, uma alegria nova.

Sobre a propriedade privada do direito de criação

Os compradores das ceramistas de Ocumicho querem que elas assinem seus trabalhos. Elas usam sinete para gravar o nome ao pé de seus diabinhos. Mas muitas vezes esquecem de assinar, ou aplicam o sinete da vizinha se não encontram o seu, de maneira que Maria acaba sendo autora de uma obra de Nicolasa, ou vice-versa.

Elas não entendem este assunto de glória solitária. Dentro de sua comunidade de índios tarascos, uma é todas. Fora da comunidade, uma é nenhuma, como acontece ao dente que se solta da boca. *(183)*

1975

Cabimas

Vargas

Pelas margens do lago de Maracaibo passou o petróleo e levou junto as cores. Neste lixeiro, sórdidas ruas, ar sujo, águas oleosas, vive e pinta Rafael Vargas.

Não cresce a grama em Cabimas, cidade morta, terra esvaziada, nem sobram peixes em suas águas, nem pássaros em seu ar, nem galos que alegrem suas madrugadas, mas nos quadros de Vargas o mundo está em festa, a terra respira a todo pulmão, estalam de frutas e flores as verdíssimas árvores e prodigiosos peixes e pássaros e galos se tratam de igual para igual com as pessoas.

Vargas quase não sabe ler nem escrever. Bem sabe, sim, ganhar a vida, como carpinteiro, e como pintor ganha a limpa luz de seus dias: vingança e profecia de quem não pinta a realidade que conhece e sim a realidade de que necessita.

1975

Salta

AS ALEGRES CORES DA MUDANÇA

Como num quadro do venezuelano Vargas, na província argentina de Salta as radiopatrulhas da polícia foram pintadas de amarelo e cor de laranja. Em vez de sirena levavam música e em vez de presos levavam crianças: as patrulhas andavam cheias de crianças que iam e vinham dos ranchos distantes para as escolas da cidade. As celas de castigo e as câmaras de tortura foram demolidas. A polícia desapareceu dos jogos de futebol e das manifestações operárias. Os torturados saíram em liberdade e foram presos os torturadores, oficiais especializados em arrebentar ossos a marteladas. Os cães policiais, que tinham sido o terror da população, passaram a dar sessões de acrobacia para divertir os bairros pobres.

Isto aconteceu há um par de anos, quando Rubén Fortuny foi chefe de polícia de Salta. Pouco durou Fortuny. Enquanto ele fazia o que fazia, outros homens como ele estavam cometendo loucuras parecidas em toda a Argentina e o país inteiro andava eufórico e efusivo.

Triste epílogo do governo peronista: morreu Perón, que tinha recuperado o poder, e após a sua morte os verdugos tornam a gozar de liberdade e emprego.

Fortuny é morto com um tiro na altura do coração. Depois sequestram o governador que o havia nomeado, Miguel Ragone. De Ragone não deixam nada além de uma mancha de sangue e um sapato.

1975
Buenos Aires

Contra os filhos de Evita e de Marx

Mas povo adentro sopra, continua soprando, o perigoso vento da mudança. Os militares descobrem que por todas as partes aparece a ameaça da revolução social, e se dispõem a salvar a nação. Há quase meio século que vêm salvando a pátria; e nos cursos do Panamá, a Doutrina da Segurança Nacional confirmou-lhes que o inimigo não está fora e sim dentro e abaixo. Prepara-se o próximo golpe de Estado. O programa de purificação será aplicado *por todos os meios*: esta é uma guerra, a guerra contra os filhos de Evita e Marx, e na guerra a única coisa imoral é a ineficácia. *(106, 107 e 134)*

1976
Madri

Onetti

Não espera nenhuma mensagem enfiada em nenhuma garrafa jamais jogada a mar algum. Mas o desesperado Juan Carlos Onetti não está sozinho. Estaria sozinho, se não fossem os vizinhos da aldeia de Santa Maria, tristes como ele, por ele inventados para que o acompanhem.

Onetti vive em Madri desde que saiu da cadeia. Os militares que mandam no Uruguai o meteram preso, porque não gostaram de um conto que ele tinha premiado num concurso do qual fez parte do júri.

Com as mãos na nuca, o desterrado contempla as manchas de umidade do teto de seu quarto de Santa Maria ou Madri ou Montevidéu ou quem sabe onde. Às vezes se levanta e escreve gritos que parecem sussurros.

1976
San José

Um país despalavrado

O presidente Aparício Méndez declara que *o Partido Democrata dos Estados Unidos e a família Kennedy são os melhores sócios da sedição no Uruguai.*

Um jornalista grava esta sensacional revelação, na presença do bispo da cidade de San José e de outras testemunhas.

Aparício Méndez é presidente por eleições nas quais votaram, no total, vinte e dois cidadãos: catorze generais, cinco brigadeiros e três almirantes. Os militares tinham proibido o presidente por eles eleito de falar com os jornalistas ou com quem quer que fosse, exceto sua mulher. Portanto, castigam o jornal que publica as declarações, suspendendo-o por dois dias; e o jornalista é despedido.

Antes de proibir a palavra ao presidente, os militares tinham proibido a palavra aos outros uruguaios. Não se pode mencionar nenhum dos milhares de políticos, sindicalistas, artistas e cientistas postos fora da lei. O termo *guerrilheiro* está oficialmente proibido, e em seu lugar deve-se dizer *meliante, réu, delinquente ou malfeitor.* Os blocos de carnaval, de tradição respondona, sempre debochando do poder, não podem cantar as palavras *reforma agrária, soberania, fome, clandestino, pomba, verde, verão ou contracanto.* Tampouco podem cantar a palavra povo, mesmo querendo dizer *povoado.*

No reino do silêncio, a principal cadeia de presos políticos se chama Liberdade. Os presos isolados inventam códigos. Falam sem voz, batendo na parede com os nós dos dedos, de cela em cela, fazendo letras, fazendo palavras, para continuar se querendo e se xingando. *(124 e 235)*

Um preso político uruguaio, Mauricio Rosencof, dá seu depoimento

...É a luta do homem que resiste a ser transformado em vaca. Porque nos meteram numa vaquificadora, nos exigiam que em lugar de falar, mugíssemos. E esse é o ponto: como um preso é capaz de resistir, numa situação assim, à sua animalização? É um combate pela dignidade... Houve um companheiro que conseguiu um pedacinho de bambu, trabalhou à unha um furinho e criou uma flauta. E esse som torto e elementar é um balbucio de música... *(394)*

1976

Libertad

Pássaros proibidos

Os presos políticos uruguaios não podem falar sem licença, assoviar, sorrir, cantar, caminhar rápido nem cumprimentar outro preso.

Tampouco podem desenhar nem receber desenhos de mulheres grávidas, casais, borboletas, estrelas ou pássaros.

Didaskó Pérez, professor, torturado e preso *por ter ideias ideológicas*, recebe num domingo a visita de sua filha Milay, de cinco anos. A filha traz para ele um desenho de pássaros. Os censores o rasgam na entrada da cadeia.

No domingo seguinte, Milay traz para o pai um desenho de árvores. As árvores não estão proibidas, e o desenho passa. Didaskó elogia a obra e pergunta à filha o que são os pequenos círculos coloridos que aparecem nas copas das árvores, muitos pequenos círculos entre a ramagem:

– *São laranjas? Que frutas são?*

A menina o faz calar:

– *Shhhh.*

E em tom de segredo explica:

– *Bobo. Não está vendo que são olhos? Os olhos dos pássaros que eu trouxe escondidos para você. (204 e 459)*

1976

Montevidéu

Setenta e cinco métodos de tortura,

alguns copiados, outros inventados pelos criativos militares uruguaios, castigam a solidariedade. No cárcere, na fossa ou no exílio vai parar quem duvide do direito de propriedade e do dever de obediência. O perigômetro classifica os cidadãos em três categorias: A, B e C, de acordo com uma tabela que indica quem é perigoso, potencialmente perigoso ou não perigoso. Transformam-se os sindicatos em delegacias e se reduzem os salários pela metade. Quem pense ou tenha pensado perde o emprego. Nas escolas, nos liceus, na universidade, proíbe-se falar da reforma agrária de José Artigas, que foi a primeira da América, e de tudo que contradiga a ordem dos surdos-mudos. Novos textos obrigatórios impõem aos estudantes a pedagogia militar. *(235)*

1976
Montevidéu

"É preciso obedecer", ensinam aos estudantes uruguaios os novos textos oficiais

A existência de partidos políticos não é essencial para uma Democracia. Temos o claro exemplo do Vaticano, onde não existem partidos políticos e mesmo assim existe uma real Democracia...

A igualdade da mulher, mal-interpretada, significa estimular seu sexo e sua intelectualidade e suplantar sua missão de mãe e esposa. Se bem que do ponto de vista jurídico o homem e a mulher sejam evidentemente iguais, não é assim do ponto de vista biológico. A mulher como tal está submetida a seu marido e lhe deve portanto obediência. É necessário que em toda sociedade exista um chefe que sirva de guia e a família é uma sociedade...

É necessário que uns obedeçam para que outros possam exercer o mando. Se ninguém obedecesse, seria impossível mandar... *(76)*

1976
Montevidéu

Os reduzidores de cabeças

Dedicados à proibição da realidade e à queima da memória, os militares uruguaios bateram o recorde mundial de fechamento de publicações.

O semanário *Marcha*, de longa vida, já não existe. Um de seus redatores, Julio Castro, foi morto na tortura. Depois, morto sem cadáver, foi desaparecido. Os demais redatores foram condenados à prisão, ao desterro ou ao silêncio.

Hugo Alfaro, crítico de cinema condenado ao silêncio, vê uma noite um filme que o entusiasma. Nem bem termina corre para casa e bate à máquina umas tantas laudas, muito apressado porque é tarde e amanhã bem cedinho a oficina de *Marcha* fecha as páginas de espetáculo. Ao pôr o ponto final, Alfaro percebe, de repente, que *Marcha* não existe há dois anos. Envergonhado, deixa cair a crônica numa gaveta de sua escrivaninha.

Esta crítica escrita para ninguém comenta um filme de Joseph Losey sobre os tempos da ocupação nazista da França, que mostra como a máquina da repressão tritura os perseguidos e também os que acham que estão a salvo, os que sabem e os que preferem não saber.

Enquanto isso, na outra margem do rio da Prata, os militares argentinos dão seu golpe de Estado. Um dos chefes da ditadura, o general Ibérico Saint-Jean, anuncia:

– *Primeiro mataremos todos os subversivos. Depois mataremos os colaboradores. Depois, os simpatizantes. Depois, os indecisos. E, finalmente, mataremos os indiferentes. (13 e 106)*

1976
La Perla

A TERCEIRA GUERRA MUNDIAL

Do alto de uma colina, montado em seu alazão, um gaúcho argentino olha. José Julián Solanille vê chegar uma longa caravana militar. Reconhece o general Menéndez, que viaja num Ford Falcon. Dos caminhões saem empurrados a golpes de fuzil muitos homens e mulheres. Estão encapuzados e têm as mãos amarradas nas costas. O *gaucho* vê que um dos encapuzados se põe a correr. Escuta os tiros. O fugitivo cai e se levanta e várias vezes se levanta antes de cair de uma vez. Quando começa o fuzilamento geral, e homens e mulheres despencam como bonequinhas, o *gaucho* esporeia seu cavalo e vai-se embora. Às suas costas cresce uma fumaça negra.

Este vale, entre as primeiras ondulações da serra de Córdoba, é um dos muitos depósitos de cadáveres. Quando chove ergue-se a fumaça dos poços, por causa da cal que jogam sobre os corpos.

Nesta guerra santa, as vítimas *desaparecem*. Quem não é engolido pela terra, é devorado pelos peixes do fundo do rio ou do mar. Muitos não cometeram outro delito além de figurar numa caderneta de endereços. Caminham rumo ao nada, rumo à bruma, rumo à morte, após o suplício nos quartéis. *Não há inocentes*, diz monsenhor Plaza, bispo de La Plata, e o general Camps acha que é justo liquidar cem suspeitos mesmo que apenas cinco desses cem sejam culpados. Culpados de terrorismo: *Terroristas*, explica o general Videla, *não são apenas os que põem bombas, mas também os que ativam com ideias contrárias à nossa civilização ocidental e cristã.* Esta é a vingança da derrota do Ocidente no Vietnam:

– *Estamos ganhando a terceira guerra mundial* – celebra o general Menéndez. *(106, 107 e 134)*

1976

Buenos Aires

A piara

Para uma prisioneira, grávida, dão a opção de escolher entre a violação e os choques elétricos. Ela escolhe os choques, mas após uma hora já não aguenta a dor. Então, é violada por todos. Enquanto a violam, cantam a Marcha Nupcial.

– *Assim é a guerra* – diz monsenhor Gracelli.

Carregam escapulário e comungam todos os domingos os homens que nos quartéis queimam seios com maçarico.

– *Acima de tudo, está Deus* – diz o general Videla.

Monsenhor Tortolo, presidente do Episcopado, compara o general Videla a Jesus Cristo e a ditadura militar à Páscoa da Ressurreição. Em nome do Santo Padre, o núncio Pio Laghi visita os campos de extermínio, exalta o amor dos militares por Deus, pela Pátria e pela Família e justifica o terrorismo de Estado porque a Civilização tem o direito de se defender. *(106, 107 e 134)*

1976

La Plata

Agachada sobre suas ruínas, uma mulher procura

alguma coisa que não tenha sido destruída. As forças da ordem arrasaram a casa de Maria Isabel de Mariani e ela cavuca os restos em vão. O que não roubaram pulverizaram. Somente um disco, o Réquiem de Verdi, está intacto.

Maria Isabel quisera encontrar no redemoinho alguma lembrança de seus filhos e de sua neta, alguma foto ou brinquedo, livro ou cinzeiro ou o que fosse. Seus filhos, suspeitos de terem uma imprensa clandestina, foram assassinados a tiros de canhão. Sua neta de três meses, butim de guerra, foi dada ou vendida pelos oficiais.

É verão, e o cheiro da pólvora se mistura com o aroma das tílias que florescem. (O aroma das tílias será para sempre e sempre insuportável.) Maria Isabel não tem quem a acompanhe. Ela é mãe de subversivos. Os amigos atravessam a rua ou desviam o olhar. O telefone está mudo. Ninguém lhe diz nada, nem ao menos mentiras. Sem ajuda de ninguém, vai enfiando em caixas os cacos de sua casa aniquilada. Tarde da noite, põe as caixas na calçada.

De manhã, bem cedinho, os lixeiros apanham as caixas, uma por uma, suavemente, sem batê-las. Os lixeiros tratam as caixas com muito cuidado, como se soubessem que estão cheias de pedacinhos de vida quebrada. Oculta atrás da persiana, em silêncio, Maria Isabel agradece a eles esta carícia, que é a única que recebeu desde que começou a dor. *(317)*

1976

Selva de Zinica

Carlos

criticava na frente, elogiava pelas costas.

Olhava feito galo bravo, por miopia e fanatismo, bruscos olhos azuis de quem via além dos outros, homem de tudo ou nada; mas as alegrias o faziam saltar como guri e quando dava ordens parecia que estava pedindo favores.

Carlos Fonseca Amador, chefe da revolução da Nicarágua, caiu lutando na selva.

Um coronel traz a notícia até a cela onde Tomás Borge está arrebentado pela tortura.

Juntos tinham andado muito caminho, Carlos e Tomás, desde os tempos em que Carlos vendia jornais e caramelos em Matagalpa; e juntos tinham fundado, em Tegucigalpa, a Frente Sandinista.

– *Morreu* – diz o coronel.

– *O senhor está enganado, coronel* – diz Tomás. *(58)*

1977

Manágua

Tomás

Atado a uma argola, tiritando, todo encharcado de merda e sangue e vômito, Tomás Borge é um montinho de ossos quebrados e nervos despidos, um farrapo estendido no chão esperando o próximo turno de suplício.

Mas esse resto dele ainda pode navegar por secretos rios que o viajam além da dor e da loucura. Deixando-se ir chega à outra Nicarágua; e a vê.

Através do capuz que amassa sua cara inchada pelos golpes, a vê: conta as camas de cada hospital, as janelas de cada escola, as árvores de cada parque, e vê os adormecidos piscando, deslumbrados, os mortos de fome e os mortos de tudo que estão sendo acordados pelos sóis recém-nascidos de seu voo. *(58)*

1977

Arquipélago de Solentiname

Cardenal

As garças, que estão se olhando no espelho, erguem os bicos: já retomam as barcas dos pescadores, e atrás delas as tartarugas que vêm parir na praia.

Num barracão de madeira, Jesus come sentado na mesa dos pescadores. Come ovos de tartaruga e carne de bonitos recém-pescados, e come mandioca. A seiva, buscando-o, mete seus braços pelas janelas.

À glória deste Jesus escreve Ernesto Cardenal, o monge poeta de Solentiname. À sua glória canta o pássaro clarineiro, ave sem adornos, sempre voando entre pobres, que nas águas do lago refresca as asas. E à sua glória pintam os pescadores. Pintam quadros fulgurantes que anunciam o paraíso, todos irmãos, ninguém patrão, ninguém peão; até que uma noite os pescadores que pintam o Paraíso decidem começar a fazê-lo e atravessam o lago e se lançam ao assalto do quartel de San Carlos.

Da escuridão, a coruja promete confusões:

– *Fô-dídu! Fôô-dídu*!

Muitos são mortos pela ditadura enquanto os buscadores do Paraíso caminham pelas montanhas e os vales e as ilhas da Nicarágua. *A massa se levanta, o grande pão se eleva... (6 e 77)*

Omar Cabezas conta o luto da montanha pela morte de um guerrilheiro na Nicarágua

Eu nunca perdoei Tello por ter sido morto de um tiro, assim... Senti um grande medo, e foi como se tivesse entrado em medo também a montanha. Acalmou-se o vento da montanha e as árvores deixaram de balançar, nenhuma folha se movia, os pássaros deixaram de cantar. Tudo tornou-se tétrico esperando o momento em que chegassem e nos matassem todos.

E começamos a caminhar. Quando começamos a caminhar em ritmo de combate morro acima, foi como se sacudíssemos a montanha, como se a agarrássemos e disséssemos a ela: está bom, sacana, o que há com você?

Tello vivia com a montanha. Tenho certeza de que teve relações com ela, ela pariu os filhos de Tello; e quando Tello morre a montanha sente que já não tem nenhum compromisso, que o resto é bobagem... Mas quando vê a disposição de combate do grupo de homens marchando ali, em cima dela, no coração dela, percebe que deu vários foras, que não devia ter ficado calada naquela tarde em que Tello morreu, sente que Tello não é o fim do mundo, nem seu começo, embora tenha sido sua vida, embora tenha sido seu amante secreto, embora Tello tenha sido seu irmão, seu animal, sua pedra, embora Tello tenha sido seu rio... e que depois dele vínhamos nós que podíamos botar fogo no seu coração. *(73)*

1977
Brasília

TESOURAS

Mais de mil intelectuais brasileiros assinam um manifesto contra a censura.

Em julho do ano passado, a ditadura militar impediu que o semanário *Movimento* publicasse a Declaração de Independência dos Estados Unidos, de 1776, porque nela se diz que o povo tem o direito e o dever de abolir os governos despóticos. Desde então, a censura proibiu, entre muitas outras coisas, o balé Bolshoi, por ser russo, as gravuras eróticas de Picasso, por serem eróticas, e o livro *História do Surrealismo*, porque um de seus capítulos exibe no título a palavra Revolução (Revolução na Poesia). *(371)*

1977
Buenos Aires

WALSH

Envia uma carta e várias cópias. A carta original, à Junta Militar que governa a Argentina. As cópias, às agências estrangeiras de notícias. Ao completar um ano o golpe de Estado, está enviando algo como um memorial de ofensas, constância das infâmias cometidas por um regime *que só pode balbuciar o discurso da morte.* No pé da página, estampa a sua assinatura e o número de seu documento (Rodolfo Walsh, C. I. 2845022). Sai do Correio e caminha pouco antes de ser derrubado a tiros e ser levado ferido, sem regresso.

Sua palavra despida era escandalosa onde o medo manda. Sua despidora palavra era perigosa onde se dança a grande dança de máscaras. *(461)*

1977

Rio Cuarto

Baixa dos livros queimados de Walsh e de outros autores

TENDO EM VISTA a medida disposta pela ex-Intervenção Militar desta Universidade Nacional em cumprimento de expressas ordens superiores, com referência a retirar da Área da Biblioteca toda a bibliografia de caráter dissociador, e que seu conteúdo transcrevia ideologias estranhas ao Ser Nacional Argentino, constituindo-se em fontes de alto doutrinamento marxista e subversivo, e

CONSIDERANDO: Que ao ter sido oportunamente incinerada a referida literatura, é procedente dar sua baixa do patrimônio desta Casa de Altos Estudos,

o Reitor da Universidade Nacional de Rio Cuarto

RESOLVE: Dar baixa do patrimônio da Universidade Nacional de Rio Cuarto (Área Biblioteca) de toda a bibliografia cujo detalhe se acrescenta. (Segue longa lista de livros de Rodolfo Walsh, Bertrand Russell, Wilhem Dilthey, Maurice Dobb, Karl Marx, Paulo Freire e outras). *(452)*

1977

Buenos Aires

As Mães da Praça de Maio,

mulheres paridas por seus filhos, são o coro grego desta tragédia. Segurando as fotos de seus desaparecidos, dão voltas e voltas na pirâmide, em frente à rosada casa de governo, com a mesma obstinação com a qual peregrinaram por quartéis e delegacias e sacristias, secas de tanto chorar, desesperadas de tanto esperar os que estavam e já não estão, ou talvez, continuem estando, quem sabe?

– Acordo e sinto que está vivo! – diz uma, dizem todas. – Vou-me esvaziando enquanto avança a manhã. Morre ao meio-dia. Ressuscita de tarde. Então torno a acreditar que chegará e de noite caio dormindo sem esperança. Acordo e sinto que está vivo...

São chamadas de *loucas*. Normalmente não se fala delas. Normalizada a situação, o dólar está barato e certa gente também. Os poetas loucos vão para a morte e os poetas normais beijam a espada e cometem elogios e silêncios. Com toda normalidade o ministro de Economia caça leões e girafas nas selvas africanas e os generais caçam trabalhadores nos subúrbios de Buenos Aires. Novas normas de linguagem obrigam a imprensa a chamar a ditadura militar de Processo de Reorganização Nacional. *(106 e 107)*

1977

Buenos Aires

Alicia Moreau

Às vezes exagera na fé, e anuncia a revolução social de maneira não lá muito realista, ou se lança publicamente em fúrias contra o poder militar e o Papa. Mas, o que seria das mães da Praça de Maio sem o entusiasmo desta moça? Ela não deixa que as mães desmoronem, quando parecem vencidas por tanto silêncio e deboche:

– *Sempre se pode fazer alguma coisa* – diz a elas. – *Unidas. Cada uma por seu lado, não. Vamos... Temos que...*

E recolhe o bastão e é a primeira a se mover.

Alicia Moreau está fazendo cem anos. Está na luta desde os tempos em que os socialistas não bebiam nada além de água nem cantavam outra coisa que não fosse a Internacional. Desde então ocorreram maravilhas e traições em quantidade, muitos nasceres, muitos morreres, e apesar de todos os pesares ela continua acreditando que acreditar vale a pena. Alicia Moreau está airosa e briosa como no começo do século, quando discursava nos bairros operários de Buenos Aires, de pé sobre um caixote, entre bandeiras vermelhas, e atravessava a cordilheira dos Andes em lombo de mula, apressando o passo para não chegar tarde ao congresso feminista. *(221)*

1977

Buenos Aires

Retrato de um artista do dinheiro

O ministro de Economia da ditadura argentina, José Alfredo Martínez de Hoz, é um devoto da empresa privada. Nela pensa nos domingos, quando se ajoelha na missa, e também nos dias de semana, quando dá aulas na Escola Militar. Mesmo assim, o ministro se livra da empresa privada que dirige. Generosamente a cede ao Estado, que paga dez vezes o que ela vale.

Os generais transformam o país num quartel. O ministro o transforma num cassino. Cai sobre a Argentina um dilúvio de dólares e coisas. É a hora dos verdugos, mas também dos pilantras e malabaristas: os generais mandam calar e obedecer enquanto o ministro manda especular e consumir. O que trabalha é um otário; o que protesta, um cadáver. Para reduzir os salários à metade e reduzir a nada os operários rebeldes, o ministro suborna com dinheiro doce a classe média, que viaja a Miami e volta carregada de montanhas de aparelhos e aparelhinhos e besteiras e besteirinhas. Frente à cotidiana matança, os panacas remediados levantam os ombros:

– *Alguma coisa fizeram. Não foi à toa.*

Ou assoviam olhando para o outro lado:

– *Melhor não se meter. Problema seu, meu caro. (143)*

1977

Caracas

O êxodo dos intrusos

Falou o profeta num café da rua Real de Sábana Grande, em Caracas: um extraterrestre de olhos chamejantes apareceu por um momento e anunciou que certo domingo de agosto o mar em fúria partiria as montanhas e aniquilaria a cidade.

Os bispos, os bruxos, os astrônomos e os astrólogos disseram e repetiram que não havia por que se preocupar, mas não puderam evitar que o pânico crescesse feito bola de neve rodando pelos bairros de Caracas.

Ontem foi o domingo apontado. O presidente da República ordenou à polícia que cuidasse da cidade. Mais de um milhão de caraquenhos fugiram em disparada, com seus trastes nas costas. Ficaram em Caracas mais automóveis que pessoas.

E hoje, segunda-feira, começam a regressar os fugitivos. O mar está onde estava, as montanhas também. No vale, Caracas continua sendo. A capital do petróleo recupera seus apavorados habitantes. Eles entram como que pedindo desculpas, porque sabem que sobram. Este é um mundo de rodas, não de pernas. Caracas pertence aos prepotentes automóveis, e não às pessoínhas que às vezes se atrevem atravessar as ruas incomodando as máquinas. O que seria dessas pessoínhas, condenadas a viver em cidade alheia, se Maria Lionza não as protegesse e se José Gregório não as curasse? *(135)*

Maria Lionza

Suas tetas se erguem em pleno centro de Caracas e reinam, nuas, sobre a vertigem. Em Caracas, e na Venezuela inteira, Maria Lionza é deusa.

Seu palácio, invisível, está longe da capital, numa montanha na serra da Sorte. As rochas dessa montanha foram amantes de Maria Lionza, homens que pagaram uma noite de abraços transformando-se em pedras que respiram.

Simón Bolívar e Jesús de Nazaré trabalham para ela em seu santuário. Também a ajudam três secretários: um negro, um índio e um branco. Eles atendem seus fiéis, que chegam carregados de oferendas de frutas, flores, perfumes e roupas íntimas.

Maria Lionza, bravia mulher, temida e desejada por Deus e pelo Diabo, tem os poderes do céu e do inferno: pode provocar a felicidade ou a infelicidade; salva se quiser, e, se quiser, fulmina. *(190 e 346)*

José Gregório

É casto de absoluta castidade o secretário branco de Maria Lionza. O doutor José Gregório Hernández não cedeu jamais às tentações da carne. Todas as mulheres que chegaram perto dele com atitude insinuante foram parar no convento, arrependidas, banhadas em lágrimas. Invicto acabou seus dias, em 1919, o virtuoso Médico dos Pobres, o Apóstolo da Medicina, quando seu nunca maculado corpo foi esmagado sem clemência por um dos dois ou três automóveis que naqueles tempos felizes percorriam Caracas com passo de tartaruga. Depois da morte, as mãos milagrosas de José Gregório continuaram receitando remédios e operando enfermos.

No santuário de Maria Lionza, José Gregório cuida dos assuntos da saúde pública. Nunca deixou de acudir, do Além, ao chamado dos sofredores, o único santo de gravata e chapéu que no mundo existiu. *(363)*

1977
Graceland

Elvis

Sua maneira de sacudir a perna esquerda arrancava uivos das multidões. Seus lábios, seus olhos e suas costeletas eram órgãos sexuais.

Elvis Presley, destronado rei do rock, é agora um balão flácido estendido na cama, com o olhar flutuando na frente de seis telas de televisão. Os televisores, suspensos no teto, estão ligados ao mesmo tempo, em canais diferentes. Entre um sonho e outro, sempre mais adormecido que acordado, Elvis brinca de disparar pistolas descarregadas, clique, clique, contra as imagens de que não gosta. A bola de banha de seu corpo cobre uma alma feita de codeína, morfina, valium, seconal, piacidyl, quaalude, nembutal, vaimid, demerol, elavil, aventyl, carbrital, sinutab e amytal. *(197 e 409)*

1978
San Salvador

Romero

O arcebispo oferece uma cadeira. Marianela prefere falar em pé. Sempre vem pelos outros; mas desta vez, Marianela vem por ela. Marianela García Vilas, advogada dos torturados e dos desaparecidos de El Salvador, não vem desta vez em busca da solidariedade do arcebispo para alguma das vítimas de D'Aubuisson, o Capitão Tocha, que tortura com maçarico, ou de algum outro militar especializado no horror. Marianela não vem pedir ajuda para nenhuma investigação ou denúncia. Desta vez, tem algo pessoal para dizer ao arcebispo. Com toda suavidade, conta que os policiais a sequestraram, amarraram, golpearam, humilharam, despiram – e que a violentaram. Conta sem lágrimas nem sobressaltos, com sua calma de sempre, mas o arcebispo Arnulfo Romero jamais havia escutado estas vibrações de ódio na voz de Marianela, ecos do asco, chamados da vingança; e, quando Marianela se cala, o arcebispo, atônito, cala também.

Depois de muito silêncio, ele começa a dizer a ela que a Igreja não odeia nem tem inimigos, que toda infâmia e todo antideus formam também parte da ordem divina, que também os criminosos são nossos irmãos e que por eles deve rezar, que deve perdoar seus perseguidores, que deve aceitar a dor, que deve... e de repente, o arcebispo Romero se interrompe.

Baixa o olhar, afunda a cabeça entre as mãos. Move a cabeça, negando, e diz:

– *Não, não quero saber. (259 e 301)*

1978

San Salvador

A REVELAÇÃO

– *Não quero saber* – diz, e sua voz se quebra.

O arcebispo Romero, que sempre dá consolo e amparo, está chorando feito criança sem mãe e sem casa. Está duvidando o arcebispo Romero, que sempre dá certeza, a tranquilizadora certeza de um Deus neutro que a todos compreende e a todos abraça.

Romero está chorando e duvidando e Marianela acaricia sua cabeça. *(259 e 301)*

1978

La Paz

CINCO MULHERES

– *O inimigo principal, qual é? A ditadura militar? A burguesia boliviana? O imperialismo? Não, companheiros. Eu quero dizer só isso: nosso inimigo principal é o medo. Temos medo por dentro.*

Só isso disse Domitila na mina de estanho de Catavi e então veio para a capital com outras quatro mulheres e uma vintena de filhos. No Natal começaram a greve de fome. Ninguém acreditou nelas. Vários acharam que esta piada era boa:

– *Quer dizer que cinco mulheres vão derrubar a ditadura?*

O sacerdote Luis Espinal é o primeiro a se somar. Num minuto já são mil e quinhentos os que passam fome na Bolívia inteira, de propósito. As cinco mulheres, acostumadas à fome desde que nasceram, chamam a água de *frango* ou *peru*, de costeleta o sal, e o riso as alimenta. Multiplicam-se enquanto isso os grevistas de fome, três mil, dez mil, até que são incontáveis os bolivianos que deixam de comer e deixam de trabalhar e vinte e três dias depois do começo da greve de fome o povo se rebela e invade as ruas e já não há como parar isto.

As cinco mulheres derrubam a ditadura militar. *(1)*

1978

Manágua

"O Chiqueiro",

assim o povo nicaraguense chama o Palácio Nacional. No primeiro andar deste pretensioso partenon discursam os senadores. No segundo, os deputados.

Num meio-dia de agosto, um punhado de guerrilheiros comandados por Edén Pastora e Dora Maria Téllez assalta o chiqueiro e em três minutos se apodera de todos os legisladores de Somoza. Para recuperá-los, Somoza só tem um remédio: libertar os sandinistas presos. O povo ovaciona os sandinistas ao longo do longo caminho ao aeroporto.

Este vai sendo um ano de guerra contínua. Somoza o inaugurou mandando matar o jornalista Pedro Joaquín Chamorro. Então o povo em fúria incendiou várias empresas do ditador. As chamas arrasaram a próspera Plasmaféresis S.A., que exportava sangue nicaraguense aos Estados Unidos; e o povo jurou que não descansará até enterrar o vampiro, em algum lugar mais escuro que a noite, com uma estaca cravada no coração. *(10 e 460)*

O pensamento vivo de Tachito Somoza

Eu sou empresário, mas humilde. (434)

1978

Cidade do Panamá

TORRIJOS

Diz o general Torrijos que não quer entrar na História. Quer entrar apenas na zona do canal, que os Estados Unidos usurpam do Panamá desde princípios do século. Por isso está percorrendo o mundo a torto e a direito, país por país, governo por governo, de tribuna em tribuna. Quando o acusam de servir a Moscou ou a Havana, Torrijos ri às gargalhadas: diz que cada povo tem sua própria aspirina para sua própria dor de cabeça e que ele se dá melhor com os castristas que com os castrados.

Finalmente, caem as cercas de arame. Os Estados Unidos, empurrados pelo mundo inteiro, assinam um tratado que restitui ao Panamá, por etapas, o canal e a zona proibida.

– *Melhor assim* – diz Torrijos, com alívio. Evitaram-lhe a desagradável tarefa de mandar pelos ares o canal com todas as suas instalações. *(154)*

1979

Madri

AS INTRUSAS PERTURBAM UMA TRANQUILA DIGESTÃO DO CORPO DE DEUS

Numa grande igreja de Madri, com missa especial se celebra o aniversário da independência argentina. Diplomatas, empresários e militares foram convidados pelo general Leandro Anaya, embaixador da ditadura que lá longe está trabalhando para garantir a herança da pátria, da fé e das demais propriedades.

Belas luzes caem dos vitrais sobre os rostos e os vestuários das senhoras e dos senhores. Em domingos como este, Deus é digno de confiança. Muito de vez em quando alguma tossinha decora o silêncio enquanto o sacerdote vai cumprindo o ritual: imperturbável silêncio da eternidade, eternidade dos eleitos do Senhor.

Chega o momento da comunhão. Rodeado de guarda-costas, o embaixador argentino se aproxima do altar. Ajoelha-se, fecha os olhos, abre a boca. Mas já se desdobram os lenços brancos, já os lenços brancos estão cobrindo as cabeças das mulheres que avançam pela nave central e pelas naves laterais: as Mães da Praça de Maio caminham suavemente, algodoado tumor, até rodear os guarda-costas que rodeiam o embaixador. Então olham fixamente para ele. Simplesmente, olham com olhar fixo para ele. O embaixador abre os olhos, olha aquelas mulheres todas que estão olhando para ele sem piscar e engole saliva, enquanto se paralisa no ar a mão do sacerdote com a hóstia entre os dedos.

A igreja inteira está cheia delas. De repente no templo já não há santos nem mercadores, não há nada além de uma multidão de mulheres não convidadas, negras vestes, brancos lenços, todas caladas, todas de pé. *(173)*

1979

Paris

DARCY

A Sorbonne outorga o título de doutor *honoris causa* a Darcy Ribeiro. Ele aceita, diz, pelo mérito de seus fracassos.

Darcy fracassou como antropólogo, porque os índios do Brasil continuam condenados à aniquilação. Fracassou como reitor de uma universidade que ele queria que fosse transformadora da realidade. Fracassou como ministro de Educação, num país que multiplica analfabetos. Fracassou como membro de um governo que tentou fazer a reforma agrária e controlar o canibalesco capital estrangeiro. Fracassou como escritor que sonhou em proibir que a história se repita.

Estes são seus fracassos. Estas são suas dignidades. *(376)*

1979

Nova York

O BANQUEIRO ROCKEFELLER FELICITA O DITADOR VIDELA

Sua Excelência Jorge Rafael Videla
Presidente da República Argentina
Buenos Aires, Argentina.
Querido senhor Presidente:

Agradeço muito que tenha conseguido tempo para me receber durante minha recente visita à Argentina. Não tendo estado aí durante sete anos, foi alentador ver quantos progressos fez seu governo durante os últimos três anos, no controle do terrorismo e no fortalecimento da economia. Felicito-o pelo que conseguiu e desejo todos os êxitos para o futuro.

O Chase Manhattan Bank está muito satisfeito por ter presença na Argentina, por intermédio do Banco Argentino de Comércio, e esperamos que nos anos vindouros possamos desempenhar um crescente papel apoiando o desenvolvimento de seu país.

Com meus protestos de consideração. Sinceramente,

David Rockefeller (384)

1979
Siuna

Retrato de um trabalhador da Nicarágua

José Villarreina, casado, três filhos. Mineiro da empresa norte-americana Rosario Mines, que há setenta anos derrubou o presidente Zelaya. Desde 1952, Villarreina escava ouro nos socavões de Siuna; mas seus pulmões não estão ainda totalmente apodrecidos.

À uma e meia da tarde do dia 3 de julho de 1979, Villarreina surge por uma das chaminés do socavão e um vagão de minério arranca-lhe a cabeça. Trinta e cinco minutos depois, a empresa comunica ao morto que, de acordo com o disposto nos artigos 18, 115 e 119 do Código de Trabalho, está despedido por não ter cumprido o contrato de trabalho. *(362)*

1979
Na Nicarágua inteira

Corcoveia a terra

mais que em todos os terremotos juntos. Os aviões sobrevoam a selva imensa arrojando napalm e bombardeiam as cidades ouriçadas de barricadas e trincheiras. Os sandinistas se apoderam de León, Masaya, Jinotega, Chinandega, Estelí, Carazo, Jinotepe...

Enquanto Somoza espera um empréstimo de 65 milhões de dólares, que conta com a aprovação do Fundo Monetário Internacional, em toda a Nicarágua luta-se árvore a árvore e casa a casa. Disfarçados atrás de máscaras ou lenços, os garotos atacam com fuzis ou facões ou pás ou pedras ou o que for; e se o fuzil não é de verdade, o de brinquedo serve para impressionar.

Em Masaya, que em língua índia significa *cidade que arde*, o povo, sábio em pirotécnica, converte os tubos de água em canhões de morteiros e também inventa a bomba de contato, sem mecha, que explode quando alguém a toca. No meio do tiroteiro caminham as velhinhas carregando grandes sacolas cheias de bombas, e vão distribuindo-as como quem distribui pão. *(10, 238, 239 e 320)*

1979

Na Nicarágua inteira

QUE NINGUÉM FIQUE SOZINHO,

que ninguém se perca, que está armada a zorra, arrebentou a merda, o grande corre-corre, o povo altivo lutando no peito contra tanques e blindados, caminhões e aviões, rifles e metralhadoras, todo mundo na bagunça, daqui ninguém se manda, sagrada guerra minha e tua e não guerrinha de rifa e racha, povo fera, arsenal caseiro, lutando na raça, se você não se matar matando vai morrer morrendo, que mano a mano é o jeito, todos com tudo, sendo povo. *(10, 238 e 239)*

DA AGENDA DE TACHITO SOMOZA

1979

July 12, Thursday

Love

1979

Manágua

"É PRECISO ESTIMULAR O TURISMO",

ordena o ditador enquanto ardem os bairros orientais de Manágua, incendiados pelos aviões.

Do *bunker*, grande útero de aço e cimento, Somoza governa. Ali não se escuta o troar das bombas, nem os uivos das pessoas, nem nada que perturbe o perfeito silêncio; dali nada se vê e nada se cheira. No *bunker* vive Somoza há tempos, em pleno centro de Manágua, mas infinitamente longe da Nicarágua; e no *bunker* se reúne, agora, com Fausto Amador.

Fausto Amador, pai de Carlos Fonseca Amador, é o administrador geral do homem mais rico da América Central. O filho, fundador da Frente Sandinista, entendia de pátria; o pai, de patrimônio.

Rodeados de espelhos e de flores de plástico, sentados na frente de um computador, Somoza e Fausto Amador organizam a liquidação dos negócios e a limpeza total da Nicarágua.

Depois, Somoza declara pelo telefone:

– *Nem vou, nem me vão. (10, 320 e 460)*

1979
Manágua

O NETO DE SOMOZA

Vai, o fazem ir. Na alvorada, Somoza sobe no avião rumo a Miami. Nestes últimos dias os Estados Unidos o abandonaram, mas ele não abandonou os Estados Unidos:

– *Em meu coração, eu sempre serei parte dessa grande nação.*

Somoza leva de Manágua os lingotes de ouro do Banco Central, oito papagaios coloridos e os ataúdes de seu pai e de seu irmão. Também leva, vivo, o príncipe herdeiro.

Anastasio Somoza Portocarrero, neto do fundador da dinastia, é um corpulento militar que aprendeu as artes do comando e do bom governo nos Estados Unidos. Na Nicarágua fundou e dirigiu, até hoje, a Escola de Treinamento Básico de Infantaria, um juvenil corpo de exército especializado no interrogatório de prisioneiros e famoso por suas habilidades: armados de alicate e colher, estes rapazes sabem arrancar unhas sem quebrar as raízes e sabem arrancar olhos sem machucar as pálpebras.

A estirpe dos Somoza caminha para o desterro enquanto Augusto César Sandino passeia pela Nicarágua inteira, debaixo de uma chuva de flores, meio século depois de seu fuzilamento. Ficou louco este país: o chumbo flutua, a cortiça afunda, os mortos fogem do cemitério e as mulheres da cozinha. *(10, 322 e 460)*

1979

Granada

As comandantes

Às suas costas, um abismo. À sua frente e aos lados, o povo armado acossando. O quartel A Pólvora, na cidade de Granada, último reduto da ditadura, está a ponto de cair.

Quando o coronel fica sabendo da fuga de Somoza, manda calar as metralhadoras. Os sandinistas também deixam de disparar.

Pouco depois abre-se o portão de ferro do quartel e aparece o coronel agitando um trapo branco.

– *Não disparem!*

O coronel atravessa a rua.

– *Quero falar com o comandante.*

Cai o lenço que lhe cobre a cara:

– *A comandante sou eu* – diz Mônica Baltodano, uma das mulheres sandinistas com comando de tropa.

– *O quê?*

Pela boca do coronel, macho altivo, fala a instituição militar, vencida mas digna, hombridade de calças compridas, honra da farda:

– *Eu não me rendo a uma mulher*! – ruge o coronel.

E se rende.

1979

Na Nicarágua inteira

Nascendo

Tem poucas horas de idade a Nicarágua recém-nascida dos escombros, verdor novinho entre as ruínas do saqueio e da guerra; e a cantora luz do primeiro dia da Criação alegra o ar que cheira a queimado.

1979

Santiago do Chile

Obstinada fé

O general Pinochet estampa a sua assinatura ao pé de um decreto-lei que impõe a propriedade privada aos índios mapuches. O governo oferece dinheiro, arames e sementes a quem aceitar parcelar suas comunidades por bem. Se não aceitarem por bem, adverte o governo, aceitarão por mal.

Pinochet não é o primeiro a acreditar que a cobiça está na natureza humana e que esta é a vontade de Deus. Algum tempo antes, o conquistador Pedro de Valdívia tinha tentado romper as comunidades indígenas do Chile. Desde então, arrebataram tudo dos índios: a sangue e fogo, tudo: a terra, o idioma, a religião, os costumes. Mas os índios, encurralados em suas últimas comarcas, condenados à última miséria, exaustos de tanta guerra e tanto engano, persistem em acreditar que o mundo é uma moradia compartilhada.

1979

Chajul

Outra aula de educação política na Guatemala

Patrocínio Menchú, índio maia-quichê, nascido na aldeia de Chimel, tinha defendido junto a seus pais as terras da comunidade acossada. De seus pais tinha aprendido a caminhar nas alturas sem se desbarrancar, a cumprimentar o sol segundo o costume antigo, a despir e fecundar a terra e a se arriscar por ela.

Agora, ele é um dos presos que os caminhões militares trouxeram à aldeia de Chajul, para que o povo veja. Rigoberta, sua irmã, reconhece-o, embora ele esteja inchado pelos golpes e jorre sangue pelos olhos e pela boca sem língua e pelos dedos sem unhas.

Quinhentos soldados, índios eles também, índios de outras regiões, vigiam a cerimônia. O povoado inteiro de Chajul, formado em círculo, é obrigado a olhar; e nela cresce, como em todos, uma calada, uma molhada maldição. O capitão mostra os corpos nus, esfolados, mutilados, ainda vivos, e diz que estes são os cubanos que vieram fazer alvoroço na Guatemala. Exibindo com todos os detalhes os castigos que cada um mereceu, grita o capitão:

– *Olhem bem o que espera pelos guerrilheiros!*

Depois empapa os presos com gasolina e os incendeia.

Patrocínio Menchú ainda era milho verde. Fazia apenas dezesseis anos que tinha sido semeado. *(72)*

Os maias semeiam cada criança que nasce

No alto das montanhas, os índios da Guatemala enterram o umbigo e apresentam a criança frente ao avô-vulcão, à mãe-terra, ao pai-sol, à avó-lua e frente a todos os poderosos avós, e lhes pedem que deem proteção ao recém-nascido contra o dano e o erro:

– *Frente à chuva que nos rega e frente ao vento que é testemunha de nós, nós, que somos parte de vocês, semeamos este novo filho, este novo companheiro, neste lugar...*

1980

La Paz

A cocacracia

O general Luis García Meza, autor do golpe de Estado número 189 em um século e meio de história da Bolívia, anuncia que implantará uma economia livre, como no Chile, e que fará desaparecer os extremistas, como na Argentina.

Com García Meza, os traficantes de cocaína se apoderam do Estado. Seu novo ministro do Interior, o coronel Luis Arce Gómez, divide suas horas e fervores entre o contrabando de drogas e a chefatura da Seção Boliviana da Liga Mundial Anticomunista. Não descansará, diz, jamais descansará, *até extirpar o câncer do marxismo.*

O governo militar estreia assassinando Marcelo Quiroga Santa Cruz, o inimigo da Gulf Oil e seus quarenta ladrões, implacável denunciador das sujeiras escondidas. *(157 e 257)*

1980
Santa Ana de Yacuma

RETRATO DE UM EMPRESÁRIO MODERNO

Dispara balas e subornos. No cinto carrega pistola de ouro e sorriso de ouro na boca. Seus guarda-costas usam metralhadoras com mira telescópica. Tem doze aviões de combate, com mísseis e tudo, e trinta aviões de carga que a cada amanhecer decolam da selva levando pasta básica de cocaína. Roberto Suárez, primo e colega do novo ministro do Interior, exporta uma tonelada por mês.

– *Minha filosofia* – diz – *é fazer o bem.*

Diz que o dinheiro que entregou aos militares da Bolívia bastaria para pagar a dívida externa do país.

Como bom empresário latino-americano, Suárez envia seus lucros para a Suíça, onde descansam ao amparo do segredo bancário.

Mas em Santa Ana de Yacuma, o povoado onde nasceu, pavimentou a rua principal, restaurou a igreja e obsequiou máquinas de costura às viúvas e às órfãs; e quando por lá aparece aposta milhares de dólares nos dados e nos galos.

Suárez é o mais importante capitalista de uma imensa empresa multinacional. Em suas mãos, a folha de coca sobe dez vezes de preço, para transformar-se em pasta e sair do país. Depois, por transformar-se em pó e chegar ao nariz que a inala, sobe de preço duzentas vezes. Como toda a matéria-prima de país pobre, a coca dá lucro aos intermediários, e principalmente aos intermediários do país rico que a consome transformada em cocaína, deusa branca.
(157, 257 e 439)

A DEUSA BRANCA

é a mais cara das divindades.

Custa cinco vezes mais que o ouro. Nos Estados Unidos, dez milhões de devotos, ansiosos, inalantes, estão dispostos a matar e a se matar por ela. A cada ano jogam trinta bilhões de dólares aos pés de seu brilhante altar de neve pura. Ao longo do tempo, ela os aniquilará, e de saída lhes rouba a alma; mas a troco lhes oferece ser, por sua obra e graça, super-homens por um instante.
(257 e 372)

1980
Santa Marta

A MACONHA

Por cada dólar de sonhos que compra o fumador de maconha nos Estados Unidos, apenas um centavo chega às mãos dos camponeses bolivianos que a cultivam. Os outros noventa e nove vão parar com os traficantes, que na Colômbia possuem mil e quinhentos aeroportos, quinhentos aviões e cem barcos.

Nos arredores de Medellín ou de Santa Marta, os mafiosos da droga vivem em suntuosas mansões. Na frente dessas mansões costumam exibir, sobre um pedestal de granito, o aviãozinho do primeiro contrabando. Em berço de ouro balançam seus filhos, presenteiam unhas de ouro às suas amantes e no anel ou na gravata exibem diamantes discretos como refletores.

Os mafiosos têm o costume de exterminar-se a tiros entre si. Há quatro anos metralharam Lucho Barranquilla, o mais popular dos traficantes, numa esquina da cidade de Santa Marta. Os assassinos enviaram ao funeral uma coroa com forma de coração e anunciaram uma coleta para erguer-lhe uma estátua na praça principal. *(95 e 406)*

1980
Santa Marta

SANTO AGATÃO

Lucho Barranquilla foi muito pranteado. Foi pranteado pelas crianças, que brincavam em seu parque de diversões, e pelas viúvas e os órfãos que protegia, e pelos policiais que comiam na sua mão, e por toda a cidade de Santa Marta, que vivia graças a suas doações e a seus empréstimos. E também por Santo Agatão.

Santo Agatão é o padroeiro dos bêbados. Nos domingos de carnaval, os bêbados de toda a costa colombiana acodem ao povoado de Mamatoco, nos arredores de Santa Marta; tiram Santo Agatão da igreja e o levam em procissão, cantando para ele canções sacanas e regando-o com aguardente, como ele gosta.

Mas os bêbados desfilam com um impostor de barba branca, vindo da Espanha. O verdadeiro Santo Agatão, que tinha cara de índio e chapéu de palha, foi sequestrado há meio século por um padre antialcoólico, que fugiu com o santo debaixo da batina. Deus castigou esse padre com a lepra, e o sacristão que o acompanhava teve os olhos virados pelo avesso; mas Santo Agatão ficou escondido no distante povoado de Sucre.

Rumo ao povoado de Sucre viajou uma comitiva, por estes dias, para pedir-lhe que volte:

– *Desde que você foi embora* – dizem a ele – *não há mais milagres nem alegria.*

Santo Agatão diz que não. Diz que para Santa Marta não volta, porque foi lá que mataram seu amigo Lucho Barranquilla.

1980

Cidade da Guatemala

Noticiário

O general Romeo Lucas García, presidente da Guatemala, foi quem deu a ordem para incendiar a embaixada da Espanha, com todos seus ocupantes. Esta é uma das revelações de Elías Barahona, porta-voz oficial do Ministério do Interior, que convocou a imprensa depois de pedir asilo no Panamá.

Segundo Barahona, o general Lucas García é pessoalmente responsável pela morte de trinta e nove pessoas, estorricadas pelas bombas que a polícia atirou contra a embaixada da Espanha. Entre as vítimas havia vinte e sete dirigentes indígenas que tinham ocupado pacificamente a embaixada para denunciar as matanças na região do Quiché.

Barahona revelou também que o general Lucas García comanda os grupos paramilitares e parapoliciais, chamados Esquadrões da Morte, e participa na elaboração das listas de opositores condenados a desaparecer.

O ex-secretário de Imprensa do Ministério do Interior denunciou que na Guatemala está sendo aplicado um Programa de Pacificação e Erradicação do Comunismo, de 420 páginas, elaborado por especialistas dos Estados Unidos sobre a base da experiência da guerra do Vietnam.

No primeiro semestre de 1980 foram assassinados na Guatemala vinte e sete professores da Universidade, treze jornalistas e setenta dirigentes camponeses, na sua maioria indígenas. A repressão foi descarregada com particular intensidade sobre as comunidades índias da região de Quichê, onde foram descobertas grandes jazidas de petróleo. *(450)*

1980
Uspantán

RIGOBERTA

Ela é uma índia maia-quichê, nascida na aldeia de Chimel, que colhe café e corta algodão nas plantações do litoral desde que aprendeu a caminhar. Nos algodoais viu cair seus dois irmãos, Nicolás e Felipe, os menorzinhos, e sua melhor amiga, ainda menina, todos sucessivamente fulminados pela fumigação de pesticidas.

No ano passado, na aldeia de Chajui, Rigoberta Menchú viu como o exército queimava vivo seu irmão Patrocínio. Pouco depois, na embaixada da Espanha, também seu pai foi queimado vivo junto com outros representantes das comunidades indígenas. Agora, em Uspantán, os soldados liquidaram sua mãe aos poucos, cortando-a em pedacinhos, depois de tê-la vestido com roupas de guerrilheiro.

Da comunidade de Chimel, onde Rigoberta nasceu, não sobrou ninguém vivo.

Rigoberta, que é cristã, aprendeu que o verdadeiro cristão perdoa seus perseguidores e reza pela alma de seus verdugos. Quando lhe golpeiam uma face, tinham-lhe ensinado, o verdadeiro cristão oferece a outra.

– *Eu já não tenho face para oferecer* – comprova Rigoberta. *(72)*

1980
San Salvador

A OFERENDA

Até alguns anos, só se entendia com Deus. Agora fala com todos e por todos. Cada filho do povo atormentado pelos poderosos é o filho de Deus crucificado; e no povo Deus ressuscita depois de cada crime que os poderosos cometem. Monsenhor Romero, arcebispo de El Salvador, audaz, temerário, nada tem a ver agora com aquele titubeante pastor de almas que os poderosos aplaudiam. Agora o povo explode em ovações nas suas homilias que acusam o terrorismo de Estado.

Ontem, domingo, o arcebispo aconselhou os policiais e os soldados a desobedecerem a ordem de matar seus irmãos camponeses. Em nome de Cristo, Romero disse ao povo salvadorenho: *Levanta-te e anda.*

Hoje, segunda-feira, o assassino chega à igreja escoltado por duas radiopatrulhas. Entra e espera, escondido atrás de uma coluna. Romero está celebrando missa. Quando abre os braços e oferece o pão e o vinho, corpo e sangue do povo, o assassino aperta o gatilho. *(259 e 301)*

1980

Montevidéu

Povo que diz não

A ditadura do Uruguai convoca um plebiscito e perde.

Parecia mudo este povo obrigado a se calar; mas abre a boca e diz não. Clamoroso havia sido o silêncio destes anos, que os militares tinham confundido com resignação. Eles não esperavam uma resposta dessas. Afinal, perguntaram só por perguntar, como um cozinheiro que manda que as galinhas digam com que molho desejam ser comidas.

1980

Na Nicarágua inteira

Andando

A revolução sandinista não fuzila ninguém; mas do exército de Somoza não sobra nem a banda de música. Às mãos de todos passam os fuzis, enquanto se desencadeia a reforma agrária nos campos desolados.

Um imenso exército de voluntários, armados de lápis e de vacinas, invade seu próprio país. Revolução, revelação, dos que creem e criam: não infalíveis deuses de majestoso andar e sim pessoínhas simples, durante séculos obrigadas a obedecer e treinadas para a impotência. Agora, aos tropeços, se põem a caminhar. Vão em busca do pão e da palavra: esta terra, que abriu a boca, está ansiosa para comer e dizer.

1980

Assunção do Paraguai

Stroessner

Tachito Somoza, destronado, desterrado, voa pelos ares numa esquina de Assunção.

– *Quem foi?* – perguntam os jornalistas em Manágua.

– *Fuenteovejuna* – responde o comandante Tomás Borge.

Tachito tinha encontrado refúgio na capital do Paraguai, a única cidade do mundo onde ainda existe um busto de bronze de seu pai, Tacho Somoza, e onde uma rua se chama, ainda, Generalíssimo Franco.

O Paraguai, ou o pouco do Paraguai que sobrou depois de muita guerra e despojo, pertence ao general Alfredo Stroessner. A cada cinco anos confirma seu poder, por eleições, este veterano colega de Somoza e Franco: para que se possa votar nele, suspende, por vinte e quatro horas, o eterno estado de sítio.

Stroessner acredita que é invulnerável porque não ama ninguém. O Estado é ele: todos os dias, às seis em ponto da tarde, chama o presidente do Banco Central e pergunta:

– *Quanto faturamos hoje?*

1980

Na Nicarágua inteira

Descobrindo

Cavalgando, remando, caminhando, os brigadistas da alfabetização penetram nas mais escondidas comarcas da Nicarágua. À luz de candeeiros, ensinam a usar o lápis a quem não sabe usá-lo, para que nunca mais sejam enganados pelos vivaldinos.

Enquanto ensinam, os brigadistas compartilham a pouca comida, agacham-se debaixo das cargas e, na capina, esfolam as mãos partindo lenha e passam a noite estendidos no chão, aplaudindo mosquitos. Descobrem mel silvestre dentro das árvores e dentro das pessoas lendas e quadras e perdidas sabedorias; pouco a pouco vão conhecendo as secretas linguagens das ervas que alegram sabores e curam doenças e mordidas de serpente. Ensinando, os brigadistas aprendem toda maldição e maravilha deste país, seu país, habitado por sobreviventes: na Nicarágua, quem não morre de fome ou peste ou tiro, morre de rir. *(11)*

1980

Nova York

A Estátua da Liberdade parece mordida pela varíola

por causa dos gases venenosos que as fábricas jogam no céu e que as neves e as chuvas devolvem à terra. Cento e setenta lagos foram assassinados por esta chuva ácida no estado de Nova York, mas o diretor do Escritório Federal de Administração e Orçamento diz que não vale a pena se preocupar, porque esses lagos somados representam apenas quatro por cento do total.

O mundo é uma pista de corrida. A natureza, um obstáculo. O mortífero hálito das chaminés deixou quatro mil lagos sem peixes nem plantas na província de Ontário, no Canadá.

– *Seria preciso pedir a Deus que começasse de novo* – diz um pescador.

1980
Nova York

LENNON

Uma camisa, pendurada no varal, dá murros. Queixa-se o vento. Aos rugidos e gemidos da cidade se une o uivo de uma sirene que corre pelas ruas. Neste cujo dia caiu assassinado John Lennon, fundador de música, numa esquina de Manhattan.

Ele não queria ganhar nem matar. Não aceitava que o mundo fosse bolsa de valores nem quartel militar. Lennon estava à margem da pista: cantando ou assoviando com ar de distraído, via girar as rodas dos outros na incessante vertigem que vai e vem entre o manicômio e o matadouro.

1981
Surahammar

O EXÍLIO

Qual é a distância que separa um acampamento mineiro da Bolívia de uma cidade da Suécia? Quantas léguas, quantos séculos, quantos mundos?

Domitila, uma das cinco mulheres que derrubaram uma ditadura militar, foi condenada ao desterro por outra ditadura militar e veio parar, com seu marido mineiro e seus muitos filhos, nas neves do norte da Europa.

De onde faltava tudo até onde sobra tudo, da última miséria à primeira opulência: olhos de estupor nestas caras de barro: aqui na Suécia são jogados no lixo televisores quase novos, roupas pouco usadas e móveis e geladeiras e fogões e lavadoras de pratos que funcionam perfeitamente. Vão para o cemitério automóveis penúltimo modelo.

Domitila agradece a solidariedade dos suecos e admira sua liberdade, mas o desperdício a ofende. A solidão, em compensação, lhe dá pena: pobres pessoas ricas solitárias frente ao televisor, bebendo sozinhas, comendo sozinhas, falando sozinhas:

– *Nós* – conta, recomenda Domitila –, *nós, lá na Bolívia, nem que seja para brigar, nos juntamos. (1)*

1981

Cantão Celica

"Falta de sorte, falha humana, mau tempo"

Um avião cai, no final de maio, e assim acaba Jaime Roldós, presidente do Equador. Alguns camponeses do lugar escutam que o avião explode, e o veem em chamas antes de se desfazer.

Não se autoriza os médicos a examinar o cadáver. Não se tenta autópsia. Não aparece a caixa preta: dizem que o avião não tinha. Os tratores plainam o terreno do desastre. São apagadas as gravações das torres de controle de Quito, Guayaquil e Loja. Várias testemunhas morrem em sucessivos acidentes. O relatório da Força Aérea descarta de antemão qualquer atentado.

– *Fala de sorte, falha humana, mau tempo.* Mas o presidente Roldós estava defendendo o cobiçado petróleo do Equador, tinha restabelecido relações com a proibida Cuba e apoiava as malditas revoluções da Nicarágua, El Salvador e Palestina.

Dois meses depois, outro avião cai, no Panamá. *Falta de sorte, falha humana, mau tempo.* Desaparecem dois camponeses que tinham escutado o ruído do avião explodindo no ar. Omar Torrijos, culpado do resgate do canal do Panamá, sabia que não ia morrer de velho numa cama.

E quase em seguida, um helicóptero cai no Peru. *Falta de sorte, falha humana, mau tempo.* Desta vez a vítima é o comandante do exército peruano, general Rafael Hoyos Rubio, velho inimigo da Standard Oil e de outras sociedades internacionais de beneficência. *(154 e 175)*

1982

Ilhas Geórgias do Sul

Retrato de um valente

As Mães da Praça de Maio o chamavam de *O Anjo*, por causa de sua loura cara de bebê. Estava há alguns meses trabalhando com as mães, sempre sorridente, sempre disposto a dar uma mão, quando uma tarde, na saída de uma reunião, os soldados agarraram várias das militantes mais ativas do movimento. Essas mães desapareceram, como seus filhos, e nunca mais se soube.

As mães sequestradas tinham sido apontadas pelo Anjo, ou seja o tenente de fragata Alfredo Astiz, membro do Grupo de Tarefas 3.3.2 da Escola de Mecânica da Armada, de longa e destacada atuação nas câmaras de tormento.

O espião e torturador Astiz, agora tenente de navio, é o primeiro a se render frente aos ingleses na guerra das Malvinas. Rende-se sem disparar um único tiro. *(107, 134, 143 e 388)*

1982

Ilhas Malvinas

A Guerra das Malvinas,

guerra pátria que por um instante uniu os argentinos pisadores e os argentinos pisados, culmina com a vitória do exército colonialista da Grã-Bretanha.

Não sofreram nenhum arranhãozinho os generais e coronéis argentinos que tinham prometido derramar até a última gota de sangue. Os que declararam a guerra não estiveram nela nem de visita. Para que a bandeira argentina ondulasse nestes gelos, causa justa em mãos injustas, os altos comandos enviaram ao matadouro os rapazinhos enganchados pelo serviço militar obrigatório, que mais morreram de frio que de bala.

Não lhes treme a mão: com mão firme assinam a rendição os violadores de mulheres amarradas, os verdugos de trabalhadores desarmados. *(185)*

1982

Caminhos da Mancha

MESTRE TROTAMUNDOS

está fazendo meio século de vida, muito longe do país onde nasceu. Numa aldeia castelã, frente a um dos moinhos que desafiaram Dom Quixote, Javier Villafañe, patriarca dos marioneteiros da América, celebra o aniversário de seu filho preferido. Para estar à altura da magna data, Javier decide casar-se com uma linda cigana que acaba de conhecer; e Mestre Trotamundos preside a cerimônia e o banquete com a melancólica dignidade que o caracteriza.

A vida inteira andaram juntos, marionetando pelos caminhos do mundo, doçuras e diabruras, Mestre Trotamundos e o peregrino Javier. Cada vez que Mestre Trotamundos cai doente, atacado por traças ou cupins, Javier cura as feridas com infinita paciência e depois vela seu sono.

No começo de cada sessão, frente à multidão de pequeninos que esperam, os dois tremem como se fosse a primeira vez.

1982

Estocolmo

O ESCRITOR GABRIEL GARCÍA MÁRQUEZ RECEBE O NOBEL E FALA DE NOSSAS TERRAS CONDENADAS A CEM ANOS DE SOLIDÃO

...Atrevo-me a pensar que é esta realidade descomunal, e não apenas a sua expressão literária, o que este ano mereceu a atenção da Academia Sueca de Letras. Uma realidade que não é a do papel, mas que vive conosco e determina cada instante de nossas incontáveis mortes cotidianas, e que sustenta um manancial de criação insaciável pleno de infelicidade e de beleza, do qual este colombiano errante e nostálgico não é mais que uma cifra assinalada pela sorte. Poetas e mendigos, músicos e profetas, guerreiros e malandros, todos criaturas daquela realidade desaforada, tivemos que pedir muito pouco à imaginação, porque o desafio maior para nós foi a insuficiência dos recursos convencionais para tornar acreditável nossa vida. Este é, amigos, o nó da nossa solidão.

...A interpretação de nossa realidade com esquemas alheios só contribui para fazer-nos cada vez mais desconhecidos, cada vez menos livres, cada vez mais solitários... Não: a violência e a dor desmesuradas de nossa história são o resultado de injustiças seculares e amarguras sem conta, e não de uma confabulação urdida a três mil léguas da nossa casa. Mas muitos dirigentes e pensadores europeus acreditaram nisso, com o infantilismo dos avós que se esqueceram das loucuras frutíferas de sua juventude, como se não fosse possível outro destino além de viver à mercê dos grandes donos do mundo. Este é, amigos, o tamanho da nossa solidão. *(189)*

1983

Saint George's

A RECONQUISTA DA ILHA DE GRANADA

A minúscula Granada, manchinha verde quase invisível na imensidão do mar do Caribe, sofre uma espetacular invasão dos *marines.* O presidente Ronald Reagan os envia para matar o socialismo. Os *marines* matam um morto. Alguns militares nativos, ambiciosos do poder, cuidaram de assassinar o socialismo, em nome do socialismo, poucos dias antes.

Atrás dos marines, desembarca o Secretário de Estado norte-americano, George Shultz. Em entrevista coletiva, declara:

– *À primeira vista percebi que esta ilha poderia ser um esplêndido negócio imobiliário.*

1983

La Bermuda

MARIANELA

Toda manhã, todo amanhecer, faziam fila. Eram parentes, amigos ou amores dos desaparecidos de El Salvador. Procuravam notícias ou vinham trazê-las; não tinham outro lugar onde perguntar ou dar depoimento. A porta da Comissão de Direitos Humanos estava sempre aberta; e também se podia entrar pelo buraco da última bomba na parede.

Desde que a guerrilha cresceu nos campos salvadorenhos, o exército já não usava cadeias. A comissão denunciava ao mundo: *Julho: aparecem decapitados quinze meninos menores de catorze anos que tinham sido detidos sob a acusação de terrorismo. Agosto: treze mil e quinhentos civis assassinados ou desaparecidos desde o começo do ano...*

Dos trabalhadores da comissão, Magdalena Enríquez, a que mais ria, foi a primeira a cair. Os soldados a atiraram, descarnada, na beira do mar. Depois foi a vez de Ramón Valladares, crivado no barro do caminho. Sobrava Marianela García Vilas:

– *Erva ruim não morre nunca* – dizia ela.

Liquidam-na perto da aldeia de La Bermuda, nas terras queimadas de Cuscatlán. Ela andava com sua máquina fotográfica e seu gravador, reunindo provas para denunciar que o exército joga fósforo branco contra os camponeses rebeldes. *(259)*

1983

Santiago do Chile

Dez anos depois da reconquista do Chile

– *O senhor tem o direito de importar um camelo* – diz o ministro de Economia. Na tela do televisor, o ministro aconselha os chilenos a fazer uso da liberdade de comércio. No Chile, qualquer um pode decorar sua casa com um autêntico crocodilo africano e a democracia consiste em escolher entre um Chivas Regal e um Johnnie Walker rótulo preto.

Tudo é importado. De fora vêm as vassouras, os balanços de passarinho, o milho, a água do uísque; o pão *baguette* chega voando de Paris. A política econômica, importada dos Estados Unidos, obriga os chilenos a limitar-se a raspar as tripas de suas montanhas, em busca do cobre, e nada mais; nem um alfinete podem fabricar, porque são mais baratos os alfinetes da Coreia do Sul. Qualquer ato de criação atenta contra as leis do mercado, que é como dizer as leis do destino.

Dos Estados Unidos vêm também os programas de televisão, os automóveis, as metralhadoras e as flores de plástico. Nos bairros altos de Santiago não se pode caminhar sem tropeçar em computadores japoneses, videocassetes alemães, televisores holandeses, chocolates suíços, geleias inglesas, presuntos dinamarqueses, ternos de Taiwan, perfumes franceses, atuns espanhóis, azeites italianos...

Quem não consome não existe. O povo, que é usado e jogado fora, não existe, embora pague fiado a conta desta festa.

Os trabalhadores sem trabalho revolvem o lixo. Por todos os lados vem-se cartazes que advertem: *Não há vagas. Não insista.*

Multiplicam-se por seis a dívida externa e a taxa de suicídios. *(169 e 231)*

1983
Numa quebrada, entre Cabildo e Petorca

A TELEVISÃO

Os Escárate não tinham nada, até que Armando trouxe essa caixa em lombo de mula.

Armando Escárate tinha passado um ano inteiro fora de casa. Tinha trabalhado no mar, cozinhando para os pescadores, e também tinha trabalhado no povoado de La Ligua, fazendo o que houvesse para fazer e comendo restos, noite e dia trabalhando até juntar a alta pilha de dinheiro e pagar.

Quando Armando desceu da mula e abriu a caixa, a família ficou muda de susto. Ninguém tinha visto jamais nada parecido nestas comarcas da cordilheira chilena. De muito longe vinha gente, como em peregrinação, contemplar o televisor Sony, de doze polegadas, colorido, funcionando com a força gerada pela bateria de um caminhão.

Os Escárate não tinham nada. Agora continuam dormindo amontoados e vivendo mal do queijo que fazem, da lã que tecem e dos rebanhos de cabras que pastoreiam para o patrão da fazenda. Mas o televisor se ergue como um tótem no meio da casa, uma choça de barro com teto de pau, e nas telas a Coca-Cola lhes oferece chispas de vida e a Sprite, bolhas de juventude. Os cigarros Marlboro lhes dão virilidade. Os bombons Cadbury, comunicação humana. O cartão Visa, riqueza. Os perfumes Dior e as camisas Cardin, distinção. O vermute Cinzano, *status* social; o Martini, amor ardente. O leite artificial Nestlé lhes outorga vigor eterno e o automóvel Renault, uma nova maneira de viver. *(230)*

1983
Buenos Aires

AS AVÓS DETETIVES

Enquanto se desintegra a ditadura militar na Argentina, as Avós da Praça de Maio andam em busca dos netos perdidos. Esses bebês, aprisionados com seus pais ou nascidos em campos de concentração, foram repartidos como butim de guerra; e vários têm como pais os assassinos de seus pais. As avós investigam a partir do que houver, fotos, dados soltos, uma marca de nascimento, alguém que viu alguma coisa, e assim, abrindo passo a golpes de sagacidade e de guarda-chuva, já recuperaram alguns.

Tamara Arze, que desapareceu com um ano e meio de idade, não foi parar em mãos militares. Está numa aldeia suburbana, na casa da boa gente que a recolheu quando foi jogada por aí. A pedido da mãe, as avós empreendem a busca. Contavam com poucas pistas. Após um longo e complicado rastrear, a encontraram. Cada manhã, Tamara vende querosene num carro puxado por um cavalo, mas não se queixa da sorte; e a princípio não quer nem ouvir falar de sua mãe verdadeira. Muito aos pouquinhos as avós vão lhe explicando que ela é filha de Rosa, uma operária boliviana que jamais a abandonou. Que uma noite sua mãe foi capturada na saída da fábrica, em Buenos Aires... *(317)*

1983
Lima

Tamara voa duas vezes

Rosa foi torturada, sob o controle de um médico que mandava parar, e violentada, e fuzilada com balas de festim. Passou oito anos presa, sem processo nem explicações, até que no ano passado a expulsaram da Argentina. Agora, no aeroporto de Lima, espera. Por cima dos Andes, sua filha Tamara vem voando rumo a ela.

Tamara viaja acompanhada por duas das avós que a encontraram. Devora tudo que servem no avião, sem deixar nem uma migalha de pão ou um grão de açúcar.

Em Lima, Rosa e Tamara se descobrem. Olham-se no espelho, juntas, e são idênticas: os mesmos olhos, a mesma boca, as mesmas pintas nos mesmos lugares.

Quando chega a noite, Rosa banha a filha. Ao deitá-la, sente um cheiro leitoso, adocicado; e torna a banhá-la. E outra vez. E por mais que esfregue o sabonete, não há maneira de tirar-lhe esse cheiro. É um cheiro raro... e de repente, Rosa recorda. Este é o cheiro dos bebês quando acabam de mamar: Tamara tem dez anos e nesta noite tem cheiro de recém-nascida. *(317)*

1983
Buenos Aires

E se o deserto fosse mar, e a terra, céu?

Dão medo as Mães e as Avós da Praça de Maio. Porque, o que aconteceria ali se se fartassem de dar voltas na frente da Casa Rosada e começassem a assinar decretos de governo? E se os mendigos da escadaria da Catedral arrancassem do arcebispo a túnica e o barrete e se pusessem a lançar homilias do púlpito? E se os honestos palhaços dos circos se pusessem a dar ordens nos quartéis e aulas nas universidades? E se se pusessem? E se?

1983

Meseta do Pedimento

O TEATRO MEXICANO DOS SONHOS

Como todos os anos, os índios zapotecas chegam à meseta do Pedimento. De um lado se vê o mar, e do outro, picos e precipícios.

Aqui se desatam os sonhos. Um homem ajoelhado se levanta e se mete no bosque: leva no braço uma noiva invisível. Alguém se move como lânguida medusa, navegando em barca de ar. Há quem desenhe no vento e há quem cavalgue, majestoso, arrastando um galho entre as pernas. As pedrinhas se transformam em grãos de milho e as bolotas das árvores, em ovos de galinha. Os velhos se fazem meninos e os meninos, gigantes; uma folha de árvore se transforma em espelho e devolve formoso rosto a quem a olhe.

O encanto se rompe se alguém não levar a sério este ensaio geral de vida.

(418)

1983

Rio Tuma

REALIZANDO

Entre a dignidade e o desprezo andam zumbindo as balas na Nicarágua; e muitos têm a vida apagada pela guerra.

Este é um dos batalhões que lutam contra os invasores. Dos bairros mais pobres de Manágua vieram estes voluntários para as distantes planícies do rio Tuma.

Cada vez que cessa o barulho, Beto, o *profe*, contagia letras. O contágio ocorre quando algum miliciano pede a ele que escreva uma carta. Beto cumpre, e depois:

– *Esta é a última que eu escrevo para você. Ofereço algo melhor.*

Sebastián Fuertes, soldador de ferro do bairro El Maldito, homem de uns quantos anos e guerras e mulheres, é um dos que chegou perto e foi condenado à alfabetização. Está há poucos dias quebrando garranchos e rasgando papéis nos respiros do tiroteio, e aguentando com pé firme muita piada pesada, quando chega o primeiro de maio e seus companheiros o elegem para o discurso.

Num potreiro cheio de bosta e carrapatos, celebra-se o ato. Sebastián ergue-se sobre um caixote, tira do bolso um papelzinho dobrado e lê as primeiras palavras nascidas de sua mão. Lê de longe, esticando o braço, porque a vista não ajuda, e óculos, não tem:

– *Irmãos do batalhão 8221!*

1983

Manágua

DESAFIANDO

Penachos de fumaça brotam das bocas dos vulcões e das bocas dos fuzis. Os camponeses vão para a guerra em lombo de burro, levando um papagaio no ombro. Deus era pintor primitivo quando imaginou esta terra de falar mansinho.

Os Estados Unidos, que treinam e pagam os *contras*, a condenam a morrer e a matar. De Honduras esta terra é atacada pelos somozistas; da Costa Rica, ela é traída por Edén Pastora.

E agora vem o Papa de Roma. O Papa amaldiçoa os sacerdotes que amam a Nicarágua mais que o alto céu e manda calar, com maus modos, os que lhe pedem que reze pelas almas dos patriotas assassinados. Depois de lutar com a católica multidão reunida na praça, vai-se embora, furioso, desta terra endemoninhada.

1983

Mérida

O POVO PÕE DEUS EM PÉ

e o povo sabe que Deus necessita dele para ficar em pé no mundo.

Todos os anos o Menino Jesus nasce em Mérida e em outros lugares da Venezuela. Cantam os cantadores, ao som de violinos, bandolins e violões, enquanto os padrinhos colhem em amplo lenço o menino jogado no presépio, tarefa delicada, coisa séria, e o levam a passear.

Os padrinhos passeiam o menino pelas ruas. Seguem-no os reis e os pastores, e a multidão vai jogando flores e beijos. Depois de ter sido muito bem-vindo ao mundo, os padrinhos devolvem Jesus ao presépio onde ele está sendo esperado por Maria e por José. E ali o levantam.

Em nome da comunidade, os padrinhos levantam Jesus pela primeira vez, e erguido fica entre seus pais. Concluída a levantação, canta-se o rosário e se oferecem aos presentes biscoitinhos dos de antes, os de doze gemas, e um vinhozinho de mistela. *(463)*

1983

Manágua

Noticiário

Uma mulher pariu uma galinha num bairro de Manágua, informa o diário nicaraguense *La Prensa.* Fontes ligadas à hierarquia eclesiástica não desmentem que este extraordinário acontecimento possa ser um sinal da cólera de Deus. A atitude da multidão congregada frente ao papa pode ter transbordado a paciência divina, consideram essas fontes.

Em 1981, tinham acontecido na Nicarágua outros dois milagres de ampla repercussão. A Virgem de Cuapa fez naquele ano uma espetacular aparição nos campos de Chontales. Descalça e coroada de estrelas, do centro de um resplendor que cegou as testemunhas, a Virgem formulou declarações a um sacristão chamado Bernardo. A Mãe de Deus manifestou seu apoio à política do presidente Reagan contra o sandinismo ateu e comunista.

Pouco depois, a Virgem da Conceição suou e chorou copiosamente durante vários dias numa casa de Manágua. O arcebispo, monsenhor Obando, compareceu ao altar e aconselhou os fiéis a orarem pedindo perdão à Puríssima. As emanações da Virgem da Conceição cessaram quando a polícia descobriu que os proprietários da imagem de gesso a mergulhavam na água e a trancavam na geladeira durante as noites, para que depois suasse e chorasse, exposta ao intenso calor ambiental, perante a romaria de devotos.

1984
Vaticano

O SANTO OFÍCIO DA INQUISIÇÃO

ostenta agora o nome mais discreto de Congregação para a Doutrina da Fé. Já não queima vivo nenhum herege, embora não falte vontade. Sua principal preocupação vem da América. Em nome do Santo Padre, os inquisidores convocam os teólogos latino-americanos Leonardo Boff e Gustavo Gutiérrez, e no Vaticano os dois levam severa reprimenda por falta de respeito à Igreja do Medo.

A Igreja do Medo, opulenta empresa multinacional, devota da dor e da morte, está ansiosa para cravar na cruz qualquer filho de carpinteiro, desses que andam pelas costas da América sublevando pescadores e desafiando impérios.

1984
Londres

OS REIS MAGOS NÃO ACREDITAM NAS CRIANÇAS

O presidente dos Estados Unidos e os primeiros-ministros do Japão, Alemanha Federal, Inglaterra, França, Itália e Canadá, reunidos na Lancaster House, cumprimentam o organismo que garante a liberdade do dinheiro. Os sete grandes do mundo capitalista aplaudem por unanimidade *o trabalho do Fundo Monetário Internacional nos países em desenvolvimento.*

A felicitação não menciona os verdugos, torturados, inquisidores, carcereiros e alcaguetes, que são os funcionários do Fundo Monetário nesses *países em desenvolvimento.*

SINFONIA CIRCULAR PARA PAÍSES POBRES, EM SEIS MOVIMENTOS SUCESSIVOS

Para que sejam os braços trabalhadores cada vez mais obedientes e baratos, os países pobres necessitam legiões de verdugos, torturadores, inquisidores, carcereiros e alcaguetes.

Para alimentar e armar essas legiões, os países pobres necessitam empréstimos dos países ricos.

Para pagar os juros desses empréstimos, os países pobres necessitam mais empréstimos.

Para pagar os juros dos empréstimos somados aos empréstimos, os países pobres necessitam aumentar as exportações.

Para aumentar as exportações, produtos malditos, preços condenados à queda perpétua, os países pobres necessitam baixar os custos de produção.

Para baixar os custos de produção, os países pobres necessitam braços trabalhadores cada vez mais obedientes e baratos.

Para que sejam os braços operários cada vez mais obedientes e baratos, os países pobres necessitam legiões de verdugos, torturadores, inquisidores...

1984
Washington

"1984"

O Departamento de Estado dos Estados Unidos decide suprimir a palavra *assassinato* de seus relatórios sobre violação de direitos humanos na América Latina e em outras regiões. No lugar de *assassinato*, deve-se dizer: *ilegal ou arbitrária privação da vida.*

Faz já algum tempo que a CIA evita a palavra *assassinar* em seus manuais de terrorismo prático. Quando a CIA mata ou manda matar um inimigo, não o assassina: o neutraliza.

O Departamento de Estado chama de *forças de paz* as forças de guerra que os Estados Unidos costumam desembarcar ao sul de suas fronteiras; e chama de lutadores da liberdade os que lutam pela restauração de seus negócios na Nicarágua. *(94)*

1984
Washington

Somos todos reféns

A Nicarágua e outros países insolentes continuam sem tomar conhecimento da ordem que manda que a história não se mova, sob pena de explosão total do mundo:

– *Não vamos tolerar...* – adverte o presidente Reagan.

Por cima das nuvens, ameaçam os bombardeiros nucleares. Mais além, os satélites militares. Debaixo da terra e debaixo do mar, os mísseis. O mundo ainda gira porque as grandes potências dão licença. Uma bomba de plutônio do tamanho de uma laranja bastaria para fazer explodir o planeta inteiro, e uma boa descarga de radiações nucleares o transformaria num deserto habitado por baratas.

O presidente Reagan diz que São Lucas (Evangelho, 14.31) aconselha a multiplicar os gastos militares para enfrentar as hordas comunistas. Militariza-se a economia; as armas disparam dinheiro para comprar armas que disparam dinheiro; fabricam-se armas, hambúrgueres e medo. Não há melhor negócio que a venda de medo. O presidente anuncia, jubiloso, a militarização das estrelas. *(430)*

1984

São Paulo

VINTE ANOS DEPOIS DA RECONQUISTA DO BRASIL

O último presidente da ditadura militar, o general Figueiredo, deixa o governo aos civis.

Quando lhe perguntaram o que faria se fosse um operário que ganha salário mínimo, o general Figueiredo respondeu:

– *Daria um tiro na cabeça.*

O Brasil padece prosperidade famélica. Entre os países que vendem alimentos ao mundo, aparece em quarto lugar. Entre os países que sofrem fome no mundo, aparece em sexto. Agora o Brasil exporta armas e automóveis além de café, e produz mais aço que a França; mas os brasileiros medem menos e pesam menos que há vinte anos.

Milhões de crianças sem teto perambulam pelas ruas de São Paulo e das demais cidades, caçando comida. Os edifícios se transformam em fortalezas, os porteiros viram guardas armados. Todo cidadão é assaltado ou assaltante. *(371)*

1984
Cidade da Guatemala

Trinta anos depois da reconquista da Guatemala,

o Banco do Exército é o mais importante do país, depois do Bank of America. Os generais vão-se alternando no poder, derrubando-se uns aos outros, de ditadura em ditadura; mas todos aplicam a mesma política de terra arrasada contra os índios, culpados de habitar comarcas ricas em petróleo, níquel ou o que for.

Já não são estes os tempos da United Fruit, mas da Getty Oil, da Texaco ou da International Nickel Company. Os generais aniquilam muitas comunidades indígenas, depois expulsam muitas mais. Multidões de índios famintos, despojados de tudo, perambulam pelas serras. Vêm do horror, mas não vão rumo ao horror. Caminham lentamente, guiados pela antiga certeza de que alguma vez serão castigadas a cobiça e a soberba. Assim garantem as histórias que os velhos de milho contam aos meninos de milho quando chega a noite. *(367 e 450)*

1984
Rio de Janeiro

Desandanças da memória coletiva na América Latina

O contador público João David dos Santos deu um pulo de alegria quando conseguiu receber seus muitos salários atrasados. Não foi em dinheiro, mas conseguiu receber. Na falta de dinheiro, um centro de investigação em ciências sociais pagou-lhe com uma biblioteca completa, de nove mil livros e mais de cinco mil jornais e folhetos. A biblioteca era dedicada à história contemporânea do Brasil. Continha materiais muito valiosos sobre as ligas camponesas do Nordeste, os governos de Getúlio Vargas e muitos outros temas.

Então o contador Santos pôs a biblioteca à venda. Ofereceu-a aos organismos culturais, aos institutos de história, aos diversos ministérios. Nenhum tinha fundos. Tentou as universidades, oficiais e privadas, uma após outra. Não adiantou nada. Numa universidade deixou a biblioteca emprestada, por alguns meses, até que lhe exigiram que começasse a pagar aluguel. Depois tentou os particulares. Ninguém mostrou o menor interesse: a história nacional é enigma ou mentira ou bocejo.

O infeliz contador Santos sente um grande alívio quando finalmente consegue vender sua biblioteca à Fábrica de Papel Tijuca, que transforma todos esses livros e jornais e folhetos em papel higiênico colorido. *(371)*

1984

Cidade do México

CONTRA O ESQUECIMENTO,

que é a única morte que mata de verdade, Carlos Quijano escreveu tudo o que escreveu. Velho resmungão e brigão, tinha nascido em Montevidéu quando o século nasceu e vem a morrer no desterro, enquanto no Uruguai se desmorona a ditadura militar. Morre em plena tarefa, preparando uma nova edição mexicana de seu jornal Marcha.

Quijano celebrava as contradições. O que para outros era heresia, para ele era signo de vida. Denunciou o imperialismo, humilhador de nações e multidões, e anunciou que a América Latina está convocada a criar um socialismo digno da esperança dos profetas. *(356)*

1984

Cidade do México

A RESSURREIÇÃO DOS VIVOS

O povo mexicano tem o costume de comer a morte, esqueleto de açúcar ou chocolate escorrendo caramelo colorido, e além de comê-la, a canta e dança e bebe e dorme. Por debochar do poder e do dinheiro, às vezes o povo veste a morte com monóculo e casaca, dragonas e medalhas, mas o povo a prefere despida de toda roupagem, gostosona, de pilequinho, e com ela caminha de braços dados numa farra sem fim.

Dia dos Vivos deveria se chamar este Dia dos Mortos, embora pensando bem dá no mesmo, porque tudo o que vem vai e o que vai vem, e no final das contas o começo do que começa está sempre no fim do que finaliza.

– *Meu avô é tão pequenininho porque nasceu depois que eu* – diz um menino que sabe o que diz.

1984
Estelí

Acreditando

Elas dão de nascer. Têm como ofício o alumbramento. Com mão sabida endireitam a criança, quando vem mal, e transmitem à mãe força e paz.

Hoje estão em festa as parteiras dos povoados e montes de Estelí, na Nicarágua, perto da fronteira. Juntaram-se para celebrar algo que muito bem vale alegrias: faz um ano que não morre de tétano nenhum recém-nascido nesta região. As parteiras já não cortam os umbigos com facão, nem os queimam com sebos, nem os amarram sem desinfetar; e as grávidas recebem vacinas que vacinam a criança que vive dentro delas. Já por aqui ninguém crê que as vacinas sejam poções de bruxaria russa para tornar comunistas os cristãos; e ninguém mais, ou quase ninguém mais, crê que os recém-nascidos morram por olhar forte de homem bêbado ou mulher com menstruação.

Estas comarcas, zona de guerra, sofrem o contínuo acosso dos invasores:

– *Aqui estamos na boca do lagarto.*

Muitas mães acodem à luta. As mães que ficam repartem o peito.

1984
Havana

Miguel aos setenta e nove

Ao longo do século, este homem passou pelo pior e muitas vezes morreu por bala ou feitiço. Agora, no exílio, continua acompanhando com brio a guerra de sua gente.

A luz do amanhecer o encontra sempre levantado, barbeado e conspirando. Ele bem poderia ficar dando voltas e mais voltas nas portas giratórias da memória; mas não sabe bancar o surdo quando o chamam as vozes dos tempos e caminhos que ainda não caminhou.

E assim, aos setenta e nove anos de idade, ocorre a cada dia um novo nascimento de Miguel Mármol, velho mestre no ofício do nascer incessante.

1984
Paris

Vão os ecos em busca da voz

Enquanto escrevia palavras que amavam as pessoas, Julio Cortázar ia fazendo sua viagem, viagem ao contrário, pelo túnel do tempo. Ele estava indo do final para o princípio: do desalento ao entusiasmo, da indiferença à paixão, da solidão à solidariedade. Aos seus quase setenta anos, era um menino que tinha todas as idades ao mesmo tempo.

Pássaro que voa para o ovo: Cortázar ia desandando vida, ano após ano, dia após dia, rumo ao abraço dos amantes que fazem o amor que os faz. E agora morre, agora entra na terra, como entrando em mulher regressa o homem ao lugar de onde vem.

1984
Punta Santa Elena

O sempre abraço

Não faz muito que foram descobertos, na sequidão do que antigamente foi a praia de Zumpa, no Equador. E aqui estão, a todo sol, para quem quiser vê-los: um homem e uma mulher descansam abraçados, dormindo amores, há uma eternidade.

Escavando o cemitério dos índios, uma arqueóloga encontrou este par de esqueletos de amor atados. Há oito mil anos que os amantes de Zumpa cometeram a irreverência de morrer sem se desprender, e qualquer um que se aproxime pode ver que a morte não lhes provoca a menor preocupação.

É surpreendente sua esplêndida formosura, tratando-se de ossos tão feios no meio de tão feio deserto, pura aridez e cinzentice; e mais surpreendente é sua modéstia. Estes amantes, adormecidos no vento, parecem não ter percebido que eles têm mais mistério e grandeza que as pirâmides de Teotihuacán ou o santuário de Machu Picchu ou as cataratas do Iguaçu.

1984
Favela Violeta Parra

O NOME ROUBADO

A ditadura do general Pinochet muda os nomes de vinte favelas, casas de lata e papelão, nos arredores de Santiago do Chile. No rebatismo, Violeta Parra recebe o nome de algum militar heroico.

Mas seus habitantes se negam a usar esse nome não escolhido: eles são Violeta Parra ou não são nada.

Faz tempo, numa unânime assembleia, tinham decidido se chamar como aquela camponesa cantora, de voz gastadinha, que em suas canções briguentas soube celebrar os mistérios do Chile.

Violeta era pecante e picante, amiga do violeiro e da viola e da conversa e do amor, e por dançar e gracejar deixava queimar suas empanadas. *Gracias a la vida, que me ha dado tanto*, cantou em sua última canção; e uma reviravolta de amor atirou-a na morte. *(334 e 440)*

1984
Tepic

O NOME ENCONTRADO

Na serra mexicana de Nayarit, havia uma comunidade que não tinha nome. Há séculos andava buscando nome essa comunidade de índios huicholes. Carlos González o encontrou, numa pura casualidade.

Este índio huichol tinha vindo à cidade de Tepic para comprar sementes e visitar parentes. Ao atravessar um depósito de lixo, apanhou um livro jogado entre os restos. Há alguns anos Carlos tinha aprendido a ler a língua de Castela, que mal ou bem conseguia ler. Sentado à sombra de um beiral, começou a decifrar as páginas. O livro falava de um país de nome estranho, que Carlos não sabia localizar, mas que devia estar bem longe do México, e contava uma história recente.

No caminho de regresso, caminhando serra acima, Carlos continuou lendo. Não podia se soltar desta história de horror e bravura. O personagem central do livro era um homem que tinha cumprido sua palavra. Ao chegar na aldeia, Carlos anunciou, eufórico:

– *Finalmente temos nome!*

E leu o livro, em voz alta, para todos. A tropeçada leitura ocupou quase uma semana. Depois, as cento e cinquenta famílias votaram. Todas votaram sim. Com danças e cantos selou-se o batizado.

Agora, têm como ser chamados. Esta comunidade leva o nome de um homem digno, que não duvidou na hora de escolher entre a traição e a morte.

– *Vou para Salvador Allende* – dizem, agora, os caminhantes. *(466)*

1984

Bluefields

Voando

Funda raiz, alto tronco, florida ramagem: cravada no centro do mundo ergue-se uma árvore sem espinhos, uma árvore dessas que sabem se dar aos pássaros. Ao redor da árvore giram os casais bailadores, umbigo contra umbigo, ondulando ao ritmo de uma música que desperta as pedras e acende o gelo. Enquanto dançam, os dançantes vão vestindo e desvestindo a árvore com longas fitas de todas as cores. Na atormentada costa da Nicarágua, submetida à invasão contínua, a contínuos bombardeios e tiroteios, celebra-se como sempre esta festa do Pau de Maio.

A árvore da vida sabe que jamais cessará, passe o que passe, a música quente que gira ao seu redor. Por muita morte que venha, por muito sangue que corra, os homens e as mulheres serão pela música dançados enquanto sejam pelo ar respirados e pela terra arados e amados.

1986

Montevidéu

Uma carta

Para Arnaldo Orfila Reynal,
Siglo XXI Editores.

Meu querido Arnaldo:

Aqui vai o último volume de Memória do fogo. Como você verá, acaba em 1984. Por que não antes, ou depois, não sei. Talvez porque tenha sido esse o último ano do meu exílio, o fim de um ciclo, o fim de um século; ou talvez porque o livro tenha querido assim. De qualquer maneira, o livro e eu sabemos que a última página é também a primeira.

Desculpe se ficou longo demais. Escrevê-lo foi uma alegria para a mão; e agora me sinto mais que nunca orgulhoso de ter nascido na América, nesta merda, nesta maravilha, durante o século do vento.

Mais não digo, porque não quero pôr palavras no sagrado.

Um abraço,

Eduardo

Fontes

1. Acebey, David. *Aquí también Domitila.* La Paz, s. ed., 1984.
2. Adams, Willi Paul. *Los Estados Unidos de América.* Madri, Siglo XXI, 1979.
3. Aguiar, Cláudio. *Caldeirão.* Rio de Janeiro, José Olympio, 1982.
4. Aguilar, Camín, Héctor. *Saldos de la revolución. Cultura y política de México, 1910/1980.* México, Nueva Imagen, 1982.
5. Aguiló, Federico. *Significado socio-antropológico de las coplas al Cristo de Santa Vera Cruz.* Texto do II Encontro de Estudos Bolivianos. Cochabamba, 1984.
6. Agudelo, William. *El asalto a San Carlos. Testimonios de Solentiname.* Manágua, Asoc. para el Desarrollo de Solentiname, 1982.
7. Alape, Arturo. *El bogotazo. Memorias del olvido.* Bogotá, Pluma, 1983.
8. *La paz, la violencia: testigos de excepción.* Bogotá, Planeta, 1985.
9. Alegria, Claribel, e Flakoll, D. J. *Cenizas de Izalco.* Barcelona, Seix Barral, 1966.
10. *Nicaragua: la revolución sandinista. Una crônica política, 1855/1979.* México, Era, 1982.
11. Alemán Ocampo, Carlos. *Y también enséñenles a leer.* Depoimentos. Manágua, Nueva Nicaragua, 1984.
12. Alfaro, Eloy. *Narraciones históricas.* Pról. de Malcolm D. Deas. Quito, Ed. Nacional, 1983.
13. Alfaro, Hugo. *Navegar es necesario.* Montevidéu, Banda Oriental, 1985.
14. Ali, Muhammad. *The greatest: my own story.* Nova York, Random, 1975.
15. Allen, Frederick Lewis. *Apenas ayer. Historia informal de la década del 20.* Buenos Aires, Eudeba, 1964.
16. Almaraz Paz, Sergio. *Réquiem para una república.* La Paz, Universidad, 1969.
17. *El poder y la caída.* La Paz/Cochabamba, Amigos del Libro, 1969.
18. Almeida Bosque, Juan. *Contra el agua y el viento.* Havana, Casa de las Américas, 1985.
19. Amado, Jorge. *Los viejos marineros.* Barcelona, Seix Barral, 1983. (Ed. brasileira: *Os velhos marinheiros.* São Paulo, Martins, s. d.)
20. Amorim, Enrique. *El Quiroga que yo conocí.* Montevidéu, Arca, 1983.
21. Anderson, Thomas. *El Salvador. Los sucesos políticos de 1932.* San José da Costa Rica, Educa, 1982.
22. Andrade, Joaquim Pedro de. *Garrincha, alegria do povo.* Filme produzido por Barreto, Nogueira e Richers. Rio de Janeiro, 1963.
23. Andrade, Mário de. *Macunaíma, o herói sem nenhum caráter.* Belo Horizonte/Brasília, Itatiaia, 1984.
24. Andrade, Roberto. *Vida y muerte de Eloy Alfaro.* Quito, El Conejo, 1985.
25. Andreu, Jean. Borges, escritor comprometido. In: *Texto crítico.* Vera-cruz, n.13, abr./jun. 1979.
26. Antezana, Luis E. *Proceso y sentencia de la reforma agraria en Bolivia.* La Paz, Puerta del Sol, 1979.
27. Arenales, Angélica. *Siqueiros.* México, Bellas Artes, 1947.
28. Arévalo Martínez, Rafael. *Ecce Pericles. La tiranía de Manuel Estrada Cabrera en Guatemala.* São José da Costa Rica, Educa, 1983.
29. Arguedas, Alcides. *Pueblo enfermo.* La Paz, Juventud, 1985.
30. Arguedas, José Maria. *El zorro de arriba y el zorra de abajo.* Buenos Aires, Losada, 1971.
31. *Formación de una cultura nacional indoamericana.* México, Siglo XXI, 1975.
32. Aricó, José. Seleção e prólogo. *Mariátegui y los orígenes del marxismo latinoamericano.* México, Pasado y Presente, 1980.
33. Azuela, Mariano. *Los de abajo.* México, FCE, 1960.

34. Baptista Gumucio, Mariano. *Historia contemporánea de Bolivia, 1930/1978*. La Paz, Gisbert, 1978.
35. Barrán, José P., e Benjamin Nahum. *Batlle, los estancieros y el Império Británico. Las primeras reformas*, 1911/1913. Montevidéu, Banda Oriental, 1983.
36. Carreta, Lima. *Os bruzundangas*. São Paulo, Ática, 1985.
37. Bárrett, Rafael. *El dolor paraguayo*. Prólogo de Augusto Roa Bastos. Caracas, Ayacucho, 1978.
38. Bayer, Osvaldo. *Los vengadores de la Patagonia trágica*. Buenos Aires, Galerna, 1972/1974, e Wuppertal, Hammer, 1977.
39. Beals, Carleton. *Banana gold*. Manágua, Nueva Nicaragua, 1983.
40. *Porfirio Díaz*. México, Domes, 1982.
41. Belfrage, Cedric. *The american Inquisition, 1945/1960*. Indianápolis, Bobbs-Merrill, 1973.
42. Bell, John Patrick. *Guerra civil en Costa Rica. Los sucesos políticos de 1948*. São José da Costa Rica, Educa, 1981.
43. Beloch, Israel, e Abreu, Alzira Alves de. *Dicionário histórico-biográfico brasileiro, 1930/1983*. Rio de Janeiro, Fundação Getúlio Vargas, 1984.
44. Benítez, Fernando. *Lázaro Cárdenas y la revolución mexicana. El porfirismo*. México, FCE, 1977.
45. *Lázaro Cárdenas y la revolución mexicana. El cardenismo*. México, FCE, 1980.
46. *Los indios de México*. Tomo III. México, Era, 1979.
47. *La Ciudad de México*, 1325/1982. Barcelona/México, Salvat, 1981/1982.
48. (con otros autores). *Juan Rulfo, homenaje nacional*. México, Bellas Artes/SEP, 1980.
49. Benvenuto, Ofelia Machado de. *Delmira Agustini*. Montevidéu, Ministerio de Instrucción Pública, 1944.
50. Bernays, Edward. *Biography of an idea*. Nova York, Simon and Schuster, 1965.
51. Berry, Mary Frances, e Blassingame, John W. *Long memory. The black experience in America*. Nova York/Oxford, Oxford University, 1982.
52. Bezerra, João. *Como dei cabo de Lampião*. Recife, Massangana, 1983.
53. Bingham, Hiram. *Machu Picchu, la ciudad perdida de los incas*. Madri, Rodas, 1972.
54. Bliss, Michael. *The discovery of insulin*. Toronto, McClelland and Stewart, 1982.
55. Bodard, Lucien. *Masacre de indios en el Amazonas*. Caracas, Tiempo Nuevo, 1970.
56. Bolaños, Pío. *Génesis de la intervención norteamericana en Nicaragua*. Manágua, Nueva Nicaragua, 1984.
57. Bonfil Batalla, Guillermo. *El universo del amate*. México, Museu de Culturas Populares, 1982.
58. Borge, Tomás. *Carlos, el amanecer ya no es una tentación*. Havana, Casa de las Américas, 1980.
59. Borges, Jorge Luis. *Obras completas, 1923/1972*. Buenos Aires, Emecé, 1974.
60. Bosch, Juan. *Trujillo: causas de una tirania sin ejemplo*. Caracas, Las Novedades, 1959.
61. Crisis de la democracia de América en la República Dominicana. In: *Panoramas*. Supl. México, n. 14, 1964.
62. *La revolución de abril*. Santo Domingo, Alta y Omega, 1981.
63. *Clases sociales en la República Dominicana*. São Domingos, PLD, 1982.
64. Bravo-Elizondo, Pedro. La grau huelga del salitre en 1907. In: *Araucaria*, n. 33, Madri, primeiro trimestre de 1986.
65. Branford, Sue, e Glock Oriel. *The last frontier. Fighting over land in the Amazon*. Londres, Zed, 1985.
66. Brecht, Bertolt. *Diario de trabajo*. Buenos Aires, Nueva Visión, 1977.
67. Buarque de Holanda, Sérgio. *Visão do paraíso*. São Paulo, Universidade, 1969.
68. Buitrago, Alejandra. *Conversando con los gannines* (inédito).
71. *Los olvidados*. México, Era, 1980.

72. Burgos, Elisabeth. *Me llamo Rigoberta Menchú y así me nació la conciencia.* Barcelona, Argos-Vergara, 1983.
73. Cabezas, Onar. *La montaña es algo más que una inmensa estepa verde.* Manágua, Nueva Nicaragua, 1982.
74. Cabral, Sérgio. *As escolas de samba: o quê, quem, como, quando e porquê.* Rio de Janeiro, Fontana, 1974.
75. Pixinguinha. *Vida e obra.* Rio de Janeiro, Lidador, 1980.
76. Caputo, Alfredo. *Educación moral y cívica.* Montevidéu, Casa de Estudiante, 1978. Outros livros de texto por Dora Noblía e Graciela Márquez, Sofia Corchs e Alex Pereyra Formoso.
77. Cardenal, Ernesto. *Antología.* Manágua, Nueva Nicaragua, 1984.
78. Cárdenas, Lázaro. *Ideario político.* México, Era, 1976.
79. Cardona Pena, Alfredo. *El monstruo en el laberinto. Conversaciones con Diego Rivera.* México, Diana, 1980.
80. Cardoza y Aragón, Luis. *La nube y el reloj. Pintura mexicana contemporánea.* México, UNAM, 1940.
81. *La revolución guatemalteca.* México, Cuadernos Americanos, 1955.
82. Diego Rivera. *Los frescos en la Secretaria de Educación Pública.* México, SEP, 1980.
83. *Orozco.* México, FCE, 1983.
84. Carías, Marco Virgilio e Slutzky, Daniel. *La guerra inútil. Análisis socio-económico del conflicio entre Honduras y El Salvador.* São José da Costa Rica, Educa, 1971.
85. Carpentier, Alejo. *Tientos y diferencias.* Montevidéu, Arca, 1967.
86. *La música en Cuba.* Havana, Letras Cubanas, 1979.
87. Carr, Raymond. *Puerto Rico: a colonial experiment.* Nova York, Vintage, 1984.
88. Casaus, Víctor. *Girón el la memoria.* Havana, Casa de las Américas, 1970.
89. Cassá, Roberto. *Capitalismo y dictadura.* São Domingos, Universidad, 1982.
90. Castro, Fidel. *La revolución cubana,* 1953/1962. México, Era, 1972.
91. *Hoy somos un pueblo entero.* México, Siglo XXI, 1973.
92. Castro, Josué de. *Geografia da fome.* Rio de Janeiro, O Cruzeiro, 1946.
93. Cepeda Samudio, Álvaro. *La casa grande.* Buenos Aires, Jorge Alvarez, 1967.
94. Central Intelligence Agency. *Manuales de sabotaje y guerra psicológica para derrocar al gobierno sandinista.* Prólogo de Philip Agee. Madri, Fundamentos, 1985.
95. Cervantes Angulo, José. *La noche de las luciérnagas.* Bogotá, Piaza y Janés, 1980.
96. Céspedes, Augusto. *Sangre de mestizos. Relatos de la guerra del Chaco.* La Paz, Juventud, 1983.
97. *El presidente colgado.* La Paz, Juventud, 1985.
98. *Cien años de lucha.* Vários autores. Edição especial da revista *Cuba,* Havana, out. 1968.
99. Clark, Ronaid William. Edison: *the man who made the future.* Nova York, Putnam, 1977.
100. Clase, Pablo. *Rubi. La vida de Porfirio Rubirosa.* São Domingos, Cosmos, 1979.
101. Crassweller, Robert D. *Trujillo. La trágica aventura del poder personal.* Barcelona, Bruguera, 1968.
102. Crawley, Eduardo. *Dictators never die. A portrait of Nicaragua and the Somozas.* Londres, Hurst, 1979.
103. Colombres, Adolfo. *Seres sobrenaturales de la cultura popular argentina.* Buenos Aires, Del Sol, 1984.
104. Coluccio, Félix. *Diccionario folklórico argentino.* Buenos Aires, 1948.
105. Collier, James Lincoln. *Louis Armstrong: an american genius.* Nova York, Oxford University, 1983.
106. Comisión Argentina por los Derechos Humanos. *Argentina: proceso al genocidio.* Madri, Querejeta, 1977.
107. Comisión Nacional sobre la Desaparición de Personas. *Nunca más.* Buenos Aires, Eudeba, 1984.

108. Committee on Foreign Relations, The United States Senate. *Briefing on the cuban situation.* Washington, 2 de maio de 1961.
109. Committee to Study Governmental Operations with Respect to Intelligence Activities, The United States Senate. *Alleged assassination plots involving foreign leaders: an interim report.* Washington, 20 de novembro de 1975.
110. Condarco Morales, Ramiro. *Zárate, el temible Willka. Historia de la rebelión indígena de 1899.* La Paz, s. ed., 1982.
111. Condori Mamani, Gregorio. *De nosotros, los runas.* Depoimento recolhido por Ricardo Valderrama e Carmen Escalante. Madri, Alfaguara, 1983.
112. Constantine, Mildred. *Tina Modotti. Una vida frágil.* México, FCE, 1979.
113. Cooke, Alistair. *America*, Nova York, Knopf, 1977.
114. Cordero Velásquez, Luis. *Gómez y las fuerzas vivas.* Caracas, Lumego, 1985.
115. Corrêa, Marcos Sá. *1964 visto e comentado pela Casa Branca.* Porto Alegre, L&PM, 1977.
116. Corretger, Juan Antonio. *Albizu Campos.* Montevidéu, El Siglo Ilustrado, 1969.
117. Cueva, Gabriela de la. *Memorias de una caraqueña de antes del diluvio.* San Sebastián, s. ed., 1982.
118. Cummins, Lejeune. *Don Quijote en burro.* Manágua, Nueva Nicaragua, 1983.
119. Cunha, Euclides da. A margem da Historia. In: *Obra completa.* Rio de Janeiro, Aguilar, 1966.
120. Chandler, Billy Jaynes. *Lampião, o rei dos cangaceiros.* Rio de Janeiro, Paz e Terra, 1980.
121. Chaplin, Charlie. *Historia de mi vida.* Madri, Taurus, 1965.
122. Christensen, Eleanor Ingalls. *The art of Haiti.* Filadélfia, Art Alliance, 1975.
123. Chumbita, Hugo. *Bairoletto. Prontuario y leyenda.* Buenos Aires, Marlona, 1974.
124. Daher, José Miguel. Méndez: el Partido Demócrata de EE.UU. es socio de la sedición. In: *La Mañana.* Montevidéu, 9 out. 1976.
125. Dalton, Roque. *Las historias proibidas del Pulgarcito.* México, Siglo XXI, 1974.
126. *Miguel Mármol. Los sucesos de 1932 en El Salvador.* Havana, Casa de las Américas, 1983.
127. *Poesía.* Antologia por Mario Benedetti. Havana, Casa de las Américas, 1980.
128. Dardis, Tom. *Keaton. The man who wouldn't lie down.* Nova York, Scribner's, 1979.
129. Darío, Rubén. *Poesía.* Prólogo de Ángel Rama. Caracas, Ayacucho, 1977.
130. Davies, Marion. *The times we had. Life with William Randolph Hearst.* Indianápolis/Nova York, Bobbs-Merrill, 1975.
131. Delgado Aparaín, Mario. Mire que sos loco, Obdulio. In: *Jaque.* Montevidéu, 25 jan. 1985.
132. Deutscher, Isaac. *The prophet outcast.* Trotsky, 1929/1940. Londres, Oxford University, 1963.
133. Della Cava, Ralph. *Milagre em Joazeiro.* Rio de Janeiro, Paz e Terra, 1977.
134. *Diario del Juicio, el.* Versões taquigráficas do processo aos chefes da ditadura. Buenos Aires, Perfil, 1985.
135. Jornais *El Nacional e Últimas noticias.* Caracas, 28 e 29 ago. 1977.
136. Dias, José Humberto. Benjamin Abrahão, o mascate que filmou Lampião. In: *Cadernos de Pesquisa.* Rio de Janeiro, Embrafilme. n. 1, set. 1984.
137. *Documentos de la CIA. Cuba acusa.* Havana, Ministerio de Cultura, 1981.
138. *Documentos secretos de la ITT.* Santiago de Chile, Quimantú, 1972.
139. Dorfman, Ariel & Mattelart, Armand. *Para leer al Pato Donald.* Mexico, Siglo XXI, 1978.
140. Dower, John. *War without mercy. Race and power in the Pacific war.* Nova York, Pantheon, 1986.
141. Dreifuss, René Armand. *1964: A conquista do Estado. Ação política, poder e golpe de classe.* Petrópolis, Vozes, 1981.
142. Drot, Jean-Marie. *Journal de voyage chez les peintres de la fête et du vaudou en Haiti.* Genebra, Skira, 1974.
143. Duhalde, Eduardo Luis. *El Estado terrorista argentino.* Buenos Aires, El Caballito, 1983.
144. Dumont, Alberto Santos. *O que eu vi, o que nós veremos.* Rio de Janeiro, Tribunal de Contas, 1973.

145. Duncan, Isadora. *Mi vida.* Madri, Debate, 1977.
146. Durst, Rogério. *Madame Satã: com o diabo no corpo.* São Paulo, Brasiliense, 1985.
147. Eco, Umberto. *Apocalípticos e integrados ante la cultura de masas.* Barcelona, Lumen, 1968.
148. Edison, Thomas Alva. *Diary.* Old Greenwich, Chatham, 1971.
149. Edwards, Audrey, e Wohl, Gary. *Muhammad Ali. The people's champ.* Boston/Toronto, Little, Brown, 1977.
150. Einstein, Albert. *Notas autobiográficas.* Madri, Alianza, 1984.
151. Eisenstein, S. M., *!Que viva México!.* Prólogo de José de la Colina. México, Era, 1971.
152. Eigreably, Jordan. A través del fuego – entrevista con James Baldwin. In: *Quimera.* Barcelona, n. 41, 1984.
153. Enzensberger, Hans Magnus. *Política y delito.* Barcelona, Seix-Barral, 1968.
154. Escobar Bethancourt, Rómulo. *Torrijos: !colonia americana, no!* Bogotá, Valencia, 1981.
155. Faingold, Raquel Zimerman de. *Memorias de una familia inmigrante* (inédito).
156. Fairbank, John K. *The United States and China.* Cambridge, Harvard University, 1958.
157. Fajardo Sainz, Humberto. *La herencia de la coca. Pasado y presente de la cocaína.* La Paz, Universo, 1984.
158. Falcão, Edgard de Cerqueira. *A incompreensão de uma época.* São Paulo, Tribunais, 1971.
159. Fals Borda, Orlando. *Historia doble de la Costa. Resistencia en el San Jorge.* Bogotá, Valencia, 1984.
160. Historia doble *de la Costa. Retorno a la tierra.* Bogotá, Valencia, 1986.
161. Faría Castro, Haroldo e Flávia de. Los mil y un sombreros de la cultura boliviana. In: *Geomundo.* Santiago do Chile, v. 8, n. 6, jun. 1984.
162. Fast, Howard. *La pasión de Sacco y Vanzetti. Una leyenda de la Nueva Inglaterra.* Buenos Aires, Siglo Veinte, 1955.
163. Faulkner, William. *Absalón, Absalón.* Madri, Alianza, 1971. (Ed. brasileira: *Absalão, Absalão.* Rio de Janeiro, Nova Fronteira, 1981.)
164. Federação Universitaria de Córdoba. *La reforma universitaria.* Buenos Aires, FUBA, 1959.
165. Feinstein, Elaine. *Bessie Smith, empresa of the blues.* Nova York, Viking, 1985.
166. Folino, Norberto. *Barceló, Ruggierito y el populismo oligárquico.* Buenos Aires, Falbo, 1966.
167. Foner, Philip S. *Joe Hill.* Havana, Ciencias Sociales, 1985.
168. Ford, Henry (com Samuel Crowther). *My life and work.* Nova York, Doubleday, 1926.
169. Foxley, A. *Experimentos neoliberales en América Latina.* Santiago do Chile, Cieplan, 1982.
170. Freyre, Gilberto. *Casa-grande e senzala.* Rio de Janeiro, José Olympio, 1966.
171. Fróes, Leonardo. *A casa da Flor.* Rio de Janeiro, Funarte, 1978.
172. Frontaura Argandoña, Manuel. *La revolución boliviana.* La Paz/Cochabamba, Amigo del Libro, 1974.
173. Gabetta, Carlos. *Todos somos subversivos.* Buenos Aires, Bruguera, 1983.
174. Gaitán, Jorge Eliécer. 1928. *La masacre de las bananeras.* Bogotá, Los Comuneros, s/d.
175. Galarza Zavala, Jaime. *Quiénes mataron a Roldós.* Quito, Solitierra, 1982.
176. Galasso, Norberto *et alii. La década infame.* Buenos Aires, Carlos Pérez, 1969.
177. Galíndez, Jesús. *La era de Trujillo.* Buenos Aires, Sudamericana, 1962.
178. Gálvez, Manuel. *Vida de Hipólito Yrigoyen.* Buenos Aires, Tor, 1951.
179. Gálvez, William. *Camilo, señor de la vanguardia.* Havana, Ciencias Sociales, 1979.
180. Gandarillas, Arturo G. Detrás de linderos del odio: laimes y jucumanis. In: *Hoy.* La Paz, 16 out. 1973.
181. Garcés, Joan. *El Estado y los problemas tácticos en el gobierno de Allende.* México, Siglo XXI, 1974.
182. García, F. Chris. Org. *Chicago politics: readings.* Nova York, MSS, 1973.
183. García Canclini, Néstor. *Las culturas populares en el capitalismo.* Havana, Casa de las Américas, 1982.
184. García Lupo, Rogelio. Mil trescientos dientes de Gardel. In: *Marcha.* Montevidéu, n. 1004, 8 abr. 1960.

185. *Diplomacia secreta y rendición incondicional.* Buenos Aires, Legasa, 1983.
186. García Márquez, Gabriel. *La hojarasca.* Buenos Aires, Sudamericana, 1969.
187. *Cien años de soledad.* Buenos Aires, Sudamericana, 1967.
188. Algo más sobre literatura y realidad. In: *El País.* Madri. 1º jul. 1981.
189. La soledad de la América Latina (discurso de recepção do Prêmio Nobel. In: *Casa.* Havana, n. 137, mar./abr. 1983.
190. Garmendia, Hermann. *Maria Lionza, ángel y demonio.* Caracas, Seleven, 1980.
191. Garrido, Atilio. Obdulio Varela. Su vida, su gloria y su leyenda. In: *El Diario,* supl. Estrellas Deportivas. Montevidéu, 20 set. 1977.
192. Gallegos Lara, Joaquín. *Las cruces sobre el agua.* Quito, El Conejo, 1985.
193. Gil, Pio. *El Cabito.* Caracas, Biblioteca de autores e temas tachirenses, 1971.
194. Gilly, Adolfo. *La revolución interrumpida.* México, El Caballito, 1971.
195. Gilman, Charlotte Perkins. *Herland.* Prólogo de Ann J. Lane. Nova York, Pantheon, 1979.
196. *The yellow wallpaper and other fiction.* Prólogo de Ann J. Lane, Nova York, Pantheon, 1980.
197. Goldman, Albert. *Elvis.* Nova York, McGraw-Hill, 1981.
198. Gómez Yera, Sara. La rumba. In: *Cuba.* Havana, dez. 1964.
199. González, José Luiz. *El país de cuatro pisos y otros ensayos.* São João de Porto Rico, Huracán, 1980.
200. González, Luis. *Pueblo en vilo.* México, FCE, 1984.
201. *Historia de la Revolución Mexicana, 1934/1940: Los días del presidente Cárdenas.* México, Colegio de México, 1981.
202. González Bermejo, Ernesto. Entrevista com Atahualpa Yupanqui. In: *Crisis.* Buenos Aires, n. 29, set. 1975.
203. ?Qué pasa hoy en el Perú? In: *Crisis.* Buenos Aires, n. 36, abr. 1976.
204. *Las manos en el fuego.* Montevidéu, Banda Oriental, 1985.
205. Granados, Pedro. *Carpas de México. Leyendas, anécdotas e historia del teatro popular.* México, Universo, 1984.
206. Griguilevich, José. *Pancho Villa.* Havana, Casa de las Américas, s/d.
207. Grupo Areíto. *Contra viento y marea.* Havana, Casa de las Américas, 1978.
208. Guerra, Ramiro. *La expansión territorial de los Estados Unidos.* Havana, Ciencias Sociales, 1975.
209. Guevara, Ernesto Che. *Pasajes de la guerra revolucionaria.* Havana, Arte y Literatura, 1975.
210. Camilo, imagen del pueblo. In: *Granma.* Havana, 25 out. 1967.
211. El *socialismo y el hombre nuevo.* México, Siglo XXI, 1977.
212. *El diario del Che en Bolivia.* Bilbao, Zalla, 1968.
213. *Escrito y discursos.* Havana, Ciencias Sociales, 1977.
214. Guiles, Fred Lawrence. *Norma Jean,* Nova York, McGraw-Hill, 1969.
215. Guillén, Nicolas. Un olivo en la colina. In: *Hoy.* Havana. 24 abr. 1960.
216. Guzmán, Martín Luis. *El águila y la serpiente.* México, Cía. General de Ediciones, 1977.
217. Guzmán Campos, Germán, Orlando Fals Borda e Eduardo Umanã Luna. *La violência en Colombia.* Bogotá, Valencia, 1980.
218. Hardwick, Richard. *Charles Richard Drew: pioneer in blood research,* Nova York, Scribner's, 1967.
219. Hellman, Lillian. *Tiempo de canallas.* México, FCE, 1980.
220. Hemingway, Ernest. *Enviado especial.* Barcelona, Planeta, 1968.
221. Henault, Mirta. *Alicia Moreau de Justo.* Buenos Aires, Centro Editor, 1983.
222. Heras León, Eduardo. *Entrevista com Miguel Mármol* (inédita).
223. Hermann, Hamlet. *Francis Caamaño.* São Domingos, Alfa y Omega, 1983.
224. Herrera, Hayden. *Frida. A biography of Frida Kahlo.* Nova York, Harper and Row, 1983.
225. Hevia Cosculluela, Manuel. *Pasaporte 11.333. Ocho años con la CIA.* Havana, Ciencias Sociales, 1978.

226. Hidrovo Velasquez, Horacio. *Un hombre y un río.* Portoviejo, Gregorio, 1982.
227. Hobsbawn, Eric J. *Rebeldes primitivos.* Barcelona, Ariel, 1974.
228. Hoffmann, Banesh. *Einstein.* Barcelona, Salvat, 1984.
229. Huezo, Francisco. *Últimos días de Rubén Darío.* Manágua, Renacimiento, 1925.
230. Huneeus, Pablo. *La cultura huachaca o el aporte de la televisión.* Santiago do Chile, Nueva Generación, 1981.
231. *Lo comido y lo bailado...* Santiago do Chile, Nueva Generación, 1984.
232. Hurt, Henry. *Reasonable doubt. An investigation into the assassination of John E Kennedy.* Nova York, Holt, Rinehart and Winston, 1986.
233. Huxley, Francis. *The invisibles.* Londres, Hart-Davis, 1966.
234. Ianni, Octavio. *El Estado capitalista en la época de Cárdenas.* México, Era, 1985.
235. Informes sobre a violação de direitos humanos no Uruguai; realizados por Amnesty International, a Comissão de Direitos Humanos e o Comitê de Direitos Humanos das Nações Unidas e a Comissão Interamericana de Direitos Humanos da OEA.
236. Instituto de Estudios del Sandinismo. *Ni vamos a poder caminar de tantas flores.* Depoimentos de soldados de Sandino (inédito).
237. *El sandinismo. Documentos básicos.* Manágua, Nueva Nicaragua, 1983.
238. *La insurrección popular sandinista en Masaya.* Manágua, Nueva Nicaragua, 1982.
239. *!Y se armó la runga!..*, depoimentos. Manágua, Nueva Nicaragua, 1982.
240. Jaramillo-Levi, Enrique, *et allii. Una explosión en América: el canal de Panamá.* México, Siglo XXI, 1976.
241. Jenks, Leland H. *Nuestra colonia de Cuba.* Buenos Aires, Palestra, 1961.
242. Johnson, James Weldon. *Along this way.* Nova York, Viking, 1933.
243. Jonas Bodenheimer, Susanne. *La ideologia social demócrata en Costa Rica.* San José da Costa Rica, Educa, 1984.
244. Julião, Francisco e Rodríguez, Angélica. Depoimento de Gregoria Zúñiga em Os últimos soldados de Zapata. In: *Crisis.* Buenos Aires, n. 21, jan. 1975.
245. Katz, Friedrich. *La servidumbre agraria en México en la época porfiriana.* México, Era, 1982.
246. *La guerra secreta en México.* México, Era, 1983.
247. Kerr, Elizabeth M. *El imperio gótico de William Faulkner.* México, Noema, 1982.
248. Klare, Michael T., e Stein, Nancy. *Armas y poder en América Latina.* México, Era, 1978.
249. Kobal, John. *Rita Hayworth. Portrait of a love goddess.* Nova lorque, Berkley, 1983.
250. Krehm, William. *Democracia y tiranias en el Caribe.* Buenos Aires, Palestra, 1959.
251. Labourt, José. *Sana, sana, culito de rana...* São Domingos, Taller, 1979.
252. Lajolo, Marisa. *Monteiro Lobato. A modernidade do contra.* São Paulo, Brasiliense, 1985.
253. Landes, Ruth. *A cidade das mulheres.* Rio de Janeiro, Civilização Brasileira, 1967.
254. Lane, Mark, e Gregory, Dick. *Code name Zorro. The murder of Martin Luther King.* Englewood Cliffs, Prentice-Hall, 1977.
255. Lapassade, Georges, e Luz, Marco Aurélio. *O segredo da macumba.* Rio de Janeiro, Paz e Terra, 1972.
256. Larco, Juan *et allii. Recopilación de textos sobre José María Arguedas.* Havana, Casa de las Américas, 1976.
257. Latin America Bureau. *Narcotráfico y política.* Madri, Iepala, 1982.
258. Lauer, Mirko. *Crítica de la artesanía. Plástica y sociedad en los Andes peruanos.* Lima, Desco, 1982.
259. La Valle, Raniero, e Bimbi, Linda. *Marianella e i suoi fratelli. Una storia latinoamericana,* Milão, Feitrinelli, 1983.
260. Lavretski, I., e Gilly, Adolfo. *Francisco Villa.* México, Macehual, 1978.
261. Levy, Alan. *Ezra Pound: The voice of silence.* Nova York, Permanent, 1983.
262. Lichello, Robert. *Pioneer in blood plasma. Dr. Chartes R. Drew.* Nova York, Mussner, 1968.
263. Lima, Lourenço Moreira. *A Coluna Prestes (marchas e combates).* São Paulo, Alfa-Omega, 1979.

264. Loetscher, Hugo. *El descubrimiento de Suiza por los indios.* Cochabamba, Amigos del Libro, 1983.
265. Loor, Wilfrido. *Eloy Alfaro.* Quito, s. ed. 1982.
266. López, Oscar Luis. *La radio en Cuba.* Havana, Letras Cubanas, 1981.
267. López, Santos. *Memorias de un soldado.* Manágua, FER, 1974.
268. López Vigil, José lgnacio. *Radio Pío XII: una mina de coraje.* Quito, Aler/Pío XII, 1984.
269. Lowenthal, Abraham F. *The dominican intervention.* Cambridge, Harvard University, 1972.
270. Luna. Félix. *Atahualpa Yupanqui.* Madri, Júcar, 1974.
271. Machado, Carlos. *Historia de los orientales.* Montevidéu, Banda Oriental, 1985.
272. Magalhães Júnior, R. *Rui. O homem e o mito.* Rio de Janeiro, Civilização Brasileira, 1964.
273. Maggiolo, Oscar J. Política de desarrollo científico y tecnológico de América Latina. In: *Gaceta de La Universidad.* Montevidéu, mar./abr. 1968.
274. Mailer, Norman. *Marilyn.* Barcelona, Lumen, 1974.
275. Maldonado-Denis, Manuel. *Puerto Rico: mito y realidad.* São João de Porto Rico, Antillana, 1969.
276. Manchester, William. *Gloria y ensueño. Una historia narrativa de los Estados Unidos.* Barcelona, Grijalbo, 1976.
277. Mariátegui, José Carlos. *Obras.* Havana, Casa de las Américas, 1982.
278. Marín, Germán. *Una historia fantástica y calculada: la CIA en el país de los chilenos.* México, Siglo XXI, 1976.
279. Mário Filho. *O negro no futebol brasileiro.* Rio de Janeiro, Civilização Brasileira, 1964.
280. Mariz, Vasco. *Heitor Villa-Lobos, compositor brasileiro.* Rio de Janeiro, Zahar, 1983.
281. Martin, John Bartlow. *El destino dominicano. La crisis dominicana desde la caída de Trujillo hasta la guerra civil.* São Domingos, Ed. Santo Domingo, 1975.
282. Martinez, Thomas M. Adversiting and racism: the case of the mexican-american. In: *El Grito.* 1969.
283. Martínez Assad, Carlos. *El laboratorio de la revolución: el Tabasco garridista.* México, Siglo XXI, 1979.
284. Martínez Moreno, Carlos (seleção). *Color del 900,* em "Capítulo oriental". Montevidéu, Cedal, 1968.
285. Matos, Cláudia. *Acertei no milhar. Samba e malandragem no tempo de Getúlio.* Rio de Janeiro, Paz e Terra, 1982.
286. Matos Díaz, Eduardo. *Anecdotario de una tiranía.* San Domingos, Taller, 1976.
287. Mattelart, Armand. *La cultura como empresa multinacional.* México, Era, 1974.
288. May, Stacy, e Galo Plaza. *United States business perfomance abroad. The case study of United Fruit Company in Latin America.* Washington, National Planning, 1958.
289. Medina Castro, Manuel. *Estados Unidos y América Latina, siglo XIX.* Havana, Casa de las Américas, 1968.
290. Mella, Julio Antonio. *Escritos revolucionarios.* México, Siglo XXI, 1978.
291. Mende Tibor. *La Chine et son ombre.* Paris, Seuil, 1960.
292. Méndez Capote, Renée. *Memorias de una cubanita que nació con el siglo.* Santa Clara, Universidad, 1963.
293. Mendoza, Vicente T. *El corrido mexicano.* México, FCE, 1976.
294. Mera, Juan León. *Cantares del pueblo ecuatoriano.* Quito, Banco Central, s/d.
295. Mélraux, Alfred. *Haiti. La terre, les hommes et les dieux.* Neuchâtel, La Baconnière, 1957.
296. Meyer, Eugenia. *Entrevista com Juan Olivera López* (inédita).
297. Meyer, Jean. *La cristiada. La guerra de los cristeros.* México, Siglo XXI, 1973.
298. Molina, Gabriel. *Diario de Girón.* Havana, Política, 1983.
299. Monsiváis, Carlos. *Dias de guardar.* México, Era, 1970.
300. *Amor perdido.* México, Era, 1977.

301. Mora, Arnoldo (seleção e notas). *Monseñor Romero.* São José da Costa Rica, Educa, 1981.
302. Morais, Fernando. *Olga.* São Paulo, Alfa-Omega, 1985.
303. Morel, Edmar. *A revolta da chibata.* Rio de Janeiro, Graal, 1979.
304. Morison, Samuel Eliot *et allii. Breve historia de los Estados Unidos.* México, FCE, 1980.
305. Moussinac, León. *Sergei Michailovitch Eisenstein.* Paris, Seghers, 1964.
306. Mota, Carlos Guilherme. *Ideologia da cultura brasileira, 1933/1974.* São Paulo, Ática, 1980.
307. Mourão Filho, Olympio. *Memórias: a verdade de um revolucionário.* Porto Alegre, L&PM, 1978.
308. Murúa, Dámaso. *En Brasil crece un almendro.* México, El Caballito, 1984.
309. *40 cuentos del Güilo Mentiras.* México, Crea, 1984.
310. Nalé Roxlo, Conrado, e Mármol, Mabel. *Genio y figura de Alfonsina Storni.* Buenos Aires, Eudeba, 1966.
311. Navarro, Marysa. *Evita.* Buenos Aires, Corregidor, 1981.
312. Nepomuceno, Eric. *Hemingway: Madrid no era una fiesta.* Madri, Altalena, 1978.
313. Neruda, Pablo. *Confieso que he vivido.* Barcelona, Seix-Barral, 1974.
314. *Obras completas.* Buenos Aires, Losada, 1973,
315. Niemeyer, Oscar. Textos, desenhos e fotos na edição especial da revista *Módulo.* Rio de Janeiro, jun. 1983.
316. Nimuendajú, Curt. *Mapa etno-histórico.* Rio de Janeiro, Fundação Nacional Pró-Memória, 1981.
317. Nosiglia, Julio E. *Botín de guerra.* Buenos Aires, Tierra Fértil, 1985.
318. Novo, Salvador. *Cocina mexicana. Historia gastronómica de la Ciudad de México.* México, Porrúa, 1979.
319. Núñez Jiménez, Antonio. *Wifredo Lam.* Havana, Letras Cubanas, 1982.
320. Núñez Téllez, Carlos. *Un pueblo en armas.* Manágua, FSLN, 1980.
321. O'Connor, Harvey. *La crisis mundial del petróleo.* Buenos Aires, Platina, 1963.
322. Olmo, Rosa del. *Los chigüines de Somoza.* Caracas, Ateneo, 1980.
323. Orozco, José Clemente. *Autobiografia.* México, Era, 1970.
324. Ortiz, Fernando. *Los bailes y el teatro de los negros en el folklore de Cuba.* Havana, Letras Cubanas, 1981.
325. Ortiz Echague, Fernando. Sobre la importancia de la vaca argentina en Paris. Publicado em 1930 e republicado por Rogelio García Lupo na revista *Crisis,* n. 29, Buenos Aires, set. 1975.
326. Ortiz Utelier, Fernando. *El movimiento obrero en Chile. Antecedentes, 1891/1919.* Madri, Michay, 1985.
327. Page, Joseph A. *Perón.* Buenos Aires, Vergara, 1984.
328. Paleari, Antonio. *Diccionario mágico jujeño.* São Salvador de Jujuy, Pachamama, 1982.
329. Paliza, Héctor. Los burros fusilados. In: *Presagio.* Culiacan. Sinalan, n.10, abr. 1978.
330. Paoli, Francisco J., E Montalvo, Enrique. *El socialismo olvidado de Yucatán.* México, Siglo XXI, 1980.
331. Paramio, Ludolfo. *Mito e ideologia.* Madri, Corazón, 1971.
332. Pareja Diezcanseco, Alfredo. *Ecuador. La república de 1830 a nuestros días.* Quito, Universidad, 1979.
333. Pareja y Paz Soldán, José. *Juan Vicente Gómes. Un fenómeno telúrico.* Caracas, Ávila Gráfica, 1951.
334. Parra, Violeta. *Violeta del pueblo.* Antologia de Javier Martínez Reverte. Madri, Visor, 1983.
335. Pasley, F. D. *Al Capone.* Pról. de Andrew Sinclair. Madri, Alianza, 1970,
336. Payeras, Mario. *Los días de la selva.* Havana, Casa de las Américas, 1981.
337. Peña Bravo, Raúl. *Hechos y dichos del general Barrientos.* La Paz, s.ed., 1982.
338. Pérez, Ponciana, dita Chana la Vieja. Depoimento. In: *Cuba.* Havana, maio/jun. 1970.

339. Pérez Valle, Eduardo. *El martirio del héroe. Lu muerte de Sandino.* Depoimentos. Manágua, Banco Central, 1980.
340. Perlman, Janice E. *O mito da marginalidade. Favelas e política no Rio de Janeiro.* Rio de Janeiro, Paz e Terra, 1981.
341. Perón, Juan Domingo. *Tres revoluciones militares,* Buenos Aires, Síntesis, 1974.
342. Pineda, Virginia Gutiérrez de, *et allii. El gamín.* Bogotá, Unicef/Instituto Colombiano de Bienestar Familiar, 1978.
343. Pinto, L. A. Costa. *Lutas de famílias no Brasil.* São Paulo, Ed.Nacional, 1949.
344. Pocaterra, José Rafael. *Memorias de un venezolano de la decadencia.* Caracas, Monte Ávila, 1979.
345. Politzer, Patricia. *Miedo en Chile.* Depoimentos de Moy de Tohá e outros. Santiago do Chile, Cesoc, 1985.
346. Pollak-Eltz, Angelina. Maria Lionza, mito y culto venezolano. In: *Montalbán.* Caracas, Ucab, n. 2, 1973.
347. Poniatowska, Elena. *La noche de Tlatelolco.* México, Era, 1984.
348. Portela, Fernando, e Bojunga, Cláudio. *Lampião. O cangaceiro e o outro.* São Paulo, Traço, 1982.
349. Pound, Ezra. *Selected cantos.* Nova York, New Directions, 1970.
350. Powers, Thomas. *The man who kept the secrets: Richard Helms and the CIA.* Nova York, Knopf, 1979.
351. Presidencia da República do Haití, Lei de 29 de abril de 1969, Palacio Nacional, Port-au--Prince.
352. Queiroz, Maria Isaura Pereira de. *Os cangaceiros.* São Paulo, Duas Cidades, 1977.
353. *História do cangaço.* São Paulo, Global, 1982.
354. Querejazu Calvo, Roberto. *Masamaclay. Historia política, diplomática y militar de la guerra del Chaco.* Cochabamba/La Paz, Amigos del Libro, 1981.
355. Quijano, Aníbal. *Introducción a Mariátegui.* México, Era, 1982.
356. Quijano, Carlos. Artigos recopilados em *Cuadernos de Marcha.* México/Montevidéu. Ceulal, n. 27 e segs., 1984/85.
357. Quiroga, Horacio. *Selección de cuentos.* Pról. de Emir Rodríguez Monegal. Montevidéu, Ministerio de Instrucción Pública, 1966.
358. *Sobre literatura.* Pról. de Roberto lbáñez. Montevidéu, Arca, 1970.
359. Quiroz Otero, Ciro. *Vallenato. Hombre y canto.* Bogotá, Icaro, 1983.
360. Rama, Ángel. *Las máscaras democráticas del modernismo.* Montevidéu, Fundación Ángel Rama, 1985.
361. Ramírez, Sergio. Pról., sel. e notas. *Augusto C. Sandino. El pensamiento vivo.* Manágua, Nueva Nicaragua, 1984.
362. *Estás en Nicaragua.* Barcelona, Muchnik, 1985.
363. Ramírez, Pedro Felipe. *La vida maravillosa del siervo de Dios.* Caracas, s. ed., 1985.
364. Ramos, Graciliano. *Memórias do cárcere.* Rio de Janeiro, José Olympio, 1954.
365. Ramos, Jorge Abelardo. *Revolución y contrarrevolución en la Argentina.* Buenos Aires, Plus Ultra, 1976.
366. Rangel, Domingo, Alberto. *Gómez, el amo del poder.* Caracas, Vadell, 1980.
367. Recinos, Adrián (versão). *Popol Vuh. Las antiguas Historias del Quiché.* México, FCE, 1976.
368. Reed, John. *México insurgente.* México, Metropolitana, 1973.
369. Rendón, Armando B. *Chicano manifesto.* Nova York, Macmillan, 1971.
370. Rengifo, Antonio. Esbozo biográfico de Ezequiel Urviola y Rivero. In: *Los movimientos campesinos en el Perú, 1879/1965.* Seleção de textos por Wilfredo Kapsoli. Lima, Delva, 1977.
371. *Retrato do Brasil.* Fascículos. Vários autores. São Paulo, Três, 1984.
372. High on cocaine. A 30 billion U.S. habit. In: *Time,* 6 jul. 1981.

373. Revueltas, José. *México 68: Juventud y revolución.* México, Era, 1978.
374. Ribeiro, Berta G. O mapa etno-histórico de Curt Nimuendajú. In: *Revista de Antropologia.* São Paulo. Universidade, v. 25, 1982.
375. Ribeiro, Darcy. *Os índios e a civilização.* Petrópolis, Vozes, 1982.
376. Discurso de recepção do título de Doutor *honoris causa* da Universidade de Paris VII, 3 de maio de 1979. In: *Módulo.* Rio de Janeiro, 1979.
377. *Ensaios insólitos.* Porto Alegre, L&PM, 1979.
378. *Aos trancos e barrancos. Como o Brasil deu no que deu.* Rio de Janeiro, Guanabara, 1986.
379. Rivera, Jorge B., sel. Discépolo. In: *Cuadernos de Crisis.* Buenos Aires, n. 3, dez. 1973.
380. Roa Bastos, Augusto. *Hijo de hombre.* Buenos Aires, Losada, 1960.
381. Robeson, Paul. *Paulo Robeson speaks.* Introdução e seleção de textos por Philip 5. Foner. Secaucus, Citadel, 1978.
382. Robinson, David. *Buster Keaton.* Bloomington, University of Indiana, 1970.
383. *Chaplin. his life and art.* Londres, Collins, 1985.
384. Rockefeller, David. Carta ao general Jorge Rafael Videla. In: *El Periodista.* Buenos Aires, n. 71, 17 a 23 jan. 1986.
385. Rodman, Selden. *Renaissance in Haiti. Popular painters in the black republic.* Nova York, Pellegrini and Cudahy, 1948.
386. Rodó, José Enrique. *Ariel.* Madri, Espasa-Calpe, 1971.
387. Rodríguez, Antonio. *A history of mexican mural painting.* Londres, Thames and Hudson, 1969.
388. Rodríguez, Carlos. Astriz, El ángel exterminador. In: *Madres de Plaza de Mayo.* Buenos Aires, n. 2, jan. 1985.
389. Rodríguez Monegal, Emir. *Sexo y poesía en el 900.* Montevidéu, Alfa, 1969.
390. *El desterrado. Vida y obra de Horacio Quiroga.* Buenos Aires, Losada, 1968.
391. Roeder, Ralph. *Hacia el México moderno: Porfirio Díaz.* México, FCE, 1973.
392. Rojas, Marta. *El que debe vivir.* Havana, Casa de las Américas, 1978.
393. Román, José. *Maldito país.* Manágua, El Pez y la Serpiente, 1983.
394. Rosencof, Mauricio. Declarações a Mercedes Ramírez e Laura Oreggioni. In: *Asamblea.* Montevidéo, n. 38 abr. 1985.
395. Rovere, Richard H. *McCarthy y el macartismo.* Buenos Aires, Palestra, 1962.
396. Rowles, James. *El conflicto Honduras-El Salvador y el orden jurídico internacional.* São José da Costa Rica, Educa, 1980.
397. Rozitchner, León. *Moral burguesa y revolución.* Buenos Aires, Procyón, 1963.
398. Ruffinelli, Jorge. *El otro México en la obra de Traven, Lawrence & Lowry.* México, Nueva Imagen, 1978.
399. Rugama, Leonel. *La tierra es un satélite de la luna.* Managuá, Nueva Nicaragua, 1983.
400. Rulfo, Juan. *Pedro Páramo e el llano en llamas.* Barcelona, Planeta, 1982.
401. Saia, Luiz Henrique. *Carmen Miranda.* São Paulo, Brasiliense, 1984.
402. Salamanca, Daniel. *Documentos para una historia de la guerra del Chaco.* La Paz, Don Bosco, 1951.
403. Salazar, Ruben. Artigos publicados em *Los Ángeles times,* entre fevereiro e agosto de 1970.
404. Salazar Valiente, Mario. El Salvador: crisis, dictadura, lucha, 1920/1980, In: *América Latina: historia de medio siglo.* México, Siglo XXI, 1981.
405. Salvatierra, Sofonías. *Sandino o la tragedia de un pueblo.* Madrid, Taleres Europa, 1943.
406. Samper Pizano, Ernesto *et alii. Legalización de la marihuana.* Bogotá, Tercer Mundo, 1980.
407. Sampson, Anthony. *The sovereign state off ITT.* Greenwich, Fawcett, 1974.
408. Sánchez, Gonzalo, e Meertens, Donny. *Bandoleros, gamonales y campesinos. El caso de la violencia en Colombia.* Bogotá, El Áncora, 1983.
409. Sante, Luc. Relic. In: *The New York Review of Books.* Nova York, v. 28, n. 20, 17 abr. 1981.
410. Saume Barrios, Jeús, *Silleta de cuero.* Caracas, s. ed., 1985.

411. Schaden, Ego. Curt Nimuendajú. Quarenta anos a serviço do índio brasileiro e do estudo de sua cultura. In: *Problemas Brasileiros.* São Paulo, dez. 1973.
412. Scalabrini Ortiz, Raúl. *El hombre que está solo y espera.* Buenos Aires, Plus Ultra, 1964.
413. Schinca, Milton. *Boulevard Sarandí. Anédotas, gentes, sucesos, del pasado montevideano.* Montevidéo, Banda Oriental, 1979.
414. Schifter, Jacobo. *La fase oculta de la guerra civil en Costa Rica.* São José da Costa Rica, Educa, 1981.
415. Shlesinger, Arthur M. *Los mil días de Kennedy.* Barcelona, Aymá, 1966.
416. Schlesinger, Stephen, e Kinzer, Stephen. *Bitter fruit. The untold story of the american coup in Guatemala.* Nova York, Anchor, 1983.
417. Sebreli, Juan José. *Eva Perón: ?aventurera o militante?* Buenos Aires, Siglo Veinte, 1966.
418. Séjourné, Laurette. *Supervivencias de un mundo mágico.* México, FCE, 1953.
419. Selser, Gregorio. *El pequeño ejército loco.* Manágua, Nueva Nicarágua, 1983.
420. _____. *El guatemalazo.* Buenos Aires, Iguazú, 1961.
421. _____. *!Aquí, Santo Domingo! La tercera guerra sucia.* Buenos Aires, Palestra, 1966.
422. _____. A veinte años del Moncada (cronología y documentos). In: *Cuadernos de Marcha.* Mondevidéo, n. 72, jul. 1973.
423. _____. *El rapto de Panamá.* San José da Costa Rica, Educa, 1982.
424. Senna, Orlando. *Alberto Santos Dumont.* São Paulo, Brasiliense, 1984.
425. Serpa, Phoción. *Oswaldo Cruz. El Pasteur del Brasil, vencedor de la fiebre amarilla.* Buenos Aires, Claridad, 1945.
426. Silva, Clara. *Genio y figura de Delmira Augustini.* Buenos Aires, Eudeba, 1968.
427. Silva, José Dias da. *Brasil, país ocupado.* Rio de Janeiro, Record, 1963.
428. Silva, Marília T. Barbosa da, e Oliveira Filho, Arthur L. de. *Cartola. Os tempos idos.* Rio de Janeiro, Funarte, 1983.
429. Silveira, Cid. Café: *um drama na economia nacional.* Rio de Janeiro, Civilização Brasileira, 1962.
430. Slosser, Bob. *Reagan inside out.* Nova York, Word Books, 1984.
431. Smith, Earl E. T. *El cuarto piso. Relato sobre la revolución comunista de Castro.* México, Diana, 1963.
432. Sodré, Nelson Wernek. *Oscar Niemeyer.* Rio de Janeiro, Graal, 1978.
433. _____. *História militar do Brasil.* Rio de Janeiro, Civilização Brasileira, 1965.
434. Somoza Debayle, Anastasio. *Filosofia social.* Seleção de textos por Armando Luna Silva. Manágua, Presidencia de la República, 1976.
435. Sorensen, Theodore C. *Kennedy.* Nova York, Harper and Row, 1965.
436. Souza, Tárik de. *O som nosso de cada dia.* Porto Alegre, L&PM, 1983.
437. Stock, Noel. *Poet in exile: Ezra Pound.* Nova York, Barnes and Noble, 1964.
438. Stone, Sammuel. *La dinastía de los conquistadores. La crisis del poder en la Costa contemporánea.* São José da Costa Rica, Educa, 1982.
439. Suárez, Roberto. Declaração a *El Diario* e a semanário *Hoy.* La Paz. 3 jul. 1983.
440. Subercaseaux, Bernardo, com Patricia Stambuk e Jaime Londoño. *Violeta Parra: Gracias a la vida. Testimonios.* Buenos Aires, Galerna, 1985.
441. Taibo II, Paco Ignacio, e Roberto Vizcaíno. *El socialismo en un solo Puerto, Acapulco, 1919/1923.* México, Extemporáneos, 1983.
442. Teitelboim, Volodia. *Neruda.* Madri, Michay, 1984.
443. Tello, Antonio, e Pizarro, Gonzalo Otero. *Valentino. La seducción manipulada.* Barcelona, Bruguera, 1978.
444. Tibol, Raquel. *Frida Kahlo. Crônica, testimonio y aproximaciones.* México, Cultura Popular, 1977.
445. *Time capsule/1927: A history of the year condensed from the pages of time.* Nova York, Time--Life, 1928.

446. Toqo. *Indiomanual.* Humahuaca, Instituto de Cultura Indígena, 1985.
447. Toriello, Guillermo. *La batalha de Guatemala.* México, Cuadernos Americanos, 1955.
448. Torres, Camilo. *Cristianismo y revolución.* México, Era, 1970.
449. Touraine, Alain. *Vida y muerte del Chile popular.* México, Siglo XXI, 1974.
450. Tribunal Permanente de los Pueblos. *El caso Guatemala.* Madri, Iepala, 1984.
451. Turner, John Kenneth. *México bárbaro.* México, Costa-Amic, 1975.
452. Universidad Nacional de Rio de Cuarto, Córdoba, Argentina. Resolução n. 0092, de 22 de fevereiro de 1977, assinada pelo Reitor Eduardo José Pesoa. In: *Soco Soco.* Rio Cuarto, n. 2, abr. 1986.
453. Valcárcel, Luis E. *Machu Picchu.* Eudeba, 1964.
454. Valle-Castilho. Julio. Introdução a *Prosas políticas* de Rubén Dario. Manágua, Ministerio de Cultura, 1983.
455. Vásquez Dias, Rubén. *Bolivia a la hora del Che.* México, Siglo XXI, 1968.
456. Vásquez Lucio, Oscar E. (Siulnas). *Historia del humor gráfico y escrito en la Argentina, 1801/1939.* Buenos Aires, Eudeba, 1985.
457. Vélez, Julio, e A. Merino. *España en César Vallejo.* Madri, Fundamentos, 1984.
458. Viezzer, Moema. *Si me permiten hablar: testimonio de Domitila, una mujer de las minas de Bolivia.* México, Siglo XXI, 1978,
459. Vignar, Maren. Los ojos de los pájaros. In: Vignar, Maren Marcelo. *Exilio y tortura* (inédito).
460. Waksman Schinca, Daniel *et alii. La batalha de Nicaragua.* México, Bruguera, 1980.
461. Walsh, Rodolfo. Carta à Junta Militar. In: *Operación masacre.* Buenos Aires, De la Flor, 1984.
462. Weinstein, Barbara. *The amazon rubber boom, 1850/1920.* Stanford, Stanford University, 1983.
463. Wettstein, Germán. La tradición de la Paradura del Niño. In: *Geomundo.* Edição especial sobre a Venezuela. Panamá, 1983.
464. White, Judith. *Historia de una ignominia: La United Fruit Company en Colombia.* Bogotá, Presencia, 1978.
465. Wise, David, e Ross, Thomas B. *The invisible government.* Nova York, Random, 1964.
466. Witker, Aiejandro. *Salvador Allende, 1908/1973. Prócer de la liberación nacional.* México, UNAM, 1980.
467. Woll, Allen L. *The latin image in american film.* Los Angeles, UCLA, 1977.
468. Womack Jr. John. *Zapata y la revolución mexicana.* México, Siglo XXI, 1979.
469. Wyden, Peter. *Bay of Pigs. The untold story.* Nova York, Simon and Schuster, 1980.
470. Ycaza, Patricio. *Historia del movimento obrero ecuatoriano.* Quito, Cedime, 1984.
471. Ydígoras Fuentes, Miguel, e Rosenthal, Mario. *My war with communism.* Nova Jersey, Prentice-Hall, 1963.
472. Yupanqui, Atahualpa. *Aires indios.* Buenos Aires, Siglo Veinte, 1985.
473. Zavaleta Mercado, René. *El desarrollo de la conciencia nacional.* Montevidéu, Diálogo, 1967.
474. _____. Consideraciones generales sobre la historia de Bolivia, 1932/1971. In: *América Latina: historia de medio siglo.* Vários autores. México, Siglo XXI, 1982.
475. _____. El estupor de los siglos. In: *Quimera.* Cochabamba, n. l, set. 1985.

Índice

Os nascimentos
Primeiras Vozes ... 11
A criação ... 13
O tempo ... 13
O sol e a lua ... 14
As nuvens ... 15
O vento ... 16
A chuva ... 16
O arco-íris ... 17
O dia ... 18
A noite ... 18
As estrelas ... 19
A via-láctea ... 20
O luzeiro ... 20
O falar ... 21
O fogo ... 21
A selva ... 22
O cedro ... 22
O guayacán ... 23
As cores ... 23
O amor ... 23
Os rios e o mar ... 24
As marés ... 25
A neve ... 25
O dilúvio ... 26
A tartaruga ... 27
O papagaio ... 27
O colibri ... 28
O urutau ... 29
O joão-de-barro ... 29
O corvo ... 30
O condor ... 30
O Jaguar ... 31
O urso ... 32
O jacaré ... 32
O tatu ... 33
O coelho ... 34
A serpente ... 35
A rã ... 35
O morcego ... 36
Os mosquitos ... 37
O mel ... 37
As sementes ... 38
O milho ... 38
O tabaco ... 39
A erva-mate ... 39
A mandioca ... 40
A batata ... 40
A cozinha ... 41
A música ... 42
A morte ... 42
A ressurreição ... 43
A magia ... 44
O riso ... 45
O medo ... 45
A autoridade ... 46
O poder ... 46
A guerra ... 47
A festa ... 47
A consciência ... 48
A cidade sagrada ... 49
Os peregrinos ... 50
A terra prometida ... 50
Os perigos ... 51
A teia de aranha ... 52
O profeta ... 52

Velho Novo Mundo ... 53
1492/O mar oceano – A rota do sol até as Índias 55
1492/Guanahaní – Colombo ... 55
1493/Barcelona – Dia de glória ... 56
1493/Roma – O testamento de Adão ... 57
1493/Huexotzingo – Onde está o verdadeiro, o que tem raiz? ... 58
1493/Pasto – Todos são contribuintes ... 58
1493/Ilha de Santa Cruz – Uma experiência de Miquele de Cuneo, natural de Savona ... 59
1495/Salamanca – A primeira palavra vinda da América ... 59
1495/A Isabela – Caonabó ... 60
1496/ A concepção – O sacrilégio ... 60
1498/São Domingos – O Paraíso Terrestre ... 61
1948/Golfo de Pária – A língua do Paraíso ... 62
1499/Granada – Quem são espanhóis? ... 62
1500/Florença – Leonardo ... 63
1506/Valladolid – A quinta viagem ... 63
1506/Tenochtitlán – O Deus universal ... 64
1511/Rio Guauravo – Agüeynaba ... 65
1511/Aymaco – Becerrillo ... 65
1511/Yara – Hatuey ... 66
1511/São Domingos – O primeiro protesto ... 67
1513/Cuareca – Leoncico ... 67
1513/Golfo de San Miguel – Balboa ... 68
1514/Rio Sinú – O requerimento ... 68
1514/Santa Maria do Darién – Por amor às frutas ... 69
1515/Amberes – Utopia ... 70
1519/Frankfurt – Carlos V ... 70
1519/Acla – Pedrárias ... 71

1519/Tenochtitlán – Pressságios do fogo, da água, da terra e do ar ... 72
1519/Cempoala – Cortez ... 73
1519/Tenochtitlán – Montezuma ... 74
1519/Tenochtitlán – A capital dos astecas ... 76
Canto asteca do escudo ... 76
1520/Teocalhueyacan – "A Noite Triste" ... 77
1520/Segura de la Frontera – A distribuição da riqueza ... 77
1520/Bruxelas – Dürer ... 78
1520/Tlaxcala – Rumo à reconquista de Tenochtitlán ... 79
1521/Tlatelolco – A espada de fogo ... 79
1521/Tenochtitlán – O mundo está calado e chove ... 80
1521/La Florida – Ponce de León ... 80
1522/Caminhos de São Domingos – Pés ... 81
1522/Sevilha – A mais longa viagem ... 81
1523/Cuzco – Huaina Cápac ... 83
1523/Cuauhcapolca – As perguntas do cacique .. 83
1523/Painala – A Malinche ... 84
1524/Quetzaltenango – O poeta contará às crianças a história desta batalha ... 85
1524/Utatlán – A vingança do vencido ... 86
1524/Ilhas dos Escorpiões – Cerimônia de comunhão ... 86
1524/Tuxkahá – Cuauhtémoc ... 87
1526/Toledo – O tigre americano ... 88
1528/Madrid – Para que abram a bolsa ... 88
1528/Tumbes – Dia de espantos ... 89
1528/Ilha do Mau Fado – "Gente muito solta do que tem..." ... 90
1531/Rio Orinoco – Diego de Ordaz ... 90
Canção sobre o homem branco, do povo piaroa ... 91
1531/Cidade do México – A Virgem de Guadalupe ... 91
1531/São Domingos – Uma carta ... 92
1531/Ilha Serrana – O náufrago e o outro ... 92
1532/Cajamarca – Pizarro ... 94
1533/Cajamarca – O resgate ... 95
1533/ Cajamarca – Atahualpa ... 96
1533/Xaquixaguana – O segredo ... 97
1533/Cuzco – Entram os conquistadores na cidade sagrada ... 98
1533/Riobamba – Alvarado ... 98
1533/Quito – Esta cidade se suicida ... 99
1533/Barcelona – As guerras santas ... 99
1533/Sevilha – O tesouro dos incas ... 100
1534/Riobamba – A inflação ... 101
1535/Cuzco – O trono de latão ... 101
1536/Cidade do México – Motolinía ... 102
1536/Machu Picchu – Manco Cápac II ... 103
1536/Valle de Ulúa – Gonzalo Guerrero ... 103
1536/Culiacán – Cabeza de Vaca ... 104
1537/Roma – O papa diz que são como nós. ... 104
1538/São Domingos – O espelho ... 105
1538/Vale de Bogotá – Barba Negra, Barba Vermelha, Barba Branca ... 105
1538/Vulcão Masaya – Vulcano, deus do dinheiro ... 107
1541/Santiago de Chile – Inês Suárez ... 108
1541/Peñón de Nochistlán – Nunca ... 109
1541/Cidade Velha da Guatemala – Beatriz ... 109
1541/Cabo Frio – Ao amanhecer, o grilo cantou ... 110
1542/Quito – El Dorado ... 111
1542/Conlapayara – As amazonas ... 111
1542/Rio Iguazú – A plena luz ... 112
1534/Cubagua – Os pescadores de pérolas ... 112
1544/Machu Picchu – O trono de pedra ... 113
Canção de guerra dos incas ... 113
1544/Campeche – Las Casas ... 114
1544/Lima – Carvajal ... 114
1545/Cidade Real de Chiapas – De Valladolid chega a má notícia ... 116
1546/Potosí – A prata de Potosí ... 116
1547/Valparaíso – A despedida ... 117
Canção de saudade do cancioneiro espanhol ... 118
1548/Xaquixaguana – A batalha de Xaquixaguana acabou ... 118
1548/Xaquixaguana – O verdugo ... 119
1548/Xaquixaguana – Sobre o canibalismo na América ... 120
1548/Guanajuato – Nascem as minas de Guanajuato ... 120
1549/La Serena – O regresso ... 121
1549/Santiago do Chile – Última vez ... 122
1552/Valladolid – Já está mandando aquele que sempre serviu ... 122
1553/Margens do rio San Pedro – Miguel ... 123
1553/Concepción – Um sonho de Pedro de Valdívia ... 124
1553/Tucapel – Lautaro ... 124
1553/Tucapel – Valdívia ... 125
1553/Potosí– O alcaide e a bela ... 125
Ao som do realejo, canta um cego à que dorme sozinha ... 126
1553/Potosí – O alcaide e o galã ... 126
1554/Cuzco – O alcaide e as orelhas ... 127
1554/Lima – O alcaide e o cobrador ... 128
1554/Cidade do México – Sepúlveda ... 128
1556/Assunção do Paraguai – As conquistadoras ... 129
1556/Assunção do Paraguai – "O paraíso de Maomé" ... 130
Canção do mulherengo, do cancioneiro espanhol ... 130
1556/A Imperial – Mariño de Lobera ... 131
1558/Cañete – A guerra continua ... 131
Canção Araucana do Ginete Fantasma ... 132
1558/Michmaloyan – Os tzitzime ... 132
1558/Yuste – Quem sou, quem terei sido? ... 133
1559/Cidade do México – Os doentes ... 134

Conselho dos velhos sábios astecas....134
1560/Huexotzingo – A recompensa....135
1560/Michoacán – Vasco de Quiroga....136
1561/Vila dos Bergantins – A primeira Independência da América....137
1561/Nova Valência do Rei – Aguirre....138
1561/Nova Valencia del Rei – Da carta de Lope de Aguirre ao rei Felipe II....139
1561/Barquisimeto – Restabelecem a ordem....140
1562/Maní – Se engana o fogo....140
1563/Forte de Arauco – A história que será....141
1564/Plymouth – Hawkins....142
1564/Bogotá – Desventuras da vida conjugal....142
1565/Caminho de Lima – A espiã....143
1565/Yauyos – Essa pedra sou eu....144
Oração dos incas em busca de Deus....145
1565/Cidade do México – Cerimônia....145
1566/Madrid – O fanático da dignidade humana....146
1566/Madrid – Mesmo perdendo, vale à pena..147
1568/Los Teques – Guaicaipuro....147
1568/Cidade do México – Os filhos de Cortez..148
1569/Havana – São Simão contra as formigas..148
1571/Cidade do México – Delatarás ao próximo....149
1571/Madrid – A culpa é do criminoso ou da testemunha?....150
1572/Cuzco – Túpac Amaru I....150
1572/Cuzco – Acreditam os vencidos:....151
1574/Cidade do México – O primeiro auto de fé no México....151
1576/Guanajuato – Dizem os frades:....152
1576/Xochimilco – O apóstolo Santiago contra a peste....153
1577/Xochimilco – São Sebastião contra a peste....154
1579/Quito – O filho de Atahualpa....154
1580/Buenos Aires – Os fundadores....155
1580/Londres – Drake....155
1582/Cidade do México – De que cor é a pele dos leprosos?....156
1583/Copacabana – A mãe Aymara de Deus....157
1583/Santiago do Chile – Foi livre por um instante....157
1583/Tlatelolco – Sahagún....158
1583/Á coma – O pedregoso reino de Cíbola....159
Canto noturno, do povo navajo....160
1586/Cauri – A peste....160
1588/Quito – O neto de Atahualpa....161
1588/La Habana – São Marcial contra as formigas....161
1589/Cuzco – Diz que teve o sol....162
1592/Lima – Um auto de fé em Lima....162
1593/Guarapari – Anchieta....163
1596/Londres – Raleigh....164
1597/Sevilha – Em um lugar do cárcere....165
1598/Potosí – História de Floriana Rosales, virtuosa mulher de Potosí (em versão abreviada da crônica de Bartolomé Arzáns de Orsúa y Vela)....165
Versos espanhóis de cantar e dançar....167
1598/Cidade do Panamá – Horas de sono e sorte....168
1599/Quito – Os cafusos de Esmeraldas....168
1599/Rio Chagres – Não falam os sábios....169
1599/La Imperial – As flechas flamejantes....169
1599/Santa Marta – Fazem a guerra para fazer o amor....170
1600/Santa Marta – Eles tinham uma pátria....171
Técnica da caça e da pesca....172
1600/Potosí – A oitava maravilha do mundo....172
Profecias....173
Cantar do Cuzco....173
1600/Cidade do México – As carruagens....174
1601/Valladolid – Quevedo....174
1602/Recife – A primeira expedição contra Palmares....175
1603/Roma – As quatro partes do mundo....176
1603/Santiago do Chile – A matilha....176
1605/Lima – A noite do Juízo Final....177
1607/Sevilha – O morango....178
1608/Porto Príncipe – Silvestre de Balboa....178
1608/Sevilha – Mateo Alemán....179
1608/Córdoba – O Inca Garcilaso....180
1609/Santiago do Chile – As regras da mesa....180
1611/Yarutini – O extirpador de idolatrias....181
1612/São Pedro de Omapacha – O que apanha bate....182
1613/Londres – Shakespeare....182
1614/Lima – Atas do cabildo de Lima: nasce a censura teatral....183
1614/Lima – Proíbem-se as danças dos índios do Peru....183
1615/Lima – Guamán Poma....184
1616/Madrid – Cervantes....185
1616/Potosí – Retratos de uma procissão....186
1616/Santiago Papasquiaro – O deus dos amos, é o deus dos servos?....188
1617/Londres – Fumaças de Virgínia na névoa de Londres....189
1618/Lima – Mundo pouco....191
1618/Luanda – O embarque....191
1618/Lima – Um porteiro de cor escura....192
1620/Madrid – As danças do Diabo vêm da América....193
1622/Sevilha – Os ratos....195
1624/Lima – Se vende gente....196
1624/Lima – O negro açoita o negro....197
1624/Lima – "A endiabrada"....197
1624/Sevilha – O último capítulo de "A vida do buscão"....199
1624/Cidade do México – O rio da cólera....200

1625/Cidade do México – O que o senhor acha desta cidade? 201
1625/Samayac – Ficam proibidas as danças dos índios da Guatemala 202
1626/Potosí – Um deus castigador 203
1628/Chiapas – O bispo e o chocolate 204
1628/Madrid – Oferecem-se fidalguias 204
Rimas de quem foi à Índia, cantadas na Espanha 205
1629/Caranguejeiras – Bascuñán 206
1629/Margens do Bío-Bío – Putapichun 206
1629/Margens do rio Imperial – Maulicán 207
1629/Comarca de Repocura – Para dizer adeus 208
1630/Motocintle – Não traem seus mortos 209
1630/Lima – Maria, matrona da farândula 210
1631/Guatemala Antiga – Uma tarde de música no convento da Conceição 211
Rimas populares do que ama em silêncio 212
1633/Pinola – Gloria in excelsis deo 213
1634/Madrid – Quem se escondia no berço da tua mulher? 213
1636/Quito – A terceira metade 214
1637/Boca do rio Sucre – Dioguinho 215
1637/Baía de Massachusetts – "Deus é inglês" 216
1637/Mystic Fort – Da descrição de John Underhill, puritano de Connecticut, sobre uma matança de índios pequot 217
1639/Lima – Martín de Porres 218
1639/São Miguel de Tucumán – De uma denúncia contra o bispo de Tucumán, enviada ao Tribunal de Inquisição de Lima 219
1639/Potosí – O testamento do mercador 220
Dizem os índios: 220
1640/São Salvador, Bahia – Vieira 221
1641/Lima – Ávila 221
1641/Mbororé – As missões 222
1641/Madrid – A eternidade contra a história 222
1644/Jamestown – Opechancanough 223
1645/Quito – Mariana de Jesus 224
1645/Potosí – História de Estefânia, pecadora mulher de Potosí (em versão abreviada da crônica de Bartolomé Arzáns de Orsúa y Vela) 225
1647/Santiago do Chile – Se proíbe o jogo dos índios do Chile 226
1648/Olinda – Excelências da carne de canhão 227
1649/Sainte-Marie des Hurons – A linguagem dos sonhos 227
1649/Vale de Mohawk – Uma história iroquesa 229
Canto do canto dos iroqueses 229
1650/Cidade do México – Os vencedores e os vencidos 230
Do canto náhuatl sobre a vida efêmera 231
1654/Oaxaca – Medicina e bruxaria 231
1655/San Miguel de Nepantla – Juana aos quatro anos 232
1656/Santiago de la Vega – Gage 232
1658/San Miguel de Nepantla – Juana aos sete anos 233
Um sonho de Juana 234
1663/Guatemala Antigua – Chega a Impressora 234
1663/Margens do rio Paraíba – A liberdade 234
Canção de Palmares 235
1663/Serra da Barriga – Palmares 235
1665/Madrid – Carlos II 237
1666/Nova Amsterdam – Nova York 237
1666/Londres – Os serventes brancos 238
1666/Ilha Tortuga – Retábulo de piratas 238
1667/Cidade do México – Juana aos dezesseis 239
1668/Ilha Tortuga – Os cães 240
1669/Villa de Gibraltar – Toda a riqueza do mundo 241
1669/Maracaibo – Arrebentação 241
1670/Lima – "Tenha dó de nós", ... 242
1670/San Juan Atitlán – Um intruso no altar 243
1670/Masaya – "O Güegüence" 243
1670/Cuzco – O Pintado 244
1671/Cidade do Panamá – Sobre a pontualidade nos encontros 245
1672/Londres – A carga do homem branco 245
Canção do pássaro do amor, do povo mandinga 246
1674/Port Royal – Morgan 247
1674/Potosí – Cláudia, a feiticeira 247
1674/Yorktown – Os corcéis do Olimpo 248
1676/Vale de Connecticut – O machado da guerra 249
1676/Plymouth – Metacom 249
1677/Old Road Town – Morrem aqui, renascem ali 250
1677/Porto Calvo – O capitão promete terras, escravos e honrarias 250
1678/Recife – Ganga Zumba 251
Sortilégio yoruba contra o inimigo 251
1680/Santa Fé do Novo México – A cruz vermelha e a cruz branca 252
1681/Cidade do México – Juana aos trinta 253
1681/Cidade do México – Sigüenza y Gongora 253
1682/Accra – Toda a Europa vende carne humana 254
1682/Remédios – Por ordem do Diabo 255
1682/Remédios – Porém, ficam 256
1682/Remédios – Por ordem de Deus 257
1688/Havana – Por ordem do rei 258
1691/Remédios – E daqui não saem 258
1691/Cidade do México – Juana aos quarenta 259
1691/Placentia – Adario, chefe dos índios hurões, fala ao barão de Lahontan, colonizador francês de Terranova 261
1692/Salem Village – As bruxas de Salem 262
1692/Guápulo – A nacionalização da arte colonial 263
1693/Cidade do México – Juana aos quarenta e dois 263

1693/Santa Fé do Novo México – Treze anos durou a independência 264
Canto à imagem que se vai da areia, dos índios do novo México 264
1694/Macacos – A última expedição contra Palmares 265
Lamento do povo azande 266
1695/Serra Dois Irmãos – Zumbi 266
1695/São Salvador da Bahia – A capital do Brasil 267
1696/Regla – Virgem negra, deusa negra 268
1697/Cap Français – Ducasse 269
1699/Madrid – O enfeitiçado 269
1699/Macouba – Uma demonstração prática 270
1700/Ouro Preto – Todo o Brasil rumo ao sul 270
1700/Ilha de São Tomás – O que faz com que as coisas falem 271
Canto do fogo, do povo banto 272
1700/Madrid – Penumbra de Outono 273

As caras e as máscaras
Promessa da América 287
1701/Vale das Salinas – A pele de Deus 287
1701/São Salvador, Bahia – Palavra da América 288
1701/Paris – Tentação da América 288
Sentinela da América 289
1701/Ouro Preto – Artes malabares 290
1703/Lisboa – O ouro, passageiro em trânsito 290
1709/Ilhas de Juan Fernández – Robinson Crusoé 291
1711/Paramaribo – Elas se calaram 292
Elas levam a vida nos cabelos 292
O cimarrão 292
1711/Murrí – Não estão sozinhos nunca 293
1711/Palenque de São Basílio – O rei negro, o santo branco e sua santa mulher 293
A maria-palito 294
1712/Santa Marta – Da pirataria ao contrabando 295
1714/Ouro Preto – O médico das minas 295
1714/Vila Nova do Príncipe – Jacinta 296
1716/Potosí – Holguín 296
1716/Cusco – Os imagineiros 297
Maria, Terra-mãe 298
A Pachamama 298
Sereias 298
1717/Quebec – O homem que não acreditava no inverno 299
1717/Isle Dupas – Os fundadores 299
Retábulo dos índios 300
Cantos dos índios Chippewa, na região dos Grandes Lagos 301
1718/São José del Rei – O pelourinho 301
1719/Potosí – A peste 302
1721/Zacatecas – Para comer Deus 303
E se por acaso perdes a alma 303
1726/Baía de Montevidéu – Montevidéu 304
1735/Ouro Preto – Festas 305
1736/Saint John's – O fogaréu 305
1738/Trelawny Town – Cudjoe 306
1739/New Nanny Town – Nanny 306
Peregrinação na Jamaica 307
1742/Ilhas de Juan Fernández – Anson 308
1753/Rio Serra Leoa – Cantemos louvores ao Senhor 308
1758/Cap Français – Macandal 309
1761/Cisteil – Canek 310
1761/Mérida – Pedaços 310
1761/Cisteil – Sagrado milho 311
1763/Buraco de Tatu – Por que os altivos davam mau exemplo 311
Comunhão 312
Retábulo da Bahia 312
Tua outra cabeça, tua outra memória 313
1763/Rio de Janeiro – Aqui 314
1763/Tijuco – O mundo dentro de um diamante 314
1763/Havana – O progresso 315
Creem os escravos 316
A paineira 316
A palmeira 316
1766/Campos de Areco – Os cavalos cimarrões 317
1767/Missões – História dos sete povoados 317
1767/Missões – A expulsão dos jesuítas 318
1767/Missões – Não deixam que arranquem sua língua 319
1769/Londres – O primeiro romance escrito na América 319
Os índios e os sonhos no romance de Frances Brooke 320
1769/Lima – O vice-rei Amat 320
1769/Lima – A Perricholi 321
O relógio dos sabores 322
1771/Madri – Encontro de reis 322
1771/Paris – O Século das Luzes 323
1771/Paris – Os fisiocratas 324
1771/Paris – O ministro francês das colônias explica por que não se devem libertar os mulatos de seu congênito "estado de humilhação" 324
1772/Cap Français – A colônia mais rica da França 325
1772/Léogane – Zabeth 325
1773/São Mateus Huitzilopochco – A força das coisas 326
1774/San Andrés Itzapan – Dominus vobiscum 326
1775/Cidade da Guatemala – Sacramentos 327
1775/Huehuetenango – Árvores que sabem, sangram, falam 328
1775/Gado-Saby – Bonny 328
1776/Cape Coast Castle – Prodígios dos alquimistas no tráfego africano 329
1776/Pensilvânia – Paine 330

1776/Filadélfia – Os Estados Unidos 330
1776/Monticello – Jefferson 331
1777/Paris – Franklin 332
Se ele tivesse nascido mulher 332
1778/Filadélfia – Washington 333
1780/Bolonha – Clavijero defende as terras malditas 334
1780/Sangarara – Arde a América da cordilheira ao mar 334
1780/Tungasuca – Túpac Amaru II 335
1780/Pomacanchi – A oficina é um imenso navio 336
Um poema colonial: se triunfam os índios 336
1781/Bogotá – Os comuneiros 336
1781/Támara – As planícies 337
1781/Zipaquirá – Galán 338
Romance popular dos comuneiros 338
1781/Cusco – O centro da Terra, a casa dos deuses 339
1781/Cusco – De pó e pena são os caminhos do Peru 339
1781/Cusco – Auto sacramental na câmara de torturas 340
1781/Cusco – Ordem de Areche contra os trajes incaicos e para que falem os índios a língua castelhana 342
1781/Cusco – Micaela 342
1781/Cusco – Sagrada chuva 343
Os índios creem: 343
Dançam os índios à glória do paraíso 344
1781/Chincheros – Pumacahua 345
1781/La Paz – Túpac Catari 345
1782/La Paz – As libertadoras 346
1782/Guaduas – Com olhos de vidro, ...346
1782/Sicuani – Este maldito nome 347
1783/Cidade do Panamá – Pelo amor da morte ... 347
1783/Madri – Reivindicação das mãos 348
1785/Cidade do México – O doutor Villarroel contra a *pulquería* *348*
A *pulquería* 349
O *pulque* 349
O *maguey* 350
A jarra 350
1785/Cidade do México – Sobre a literatura de ficção na época colonial 351
1785/Guanajuato – O vento sopra onde quer e onde pode 351
1785/Guanajuato – Retábulo de prata 352
1785/Lisboa – A função colonial 352
1785/Versalhes – A batata vira uma grande dama 353
A batata nasceu do amor e do castigo, segundo contam nos Andes 354
1790/Paris – Humboldt 354
1790/Petit Goâve – Embora tenham terras e escravos 355
1791/Bois Caiman – Os conjurados do Haiti 355
Canção haitiana de amor 356
1792/Rio de Janeiro – Os conjurados do Brasil .. 356
1792/Rio de Janeiro – Tiradentes 357
1794/Paris – "O remédio do homem é o homem" 358
1795/Montanhas do Haiti – Toussaint 358
1795/São Domingos – A ilha queimada 359
1795/Quito – Espejo 359
Assim satirizava Espejo a oratória desses tempos 360
1795/Montego Bay – Instrumentos de guerra ... 360
1795/Havana – Imaginou o rebelde da Galileia que seria feitor de escravos? 361
1796/Ouro Preto – O Aleijadinho 362
1796/Mariana – Ataíde 362
1796/São Salvador da Bahia – Noite e neve 363
1796/Caracas – Compra-se pele branca 363
1796/San Mateo – Simón Rodríguez 364
1797/La Guaira – O compasso e o esquadro 364
1799/Londres – Miranda 365
Miranda sonha com Catarina da Rússia 366
1799/Cumaná – Um par de sábios a lombo de mula 366
1799/Montevidéu – O pai dos pobres 367
1799/Guanajuato – Vida, paixão e negócios da classe dominante 368
1799/Cidade Real de Chiapas – Os *tamemes* 368
1799/Madri – Fernando Túpac Amaru 369
1800/Rio Apure – Rumo ao Orinoco 369
1800/Esmeralda del Orinoco – O senhor do veneno 370
Curare 371
1800/Uruana – Terra e sempre 371
1801/Lagoa Guatavita – A deusa no fundo das águas 372
1801/Bogotá – Mutis 372
1802/Mar das Antilhas – Napoleão restabelece a escravidão 373
1802/Pointe-à-Pitre – Os indignados 374
1802/Vulcão Chimborazo – Nos cumes do mundo 374
1803/Fort Dauphin – A ilha requeimada 375
1804/Cidade do México – A colônia mais rica da Espanha 375
1804/Madri – O fiscal do Conselho das Índias aconselha a não exagerar na venda dos atestados de brancura 376
1804/Catamarca – O pecado de Ambrosio 377
1804/Paris – Napoleão 377
1804/Sevilha – Frei Servando 378
1806/Ilha de Trinidad – Aventuras, desventuras .. 379
1808/Rio de Janeiro – É proibido queimar o Judas 379
1809/Chuquisaca – O grito 380
1810/Atotonilco – A Virgem de Guadalupe contra a Virgem dos Remédios 381
1810/Guanajuato – O Pípila 381

1810/Guadalajara – Hidalgo......382
1810/Ao Pé da Colina – Morelos......383
1811/Buenos Aires – Moreno......383
1811/Buenos Aires – Castelli......384
1811/Bogotá – Nariño......384
Quadrinhas do mundo às avessas, para violão acompanhado de cantor......385
1811/Chilapa – O barrigudo......386
1811/Campos da Banda Oriental – "Ninguém é mais que ninguém"......387
1811/Margens do rio Uruguai – O êxodo......387
1812/Cochabamba – Mulheres......388
1812/Caracas – Bolívar......388
1813/Chilpancingo – A independência é revolução ou é mentira......389
1814/San Mateo – Boves......389
1815/San Cristóbal Ecatepec – O lago vem buscá-lo......390
1815/Paris – Navegantes de mares ou bibliotecas......391
1815/Mérida de Iucatã – Fernando VII......391
1815/Curuzú-Cuatiá – O ciclo do couro no rio da Prata......392
1815/Buenos Aires – Os próceres procuram rei na Europa......392
1815/Acampamento de Purificación – Artigas..393
1816/Campos da Banda Oriental – A reforma agrária......394
1816/Morro de Chicote – A arte da guerra......395
1816/Tarabuco – Juana Azurduy......395
1816/Port-au-Prince – Pétion......396
1816/Cidade do México – "O Periquito Sarnento"......396
1817/Santiago do Chile – Luciferando......397
1817/Santiago do Chile – Manuel Rodríguez....397
1817/Montevidéu – Imagens para uma epopeia...398
1817/Quito – Manuela Sáenz......399
1818/Acampamento de Colônia – A guerra dos de baixo......399
1818/Corrientes – Andrezinho......400
1818/Rio Paraná – Os corsários patriotas......401
1818/San Fernando de Apure – A guerra de morte......401
1819/Angostura – Gravuras escolares: a Assembleia Constituinte......402
1820/Paso del Boquerón – Final......402
O senhor......403
1821/Acampamento Laurelty – São Baltasar, o rei negro, o mais mago......404
1821/Carabobo – Páez......404
1822/Guaiaquil – San Martín......405
1822/Buenos Aires – Pássaro cantor......405
1822/Rio de Janeiro – Tráfego louco......406
1822/Quito – Doze ninfas esperam por ele na praça maior......406
1823/Lima – As mãos se incham de tanto aplaudir......407
1824/Lima – Apesar de tudo......407
1824/Montevidéu – Crônicas da cidade, a partir da poltrona do barbeiro......408
1824/Vale de Junín – A batalha calada......409
1825/La Paz – Bolívia......410
1825/Potosí – Gravuras escolares: o herói no topo......410
1825/Potosí – A dívida inglesa vale um potosí..411
A maldição do morro de prata......411
1826/Chuquisaca – Bolívar e os índios......412
1826/Chuquisaca – Maldita seja a imaginação criadora......412
As ideias de Simón Rodríguez "Para ensinar a pensar"......413
1826/Buenos Aires – Rivadavia......414
1826/Panamá – Pátrias que são solidões......415
1826/Londres – Canning......415
1828/Bogotá – Aqui a odeiam......416
1828/Bogotá – Da carta de Manuela Sáenz a seu esposo, James Thorne......417
1829/Corrientes – Bonpland......417
1829/Assunção do Paraguai – Francia, o supremo......418
1829/Rio de Janeiro – A bola de neve da dívida externa......419
1830/Rio Magdalena – Baixa o barco rumo ao mar......419
1830/Maracaibo – Proclama o governador......420
1830/Guaira – Divide et impera......420
1830/Montevidéu – Gravuras escolares: o juramento da Constituição......421
1830/Montevidéu – A pátria ou a tumba......422
1832/Santiago do Chile – Indústria nacional....422
Pregões do mercado em Santiago do Chile......423
1833/Arequipa – As lhamas......424
1833/San Vicente – Aquino......424
1834/Paris – Tacuabé......425
1834/Cidade do México – Amar é dar......425
1835/Ilhas Galápagos – Darwin......426
1835/Colúmbia – Texas......427
1836/San Jacinto – Cresce o mundo livre......427
1836/El Álamo – Retratos do herói de fronteira......428
1836/Hartford – O Colt......429
1837/Cidade da Guatemala – Morazán......429
1838/Buenos Aires – Rosas......430
1838/Buenos Aires – "O matadouro"......430
Algo mais sobre o canibalismo na América......431
1838/Tegucigalpa – A América Central se quebra em pedaços,......431
1839/Copán – Vende-se cidade sagrada por cinquenta dólares......432
1839/Havana – Fala o tambor, dizem os corpos......432
1839/Havana – Anúncios classificados......433
1839/Valparaíso – O iluminador......434
1839/Veracruz – "Dai-me por Deus um marido, ainda que velho, manco ou malparido"......434

1840/Cidade do México – Baile de máscaras.....435
Alta sociedade mexicana: assim começa uma visita.....435
Pregões ao longo do dia na Cidade do México.....436
Alta sociedade mexicana: assim se despede o médico.....436
1840/Cidade do México – Assim é iniciada uma freira de clausura.....437
1842/San José da Costa Rica – Ainda que o tempo te esqueça, a terra não.....438
1844/Cidade do México – Os galinhos guerreiros.....439
1844/Cidade do México – Santa Anna.....439
1845/Vuelta de Obligado – A invasão dos comerciantes.....440
1847/Cidade do México – A conquista.....441
1848/Vila de Guadalupe Hidalgo – Os conquistadores.....441
1848/Cidade do México – Os irlandeses.....442
1848/Ibiray – Um velho de poncho branco em uma casa de pedra vermelha.....442
José Artigas, segundo Domingo Faustino Sarmiento.....442
1848/Buenos Aires – Os amantes (I).....443
Os amantes (II).....444
1848/Santos Lugares – Os amantes (III).....444
1848/Bacalar – Cecílio Chi.....445
1849/Margens do rio Platte – Um cavaleiro chamado Varíola.....446
1849/San Francisco – O ouro da Califórnia.....446
1849/O Moinho – Eles estavam aqui.....447
Cinzas.....448
1849/Baltimore – Poe.....448
1849/San Francisco – As calças de Lévi.....448
1850/San Francisco – O caminho do desenvolvimento.....449
1850/Buenos Aires – O caminho do subdesenvolvimento: o pensamento de Domingo Faustino Sarmiento.....450
1850/Rio da Prata – Buenos Aires e Montevidéu em meados do século.....450
1850/Paris – Dumas.....451
1850/Montevidéu – Lautréamont aos quatro...451
1850/Chan Santa Cruz – Cruz que fala.....452
1851/Latacunga – "Ando errante e despido..."..452
As ideias de Simón Rodríguez: "Ou inventamos ou estamos perdidos"....453
1851/La Serena – Os precursores.....454
1852/Santiago do Chile – "O que significou a independência para os pobres?", se pergunta, no cárcere, o chileno Santiago Arcos.....454
O povo do Chile canta à glória do paraíso.....455
1852/Mendoza – As linhas da mão.....455
1855/La Cruz – O tesouro dos jesuítas.....456
1853/Paita – Os três.....457
1854/Amotape – Conta uma testemunha como Simón Rodríguez se despediu do mundo.....457
1855/Nova York – Whitman.....458
1855/Nova York – Melville.....458
1855/Território Washington – "Vocês morrerão sufocados por seus próprios excrementos", adverte Seattle, chefe índio.....459
O faroeste.....459
1856/Granada – Walker.....460
1856/Granada – Foi.....460
Walker: "em defesa da escravidão".....461
1858/Fontes do rio Gila – As terras sagradas dos apaches.....461
1858/Kaskiyeh – Jerônimo.....462
1858/San Borja – Que morra a morte.....462
1860/Chan Santa Cruz – O centro cerimonial dos rebeldes de Iucatã.....463
1860/Havana – Poeta em crise.....464
1861/Havana – Braços de açúcar.....464
Palavras de açúcar.....465
1861/Bull Run – Os cinzas contra os azuis.....465
1862/Fredericksburg – O lápis da guerra.....466
1863/Cidade do México – "A Argélia americana".....466
1863/Londres – Marx.....467
1865/La Paz – Belzu.....468
De um discurso de Belzu ao povo boliviano.....468
1865/La Paz – Melgarejo.....468
1865/La Paz – O golpe de estado mais rápido da história.....469
1865/Appomattox – O General Lee submete sua espada de rubis.....470
1865/Washington – Lincoln.....470
1865/Washington – Homenagem.....471
1865/Buenos Aires – A tríplice infâmia.....472
1865/Buenos Aires – Com baba de aranha teceram a aliança.....473
1865/San José – Urquiza.....474
1866/Curupaytí – Mitre.....474
1866/Curupaytí – O pincel da guerra.....475
1867/Campos de Catamarca – Felipe Varela.....475
1867/Planícies de La Rioja – A tortura.....476
1867/La Paz – Sobre a diplomacia, ciência das relações internacionais.....476
Inscrições em uma rocha do Deserto de Atacama.....477
1867/Bogotá – Publica-se um romance chamado "Maria".....477
1867/Querétaro – Maximiliano.....478
1867/Paris – Ser ou copiar, este é o problema...478
Cantar do pobre no Equador.....479
1869/Cidade do México – Juárez.....479
1869/San Cristóbal de Las Casas – Não estão mudos nem a terra nem o tempo.....480
1869/Cidade do México – Juárez e os índios.....481

1869/Londres – Lafargue 481
1869/Acosta Ñú – Cai o Paraguai, esmagado debaixo das patas dos cavalos, ...482
1870/Cerro Corá – Solano López 482
1870/Cerro Corá – Elisa Lynch 483
O Guarani 483
1870/Buenos Aires – Sarmiento 484
1870/Rio de Janeiro – Mil candelabros multiplicam luzes nos espelhos 484
1870/Rio de Janeiro – Mauá 485
1870/Vassouras – Os barões do café 485
1870/São Paulo – Nabuco 486
1870/Buenos Aires – O bairro norte 486
1870/Paris – Lautréamont aos vinte e quatro....487
1871/Lima – Juana Sánchez 488
1873/Acampamento de Tempú – Os mambises...488
1875/Cidade do México – Martí 489
1875/Fort Sill – Os últimos búfalos do sul.........490
O mais além, o mais dentro 491
1876/Little Big Horn – Touro Sentado 491
1876/Little Big Horn – Alce Negro 491
1876/Little Big Horn – Custer 492
1876/War Bonnet Creek – Buffalo Bill 492
1876/Cidade do México – Ir embora 493
1877/Cidade da Guatemala – O civilizador.......494
1879/Cidade do México – Os socialistas e os índios 494
1879/Ilha de Choele-Choel – A tiros de Remington 495
1879/Buenos Aires – Martín Fierro e o crepúsculo do gaúcho 495
1879/Port-au-Prince – Maceo 496
1879/Ilhas Chinchas – O guano 496
1879/Desertos de Atacama e Tarapacá – O salitre 497
1880/Lima – Os chineses 497
1880/Londres – Reivindicação da preguiça 498
1881/Lincoln City – Billy the Kid 499
1882/Saint Joseph – Jesse James 499
1882/Pradarias de Oklahoma – O crepúsculo do cowboy 500
1882/Nova York – Também o senhor pode triunfar na vida 500
1882/Nova York – A criação segundo John D. Rockefeller 501
1883/Bismarck City – Os últimos búfalos do norte 501
1884/Santiago do Chile – O mago das finanças come carne de soldados 502
1884/Huancayo – A pátria paga 503
1885/Lima – "O mal vem do alto", diz Manuel González Prada 503
1885/Cidade do México – "Tudo é de todos" ...504
1885/Colón – Prestán 505
1886/Chivilcoy – O circo 505
1886/Atlanta – A coca-cola 506
1887/Chicago – Cada primeiro de maio, serão ressuscitados 506
1889/Londres – North 507
1889/Montevidéu – O futebol 508
1890/Rio da Prata – Os companheiros 508
1890/Buenos Aires – Os cortiços 509
O solitário 510
Tangando 510
1890/Hartford – Mark Twain 511
1890/Wounded Knee – Vento de neve 511
Canto profético dos sioux 512
1891/Santiago do Chile – Balmaceda 512
1891/Washington – A outra América 513
1891/Nova York – O pensamento começa a ser nosso, acha José Martí 514
1891/Guanajuato – Cantarranas, 34. Fotografia instantânea 514
1891/Purísima del Rincón – Vidas 515
1892/Paris – O escândalo do canal 516
1892/San José de Costa Rica – Profecia de um jovem poeta da Nicarágua chamado Rubén Darío 516
1893/Canudos – Antônio Conselheiro 517
1895/Cayo Hueso – Viaja a liberdade dentro de um charuto 518
1895/Playitas – O desembarque 518
1895/Arroyo Hondo – Serra adentro 519
1895/Acampamento de Dos Ríos – O testamento de Martí 520
1895/Niquinohomo – Vai-se chamar Sandino... 520
1896/Port-au-Prince – Disfarces 521
1896/Boca de Dos Ríos – Réquiem 521
1896/Papeete – Flora Tristán 522
1896/Bogotá – José Asunción Silva 522
1896/Manaus – A árvore que chora leite 523
1896/Manaus – Dourada idade da borracha 524
1897/Canudos – Euclides da Cunha 524
1897/Canudos – Em cada morto há mais balas que ossos 525
1897/Rio de Janeiro – Machado de Assis 526
1898/Costas de Cuba – Esta fruta está para cair....526
1898/Washington – Dez mil linchamentos 527
1898/Morro de San Juan – Teddy Roosevelt.....527
1898/Costas de Porto Rico – Esta fruta está caindo 528
1898/Washington – O presidente McKinley explica que os Estados Unidos devem ficar com as Ilhas Filipinas por ordem direta de Deus 529
1899/Nova York – Mark Twain propõe mudar a bandeira 529
1899/Roma – Calamity Jane 530
1899/Roma – O império nascente exibe os músculos 530
1899/Saint Louis – Longe 531
1899/Rio de Janeiro – A arte de curar matando....532
1900/Huanuni – Patiño 532
1900/Cidade do México – Posada 533
1900/Cidade do México – Porfirio Díaz 534
1900/Cidade do México – Os Flores Magón 535

1900/Mérida de Iucatã – O henequém 535
Do corrido mexicano do vinte e oito batalhão..536
1900/Tabi – A serpente de ferro 537
O profeta 537

O século do vento

1900/San José de Gracia – O mundo continua... 553
1900/Orange, Nova Jersey – Edison 553
1900/Montevidéu – Rodó 554
1901/Nova York – Esta é a América, e ao sul o nada 554
1901/Em toda a América Latina – As procissões saúdam o século que nasce 555
1901/Amiens – Verne 555
1902/Quezaltenango – O governo decide que a realidade não existe 555
1902/Cidade da Guatemala – Estrada Cabrera..556
1902/Saint Pierre – Só o condenado se salva.....557
1903/Cidade do Panamá – O Canal do Panamá... 557
1903/Cidade do Panamá – Nesta guerra morrem um chinês e um burro 558
1903/La Paz – Huilka 558
1904/Rio de Janeiro – A vacina 559
1905/Montevidéu – O automóvel 559
1905/Montevidéu – Os poetas decadentes 560
1905/Ilopango – Miguel na primeira semana ...560
1906/Paris – Santos Dumont 561
1907/Sagua la Grande – Lam 561
1907/Iquique – Bandeiras de vários países 562
1907/Rio Batalha – Nimuendajú 562
1908/Assunção – Barrett 563
1908/Alto Paraná – As plantações de mate 563
1908/San Andrés de Sotavento – O governo decide que os índios não existem 564
1908/San Andrés de Sotavento – Retrato de um senhor de vidas e fazendas 564
1908/Guanape – Retrato de outro senhor de vidas e fazendas 564
1908/Mérida de Iucatã – Cai a cortina 565
1908/Ciudad Juárez – Procura-se 566
1908/Caracas – Castro 566
1908/Caracas – Bonecas 567
1909/Paris – Teoria da impotência nacional 567
1909/Nova York – Charlotte 568
1909/Manágua – As relações interamericanas e seus métodos mais habituais 568
1910/Selva do Amazonas – Os come-gente 569
1910/Rio de Janeiro – O Almirante Negro 569
1910/Rio de Janeiro – Retrato do advogado mais caro do Brasil 570
1910/Rio de Janeiro – A realidade e a lei raramente se encontram 571
1910/Colônia Maurício – Tolstoi 571
1910/Havana – O cinema 572
1910/Cidade do México – O Centenário e o amor 572
1910/Cidade do México – O Centenário e a comida 573
1910/Cidade do México – O Centenário e a arte 573
1910/Cidade do México – O Centenário e o ditador 574
1911/Anenecuilco – Zapata 575
1911/Cidade do México – Madero 575
1911/Campos de Chihuahua – Pancho Villa.....576
1911/Machu Picchu – O último santuário dos incas 576
1912/Quito – Alfaro 577
Quadras tristes do cancioneiro equatoriano 577
1912/Cantão Santa Ana – Crônica de costumes de Manabí 578
1912/Pajeú de Flores – As guerras de família 579
1912/Daiquirí – Vida cotidiana no mar Caribe: uma invasão 579
1912/Niquinohomo – Vida cotidiana na América Central: outra invasão 580
1912/Cidade do México – Huerta 580
1913/Cidade do México – Uma corda de dezoito centavos 581
1913/Jonacatepec – O sul do México cresce no castigo 581
Zapata e elas 582
1913/Campos de Chihuahua – O norte do México celebra guerra e festa 582
1913/Culiacán – As balas 583
1913/Campos de Chihuahua – Numa dessas manhãs me assassinei 584
1914/Montevidéu – Batlle 584
1914/San Ignacio – Quiroga 585
1914/Montevidéu – Delmira 585
1914/Ciudad Jiménez – O cronista de povos em fúria 586
1914/Salt Lake City – O cantor de povos em fúria 587
1914/Torreón – Em cima dos trilhos vão ao tiroteio 587
1914/Campos de Morelos – É tempo de andar e lutar 588
1914/Cidade do México – Huerta foge 588
1915/Cidade do México – O quase-poder 589
1915/Tlaltizapán – A reforma agrária 590
1915/El Paso – Azuela 591
1916/Tlaltizapán – Carranza 591
1916/Buenos Aires – Isadora 592
1916/Nova Orleães – O jazz 592
1916/Columbus – A América Latina invade os Estados Unidos 593
1916/León – Dario 593
1917/Campos de Chihuahua e Durango – A agulha no palheiro 594
1918/Córdoba – A douta Córdoba e seus embolorados doutores 594
1918/Córdoba – "As dores que sobram são as liberdades que faltam", proclama o manifesto dos estudantes 595

1918/Ilopango – Miguel aos treze......................595
1918/Montanhas de Moreios – Terra arrasada, terra viva......................596
1918/Cidade do México – A burguesia nasce mentindo......................596
1919/Cuautla – Este homem ensinou-lhes que a vida não é apenas medo de sofrer e espera de morrer......................597
Canção da morte de Zapata......................597
1919/Hollywood – Chaplin......................598
1919/Hollywood – Buster Keaton......................598
1919/Memphis – Milhares de pessoas assistem ao espetáculo......................599
1921/Rio de Janeiro – Pó de arroz......................599
1921/Rio de Janeiro – Pixinguinha......................600
1921/Rio de Janeiro – O escritor brasileiro da moda......................600
1922/Toronto – Este indulto......................601
1922/Leavenworth – Por continuar acreditando que tudo é de todos......................601
1922/Campos da Patagônia – O tiro no operário......................601
1923/Rio Guayas – Cruzes flutuam no rio......................602
1923/Acapulco – A função das forças da ordem no processo democrático......................603
1923/Acapulco – Escudero......................603
1923/Azángaro – Urviola......................604
1923/El Callao – Mariátegui......................604
1923/Buenos Aires – Retrato de um caçador de operários......................605
1923/Tampico – Traven......................605
1923/Campos de Durango – Pancho Villa lê As mil e uma noites......................606
1923/Cidade do México – O povo pôs um milhão de mortos na Revolução Mexicana......................606
1923/Parral – Nunca puderam amansar seu orgulho......................607
1924/Mérida de Iucatã – Algo mais sobre a função das forças da ordem no processo democrático......................607
1924/Cidade do México – A nacionalização dos muros......................608
1924/Cidade do México – Diego Rivera......................609
1924/Cidade do México – Orozco......................609
1924/Cidade do México – Siqueiros......................610
"O povo é o herói da pintura mural mexicana", diz Diego Rivera......................610
1924/Regla – Lenin......................610
1926/San Albino – Sandino......................611
1926/Puerto Cabezas – As mulheres mais dignas do mundo......................611
1926/Juazeiro do Norte – O padre Cícero......................612
1926/Juazeiro do Norte – Um milagre divino transforma um bandido em capitão......................612
1926/Nova York – Valentino......................613
1927/Chicago – Louie......................613
1927/Nova York – Bessie......................614
1927/Rapallo – Pound......................614
1927/Charlestown – "Bonito dia"......................614
1927/Araraquara – Mário de Andrade......................615
1927/Paris – Villa-Lobos......................615
1927/Planícies de Jalisco – Atrás de uma imensa cruz de madeira......................616
1927/San Gabriel de Jalisco – Um menino olha......................616
1927/El Chipote – A guerra dos tigres e dos pássaros......................617
1928/San Rafael del Norte – Pequeno exército louco......................617
"Tudo era fraternável"......................618
1928/Washington – Noticiário......................619
1928/Manágua – Retábulo do poder colonial......................620
1928/Cidade do México – Obregón......................621
1928/Villahermosa – O comepadres......................622
1928/Ao sul de Santa Marta – Bananização......................622
1928/Aracataca – Maldição......................623
1928/Ciénaga – Matança......................623
1928/Aracataca – García Márquez......................624
1928/Bogotá – Noticiário......................624
1929/Cidade do México – Mella......................625
1929/Cidade do México – Tina Modotti......................625
1929/Cidade do México – Frida......................626
1929/Capela – Lampião......................626
1929/Atlantic City – O truste do crime......................627
1929/Chicago – Al Capone......................627
Al Capone convoca a defesa contra o perigo comunista......................628
1929/Nova York – A euforia......................628
Do manifesto capitalista de Henry Ford, fabricante de automóveis......................629
1929/Nova York – A crise......................629
1930/La Paz – Uma emocionante aventura do Príncipe de Gales entre os selvagens......................630
1930/Buenos Aires – Yrigoyen......................631
1930/Paris – Ortiz Echagüe, jornalista, comenta a queda do preço da carne......................631
1930/Avellaneda – A vaca, a espada e a cruz......................632
1930/Castex – O último gaúcho sublevado......................633
1930/São Domingos – O furacão......................633
1930/Ilopango – Miguel aos vinte e cinco......................634
1930/Nova Iorque – Vida cotidiana da crise......................634
1930/Achuapa – A bandeira rubro-negra ondula nas colinas......................635
1931/Bocay – O que espera a esperança......................635
Sandino escreve a um de seus oficiais: "Nem vamos poder andar, de tantas flores"......................636
1931/Bocay – Santos López......................636
1931/Bocay – Tranquilino......................636
1931/Bocay – Cabrerita......................637
1931/Hanwell – O ganhador......................637
1932/Hollywood – O perdedor......................638
1932/Cidade do México – Eisenstein......................639
1932/Caminhos de Santa Fé – O marioneteiro......................639
1932/Izalco – O uso do direito de voto e suas penosas consequências......................640

1932/Soyapango – Miguel aos vinte e seis 640
1932/Manágua – Sandino vem triunfando........641
1932/San Salvador – Miguel aos vinte e sete 641
1933/Manágua – A primeira derrota militar dos Estados Unidos na América Latina 642
1933/Campo Jordán – A Guerra do Chaco 643
Céspedes 643
Roa Bastos 644
1934/Manágua – Filme de terror: roteiro para dois atores e alguns extras 644
1934/Manágua – O governo decide que o crime não existe........645
1934/San Salvador – Miguel aos vinte e nove....645
1935/Caminho de Villamontes a Boyuibe – Depois de noventa mil mortos 646
1935/Maracay – Gómez........647
1935/Buenos Aires – Borges........647
1935/Buenos Aires – Estes anos infames 648
1935/Buenos Aires – Discepolín 648
1935/Buenos Aires – Evita........649
1935/Buenos Aires – Alfonsina 649
1935/Medellín – Gardel........650
1936/Buenos Aires – Patoruzú........650
1936/Rio de Janeiro – Olga e ele 651
1936/Madri – A guerra da Espanha 651
1936/San Salvador – Martínez........652
1936/San Salvador – Miguel aos trinta e um.....652
1936/Cidade da Guatemala – Ubico 653
1936/Cidade Trujillo – No ano 6 da Era de Trujillo 654
Procedimento contra a chuva 654
Procedimento contra a desobediência........655
1937/Dajabón – Procedimento contra a ameaça negra 655
1937/Washington – Noticiário........656
1937/Rio de Janeiro – Procedimento contra a ameaça comunista 656
1937/Vale de Cariri – O delito de comunidade .. 657
1937/Rio de Janeiro – Monteiro Lobato........658
1937/Madri – Hemingway........658
1937/Cidade do México – O bolero........659
1937/Cidade do México – Cantinflas........659
1937/Cidade do México – Cárdenas 659
1938/Anenecuilco – Nicolás, filho de Zapata....660
1938/Cidade do México – A nacionalização do petróleo........661
1938/Cidade do México – Emancipação 661
1938/Coyoacán – Trotski........662
1938/Sertão do Nordeste brasileiro – Os cangaceiros........662
1938/Angico – Os caçadores de cangaceiros 663
1939/São Salvador da Bahia – As mulheres dos deuses........663
Exu 664
Maria Padilha........664
1939/Rio de Janeiro – O samba........665
1939/Rio de Janeiro – O malandro 665
1939/Rio de Janeiro – Cartola 666
1939/Abadia de Montserrat – Vallejo 666
1939/Washington – Roosevelt........667
1939/Washington – No ano 9 da Era de Trujillo 667
1939/Washington – Somoza........668
1939/Nova York – Super-Homem........668
1941/Nova York – Retrato de um fabricante de opinião........669
1942/Washington – A Cruz Vermelha não aceita sangue de negros........669
1942/Nova York – Drew........670
1942/Oxford, Mississípi – Faulkner........670
1942/Hollywood – Brecht........671
1942/Hollywood – Os bons vizinhos do Sul 671
1942/Pampa de Maria Barzola – Método latino-americano para reduzir os custos de produção 672
1943/Sans-Souci – Carpentier........672
1943/Port-au-Prince – Mãos que não mentem 673
1943/Mont Rouis – Um grãozinho de sal........673
1944/Nova York – Aprendendo a ver 674
1945/Fronteira entre a Guatemala e El Salvador – Miguel aos quarenta........674
1945/Hiroshima e Nagasaki – um sol de fogo...675
1945/Princeton – Einstein 675
1945/Buenos Aires – Perón 676
1945/Campos de Tucumán – O familiar........677
O velório do anjinho........677
1945/Campos de Tucumán – Yupanqui........678
1946/La Paz – A rosca........678
1946/La Paz – Villarroel........679
1946/Hollywood – Carmem Miranda 679
1948/Bogotá – Véspera 680
1948/Bogotá – Gaitán 681
1948/Bogotá – O Bogotaço........681
1948/Bogotá – As chamas........682
1948/Bogotá – Cinzas 683
1948/Valle de Upar – O vallenato 683
1948/Wroclaw – Picasso 684
1948/Em algum lugar do Chile – Neruda........684
1948/São José da Costa Rica – Figueres........685
1949/Washington – A revolução chinesa 685
1949/Havana – O radioteatro........686
1950/Rio de Janeiro – Obdúlio 687
1950/Hollywood – Rita........687
1950/Hollywood – Marilyn 688
1951/Cidade do México – Buñuel........688
1952/Monte San Fernando – Doente de febre de morte 689
1952/La Paz – O Illimani 689
1952/La Paz – Tambor do povo 690
Uma mulher das minas bolivianas explica como se faz uma bomba caseira 690
1952/Cochabamba – Grito de deboche e queixa ..690
Quadrinhas descaradas que as índias de Cochabamba cantam a Jesus Cristo 691

1952/Buenos Aires – O povo argentino despido dela 692
1952/Em alto-mar – Carlitos expulso pela polícia 692
1952/Londres – Um fantasma digno 693
1953/Washington – Noticiário 693
1953/Washington – A caçada 694
1953/Washington – Retrato de um caçador de bruxas 695
1953/Seattle – Robeson 695
1953/Santiago de Cuba – Fidel 696
1953/Santiago de Cuba – O acusado se transforma em acusador e anuncia: "A história me absolverá" 696
1953/Boston – A United Fruit 697
1953/Cidade da Guatemala – Arbenz 698
1953/San Salvador – Procura-se ditador 698
1954/Washington – A Máquina de Decidir, peça por peça 699
1954/Boston – A Máquina de Mentir, peça por peça 700
1954/Cidade da Guatemala – A reconquista da Guatemala 701
1954/Mazatenango – Miguel aos quarenta e nove 701
1954/Cidade da Guatemala – Noticiário 702
1954/Rio de Janeiro – Getúlio 703
1955/Medellín – Nostalgias 703
1955/Assunção – Melancolias 704
1955/Cidade da Guatemala – Um ano depois da reconquista da Guatemala, ...705
1956/Buenos Aires – O governo decide que o peronismo não existe 705
1956/León – O filho de Somoza 706
1956/São Domingos – No ano 26 da era de Trujillo 706
1956/Havana – Noticiário 707
1956/Ao pé da Serra Maestra – Os doze loucos 708
1957/Benidorm – As cartas marcadas 708
1957/Majagual – O santo Ovo da Colômbia 709
1957/Sucre – São Lúcio 710
1957/Margens do rio Sinú – São Domingo Vidal 710
1957/Pino del Agua – Cruzinha 711
1957/El Uvero – Almeida 712
1957/Santiago de Cuba – Retrato de um embaixador imperial 712
1957/El Hombrito – O Che 713
A Velha Chana, camponesa da serra Maestra, se lembrara dele assim: 713
1958/ Estocolmo – Pelé 714
1958/Estocolmo – Garrincha 714
1958/Serra Maestra – A revolução é uma centopeia que ninguém para 715
1958/Yaguajay – Camilo 715
1959/Havana – Cuba amanhece sem Batista 716
A rumba 716
1959/Havana – Retrato de um Casanova do Caribe 717
1959/Havana – "Só ganhamos o direito de começar" 717
1960/Brasília – Uma cidade ou delírio no meio do nada 718
1960/Rio de Janeiro – Niemeyer 718
1960/Rio de Janeiro – Guimarães Rosa 719
1960/Artemisa – Milhares e milhares de facões 719
1961/São Domingos – No ano 31 da Era Trujillo 719
1961/São Domingos – O falecidíssimo 720
1961/Baía dos Porcos – Contra o vento 721
1961/Praia Girón – A segunda derrota militar dos Estados Unidos na América Latina 721
1961/Havana – Retrato do passado 722
1961/Washington – Quem invadiu Cuba? Um diálogo no Senado dos Estados Unidos 723
1961/Havana – Maria de la Cruz 723
1961/Punta del Este – A latrinocracia 724
1961/Escuinapa – O Loroteiro 724
1961/São Salvador da Bahia – Amado 725
1962/Cosalá – Um mais uma dá um 725
1962/Vila de Jesus Maria – Um mais uma dá todos 726
1963/Bayamo – O ciclone Flora 726
1963/Havana – Todo mundo é faz-tudo 727
1963/Havana – Retrato do burocrata 728
1963/Havana – Bola de Neve 728
1963/Rio Coco – Nos ombros leva o abraço de Sandino 729
1963/San Salvador – Miguel aos cinquenta e oito 729
1963/Dallas – O governo diz que a verdade não existe 730
1963/São Domingos – Crônica de costumes da América Latina 731
1964/Panamá – Vinte e três rapazes caem crivados de balas 731
1964/Rio de Janeiro – "Há nuvens sombrias" ...732
1964/Juiz de Fora – A reconquista do Brasil 733
1964/La Paz – Sem pena nem glória 733
1964/Ao norte de Potosí – Com fúria total 734
Os chapéus 734
1965/San Juan de Porto Rico – Bosch 735
1965/São Domingos – Caamaño 735
1965/São Domingos – A invasão 736
1965/São Domingos – 132 noites 737
1965/Havana – O multiplicador de revoluções 737
O Che Guevara diz adeus a seus pais 738
1966/Patiocemento – "Sabemos que a fome é mortal" 738
1967/Llallagua – Festa de São João 739
1967/Catavi – O dia seguinte 739
1967/Catavi – Domitila 740
O interrogatório de Domitila 740
1967/Catavi – Pedra habitada 741

1967/Às margens do rio Ñancahuazú – Dezessete homens caminham para o aniquilamento 741
1967/Quebrada do Yuro – A queda do Che 742
1967/Higueras – Os sinos dobram por ele 742
1967/La Paz – Retrato de um supermacho 743
1967/Estoril – Crônica social 743
1967/Houston – Ali 744
1968/Memphis – Retrato de um perigoso 745
1968/San José da Califórnia – Os chicanos 745
1968/San Juan de Porto Rico – Albizu 746
1968/Cidade do México – Os estudantes 746
"Havia muito, muito sangue," relata a mãe de um estudante 747
1968/Cidade do México – Revueltas 747
1968/Às margens do rio Yaqui – A revolução mexicana já não é 748
1968/Cidade do México – Rulfo 748
1969/Lima – Arguedas 748
1969/Mar da Tranquilidade – O descobrimento da Terra 749
1969/Bogotá – Os gamines 749
1969/Em qualquer cidade – Alguém 750
1969/Rio de Janeiro – A expulsão das favelas 751
1969/Baixo Grande – Um castelo de lixo 751
1969/Quebrada de Arque – A última cambalhota do aviador Barrientos 752
1969/San Salvador e Tegucigalpa – Dois turbulentos jogos 752
1969/San Salvador e Tegucigalpa – A chamada Guerra do Futebol 753
1969/Port-au-Prince – Uma lei condena à morte quem disser ou escrever palavras subversivas no Haiti 753
1970/Montevidéu – Retrato de um professor de torturadores 754
1970/Manágua – Rugama 755
1970/Santiago do Chile – Paisagem depois das eleições 755
1971/Santiago do Chile – O Pato Donald 756
1971/Santiago do Chile – "Disparem em Fidel" ... 756
1972/Manágua – Nicarágua S/A 757
1972/Manágua – O outro filho de Somoza 757
O pensamento vivo de Tachito Somoza 758
1972/Santiago do Chile – O Chile querendo nascer 758
1972/Santiago do Chile – Retrato de uma empresa multinacional 759
1973/Santiago do Chile – A armadilha 759
1973/Santiago do Chile – Allende 760
1973/Santiago do Chile – "Irão se abrir as grandes alamedas", anuncia Salvador Allende em sua mensagem final 760
1973/Santiago do Chile – A Reconquista do Chile 761
1973/Santiago do Chile – A casa de Allende 761
1973/Santiago do Chile – A casa de Neruda 762
1973/Miami – O santo do consumismo contra o dragão do comunismo 763
1973/Recife – Elogio da humilhação 763
1974/Brasília – Dez anos depois da reconquista do Brasil 764
1974/Rio de Janeiro – Chico 764
1974/Cidade da Guatemala – Vinte anos depois da reconquista da Guatemala 764
1974/Selvas da Guatemala – O quetzal 765
1974/Ixcán – Uma aula de educação política na Guatemala 765
1974/Yoro – Chuva 766
1975/San Salvador – Miguel aos setenta 766
1975/San Salvador – Roque 767
1975/Rio Amazonas – Paisagem tropical 767
1975/Rio Amazonas – Este é o rio pai de mil rios 768
1975/Ribeirão Bonito – Um dia de justiça 769
1975/Huayanay – Outro dia de justiça 769
1975/Cuzco – Condori mede o tempo nos pães ... 770
1975/Lima – Velasco 770
1975/Lima – Os retratos de Huamanga 771
As molas de San Blas 771
Os amates do rio Balsas 772
As bordadeiras de Santiago 772
Os diabinhos de Ocumicho 773
Sobre a propriedade privada do direito de criação 773
1975/Cabimas – Vargas 773
1975/Salta – As alegres cores da mudança 774
1975/Buenos Aires – Contra os filhos de Evita e de Marx 775
1976/Madri – Onetti 775
1976/San José – Um país despalavrado 775
Um preso político uruguaio, Mauricio Rosencof, dá seu depoimento 776
1976/Libertad – Pássaros proibidos 776
1976/Montevidéu – Setenta e cinco métodos de tortura, ... 777
1976/Montevidéu – "É preciso obedecer", ensinam aos estudantes uruguaios os novos textos oficiais 778
1976/Montevidéu – Os reduzidores de cabeças .. 778
1976/La Perla – A terceira guerra mundial 779
1976/Buenos Aires – A piara 780
1976/La Plata – Agachada sobre suas ruínas, uma mulher procura 780
1976/Selva de Zinica – Carlos 781
1977/Manágua – Tomás 781
1977/Arquipélago de Solentiname – Cardenal ... 782
Omar Cabezas conta o luto da montanha pela morte de um guerrilheiro na Nicarágua ... 782
1977/Brasília – Tesouras 783
1977/Buenos Aires – Walsh 783
1977/Rio Cuarto – Baixa dos livros queimados de Walsh e de outros autores 784
1977/Buenos Aires – As Mães da Praça de Maio .. 784

1977/Buenos Aires – Alicia Moreau....785
1977/Buenos Aires – Retrato de um artista do dinheiro....786
1977/Caracas – O êxodo dos intrusos....786
Maria Lionza....787
José Gregório....787
1977/Graceland – Elvis....788
1978/San Salvador – Romero....788
1978/San Salvador – A revelação....789
1978/La Paz – Cinco mulheres....789
1978/Manágua – "O Chiqueiro"....790
O pensamento vivo de Tachito Somoza....790
1978/Cidade do Panamá – Torrijos....791
1979/Madri – As intrusas perturbam uma tranquila digestão do corpo de Deus....791
1979/Paris – Darcy....792
1979/Nova York – O banqueiro Rockefeller felicita o ditador Videla....792
1979/Siuna – Retrato de um trabalhador da Nicarágua....793
1979/Na Nicarágua inteira – Corcoveia a terra....793
1979/Na Nicarágua inteira – Que ninguém fique sozinho....794
Da agenda de Tachito Somoza....794
1979/July 12, Thursday – Love....794
1979/Manágua – "É preciso estimular o turismo"....794
1979/Manágua – O neto de Somoza....795
1979/Granada – As comandantes....796
1979/Na Nicarágua inteira – Nascendo....796
1979/Santiago do Chile – Obstinada fé....797
1979/Chajul – Outra aula de educação política na Guatemala....797
Os maias semeiam cada criança que nasce....798
1980/La Paz – A cocacracia....798
1980/Santa Ana de Yacuma – Retrato de um empresário moderno....799
A deusa branca....799
1980/Santa Marta – A maconha....800
1980/Santa Marta – Santo Agatão....800
1980/Cidade da Guatemala – Noticiário....801
1980/Uspantán – Rigoberta....802
1980/San Salvador – A oferenda....802
1980/Montevidéu – Povo que diz não....803
1980/Na Nicarágua inteira – Andando....803
1980/Assunção do Paraguai – Stroessner....803
1980/Na Nicarágua inteira – Descobrindo....804
1980/Nova York – A Estátua da Liberdade parece mordida pela varíola....804
1980/Nova York – Lennon....805
1981/Surahammar – O exílio....805
1981/Cantão Celica – "Falta de sorte, falha humana, mau tempo"....806
1982/Ilhas Geórgias do Sul – Retrato de um valente....807
1982/Ilhas Malvinas – A Guerra das Malvinas..807
1982/Caminhos da Mancha – Mestre Trotamundos....808
1982/Estocolmo – O escritor Gabriel García Márquez recebe o Nobel e fala de nossas terras condenadas a cem anos de solidão... 808
1983/Saint George's – A reconquista da ilha de Granada....809
1983/La Bermuda – Marianela....809
1983/Santiago do Chile – Dez anos depois da reconquista do Chile....810
1983/Numa quebrada, entre Cabildo e Petorca – A televisão....811
1983/Buenos Aires – As avós detetives....811
1983/Lima – Tamara voa duas vezes....812
1983/Buenos Aires – E se o deserto fosse mar, e a terra, céu?....812
1983/Meseta do Pedimento – O teatro mexicano dos sonhos....813
1983/Rio Tuma – Realizando....813
1983/Manágua – Desafiando....814
1983/Mérida – O povo põe Deus em pé....814
1983/Manágua – Noticiário....815
1984/Vaticano – O Santo Ofício da Inquisição .. 816
1984/Londres – Os Reis Magos não acreditam nas crianças....816
Sinfonia circular para países pobres, em seis movimentos sucessivos....816
1984/Washington – "1984"....817
1984/Washington – Somos todos reféns....817
1984/São Paulo – Vinte anos depois da reconquista do Brasil....818
1984/Cidade da Guatemala – Trinta anos depois da reconquista da Guatemala....819
1984/Rio de Janeiro – Desandanças da memória coletiva na América Latina....819
1984/Cidade do México – Contra o esquecimento....820
1984/Cidade do México – A ressurreição dos vivos....820
1984/Estelí – Acreditando....821
1984/Havana – Miguel aos setenta e nove....821
1984/Paris – Vão os ecos em busca da voz....822
1984/Punta Santa Elena – O sempre abraço....822
1984/Favela Violeta Parra – O nome roubado..823
1984/Tepic – O nome encontrado....823
1984/Bluefields – Voando....824
1986/Montevidéu – Uma carta....824

L&PM Série Ouro

Clássicos do horror: Drácula, Frankenstein, O médico e o monstro
Garfield: 2.582 tiras
A interpretação dos sonhos – Sigmund Freud
Franz Kafka: obras escolhidas
Jane Austen: obras escolhidas
Livro dos poemas: antologia
Machado de Assis: três romances
Memória do fogo: Os nascimentos, As caras e as máscaras, O século do vento – Eduardo Galeano
Shakespeare: obras escolhidas

Próximos lançamentos:

Fernando Pessoa: poesia reunida
Nietzsche: obras escolhidas
Odisseia – Homero (bilíngue)
Oscar Wilde: obras escolhidas
Sherlock Holmes: todos os romances – Sir Arthur Conan Doyle

Impressão e Acabamento

Prol Editora Gráfica